Bernd Dallmann / Michael Richter

Handbuch der kommunalen Wirtschaftsförderung

Bernd Dallmann / Michael Richter

Handbuch der kommunalen Wirtschaftsförderung

Economic Development und Standortentwicklung

wbg Academic

HERDER

FREIBURG · BASEL · WIEN

wbg Academic ist ein Imprint der Verlag Herder GmbH

Hermann-Herder-Straße 4, 79104 Freiburg

www.herder.de

Bei Fragen zur Produktsicherheit wenden Sie sich an
produktsicherheit@herder.de

Satz und E-Book: Arnold & Domnick GbR, Leipzig
Umschlaggestaltung: Arnold & Domnick GbR, Leipzig

Printed in Germany

ISBN Print: 978-3-534-64230-4
ISBN E-Book (PDF): 978-3-534-64231-1

Inhalt

Geleitwort

Liebe Leserinnen und Leser,

das Ziel der kommunalen Wirtschaftsförderung sollte es sein, Arbeitsplätze zu schaffen, wirtschaftlichen Wohlstand zu fördern und die Lebensqualität zu steigern. Während der Anspruch groß ist, bleibt die Realität häufig ernüchternd und birgt erhebliche Risiken. Wenn Kommunen etwa wirtschaftsnahe Tochtergesellschaften gründen, die Schulden aufnehmen, steigt die Verschuldung der Kommune, ohne dass dieser Anstieg im offiziellen Haushalt erscheint. Zudem verschleiern Subventionen und Steuervergünstigungen die tatsächliche finanzielle Belastung. Bürokratie, Eigeninteressen und mangelnde Transparenz beeinträchtigen die Effizienz des öffentlichen Sektors zusätzlich. Daher ist eine kritische Auseinandersetzung mit der kommunalen Wirtschaftsförderung unerlässlich, um Schuldentransparenz zu gewährleisten. Deshalb gilt es, Wege zu finden, kommunale Wirtschaftsförderung wirkungsvoll zu gestalten und ihre Kosten buchhalterisch offenzulegen.

Dr. Bernd Dallmann und Dr. Michael Richter, die Autoren und Herausgeber dieses Buches, bringen umfassende Erfahrung in der kommunalen Wirtschaftsförderung mit. Dr. Dallmann prägte viele Jahre die Freiburger Wirtschaftsförderung und trug maßgeblich zur positiven Entwicklung des Wirtschaftsstandorts bei. Dr. Richter ist Experte für Standortentwicklung und Regionalmanagement und hat bereits zahlreiche Projekte in der Region Freiburg erfolgreich begleitet.

Die zweite Auflage dieses Buches bietet nicht nur eine fundierte Einfuhrung in die Grundlagen der kommunalen Wirtschaftsförderung, sondern beleuchtet auch aktuelle Herausforderungen und praxistaugliche Lösungsansätze. Besonders wertvoll sind die praxisnahen Inhalte: Leitfäden, Checklisten und Fallstudien bieten konkrete Hilfestellungen und machen das Buch zu einem unverzichtbaren Ratgeber für alle, die sich mit kommunaler Wirtschaftsförderung befassen – ob in Politik, Verwaltung oder als engagierte Bürgerinnen und Bürger.

Ich bin überzeugt, dass dieses Buch einen wichtigen Beitrag zur Weiterentwicklung und zum Verständnis kommunaler Wirtschaftsförderung leistet.

Ich wünsche Ihnen eine inspirierende und erkenntnisreiche Lektüre!

Prof. Dr. Bernd Raffelhüschen

Leiter des Instituts für Finanzwissenschaft und Sozialpolitik der Universität Freiburg und Studienleiter der Verwaltungs- und Wirtschafts-Akademie Freiburg e. V.

Vorwort

In den vergangenen Jahren und Jahrzehnten der politischen und ökonomischen Globalisierung und Internationalisierung hat kommunale und regionale Standortpolitik erheblich an Bedeutung zugenommen. Aus der zunehmenden Standortkonkurrenz resultiert ein wachsender Bedarf nach Entwicklung und Umsetzung erfolgreicher Strategien im Rahmen von Standortentwicklungskonzepten. Nicht mehr der früher vorherrschende Wettstreit der Bürgermeister[1] um Ansiedlungen – gerne auch als „Kirchturmpolitik" bezeichnet – mit dem bloßen Angebot möglichst preisgünstiger Industrie- und Gewerbeflächen steht im Mittelpunkt kommunaler und regionaler Standortkonkurrenz, sondern vielmehr die Entwicklung ganzheitlicher, nachhaltiger und damit zukunftsfähiger Standortkonzepte, die alle Entscheidungsparameter bei der Standortwahl von Unternehmen berücksichtigen. Zunehmend wichtig wird es aber auch, die Entscheidungskriterien qualifizierter Fachkräfte und ihrer Familien zu berücksichtigen, denn sie sind es, von denen wirtschaftliche Dynamik in Zeiten einer rückläufigen Bevölkerung maßgeblich abhängt.

Ein deutlich zunehmender Bedarf an strategisch untermauerter Wirtschaftsförderung trifft dabei auf ein verhältnismäßig geringes Potenzial von ausgebildetem Fachpersonal und auf eine nach wie vor wenig standardisierte Ausbildung. Selbst der Begriff „Wirtschaftsförderung" wird nicht einheitlich verwendet; seine Inhalte und die Zielgruppen der Wirtschaftsförderung sind sehr unterschiedlich beschrieben.

Das vorliegende Handbuch soll keine wissenschaftlich-akademische Abhandlung über verschiedene Theorien ökonomischer Regionalentwicklung oder unterschiedliche Begrifflichkeiten sein, auch nicht der Versuch einer allgemeinverbindlichen Definition oder gar vollständigen Synopse der unterschiedlichen Ansätze von Wirtschaftsförderung. Ergänzt um insgesamt 12 Gastbeiträge von Pionieren, Spezialisten und Vordenkern in ihren jeweiligen Handlungs- und Kompetenzfeldern, soll das nunmehr in der 2., erweiterten Auflage vorliegende Werk vielmehr eine Handreichung und Orientierung für diejenigen sein, die auf kommunaler und regionaler Ebene praktische Wirtschaftsförderung betreiben wollen, aber dabei nicht nur das Tagesgeschäft im Auge haben, sondern auch nach einem strukturellen Ansatz als Grundlage für ihre Arbeit suchen. Es dient insbesondere auch zur Überzeugung von Politik, Verwaltung und Öffentlichkeit, dass Wirtschaftsförderung weder das Verteilen von öffentlichen Mitteln an private Unternehmen einerseits noch in erster Linie das Anwerben beschäftigungsintensiver Großbetriebe aus fernen Ländern für den eigenen Standort andererseits – im Rahmen des beliebten „Bürgermeister-Wettbewerbs“ um neue Investoren – bedeutet, sondern dass Wirtschaftsförderung sich zunächst um die Rahmenbedingungen und Strukturen vor Ort kümmern muss, und zwar für alle Akteure, eben nicht nur für Unternehmen, die etwas zur Erreichung des Hauptziels der Wirtschaftsförderung beizutragen haben, nämlich der Schaffung und dem Erhalt von Arbeitsplätzen.

Zwar ist die absolute Anzahl der Wirtschaftsförderer in Deutschland nach wie vor überschaubar, dennoch verdient dieses Berufsbild mit seiner großen Bedeutung an der Schnittstelle zwischen Verwaltung und Wirtschaft eine qualifizierte Besetzung und hohe Professionalität. Die Organisation, der Aufbau einer Struktur, die ständig wechselnden Rahmenbedingungen, die Internationalisierung einerseits und das wachsende Bewusstsein von immer mehr Städten und Gemeinden, dass es möglich ist, auch auf der ökonomischen Mikroebene etwas erreichen zu können andererseits, erfordern eine laufende Qualifikation und verbesserte Organisation sowie Ausstattung der Wirtschaftsförderungseinrichtungen. Sie hat sich den Standards ihrer Zielgruppen, also den Unternehmen der Privatwirtschaft, den Hochschulen und den modernen Institutionen, anzupassen und sollte das Image öffentlicher Verwaltungen abschütteln.

Die Erarbeitung eines standortspezifischen Entwicklungskonzeptes sollte unabdingbare Grundvoraussetzung für alle wirtschaftspolitischen und infrastrukturellen Entscheidungen eines Standortes sein. Flächennutzungspläne sind eine selbstverständliche Notwendigkeit, aber auch sie bedürfen der Fundierung und Vorbereitung durch Standortentwicklungskonzepte, in denen eine Analyse der wirtschaftlichen Rahmenbedingungen, eine konsensuelle Erarbeitung der wichtigsten Ziele und eine Festlegung des kurz- und mittelfristigen Maßnahmenbündels zu erfolgen haben.

Das vorliegende Handbuch soll als Praxisleitfaden dazu beitragen, die Wirtschaftsförderung und damit die Standortentwicklung als einen rationalen und zielgerichteten Prozess zu gestalten, der nicht kurzfristigen, nicht erfüllbaren politischen Träumen und Visionen nachhängt, sondern die Erarbeitung eines Konzeptes auf der Basis einer fundierten Analyse und Prognose für die Standortentwicklung zur Grundlage hat, die für einen Planungshorizont von rund 20 Jahren den Weg weist. Auch wenn dieser Zeitraum lang erscheint, sind solche Planungszeiträume bei der Aufstellung von Flächennutzungsplänen gängige Praxis.

An dieser Stelle sei schließlich daran erinnert, dass auch für die Wirtschaftsförderung nicht gilt: „Viel hilft viel!“ Gute Wirtschaftsförderung ist eine Frage qualifizierter Analyse und konkreter Zielbestimmung. Es ist meist nicht der Umfang der zu ergreifenden Maßnahmen, sondern die richtige Zielrichtung, die den Erfolg ausmacht. Das Erzeugen einer positiven Grundstimmung, einer Wertschätzung für die, die persönliches Risiko und persönliches Engagement eingehen und damit dem Standort Wertschöpfung und Wohlstand ermöglichen sowie Arbeitsplätze schaffen, sollte ein wichtiges Ziel der Wirtschaftsförderung sein, um stets deutlich zu machen, dass jegliche Sozialpolitik nur auf der Grundlage einer gut organisierten und engagierten Wirtschaft, deren Motor der Unternehmergeist ist, erfolgen kann.

Dr. Bernd Dallmann und Dr. Michael Richter

1 Grundlagen der Wirtschaftsförderung

1.1 Begriff der Wirtschaftsförderung

Wirtschaftsförderung ist ein schillerndes und in der Öffentlichkeit häufig gebrauchtes politisches Schlagwort. Durch seinen diffusen Charakter ist eine begriffliche Abgrenzung und Inhaltsbestimmung jedoch ausgesprochen problematisch. Dabei ist der Begriff „Wirtschaftsförderung" selbst relativ jung. Zwar wurde bereits spätestens seit dem 19. Jahrhundert auf staatlicher Ebene in den offiziellen Handbüchern der Verwaltung Preußens von Volkswirtschaftspflege, Wohlstands- und Wirtschaftspflege gesprochen. Auf kommunaler Ebene ist demgegenüber erst seit Anfang des 20. Jahrhunderts abwechselnd von Mittelstandsförderung, Gewerbeförderung, Industrieförderung oder auch allgemein von Wirtschaftsförderung die Rede.

Trotz dieser langen Tradition, die dem Begriff der kommunalen Wirtschaftsförderung zu eigen ist, und der Tatsache, dass er in der bisherigen Verwaltungspraxis durchaus seinen Niederschlag gefunden hat, wurde der Begriff sowohl vom Gesetzgeber als auch von der Rechtsprechung bereits angesprochen. Jedoch existiert bis heute keine allgemeinverbindliche Legaldefinition. Aufgrund dieser Tatsache findet sich bei einer eingehenden Analyse der Literatur eine Vielzahl von Begriffsbestimmungen kommunaler Wirtschaftsförderung, denen aber je nach Zielsetzung und Fragestellung unterschiedliche Bedeutungen beigemessen werden. Die Begriffsbestimmung hängt demnach gerade bei der kommunalen Wirtschaftsförderung entscheidend von der Zweckmäßigkeit im Hinblick auf die zu klärende Frage ab.

In Ermangelung eines einheitlichen und allgemeingültigen Begriffsverständnisses wird nicht selten der Versuch unternommen, über Aufzählungen von Zielen, Aufgaben und Instrumenten gleichermaßen den Inhalt und das Wesen der kommunalen Wirtschaftsförderung näher zu umschreiben. Derartige Aufzählungen erscheinen aber nicht sinnvoll, da sie zum einen nicht abschließend sein können, zum anderen die kommunalpolitischen Rahmenbedingungen infolge wirtschaftlicher, gesellschaftlicher und technologischer Veränderungen einem ständigen Wechsel unterliegen und damit sich auch die Prioritäten der kommunalen Wirtschaftsförderung ändern.

Für die praktische Anwendung führt dieses Vorgehen zu veralteten und unbrauchbaren Definitionen. Daher ist es aber unmöglich, alle in der einschlägigen Literatur verwendeten Begriffsbestimmungen vorzustellen.[2] Es werden exemplarisch für das gesamte

Spektrum die drei am häufigsten zitierten Definitionen kommunaler Wirtschaftsförderung angeführt, um einen Eindruck dessen, was im Allgemeinen unter kommunaler Wirtschaftsförderung verstanden wird, vorzustellen.

Einer der ersten beachteten Definitionsversuche stammt von Adenauer (1959), der zwischen Wirtschaftsförderung im engeren und im weiteren Sinne unterschieden hat.[3] Als Wirtschaftsförderung im weiteren Sinne verstand er zusammenfassend alle Maßnahmen, die der Staat zur Verbesserung der nationalen Wirtschaft durch gesetzgeberische Maßnahmen ergreift; unter Einbeziehung aller sozialpolitischen, steuer- und finanzpolitischen sowie betriebswirtschaftlichen Regelungen.

Die Wirtschaftsförderung im engeren Sinne umfasst seiner Meinung nach jede Tätigkeit, die der Staat oder die Gemeinde unmittelbar zur Förderung wirtschaftlicher Einrichtungen ausübt, insbesondere die Hilfen, die sie aktiv den wirtschaftlichen Organisationen und den Wirtschaftsbetrieben in ihrem jeweiligen Einflussbereich angedeihen lassen.

Kurze Zeit später wurde von Möller (1963) der wohl bis heute umfassendste Versuch einer Bestimmung des Begriffs „Wirtschaftsförderung“ unternommen.[4] Für ihn ist

> „kommunale Wirtschaftsförderung derjenige Teil der öffentlichen Gemeinschaftsaufgaben, der primär eine Begünstigung der örtlichen Wirtschaft durch Verbesserung ihrer Standortbedingungen und damit ihrer Produktivität und als sekundäre Folgewirkung die harmonische Gestaltung des Verhältnisses aller öffentlichen Gemeindeaufgaben zu den an ihm bestehenden Interesse der Wirtschaft mittels geeigneter Lenkungsmaßnahmen und Handlungen der Gemeinde zum Gegenstand hat.“

Trotz vereinzelter Kritiken wird diese Definition von der Mehrheit weitgehend akzeptiert.

Einfacher und verständlicher hingegen ist die folgende Definition von Lange (1981): „Gemeindliche Wirtschaftsförderung ist die Förderung nicht gemeindlicher Wirtschaftstätigkeit durch Gemeinden“.[5] Nach seinem Verständnis kann kommunale Wirtschaftsförderung nicht Selbstzweck sein, sondern muss vielmehr als Mittel zur Förderung des Wohls der sie betreibenden Gemeinde verstanden werden. Im Folgenden wird in Anlehnung an Lange

> „unter kommunaler Wirtschaftsförderung also diejenige Tätigkeit der Kommunen verstanden, die primär auf die Begünstigung der örtlichen Wirtschaft, das heißt sowohl der ortsansässigen wie auch der ansiedlungswilligen Unternehmen, mit dem Ziel der Steigerung des Gemeinwohls abzielt.“[6]

Ergänzend ist darauf aufmerksam zu machen, dass Gegenstand der Förderung nicht nur private Unternehmen, sondern alle Institutionen, also auch öffentlich-rechtliche Einrichtungen sind, die Arbeitsplätze zur Verfügung stellen und zum Bruttosozialprodukt der Kommune im weitesten Sinne beitragen.

Heute wird die Wirtschaftsförderung in der kommunalen Praxis zunehmend als umfassende Dienstleistung der Kommune für die örtliche Wirtschaft verstanden.

Aufgrund der wachsenden Bedeutung innerhalb des kommunalen Aufgabenkatalogs und des von ihr ausgehenden wirtschaftlichen Entwicklungspotenzials, wird kommunale Wirtschaftsförderung als wesentlicher und integraler Bestandteil der Standortentwicklungspolitik mehr als jeder andere kommunale Verwaltungsbereich als ressortübergreifende Querschnittsaufgabe verstanden.

Und obwohl die Begriffe inhaltlich oftmals ohne Unterschied in der Sache verwendet werden, unterscheidet sich die kommunale Wirtschaftsförderung von der kommunalen Wirtschafts- und Gewerbepolitik insoweit, als letztere gerade auch solche Aspekte politischen Handels beinhaltet, die die ansässigen Unternehmen negativ tangieren und damit die örtliche Wirtschaftsentwicklung hemmen können.

1.2 Historische Entwicklung

1.2.1 Vom Mittelalter bis zum ausgehenden 19. Jahrhundert

Historisch betrachtet, hat die Förderung der ansässigen Wirtschaft, beziehungsweise der Gewerbetreibenden durch die örtliche Gemeinschaft, in Deutschland eine lange Tradition. Im Bewusstsein einer geradezu schicksalhaften Verbundenheit waren bereits die neu gegründeten und aufstrebenden Städte des Mittelalters seit etwa Mitte des 12. Jahrhunderts auf die Förderung ihrer städtischen Wirtschaft und damit wiederum ihrer eigenen Wirtschaftskraft bedacht. Überhaupt spiegelt sich in der Geschichte der deutschen Städte gleichzeitig auch die gesamte deutsche Wirtschaftsgeschichte wider.

Städtische Wirtschaftsstruktur im Mittelalter

Die deutsche Stadt im Mittelalter bildete als politischer, sozialer und wirtschaftlicher Mikrokosmos, der in sich sein Gefüge fand und sich nach außen abschloss, in ihrem autonomen Stadtrecht eine geschlossene Rechtsordnung, die sich zu einer staatsähnlichen Organisation steigerte.[7]

Städtische Wirtschaftspolitik im Mittelalter bedeutete zunächst, Vorsorge für die Ernährung und Verteidigung der Stadt zu treffen. Die starken und selbstbewussten mittelalterlichen Stadtwirtschaften waren somit die eigentlichen Träger des wirtschaftlichen Lebens bis etwa zur Mitte des 14. Jahrhunderts. Damals erfolgte die Wirtschaftsförderung sowohl durch Realförderung als auch durch Maßnahmen der hoheitlichen Eingriffsverwaltung. Gewährte etwa der Landesherr einer Stadt das Marktrecht, Niederlassungs- oder Stapelrecht, so wollte er sich entweder für deren geleistete Dienste erkenntlich zeigen oder ihre Gunst erwerben. Aber auch das Bannmeilenrecht der mittelalterlichen Städte leistete einen wesentlichen Beitrag zur wirtschaftlichen Stadtentwicklung im Mittelalter und zur schnelleren Entfaltung des ansässigen städtischen Gewerbes.

Deshalb strengten sich die alten Städte an, wirtschaftliche Betriebe innerhalb ihrer Bannmeile anzusiedeln. Mit allen möglichen Versprechungen suchten die Stadtherrn gewerbliche Unternehmer heranzuziehen und boten ihnen namhafte Vorteile, ja gaben ihnen weitgehende Freiheiten.[8] Dennoch war die Wirtschaftspolitik der Städte ähnlich wie die der fürstlichen Landesherren des Mittelalters noch bis in das 16. Jahrhundert hinein im Allgemeinen wenig systematisch. Eher sporadisches und nicht selten in seinen einzelnen Elementen kaum abgestimmtes Vorgehen kennzeichnete die Wirtschaftsförderung jener Zeit. Dies änderte sich erst in der zweiten Hälfte des 17. Jahrhunderts mit dem Westfälischen Frieden von 1648, der das Ende des Dreißigjährigen Krieges 1618 bis 1648 und zugleich eine bedeutende Epochengrenze darstellt.

Städtische Wirtschaftsförderung im Absolutismus

Mit dem auch in Deutschland nach und nach aufkommenden Absolutismus und dessen Wirtschaftssystem, des Liberalismus, beziehungsweise des Kameralismus als einer spezifisch deutschen Ausprägung, endete zunächst die innere und wirtschaftliche Selbstständigkeit der deutschen Städte. Im absolutistischen Fürstenstaat wurden die einstmals autonomen und wirtschaftlich potenten Städte zu bloßen Ausführungsorganen landesherrlicher Politik degradiert. Die Verwaltung der Städte wurde im Allgemeinen von einem der jeweiligen Landesherren und seinen verantwortlichen Beamten wahrgenommen. Das ernüchternde Resultat war die Verkümmerung der sich bis dahin herausgebildeten städtischen Selbstverwaltung: Das gesamte Verhalten in der wirtschaftlichen Stadt und im Land wurde unter die Anordnungen der Obrigkeit gestellt. Die „Wohlstandspflege"[9] oblag in dieser Zeit in Preußen wie auch im übrigen Deutschland als Teil der Polizeiarbeit vollständig in der Hand des Staates. Der städtische Wirtschaftsbürger hatte in erster Linie treuer Untertan zu sein, eine Mentalität, die sich im Übrigen in Deutschland noch bis weit ins 19. Jahrhundert hinein fast unverändert fortsetzte. Bereits damals sei die Förderung des allgemeinen Wohlstandes durch Unterstützung der Industrie und durch Anfragen derselben unter den Landesfürsten zu einer reinen Modesache geworden, wie ein zeitgenössischer Artikel kritisch mahnt.

Städtische Wirtschaftsförderung im Liberalismus

Erst in der sich an den Absolutismus anschließenden Epoche des Liberalismus im 19. Jahrhundert gestand man den Städten und Gemeinden in den deutschen Territorien wieder das Recht der eigenen und selbstständigen Verwaltung zu. Diese war aber zunächst nur im Königreich Preußen und dort wiederum nur in den Städten gewährleistet, und zwar in Form der Städteordnung des Freiherrn vom Stein aus dem Jahre 1808. Mit ihr wurde den preußischen Städten erstmals die Erledigung der öffentlichen Aufgaben in eigener Verantwortung übertragen, spätestens seit dieser Zeit fördern und unterstützen insbesondere die größeren und mittleren Städte in Deutschland wieder eigenständig ansässige und fremde, ansiedlungswillige Unternehmen durch lenkende Verwaltungsmaßnahmen, die noch immer frei von wirklicher Systematisierung waren, weshalb damals in der offiziellen Verwaltungssprache auch noch nicht von einer eigenständigen kommunalen Wirtschaftsförderung die Rede war.

1.2.2 Entwicklung im 20. Jahrhundert

Die eigentliche Entwicklung der kommunalen Wirtschaftsförderung, zumindest aus organisatorischer Sicht, hat erst zu Beginn des 20. Jahrhunderts eingesetzt. Es gibt zwar konkrete Hinweise darauf, dass bereits im Laufe des 19. Jahrhunderts in einigen größeren deutschen Städten einzelne Mitglieder des Rates speziell mit Fragen der allgemeinen Wirtschaftsförderung betraut wurden. Ein Beispiel hierfür ist die ehemalige westfälische Haupt- und Residenzstadt Münster, in der im Jahre 1804 der Oberbürgermeister im Zuge der Neuverteilung der Verwaltungsgeschäfte seinem Stellvertreter im Magistrat im Wissen um deren besondere Wichtigkeit die Zuständigkeit für Fabriken und Manufaktursachen, Beförderung des Gewerbes und Ansiedlung fremder Unternehmer übertragen hatte.

Aber angesichts der Tatsache, dass im Allgemeinen die Ausdifferenzierung und Spezialisierung der Kommunalverwaltung noch während des gesamten 19. Jahrhunderts nicht sehr ausgeprägt war, kann vermutlich zu Recht davon ausgegangen werden, dass fachliche Aufgabenzuweisungen wie etwa die Wirtschaftsförderung an einzelne Mitglieder des Magistrats wie im Fall Münster nur rein informeller Art und daher die Ausnahme waren.

Beginn der institutionalisierten Wirtschaftsförderung

Die eigentliche Institutionalisierung beziehungsweise formale organisatorische Einbindung der kommunalen Wirtschaftsförderung in Form einer eigenen Dienststelle innerhalb der Kommunalverwaltung wurde erst rund 100 Jahre später in der badischen Stadt Mannheim vollzogen. Dort hatte die Stadtverwaltung bereits vor Beginn des Ersten Weltkrieges mit dem städtischen Hafen- und Betriebsamt das vermutlich erste Wirtschaftsförderungsamt aller Großstädte Deutschlands ins Leben gerufen. Bereits unmittelbar nach Beendigung des Ersten Weltkrieges im Jahre 1918 war im Zuge der Aufhebung und des Umbaus der Kriegs- und Übergangswirtschaft erstmals zunehmend von Mittelstandsfürsorge die Rede. Zur Effektivierung der kommunalen Wirtschaftsförderung wurde zu jener Zeit verstärkt die Errichtung von städtischen Wirtschaftsämtern propagiert, die alle der Gemeinde und Wirtschaft dienenden Kräfte, wie beispielsweise Stadtverwaltung, Handelskammern und amtliche Gewerbe sowie gewerbliche Körperschaften, einheitlich zusammenfassen sollten. Ein Beispiel dafür ist das im Jahr 1919 errichtete städtische Wirtschaftsamt der Stadt Frankfurt am Main, dem die Aufgabe übertragen wurde, zur allgemeinen Förderung des Wirtschaftslebens u. a. durch Heranziehung neuer Industrie, durch Anregung zu neuen Plänen und durch Vermittlung von Nachrichten über neuere technische Errungenschaften und andere wirtschaftliche Möglichkeiten, zur Verbreiterung der wirtschaftlichen Basis beizutragen.

Weimarer Republik

Überhaupt wurde in der Zeit der Weimarer Republik der kommunalen Wirtschafts- und Gewerbeförderung wieder große Bedeutung geschenkt. Auslöser der zumeist in verdeckter Form und nur in Ausnahmefällen gewährten Wirtschaftsförderungsmaßnahmen, etwa über günstige Grundstückspreise, war bis zum Ende dieser Epoche einerseits der in den großen Städten zunehmende Industrialisierungsprozess, andererseits die in den Landkreisen zu verzeichnende Verschlechterung des Lebensstandards der Bevölkerung, sowie deren Landflucht. Aber die Grundauffassung des liberalen bürgerlichen Staates, dass sich die öffentliche Hand gegenüber der Wirtschaft nicht zu engagieren habe, zeigte sich bei der kommunalen Förderung der Industrie sehr viel deutlicher als bei der Stützung der sozial schwächeren Wirtschaftskreise.

Weltwirtschaftskrise

Eine völlige Abkehr von dieser auferlegten Zurückhaltung der Kommunen lösten erst die Weltwirtschaftskrise und deren katastrophalen Folgen aus, was nicht selten zu drastischen Fehlschlägen in der kommunalen Wirtschaftsförderung führte. Durch gezielte Stützungsaktionen finanzieller Art gegenüber notleidenden Unternehmen, versuchten manche Gemeinden die drohenden Gefahren für den eigenen kommunalen Haushalt, wie z. B. Steuerausfälle oder Arbeitslosenfürsorge, abzuwehren.

Nationalsozialismus

Auch unter der Diktatur des Nationalsozialismus betrieben die deutschen Städte und Gemeinden eine mehr oder weniger eigenständige Wirtschaftsförderung. Die Konkurrenz der Gemeinden um die Standorte militärischer Einheiten im Zuge der allgemeinen Aufrüstung und die Ansiedlung von Industrieunternehmen im Zuge der Vierjahrespläne führte vereinzelt zu parteipolitisch motivierten Subventionen, die bevorzugt in verdeckter Form gewährt wurden. Trotz der allgemeinen Unterordnung der gemeindlichen Maßnahmen unter die staatspolitischen Zielsetzungen im Zuge einer weitgehenden Einheit von Partei und Staat wurde die generelle Allzuständigkeit des kommunalen Aufgabenkreises als traditioneller Grundsatz der kommunalen Selbstverwaltung unverändert in das neue nationalsozialistische Gemeinderecht übernommen, nach Auffassung von Gärtner aber nie bestritten und in der Praxis auch nicht eingeengt. Nach der Machtergreifung durch die Nationalsozialisten im Jahre 1933 habe selbst die Wirtschaftspolitik in der NS-Diktatur zu keiner Verminderung der Bedeutung des Verhältnisses zwischen den Gemeinden und der Wirtschaft geführt.

Tatsächlich war jedoch der den Gemeinden als Bindegliedern zwischen Staat und Wirtschaft im Zuge einer umfassenden Aushöhlung der kommunalen Selbstverwaltung seit der nationalsozialistischen Machtübernahme zugebilligte Spielraum einer eigenständigen kommunalen Wirtschaftsförderung äußerst gering und führte zu einer weitgehenden Beschränkung und Einengung, wie Schiefer feststellt. Die Verlagerung von Industriebetrieben und die Neuschaffung von Industriezweigen wurde als ureigenste Aufgabe des Staates und der Wirtschaft betrachtet, darüber hinaus wurde aus organisatorischer Sicht die Gründung eigener gemeindlicher Wirtschaftsberatungsämter und vergleichbarer Dienststellen, die auf die Beratung und Erhaltung von in Schwierigkeiten geratenen Unternehmen der Privatwirtschaft ausgerichtet sind, bereits früh durch einen Erlass des Reichs und preußischen Ministers des Inneren vom 22. Januar 1935 untersagt.

Der Erlass trug vor allem den Bedenken von Wirtschaftsvertretern der Industrie- und Handelskammern sowie der Handwerkskammern gegen die Einrichtung gemeindlicher Wirtschaftsämter Rechnung und brachte die schon in den 20er Jahren des 20. Jahrhunderts und zum Teil auch heute noch vertretene Auffassung zum Ausdruck, dass die Unterstützung notleidender Betriebe der Privatwirtschaft nicht Aufgabe der Gemeinde, sondern der Selbstverwaltungskörperschaften der Wirtschaft selbst sei.[10]

Durch den Kriegsausbruch im Jahre 1939 wurden die Gemeinden schließlich auf allen Aufgabengebieten zu bloßen Vollzieherinnen einer zentral gelenkten Kriegswirtschaft. Die bis dahin errichteten großstädtischen Wirtschaftsämter dienten später als organisatorische Grundlage der beiden Kriegswirtschaftsämter, dem Wirtschafts- und dem Ernährungsamt, die reine Auftragsangelegenheiten wahrzunehmen hatten.

Bundesrepublik Deutschland

Der eigentliche Bruch der Wirtschaftsförderung mit dem 19. Jahrhundert vollzog sich aber erst nach der Gründung der Bundesrepublik Deutschland im Jahre 1949. Seither hat sich die kommunale Wirtschaftsförderung in den alten Bundesländern inhaltlich und organisatorisch unter dem Einfluss ständig wechselnder wirtschaftliche Rahmenbedingungen systematisch bis zu ihrer heutigen Form weiterentwickelt.

Veränderungen durch die deutsche Wiedervereinigung

In den neuen Bundesländern ist dagegen die Wirtschaftsförderung heute im westdeutschen Verständnis ein vergleichsweise junges kommunales Aufgabengebiet. Im Zuge der deutschen Vereinigung im Jahre 1990 kam es in Ostdeutschland zu einem tiefgreifenden Umbruch der bis dahin vorherrschenden institutionellen, rechtlichen, sozialen und wirtschaftlichen Strukturen. Als einzige institutionelle Ebene überhaupt überlebten die ostdeutschen Kommunen die politische Wende. Sie waren zu Zeiten der DDR als örtliche Staatsorgane reine Ausführungsinstrumente und damit an die Weisungen des Zentralstaates gebunden. In Bezug auf die Wirtschaft war ihnen die Aufgabe übertragen worden, insbesondere für die Sicherung der Standortbedingungen der zentral gelenkten Kombinate und volkseigenen Betriebe zu sorgen.

Erst durch die deutsche Vereinigung und deren tiefgreifende ökonomische Folgen sahen sich sowohl die Verwaltungen als auch die Politiker der Kommunen in den neuen Bundesländern einer zunehmenden Notwendigkeit zur aktiven und eigenständigen Wirtschaftsförderung gegenüber, einem für sie bis dahin weitgehend unbekannten

Aufgabenbereich, der in den westdeutschen Kommunen bereits seit Jahrzehnten einen hohen Stellenwert besaß. Mittlerweile hat sich die Wirtschaftsförderung auch in Ostdeutschland zu einer äußerst komplexen und wichtigen kommunalen Aufgabe herausgebildet, aber anders als in Westdeutschland, wo im vergangenen Jahrzehnt die Orientierung auf den eigenen Unternehmensbestand eindeutig Priorität hatte, mussten sich die ostdeutschen Kommunen zunächst und in verstärktem Maße um eine gezielte Akquisition von Investoren bemühen, die von außerhalb der Region kommen.

1.3 Rechtliche Grundlagen

Rechtliche Zulässigkeit

Da bislang keine Legaldefinition der kommunalen Wirtschaftsförderung erfolgt ist, spielt sie sich im gesetzesfreien Raum ab und zählt insofern zur gesetzesfreien Leistungsverwaltung der Kommunen. Trotz dieses Umstandes wird ihre grundsätzliche rechtliche Zulässigkeit heute nicht mehr bezweifelt.

Um dennoch eine rechtliche Grundlage für die kommunale Wirtschaftsförderung zu erhalten, muss direkt auf die Verfassung der Bundesrepublik Deutschland zurückgegriffen werden. Eine gesetzliche Rechtfertigung der Wirtschaftsförderung durch die deutschen Kommunen gibt es demnach allein aus Art. 28 Abs. 2 des Grundgesetzes (GG), dem sog. „Grundsatz der Allzuständigkeit der Gemeinden". Dort wird den Gemeinden und Gemeindeverbänden explizit das Recht gewährt, alle Angelegenheiten der örtlichen Gemeinschaft im Rahmen der Gesetze in eigener Verantwortung zu regeln. Die weitergehende rechtliche Ausgestaltung liegt im Zuständigkeitsbereich der Länder, in Baden-Württemberg entsprechend Art. 1 und 70 Abs. 1 der Landesverfassung. Dabei muss es sich aber grundsätzlich um solche Angelegenheiten der örtlichen Gemeinschaft handeln, die eindeutig im öffentlichen Interesse liegen. Was aber ist eine örtliche Angelegenheit und welche dieser Angelegenheiten liegen im öffentlichen Interesse? Dieser Frage soll im Folgenden nachgegangen werden.

Kommunale Wirtschaftsförderung ist eine öffentliche Aufgabe

Zunächst kann festgestellt werden, dass es sich bei der kommunalen Wirtschaftsförderung um eine öffentliche Aufgabe handelt, da sie primär auf die Wohlfahrtsteigerung der Einwohner einer Gemeinde abzielt[11] und dies ist unbestreitbar im öffentlichen Interesse.

Nach den geltenden gesetzlichen Bestimmungen des Kommunalwahlrechts haben die Kommunen in den Grenzen ihrer Leistungsfähigkeit u. a. auch für das wirtschaftliche, soziale und kulturelle Wohl ihrer Einwohner Sorge zu tragen. Daraus allein lässt sich kommunale Wirtschaftsförderung nicht zwangsläufig begründen, wohl aber werden hier wichtige Hinweise auf den Umfang des kommunalen Aufgabenbereichs ersichtlich.

Eine weitere Begründung des kommunalen Aufgabenbereichs und damit auch der Wirtschaftsförderung wird in der allgemeinen Funktion der Kommunen gesehen, maßgeblich zur Realisierung des Sozialstaatsprinzips zum Wohl ihrer Einwohner beizutragen, sowie der damit in unmittelbarem Zusammenhang stehenden Aufgabe der Daseinsvorsorge.[12]

Danach hat die Kommune die umfassende Aufgabe, die menschliche Lebensführung und die Umwelt in ihrem Verantwortungsbereich zu gestalten, beziehungsweise eine aktive Gemeindeentwicklung zu betreiben. Insofern ist Wirtschaftsförderung ein notwendiger Bestandteil des kommunalen Aufgabenkatalogs. Aber auch eine über die örtlichen Grenzen hinaus in das Umland ausstrahlende Maßnahme ändert nichts an der Tatsache, dass es sich bei der kommunalen Wirtschaftsförderung um eine örtliche Angelegenheit handelt. Damit kann abschließend festgestellt werden, dass die Wirtschaftsförderung grundsätzlich zu den Selbstverwaltungsaufgaben der Kommunen zählt, zumindest solange und soweit sie den Interessen der kommunalen örtlichen Wirtschaft dient.

Schließlich findet sich eine rechtliche Bestätigung des kommunalen Auftrags zur Wirtschaftsförderung auch in § 2 Abs. 2 des Gesetzes über die Gemeinschaftsaufgabe „Verbesserung der regionalen Wirtschaftsstruktur" (GRWG). Danach sind vorzugsweise die Gemeinden und Gemeindeverbände selbst die Träger der nach § 1 Abs. 2 GRWG vorgesehenen Maßnahmen zum Ausbau der Infrastruktur.

Rechtliche Grenzen

Die grundsätzliche Zulässigkeit kommunaler Wirtschaftsförderung bedeutet aber nicht, dass die Kommunen als Träger der Wirtschaftsförderung einen uneingeschränkten Handlungs- bzw. Gestaltungsspielraum haben. Durch den Zusatz „im Rahmen der Gesetze" in Art. 28 Abs. 2 Grundgesetz unterliegt auch die kommunale Wirtschaftsförderung nach dem Willen des Gesetzgebers bestimmten Grenzen.

Im Einzelnen kann die kommunale Wirtschaftsförderung Einschränkungen durch verschiedene Gesetze und Kompetenzen übergeordneter Stellen erfahren, auf die im Folgenden näher eingegangen wird.

Europarechtliche Grenzen

Europarechtliche Grenzen können sich im Rahmen der kommunalen Wirtschaftsförderung gleich in zweifacher Hinsicht ergeben: Zum einen dürfen regionale Wirtschaftsförderungsmaßnahmen der Europäischen Union, die sie im Rahmen ihrer seit 1975 eigenständigen Regionalpolitik insbesondere mithilfe der Strukturfonds ergreift, nicht durch die kommunalen Wirtschaftsförderungsmaßnahmen unterlaufen werden. Dieser Grenze wird in der Literatur aber eine eher theoretische Bedeutung beigemessen. Der Grund für diese Einschätzung liegt in dem nicht allzu großen Störpotenzial der Kommunen, das sie kaum in die Lage versetzt, Regionalpolitik nachhaltig negativ zu beeinflussen.

Zum anderen schränkt das Wettbewerbsrecht der EU, dem mittlerweile in der Praxis eine herausragende Bedeutung hinsichtlich seiner Schrankenwirkung auf die kommunale Selbstverwaltung beigemessen wird, die Wirtschaftsförderung der Kommunen mehr oder weniger ein. Insbesondere Art. 107 bis 109 des Vertrages über die Arbeitsweise der EU, dies sind die Art. 87 bis 89 des EG-Vertrages, setzen der kommunalen Wirtschaftsförderung Grenzen. Danach sind Beihilfen, die aus öffentlichen Mitteln gewährt werden und zu konkreten Wettbewerbsverzerrungen beziehungsweise Wettbewerbsverfälschungen führen oder nur führen könnten, generell verboten. Die Ausnahme von dieser Regel sind lokale Infrastrukturmaßnahmen, die zur allgemeinen Attraktivitätssteigerung der Kommunen beitragen sollen. Obwohl gerade diesen europarechtlichen Grenzen im Allgemeinen eine weitaus größere praktische Bedeutung beigemessen wird als der zuerst genannten, wird in den meisten Fällen davon ausgegangen, dass kommunale Beihilfen im Rahmen der Wirtschaftsförderung zu keinen nennenswerten Beeinträchtigungen des Wettbewerbs innerhalb des gemeinsamen Binnenmarktes führen.[13]

Es ist jedoch erkennbar, dass das EU-Beihilferecht auf immer mehr kommunale Aufgabenfelder, darunter die Wirtschaftsförderung, anzuwenden ist und damit in der Praxis weiter an Bedeutung gewinnt. Beihilfeverstöße ziehen wegen möglicher Schadensersatzforderungen durch Rückabwicklungen sowie Haftungsfragen unter Umständen erhebliche finanzielle Folgen nach sich, sodass die Kommunen ihr Handeln zumindest zunehmend auf die geltenden EU-Beihilferegelungen abzustimmen haben.

Dobler weist deshalb darauf hin, dass der Rechtsrahmen der EU-Beihilfenkontrolle und die einschlägigen Bestimmungen des EG-Vertrages unverändert Gültigkeit haben. Eine wesentliche Änderung ist jedoch infolge der EU-Verordnung Nr. 1998/2006 der Kommission vom 15.12.2006 mit Wirkung zum 01.01.2007 in Kraft getreten und hat die EU-Verordnung Nr. 69/2001 vom 12.01.2001 abgelöst. Seinerzeit wurden die bis 2006 geltenden Beitragsgrenzen von 100 000 € bezogen auf einen Zeitraum von drei Jahren auf 200 000 € innerhalb eines Zeitraums von drei Steuerjahren angehoben. Am 1. Januar 2024 wurde dieser Schwellenwert durch die EU-Verordnung Nr. 2023/2831 (Allgemeine-De-minimis-Beihilfen Verordnung) schließlich auf 300 000 € angepasst, um die Inflation abzubilden.[14]

Verfassungsrechtliche Grenzen

Verfassungsrechtliche Grenzen ergeben sich aus der allgemeinen Grundrechtsbindung, der die gesamte kommunale Selbstverwaltung und somit auch die kommunale Wirtschaftsförderung unterliegt. Dazu zählen insbesondere Art. 2 GG, Art. 3 GG und Art. 37 GG. Die weitverbreitete Auffassung, der zufolge Wirtschaftsförderung im Allgemeinen als nicht marktkonforme wirtschaftspolitische Maßnahme zu gelten habe und allein aus diesem Grund bereits kategorisch abzulehnen sei, ist unbegründet.

Das Grundgesetz spricht sich weder für eine reine Marktwirtschaft, in der staatliche Einflussnahme nur von untergeordneter Bedeutung ist, noch für irgendeine andere Wirtschaftsordnung explizit aus. Trotzdem ist die gegenwärtige Verfassungswirklichkeit in der Bundesrepublik Deutschland durch die Prinzipien der Marktwirtschaft derart geprägt, dass zum einen zwar eine grundsätzliche Freiheit vor staatlichen Eingriffen besteht, zum anderen aber gleichzeitig auch die Möglichkeit der staatlichen Steuerung durch Eingriffs- und Lenkungsmaßnahmen vorgesehen ist. Damit ist aber eine unmittelbare Einflussnahme auf das Wirtschaftsgeschehen seitens des Staates beziehungsweise der öffentlichen Hand nicht per se auszuschließen. Aus der marktwirtschaftlichen Ordnung kann insofern auch keine Folgerung für den zulässigen Umfang kommunaler Wirtschaftsförderungsmaßnahmen gezogen werden.

Einschränkung durch andere Verwaltungsträger

Die Zuständigkeiten anderer Verwaltungsträger wie Bund, Länder und andere Kommunen bilden eine weitere rechtliche Grenze kommunaler Wirtschaftsförderung. Dazu zählen insbesondere die Bundes- und Landesgesetze, beziehungsweise die Landesplanungen. So sind die Kommunen im Rahmen ihrer Bauleitplanung gesetzlich dazu verpflichtet, ihre Planungen und Maßnahmen untereinander, sowie mit den anderen 89, im Raumordnungsgesetz genannten Stellen aufeinander abzustimmen. Selbst wenn Zielkonflikte zwischen kommunaler und regionaler Wirtschaftsförderung bestehen, ist die kommunale Wirtschaftsförderung entgegen einer Mindermeinung nicht unzulässig, da zum einen, wie bereits erwähnt, das regionale Störpotenzial der Kommunen nicht allzu hoch eingeschätzt und zum anderen den Kommunen nicht das Recht auf wirtschaftsverwandte Tätigkeit abgesprochen werden darf.

Einschränkungen durch einfachgesetzliche Grenzen

Schließlich findet die kommunale Wirtschaftsförderung eine Einschränkung durch einfachgesetzliche Grenzen. Wie alle anderen Verwaltungsträger sind auch die Kommunen zur strikten Einhaltung aller bestehenden verfassungsmäßigen gesetzlichen Regelungen verpflichtet. Darunter fallen sämtliche allgemeinen Bundes- und die jeweiligen Landesgesetze, sowie die kommunalrechtlichen Bindungen. Eine besondere Bedeutung kommt dabei den ausnahmslos in allen Gemeindeordnungen enthaltenen allgemeinen Grundsätzen der gemeindlichen Haushaltswirtschaft zu. Danach hat die Gemeinde die Pflicht, ihre Haushaltswirtschaft sparsam und wirtschaftlich zu führen. Dieser Grundsatz gilt jedoch nicht nur für die gesamte Haushaltswirtschaft einer Gemeinde, sondern hat vielmehr auch bei jeder einzelnen Maßnahme Beachtung zu finden, also auch bei den einzelnen Maßnahmen im Rahmen der kommunalen Wirtschaftsförderung.

Kommunalrechtliche Grenzen

Während das Gebot der Sparsamkeit angesichts der gegenwärtigen kommunalen Finanzlage in der Praxis nahezu obligatorisch ist, verlangt das Gebot der Wirtschaftlichkeit, dass ein Kosten-Nutzen-Vergleich für jede einzelne Wirtschaftsförderungsmaßnahme aufgestellt werden sollte.[15] Kommunale Wirtschaftsförderung hätte demnach im konkreten Einzelfall haushaltsrechtlich dann zu unterbleiben, wenn sich mit der Durchführung kein angemessener Nutzen für die Gemeinschaft erzielen lässt und dies sogar die eigene Finanzkraft übersteigen würde.

Es ist jedoch zu beachten, dass die Durchführung einer kommunalen Wirtschaftsförderungsmaßnahme nicht ausschließlich von Kosten-Nutzen-Erwägungen abhängig gemacht werden kann, sondern im Hinblick auf das öffentliche Wohl der Gemeinde beurteilt werden sollte.

Weitere kommunalrechtliche Grenzen sind darüber hinaus auch dem gemeindlichen Vermögenserwerb, der Nutzungsüberlassung gemeindlicher Vermögensgegenstände sowie deren Veräußerung gesetzt. Von erheblicher Bedeutung sind diese Vorschriften insbesondere bei Grundstücken und deren Verkauf durch die Kommunen. Trotz dieser rechtlichen Einschränkungen verbleibt den Kommunen zur Wirtschaftsförderung in der Praxis ein großer Handlungsspielraum. Da eine generelle Beschränkung kommunaler Wirtschaftsförderung nicht ersichtlich ist, kommt es im Hinblick auf die mögliche Rechtskollision auf die Prüfung im konkreten Einzelfall an. Jedenfalls ist ein finanzieller Wettbewerb zwischen den Kommunen und Regionen um Ansiedlungen von Unternehmen nicht zulässig.

1.4 Wirtschaftsförderung als „rationale" Wirtschaftspolitik

Wirtschaftsförderung ist nach Maßgabe wissenschaftstheoretischer Klassifizierung ein Bereich der politischen Wirtschaftspolitik. Sie unterliegt den Kriterien der Rationalität, was bedeutet, dass sie planmäßig auf die Verwirklichung eines umfassenden, wohldurchdachten und in sich ausgewogenen Zielsystems gerichtet ist und dabei den höchsten Erfolgsgrad erreicht, der unter den gegebenen jeweiligen Umständen möglich ist. Rationales Handeln ist somit dann gegeben, wenn das Handeln auf ein Ziel gerichtet ist und damit ob seines Erfolges überprüfbar hinsichtlich der Wirksamkeit ist. So weit ist Wirtschaftsförderungspolitik nur dann rational, wenn Ziele vorgegeben sind, an denen sich die Maßnahmen ausrichten und unter denen sich einzelne Handlungen ermessen lassen.

Bestandteile eines rationalen Konzepts

Rationale Wirtschaftsförderung ist damit das Bestimmen und Durchsetzen optimaler Ziel-Mittelkombinationen. Die Handlungsabfolge bei der Aufstellung eines rationalen Wirtschaftsförderungskonzeptes wird wie folgt empfohlen.

- **Schritt 1 | Aufstellung eines Zielsystems**
  Den ersten Schritt bildet die Aufstellung eines Zielsystems, das den Sollzustand beschreibt und über die Ziele Auskunft gibt. Diese Ziele müssen rational definiert, qualifiziert und, wenn möglich, quantifiziert werden. Dabei treten notwendigerweise Zielkonflikte auf, die ebenfalls zu beschreiben sind. Damit ist eine Festlegung und Abwägung der Zielkonkurrenzen vorzunehmen und zu definieren, welche Ziele präferiert und in welchem Maße sie verfolgt werden sollen.
- **Schritt 2 | Analyse – Diagnose – Ursache**
  Der nächste Schritt im Ablauf ist der der Analyse des jeweils vorgefundenen Ist-Zustandes und die Feststellung, warum der Ist-Zustand so eingetreten ist, wie er vorgefunden wurde. In diesem Verfahrensschritt ist nach der Ursache des Ist-Zustandes zu forschen. Die Ursachenanalyse, auch als Diagnose bezeichnet, ist notwendig, denn erst wenn die wirtschaftspolitischen Akteure wissen, warum es zu

dem unbefriedigenden wirtschaftlichen Zustand gekommen ist, wird es möglich sein, auch gezielt Abhilfe zu schaffen.
Die Status-quo-Analyse soll danach die wirtschaftspolitische Situation einer regional definierten Standortgemeinschaft beschreiben. Zu differenzieren ist weiterhin zwischen der Ursachenforschung und der Prognose. Nur wenn eine realistische Prognose beziehungsweise Fortschreibung der wirtschaftspolitischen Daten über einen mittelfristigen Zeitraum hin erfolgt, kann beurteilt werden, ob es überhaupt notwendig wird, wirtschaftspolitische Maßnahmen zu ergreifen. Nur für den Fall, dass die Prognose auf der Basis der Ist-Analyse einen nicht gewollten und nicht zielgerechten Zustand definiert, sind überhaupt wirtschaftspolitische Maßnahmen in Erwägung zu ziehen.
Als Wirkungsprognose wird die Untersuchung der Wirkung von wirtschaftspolitischen Maßnahmen in der Zukunft auf die ausgewählten Parameter bezeichnet. Bei der Prognose muss es sich um eine wissenschaftliche Prognose handeln, das heißt nicht nur um Prophezeiungen. Erstere bedürfen einer rationalen Begründung, das heißt einer wissenschaftstheoretischen Begründung, und müssen auf empirischen Regelmäßigkeiten beruhen und überprüfbar sein.

- **Schritt 3 | Entwicklungsprognose**
  Als weiterer Schritt im Ablauf der Analyse ist deshalb festzustellen, wie sich die Situation entwickeln wird, wenn keine weiteren Maßnahmen ergriffen werden. Würde der analysierte Ist-Zustand sich ohne Maßnahmen auf den gewünschten Zielzustand hin entwickeln, wären wirtschaftspolitische Maßnahmen nicht notwendig. Damit gehört zur Analyse die Prognose, die voraussagt, wie die Situation sich einerseits ohne aktives Eingreifen und andererseits mit Durchführung des gewünschten Maßnahmenkatalogs entwickeln würde.
- **Schritt 4 | Festlegung und Umsetzung der Maßnahmen**
  Ein entscheidender Schritt in der Abfolge des rationalen Prozesses ist die Festlegung der Maßnahmen, die zu einer Verbesserung des nicht befriedigenden Status-quo führen soll. Diese Maßnahmen bestehen meist aus einer Vielzahl von unterschiedlichen wirtschaftspolitischen Aktionen, also einem Maßnahmenbündel. Sie tragen unterschiedliche Bezeichnungen: Wirtschaftspolitisches Entwicklungskonzept, Handlungsrahmen oder Wirtschaftsförderungsprogramm.
  Nach der Festlegung des Handlungsrahmens, der aus verschiedenen Ziel-Mittel-Kombinationen besteht, erfolgt die politische Durchsetzung der daraus abgeleiteten Maßnahmen, sowie die Umsetzung durch die Akteure.
- **Schritt 5 | Erfolgskontrolle**
  Die Erfolgskontrolle, das heißt die Überprüfung der Frage, ob die gewünschten Ziele durch die Maßnahmen erreicht sind, beendet zunächst den rationalen Pro-

zess, der jedoch dann gleich wieder in Gang gesetzt wird mit der Abweichungsanalyse über eine möglicherweise notwendige Anpassung des Zielsystems, die Neuausrichtung der Maßnahmen bis hin zur erneuten Erfolgskontrolle.

So ergibt sich ein sich ständig wiederholender Ablauf der bekannten Verfahrensschritte. Ein Ende dieses Verfahrens ist in der Regel nicht gegeben, da nicht davon auszugehen ist, dass der wirtschaftspolitische Optimalzustand über einen längeren Zeitraum bestehen bleibt. Insofern ist dieser Prozess ständige Aufgabe der wirtschaftspolitisch verantwortlich handelnden Akteure.

Zusammenfassung

Auch wenn diese Phasen sich als theoretisch logisch aufeinander aufbauend darstellen lassen, so fließen diese Schritte doch ineinander über, es kommt zu Rückkopplungen und die Prozesse sind interdependent. Entscheidungen werden ständig neu evaluiert, Informationen zur Analyse ständig eingeholt, ausgewertet, Maßnahmen revidiert, Ziele an die Veränderung der politischen Willensbildung und / oder Meinungsbildung angepasst. Erfolgskontrollen verlangen Maßnahmen der Anpassung. Phasen werden wiederholt, neu evaluiert und es kommt zu einem Prozess ständig neuer Erkenntnisse. Neue Zielanpassungen sind wohl die häufigste Korrektur im rationalen Entscheidungsprozess.

Für die praktische Durchführung ist es immer auch eine Frage, wer diese Analyse durchführt. Dabei kommt es in der Regel zum einen auf den in der Kommune beziehungsweise der Körperschaft vorhandenen eigenen Sachverstand an. Größere Städte und Landkreisverwaltungen mit qualifizierten Mitarbeitern und Ämterstrukturen sind sicher in der Lage, solche Standardanalysen selbst durchzuführen. Kleinere Städte und Gemeinden sind demgegenüber auf externe Beratungsunternehmen angewiesen, die in der Regel nicht nur in der Erhebung und Auswertung von Daten, sondern auch in der Konzeption, Steuerung und Moderation des gesamten Zielfindungs- und Analyseprozesses erfahren sind. Den wissenschaftlich schwierigsten Teil stellt sicher die zuverlässige Prognose dar. Diese ist sowohl für die Fortschreibung des Status-Quo ohne Maßnahmen erforderlich, insbesondere aber auch für die Evaluierung und Bewertung der Zielgerichtetheit der in Angriff genommenen Maßnahmen.

2 Anforderungen an eine moderne Standortstrategie

2.1 Globalisierung als Rahmenbedingung

Der Begriff der Globalisierung ist seit drei Jahrzehnten in aller Munde. Aber er wird nur selten komplett erfasst und beschrieben. Fast alle Menschen wissen etwas damit anzufangen, zu groß ist die persönliche Betroffenheit; Die spürbare Auswirkung auf das tägliche Leben jedes Einzelnen – positiv bei den Reisemöglichkeiten und dem Warenangebot und der Internetnutzung, negativ beim internationalen Konkurrenzdruck auf dem Arbeitsmarkt und den Folgen der Finanzkrise.

Dieser Prozess der Globalisierung ist mit großer Intensität und Geschwindigkeit seit Beginn der 1990er Jahre über die Weltwirtschaft hereingebrochen: Liberalisierung des Handels und des Dienstleistungs- und Kapitalverkehrs, Zollabbau, Konvertibilität der Währungen, Freizügigkeit im internationalen Zahlungsverkehr, Währungsreformen durch Einführung des Euro, internationale Vertragsvereinbarungen und Kontrollmechanismen sowie Abschaffung der Devisenbewirtschaftung waren nur einige der institutionellen Voraussetzungen. Hinzu kam die Schaffung von gigantischen Transportkapazitäten für Güter, Daten und Personen, damit der Austausch auch physisch bewerkstelligt werden konnte.

Die Vereinheitlichung und Anpassung von rechtlichen Normen, die Möglichkeit zum internationalen Eigentumserwerb, Globalisierung der Sprache durch die weitgehende Verständigung auf Englisch als Weltsprache waren weitere notwendige Randbedingungen, ebenso wichtig war die Fixierung und Kontrolle von Wechselkursen. Dadurch war eine stärkere internationale Arbeitsteilung möglich, was unmittelbar zu einer deutlich erhöhten internationalen Standortkonkurrenz führte.

Erfolgreich produziert, geforscht und Dienstleistungen erbracht wurde jeweils dort, wo die ökonomisch besten Bedingungen herrschten. Das bedeutete automatisch das Aus für zahlreiche Produktionsstandorte in den alten Industrienationen. Die zeitgleich damit einhergehenden verbesserten weltweiten Kommunikationsmöglichkeiten durch das Internet und sogenannte Datenautobahnen mit scheinbar unbegrenzten Speicherkapazitäten und Hochgeschwindigkeitsnetzen, Preisverfall bei Kommunikationsdienstleistungen und ähnliche Entwicklungen tragen zur Beschleunigung und Internationalisierung bei. Standorte sahen sich plötzlich ganz neuen Mitbewerbern gegenüber, viele

Strukturen in Deutschland waren quasi über Nacht nicht mehr wettbewerbsfähig: Wer sich nicht rasch genug anpassen konnte, der hatte verloren.

Ganze Regionen verspüren die negativen, aber auch positiven Folgen dieser Entwicklung, die dem gesamten Weltwirtschaftsgefüge eine neue Struktur gegeben hat, wie etwa der Aufstieg Brasiliens, Russlands, Indiens und Chinas, die sogenannten BRIC-Staaten, zeigen, aber auch andere Märkte sind in den Fokus geraten. Gleichzeitig ging damit die politische Revolution in bedeutenden Nationen einher, meist hin zu mehr wirtschaftlicher Liberalisierung mit der Schaffung völlig neuer Märkte.

Nach den Regeln der „Economies of scale" benötigen die Industrieunternehmen immer größere Märkte, die sie in den gesättigten Heimatmärkten nicht mehr finden. Die Zukunft des Konsums liegt in den bevölkerungsreichen Schwellenländern, insbesondere Asiens, aber auch Südamerika erfährt eine etwas weniger beachtete dynamische Entwicklung und direkt vor unserer Haustür sind die riesigen Märkte Osteuropas, wie der Türkei, erwacht.

Die Verlagerung der Produktion erfolgt nicht nur aus Kostengründen, sondern zur Förderung der jungen Märkte. Industrieunternehmen sollen dort produzieren, wo konsumiert wird und die Möglichkeit, intellektuelle Dienstleistungen infolge der neuen Kommunikationsmöglichkeiten auszulagern, hat zu völlig neuen Strukturen und Positionierungen geführt. Insoweit müssen sich auch deutsche Standorte in ihrer wirtschaftspolitischen Positionierung neu ausrichten und ihre Wirtschaftspolitik und damit die Aktivitäten der Wirtschaftsförderung anpassen.

Abnehmende Anzahl von Neuansiedlungen

Statistisch schlägt sich dieser Prozesse seit Langem in der immer geringer werdenden Anzahl von sich neu ansiedelnden Betrieben nieder. Was Wirtschaftsförderer schon lange wissen, aber Lokalpolitik und Lokalpresse partout nicht wahrnehmen wollen: Das echte Ansiedlungspotenzial insbesondere im produzierenden Bereich an entwickelten Standorten geht tendenziell zurück: Mindestens 90 % des Arbeitsplatzwachstums eines Standortes resultieren aus endogenen Entwicklungspotenzialen, d. h. durch die positive Entwicklung der am Standort ansässigen Unternehmen.

Renaissance des produzierenden Sektors

Andererseits findet in der jüngsten Vergangenheit insbesondere am Standort Deutschland eine Rückbesinnung auf die Bedeutung des Produktionssektors statt. Ebenso bestätigt sich, dass auch in Hochlohnproduktionsstandorten durch intelligente Produktionsmethoden eine erfolgreiche industrielle Industrieproduktion möglich ist. Dabei erleben wir, dass durch den Ukrainekrieg Gefahrenlagen größer werden, was starke Preissteigerungen im Energiesektor zur Folge hat und damit zu einer neuen Welle der Deindustrialisierung führen kann.[16] Das Thema zu hoher Energiepreise, nicht nur für die Industrie, sollte am Standort Deutschland auch auf kommunaler Ebene hinterfragt werden.

Der deutschen Automobilproduktion war noch vor einigen Jahrzehnten ein Niedergang prognostiziert worden, der Sektor hat sich jedoch erholt und galt lange Zeit als einer der effizientesten weltweit. Die Umstellung auf die Elektromobilität bedeutet neue große Anforderungen für die Anpassungsfähigkeit dieses Industriezweiges. Trotz der enormen Konkurrenz des chinesischen Marktes scheint es jedoch, dass in der Paradedisziplin deutscher Produktionswirtschaft der Umschwung bei Automobilproduzenten und der großen Anzahl an Zulieferfirmen möglich ist. Erfahrener Ingenieursgeist, die ständige Bereitschaft zur Produktverbesserung, hohe Arbeitsdisziplin und ständige Produkt- und Produktionsverbesserung sind Kernkompetenzen der deutschen Industrie und Forschung, die in den letzten Jahrzehnten immer intensiver zusammengearbeitet haben.

Bis ca. ins Jahr 2022 konnte man von einer Renaissance des Produktionssektors in Deutschland sprechen und unser Land hatte eine führende Position beim Wirtschaftswachstum in Europa zurückerlangt. Aber Corona und die Kriege sowie die Debatte um nachhaltige Energieversorgung und offensichtliche politische Fehlentscheidungen haben zu einer gewissen Motivationskrise und Wachstumsmüdigkeit geführt.

Die derzeitige Situation vermittelt den Anschein, dass der deutsche Mittelstand und auch die großen Unternehmen diese Herausforderungen erkannt haben und die politisch Verantwortlichen auf die notwendigen Strukturreformen eingehen werden.

Der noch vor einigen Jahren totgesagte deutsche Industriesektor hatte sich bis zum Jahr 2019 bei 25 % Anteil an der Bruttowertschöpfung stabilisiert, 2023 lag dieser Wert nur noch bei rund 20 %, aber immer noch deutlich höher als z. B. in Frankreich oder Spanien.[17] Spektakuläre Ansiedlungen, wie die Gigafabrik des US-amerikanischen Elektroauto-Pioniers Tesla in Brandenburg, die geplante Chipfabrik von Intel in Sachsen-Anhalt oder Produktionsstandorte für Windkraftanlagen und Batterien in Schleswig-Holstein sind Hoffnungsträger.

Nach der Industriellen Revolution im 19. Jahrhundert, dem Übergang in die moderne Dienstleistungs- und Wissensgesellschaft sowie den damit zusammenhängenden politischen, wirtschaftlichen und sozialen Umbrüchen, befinden wir uns weltweit in einem tiefgreifenden strukturellen Umbruchsprozess hin zu einer sich strukturell immer schneller entwickelnden Informationsgesellschaft mit großem Bedarf an langfristigen Erfordernissen in Fragen der Nachhaltigkeit.

2.2 Neue Werte: Warum noch Wachstum?

Wenn Wirtschaftsförderer heute ihrer Tätigkeit nachgehen, stoßen sie auf eine grundsätzliche Frage, die sie am besten schon zu Beginn ihrer Tätigkeit für sich beantworten, damit sie mit sich im Reinen sind und ihrem Umfeld überzeugend antworten können: Benötigt unser Wirtschaftssystem eigentlich Wachstum und ist der Wirtschaftsförderer auf dem richtigen Weg, wenn er das Wirtschaftswachstum fördert?

Wirtschaftsförderung, wie sie in diesem Buch verstanden wird, bezieht ihre rechtliche Rechtfertigung als öffentliche Aufgabe zur gemeindlichen Wohlfahrtssteigerung letztlich aus der grundgesetzlichen Allzuständigkeit der Gemeinden nach Art. 28 Abs. 2 des Grundgesetzes (GG). Danach wird Wirtschaftsförderung dem Grundsatz der Allzuständigkeit entsprechend als öffentliche Aufgabe in der Zuständigkeit der Gemeinden gesehen.

Zweifelsfrei ist auch, dass die Gemeinden und ihre Wirtschaftsförderungseinrichtungen das Ziel ihrer Tätigkeit im Wachstum von Bruttosozialprodukt, Arbeitsplätzen, Finanzausstattung und Infrastruktur sehen und sich daher ihre Bestrebungen in der Umsetzung von entsprechenden Maßnahmen zur Sicherung von Wachstum auf einer allgemein anerkannten wissenschaftlichen und moralischen Grundlage bewegen.

Und dennoch ist es wichtig, die wachstumskritischen Diskussionen zu kennen, die in Teilen der Bevölkerung geführt werden. Öffentlich wahrgenommen wurde die Wachstumskritik maßgeblich seit den 1970er Jahren, als der Club of Rome mit dem Bericht „Grenzen des Wachstums" (1972) zur Zukunft der Weltwirtschaft den Fokus auf die Ressourcenverschwendung und die Umweltverschmutzung legte und somit ein Ende des Wachstums am Horizont sah.[18] Die damalige These unterscheidet sich kaum von der heutiger Wachstumsskeptiker: Die technische Innovation, der Fortschritt und auch die Änderung des Bewusstseins der Konsumenten reichen letztendlich nicht aus, um eine Entkoppelung von industrieller Produktion, dem Verbrauch knapper Ressourcen sowie der damit einhergehenden Umweltverschmutzung zu erreichen. Ein Kollaps des Systems sei absehbar, wobei keine exakte Prognose, an welcher Stelle das System kollabieren wird, expliziert wurde und wird.

Mit dem Ausbruch der Ölkrise 1974 folgte eine Periode der Wachstumsschwäche und am Ende des Kalten Krieges rückte die Wachstumskritik in den Hintergrund und die entwicklungsrückständigen osteuropäischen Staaten übernahmen mit großer Emphase das westliche wirtschaftliche Wachstumsmodell.

Ein Aufleben der Wachstumskritik erfolgte im Bericht der sogenannten Brundtland-Kommission 1987 und der UN-Konferenz von Rio 1992. Die entscheidende Debatte blieb die gleiche: Ist eine dauerhafte Entkoppelung von Wirtschaftswachstum und Ressourcenverbrauch möglich?

In der Phase zunehmender Globalisierung, der Beschleunigung von Wachstum, insbesondere in den asiatischen Ländern, dem rasanten Aufholen in China und der erkennbaren Klimaveränderung, veränderte sich die Wachstumskritik mit der Begründung der massiven klimaschädlichen Auswirkungen von Produktion, Konsum, Verkehr, Strom- und Energieverbrauch mit der Folge des unverantwortlichen Ressourcenverbrauchs und der zerstörerischen Auswirkungen der Klimakatastrophe.

Die Jugend, selbst immer auch Teil der Konsumgeneration, nahm sich mit einer neuen Protestplattform des Generationenkonfliktes an, ohne jedoch durch geändertes Verhalten oder Einfluss auf das Verhalten der älteren Generationen faktisch eine umgreifende Änderung herbeizuführen.

In jener Zeit war es aber ein Virus, das schonungslos auf den unzweideutigen Zusammenhang zwischen Wirtschaftswachstum und Umweltverschmutzung hinwies: Zu keiner Zeit ging der CO_2-Ausstoß während der letzten fünf Jahrzehnte so deutlich zurück wie in der wachstumsschwachen Zeit der Jahre 2021 und 2022 durch die Auswirkungen des Coronavirus.

Die negativen Umwelteinflüsse von Wirtschaftswachstum, mögen auch im Einzelnen große technologische Erfolge erzielt worden sein, scheinen unumstößlich. Diese Erkenntnis zugrunde gelegt, ergibt sich immer mehr die Frage, ob die Generierung von größerem Wohlstand mit dem Ergebnis einer immer größeren Menge materieller Güter für alle Gesellschaften glückssteigernd sein muss, oder ob das Wohlbefinden und damit der Wohlstand einer Gesellschaft auch anders als durch materiellen Wohlstand erreicht werden kann.

Auch denkt ein Teil der Wirtschaftswissenschaft darüber nach, ob ein Funktionieren der Wirtschaftsentwicklung mit deutlich geringeren Wachstumsraten gelingen kann. Maßgebliche Aufgabe bleibt jedoch, die technologische Lösung zur Generierung von wirtschaftlicher Entwicklung ohne irreversible Schädigung unseres Planeten durch Klimaveränderung und Ressourcenausbeutung zu ermöglichen.

Aus diesen Gründen wird die Aufgabe nachhaltiger Wirtschaftsförderung zu einem immer bedeutenderen Teil unserer Herausforderungen. Auch wenn derzeit keine Alternative zum Wachstumsansatz sichtbar ist, müssen die eng mit dem Wirtschaftswachstum korrelierten Auswirkungen unter ständiger Beobachtung der Wirtschaftsförderung stehen und bedürfen unserer Aufmerksamkeit und Diskussionsbereitschaft.

2.3 Veränderte Standortbedingungen

Nicht nur die Folgen der Globalisierung erfordern neue wirtschaftspolitische Rezepte, sondern auch die Entwicklungen vor Ort sind es, die einen hohen Anpassungsdruck erzeugen. Die Folgen der Veränderung der demografischen Entwicklung wie die deutlich höheren Lebenserwartungen, eine nach einer Erholung wieder sinkende Geburtenrate und die deutlich positive Zuwanderungsbilanz beeinflussen insbesondere den Arbeitsmarkt, aber auch die Entwicklung der Sozial- und Rentensysteme.

Trotz des Umstandes, dass es noch niemals seit Bestehen dieser Republik eine so hohe Anzahl von sozialversicherungsbeschäftigten Arbeitnehmern gegeben hat und trotz hoher Arbeitslosenzahl kann die Nachfrage von Industrie, Dienstleistern, öffentlicher Verwaltung, Gesundheitswesen und Handwerksbetrieben nach Arbeitskräften nicht befriedigt werden. Ohne eine so hohe Zuwanderungsbilanz, der ja unbemerkt auch die Auswanderung von ca. 100 000 Personen pro Jahr gegenübersteht, wäre der Arbeitsmarkt in einer deutlich schlechteren Verfassung.

Diese deutliche Unterdeckung an Arbeitskräften zwingt zur Mobilisierung aller Ressourcen des Arbeitsmarktes durch Maßnahmen wie Qualifizierung, intensivere Vermittlung sowie Schaffung von infrastrukturellen Maßnahmen, wie Erhöhung der Kapazitäten für Kinder- und Altenbetreuung, und neue Anstrengungen der Integration der jungen Alten in den Arbeitsmarkt. Wir wissen, dass die Entwicklungschancen unserer Volkswirtschaft im internationalen arbeitsteiligen Prozess maßgeblich in der Bereitstellung neuer Techniken, Verfahren sowie Produkte liegen. Daher muss das Hauptaugenmerk unserer Anstrengungen auf Ausbildung, Qualifizierung und Mobilisierung aller Potenziale gerichtet sein. Erziehungsangebote im kindlichen Alter, Schulen, Hochschulen und Einrichtungen für das lebenslange Lernen sind Standortbedingungen, durch die sich erfolgreiche Standorte auszeichnen können.

Eine wesentliche Entwicklung wird in Deutschland derzeit aber vernachlässigt: Die Digitalisierung routinierter Abläufe, insbesondere im öffentlichen Bereich; der Abbau der den Deutschen scheinbar innewohnenden Lust an Bürokratisierung birgt ein großes Potenzial an Arbeitskräfteeinsparung und ein noch größeres Potenzial an möglichem Produktivitätsfortschritt. Hier bieten sich für regionale Verwaltungen und Kommunen Möglichkeiten, sich von anderen abzuheben und nach ‚Green' und ‚Smart' nun auch zu einem „schlanken" Standort zu werden. Wir Wirtschaftsförderer kennen den positiven Standorteffekt seit Langem: Sehr oft, wenn Unternehmen aus den Großstädten in kleinere Kommunen wechseln, loben sie in der Regel, um wie viel schneller und unbürokratischer es in den kleineren Verwaltungen vorangeht. Hierzu bedarf es kaum weiterer Studien: Je größer die Verwaltungen, desto größer sind die Effizienzpotenziale in Sachen Bürokratieabbau, von ganz wenigen Ausnahmen abgesehen.

Die gleichzeitig hohe Zahl von Arbeitslosen mit zurzeit etwa 2,5 Millionen und die hohe Zahl der unbesetzten Stellen sowie die hohe Zahl von Zuwanderern passen auf den ersten Blick nicht zusammen. Sie sind Ausdruck zahlreicher, in unterschiedlicher Richtung verlaufender Vektoren. Wirtschafts- und Sozialpolitik haben noch keine passenden

Instrumente gefunden, die Ziele sozialer Absicherung und ausreichender Arbeitsmotivation in Übereinstimmung zu bringen.

Deshalb ist es wichtig, dass diese Entwicklungen vor Ort betrachtet, analysiert und durch geeignete Maßnahmen so gestaltet werden, dass die wirtschaftliche Dynamik des jeweiligen Standortes gewährleistet bleibt; immer ist es möglich, besser zu sein als der bundesweite Durchschnitt.

Die Potenziale am Arbeitsmarkt, insbesondere durch die bessere Integration Langzeitarbeitsloser sowie Einwanderer, aber auch die verbesserte Wiedereingliederung von älteren Arbeitnehmern, die besondere Arbeitsbedingungen zur Integration in bestehende Abläufe erwarten, stellen Möglichkeiten zur Profilierung dar. Die Beschäftigungsquote der Frauen scheint in Deutschland kaum zu erhöhen zu sein. Es zeigt sich, dass die Motivation insbesondere junger Arbeitnehmerinnen und Arbeitnehmer eine Beschäftigung im Rahmen einer höchstmöglichen Arbeitszeit anzunehmen, deutlich abnimmt, ebenso wie die Bereitschaft, Führung zu übernehmen, schwindet.

Infrastrukturmaßnahmen wie die Vereinbarung von flexiblen Arbeitszeiten und Arbeitsorten, die Unterstützung der Homeoffice-Beschäftigung und die Zurverfügungstellung von Co-Working-Spaces sind genauso wichtig wie die Optimierung schulischer Versorgung, kostengünstige Kinderbetreuung, bezahlbarer Wohnraum, lebenswertes Umfeld, öffentlicher Nahverkehr und bedarfsgerechte Gesundheitsversorgung, um letztendlich das Ziel einer ausgeglichenen Work-Life-Balance zu erreichen. Denn diese verbesserte Work Life-Balance war es ja, die das Ergebnis von erhöhter Produktivität und technischem Fortschritt sein sollte: Nicht das Wachstum an sich war Ziel, sondern die Verbesserung unserer Lebensqualität bei gleichem Wohlstandsniveau.

Solche wohnort- und arbeitsplatznahen Infrastrukturen werden immer mehr zu Standortargumenten bei der Anwerbung von Fachkräften, wobei es eben nicht nur um die Frage der Zahl der Arbeitnehmer geht, sondern insbesondere auch um die Einwohnerzahl. Insbesondere deren qualifizierte Entwicklung sollte stets im Fokus der Wirtschaftsförderung liegen, denn schrumpfende Standorte haben per se schlechte Karten im internationalen und regionalen Wettbewerb.

Veränderte Flächenanforderungen

Auch bei den Anforderungen an gewerbliche und sonstige Flächen haben sich die Bedürfnisse geändert. An erfolgreichen Standorten herrscht Flächenknappheit, einerseits wegen der großen Inanspruchnahme in der Vergangenheit: Das ökologische Gewissen verbietet großräumige Neuausweisungen. Die Anforderungen der modernen Logistikindustrie sind auch Folge der Globalisierung und veränderter industrieller Strukturen.

Sie benötigt eher mehr und größere Flächen, ebenso wie sich dies aus dem stark angestiegenen Anspruch von immer mehr Menschen an mehr Wohnraum ergibt.

Andererseits sind nach wie vor nicht mehr genutzte Industriebrachen des Bundes, der Länder, Bahn, Post und der Bundeswehr wegen nur schleppender Abwicklung ungenutzt oder sie befinden sich ganz einfach am falschen Standort: Ganze Landstriche leiden unter den Folgen der Deindustrialisierung und des Bevölkerungsrückgangs, schlecht erreichbare Standorte bieten großflächige Investitionsmöglichkeiten und sind trotz erheblicher Preiszugeständnisse nicht sonderlich erfolgreich in ihrer Vermarktung.

Positiv wirkt sich aus, dass die Arbeitsplätze der modernen Dienstleistungs- und Wissensgesellschaft zwar kostspielig sind, in der Einrichtung aber stapelbar und flächensparend errichtet werden können. Aber auch hier wirkt der gesteigerte Pro-Kopf-Bedarf deutlich einer ökologisch gewünschten reduzierten Inanspruchnahme von Grund und Boden entgegen.

Nicht mehr das Eigentum an Immobilien ist gefragt, sondern immer häufiger besteht der Wunsch nach immer kürzeren Nutzungsüberlassungszeiten. Kürzere Produktionszyklen, die Dynamisierung der Prozesse und die Beschleunigung der Änderungen im Konsumverhalten führen darüber hinaus zu immer kürzeren und sich ändernden Nutzungsanforderungen an den Markt für Gewerbeimmobilien. Auch hier ist die Wirtschaftsförderung heute in deutlich anspruchsvollerer Weise gefordert als noch vor wenigen Jahren.

Die deutlich verbesserte technische Infrastruktur für Homeoffices und Co-Working-Spaces wird den Bedarf an gewerblichen Büroflächen nach heutigen Schätzungen um ca. zehn Prozent reduzieren, ein deutlich entlastender Effekt auf die Flächeninanspruchnahme, aber auch bei den Planungen der notwendigen Verkehrsinfrastruktur.

Neue und bekannte Aufgabenstellungen

Themen wie die Förderung familienfreundlicher Strukturen und besondere Anstrengungen bei der Integration von schwer vermittelbaren Arbeitslosen und der sprachlichen Förderung von Migranten rücken zunehmend in den Mittelpunkt. Bereits erledigt geglaubte Aufgaben, wie die Schaffung von Kommunikationsinfrastruktur wie Glasfasernetzen, tauchen wieder auf der Agenda auf, da technische Infrastruktur in hoher Geschwindigkeit veraltet und neue Bedarfe eben neue Technologien erfordern. Immer mehr Standorte bemerken nicht nur die international gewachsene Konkurrenz, sondern nehmen den regionalen Wettbewerb mit ihren Nachbarn auf. Viele haben die Situation erkannt, erhöhen ihre Anstrengungen und verbessern dadurch auch die Wettbewerbsfähigkeit des Gesamtstandortes Deutschland, was gleichzeitig zu einem insgesamt größeren Standard und höheren Niveau der Standortentwicklung jedes einzelnen Standortes führt.

Eine hohe Standortkonkurrenz zwischen Städten, Gemeinden und Regionen bedeutet eine intensivere Wettbewerbssituation und damit eine hohe internationale Standortkonkurrenz. Aus diesem Grunde sollten die Kommunen in Deutschland den Wettbewerb nicht scheuen, sondern ihn als insgesamt wichtiges Instrument zur Verbesserung des Gesamtwirtschaftsstandortes Deutschland ansehen.

Nicht die Abwehr von Konkurrenz, sondern die Entwicklung eines qualitativ hochwertigen Standortangebotes, führt letztendlich für den Gesamtstandort Deutschland zu dem gewünschten Ergebnis.

Nachhaltigkeit

Neben der demografischen Entwicklung, welche die Standorte national und international allerdings sehr unterschiedlich betrifft, wird das Thema der Entwicklung der Umweltbedingungen weltweit alle Standorte zu erheblichen Korrekturen veranlassen müssen. Klimawandel, Energie- und Wassermangel und Umweltverschmutzung machen nicht vor Grenzen halt und deshalb reicht es nicht aus, wenn nur Einzelne sich der Problematik annehmen. Nur die Schaffung eines weltweiten Gewissens und das Bekenntnis zu einem nachhaltigen Umgang mit unseren Lebensgrundlagen können einen Zusammenbruch des Systems verhindern. Diese Gewissheit und die Umsetzung der Konsequenzen werden das Wirtschaften auf unserem Globus auch weiterhin stark verändern. Und damit wird dies auch bedeutende Folgen für die lokale und regionale Wirtschaftsförderung im Sinne einer langfristig angelegten Standortentwicklung haben.

Die Festlegung weltweiter Klimaschutzziele, die Beachtung ressourcenschonenden Umgangs mit Rohstoffen bei Produktionsverfahren und Güterherstellung, die Energiewende hin zu erneuerbaren Energien, Energieeinsparungen in Haushalt, Verkehr und Produktion, der sparsame Umgang mit Flächen, Landschaftsschutz, das Bauen und der Einsatz der Digitalisierung sind die omnipräsenten Themen, denen wir uns jeder für seinen Standort werden stellen müssen.

Ein weiterer Aspekt ist in den letzten Jahren in das Bewusstsein gerückt: Es geht um die nachhaltige Modernisierung und Instandsetzung der allgemeinen Infrastruktur. Die ständige Aufgabe der Instandhaltung von Infrastruktur bietet die Möglichkeit, diese in Leistungsfähigkeit und Nachhaltigkeit auf den neuesten Stand zu bringen und gleichzeig durch die Modernisierung Effizienzsteigerungen und eine energetische Optimierung zu generieren. Hier liegen gerade auf kommunaler Ebene viele Chancen, den Standort zu verbessern und wettbewerbsfähiger zu machen. Die Themen betreffen alle Handlungsfelder kommunaler Maßnahmen, eine Fundgrube für jeden Wirtschaftsförderer, der seinen Standort in Sachen Nachhaltigkeit voranbringen will.

Chancen für den Standort Deutschland

Insbesondere nach der Reaktorkatastrophe im japanischen Fukushima im Frühjahr des Jahres 2011 und den vor diesem Hintergrund forcierten Ausstiegsanstrengungen der Bundesregierung ist einer Mehrheit von Standortverantwortlichen klar geworden, dass diese Vorgänge auch einen deutlich spürbaren Einfluss auf die wirtschaftliche Entwicklung vor Ort haben werden. Was für manche wie eine ökonomische Bedrohung durch steigende Strompreise aussieht, sollte vielmehr als Chance des Standortes in Deutschland erkannt werden, die global gewollte, aber nur halbherzig umgesetzte Wende zu nachhaltiger Energieerzeugung wie z. B. in der Solar- und Windwirtschaft konsequent in die Praxis umzusetzen.

Deutschland ist mit dieser Entscheidung anerkannter ökologischer Weltmarktführer. Auch die Automobilindustrie hat bei der Entwicklung alternativer Antriebskonzepte die ökonomischen Chancen der notwendigen Ökologisierung erkannt und ist auf dem besten Wege, verlorenes Terrain zurückzuerobern.

Die Standorte, die frühzeitig diese Entwicklung erkannt haben, konnten die zunächst ideologisch begründete Entwicklung hin zu mehr Nachhaltigkeit inzwischen auch ökonomisch nutzen und die Fortschrittsrendite in Form sehr guter ökonomischer Entwicklungsdaten einfahren.

An dieser Stelle kommt der Autor allerdings zu einer Schlussfolgerung, die insbesondere durch seine langjährigen Erfahrungen mit der ökologischen Entwicklung in China begründet ist: Ich bin nach zwei Jahrzehnten intensiver Beobachtung der Entwicklung Chinas im Energiesektor und zahlreichen Beratungsprojekten u. a. zum möglichen Kohleausstieg zu dem Schluss gekommenen, dass es China nicht ohne die Nutzung moderner Kernkraftwerke gelingen wird, den unvorstellbaren Kohlekonsum bei der Energieerzeugung signifikant zu reduzieren.

Ich halte nach mehr als einhundert Besuchen, Beratungsmandaten und Inaugenscheinnahme dutzender Standorte den Verzicht Chinas auf atomare Energieerzeugung nicht für möglich. Trotz des allgegenwärtigen Wunsches der chinesischen Bevölkerung nach einer nachhaltigen Entwicklung und der von Deutschland übernommenen Weltmarktführerschaft in Sachen Solarwirtschaft, ist die Energieversorgung Chinas ohne Atomkraft bei jetzigem Stand der Technologie nicht denkbar. Insoweit gehört die Kernkraft, wie in der Europäischen Union, auch in China zu den nachhaltigen Energieerzeugern.

2.4 Zielgruppen der Wirtschaftsförderung

Bevor die Frage beantwortet werden kann, wie eine wirksame, zielgerichtete Wirtschaftsförderung beschaffen sein muss, bedarf es der Festlegung, wer eigentlich die Zielgruppe der Aktivitäten kommunaler und regionaler Wirtschaftsförderung darstellt. Diese Aufzählung macht dann auch gleich deutlich, wie vielschichtig und überaus komplex die Aufgabenstellung erfolgreicher Wirtschaftsförderung ist:

- Unternehmen, Unternehmer, Gründer sowie alle Einrichtungen, die Arbeitsplätze vorhalten oder schaffen wollen. Dabei spielen weder die Rechtsform noch die Eigentümerschaft eine Rolle. Daneben sind auch alle öffentlich-rechtlichen Einrichtungen Gegenstand der Wirtschaftsförderung, wenn es um die Schaffung und den Erhalt von Arbeitsplätzen geht. Dieser Gruppe gilt das Hauptaugenmerk, ist sie doch unmittelbar verantwortlich und kann direkt Einfluss nehmen auf das Hauptziel der Wirtschaftsförderung, nämlich die Schaffung und Erhaltung von Arbeitsplätzen.
- Bürger als Wähler lokaler und regionaler Parlamente und ihre Interessenvertretungen. Um die Ziele der Wirtschaftsförderung umzusetzen, bedarf es der ständigen Legitimation und damit der ständigen Information und Meinungsbildung nicht nur bei Parteien und Meinungsträgern, sondern auch unmittelbar bei den betroffenen Bürgern. Dabei wird es in einzelnen Fällen auch Überzeugungsarbeit bei der Umsetzung neuer Projekte, wie z. B. der Errichtung neuer Gewerbegebiete und dem Bau von Straßen oder der Durchführung von Infrastrukturmaßnahmen, brauchen. Die direkte Bürgerbeteiligung bei solchen Projekten der Wirtschaftsförderung wird signifikant zunehmen.
- Auswärtige, sowohl potenzielle Kunden des Einzelhandels als auch der Dienstleister, und Besucher des Standortes, Arbeitnehmer der Unternehmen, Institutionen und Behörden. Aber auch die auswärtige Bevölkerung als Zuzugswillige zur Stabilisierung der demografischen Entwicklung sowie Schüler und Studenten zur Auslastung von Bildungseinrichtungen;
- Kammern, Verbände, Gewerkschaften, die Arbeitsverwaltung, Behörden sowie Institutionen zur Kooperation und Unterstützung der Anliegen, der Netzwerkbildung und zum Informationsaustausch;
- Mitarbeiter der Verwaltungen und Behörden, Akteure der Immobilienwirtschaft;
- Wissenschaftler aus Forschung und Lehre ebenso wie die Akteure der beruflichen Aus- und Weiterbildung;

- Politiker und deren Gremien auf kommunaler Ebene, aber auch die Abgeordneten der Parlamente auf Bundes-, Länder- und EU-Ebene zur Durchsetzung der Standortinteressen auf höherer Ebene;
- Akteure auf regionaler Ebene zur Kooperation und zum Informationsaustausch, überregionale Wirtschaftsförderungseinrichtungen, Akteure des Marketings in den Bereichen Einzelhandel, Tourismus, Eventmanagement sowie Messen und Ausstellungen;
- Presse und Medienvertreter als wichtige Partner und Multiplikatoren einer engagierten Wirtschaftsförderung.

Diese Aufzählung macht deutlich, dass es kaum eine Bevölkerungsgruppe gibt, die nicht auf die eine oder andere Weise direkt oder indirekt Zielgruppe der lokalen oder regionalen Wirtschafts- und Standortentwicklung werden kann. Dies ist eigentlich keine überraschende Erkenntnis, wenn man sich vor Augen hält, dass die Bevölkerung in ihrer Gesamtheit Träger der ökonomischen Entwicklung des jeweiligen Standortes ist.

2.5 Bedeutung der Wirtschaftsförderung

Folgt man der oben skizzierte Darstellung der wirtschaftlichen, sozialen und gesellschaftlichen Rahmenbedingungen der vergangenen 20 Jahre, so hat sich insbesondere die Situation der Städte deutlich verändert. Wirtschaftlich und finanziell wurde es für sie spürbar schwieriger, gleichzeitig haben sie gesellschaftspolitisch einen Bedeutungszuwachs erfahren, denn weltweit leben heute mehr als 50 % der Bevölkerung in Städten. Und das mit deutlich steigender Tendenz. Mit dem Fortschritt der Globalisierung suchen Menschen verstärkt nach regionaler Geborgenheit, die sie in Städten und Gemeinden finden.

Bedeutungszuwachs für Städte und Gemeinden

Der zunehmende Standortwettbewerb und die Kommunalisierung der Arbeitslosigkeit weist Städten und Gemeinden eine deutlich höhere Verantwortung für die Versorgung der Bevölkerung mit Arbeitsplätzen und die Versorgung der Unternehmen mit Arbeitskräften zu. Und genau hier ist die Institution Wirtschaftsförderung maßgeblich gefragt. Die ausreichende Versorgung mit Arbeitsplätzen einerseits und die Zurverfügungstellung von Arbeitskräften andererseits ist nicht nur ein fundamentaler Anspruch jedes Einzelnen, sondern sie ist notwendig als ökonomische Basis für das Gemeinwesen. Gesunde Unternehmen und Institutionen vor Ort sind nicht nur Basis für die Versorgung mit Arbeitsplätzen, Steuereinnahmen und einer funktionierenden Infrastruktur. Über die Erhaltung und Schaffung von Arbeitsplätzen ist die Wirtschaftsförderung auch Sozialpolitik, indem sie dazu beiträgt, den Anspruch auf Arbeit zu erfüllen und die Soziallasten in Grenzen zu halten sowie ihre Finanzierbarkeit zu ermöglichen.

Diesen Zusammenhang zwischen prosperierender Wirtschaft, intakten Kommunalfinanzen und Erfüllung sozialer Leistungen durch finanzielle Beteiligung und Versorgung mit Arbeitsplätzen deutlich zu machen, ist eine Aufgabe insbesondere der Kommunalpolitik, die in der Vergangenheit eher vernachlässigt wurde. Die Darstellung der ökonomischen Zusammenhänge kann dazu dienen, den Stellenwert der Wirtschaftsförderung zu beleuchten und den wachsenden Stellenwert dieser kommunalpolitischen Aufgabe zu erklären.

Dass Wirtschaftsförderung Chefsache sein muss, lernen angehende Wirtschaftsförderinnen und Wirtschaftsförderer bereits im ersten Semester ihrer Ausbildung. Leider finden sich in der kommunalen Realität oft andere Gegebenheiten. Auch in der Kommunalverwaltung werden Akteure der Wirtschaftsförderung häufig als Vertreter unternehmerischer Einzelinteressen angesehen. Die Ausstattung der Verwaltungseinheit der Wirtschaftsförderung ist eher spärlich, ihre Positionierung in der Hierarchie entspricht oft nicht der Bedeutung ihrer eigentlichen Aufgabe. Das ist durchaus nicht nur ein Problem, welches sich in Verwaltungen findet. Der Eindruck, dass dem Unternehmertum in Deutschland nur eine zweitrangige gesellschaftspolitische Stellung beigemessen wird, ist längst statistisch belegt.

Insoweit spiegelt die vorgefundene Situation auch einen Teil bundesrepublikanischer Realität wider. Aufgrund der dramatischen Änderung der Rahmenbedingungen besteht jedoch die Gelegenheit, diese Situation zu verbessern und zu einer angemessenen Ausstattung und Positionierung der handelnden Akteure der Wirtschaftsförderung zu gelangen. In den letzten Jahrzehnten haben sich immer mehr, insbesondere kleinere Regionen und Kommunen dazu entschlossen, die Aufgabe der Wirtschaftsförderung aktiv anzugehen, Stellen zu schaffen und die Aufgaben rational umzusetzen.

Die Zuordnung der Wirtschaftsförderung sollte bei der Verwaltungsspitze sein, die Ausstattung mit ausreichend, vor allen Dingen sehr qualifiziertem Personal mit einer Mischung aus aufgeweckten Verwaltungsspezialisten und von außerhalb der Verwaltung rekrutierten, auftrittssicheren und kommunikativen Kolleginnen und Kollegen, ist von Bedeutung. Eine hohe Qualifikation mit entsprechender Vergütung sowie eine ansprechende räumliche und technische Ausstattung, die der ihrer Zielgruppe entspricht, wären äußere Zeichen, dass das Thema Wirtschaftsförderung und damit deren Zielgruppe in der Kommune ernst genommen werden.

Dazu gehören auch eine bessere sowie professionelle Ausbildung der Wirtschaftsförderer und ihre Positionierung nicht nur als Zuhörer in Verwaltungsrunden, sondern ihre aktive Übernahme von verantwortlichem Projektmanagement. Es kann nicht häufig genug betont werden: Die wesentliche Zielgruppe jeder erfolgreichen kommunalen Wirtschaftspolitik sind die Arbeitgeber vor Ort. Sie stellen die bestehenden Arbeitsplätze zur Verfügung und schaffen ca. 90 % der neuen Arbeitsplätze.

Ihnen die entsprechende Wertschätzung entgegenzubringen und ihre Bedeutung für das Gemeinwohl aufzuzeigen, ist meist sehr viel wichtiger als das Versprechen finanzieller Zugeständnisse an Unternehmen. Wirtschaftsförderung ist in hohem Maße der psychologisch richtige Umgang mit den Akteuren der Wirtschaft und deren Motivation für den Standort. Arbeitslosigkeit auf der einen und Fachkräftemangel auf der anderen Seite werden die Kommunen in den nächsten 20 Jahren mit Sicherheit begleiten. Die sozialen und finanziellen Folgen bleiben bei den Kommunen. Eine zielorientierte kommunale und regionale Wirtschaftsförderung hat wirksame Instrumente entwickelt, diese Probleme erfolgreich zu bekämpfen. Es bedarf jedoch einer entschlossenen politischen Grundsatzentscheidung für ein aktives Handeln.

2.6 Nachhaltige Wirtschaftsförderung

Das Thema Nachhaltigkeit hat zwischenzeitlich alle Lebensbereiche durchdrungen und wird in seiner Bedeutung weiter und angesichts der Ereignisse in der jüngeren Vergangenheit mit einer noch größeren Dynamik an Bedeutung gewinnen. Dies zu erkennen, bedarf keiner hellseherischen Fähigkeiten. Der Wettbewerb um knappe Ressourcen und das schnell wachsende ökologische Bewusstsein der Bevölkerung werden auch in der Wirtschaft die begonnene Entwicklung weiter beschleunigen.

Ressourcenschonung bei Energie und Fläche, klimaneutrale Produktion und Verkehr sind nur einige wenige Themen, welche die Standortentwicklung stark verändern werden. Der Standort Deutschland hat sich mit den Entscheidungen zu erneuerbaren Energien und zum Ausstieg aus der Atomenergie nach vorne gewagt und damit der Wirtschaft und der Forschung neue Möglichkeiten eröffnet. Fortschritt durch Eigenentwicklung, mehr Existenzgründer, eine bessere Ausstattung mit Wagniskapital, effizienteres Wissensmanagement, bessere Ausbildung der Jugend, verstärkte wirtschaftliche Nutzung eigener Forschungs- und Entwicklungsergebnisse, gezieltere Aus- und Weiterbildung, Nutzung sämtlicher personaler Ressourcen durch ständige Schulung und Qualifizierung, Sprachunterricht, familiengerechte Arbeitsbedingungen und eine deutliche Verbesserung der Kinderbetreuungsangebote können umsetzbare kleinteilige Maßnahmen zur Verbesserung der Standortbedingungen vor Ort sein.

Eine erfolgreiche Teilhabe an der sich weltweit dynamisierenden, aber kontinental sich verschiebenden Weltwirtschaftsentwicklung ist anzustreben. Diese Veränderungen verlangen nach einem neuen politischen Verständnis sowie nach einer Prioritätensetzung zugunsten der Wirtschaftsförderung und der Erstellung von Standortentwicklungskonzepten.

Qualifizierte Mitarbeiter und geeignete Organisations- und Rechtsformen, eine der Bedeutung der Aufgabe angemessene Positionierung der Wirtschaftsförderung sowie geeignete Kommunikationsstrukturen innerhalb und vor allem außerhalb der Verwaltung sind zentrale Voraussetzungen, um die Kommunen und Regionen im internationalen Wettbewerb konkurrenzfähig zu halten.

Dabei bedeutet nachhaltige Wirtschaftsförderung keine Abkehr von bisherigen Prinzipien einer rationalen Wirtschaftspolitik, denn herkömmliche Strategien im Sinne der Nachhaltigkeit bleiben der zentrale Ansatzpunkt einer erfolgreichen, zukunftsorientierten Standortentwicklung.

Es bedarf nicht eines fundamentalen Wandels der bisherigen Wirtschaftsförderung, der immer die Aufgabe gestellt ist, sich an die globalen und strukturellen Infrastrukturbedingungen anzupassen. Wichtig ist es, die bestehenden Strategien und Instrumente der Wirtschaftsförderung so zu überprüfen, dass sie die unzweifelhaft notwendigen Anforderungen nachhaltiger Entwicklung integrieren. Wieder einmal muss sich Wirtschaftsförderung an die Veränderungen der umweltpolitischen und gesellschaftspolitischen Rahmenbedingungen anpassen.

3 Ziele der Wirtschaftsförderung

3.1 Verbesserung des Gemeinwohls

Im Rahmen kommunaler Wirtschaftspolitik haben sich auch die Ziele der Wirtschaftsförderung grundsätzlich aus dem in der Gemeindeordnung festgelegten obersten Ziel der Steigerung des Gemeinwohls herzuleiten. Darüber hinaus müssen im Rahmen der kommunalen Wirtschaftsförderung die wesentlichen Anstöße zur Formulierung und Konkretisierung des Zielsystems von den Kommunen selbst kommen. Bei der Zielformulierung ist es insofern Aufgabe der Kommunen, die spezifischen örtlichen Gegebenheiten, die Bedürfnisse der örtlichen Wirtschaft und die dieser kommunalpolitischen Aufgabe beigemessene Bedeutung, also den Stellenwert der Wirtschaftsförderung innerhalb des kommunalen Aufgabenkatalogs, angemessen zu berücksichtigen.

Kommunale Wirtschaftsförderung kann erfahrungsgemäß in der Praxis nur in Verbindung mit gemeindespezifischen Zielen erfolgreich und effektiv betrieben werden. Bei der Formulierung der Ziele haben die Kommunen des Weiteren auch der Tatsache Rechnung zu tragen, dass es sich bei den kommunalen Wirtschaftsförderungen um einen integralen und wichtigen Bestandteil der Stadtentwicklungspolitik handelt, der nicht völlig losgelöst von den anderen kommunalpolitischen Aufgabenbereichen betrachtet werden darf, sondern sich reibungslos in die langfristige Stadtentwicklungsplanung einpassen und mit den anderen Ressorts im Sinne einer gemeindlichen Gesamtstrategie abgestimmt werden muss.

Dabei ist festzustellen, dass die übergeordneten Ziele einer verträglichen sozialen Entwicklung, so wie die Einhaltung der Ziele der Nachhaltigkeit als Teil des Gesamtzielsystems der Gemeinde, jederzeit Berücksichtigung finden müssen.

Dr. Ulrich Dewald: Nachhaltige Wirtschaftsförderung – Gestaltungsoptionen für zukunftsfähige Wirtschaftsstandorte

Warum nachhaltige Wirtschaftsförderung?

Im öffentlichen Diskurs wird die Notwendigkeit der Transformation zu einer nachhaltigen Wirtschaftsweise kaum mehr ernsthaft bestritten. Vielen Kommunen wird bewusst, dass zukunftsfähige Wirtschaftsstandorte unter dem Leitprinzip der Nachhaltigkeit entwickelt werden müssen. Im Umfeld der Wirtschaftsförderung wird häufig das Säulenkonzept der Nachhaltigkeit herangezogen, in dem Ökologie, Soziales und Wirtschaft gleichberechtigt nebeneinanderstehen. Das Haus stürzt dabei nicht ein, wenn eine Säule wegbricht. Die Ökonomie funktioniert darin auch ohne die Ökologie. Ein anderer Ansatz geht davon aus, dass das Wirtschaften in das Soziale und das Soziale wiederum in die Ökologie eingebettet ist.

Man kann die Rolle von Wirtschaft und Wirtschaftsförderung sehr unterschiedlich auslegen, je nachdem von welchem Konzept man ausgeht. Beide Ansätze haben ihre Stärken und Schwächen. Aus der Sicht einer nachhaltigkeitsorientierten Kommunalberatung spricht vieles dafür, die Wirtschaft als Teilsystem des Sozialsystems auf einem Planeten inmitten der ökologischen Krise einzuordnen. Die Wahrnehmung ist, dass der Stellenwert von ernst gemeinter Nachhaltigkeit angesichts der Krisen steigt und dies kommt im Kreismodell besser zum Tragen.

Dies leitet die GEFAK auch aus ihren Erfahrungen in Projekten der Kommunalberatung ab. So streben immer mehr Unternehmen eine Energieversorgung durch erneuerbare Energien an, Investoren halten vermehrt Ausschau nach grünen Gewerbegebieten und Fach- und Nachwuchskräfte sind nur in der Region zu halten – geschweige denn in die Region zu holen –, wenn auch die sozialen und ökologischen Rahmenbedingungen stimmen. Die Anpassung herkömmlicher Strategien im Sinne der Nachhaltigkeit ist daher ein zentraler Ansatzpunkt, Standortentwicklung zukunftsorientiert zu betreiben. Ein anderer Ansatz ist die Ableitung von Nachhaltigkeitsstrategien aus mehr oder weniger ambitionierten Konzepten wie den oben benannten Nachhaltigkeitsmodellen, der Gemeinwohlökonomie oder der Wirtschaftsförderung 4.0.

Strategien und Maßnahmen

Bei der Befassung mit Strategien zur Nachhaltigkeit kann es um die interne Positionierung der Wirtschaftsförderungseinheit einer Kommune gehen. Oder es kann um die Standortfrage im Sinne einer Ausrichtung des Wirtschaftsstandortes auf Nachhaltigkeit gehen. Dabei werden jeweils unterschiedliche Akteure, Fragestellungen und mögliche Maßnahmen sichtbar.

	Interne Strategie	**Standortstrategie**
Ziel	Organisationsentwicklung Aufgabenerklärung, Profilierung, Weiterbildung	Standortentwicklung, Nachhaltigkeitsinitiativen, externe Dynamisierung der nachhaltigen Entwicklung
Akteure	Wirtschaftsförderung, benachbarte Ämter, wirtschaftsnahe Einrichtungen (bei GmbHs)	Wirtschaft, Verwaltung, Kammern etc.
Maßnahmen	interne Workshops Stellenausschreibungen und Aufgabenbeschreibungen (Gemeinwohl-)Bilanzierung	Befragung, Arbeitskreise, Initiativen, Messen, Netzwerke etc.

Abbildung 1: Interne Strategie oder Standortstrategie (Quelle: Ulrich Dewald)

Beides ist in der Praxis nicht zu trennen. Von der internen Strategie muss es am Ende zu Maßnahmen und proaktivem Handeln im Hinblick auf Nachhaltigkeit kommen. Von den Konzepten ausgehend, muss am Ende gefragt werden, ob die Organisationseinheit passend aufgestellt ist, um Beiträge zur Nachhaltigkeitstransformation leisten zu können.

Traditionelle Aufgaben der Wirtschaftsförderung entwickeln sich weiter, neue kommen hinzu. In ihrer Vielfalt bieten diese jeweils eigene Voraussetzungen und Möglichkeiten für nachhaltiges Handeln.

Transformationsbereiche	Neue Aufgaben der Wirtschaftsförderung
Flächenvermittlung	• Starke nachhaltige Kriterien für Flächenvergabe (inkl. Reduktion von Versiegelung)
Gründungsförderung	• Förderung von Green Start-ups
Unternehmensberatung und -netzwerke	• Mobilitätsmanagement • New Work • Aufbau von Netzwerken digitaler, nachhaltiger Wirtschaft und erneuerbarer Energien
Flächenentwicklung und Infrastruktur	• Revitalisierung alter Gewerbeflächen, Leerstandsentwicklung • Strategien für nachhaltige Energie- und Stoffströme
Einzelhandelsentwicklung	• Plattformen und Pop-up-Stores für (kleine) Produzent:innen
Fördermittelberatung	• Vernetzung mit Expert:innen wie Agenturen, Beratungsinstitutionen für Energie- und Klimaschutzförderung (KfW etc.)
Technologie- und Innovationsförderung	• Accelerator-Programme, gerade auch für Social und Green Start-ups
Standortmarketing und Fachkräfteentwicklung	• Nachhaltige Modellprojekte sichtbar machen • Weiche Standortfaktoren fördern für Recruiting neuer Zielgruppen (LOHAS)

Abbildung 2: Nachhaltigkeit in Aufgabenfeldern der Wirtschaftsförderung (Quelle: GEFAK 2023)

Was die Tabelle offenlegt: Es gibt in jedem Arbeitsfeld der Wirtschaftsförderung Ansatzpunkte für die Transformation. Somit kann jede Wirtschaftsförderung unabhängig von ihrer Ausstattung loslegen, sofern eines dieser Arbeitsfelder von ihr bedient wird.

Akteure nachhaltiger Wirtschaftsförderung und Wirtschaftsförderung 4.0

Wer ist der Adressat der Wirtschaftsförderung? Dies ist zweifach relevant. Erstens im Hinblick auf das Spektrum wirtschaftlich handelnder Akteure und deren Verortung im System der Wirtschaftsförderung. Im Ansatz der Wirtschaftsförderung 4.0 (Kopatz 2021) wird ein ganzes Spektrum wirtschaftlich handelnder Akteure erhoben und kategorisiert, das bisher in der kommunalen Wirtschaftsförderung kaum vorkommt. Folgende Bereiche rücken dabei zur Stärkung regionaler Wirtschaftskreisläufe in ihren Fokus:

- Sozialunternehmen: soziale Kaufhäuser, Reparaturinitiativen, Lebenshilfe, Nachbarschaftshilfe etc.;
- Sharing Economy: Sharing-Angebote, Tauschringe / -läden, Fahrgemeinschaften, Leihläden etc.;
- Finanzwirtschaft: regionales Crowdfunding / -investing, Zeitbanken, Regionalgeld etc.;
- Produktion: solidarische Landwirtschaft, regionale Produkte, Direktvermarktung, Upcycling / Recycling, lokale Energieerzeugung etc.;
- Local Business: nachhaltige Unternehmen, Regionalläden, ökofaire und regionale Beschaffung, Zwischennutzungen, kooperative Wirtschaftsformen, Buy-local-Initiativen etc.

Die Wirtschaftsförderung 4.0 gibt Antworten auf die Fragen, wie diese Bereiche entwickelt werden können und wie die konventionelle Wirtschaft von den neuen Pionieren profitiert. Somit öffnen sich spannende Arbeitsfelder einer Wirtschaftsförderung, die gezielt nachhaltiges, regionales Wirtschaften unterstützen möchte.

Zweitens ist die Frage der Adressaten mit Blick auf das Kernklientel der Wirtschaftsförderung relevant. Es stellt sich die Frage, wer die Pioniere sind, wo es Unterstützungsbedarf gibt, welche Kooperationen denkbar sind. Diese drei Ziele können in Unternehmensbefragungen adressiert werden. Die Befragung deckt idealerweise auf, welche Betriebe Vorreiter sind und welche nicht. Die Vorreiter können möglicherweise auch als Vorbild für andere Betriebe dienen, beispielsweise in Veranstaltungen, bei Betriebsbesichtigungen etc. Als Zweites zeigen sich im Ergebnis ganz konkrete Beratungsbedarfe der Unternehmen zu Maßnahmen wie der Erstellung eines Klimaschutzkonzeptes, der Schulung von Mitarbeitern, betrieblichen Mobilitätslösungen. Drittens können konkrete Kooperationsansätze erhoben werden. Z. B. könnten mehrere Betriebe eines Gewerbegebietes an gemeinsamen Shuttle-Services, gemeinsamem Parkraummanagement etc. Interesse zeigen und somit Ansatzpunkte für die Arbeit der Wirtschaftsförderung offenlegen.

Sollte die Wirtschaftsförderung ihren Wirkungskreis erweitern oder bei ihrem Kernklientel bleiben? Umfassende Nachhaltigkeit richtet den Blick über den Kern hinaus. Die Hinwendung zu neuen Akteuren und deren Geschäftsmodellen erfordert in der Regel zusätzliche Ressourcen. Bei der Verortung im konventionellen Spektrum und den „TOP 100" bleibt die Wirtschaftsförderung an ihrem angestammten Platz. Sie kann auch dort wirksam werden, da sie über gewachsene Netzwerkstrukturen verfügt und dadurch die potenzielle Wirkmächtigkeit hoch ist.

Konzept für starke Nachhaltigkeit – die Gemeinwohlökonomie

Zu den weitreichenden Konzepten mit dem Ziel der Vereinbarkeit von Ökonomie und Ökologie zählt die Gemeinwohlökonomie. Mit ihrer Vision einer ethischen, an Verfassungswerten orientierten Marktwirtschaft und ihren konkreten Werkzeugen bietet die Gemeinwohlökonomie (GWÖ) einen innovativen Ansatz zur Verwirklichung einer nachhaltigen und gemeinwohlorientierten Wirtschaft. Für die Wirtschaftsförderung ergeben sich aus der Beschäftigung mit der GWÖ drei konkrete Anknüpfungspunkte:

- Gemeinwohlbilanz als mögliches Werkzeug der Nachhaltigkeitsberichterstattung der Unternehmen;
- Instrument für die Bilanzierung der Wirtschaftsförderung selbst, um das eigene Wirken zu hinterfragen und auszurichten, Orientierungsrahmen für die eigene Strategie- und Organisationsentwicklung;
- GWÖ als Kompass für Maßnahmen der Wirtschaftsförderung, beispielsweise Entwicklung eines Kriterienkataloges für die Vergabe von Flächen.

Jenseits von herausfordernden theoretischen und normativen Grundlagen bietet sich mit dem Instrument der Bilanzierung ein Ansatz für breit und tief verstandene Nachhaltigkeit an. Erste Wirtschaftsförderungseinrichtungen haben bereits Gemeinwohlbilanzierungen durchgeführt.

Wirtschaftsförderung nachhaltiger machen

Je nach finanzieller und personeller Ausstattung der Wirtschaftsförderung ergeben sich unterschiedliche Ansatzpunkte. Wichtig jenseits strategischer, finanzieller und personeller Herausforderungen ist vor allem: jetzt anfangen. Niederschwellige Maßnahmen bieten den Einstieg.

KURZFRISTIGE MASSNAHMEN	MITTELFRISTIGE MASSNAHMEN
Identifikation von Nachhaltigkeitspionieren ... um Vorreiter:innen sichtbar zu machen	**Strategieentwicklung** ... um kontinuierlich und zielgerichtet nachhaltiges Wirtschaften voranzubringen
Vernetzung der Vorreiter:innen mit interessierten Unternehmen ... um Spillover-Effekte zu ermöglichen	**Neuausrichtung der Organisation** ... damit es klare Zuständigkeiten für Aufgaben nachhaltigen regionalen Wirtschaftens gibt
Überprüfung der eigenen Instrumente ... um den Status von Nachhaltigkeit zu erkennen	**Aufbau eines Nachhaltigkeitsmonitorings** ... um mit Kennzahlen und Erhebungen über belastbare Grundlagen zu verfügen
Unternehmensbefragung ... um das Interesse und den Bedarf der Unternehmen zu erheben	**Umsetzung einer GWÖ-Bilanzierung** ... um das eigene Handeln und dessen Wirkungen einer systematischen und tiefgreifenden Analyse zu unterziehen
Interner Workshop ... um die Handlungsmöglichkeiten der Wirtschaftsförderung sichtbar zu machen	**Regelmäßige Stakeholder- oder Unternehmensbefragungen** ... um fortlaufend das vorhandene Potenzial, die Vorreiter:innen sowie die Bedarfe der Unternehmen zu erfassen
Organisation von Veranstaltungen ... um breit in der Wirtschaft für Nachhaltigkeitsthemen zu werben	**Einrichtung einer Personalstelle** ... um nachhaltiges regionales Wirtschaften in der gesamten Bandbreite systematisch zu fördern
Dienststellenübergreifende Workshops ... um gemeinsam Ansatzpunkte für nachhaltiges Wirtschaften zu identifizieren	**Förderung regionaler Wirtschaftskreisläufe** ... um die Resilienz des Wirtschaftsstandortes zu erhöhen

Abbildung 3: Kurz- und mittelfristige Maßnahmen für nachhaltige Wirtschaftsförderung (Quelle: GEFAK 2023)

Ausblick

Aus Sicht der GEFAK ist auszuloten, wo Wirtschaftsförderung nicht nur fördern, sondern wo sie auch fordern kann. Erheben wir das Gelingen der ökologischen Transformation zur entscheidenden Frage, sollte dem Fordern mehr Raum gegeben werden als bisher. Dafür Akzeptanz zu schaffen, erfordert transparente und weitsichtige Verfahren und Standvermögen im kommunalpolitischen Alltagsgeschäft. Somit keine unerhebliche Herausforderung.

Quellenangaben

Dewald, U. & Rother, J. (2021): Wirtschaft fördern und fordern: Die Gemeinwohl-Ökonomie als Impuls für nachhaltige Wirtschaftsförderung, in: Stember, Jürgen et al. (Hrsg.) Handbuch Innovative Wirtschaftsförderung, Band 2: Innovationen für Management und Standort, Berlin, S. 283–304.

GEFAK Gesellschaft für angewandte Kommunalforschung mbH (2023): Nachhaltige Wirtschaftsförderung. Gestaltungsoptionen für zukunftsfähige Wirtschaftsstandorte, Marburg, online abrufbar unter https://www.gefak.de/fileadmin/user_upload/Handreichung_Nachhaltige_Wirtschaftsfoerderung.pdf

Kopatz, M. (2021): Wirtschaft ist mehr!: Wachstumsstrategien für nachhaltige Geschäftsmodelle in der Region, Das Buch zur „Wirtschaftsförderung 4.0", München, S. 328.

Zum Autor

Dr. Ulrich Dewald ist seit 2018 bei der GEFAK Gesellschaft für angewandte Kommunalforschung mbH in Marburg tätig und seit 2021 geschäftsführender Gesellschafter. Nach dem Studium der Geografie an der Philipps-Universität Marburg war er wissenschaftlicher Mitarbeiter am Lehrstuhl für Wirtschaftsgeographie, RWTH Aachen, und am Institut für Technikfolgenabschätzung und Systemanalyse am Karlsruher Institut für Technologie. In der GEFAK befasst er sich mit IT-Dienstleistungen (CRM) und führt Beratungsprojekte durch, insbesondere Unternehmensbefragungen, Standortanalysen und Projekte zum Thema Neue Arbeitsorte. Einen Schwerpunkt bilden Projekte zum Thema Nachhaltigkeit in der Wirtschaftsförderung.

Kontakt: dewald@gefak.de

3.2 Arbeitsplatzentwicklung

Als Ausdruck des allgemeinpolitischen Zieles der Wohlfahrtsoptimierung ist die Versorgung der Bevölkerung mit Arbeit sowie die ausreichende Versorgung der Unternehmen mit ausreichend qualifizierten und bedarfsgerechten Arbeitskräften wohl die vornehmste Aufgabe der lokalen Wirtschaftsförderungspolitik.

Neben den geografischen und klimatischen Verhältnissen und dem Vorhandensein natürlicher Ressourcen prägt kein anderer Standortfaktor das Gesicht eines Standortes so sehr wie die am Standort lebenden und arbeitenden Menschen. Standortentwicklung ist also auf die dort lebenden Menschen ausgerichtet. Sie bilden die wichtigste Zielgruppe regionaler Wirtschaftsförderung. Dabei gehört es zur sozialen Verantwortung, zum einen jedem erwerbsfähigen Einwohner einen Arbeitsplatz anzubieten, zum anderen möglichst alle Unternehmen am Standort mit qualifizierten Arbeitskräften zu versorgen, um so die regionale Wirtschaft in ihrer Entwicklung zu unterstützen.

Das Arbeitsmarktgleichgewicht ist daher ein wichtiges Ziel der Wirtschaftsförderung, das aber aufgrund konjunktureller und struktureller Veränderungen kaum jemals vollständig realisiert wird. Die relativ hohe Arbeitslosigkeit bei Geringqualifizierten und der gleichzeitige Mangel an Fachkräften zeigen, dass einfache statistische Maßstäbe für die Höhe der Arbeitslosigkeit als Parameter für den Zustand des Arbeitsmarktes bei Weitem nicht ausreichen.

Das Ziel einer ausgewogenen Arbeitsmarktentwicklung ist in hohem Maße von der strukturellen und konjunkturellen Entwicklung des Wirtschaftsgeschehens abhängig. Phasen von Arbeitslosigkeit und Unterbeschäftigung wechseln sich in immer kürzeren Abständen mit Phasen des Mangels an qualifizierten Arbeitskräften und Überbeschäftigung ab. Eine ausgewogene Arbeitsplatzversorgung für Arbeitnehmer und Arbeitgeber ist schwankend und die Strategie muss ständig an die sorgfältige Analyse des jeweiligen Zustands angepasst werden.

Dabei spielen auch gesellschaftspolitische Entwicklungen, die Definition von Vollbeschäftigung, die Frage des Eintritts in das Rentenalter, die jeweilige gesellschaftspolitische Stimmungslage und die Interpretation einer stimmigen Work-Life-Balance eine bedeutende Rolle. Die nur ansatzweise ausgewogene Entwicklung des Arbeitsmarktes gehört aufgrund der sich ständig verändernden Rahmenbedingungen in der Soziologie der gesellschaftlichen Entwicklung, der politischen Rahmenbedingungen und der gesamtwirtschaftlichen Gegebenheiten zu den schwierigsten Aufgaben der kommunalen Wirtschaftsförderungspolitik.

3.3 Wirtschafts- und Finanzkraft

Folgt man den kommunalpolitischen Debatten bei der Ausweisung neuer Gewerbegebiete, so werden als Begründung zunächst die Schaffung neuer Arbeitsplätze und auf gleicher Stufe die Verbesserung der kommunalen Finanzen als wichtigste Begründungen für die meist ökologische Beeinträchtigung durch den hohen Flächenverbrauch vorgetragen. Tatsächlich ist eine ausgewogene Ausstattung der kommunalen Finanzen eines der wesentlichen Anliegen jeder Kommune.

Bei der Bestandserhaltung und der Neuansiedlung von Unternehmen soll der kommunale Haushalt ausgeglichen gestaltet werden, Steuern und Hebesätze sollen nicht über dem Durchschnitt vergleichbarer Kommunen liegen und auch die Verschuldung sollte das Maß vergleichbarer Orte nicht überschreiten. Die Finanzierung zusätzlich erforderlicher Infrastruktur, bzw. deren Unterhalt, wie Schulen, Straßen und Krankenhäuser, stärkt den Standort und begründet die wirtschaftsfördernden Aktivitäten der Kommune.

Das finanzpolitische Ziel der Kommune ist jedoch nicht pauschal festzulegen, sondern bedarf der Berücksichtigung kommunalpolitischer Zielsetzungen, dem Anspruchsniveau der Bürgerschaft und den wirtschaftsstrukturellen Rahmenbedingungen. Jedoch ist die Festlegung von realistischen finanzpolitischen Zielen in der Kommune deutlich einfacher als z. B. die Festlegung arbeitsmarktpolitischer Ziele, da die Kommune gute Kenntnisse über die Daten und deren Entwicklung besitzt und Einfluss auf Gebührenhöhe, Steuer- und Hebesätze hat.

Auch das Ausgabeverhalten kann von einer gut aufgestellten Kommune ausreichend beeinflusst werden, sodass die Festlegung der finanzpolitischen Zielsetzungen in der Praxis eine lösbare Aufgabe der Kommunalverwaltung darstellen sollte.

3.4 Entwicklung von Infrastruktur

Die Wertschätzung und die Entwicklungsfähigkeit, die Lebensqualität und die Zukunftsfähigkeit einer Kommune messen sich maßgeblich an der Bereitstellung einer ausreichenden und angemessenen Infrastruktur. Verkehrsbedingungen, schulische Infrastruktur, Versorgung mit Wasser, Energie, Medien und öffentlichem Nahverkehr sind die Parameter für die Bewertung von Kommunen, weswegen deren kontinuierliche Entwicklung in der Rangfolge gemeindlicher Ziele ganz oben steht.

Dazu gehört als derzeit wohl größte Herausforderung für die Kommunen: die Bereitstellung von ausreichenden Flächen für Wohnen, Wirtschaft und Infrastruktur. Nur wer diese Aufgabe löst, besitzt ein Entwicklungspotenzial.

Wirtschaftsförderung benötigt als notwendige Voraussetzung das Vorhandensein von notwendiger Infrastruktur sowie angemessene Handels- und Wirtschaftsstrukturen.

Die ständige Anpassung und immer mehr auch die Instandhaltung, Wartung und Pflege entscheiden über die Attraktivität und damit über das Wohlergehen von Bürgern und Gemeinde. Aus diesem Grund sollte das Thema Infrastruktur in den Zielekanon von Kommunen aufgenommen werden. Die möglichst exakte Definition von Qualität und Quantität sollte den Kommunen möglich sein.

3.5 Ausgewogene Wirtschaftsstruktur

Eine der wesentlichen Entwicklungsfaktoren für die lokale beziehungsweise regionale Wirtschaft ist deren strukturelle Ausprägung. Die Wirtschaft lässt sich nach vielen unterschiedlichen Merkmalen gliedern. Welches sind nun die strukturbestimmenden Merkmale, welche entscheiden über Wohl und Wehe einer Stadt oder einer ganzen Region?

Tatsächlich gibt es unterschiedliche theoretische Ansätze: Schon 1826 untersuchte Thünen[19] die Herausbildung regional unterschiedlicher Regionalstrukturen. Christaller[20] erklärte 1932 in seinem System der zentralen Orte die raumbildende Kraft eines Angebotszentrums. Diese Theorie gilt noch heute als fundamentales Gedankengut. Die Erfahrung der raumdifferenzierenden Faktoren durch Lösch[21] ist ein ebenfalls heute noch aktueller Erklärungsansatz.

Verschiedene regionale Wachstums- und Entwicklungstheorien wurden in den 1960er und 1970er Jahren entwickelt. Dabei wurde das Zusammenspiel von Unternehmen der gleichen Branche in einer Region für die Wirkungen verschiedener Branchen aufeinander in einem regionalen Zusammenspiel beschrieben. Neuere Theorien beschreiben das Vorhandensein und die Auswirkungen von regionalen Netzwerken. Diese Theorien wollen beschreiben, warum unterschiedliche Entwicklungs- und Wachstumspfade von Agglomerationen entstehen: Das Konzept der Produktionscluster, der Ansatz industrieller Distrikte sowie der Milieuansatz.[22]

Ergebnis aller Theorien ist, dass es unterschiedliche regionale Entwicklungspfade gibt. Eine neue Schule sieht den Effekt von lokalen Beziehungsgeflechten: Über Synergieeffekte und kulturelle Lernprozesse kommt es zu Problemlösungen, die aufgrund zunehmender Dynamik nicht mehr einzelbetrieblich bewältigt werden können. Dank interner Austauschbeziehungen der lokalen Akteure entsteht ein dichtes Innovationsklima, das über die Ansiedlung neuer Unternehmen einen sich selbst verstetigenden Wachstumsprozess auslösen kann.[23]

Auf diese Theorien soll hier nicht eingegangen werden. Darzustellen ist nur, dass es unterschiedliche Erklärungsansätze gibt. Dabei ist von Bedeutung, welcher Theorie der

Analyst folgt, da hiervon abhängt, welche Zusammenhänge es zu erkennen gilt und welche Annahmen als Grundlage von Prognosen zu machen sind. Andererseits dürfen die unterschiedlichen Theorieansichten nicht überschätzt werden, weil sich bei genauer Beobachtung eines Standortes die bedeutsamen Zusammenhänge ergeben und sehr bald die beeinflussenden Faktoren offensichtlich werden.

Es geht also maßgeblich darum, die vorhandenen Strukturen nach bekannten Kriterien zu beschreiben und Prognosen für die Fortentwicklung zu treffen: ob traditionelle oder neue Schwerpunkte in Industrie, Gewerbe, oder Dienstleistungen, wie etwa Tourismus, ein Branchenschwerpunkt sind, ist maßgeblich für die Positionierung im Standortwettbewerb.

Dabei kann bei gleicher objektiver Qualität der Struktur diese im Zeitlauf des wirtschaftlichen Wandels zum Teil ganz erhebliche Unterschiede zeigen. Noch in den 50er und 60er Jahren war das Ruhrgebiet der Wachstumsmotor unter den westdeutschen Regionen. Hier kamen Rohstoffvorkommen, Bevölkerungsreichtum, Industrieentwicklung, Produktinnovation und große Nachfragemärkte zusammen. Von hier aus wurde die gesamte Volkswirtschaft positiv beeinflusst. Jahrzehnte später war es der unaufhaltsame Wandel von der Industriegesellschaft hin zur modernen Dienstleistungs- und Wissensgesellschaft. Besser gesagt: Das nicht rechtzeitige Handeln, beziehungsweise die nicht ausreichende Reaktion der Politik, trotz vorhandener Erkenntnisse, hat verschuldet, dass das Ruhrgebiet einen teilweise dramatischen Niedergang erleben musste.

Das Beispiel Ruhrgebiet zeigt eindrücklich, dass hinreichende wissenschaftliche Erkenntnisse, die eine zutreffende Prognose über den weiteren Verlauf der wirtschaftsstrukturellen Entwicklung zugelassen haben, vorhanden waren, dass aber durch Beharrungsvermögen auf politischer Seite und zementierte Strukturen die notwendige Reaktion verhindert wurden. Ein einst prosperierender Standort ist über Jahrzehnte in eine an sich vorhersehbare und damit abwendbare Krise getrieben worden, während andere Standorte, die deutlich weniger mit industriellen Altlasten behaftet waren, sich sehr viel früher auf den Weg in neue Dienstleistungs- und Wissensstrukturen aufmachen konnten.

An diesem Beispiel wird deutlich, wie wichtig die frühzeitige Formulierung einer kommunalpolitischen Zielsetzung für die gewünschte Wirtschaftsstruktur ist.

3.6 Zielkonflikte

Im Rahmen der kommunalen Wirtschaftsförderung kann es aber, abgesehen von der übergeordneten Zielsetzung von Bund und Ländern etwa in der Raumordnung oder Landesplanung, auch zu Zielkonflikten innerhalb der Kommune mit den erklärten Zielen anderer als wichtig erachteter kommunaler Aufgabenbereiche kommen. Zum einen wechseln sich in der Kommunalpraxis die Aufgaben Wirtschaftsförderung, Umweltschutz und Verkehrspolitik ohnehin regelmäßig an der Spitze der Prioritätenliste ab: War Anfang der 1980er Jahre Wirtschaftsförderung noch ganz oben angesiedelt, so ist sie bereits Mitte der 1980er Jahre durch das Nachhaltigkeitsziel abgelöst worden.

Aus Sicht der Stadtentwicklungsplanung stand Mitte der 90er Jahre die Haushaltskonsolidierung an erster Stelle, gefolgt vom Verkehrswesen und der Wirtschaftsförderung.

Einige Zeit später, im Jahr 2003, galten die Finanzen der Kommunen als das wichtigste Problem. Es folgten die Aufgabenbereiche Wirtschaftsförderung, Arbeitsmarkt, wirtschaftlicher Strukturwandel, Innenstadtentwicklung, Bevölkerungsentwicklung, Verkehrswesen und Einzelhandelsentwicklung.

Die Wahrscheinlichkeit von Zielkonflikten ist umso größer, je weniger sich die Ziele der kommunalen Wirtschaftsförderung in die von Politik und Verwaltung vorgegebene Gesamtstrategie der Kommunalentwicklung einpassen lassen. So kommt es in der Praxis immer wieder zu Zielkonflikten zwischen Wirtschaftsförderern, Stadtplanern, Umweltschützern und Verkehrslenkern. Hier gilt es generell die konträren Interessen sichtbar zu machen, gegeneinander abzuwägen und einen allgemeinen Konsens der Gemeinde über Kompromisslösungen anzustreben.

4 Analyse – Diagnose – Prognose

4.1 Vorgehensweise

4.1.1 Begriffe

Analyse

Analyse ist eine systematische zielgerichtete Untersuchung, bei der das untersuchte Objekt in seine Bestandteile zerlegt wird. Diese Elemente werden dabei auf der Grundlage von Kriterien erfasst und anschließend geordnet, untersucht und ausgewertet. Insbesondere betrachtet man Beziehungen und Wirkungen, also Interdependenzen, zwischen den Elementen.

Entscheidend für die Festlegung eines geeigneten wirtschaftsfördernden Maßnahmenbündels ist die exakte Analyse, wobei diese nur die Grundlage darstellt. Der Gegenstand der zu analysierenden Elemente ist abhängig vom definierten Zielsystem, denn hieraus ergeben sich die notwendigen Parameter.

Ebenso bedeutend wie die möglichst exakte Analyse ist die Diagnose. Was nutzt die Erkenntnis des Arztes, der hohes Fieber feststellt, wenn er die Ursache nicht kennt; es geht um die Diagnose, was denn die Ursache des Fiebers ist. Genauso ist es in der Wirtschaftsförderung: Es ist wichtig, den aktuellen Ist-Zustand der Ökonomie eines Standortes zu kennen, noch wichtiger ist jedoch, zu wissen, warum es so ist, wie es ist.

Diagnose

Diesen Vorgang bezeichnen wir als Diagnose, ein Begriff, der uns maßgeblich aus der Medizin vertraut ist. Die Diagnose entsteht durch die zusammenfassende Gesamtschau und Beurteilung der Befunde des Untersuchungsgegenstandes, hier also der lokalen bzw. regionalen Wirtschaft.

Dient die Analyse in einem ersten Schritt der möglichst umfassenden Bestandsaufnahme aller standortrelevanten Daten und Informationen, so ist es für die Erstellung eines Wirtschaftsentwicklungskonzeptes in einem zweiten Schritt entscheidend, zu diagnostizieren, warum sich der vorgefundene Ist-Zustand ergeben hat.

Es geht also darum, die Ursachen des gegebenen Ist-Zustandes aufzuzeigen und damit die Basis dafür zu liefern, wie über eine sich anschließende Prognose und durch Ableitung von wirtschaftspolitischen Maßnahmen die wirtschaftspolitischen Zielsetzungen erreicht werden können. Nur wenn die Ursachen für die in der Vergangenheit abgelaufenen Prozesse herausgefunden werden können, wird es auch möglich sein, die geeigneten Maßnahmen für den unbefriedigenden Zustand zu bestimmen.

Dabei geht es bei den sogenannten Verursachungsfaktoren meist um längerfristig wirkende Umstände, die die Struktur des Standortes beeinflusst haben. Einfach ist zunächst eine Bestandsaufnahme von Infrastrukturen unterschiedlichster Art. Sehr viel komplexer und schwieriger ist es jedoch, zu diagnostizieren, warum es zu bestimmten Strukturen in einer Wirtschaftsregion gekommen ist, da diese Entwicklungen nicht immer offenliegen und durch langwierige multikausale Prozesse verursacht sind. Entscheidend für die Standortgegebenheiten einer Region sind Umstände, die häufig sehr weit in die Vergangenheit zurückreichen.

So sind es die bekannten klassischen Standortfaktoren, wie das Vorhandensein von Rohstoffen, die geografische Lage, die verkehrliche Anbindung, die Qualität der Böden oder klimatische Verhältnisse, die schon zu allen Zeiten das Wachstum und den Wohlstand von Standorten beeinflusst haben. Das Fehlen solcher fundamentaler Gegebenheiten hat das Zurückbleiben von Landschaften hinter vergleichbaren Regionen oft erklärt.

Neben natürlichen Ursachen für die unterschiedlichen Standortausprägungen, die aus den oben beschriebenen naturgegebenen Umständen resultieren, sind es politische, das heißt von Entscheidungsträgern beeinflusste Ursachen. Der Verlauf von verkehrsfähigen Straßen, Schienen, Wasserwegen und Flugplätzen ist ebenso politisch entschieden worden wie die Ausweisung von Siedlungsflächen. Erst wenn Entscheidungsträger wissen, warum Standortbedingungen so ausgeprägt sind, wie sie vorgefunden werden, können sie eine Entscheidung darüber treffen, ob und gegebenenfalls wie deren Veränderung vorangetrieben werden soll.

Darüber hinaus sind es auch unternehmerische Entscheidungen, die maßgeblich die wirtschaftliche Entwicklung von Standorten und Regionen prägen.

Da ist es wichtig, etwas über die Motivation von unternehmerischen Standortentscheidungen zu erfahren, um den Standort mit solchen Rahmenbedingungen auszustatten, die für die Entscheidungsträger relevant sind. Diese Entscheidungsursachen können daher sehr standortspezifisch sein und die Wirtschaftsförderung tut gut daran, sich zunächst an der Entscheidungsmatrix ansässiger Unternehmen zu orientieren und herauszufinden, welche Ursachen positiven wie auch negativen Standortentscheidungen zugrunde gelegen haben. Nur so kann der Standort künftig erfolgreich sein.

Trifft ein Standort in der Analyse beispielsweise auf das Merkmal hoher Arbeitslosigkeit, so ist die Ergründung der Ursache von entscheidender Bedeutung. Handelt es sich lediglich um ein konjunkturelles Phänomen, so müssen die in Erwägung gezogenen Maßnahmen anders konzipiert sein als bei einer strukturell bedingten Arbeitslosigkeit. Auch das aufgrund einer Analyse festgestellte schwache durchschnittliche Pro-Kopf-Einkommen bedarf der Ursachenforschung, um wirksame Gegenmaßnahmen ergreifen zu können, die je nach Diagnose sehr unterschiedlich ausfallen werden.

Insbesondere dem Qualifikationsniveau der vorhandenen Arbeitskräfte kommt strategisch eine große Bedeutung zu, weswegen auch hier besondere Kompetenzen oder Defizite diagnostiziert werden müssen. Dabei handelt es sich um einen Bereich, in dem Verbesserungen relativ kurzfristig umgesetzt werden können und somit raschen Erfolg versprechen.

Aber auch die Frage, warum ein Standort einfach attraktiver und beliebter ist als der andere, warum Nachbargemeinden mitunter unterschiedliche Entwicklungspfade einschlagen, warum das Wirtschaftsklima hier gut, dort aber schlecht geprägt ist: Dies alles ergründet sich nicht auf den ersten Blick und bedarf einer genauen Diagnose. Man wird dann aber auch eines feststellen: dass nämlich alle Standorte Schwankungen im Zeitablauf und in ihren Entwicklungen aufweisen. Das ist für sich genommen bereits eine wichtige Erkenntnis, noch wichtiger ist jedoch die Erklärung, warum es zu solchen Schwankungen gekommen ist.

Nur wenn die Diagnose die wahren Abweichungsgründe des erwünschten Soll-Zustands vom vorgefundenen Ist-Zustand darlegt, ist es möglich, die wirkungsvollen Maßnahmen zu bestimmen.

Prognose

Da Wirtschaftsförderung im zukünftigen Zeitablauf stattfindet, also keine Real-Time-Analysen und Maßnahmen existieren, müssen wir das Instrument der Prognose in den Verfahrensablauf einbringen.

Die zugrunde liegende Analyse von wirtschaftsrelevanten Daten gilt für vergangene Zeiträume, die Diskussion der Analyse benötigt Zeit, ebenso die Diskussion der Maßnahmen.

Hinzu kommt, dass die Wirkung von wirtschaftspolitischen Maßnahmen Prozesse durchlaufen muss, was weitere Zeit benötigt.

Daher muss eine gute Prognose auf den möglichen Wirkzeitpunkt von eventuellen Maßnahmen hin erstellt werden. Die Prognose stellt eine Aussage über Ereignisse, Zustände oder Entwicklungen dar, im Gegensatz zur Prophezeiung beruht sie aber auf wissenschaftlichen Methoden, d. h. sie ist jederzeit überprüfbar.

Während die Analyse und die Diagnose der wirtschaftspolitischen Situation des Standorts die Vergangenheit und Gegenwart zum Gegenstand haben, ist für die Abschätzung der Wirkung von geplanten Maßnahmen eine zukunftsgerichtete Prognose notwendig. Nur eine realitätsnahe Einschätzung der zukünftigen Entwicklung kann letztlich die Frage beantworten, ob die definierten Ziele überhaupt erreicht werden können. Die Aufgabe der Wirtschaftsförderung ist langfristig angelegt und damit zukunftsorientiert, das heißt auf die Veränderungen von Zuständen gerichtet, die in der Zukunft liegen.

Für den Prozess der Erstellung eines Wirtschaftsentwicklungskonzeptes ist es dabei ganz entscheidend zu prognostizieren, wie sich der Zustand eines Standortes mittel- und langfristig entwickeln wird, denn darauf sind die einzelnen wirtschaftspolitischen Maßnahmen auszurichten. Den Entwicklungsprozess korrigierende Wirtschaftsförderungsmaßnahmen wären nicht notwendig, wenn eine Prognose ergeben würde, dass sich die relevanten Standortfaktoren auch ohne Eingriffe in die gewünschte Richtung entwickeln werden. Insoweit ist im Prozess der Erstellung eines Wirtschaftsförderungskonzeptes nicht nur die Analyse eines unbefriedigenden Ist-Zustandes erforderlich, da sich dieser ja bedingt durch äußere Einflüsse von selbst in die gewünschte Richtung entwickeln könnte. Entscheidend ist vielmehr, dass für den Fall einer prognostizierten zukünftigen Entwicklung, die absehbar nicht der wirtschaftspolitischen Zielsetzung für den eigenen Standort entsprechen würde, bereits heute die notwendigen wirtschaftspolitischen Maßnahmen eingeleitet werden müssten.

Also nur, wenn die erwartete beziehungsweise prognostizierte wirtschaftliche Entwicklung vom vorgegebenen Zielsystem abweicht, sind die Festlegung und Umsetzung neuer, beziehungsweise eine Anpassung der bisherigen Maßnahmen, notwendig. Entscheidend ist aber, dass auch deren angenommene Wirkungen ermittelt werden, um genau diejenigen Maßnahmen zu ergreifen, die eine höchstmögliche Zielerreichung erwarten lassen. Man unterscheidet dann zwischen der sogenannten Status-quo-Prognose, also der Vorhersage der Entwicklung ohne zu ergreifende Maßnahmen, und der sogenannten Wirkungsprognose, die die Auswirkungen wirtschaftspolitischer Eingriffe beschreibt.

Die Status-quo-Prognose kann demnach durchaus zu dem Ergebnis führen, dass die gegenwärtige nicht zielkonforme Situation auch ohne Veranlassung von wirtschaftspolitischen Maßnahmen sich in dem definierten Zielkorridor verändern kann, weil die zu erwartenden Rahmenbedingungen diese Entwicklungen begünstigen. Als einfaches Beispiel sei genannt, dass sich eine bestehende, für die kommunale Zielsetzung zu hohe Arbeitslosigkeit nach Aussagen der Gutachter durch konjunkturelle Erholung absehbar ohne weitere Maßnahmen auf eine zieladäquate Arbeitslosenquote einpendeln wird. In diesem Fall wäre zwar eine Zielabweichung analysiert, die entsprechende Diagnose, nämlich die konjunkturelle Arbeitslosigkeit, zusammen mit der Prognose konjunktureller Wiederbelebung würde aber dafürsprechen, keine wirtschaftspolitischen Maßnahmen zu ergreifen. Dennoch besteht auch mikroökonomisch bei einer solchen Situation die Möglichkeit, Programme in Form vorgezogener Auftragsvergabe oder kommunale Beschäftigungsprogramme zur veranlassen, um einen regionalen Wettbewerbsvorteil zu erlangen.

Die in diesem Abschnitt dargelegten theoretischen Ausführungen erweisen sich in der Praxis jedoch als schwierig umsetzbar. Gefordert ist eine wissenschaftlich exakte Prognose mit einer rationalen Begründung, die vor allem eine Überprüfbarkeit der Annahmen und Voraussetzungen ermöglicht. Unter Anwendung allgemein anerkannter wirtschaftstheoretischer Erkenntnisse unterscheidet sich die wissenschaftliche Arbeit von der Prophezeiung, einer in der Politik leider allzu häufig anzutreffenden Art der Vorhersage zukünftiger Entwicklungen. Daher ist es umso wichtiger, dass entscheidungsrelevante Prognosen auf dem Boden wissenschaftlicher Erklärung und empirischer Regelmäßigkeit erfolgen.

Für die Wirtschaftsförderung wird es in der Praxis häufig sehr schwierig sein, gerade bei weitreichenden Entscheidungen und grundsätzlichen Weichenstellungen diese Arbeitsschritte selbst zu vollziehen. In der Regel braucht es hierzu professionelle Unterstützung in Form von Wirtschaftsforschungsinstituten und externen Beratern mit einschlägiger Expertise, welche die dargelegten Aufgaben ganz oder teilweise übernehmen oder zumindest fachlich begleiten. Erfahrene Standortberater verfügen selbst über umfangreiches prognostisches und regional spezifisches Datenmaterial, dessen Nutzung deutlich günstiger ist als die Durchführung einer eigenen Erhebung.

Bei der Inanspruchnahme externer Unterstützung empfiehlt es sich, in den genannten Verfahrensschritten Analyse und Diagnose deren Inhalte zunächst genau zu dokumentieren, den gesamten Prozess zeitlich zu planen, den Ablauf in Arbeitsschritte zu zerlegen und eine sinnvolle Arbeitsteilung zu organisieren. Die Beratung kann vor allen Dingen in der Erstellung der Arbeitsschritte, der Formulierung von Fragen und der Überprüfung von Annahmen liegen. Nach erfolgter Strukturierung des Konzeptes und der Arbeitsabläufe macht es jedoch Sinn, dass insbesondere die Verfahrensschritte Analyse und Diagnose maßgeblich von verwaltungsinternen Mitarbeitern durchgeführt werden. Zum einen, um den gesamten Prozess auch innerhalb der Verwaltung zu implementieren, insbesondere mit dem Ziel, den Erkenntnisgewinn durch die eigenen Mitarbeiter direkt erfahrbar zu machen. Zum anderen schließlich auch, um Kosten zu sparen.

Für die Erarbeitung der Diagnose, aber insbesondere für die Prognose, wird für Erstellung der umfassenden Analyse häufig externer Sachverstand notwendig, da die Erfahrung mit und die Kenntnisse in prognostischen Verfahren in der Verwaltung in der Regel nicht ausreichend vorhanden sind. Die erstmalige Erstellung eines Wirtschaftsentwicklungskonzeptes mit professioneller Unterstützung von Experten bietet auch die Basis für eine spätere Fortschreibung des Konzeptes durch die Wirtschaftsförderung bzw. durch ein Verwaltungsteam selbst.

Mit Analyse, Diagnose und Prognose der relevanten wirtschaftlichen Bestimmungsgrößen liegt ein valides Instrumentarium zur Bewertung der wirtschaftspolitischen Maßnahmen vor.

4.1.2 Gewinnung von Daten und Informationen

Die Gewinnung der notwendigen Informationen und Daten ist ein wichtiger Arbeitsschritt. Es ist offensichtlich, dass die Fülle der relevanten Daten nicht zentral bei einer Stelle abgerufen werden kann. Für viele Bereiche gibt es nicht einmal solche Informationen. Sie müssen in mühevoller Kleinarbeit über lange Zeiträume hinweg selbst zusammengetragen werden. Für zahlreiche Informationen gilt, dass die Wirtschaftsförderung oftmals die einzige Stelle in der Stadtverwaltung ist, die Interesse an bestimmten Daten hat und dass andererseits viele Akteure, insbesondere die Unternehmen, nur restriktiv mit ihren Daten umgehen.

Statistische Informationen aus vorhandenem Datenbestand

Zunächst kann auf den umfangreichen Datenbestand der statistischen Ämter von EU, Bund, Ländern und Kommunen, sowie auf Zahlen und Informationen von Verbänden und Forschungsinstitutionen zurückgegriffen werden. Darüber hinaus stellen die Bundesagentur für Arbeit mit ihren regionalen Arbeitsagenturen und das zugehörige wissenschaftliche Institut für Arbeitsmarkt- und Berufsforschung (IAB) eine wahre Fundgrube dar. Statistische Informationen haben auch die Kammern, Wirtschaftsverbände und Gewerkschaften sowohl regional spezifisch wie auch gesamtwirtschaftlich zur Verfügung. Über die entsprechenden Spitzenverbände der deutschen Wirtschaft, wie die Deutsche Industrie- und Handelskammer (DIHK), den Bundesverband der deutschen Industrie (BDI), die Bundesvereinigung der deutschen Arbeitgeberverbände (BDA), den Handelsverband Deutschlands (HDE), den Zentralverband des Deutschen Handwerks (ZDH) etc. gibt es nutzerspezifisch zahlreiche sinnvolle und weniger wichtige Daten und Auswertungen.

Für die Gewinnung lokaler Daten stehen neben den kommunalen Stellen vor allen Dingen die Unternehmen selbst zur Verfügung. Die anlässlich von Betriebsbesuchen und Messeteilnahmen, Gesprächen mit Politik und Verwaltung und durch Unternehmensbroschüren gewonnenen Daten sollten zielgerichtet gesammelt werden und stehen dann im jeweiligen Arbeitsschritt in einer gut gepflegten Betriebsdatei zur Verfügung. Die IT unterstützt beim Sortieren und Archivieren, das Internet unterstützt bei der Datenbeschaffung im Unternehmensumfeld ebenso wie die regelmäßige Auswertung der lokalen und regionalen Presse.

Fachveröffentlichungen

Fachveröffentlichungen sind ebenso wichtig wie externe Gutachten und Experteninterviews. Dabei sollte bei der Erstellung einer Standortanalyse durchaus erwogen werden, hiermit einen externen Gutachter zu betrauen, der zum einen die notwendige Erfahrung besitzt, zum anderen die relevanten Datenquellen kennt. Hierzu bedarf es Erfahrungen, die häufig in Kommunalverwaltungen nicht ausreichend vorhanden sind. Bedenkt man, dass grundlegende und umfassende Standortanalysen eine Geltungsdauer von bis zu 20 Jahren besitzen sollten und fundamental für die Erstellung eines Standortentwicklungskonzeptes sind, so erscheint der für eine externe Auftragsvergabe erforderliche finanzielle Aufwand gerechtfertigt.

Für eine kontinuierlich gute Wirtschaftsförderung ist es entscheidend, ein aussagekräftiges Betriebsinformationssystem aufzubauen, dass sich erst im Laufe der Jahre zu einem überaus wertvollen Instrument für die Wirtschaftsförderung entwickeln wird. Dabei ist es eben nicht nur der Bestand an absoluten Daten, sondern es ist vielmehr die Dokumentation der Veränderung im Unternehmensbestand, die wiederum Rückschlüsse auf die Entwicklung der Wirtschaft zulässt und aus diesem Grund für die Analyse und die darauffolgenden Maßnahmen von unschätzbarem Wert sein kann. Nicht oft genug kann betont werden, dass die Fleißarbeit der kontinuierlichen Gewinnung, Archivierung, Aufbereitung und Ausarbeitung standortrelevanter Informationen eine durch nichts zu ersetzende Ausgangsbasis für eine erfolgreiche Wirtschaftsförderung darstellt.

Sandra Wagner-Endres: Neue Wege zu einer innovationsfähigen Wirtschaftsförderung

Angesichts der dynamischen und krisenbetonten globalen Entwicklungen der letzten Jahre in Wirtschaft, Politik und Gesellschaft stehen kommunale Wirtschaftsförderungen in Deutschland vor vielfältigen Herausforderungen. Das schließt nicht nur Veränderungen und Dringlichkeiten in einzelnen Tätigkeiten und Handlungsfeldern ein, sondern umfasst auch Veränderungsnotwendigkeiten von Strukturen und Arbeitsprozessen.

Das Deutsche Institut für Urbanistik (Difu) führt seit fast 30 Jahren immer wieder Befragungen unter kommunalen Wirtschaftsförderungen von Städten ab 50 000 Einwohnenden durch, um aktuelle Entwicklungen und Handlungsbedarfe zu ermitteln. Die Ergebnisse machen deutlich, dass eine proaktive Herangehensweise an aktuelle und zukünftige Anforderungen an die Wirtschaftsförderungen zunehmend wichtiger geworden ist. Daran anknüpfend wurde zu Beginn der Corona-Pandemie in einem Verbundprojekt mit 10 deutschen Städten und einer Region eine Plattform geschaffen, um partizipativ und iterativ Zukunftsthemen, neue Handlungsansätze und Instrumente zu identifizieren, die eine Stärkung der Innovationsfähigkeit der Wirtschaftsförderung unterstützen. Ausgehend von den Erkenntnissen der letzten Difu-Befragung, einer Reihe weiterer empirischer Erhebungen (u. a. Fuchs et al., 2023; Stember, 2024; Terstriep, 2021) sowie den Ergebnissen der Gemeinschaftsstudie werden im folgenden Beitrag Rahmenbedingungen und Handlungsansätze einer innovationsfähigen Wirtschaftsförderung aufgezeigt.

Die Aufgaben und Tätigkeitsfelder der kommunalen Wirtschaftsförderungen haben sich in den letzten 20 Jahren sukzessive gewandelt, wie die Ergebnisse der oben genannten Difu-Umfragen zeigen. Deutlich wird dabei eine wachsende Themenvielfalt in der kommunalen Wirtschaftsförderung. In der letzten Befragung von 2019 wurden als aktuell wichtigste Themen der Wirtschaftsförderung die Entwicklung von Industrie- und Gewerbeflächen, die Fachkräftesicherung und die Verbesserung der wirtschaftsnahen Infrastruktur genannt. Die beiden erstgenannten Themen nennen die meisten Städte auch als wichtigste Zukunftsthemen. Auf Platz drei dieser Zukunftsthemen werden die Belange rund um Wirtschaft 4.0 als wichtig eingeschätzt (vgl. Wagner-Endres, 2020, S. 13). Themen wie urbane Produktion, nachhaltiges Wirtschaften, Klimaschutz oder flächensparendes Bauen werden darüber hinaus zunehmend als Handlungsfelder der Wirtschaftsförderung erkannt. Für die größten Städte ist zudem das Thema der Innenstadtentwicklung und des Einzelhandels von größerer Bedeutung als in anderen Wirtschaftsförderungen. Die genannten Themenschwerpunkte belegen auch neuere Umfragen unter kommunalen und regionalen Wirtschaftsförderungen aus den Jahren 2021, 2022 und 2023 der Hochschule Harz, dem IAT Gelsenkirchen oder dem DStGB (vgl. Fuchs et al., 2023; Stember, 2023; Terstriep & Rabadjieva, 2021). Letztere identifiziert als die fünf wichtigsten Handlungsfelder einer nachhaltigen Wirtschaftsförderung: nachhaltige Entwicklung von Gewerbe- und Industriegebieten, Ausbau regenerativer Energieversorgung, strategische Entwicklung einer nachhaltigen Wirtschaftsstruktur, Förderung regionaler Wirtschaftskreisläufe sowie Reduktion des Flächenverbrauchs (Fuchs et al., 2023, S. 9).

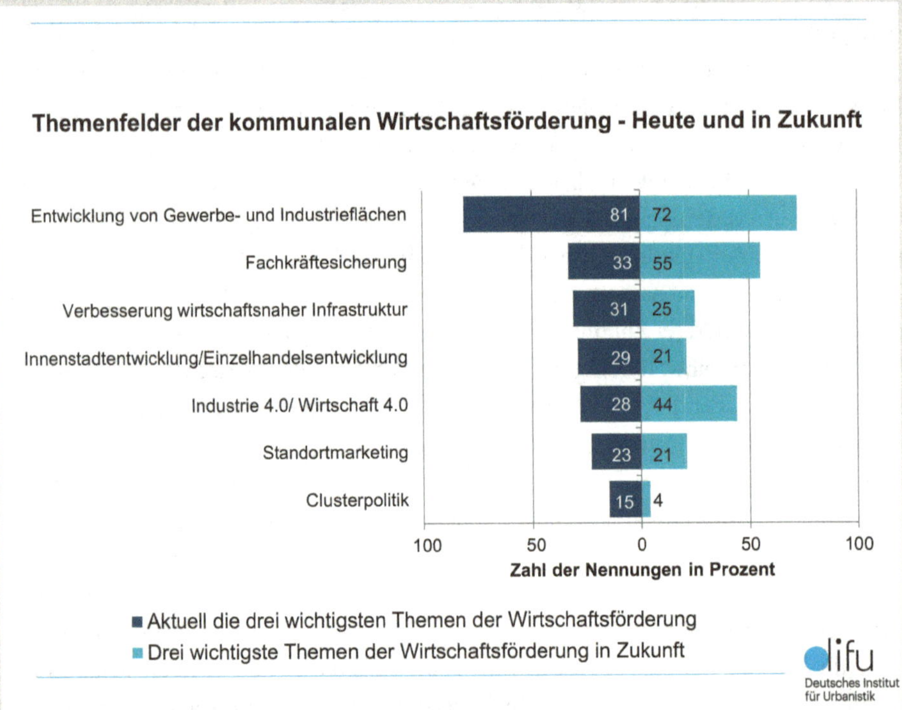

Abbildung 1: Aktuell und zukünftig wichtige Themen der Wirtschaftsförderung (Quelle: Wagner-Endres, 2020, S. 13)

Diese Vielfalt der Themen und die damit verbundene Ausdifferenzierung der Arbeit der Wirtschaftsförderung macht deutlich, dass es mehr denn je ein kommunales Verständnis von Wirtschaftsförderung als integrierter Querschnittsaufgabe braucht, um die Herausforderungen bewältigen zu können. Folgerichtig haben Kontakte und die Pflege von Netzwerken einen hohen Stellenwert (vgl. Wagner-Endres, 2020, S. 37; Stember, 2023, S. 25). Diese Netzwerke beinhalten die IHKs, Nachbarkommunen, Hochschulen sowie Sparkassen und Förderbanken; aber auch mit Arbeitskreisen der Wirtschaftsförderung und Forschungseinrichtungen sowie Technologietransferstellen bestehen häufige Kontakte. (vgl. Wagner-Endres, 2020, ebd.) Darüber hinaus bedarf es der politischen und verwaltungsübergreifenden Unterstützung, einer angemessenen personellen und finanziellen Ausstattung und einer zielgerichteten intensiven interkommunalen Zusammenarbeit.

Der Einfluss und die Bedeutung der kommunalen Wirtschaftsförderung werden laut der Difu-Umfrage zukünftig größer sein. Die kommunale Wirtschaftsförderung richtet sich, so die Einschätzung, zunehmend als wissensbasierte Dienstleistung aus. Vermitteln und Netzwerken zwischen Wirtschaft, Wissenschaft und Verwaltung wird als zentrales Aufgabenfeld gesehen. Die Wirtschaftsförderung könnte – davon gehen viele Städte aus – die Entwicklung der Kommunen noch mehr beeinflussen, wenn sie stärker als Impulsgeber für gesamtstädtische Projekte agierte.

Die Digitalisierung als Entwicklungstreiber beeinflusst die Vernetzungsprozesse in der kommunalen Wirtschaftsförderung. Eine erfolgreiche Digitalisierung der Verwaltung bzw. der eigenen Organisation wird zu einem der zentralen Leistungskriterien ihrer zukünftigen Arbeit. Darüber hinaus kommt es darauf an, die ansässige Wirtschaft – und hier insbesondere KMU – bei Digitalisierungsprozessen zu unterstützen.

Das Thema Fachkräfte und kompetente Mitarbeitende ist ein wesentliches gesamt gesellschaftliches Thema und beschäftigt auch die Wirtschaftsförderungen selbst. So setzen 95 Prozent der Befragten auf Weiterbildungsmaßnahmen, um den neuen Anforderungen des wirtschaftlichen und gesellschaftlichen Wandels zu begegnen (vgl. Wagner-Endres, 2020, S. 31). Zu Instrumenten wie CRM und Unternehmensbefragungen kommen vermehrt neue Modelle wie agile Organisationsstrukturen und Methoden zur thematischen Weiterentwicklung (z. B. Trendanalysen, Foresight-Prozesse) (ebd.). Die Entwicklung der kommunalen Wirtschaftsförderung ist somit nicht nur von externen, sondern auch von vielschichtigen und dynamischen internen Veränderungen geprägt.

Die Befragungsergebnisse sowie Trends der Digitalisierung, Urbanisierung, Nutzungsmischung und neuer Kooperationsformen legen nahe, dass eine entsprechende strategische (Neu-)Ausrichtung der kommunalen Wirtschaftsförderung erforderlich ist, um den Anforderungen zu begegnen (vgl. Abbildung 2 „Kommunale Wirtschaftsförderung – neue Dimensionen“).

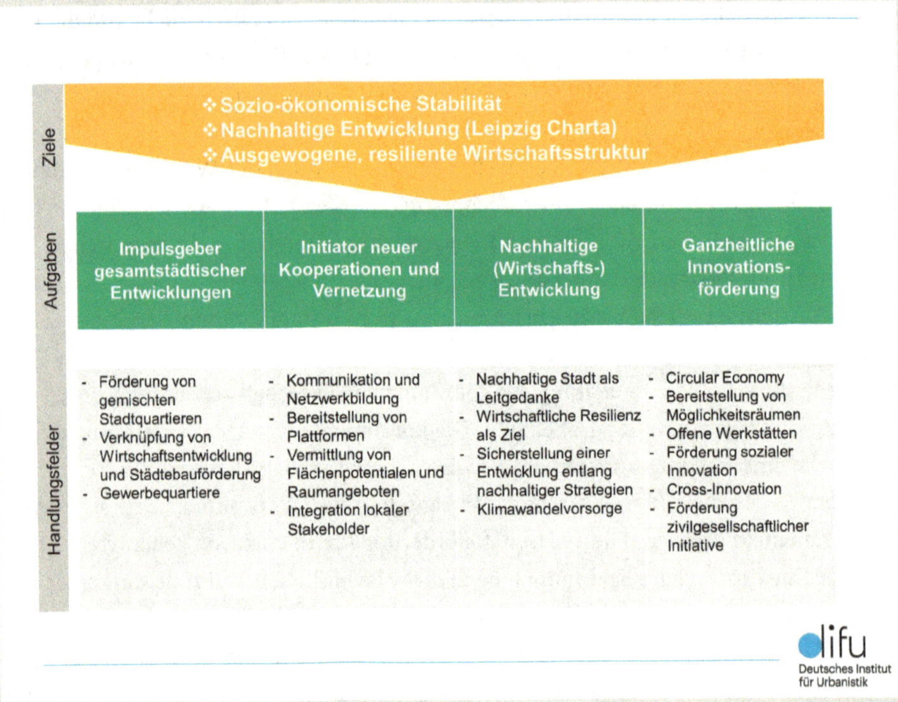

Abbildung 2: Kommunale Wirtschaftsförderung – neue Dimensionen
(Quelle: Wagner-Endres et al., 2021, S. 23)

So lässt sich daraus eine erweiterte Zielperspektive ableiten, die nicht allein auf die Schaffung und Sicherung von Arbeitsplätzen sowie die Stärkung der Wirtschafts- und Finanzkraft ausgerichtet ist, sondern die die sozioökonomische Stabilität der Stadt als Ganzes in den Blick nimmt. Die Leitplanken einer nachhaltigen und gemeinwohlorientierten Wirtschaftsentwicklung werden durch die Neue Leipzig-Charta und die Agenda 2030 sowie den Zielen für nachhaltige Entwicklung auf kommunaler Ebene gesteckt. Für eine ausgewogene Wirtschaftsstruktur bedeutet das, stärker als bisher Unternehmen zu fördern, die zu einer resilienten und nachhaltigen Entwicklung beitragen. Dazu zählen auch alternative Wirtschaftsformen, wie z. B. gemeinwohlorientierte Unternehmen, Unternehmen in Verantwortungseigentum, social entrepreneurship oder solidarische Organisationsformen, deren Wirkungsorientierung und Zweck stark an sozialen Themen sowie Fragen der Umwelt- und Verteilungsgerechtigkeit ausgerichtet sind. Diese bleiben in der klassischen kommunalen Wirtschaftsförderung, die vor dem Hintergrund der Abhängigkeit kommunaler Haushalte von gewerblichen Steuereinnahmen strukturbedingt auf erwerbswirtschaftliche, wachstumsorientierte Unternehmen ausgerichtet ist, in der Regel außen vor (vgl. Kopatz, 2015, S. 106; Welschhoff & Terstriep, 2017, S. 2;

Dewald & Rother, 2020, S. 347). Wirtschaftsförderung, die aktiv als Treiber einer nachhaltigen Stadtentwicklung agiert, adressiert auch diese Wirtschaftsformen, da sie oft entscheidend zur stadtteilbezogenen Beschäftigung und zur Stabilisierung lokaler Ökonomien beitragen.

Die Innovationsförderung entwickelte sich vor allem im Kontext der Clusterförderung und fokussierte dabei vor allem auf die Potenziale spezifischer Branchen und Technologien. Inzwischen ist sie zunehmend geprägt von diversen Ansätzen branchenübergreifender Vernetzungen („Cross-Innovation"), die eine Zusammenarbeit zwischen Kreativwirtschaft und industriellen Unternehmen, aber auch anderen Zweigen wie der Gesundheitswirtschaft, ausmachen (vgl. Wagner-Endres et al., 2021, S. 22). Die Ausrichtung auf resiliente und nachhaltige Stadt- und Wirtschaftsentwicklung erfordert eine grundlegend neue Perspektive auf Innovationen, die soziale, ökologische und technologische Dimensionen gleichermaßen berücksichtigen. Vor diesem Hintergrund steigt die Bedeutung sozialer Innovationen als Schlüssel zur Bewältigung (stadt-)gesellschaftlicher Herausforderungen. In diesem Gefüge ist es Aufgabe der Wirtschaftsförderung, neue (digitale und analoge) Innovationsräume für Begegnung, Entwicklung und Vernetzung zu fördern (ebd.). Dazu zählen beispielsweise sogenannte Möglichkeitsräume oder offene Werkstätten (z. B. Nachhaltigkeitshubs, fab labs, temporäre Nutzungen), in denen neue Formen der Kooperation zwischen etablierten Unternehmen und Start-ups oder die Entwicklung von Prototypen und neuen Geschäftsmodellen erprobt werden können. Die Förderung solcher Netzwerke und die Einbindung neuer lokaler oder regionaler Stakeholder erfordern in der Folge (neue) Kompetenzen im Aufgabenportfolio der Wirtschaftsförderung.

Die aufgezeigten neuen Dimensionen der kommunalen Wirtschaftsförderung ersetzen keineswegs die bewährten Kernbereiche wie Ansiedlungsförderung, Bestandspflege, Gründungsunterstützung oder Clusterförderung. Vielmehr liegt die zentrale Herausforderung darin, diese neuen Ansätze als Transformationswege in das bestehende Aufgabenportfolio zu integrieren. Dafür sind nicht nur fachliche Kompetenz, sondern vor allem auch agile und anpassungsfähige Strukturen innerhalb der Verwaltung und Organisation der Wirtschaftsförderung erforderlich, um flexibel auf Veränderungen reagieren zu können. Die Digitalisierung und die gestiegene Bedeutung von Wissen machen es zudem notwendig, ein professionelles Wissens- und Innovationsmanagement aufzubauen, das die internen und externen Arbeitsprozesse effizient gestaltet. Ihrer Rolle als Zukunftsgestalter kann die Wirtschaftsförderung nach innen und außen gerecht werden, indem sie ihre fachliche Expertise sowohl für eine eigene Nachhaltigkeitsstrategie als auch zur Unterstützung und Beratung von Unternehmen nutzt und dabei im Sinne eines „Sustainable Innovation Office" aktiv wird (vgl. Wagner-Endres et al. 2021, S. 72).

Zusammenfassend lässt sich festhalten, dass angesichts der dynamischen Herausforderungen, vor denen die kommunale Wirtschaftsförderung steht, deutlich wird, dass sie sich nicht nur in ihren klassischen Aufgabenfeldern weiterentwickeln muss. Vielmehr bedarf es eines umfassenden Paradigmenwechsels hin zu einer integrierten, nachhaltigen und innovationsorientierten Querschnittsaufgabe. Die zunehmende Themenvielfalt – von Digitalisierung über Klimaschutz bis hin zu sozialen Innovationen – unterstreicht die Notwendigkeit agiler Strukturen, strategischer Netzwerkpflege und der Förderung neuer Wirtschaftsformen, die über rein wachstumsorientierte Ansätze hinausgehen.

Eine proaktive Wirtschaftsförderung versteht sich nicht nur als Dienstleister, sondern als Gestalter einer resilienten, sozial gerechten und ökologisch nachhaltigen Stadt- und Wirtschaftsstruktur. Dies erfordert ein breites Kompetenzspektrum, den Aufbau von Wissensmanagementsystemen und die Nutzung digitaler und analoger Innovationsräume. Die Transformation hin zu einer gemeinwohlorientierten Wirtschaftsförderung, die sozioökonomische Stabilität und nachhaltige Entwicklung in den Fokus rückt, verlangt dabei eine enge Verzahnung von Politik, Verwaltung, Wirtschaft und Gesellschaft.

Die Zukunftsfähigkeit kommunaler Wirtschaftsförderungen wird daran gemessen, wie gut sie in der Lage sind, bestehende Strukturen zu hinterfragen, neue Ansätze zu integrieren und die Innovationskraft ihrer Standorte aktiv zu stärken. In diesem Sinne ist eine kontinuierliche strategische Weiterentwicklung unabdingbar, um den komplexen Anforderungen einer globalisierten und zugleich lokal verankerten Wirtschaft gerecht zu werden.

Quellenangaben

Dewald, U. & Rother, J. (2020): Wirtschaft fördern und fordern. Die Gemeinwohl-Ökonomie als Impuls für nachhaltige Wirtschaftsförderung, in: Stember, J. et al. (Hrsg.): Handbuch Innovative Wirtschaftsförderung, Wiesbaden, S. 347–367.

Fuchs, T., Strehmann, J., Wardenburg, S., Braun, N. & Hüsgen, J. (2023): Nachhaltigkeit in der Wirtschaftsförderung (DStGB-Dokumentation Nr. 170), online abrufbar unter https://www.dstgb.de/publikationen/dokumentationen/nr-170-nachhaltigkeit-in-der-wirtschaftsfoerderung/doku-wirtschaftsfoerderung-agi-plan-web.pdf?cid=vg7.

Kopatz, Michael (2017): Wirtschaftsförderung 4.0: Regionale Wertschöpfung und kooperative Wirtschaftsformen fördern, in: Stember, J. et al. (Hrsg.) Handbuch Innovative Wirtschaftsförderung, Band 2: Innovationen für Management und Standort, Wiesbaden, S. 395–419.

Stember, J. (2023): Zwischen Krisenmodus und Innovationsstrategien. Innovative Verwaltung (3/2023), S. 23–26.

Stember, J. (2024): WIFÖ-WISSEN: Das Magazin für die kommunale Wirtschaftsförderung (Sonderheft 01/2024), Hochschule Harz, online abrufbar unter https://wifoe-lab.hs-harz.de/docs/WW-01.2024.pdf.

Terstriep, J. & Rabadjieva, M. (2021): Die klassische Wirtschaftsförderung gibt es nicht mehr: Ergebnisse einer bundesweiten Befragung von Wirtschaftsförderungen, Institut Arbeit und Technik (IAT), Forschung Aktuell, 10 / 2021.

Wagner-Endres, S. (2020): Kommunale Wirtschaftsförderung 2019. Strukturen, Aufgaben, Perspektiven: Ergebnisse der Difu-Umfrage, online abrufbar unter https://repository.difu.de/jspui/handle/difu/577136.

Wagner-Endres, S., Scheller, H., Peters, O., Gieseler, H. & Wolf, U. (2021): Innovationsfähigkeit der Wirtschaftsförderung: Akteure – Instrumente – Handlungsansätze: Gemeinschaftsstudie (Sonderveröffentlichung). Deutsches Institut für Urbanistik (Difu), Berlin, online abrufbar unter https://repository.difu.de/handle/difu/582355.

Welschhoff, J. & Terstriep, J. (2017): Wirtschaftsförderung neu denken: Partizipative Governance am Beispiel von Bottrop 2018+, Institut Arbeit und Technik (IAT), Forschung Aktuell, 07 / 2017.

Zur Autorin

Sandra Wagner-Endres ist Wissenschaftlerin und Projektleiterin am Deutschen Institut für Urbanistik. Ihr Arbeitsschwerpunkt liegt im Themenfeld Wirtschaft. Dort widmet sie sich unter dem Blickwinkel nachhaltiger Stadtentwicklung Fragen der strategischen Entwicklung von Wirtschaft in der Stadt. Kommunikation und Vernetzung sind Schlüsselfaktoren ihrer Arbeit. So bewegen sich ihre Projekte häufig an der Schnittstelle von kommunaler Wirtschaftsförderung, Stadtentwicklung und Unternehmen. Im Fokus ihrer Arbeit stehen Transformationsprozesse hin zu einer kommunalen Wirtschafts- und Standortpolitik, die innerhalb planetarer Grenzen und unter Gemeinwohlaspekten Kommunen in ihrer Resilienz und Zukunftsfähigkeit stärken.

Kontakt: wagner-endres@difu.de

4.1.3 Benchmarking

Als besondere Methode der Datengewinnung soll an dieser Stelle das Benchmarking erwähnt werden. Dabei handelt es sich zunächst um die Identifizierung eines in möglichst vielen Daten vergleichbaren Standortes, um im Vergleich mit dessen Daten und ihrer Entwicklung die eigene Positionierung zu beurteilen.

Es wird empfohlen, im Rahmen der Standortentwicklung langfristig mehrere solcher Vergleichsstandorte zu identifizieren und die relevanten und vergleichbaren Daten festzulegen, um so über einen längeren Zeitraum Entwicklungsvergleiche vornehmen zu können. Auf diese Weise ist es auch möglich, Ursachen für bestimmte Entwicklungen zu erkennen, wenn sie z. B. lokale, beziehungsweise regionale Disparitäten ergeben. Es empfiehlt sich, im Rahmen des Benchmarkings auch Partnerschaften einzugehen, da die Partner einen großen Erkenntnisgewinn daraus erzielen können, wenn diese vergleichenden Beobachtungen und Untersuchungen sorgfältig und langfristig geleistet werden. In diesem Sinne sollten die zu untersuchenden Vergleichsgrößen gemeinsam definiert und die Erhebungsmethoden aneinander angepasst werden.

Das Benchmarking und damit die Auswahl von vergleichbaren Standorten ist eines der effizientesten Instrumente bei Analyse, Diagnose und Festlegung von Maßnahmen. Alle Mitwirkenden haben so eine sehr effiziente und vergleichbare Menge an Daten gewonnen und können dann auch Maßnahmen miteinander erörtern. Jeder der teilnehmenden Standorte kann sich auf diese Weise langwierige und auch frustrierende Erfahrungen ersparen. Es lässt sich kaum eine effizientere Methode im Rahmen der Wirtschaftsförderung finden, als das gut organisierte Benchmarking, wenn durch einen offenen Informationsaustausch mit anderen Standorten die dort gemachten Erfahrungen in die eigene Entscheidungsfindung eingebracht werden können.

4.2 Gegenstand der Analyse

4.2.1 Bevölkerungsentwicklung

Wenn es Sinn und Zweck von Wirtschaftsförderung ist, die positive Beeinflussung der Lebensumstände von Menschen zu unterstützen, so sind Kenntnisse über ebendiese Menschen und deren Entwicklung in der Region von ganz entscheidender Bedeutung. Die Bevölkerung ist für die Wirtschaftsentwicklung in vielerlei Hinsicht relevant. Als Arbeitskräfte, als Konsumenten, als Schüler, als Studenten, als Auszubildende, als Steuer- und Beitragszahler sowie als Rentenempfänger. Eine genaue Kenntnis der Bevölkerungsstruktur und mehr noch der Bevölkerungsentwicklung, denn Wirtschaftsförderung ist auf die Zukunft ausgerichtet, ist die Basis jedes auf wirtschaftlichen Fortschritt gerichteten Handelns.

Hinsichtlich der Wirtschaftsförderung sind es zunächst die Einwohner einer Gemeinde, einer Stadt oder einer Region, die als Arbeitskräftepotenzial zur Verfügung stehen. Überhaupt ist das vorhandene Humankapital heute wohl die entscheidende Größe für eine positive Wirtschaftsentwicklung, insbesondere vor dem Hintergrund sehr unterschiedlicher demografischer Entwicklungen und einer stetig älter werdenden Gesamtbevölkerung.

Aufgrund sich ändernder Geburtenraten, aber auch sehr unterschiedlichem regionalen Zuzugs- und Wegzugsverhaltens, kann wenig auf pauschale Aussagen vertraut werden. Deshalb können auch unmittelbar benachbarte Standorte durchaus sehr unterschiedliche Entwicklungen nehmen. Erfolgreiche Wirtschaftsförderungspolitik steht auch für eine aktive Bevölkerungs- und Arbeitskräfteansiedlungspolitik.

Analyse der Pendlerbewegungen

Durch eine exakte Analyse der Pendlerbewegungen, vor allem aber durch die gezielte Aktivierung der damit verbundenen Potenziale, etwa durch Ausweisung von neuen Wohnbauflächen auf der eigenen Gemarkung, aber auch durch einfache Maßnahmen wie die Verbesserung des ÖPNV-Angebotes, lassen sich Perspektiven einer positiven Entwicklung erkennen. Grundlage ist wiederum das Wissen um Quantität und Qualität sowie eine Analyse möglicher Potenziale in puncto Zuzug, Qualifizierung und Bedarf für den Arbeitsmarkt.

Hieraus können dann erfolgversprechende Maßnahmen der Wirtschaftsförderung abgeleitet werden. Daher reichen in der Regel pauschale landesweite Aussagen nicht aus. Es muss ortsspezifisch erkundet werden, denn auch Bevölkerungsentwicklung ist wie Wirtschaftsentwicklung auf der Mikroebene durch richtige Entscheidungen beeinflussbar.

Bedeutung der Einwohner für die Entwicklung der Region

Neben der quantitativen Entwicklung sind es vor allem die qualitativen Aspekte, die für die Entwicklung eines Standortes entscheidend sind. Für den britischen Städteforscher und Publizisten Charles Landry, aber nicht nur für ihn, sind die Bewohner die entscheidende Entwicklungsgröße für eine Region. Die Menschen, die in einer Region leben, geben ihr die Ausprägung, die Qualität.

Dies scheint eine einfache Erkenntnis zu sein, dennoch wird sie in der praktischen täglichen Politik nur allzu häufig vergessen. Ansonsten ist es nicht zu erklären, dass letztendlich am gesamten Standort Deutschland viel zu wenig in die Ausbildung der jungen Generation investiert wird. Man hat den Eindruck, dass selbst unsere Vorfahren schon weiter in der Erkenntnis der Notwendigkeit einer berufstauglichen Ausbildung waren.

Die Analyse von Bildungsstand und Ausbildungstand lässt relativ sicher Prognosen über den künftigen Qualifizierungsgrad zu, da Kinder sich immer noch sehr stark an der gewohnten Stellung ihres Elternhauses orientieren. Noch immer ist die Durchlässigkeit der sozialen Schichten gering. Fehlende Integration und mangelnde Sprachkenntnisse in Familien mit Migrationshintergrund führen oftmals dazu, dass auch die Kinder nicht immer ihren wirklichen Fähigkeiten entsprechend ausgebildet und auf dem Arbeitsmarkt eingesetzt werden. Die Zukunftsfähigkeit von Regionen offenbart jedoch, dass dies kein Anlass sein sollte, sich dieser Chancen bewusst zu werden und geeignete Mannahmen mit dem Ziel eines möglichst breiten Arbeitskräfteangebots zu ergreifen.

In einer klaren Bestandsaufnahme liegt auch die Chance auf eine Besserung der Situation. Eine exakte Bestandsanalyse gerade in diesem Punkt erscheint besonders wichtig, da das Humankapital mehr als alle anderen Produktionsfaktoren in einer wissensbasierten Gesellschaft an Bedeutung gewonnen hat und in der Zukunft weiter überproportional an Bedeutung zunehmen wird. Das Wissen um dieses Potenzial ist sicherer, als wir vermuten. Bereits heute sind diejenigen, die in 20 Jahren in das Erwerbsleben eintreten werden, geboren und auch deren Umfeld ist definiert, ebenso ist es eine Tatsache, dass mit großer Wahrscheinlichkeit die Mehrheit der Bevölkerung sich nicht ohne wirkliche Not räumlich verändern wird. Damit ist also bereits heute ein großer Teil der künftigen regionalen Work Force determiniert, die entscheidend Umfang und Qualität des zukünftigen Wirtschaftspotenzials bestimmen wird.

Analyse und Prognose bieten Ansatzpunkte, um die künftige Standortentwicklung durch geeignete Maßnahmen positiv zu beeinflussen. Nicht übersehen werden darf bei der Bevölkerungsanalyse die richtige räumliche Zuordnung. Die Analyse darf nicht an der eigenen Gemarkungsgrenze enden, sondern muss Lebensräume beachten sowie Verkehrs- und Pendlerbeziehungen ins Kalkül einbeziehen Die Differenzierung nach Wohn- und Arbeitsorten ist ebenso zu beachten.

4.2.2 Arbeitsmarktentwicklung

Als Ausdruck des allgemeinpolitischen Zieles der Wohlfahrtsoptimierung ist die Versorgung der Bevölkerung mit Arbeitsplätzen sowie die ausreichende Versorgung der Arbeitgeber mit ausreichend qualifizierten und bedarfsgerechten Arbeitskräften wohl die vornehmste Aufgabe der lokalen Wirtschaftsförderungspolitik.

Neben dem Vorhandensein von Bodenschätzen sowie den geografischen und klimatischen Verhältnissen prägt kein anderer Standortfaktor das Gesicht eines Standortes so sehr wie die am Standort lebenden und arbeitenden Menschen. Standortentwicklung ist also maßgeblich auf die dort lebenden Menschen ausgerichtet. Sie bilden die wichtigste Zielgruppe regionaler Wirtschaftsförderung. Dabei gehört es zur sozialen Verantwortung, zum einen jedem erwerbsfähigen Einwohner einen Arbeitsplatz anzubieten, zum anderen möglichst alle Arbeitgeber am Standort mit qualifizierten Arbeitskräften zu versorgen, um so die regionale Wertschöpfung zu steigern.

Das Arbeitsmarktgleichgewicht ist daher ein wichtiges Ziel der Wirtschaftsförderung, das aufgrund konjunktureller und struktureller Veränderungen kaum jemals vollständig realisiert werden kann. Die relativ hohe Arbeitslosigkeit bei Geringqualifizierten und der gleichzeitige Mangel an Fachkräften zeigen, dass einfache statistische Maßstäbe wie die Höhe der Arbeitslosigkeit als Parameter für den Zustand des Arbeitsmarktes bei Weitem nicht ausreichen. Zur gründlichen Analyse gehört daher zum einen die exakte statistische Erfassung der aktuell vorhandenen Arbeitsplätze. Dabei geht es um eine möglichst genaue Detaillierung des Berufsspektrums und der vorhandenen Qualifikationen der Erwerbstätigen, deren Altersstruktur und die Differenzierung nach Geschlecht sowie Teil- und Vollzeitarbeitsplätzen.

Gerade für den Arbeitsmarkt ist jedoch die Status-Quo-Analyse nur eine kurzfristige Momentaufnahme, da sich der Arbeitsmarkt nicht nur konjunkturell rasch ändert, sondern weil strukturelle Erfordernisse meist in Richtung höherer Qualifikation auch neue Anforderungen an den wichtigsten Produktionsfaktor Mensch mit sich bringen. Daher erfordert eine gute Analyse des Arbeitsplatzangebotes nicht nur die Auswertung des sehr differenziert vorhandenen Datenmaterials der Arbeitsverwaltung. Um standortbedingte Besonderheiten zu berücksichtigen, bedarf es zunächst einer eingehenden Analyse des kleinräumigen und regional verflochtenen Arbeitsmarktes, insbesondere durch Erhebung von Daten bei großen Arbeitgebern sowie durch branchenspezifische Auswertungen und Prognosen für den lokalen Arbeitsmarkt.

Eine gute analytische Leistung seitens der mit der Aufgabe Wirtschaftsförderung betrauten Mitarbeiter kann ein entscheidender Pluspunkt im Standortwettbewerb sein. Das rechtzeitige Antizipieren von, und das frühzeitige Reagieren auf, sich abzeichnende

Entwicklungen auf dem Arbeitsmarkt ermöglichen durchaus erfolgreiche wirtschaftspolitische Maßnahmen zugunsten der Unternehmen und Institutionen am eigenen Standort.

Arbeitskräftepotenzial

Die Analyse des vorhandenen Arbeitskräftepotenzials gestaltet sich weitaus differenzierter, da menschliche Arbeitskraft mobil und flexibel auftritt. Neben der erforderlichen Analyse der Bevölkerungsentwicklung, aus der sich zunächst das Arbeitskräftepotenzial in Qualität und Quantität ableiten lässt, gibt es eine Reihe von Maßnahmen, um das Arbeitskräftepotenzial zu erhöhen. Dabei geht es um Pendlerbeziehungen, den Zuzug von auswärtigen Arbeitskräften, sowie um Maßnahmen zur Lebensarbeitszeitverlängerung und um die Gestaltung von Arbeitsbedingungen. Nur durch eine möglichst exakte Analyse der Arbeitsmarktdaten sind erfolgreiche wirtschaftspolitische Maßnahmen umsetzbar.

Nur wenn die Strukturen der Arbeitsverhältnisse sowie des Angebots und der Nachfrage quantitativ und qualitativ bekannt sind, vor allen Dingen, wenn eine verlässliche Prognose über die Entwicklung in den nächsten zehn Jahren erstellt wurde, können entsprechende Maßnahmen ergriffen werden. Die Analyse des Arbeitsmarktes wird durch die Arbeitsverwaltung in hoher Differenziertheit und überaus aktuell sowie gemeindescharf durchgeführt. Die Erhebungen der Arbeitsverwaltungen haben in den letzten Jahren immer mehr an Tiefe und Aktualität gewonnen, sodass insgesamt sehr gutes Datenmaterial über die Beschäftigungslage in den jeweiligen Kommunen beziehungsweise den Regionen vorliegt.

Berufespektrum

Darüber hinaus ist es aber auch erforderlich, einen möglichst detaillierten Überblick über die am Standort vorkommenden Berufe zu erhalten. Eine detaillierte Analyse des vorhandenen Berufespektrums und dessen Entwicklung im Verhältnis zur Entwicklung der Branchenstruktur erlaubt eine Prognose über die quantitative und qualitative Nachfrage nach Berufen und Berufsbildern im Rahmen der Aus- und Weiterbildung. Entscheidend für eine ausgewogene Entwicklung ist die Kongruenz zwischen Berufsnachfrage und Berufsangebot.

Während sich die Berufsnachfrage in Zeiten großer Mobilität an das vorhandene Berufsangebot angepasst hat und es so zu einem Gleichgewicht kommen konnte, ist aufgrund wachsender Mobilität sowie häufigerer Berufswechsel zum einen der Anspruch der Unternehmen auf eine spezifische berufliche Qualifikation, zum anderen der Anspruch der Arbeitnehmer auf bestimmte Merkmale wie Qualität der beruflichen Inhalte, Arbeitsplatzgestaltung und Unternehmensphilosophie sowie nicht-finanzielle Merkmalen erheblich gestiegen. Das gilt insbesondere für die das wirtschaftliche Wachstum ganz entscheidend beeinflussenden qualifizierten Fachkräfte.

Ist die Beobachtung von Berufsangebot und Berufsnachfrage von Bedeutung für die kurzfristige Beeinflussung des Arbeitsmarktes, so ist die Analyse und Prognose der Bevölkerungsentwicklung der eher mittelfristige Aspekt einer aktiven regionalen Beschäftigungspolitik. Neben der Bevölkerungsentwicklung sind aber auch Strukturänderungen wie zunehmendes Homeoffice absehbar. Folgende Beobachtungen führen zur Differenzierung von Analyse und Prognose:

Betriebliche Altersregelungen bis zu Verlängerung der Arbeitszeit, kürzere Schulausbildungen, zunehmende Berufspraktika von Schülern und Studenten, Studienzeitverkürzung und stärkere Berufsorientierung von Studienanfängern, sowie Flexibilisierung der Arbeitszeiten, Verbesserung der Arbeitsbedingungen für Frauen und Familienfreundlichkeit, Vereinbarkeit von Beruf und Familie sowie das Job Hopping, das zu kürzeren Verweildauern bei einzelnen Arbeitgebern führt.

Von immer größerer Bedeutung sind die Pendlerbewegungen. Geht man davon aus, dass in wirtschaftlichen Zentren mehr als die Hälfte der Arbeitnehmer aus der umgebenden Region stammen, ist unschwer zu erkennen, dass infrastrukturelle Maßnahmen wie etwa der Ausbau von Straßen oder der öffentlichen Nahverkehrsanbindung einen bedeutsamen Einfluss auf den Arbeitsmarkt haben werden.

Berücksichtigung regionalspezifischer Fertigkeiten

Ein besonderes Augenmerk sollte auch darauf gerichtet werden, dass in bestimmten Regionen aus alter Tradition heraus bestimmte Qualifikationen von Arbeitnehmern stärker ausgeprägt sind als andernorts. Als Beispiel sei eine im Schwarzwald geografisch ausgeprägte Fertigkeit genannt: Dort haben sich die Schwarzwaldbauern in langen Wintern mit dem Bau von Uhren, auch den sogenannten Kuckucksuhren, beschäftigt. Hieraus entwickelte sich frühzeitig eine ausgesprochene Fertigkeit in feinmechanischen Berufsbildern. Ausgehend von der Holzbearbeitung, denn Uhrenzahnräder wurden ursprünglich aus Holz gefertigt, hin zur feinmechanischen Metallbearbeitung. Im Laufe der Zeit hat sich diese Qualifikation durch die Schaffung von Ausbildungsplätzen, Schulen und Fachhochschulen nicht nur kultiviert, sondern durch spezifische Fördermaßnahmen und Ausbildungsangebote gezielt weiterentwickelt. Hieraus entstand ein Schwerpunkt in der Feinwerktechnik und den Ingenieurwissenschaften mit einem ausgeprägten Angebot an innovativen Unternehmen und Ausbildungsplätzen. Heute ist der Schwarzwald voll von Hidden Champions, nach dem Untergang der Uhrenindustrie sind es die qualifizierte Metallbearbeitung, die Entwicklung und der Bau von Sensoren, die Umwelttechnologie und die Medizintechnik, die zu einer sehr erfolgreichen Arbeitsplatzentwicklung geführt haben.

Solche regionaltypischen Berufsbilder beziehungsweise deren Entwicklungspotenzial zu erkennen und diese clusterrelevanten Strukturen systematisch weiterzuentwickeln und zu einem Alleinstellungsmerkmal in der Region zu machen, ist der Weg einer besonderen regionalen Wirtschaftspolitik im Sinne einer berufsspezifischen Schwerpunktbildung.

Woher kommen nun die Informationen, Daten und Zahlen, die benötigt werden, um eine fundierte Analyse vorzunehmen?

Zunächst verfügt die Arbeitsverwaltung auf Bundes- und Landesebene über präzise Statistiken zum Arbeitsmarkt. Das gilt nicht nur für den Bestand, sondern auch für die Prognose der Entwicklungen auf dem zukünftigen Arbeitsmarkt. Die Arbeitsverwaltung bricht die Zahlen auf die relevanten Gebiete herunter, sodass auch kleine Städte, Gemeinden und Regionen mit geringer Einwohnerzahl über eine gute, gesicherte Datenbasis verfügen können.

Dabei sind auch die längerfristig angelegten Ergebnisse und Interpretationen der Volks- und Arbeitsstättenzählung von Bedeutung und lassen weitreichende Erkenntnisse zu. Andererseits sind Daten und Informationen, die bei beschäftigungsintensiven Unternehmen des eigenen Standortes gewonnen werden, anlässlich von Betriebsbesuchen oder durch gezielte Abfragen stets auf dem aktuellen Stand zu halten. Unternehmen sind sehr viel offener geworden in ihrer Informationspolitik als noch vor wenigen Jahren. Die Bundesregierung erhält wirtschaftspolitische Prognosen bereit und seriöse Forschungsinstitute erstellen fundierte Analysen.

Von Bedeutung sind allerdings nicht nur absolute Zahlen, sondern insbesondere die längerfristigen Zeitreihen, die Entwicklungen und Strömungen aufdecken. Diese zu erkennen und richtig zu interpretieren, darin liegt die eigentlich wichtige Tätigkeit des Analyseschrittes und dies ist ein wichtiger Schlüssel zum Erfolg im Rahmen einer aktiven Wirtschaftsförderung.

Bestandsaufnahme der Bedürfnisse der Arbeitgeber

Eine weiterhin unverzichtbare Grundlage für die Analyse und Prognose der Arbeitsmarktentwicklung ist die aktuelle Bestandsaufnahme der Bedürfnisse der Arbeitgeber, wobei hier, und das sei nochmal betont, nicht nur die privaten Unternehmen einbezogen sind, sondern auch die zahlreichen öffentlichen Unternehmen und Einrichtungen am Standort und darüber hinaus alle Anbieter von Arbeitsplätzen.

Arbeitsplätze werden in allen beschäftigungsrelevanten Einrichtungen geschaffen. Das heißt zunächst in Unternehmen, aber nicht nur dort, sondern auch in Verwaltungen, in Forschungs- und Bildungseinrichtungen sowie zahlreichen anderen Institutionen. Das bedeutet, dass die Kenntnis der Struktur aller Arbeitgeber eines Standortes hinreichend über die Qualität und Quantität der benötigten Arbeitskräfte Aufschluss geben kann.

Daher ist es wichtig, die Betriebe regelmäßig zu befragen, um deren Entwicklungsplanung und Änderungen in den zu erwartenden Umstrukturierungsprozessen frühzeitig und richtig zu analysieren. Derzeit befinden wir uns im Prozess der Deindustrialisierung, also dem Abbau von Arbeitsplätzen im Produktionssektor, und der Zunahme von Arbeitsplätzen im Dienstleistungssektor, insbesondere derjenigen Dienstleistungen, die unternehmensbezogen sind und die mit Wissen und Qualifizierung befasst sind. Standorte müssen darüber hinaus die Situation öffentlicher Einrichtungen und Verwaltungen aufmerksam beobachten und bevorstehende Veränderungen frühzeitig wahrnehmen, wie etwa Standortschließungen von Kasernen, Krankenhäusern, und die damit verbundene Zusammenlegung, Verlagerung und Schließung von Unternehmensstandorten.

Diese strategisch relevanten Änderungen in der Struktur der Arbeitgeber führen zu veränderten Anforderungen an die Qualität zukünftiger Arbeitskräfte. Hierfür ist es jedoch erforderlich, die benötigte Qualität neuer Arbeitsplätze zu kennen. Diese wiederum kann nur über die angestrebte Neuausrichtung der wirtschaftspolitischen Rahmenbedingungen erfasst werden. Auch hier gilt, dass solche Entwicklungen nur selten kurzfristig eintreten.

Christian Ramm: Entwicklung des Arbeitsmarktes seit ca. 2020 und Prognose

Seit 2020 hat sich die Situation am Arbeitsmarkt trotz teilweiser wirtschaftlicher Schwäche recht stabil gehalten. Die Quoten der Arbeitslosigkeit lagen zwischen 5,4 und 6,3 %.

Hierbei lässt sich der leichte Anstieg der Arbeitslosigkeit seit 2022 insbesondere auf die Zuwanderung Geflüchteter aus der Ukraine zurückführen (vgl. Bauer, A. et al., 2023).

Der Arbeitskräfteknappheits-Index des Institutes für Arbeitsmarkt- und Berufsforschung der Bundesagentur für Arbeit (IAB) ist auf Rekordniveau, ebenso wie die Zahl an offenen Stellen (fast zwei Millionen). Die Situation wird sich noch verschärfen, wenn die sogenannten Babyboomer in Rente gehen. Ohne Ausgleich (z. B. durch Migration und steigende Erwerbsbeteiligung) wurde das Erwerbspersonenpotenzial bis 2035 allein aus demografischen Gründen im Vergleich zu 2021 um nahezu sieben Millionen zurückgehen.

Auch wenn noch nie so viele Menschen beschäftigt waren wie heute, haben die bestehenden Engpässe an Fach- und Arbeitskräften ein bisher ungekanntes Ausmaß erreicht.

„Inländische Potenziale müssen aktiviert werden", sagt Professor Enzo Weber. „Aber die gesamten inländischen Potenziale reichen nicht aus. Wir brauchen dafür auch Zuwanderung. Daraus errechnet sich ein Migrationssaldo von 400 000 Personen pro Jahr im Schnitt. Das ist ein Saldo, das heißt Zuwanderung minus Abwanderung." (siehe Gerber, M. & Winters, J., 2023).

Das ifo-Institut hat im Auftrag der IHK München und Oberbayern Vorschläge zum Beschäftigungsgewinn mit unterschiedlichen, sehr kontrovers diskutierten Maßnahmen gemacht. So würden z. B. Änderungen im Steuersystem, Anhebung des Renteneintrittsalters und weitere Veränderungen zu mehr als einer Million zusätzlichen Beschäftigten führen.

Der Neubedarf aus Arbeitsplatzentwicklung und Ersatzbedarf beträgt im Zeitraum von 2023 bis 2027 nach Angaben des Bundesministeriums für Arbeit und Soziales (BMAS) rund 4,89 Millionen Personen. Der Ukraine-Krieg und die dadurch ausgelöste Energiekrise haben die wirtschaftliche Entwicklung gedämpft, zugleich liegt der Arbeitskräftebedarf in Deutschland auf Rekordniveau.

Wichtig bei der Rekrutierung ist es, die „alten Wege" nicht zu vernachlässigen, z. B. die Einschaltung der öffentlichen Arbeitsverwaltung. Diese Dienstleistung ist durch die Beiträge zur Arbeitslosenversicherung bereits bezahlt, sie kann helfen und schadet nicht!

Immer wesentlicher ist jedoch, innovative Wege zu beschreiten und internationales Recruiting zu betreiben oder auf sogenannte „Hidden Resources" („Stille Reserven") zurückzugreifen.

Arbeitgeber müssen aber auch zunehmend das eigene Personal als knappe Ressource betrachten. Dafür braucht es nachhaltige Strategien in Hinblick auf interne Mitarbeitende.

Wie sehen die gestiegenen Erwartungen an die Unternehmen aus? Eine Studie des Gesamtverbandes Kommunikationsagenturen (GWA) gibt hierzu Hinweise, wobei Männer und Frauen getrennt befragt wurden (vgl. Pohl, M., 2023).

Für beide Gruppen sind das Arbeitsklima, Spaß / Erfüllung, die Work-Life-Balance, ein attraktives Einstiegsgehalt und ein hohes zukünftiges Einkommen, ein guter Standort, gute Weiterentwicklungs- / Bildungsmöglichkeiten sowie flexible Arbeitszeiten wichtig.

Folgende Unterschiede sind auffallend: Frauen sehen unter den „Top 10" auch die Überstundenvergütung oder deren Ausgleich, für Männer sind „flache Hierarchien" sehr wichtig.

Homeoffice

Der Fachkräftemangel stellt nicht nur den Mittelstand vor Herausforderungen. Wer auf Arbeitsmodelle unabhängig von Ort und Zeit setzt, kann auf einen größeren Pool an Talenten zugreifen – und sie binden. Damit das flexible Zusammenarbeiten gelingt, müssen Unternehmen Einiges beachten.

Nach Corona ist die Möglichkeit von Homeoffice nicht mehr wegzudiskutieren. Zwar hat sich der Umfang wieder reduziert und viele Unternehmen wollen eine weitere Reduzierung, doch die Möglichkeit von Homeoffice oder auch anderen Modellen der Arbeitszeitgestaltung sind für sehr viele Arbeitnehmer weiterhin mitentscheidend für die Wahl ihres Unternehmens.

Gerade in Zeiten des Fachkräftemangels empfiehlt es sich, auf flexible Arbeitsmodelle zu setzen, denn orts- und zeitunabhängiges Arbeiten steht mit ganz oben auf dem Wunschzettel.

In einer repräsentativen Umfrage des Jobportals „Indeed" gaben drei viertel der Befragten an, flexible Arbeitszeiten oder Arbeitsorte für wichtig zu halten – doch nur 30 % der Befragten hatten tatsächlich die Möglichkeit von Vertrauensarbeitszeit und -ort. Ein Potenzial, das es nun auszuschöpfen gilt, besonders für Unternehmen mit Standortnachteilen oder besonders hart umkämpften Fachkräften.

Homeoffice ist mitentscheidend bei der Auswahl des Arbeitgebers.

„Homeoffice geht immer mit einer höheren Souveränität und Flexibilität von Zeit einher." Das Arbeiten von zu Hause sei nicht mehr diskutabel. „Darauf müssen die Arbeitgeber reagieren. Und wenn sie es nicht tun, verlieren sie einen Teil ihrer Attraktivität.", sagt Jutta Rump, Arbeitsexpertin und Leiterin des Instituts für Beschäftigung und Employabilität an der Hochschule für Wirtschaft und Gesellschaft in Ludwigshafen im Juni 2024 in einem Interview des ZDF (siehe Bethmann, F., 2024).

Die Anforderungen an ein erfolgreiches Arbeiten im Homeoffice sind jedoch hoch. Damit Homeoffice in Kombination mit dem Arbeiten im Büro funktioniert, bedarf es mehr. Die wichtigsten Punkte für Mitarbeitende, die nicht jeden Tag ins Büro kommen, sind

- klare Arbeitsaufträge
- eine andere Art der Führung
- Teamtage
- Unterstützung bei der Gestaltung ihres Home-Arbeitsplatzes
- klare Kommunikation der Rahmenbedingungen
- ggf. Festlegung der Präsenzzeiten

Aber auch die Präsenzarbeitswelt muss angepasst werden: „Nichts ist furchtbarer, als wenn Sie die alte Präsenzwelt haben, also die bisherige Ausstattung und die bisherigen Büros, und nur die Hälfte der Leute ist da. Da kriegt man ja Vereinsamungsgefühle", so Jutta Rump.

Work-Life-Balance

Aufgrund des hier kurz skizzierten Arbeitsmarktes haben gut ausgebildete Menschen so gute Chancen wie lange nicht. Sie können sich teilweise den Arbeitgeber, bei dem sie tätig sein wollen, aussuchen beziehungsweise über die Rahmenbedingungen ihres Arbeitsplatzes „verhandeln".

Die Work-Life-Balance spielt insbesondere bei Menschen der sogenannten Generationen Z und Y eine immer größere Rolle.

Über diese Generationen und ihre Arbeitsmotivation wird viel geschrieben. Sie seien zu wenig leistungsorientiert und die Freizeitgestaltung gehe über alles. Solch Pauschalurteile helfen nicht. Es zeigt sich dagegen, dass bei „nachhaltiger Personalpolitik" die Leistungsbereitschaft steigt.

Und auch wenn es für viele jüngere Menschen auf die Work-Life-Balance ankommt, müssen sich die Unternehmen darauf einstellen. Wir haben nun einmal nur die Menschen, die wir haben.

Bei einer konsequenten Umsetzung von Work-Life-Balance-Maßnahmen in möglichst vielen Unternehmen, begleitet von politischen Maßnahmen, mit denen die Vereinbarkeit von Beruf und Familie wirksam verbessert wird, können sowohl auf der betriebswirtschaftlichen als auch auf der volkswirtschaftlichen Betrachtungsebene positive Effekte erreicht werden.

Immer mehr setzt sich die Gewissheit durch, dass die Beachtung der Work-Life-Balance ein nachhaltiges Wirtschaftsthema darstellt und positive Effekte erzeugt:

- Work-Life-Balance leistet einen wichtigen Beitrag zum Unternehmenserfolg
- Work-Life-Balance fördert eine Arbeitswelt, die auch die gesellschaftliche Verantwortung der Unternehmen reflektiert
- Work-Life-Balance führt darüber hinaus zu einem höheren volkswirtschaftlichen Wachstumspfad

Wie kann der lokalen Wirtschaftsförderung die Versorgung mit Arbeitskräften gelingen?

Für die lokale Wirtschaftsförderung wird es immer wichtiger, auch für die in der Region ansässigen Unternehmen beratend tätig zu sein. Es besteht immer die latente Gefahr, dass fehlende Fach- und Arbeitskräfte die Region verlassen.

Oft wird der HR-Bereich der Unternehmen mit administrativen Aufgaben so ausgefüllt, dass für zusätzliche Aufgaben keine Ressourcen verbleiben.

Hier ergeben sich neben der Beratung zu Förderkonditionen weitere Beratungsfelder, die offensiv angeboten werden müssen:

- Wie kann lokales und insbesondere internationales Recruiting gelingen?
- Welche neuen Wege des Recruiting gibt es?
- Welche „alten“ Wege dürfen nicht vernachlässigt werden?
- Welche Potenziale stehen zur Verfügung?
- Welche guten Beispiele für das Finden und Binden von Arbeitnehmern gibt es bereits in der Region?
- Wie können bereits aus dem Erwerbsleben ausgeschiedene Menschen wieder in die Unternehmen integriert werden?
- Wie können jüngere Menschen gezielt angesprochen werden?
- Was erwarten jüngere Arbeitnehmer von ihrem Arbeitgeber?
- Welche „neuen“ Arbeitsformen sind attraktiv?
- Wie kann Homeoffice erfolgreich umgesetzt werden?
- Wo gibt es erfolgreiche Beispiele?
- Wie können innovative Netzwerke gebildet werden?
- Welche Rahmenbedingungen sind heutzutage essenziell?

Das bedeutet nicht, dass all diese Beratungsdienstleistungen direkt von der Wirtschaftsförderung angeboten werden müssen, dafür sind in der Regel die Ressourcen und teilweise auch das Know-how gar nicht vorhanden.

Ein Weg ist es, ein Portfolio von erfahrenen, regionalen Dienstleistern zu schaffen, welche diese Beratungsdienstleistungen anbieten können. Im Rahmen von Veranstaltungsreihen sollte regelmäßig zu diesen Themen informiert und mögliche Lösungswege aufgezeigt werden.

Das Dienstleistungsangebot sollte auch intensiv bei der Anwerbung von Unternehmen eingesetzt werden.

Egal welche Frage ein Unternehmen hat, die lokale Wirtschaftsförderung sollte wissen, wer sie beantworten kann!

Quellenangaben

Bauer, A., Gartner, H., Hellwagner, T., Hummel, M., Hutter, Ch., Wanger, S., Weber, E. & Zika, G. (2023): Rekord-Arbeitskräftebedarf in schwierigen Zeiten; in: IAB-Kurzbericht, 5 / 2023, Nürnberg.

Gerber, M. & Winters, J. (2023): Warum braucht Deutschland 400.000 Migrantinnen und Migranten pro Jahr?, In: IAB-Forum 19. Dezember 2023; online abrufbar unter https://www.iab-forum.de/warum-braucht-deutschland-400-000-migranten-pro-jahr/(letzter Abruf am 30. 01. 2025).

Pohl, M. (2023): Zwischen Work-Life-Balance und Fachkräftemangel: Was Mitarbeiter wollen und Unternehmen brauchen. In: triangility.com, veröffentlicht am 27. 07. 2023; online abrufbar unter https://triangility.com/de/zwischen-work-life-balance-und-fachkraeftemangel / (letzter Abruf am 30. 01. 2025).

Bethmann, F. (2024): Firmen locken Fachkräfte mit Homeoffice; online abrufbar unter https://www.zdf.de/nachrichten/wirtschaft/fachkraeftemangel-homeoffice-unternehmen-trend-100.html (letzter Abruf am 30. 01. 2025).

Zum Autor

Christian Ramm ist in Berlin geboren und aufgewachsen. Studium der Pädagogik in Berlin und Verwaltungswirtschaft in Mannheim. Start bei der Bundesagentur für Arbeit (BA) als Berufsberater. Tätigkeit in unterschiedlichen Führungspositionen in der BA, zuletzt Leiter der Agentur für Arbeit Freiburg. Christian Ramm ist jetzt als selbständiger Unternehmensberater tätig, mit den Schwerpunkten Arbeitsmarktberatung, internationales Recruiting, Demografie sowie Aus- und Weiterbildung. Er ist zudem Trainer für Führungstechnik und Moderation, Vorstandmitglied im ddn (das Demographie Netzwerk) sowie Lehrbeauftragter an der PH Freiburg.

Kontakt: christian.ramm@lang-und-ramm.academy.de

4.2.3 Wirtschaftsstruktur

Parameter zur Beschreibung der Wirtschaftsstruktur

Welches sind nun aussagekräftige Parameter für die Beschreibung der Wirtschaftsstruktur? Zunächst bestimmt sich die Struktur einer lokalen und regionalen Wirtschaft nach der Verteilung auf die Branchen und deren Besetzung innerhalb eines Standortes. Dies sind traditionell in Anlehnung an die amtliche Statistik der Wirtschaft folgende Branchen:

- Land- und Forstwirtschaft, Fischerei
- Verarbeitendes Gewerbe
- Baugewerbe
- Groß- und Einzelhandel
- Verkehr und Nachrichtenübermittlung
- Hotel- und Gaststättengewerbe
- Sonstige Dienstleistungen

Strukturwandel in der Deutschen Wirtschaft

Gerade die Entwicklung ehemals dominierender Wirtschaftsbereiche hat sich mit zum Teil großer Dynamik verändert. War in den 1950er, 1960er bis Anfang der 1970er Jahre noch die industrielle Fertigung die treibende Kraft des sogenannten Wirtschaftswunders der Bundesrepublik Deutschland, so standen spätestens seit Mitte der 1970er Jahre deutliche Umbrüche ins Haus. Der industrielle Anteil hat in den letzten 20 Jahren statistisch signifikant abgenommen. Insbesondere durch die zunehmende Verlagerung der industriellen Fertigung in Entwicklungs- und Schwellenländer ist es zu einem deutlichen Abbau produktionsorientierter Unternehmen am Standort Deutschland gekommen.

Hinzu kommt, dass die Produktion an sich einen immer geringeren Anteil an der Wertschöpfung von Produkten ausmacht Es sind vielmehr die Innovationen, die Entwicklung und erfolgreiche Vermarktung neuer Produkte und Dienstleistungen, die einen immer größeren Anteil an der Wertschöpfung ausmachen. Der Mangel an Arbeitskräften, höhere Arbeitskosten, die Liberalisierung des Welthandels und der Kapitalmärkte, eine zunehmende Internationalisierung und globale Arbeitsteilung und nicht zuletzt die enormen Aufbauleistungen von Entwicklungs- und Schwellenländern, besonders eindrücklich etwa mit Blick auf die Schaffung von Infrastrukturen, gingen zu Lasten der Produktion in den alten Industrieländern.

Dass es dennoch nicht zu einem Einbruch in allen Industrieländern gekommen ist, ist dem Umstand zu verdanken, dass z. B. am Standort Deutschland das Wissen um neue Produktionsverfahren, neue Materialien, und die Entwicklung und Gestaltung neuer Produkte und Absatzwege einen wesentlichen Anteil an der Wertschöpfung haben. Trotz Deindustrialisierung ist es in einigen der alten Industrieländer zu einem Wohlstandsanstieg gekommen.

Insbesondere auch aus dem globalen Strukturwandel resultierten erhebliche Entwicklungsunterschiede an den einzelnen Standorten, sodass es im Zeitablauf von zehn Jahren zu einem deutlichen Positionswechsel von Kommunen und Regionen auf der Rangskala der wirtschaftlich erfolgreichen Standorte gekommen ist. Es gab Gewinner und Verlierer, ein Phänomen, das immer besonders bei gesamtwirtschaftlichen Strukturverschiebungen eintritt.

Diese Ausführungen sollen verdeutlichen, wie entscheidend eine genaue Standortbeobachtung und die darauf aufbauende Prognose künftiger Entwicklungsszenarien für den Erfolg einer Region sind. Dabei muss eben nicht nur die lokale Situation, sondern die regionale und gesamtwirtschaftliche Entwicklung ins Auge gefasst werden, denn eine gute Analyse bedarf eines sogenannten Benchmarkings, das heißt, eines Vergleiches mit vergleichbaren Standorten und signifikanten Daten, um eine möglichst korrekte Abweichungsanalyse vornehmen zu können.

Nach den Erfahrungen der vergangenen Jahrzehnte kann festgestellt werden, dass die allgemeinen Erkenntnisse des wirtschaftsstrukturellen Wandels zwar vorhanden waren, jedoch wirtschaftspolitische Gegenstrategien, politische Gestaltungsspielräume und Handlungsalternativen lange Zeit nicht in ausreichendem Maße entwickelt wurden und vor allen Dingen mutig alte Zöpfe abschneidende Entscheidungen nicht oder viel zu spät getroffen wurden.

Es ist immer wieder zu erkennen, dass die größte Gefahr für eine lokale beziehungsweise regionale Wirtschaft von einem permanenten Abschwung von jeweils kleinen, fast unmerklichen Schritten ausgeht. Hier hat die Politik kaum Möglichkeiten, beherzt einzuschreiten, da die Rückgänge eine massive Antwort scheinbar nicht erzwingen beziehungsweise politisch notwendig machen, aber sich dennoch jeder Beteiligte bewusst ist, dass eine einfache Trendumkehr nicht möglich ist. Der schleichende Gewöhnungsprozess einer Abwärtsspirale ist eine wirtschaftspolitisch kaum zu bewältigende Situation.

Lokale und regionale Verflechtungen

Entscheidungs- und handlungsrelevante Daten lassen sich zusätzlich durch eine regelmäßige Auswertung der Veröffentlichungen von Kammern, Verbänden, Arbeitsagenturen, Gewerkschaften, Arbeitgeberverbänden sowie von Wirtschaftsforschungsinstituten gewinnen.

Welche Ergebnisse sich aus der analysierten Wirtschaftsstruktur ergeben, ist nicht nur von der Gewichtung der einzelnen Strukturelemente, sondern maßgeblich auch von den regionalen und lokalen Verflechtungen der Branchen und Unternehmen untereinander abhängig. Wenn Zulieferer und Dienstleister für einen Produktionsunternehmer vor Ort sind, damit Wege und Kosten gespart werden, Entwicklungen regional vorangetrieben werden können aufgrund guter Forschungs- und Entwicklungskapazitäten von Universitäten, Hochschulen und Instituten, so ist das eine gute Voraussetzung für eine positive regionale Entwicklung. Zwar mag ein Monopolunternehmen einer Region temporär zu großen Entwicklungsschüben verhelfen, wie etwa VW in Wolfsburg oder SAP in Walldorf. Doch wie bei allen Monostrukturen gilt: Wenn nicht rechtzeitig die Entwicklung erkannt wird, können solche Abhängigkeiten auch zum ökonomischen Absturz einer Region führen.

Identifizierung von Clusterpotenzialen

Ein besonderes Merkmal einer Region liegt nach der sogenannten Cluster-Theorie dann vor, wenn es eine zielbezogene Zusammenarbeit von Unternehmen, die auch durchaus im Wettbewerb stehen können, mit Partnern aus Zulieferbranchen und Forschung, Entwicklung, Ausbildung sowie Verbänden und institutionellen Einrichtungen im regionalen Wirtschaftsraum gibt.[24]

Dabei ist es für den Wirtschaftsförderer nicht schwierig, Cluster zu identifizieren, in denen sich die wirtschaftspolitischen Akteure bereits zusammengefunden haben. Die Analyse wird dann diffizil, aber auch für die Arbeit der Zukunft strategisch bedeutender, wenn solche Cluster in Ansätzen zwar vorhanden sind, aber entwickelt werden wollen oder noch zu organisieren sind. Ein besonderes Augenmerk ist hier also auf die Strukturanalyse zu legen, insbesondere auch mit der Aufgabe, den regionalen Bezug deutlich weiter zu wählen, als es die meisten der zur Analyse der Wirtschaftsregion notwendigen Datenerhebungen notwendig machen würden.

Das Verhältnis zwischen jungen und etablierten Unternehmen, zwischen kleinen, mittleren und großen Unternehmen sowie das Wissen um besonders innovative, exportorientierte, arbeitsplatzintensive bzw. dienstleistungsorientierte Unternehmen ist von großer Bedeutung für die Prognose der Entwicklung der Region.

Zentralität und Regionalität

Neben regionalen und sektoralen Verflechtungen sind es insbesondere die Innovationspotenziale, das Investitionsverhalten und die Zentralität eines Ortes, die dessen Entwicklung bestimmen. Daten über diese Eigenschaften sind wichtig, nicht nur für den Einzelhandel und andere Dienstleister des Oberzentrums. Die Zentralität des einen ist die Dezentralität des anderen Partners in der regionalen Entwicklung.

Zentrum zu sein, mag für viele Standorte ein Ziel und damit attraktiv sein. Aufgrund der lokalen und regionalen Gegebenheiten werden sich die meisten Standorte jedoch mit dem vorhandenen Status einrichten müssen. Die Zentralität ist entscheidend abhängig von den verkehrlichen Bedingungen der Region. Zentralität ist daher auch ein Ziel, das schon in kleinen Teilräumen eine wichtige Rolle spielt.

Konkurrenz in der Region

Dass Standorte untereinander um die Standortgunst von Unternehmen, um die Attraktivität als Einzelhandelsstandort oder als Besuchermagnet für kulturelle Veranstaltungen im direkten Wettbewerb zueinander stehen, sollte positiv beurteilt werden, da es die Situation und den Wettbewerb in der Region insgesamt stärkt. Dennoch muss es bei großen Strukturinvestitionen der öffentlichen Hand, sei es in kulturellen Einrichtungen, Schwimmbädern, Schulen, Straßen oder neuen Gewerbegebieten, einen regionalpolitischen Konsens geben, da ansonsten öffentliche Ressourcen verschwendet werden und es zu negativen Auswirkungen auf die Gesamtregion kommen kann.

Die regionale Rivalität kann besonders ausgeprägt sein aufgrund einer hohen Zentralität eines Oberzentrums. Aber auch das Vorhandensein mehrerer gleich großer Einheiten in einer Region und der ständige Kampf um die Vorherrschaft können insgesamt für die Region zu negativen gesamtwirtschaftlichen Ergebnissen führen. Für die regionale Wirtschaftsförderung kann es hier zu einem Zielkonflikt kommen, z. B., wenn das Oberzentrum seine Einzelhandelsfunktion stark fördert, andererseits die Umlandgemeinden durch kostenlose Parkmöglichkeiten, Sonntagsöffnungen und andere attraktivitätssteigernde Maßnahmen versuchen, dem Oberzentrum Paroli zu bieten.

Eine gesunde Konkurrenz um Unternehmensansiedlungen durch eine bewusst preisorientierte Grundstückspolitik, eine bessere Servicequalität von kleinen Gemeindeverwaltungen gegenüber eher bürokratielastigen Großstadtverwaltungen, eine familienorientierte Wohnungspolitik der Umlandgemeinden gegenüber hochpreisigem Wohnen in der Stadt; all diese Phänomene gehören zu dem wohlverstandenen wettbewerblichen

Miteinander zwischen Stadt und Region. Die Konkurrenz in der Region ist so lange nicht schädlich, sondern treibt die Qualität, wie es nicht durch Fehlallokationen zu regionalwirtschaftlichen Verlusten durch Doppelstrukturen kommt.

Exportorientierung

Ein weiteres Strukturmerkmal ist die Exportabhängigkeit der Region. Gerade in Zeiten der zunehmenden Internationalisierung, Globalisierung und Arbeitsteilung durchlaufen exportabhängige Unternehmen eine besondere, von der heimischen Konjunktur häufig abweichende Entwicklung. Globalisierungseffekte treffen die exportabhängigen Unternehmen viel intensiver, sodass kräftigere Ausschläge in Umsatz, Gewinn und Arbeitsplatzentwicklung häufig entgegengesetzt zu den von der heimischen Konjunktur abhängigen Betrieben möglich sind.

Aufgrund der immer stärkeren internationalen Arbeitsteilung geraten immer mehr Unternehmen, ob nun exportorientiert oder aber am heimischen Markt orientiert, aufgrund der Differenzierung der Produktionsverfahren sowie zuzuliefernder Teile in eine Abhängigkeit von internationalen Prozessen. Ob ein hoher Exportanteil in der regionalen Wirtschaft positiv oder negativ zu bewerten ist, kann pauschal nicht beantwortet werden und hängt von den weltwirtschaftlichen Bedingungen ab. Fest steht jedoch, dass dieses Merkmal eine besondere Aufmerksamkeit der lokalen und regionalen Wirtschaftspolitik erfordert, wenn sie von internationalen Entwicklungen nicht überrascht werden will.

Insofern ist das Ziel einer ausgewogenen Wirtschaftsstruktur bezüglich der Exportquote nur schwer zu definieren und noch schwerer zu beeinflussen. Zum einen ist es wünschenswert, dass die Exporte sich auch auf unterschiedliche Regionen der Welt verteilen, zum anderen Lieferungen und Leistungen ins Inland von weniger Risiken begleitet sind als Exporte. Je nach weltpolitischer Lage, Zoll- und Währungsrelationen und Handelsabkommen können Außenhandelsbeziehungen für die Region von großem Vorteil, aber auch von großem Nachteil sein.

Realistischerweise muss zugestanden werden, dass eine wirkliche Feinsteuerung in Sachen Exportanteil für die regionale Wirtschaftspolitik nur schwer möglich sein wird. Eine Mischung aus exportintensiver und eher heimisch orientierter Wirtschaft beinhaltet die Chance einer eher konjunkturell ausgeglichenen und weniger störungsanfälligen wirtschaftlichen Entwicklung.

Das gilt eher nicht für monostrukturelle Regionen, wie sie z. B. für die Bereiche Kohle und Stahl in den 1950er und 1960er Jahren anzutreffen waren oder für die überwiegend industrieorientierte Region Ruhrgebiet in den 1970er und 1980er Jahren. Derartige

Regionen profitieren jeweils ganz überdurchschnittlich vom Boom der sich stark entwickelnden Sektoren, um dann in der mit großer Sicherheit folgenden Abschwungsphase auch eine ganz besonders negative Entwicklung durchzumachen.

Dabei zieht sich die Dauer des Abschwungs besonders deshalb in die Länge, weil dieser in der Regel zunächst unmerklich verläuft, rechtzeitige wirtschaftspolitische Gegenmaßnahmen häufig unterbleiben, nicht die notwendige Reaktionsintensität besitzen und im Abschwung deutlich hinter dem notwendigen Maß zurückbleiben. Die Entwicklung der 1990er Jahre im Zuge der Deindustrialisierung und des Absturzes der Industrieregion Ruhrgebiet sind ein Beispiel für solche fundamentalen und zu regionalen Disparitäten führenden Strukturverschiebungen.

Die horizontalen und vertikalen Verflechtungen der Unternehmen und deren Analyse lassen Schlüsse auf die Teilnahme an einer Wachstumsentwicklung durchaus zu.

Öffentlicher Sektor

Insbesondere die Bedeutung des öffentlichen Sektors für die regionale Wirtschaftsentwicklung wird in Deutschland nach wie vor stark unterschätzt. Nicht selten bleibt im Aufgabenkatalog der Wirtschaftsförderung der öffentliche Sektor völlig unbeachtet: Wirtschaftsförderung wird oft auf privatrechtliche Unternehmensformen reduziert.

Dass durch diese ungewollte Einschränkung in manchen Regionen ein beachtlicher Anteil der Arbeitsplätze am Standort außer Acht gelassen wird und damit etwa ein wesentlicher Teil des gesamten zu beeinflussenden wirtschaftlichen Potenzials einer Region fehlt, wird häufig nicht bedacht. Durchschnittlich können 25 % bis zum Teil über 45 % der Arbeitsplätze im öffentlich-rechtlichen Bereich angesiedelt sein, sodass es eigentlich Pflichtaufgabe jeder Wirtschaftsförderung ist, diesen Sektor nicht nur in die Analyse, sondern auch von Anfang an in die wirtschaftspolitische Betrachtung einzubeziehen.

Standortentscheidungen frühzeitig erkennen

Häufig reagiert die Öffentlichkeit erst, wenn Standortentscheidungen öffentlicher Einrichtungen gefällt sind, der Ausbau von öffentlichen Institutionen bevorsteht oder etwa Standorte aufgelöst werden, der Sitz von Gerichten und Finanzämtern verlegt wird, Schulen und Krankenhäuser geschlossen werden, neue Hochschulstandorte verkündet werden. Nicht immer muss es so drastisch sein wie bei der Verlegung der Hauptstadt von Bonn nach Berlin.

Aber an diesen wenigen Beispielen wird deutlich, wie nachhaltig Standortentscheidungen öffentlicher Unternehmen und Einrichtungen die regionale Wirtschaft beeinflussen. Es handelt sich hierbei eben nicht nur um die Arbeitsplätze, die zur Disposition stehen, sondern es sind auch wichtige Infrastruktureinrichtungen wie Bildungseinrichtungen, Genehmigungsbehörden und Gerichtswesen damit verbunden, welche die Standortqualität beeinflussen. Häufig wird deren Vorhandensein als selbstverständlich angesehen.

Insoweit muss der öffentliche Sektor nicht nur unter dem Aspekt des Vorhandenseins von Infrastruktur, sondern eben auch gerade im Hinblick auf das Vorhandensein von Arbeitsplätzen analysiert werden.

Neben den infrastrukturellen Wirkungen sind es die gegen konjunkturelle Schwankungen unempfindlichen, stabilen Einkommen der Beschäftigten von öffentlich-rechtlichen Einrichtungen und damit verbunden de facto ein gesicherter Einkommenstransfer mithilfe von EU-, Bundes- und Landesmitteln in die Region. Dabei unterliegt auch der öffentliche Sektor mitunter großen Schwankungen, wie das Beispiel Streitkräfte zeigt. Gut zu beobachten war dieses Phänomen anlässlich des Abzugs der alliierten Truppen im Zuge der deutschen Wiedervereinigung.

Dabei ist das Interessante an solchen dramatischen Veränderungen, ob sie von Vorteil oder Nachteil für die Region sind.

Andererseits bergen Globalisierung und Wissensgesellschaft große Wachstumspotenziale für die Infrastruktur, wie beispielsweise für Flughäfen, Hochschulen und Forschungseinrichtungen. Ob solche Entscheidungen sich als dauerhaft oder richtig erweisen, ist nicht immer zu beantworten, jedoch zeigt z. B. die hektische Investition in LNG-Terminals, wie schnell Standorte reagieren müssen, um erfolgreich zu sein.

Die aufmerksame Beobachtung des öffentlichen Sektors muss daher zu den Pflichtaufgaben der Wirtschaftsförderung zählen, um auch hier rechtzeitig Standortchancen und -gefährdungen zu erkennen. Ähnlich wie im industriellen Bereich gilt es aber auch beim öffentlichen Sektor Monostrukturen zu erkennen und zu vermeiden, um eine ausgewogene Wirtschaftsstruktur gewährleisten zu können.

Allgemein gilt, dass vom öffentlichen Sektor eine starke konjunkturpolitische Beruhigung auf die wirtschaftliche Entwicklung einer Region ausgeht, sowohl in Überhitzungsphasen wie auch in konjunkturell schlechten Zeiten. Die Arbeitsplatz- und Einkommenssicherheit muss zwar gegen wachsende Chancen von sich positiv und schneller entwickelnden Industriezweigen eingetauscht werden, jedoch ist ein angemessener Anteil in diesem Sektor für die Stabilität insbesondere bei der Infrastrukturversorgung von großer Bedeutung.

Ansiedlung von „problematischen" öffentlichen Einrichtungen

Jedem Standortentwickler wird einleuchten, dass das Vorhandensein einer Hochschule, von Gerichten, von überregionalen Behörden etc. positiv zu beurteilen ist. Anders verhält es sich bei der Standortentscheidung für die Ansiedlung einer neuen Justizvollzugsanstalt.

In diesem Fall kann den Argumenten wie negativer Imageeffekt, Ängste und Vorbehalte in der Bevölkerung entgegengehalten werden, dass auch gerade durch eine solche überregional finanzierte Institution eine große Zahl sicherer Arbeitsplätze geschaffen werden und die Auftragslage für die heimische Bauwirtschaft, das Handwerk und Dienstleister angekurbelt wird. So arbeiten z. B. allein in der 2009 in Betrieb genommenen Justizvollzugsanstalt Offenburg, der neuesten und viertgrößten von insgesamt 17 Justizvollzugsanstalten mit 27 Außenstellen in Baden-Württemberg, rund 300 Mitarbeitende. Die Gesamtbaukosten hierfür lagen bei rund 74 Millionen €. Jeder verantwortliche Politiker sollte also durchaus die ökonomischen Wirkungen auch von auf den ersten Blick unpopulären öffentlichen Einrichtungen prüfen. Nichtbeachtung oder falsche Bestandsaufnahme, aber auch falsche Prognose und Diagnose führen zwangsläufig zu falschen Maßnahmen und damit zu nicht erwünschten Ergebnissen.

Strukturelle Veränderungen

Auch wenn nicht alle Differenzierungsmerkmale der sehr unterschiedlichen Ausprägungen von lokalen und regionalen Wirtschaftsstrukturen dargestellt werden können, so sind sie doch wesentlich. Die Bedeutung der einzelnen Faktoren wird sich auch im Laufe der Zeit verändern. Bestehende Strukturen werden sich auflösen, neue Arten der Verflechtung werden sich herausbilden. Die Handlungs- und Gestaltungsmöglichkeit der Wirtschaftsförderung besteht gerade darin, diese Neuerungen in ihrem Sinne zu beeinflussen. Denn der Bestand wird sich nur unwesentlich verändern. Die Chancen für eine aktive Wirtschaftsförderungsstrategie liegen in der Veränderung, das heißt der Herbeiführung und Beschleunigung, von Aufbau- und Abbauprozessen, ebenso wie in der konstruktiven Förderung von neuen Strukturen, heute meist als Cluster- oder Netzwerkstrategien bezeichnet.

Zu erkennen, wann ein Unternehmen oder eine Institution strukturell den Markt verlässt oder aber wann sie nur konjunkturell bedingt schwächelt, um hier gezielt zu helfen, dies ist die große Kunst und die politisch wirklich bedeutende Aufgabe der Wirtschaftsförderung. Demgegenüber gehört der Versuch, mit erheblichen finanziellen Mitteln veraltete und sich überlebt habende Strukturen zu erhalten, zu den größten Fehlern, die Wirtschaftsförderung begehen kann. Dennoch ist dieser Fehler in der Praxis wohl aus politischem Opportunismus immer wieder zu finden.

Das Festhalten an überkommener Rohstoffindustrie, an nicht mehr haltbaren Industriestrukturen, führt dazu, dass die Entwicklung neuer Bereiche – wie beispielsweise die viel zu lange vernachlässigte Entwicklung erneuerbarer Energien, das energische Vorantreiben schneller Netzstrukturen, die Digitalisierung der öffentlichen Verwaltung, die Beachtung neuer Arbeitsplatz- und Arbeitszeitmodelle, sprich die ständige Modernisierung der Infrastruktur – zu einem nur schwer aufholbaren Verlust an internationaler Wettbewerbsfähigkeit führt, wenn diese Aufgabe nicht energisch vorangetrieben wird.

Zahlreiche in Deutschland entwickelte Innovationen blieben lange unbeachtet aufgrund veralteter bzw. nicht vorhandener Kommunikationsstrukturen zwischen Unternehmen und Forschungseinrichtungen. Politischer Populismus, aber häufig einfach auch ökonomischer Unverstand bei Teilen der politischen Entscheidungsträger, führen immer wieder zu wirtschaftspolitisch relevanten Fehlentscheidungen.

Solange der weltwirtschaftliche Wettbewerb sich nur in gemäßigter Intensität zwischen den alten Industrienationen Europas, den USA und Japan abspielte, waren strukturelle Änderungen eher vorhersehbar und aufeinander abstimmbar. Mit dem Auftreten der sog. BRIC-Staaten (Brasilien, Russland, Indien und China), die zusammen rund 40 % der Weltbevölkerung repräsentieren, haben sich die Gewichte in der Weltwirtschaft deutlich verschoben. Eine höhere Entwicklungsgeschwindigkeit ist auszumachen. Der Einfluss auf unsere international tätigen Unternehmen und damit unsere Standorte erfordert eine deutlich höhere Aufmerksamkeit.

Öffentliche Finanzen

Zu einer umfassenden Bestandsanalyse gehört auch die Aufnahme der Situation der öffentlichen Finanzen des Standortes. Dazu zählen u. a. das Haushaltsvolumen, die Steuerkraft, die Verschuldung, einschließlich der Nebenbetriebe und Gesellschaften, Vermögensbestände, insbesondere Immobilienbesitzungen sowie Grund und Boden, aber auch Sondereinrichtungen der Infrastruktur, eventuell vorhandene Bodenschätze oder immaterielle Rechte.

Die Steuern, insbesondere deren Hebesätze, gehören ebenso zur Situationsbeschreibung wie sonstige Fördermittel und Zuwendungen aus Hilfsprogrammen von EU, Bund und Ländern. Denn auch hier muss ein Standort permanent prüfen, ob alle Kofinanzierungsmöglichkeiten ausgeschöpft sind, oder ob weitere Mittel zur Finanzierung öffentlicher oder privater Einrichtungen in der Region akquiriert werden können. Die Wirtschaftsförderung hat nicht nur zur guten finanziellen Ausstattung des Standortes durch Mehreinnahmen bei den Unternehmen selbst beizutragen; zu ihren Aufgaben gehört es auch, die Belastung durch öffentliche Abgaben für ihre Zielgruppe überschaubar zu halten.

In Zeiten immer stärker wachsenden privaten Reichtums ergibt sich für die Wirtschaftsförderung die Aufgabe, auch die Möglichkeiten von privater Kofinanzierung, sei es für öffentliche Bereiche wie Kunst oder Kultur, und Sponsoring zu prüfen. Das Instrument der Public-Private-Partnership scheint mancherorts in Vergessenheit geraten zu sein, sollte aber aufgrund des wachsenden privaten Wohlstands zunehmend in die Evaluierung kreativer Finanzierungsmodelle aufgenommen werden.

4.2.4 Unternehmensstruktur

Neben einer Wirtschaftsstrukturanalyse ist auch eine möglichst detaillierte Kenntnis der ansässigen Unternehmen, also derjenigen Wirtschaftseinheiten, die den maßgeblichen Teil des wirtschaftlichen Handelns tragen, im Rahmen der Analyse der Ausgangssituation eines Standorts von großer Bedeutung. Die Untersuchung der Unternehmensstrukturen gibt zunächst Aufschluss über die Wirtschaftsstruktur der Region. Dabei sind es u. a. Daten über die Branchen, deren Exportanteil und die Wirtschaftssektoren in der Addition, die die Struktur einer Region ausmachen.

Für die Analyse sind hier noch weitere Unternehmenskennzahlen bedeutend, wenn es um eine zutreffende Einschätzung regionaler Entwicklungsperspektiven gehen soll. Die Größenklassen der ansässigen Unternehmen, kleine, mittlere oder große Unternehmen, insbesondere nach der Zahl der Mitarbeiter etwa, aber auch das Alter der Unternehmen, ihr Produktportfolio oder die Positionierung am Markt – Weltmarktführer, Hidden Champions, Zulieferer – kann sehr viel über die Zukunftsfähigkeit der ansässigen Unternehmen und damit des gesamten Standortes aussagen. Als Basis für das Standortentwicklungskonzept ist also eine Einschätzung der Bedeutung und der Zukunftsfähigkeit jedes einzelnen Unternehmens von Bedeutung.

Dies gilt in besonderem Maße für große Unternehmen, aber auch für öffentliche Arbeitgeber wie Universitäten, Krankenhäuser, etc., welche die regionale Wirtschaft besonders beeinflussen und einen großen Teil des Arbeitskräftepotenzials absorbieren. Branchen und technologieorientierte regionale Cluster und Netzwerke, Eigentümerstrukturen und die Zukunftsfähigkeit von großen Unternehmen beziehungsweise Branchen in einer Region sind, wenn sie wirtschaftsbestimmend sind, im Rahmen der Wirtschaftsförderung kontinuierlich zu beobachten.

Wichtig ist das Erfassen der bestehenden Vernetzungen und Kooperationen sowie der Erwartungen der Unternehmen an ihren Standort und ihre Zukunft. Um den Bedarf an Arbeitskräften abschätzen zu können, müssen die Beschäftigungs- und Ausbildungspotenziale der Unternehmen ermittelt werden. Das Wissen um die regionale Herkunft der Arbeitnehmer oder die Eigentümerstruktur der Unternehmen und deren Stabilität kann viel über die zukünftigen Entwicklungen aussagen.

Neben der Kenntnis über die großen Arbeitgeber sowie die Träger innovativer Entwicklungen am Standort sollte auch die Kenntnis über die Situation unternehmensnaher Dienstleistungsbetriebe in eine solche Betrachtung eingehen. Die Überprüfung der vor Ort vorhandenen Potenziale im Bereich von Rechts- und Steuerberatung, IT und Software-Entwicklung, Finanzdienstleistungen bis hin zu Hotellerie und Gastronomie kann möglicherweise unbekannte Defizite ans Licht bringen.

Dabei sind es weniger die auf einen Stichtag bezogenen Unternehmensdaten, die dem Geschäftsbericht entnommen werden können, sondern es ist vielmehr die Beobachtung dieser Unternehmen im Zeitablauf, die eine relativ starke Aussagekraft besitzt und insofern eine Prognose über die Zukunftsfähigkeit zulässt. Probleme von Familienunternehmen durch eine ungeregelte Nachfolge sind ebenso absehbar wie Probleme von Unternehmen mit überholten Produkten und wachsendem Standortdruck, z. B. durch eine heranrückende Wohnbebauung, fehlende Modernisierungsinvestitionen oder unausgeschöpften Rationalisierungspotenzialen. Diese Faktoren bergen ein erhöhtes Risikopotenzial für eine Region, insbesondere dann, wenn eine größere Anzahl solcher Risiken an einem Standort besteht.

4.2.5 Infrastruktur

Ruft man sich in Erinnerung, dass die Standortanalyse dazu dient, die standortspezifischen Stärken und Schwächen herauszuarbeiten mit dem Ziel, die Entwicklungsbedingungen zu verbessern, so wird deutlich, dass es eine ganze Reihe von zu unterscheidenden Faktoren gibt. Ziel ist es daher, durch exakte Analyse solche Standortbesonderheiten, seien sie nun positiv oder negativ zu bewerten, herauszufinden, aus denen sich eine eigene standortspezifische Dynamik ergeben kann.

Untersuchungen über die Bestimmungsfaktoren der unternehmerischen Standortentscheidung liegen zwar vor, diese sind jedoch ausgesprochen differenziert, je nach Lage und Situation, Größe und Branche der Unternehmen. Hinzu kommt, dass solche Untersuchungen meist auf Neuansiedlungen und Standortverlagerungen ausgerichtet sind, aber übersehen wurde, dass über 90 % des wirtschaftlichen Wachstums endogen hervorgerufen wird, d. h. von den bereits ansässigen Unternehmen ausgeht. Die unternehmerische Entscheidungen über eine Standortentwicklung am Ort oder einen Wegzug folgen mitunter völlig unterschiedlichen Kriterien und sind zum Glück für die

Wirtschaftsförderung sehr viel leichter vorhersehbar und vor allen Dingen leichter beeinflussbar; dies insbesondere deshalb, weil die Akteure und Umstände bekannt sind und weil sie bereits vor Ort sind.

Harte und weiche Standortfaktoren

Neben dem Arbeitsmarkt und der Wirtschaftsstruktur ist der vorhandenen lokalen und regionalen Infrastruktur eine erhebliche Bedeutung für die Bewertung der Perspektiven für die zur Zielerreichung notwendigen Maßnahmen beizumessen. Traditionell erfolgt eine Unterscheidung in sogenannte harte und weiche Standortfaktoren. Gemeint sind damit häufig die eher vermeintlich ökonomisch relevanten oder die eher emotionalen Faktoren. An dieser Stelle sei erwähnt, dass es keine allgemeingültige definitorische Abgrenzung zwischen den sogenannten harten und weichen Faktoren gibt. Der Übergang ist eher fließend und die Wortwahl je nach Situation des Betrachters ist sehr unterschiedlich, subjektiv und nicht wissenschaftlich begründbar.

Auch kann beobachtet werden, dass die Abgrenzung zwischen diesen beiden Begriffen einem Wertewandel unterliegt: ökonomisch orientierte Faktoren treten in ihrer Bedeutung für Standortentscheidungen in den Hintergrund, Fragen der Lebensqualität, der Nachhaltigkeit, der Zufriedenheit beziehungsweise der Selbstverwirklichung nehmen zu. Die Familie nimmt einen höheren Stellenwert ein als Karriere, die Erwerbstätigkeit beider Partner findet ebenso Berücksichtigung wie Fragen der Schulversorgung der Kinder. Der Kindergarten- und Schulweg, Sicherheit und insbesondere eine lebenswerte Umwelt und Natur werden zu immer bedeutenderen Standortfaktoren.

Welche Faktoren nun hart, also gleich wichtig, und welche weich, also weniger wichtig, sind, das ist rein subjektiv und deshalb sollten die Begriffe von der sachlichen Diskussion ferngehalten werden.

Natürliche Standortfaktoren

Historisch betrachtet war das Vorhandensein von Rohstoffen für die ökonomische und die sich daraus ergebende politische Bedeutung von Standorten von besonderer Bedeutung. Waren es zunächst die Qualität von Böden für Ackerbau und Viehzucht, das Klima zur Begünstigung von Wachstum, welche die Siedlungsentscheidungen unserer Vorfahren wesentlich beeinflusst haben, so waren es das Vorhandensein von Bodenschätzen, die topografischen und klimatischen Verhältnisse, welche die Landschaften prägten und einst über den Reichtum ganzer Völker, Länder und Regionen entschieden.

Völkerwanderungen wurden ausgelöst durch das Vorhandensein von Bodenschätzen, das Vorkommen von Wasser und die klimatischen Bedingungen. Bis in die Hochzeit der Industrialisierung hinein waren Vorkommen von Kohle und Rohstoffen nicht nur für die Entwicklung der direkt durch die Rohstoffe betroffenen Industrien von Bedeutung. Häufig wurde die gesamte Entwicklung von Volkswirtschaften hierdurch beeinflusst.

Bedeutung der Rohstoffe für die Wirtschaftsentwicklung

Mit dem fortschreitenden Prozess der Deindustrialisierung nahm der Bedeutungsrückgang bestimmter Rohstoffe als bestimmende Produktionsfaktoren seinen Fortgang, die Rolle von bestimmten Bodenschätzen für die positive Beeinflussung der Wirtschaft nahm weiter ab. Andere Bodenschätze wiederum gewinnen an Bedeutung mit dem Wandel der Werte, die von den Menschen als wichtig angesehen werden.

So sind Thermalquellen für Kur- und Heilbäder die entscheidende Voraussetzung für das Kurwesen. Klimatisch sind Durchschnittstemperaturen, Sonneneinstrahlung und saubere Luft nicht nur für die Freizeitwirtschaft wichtig, sondern dienen in zunehmendem Maße auch für qualifizierte Arbeitskräfte als Entscheidungskriterium bei der Arbeitsplatzwahl. Mehr Berge oder Meer, intakte Natur und Landschaften, Events und Großveranstaltungen sind mancherorts Voraussetzung für den schnell wachsenden Tourismusmarkt, ebenso wie historische Highlights und Stadtanlagen.

Es gilt also in einer sich in ihren Bedürfnissen stets verändernden Welt nach den lokalen beziehungsweise regionalen Ausprägungen solcher Besonderheiten zu suchen, deren Vorhandensein und gegebenenfalls Alleinstellung künftige Entwicklungschancen begründen. Natürliche Standortfaktoren wie Landschaft, Bodenschätze, Zentralität und Flusslagen können im Übrigen auch durch technische Investitionen ersetzt beziehungsweise ergänzt werden können, wie z. B. Kunstschnee durch Schneeerzeuger, Skihallen und tropische Badelandschaften, künstliche Häfen und Kanäle. Es sind die infrastrukturellen Voraussetzungen, wie Verkehrswege und Flächen, Energieversorgung und Kommunikationsinfrastruktur, die es auf ihre Stärken und Schwächen hin zu untersuchen gilt Dabei gelten für viele sogenannte harte Standortfaktoren Mindeststandards beziehungsweise Mindestvoraussetzungen, deren Vorliegen für die wirtschaftliche Entwicklung als selbstverständlich angesehen werden, sodass nur das Fehlen als Ko-Kriterium im Rahmen einer unternehmerischen Standortentscheidung gilt.

Der Faktor Mensch

In dem Maße, wie Boden und Rohstoffe sowie industrielle Produktionsfaktoren in ihrer Bedeutung abnehmen, gewinnt der Faktor Wissen an Bedeutung. In dem Maße, wie Menschen für die Produktion und Entwicklung von Wissen zum ausschlaggebenden Produktionsfaktor werden, werden die Faktoren wichtiger, welche die persönliche Standortentscheidung dieser Wissensträger beeinflussen. Es geht dabei um das Angebot von attraktivem und ausreichendem Wohnraum, die Lebensqualität von Standorten, die wiederum von Kkultur- und Freizeitangeboten, dem Aus- und Weiterbildungsangebot, den Kinderbetreuungsmöglichkeiten, adäquaten Stellenangeboten für den Lebenspartner, Sauberkeit und Sicherheit, Zentralität, Image etc. abhängen. Diese Faktoren sind heute entscheidend für die Standortwahl von Fachkräften, aber zunehmend auch für Unternehmen, da es für sie vor dem Hintergrund des Fachkräftemangels wichtig ist, ausreichend qualifiziertes Personal für einen Standort zu gewinnen und langfristig zu binden.

Insoweit wird die Lebens- und Standortqualität für die Unternehmen über den Umweg der notwendigen Personalakquise und der Personalentwicklung qualifizierter Mitarbeiter zum entscheidenden Argument. War in Zeiten der Industrialisierung ganz einfach die bloße Quantität potenzieller Arbeitskräfte in einer bestimmten Region für Unternehmen entscheidend, so sind es heute aufgrund der zunehmenden Mobilität und des gestiegenen Anspruchs der Arbeitnehmer an ihr Umfeld in viel höherem Maße die Qualität eines Standortes und die sogenannten qualitativen Standortfaktoren, welche die wirtschaftlichen Entwicklungsmöglichkeiten von Unternehmen beeinflussen und damit für die Zukunftsfähigkeit der Region entscheidenden Einfluss besitzen.

Gewünschte Standorte können heute sehr viel eher hergestellt werden, Faktoren können den Vorstellungen der Investoren entsprechend angepasst beziehungsweise geschaffen werden. Zu der Analyse der oben genannten Faktoren gehört zunehmend auch die Frage der Bedingungen, die zielführend für die Entwicklung eines gewünschten Standortbildes sind.

Wirtschaftsklima

Aus Sicht der Unternehmen sind auch die Rahmenbedingungen von Bedeutung, die gekennzeichnet sind durch das Vorhandensein von wirtschaftsrelevanten Behörden und Einrichtungen wie z. B. die Nähe von Kammern, Verbänden, Genehmigungsbehörden, Gerichten und weiteren häufig benötigten unternehmensnahen Dienstleistern. Daneben gibt es kaum messbare, aber immer wieder genannte Faktoren, die stets auch die subjektiven Standortentscheidungen beeinflussen, wie das sogenannte Wirtschaftsklima.

Meist geht es dabei mehr um die Attitüde der Verwaltung, aber auch um die Stimmung von Gemeinderat, Bevölkerung und Medien gegenüber der Wirtschaft. Gibt es einen kompetenten Ansprechpartner? Sind die obersten Verwaltungsangestellten und politisch Verantwortlichen in der Lage, den wirtschaftspolitischen Entscheidungsträgern Gehör und die Nähe der Verwaltungsspitze zu sichern? Bei existentiellen Standortscheidungen, insbesondere bei einem Verbleiben am angestammten Standort, gibt es immer wieder das Argument, dass die politische Spitze sich nicht ausreichend gekümmert habe.

Auch die Intensität, mit der die obersten politischen Vertreter sich um die Ansiedlung neuer Unternehmen kümmern, kann mitunter entscheidend sein. Es menschelt auch bei An- und Umsiedlungsprozessen. Mitunter entscheiden nicht die harten Fakten, wie Gewerbesteuerhebesätze, Grundstückspreise und Breitbandanschluss, sondern die Einstellung, welche die Verwaltungsspitze, aber auch die gesamte Verwaltung den Unternehmern und ihren Familien entgegenbringt.

Die Analyse dieser Faktoren ist sicher diffiziler als die Zahl der Bildungseinrichtungen zusammenzustellen oder die Beschreibung der Gewerbeflächen und die Auflistung des Arbeitskräftepotenzials vorzunehmen. Dennoch sind irrationale, aus dem Bauch heraus getroffene Entscheidungen von Unternehmen in der Praxis nicht selten und es gehört zu einer vollständigen Analyse, den Standortfaktor Wirtschaftsklima zumindest im Ansatz zu erfassen. Dabei ist neben der Verwaltung und der Politik auch die Einstellung der Bevölkerung und der lokalen beziehungsweise regionalen Medien von Bedeutung. Ob wirtschaftliche Entwicklung gewollt ist oder nur geduldet wird: Von den am Wirtschaftsleben beteiligten Akteuren wird diese Stimmungslage sehr wohl wahrgenommen.

Politik, Verwaltung und Steuern

In der politischen Debatte um den Wirtschaftsstandort wird nicht immer gleich an das gedacht, was für Unternehmer und Arbeitgeber wichtig ist: Steuern, Gebühren und Abgaben, eine wirtschaftsfreundliche Verwaltung und Politik sowie der Zustand der öffentlichen Finanzen.

Ob also ein wirtschaftspolitisch positives Klima an einem Standort herrscht, lässt sich häufig anhand der geltenden Hebesätze für die Gewerbe- und Grundsteuer, der Gebühren für Strom, Wasser, Gas und sonstige örtliche Abgaben feststellen. Ein Benchmarking mit vergleichbar strukturierten Standorten ist leicht umgesetzt. Deutlich schwieriger zu beantworten ist die Frage, ob das Verwaltungshandeln wirtschaftsfreundlich ist oder nicht. Das kann sicher an einigen Kriterien gemessen werden, wie etwa dem Vorhandensein von genehmigungsfreundlichen Strukturen, einer gut ausgestatteten und qualifizierten Wirtschaftsförderung samt One Stop Agency, einem bedarfsgerechten Zuschnitt der Verwaltung oder von angemessenen Entscheidungslaufzeiten.

Auch ist an dieser Stelle die Bewertung der organisierten Wirtschaftsförderung einzubeziehen. Wie gut ist die lokale Wirtschaftsförderung aufgestellt? Besitzt sie ausreichendes und qualifiziertes Personal? Ist sie gut in das Verwaltungshandeln einbezogen, um effizient auf die Entscheidungsabläufe der Kommune einwirken zu können?

Nicht jede Nörgelei eines Freiberuflers oder ein als ungerecht empfundener Strafzettel für einen ansonsten verdienten Unternehmer sollte gleich als Wirtschaftsfeindlichkeit ausgelegt werden. Es empfiehlt sich daher durchaus, einmal von Dritten einen kritischen Blick auf Strukturen und Ausstattung werfen zu lassen, auch einmal Bürger und die wirtschaftlichen Akteure an einer Umfrage zur Zufriedenheit teilhaben zu lassen, um etwas über das Wirtschaftsklima zu erfahren. Eine Umfrage, gemeinsam mit der lokalen Presse oder örtlichen Verbänden organisiert, ist keine Majestätsbeleidigung, sondern kann wichtige Hinweise auf sonst Unausgesprochenes hervorbringen.

Kosten und Preise

Standen bisher eher qualitative Ausprägungen der Analyse im Vordergrund, soll im Folgenden auf die nach wie vor bedeutenden quantitativen Aspekte eingegangen werden.

Die Analyse des Standorts hat sich in wesentlichem Umfang auch auf solche Merkmale zu beziehen, die sich direkt auf das wirtschaftliche Ergebnis des unternehmerischen Handelns auswirken, wie z. B. die durchschnittliche Lohn- und Einkommenshöhe. Die Lohnstückkosten variieren trotz des vorhandenen Tarifvertragssystems nicht unwesentlich; gerade ausländische Unternehmen verlangen bei internationalen Standortanfragen eine exakte Analyse der örtlichen Personal-, Energie- und Raumkosten.

Energiekosten und sonstige Abgaben

Auch wenn in Deutschland die regionalen Unterschiede im Vergleich zu anderen Ländern eher geringer sind, so können doch niedrige Energiekosten für energieintensive Betriebe, z. B. durch die unmittelbare Nähe eines Müllheizkraftwerks, einen komparativen Standortvorteil ergeben. Lokale Steuern und Abgaben wirken eher symbolisch, im internationalen Standortwettbewerb ist die gesamte Abgabenbelastung von Bedeutung.

Darüber hinaus wird heute das Vorhandensein öffentlicher Finanzhilfen in Form von Zuschüssen oder Zulagen erwartet, insbesondere in infrastrukturell benachteiligten

Regionen. Derzeit erlebt der Standort Bundesrepublik Deutschland eine dramatische Diskussion. Die Abwanderung von Großbetrieben mit hohem Energiebedarf steht nicht nur im Raum, sondern ist zu erwarten.

Es ist festzustellen, dass gerade in der Bundesrepublik Deutschland Energiepreise in hohem Maße politisch bedingt sind und durch außerökonomische Entscheidungen beeinflusst werden. Insbesondere die Kommunen profitieren in hohem Maße von überhöhten Energiepreisen. Sie schöpfen durch ihre Abgabepraxis der oft im Eigenbetrieb organisierten Energieverteiler Gewinne ab und refinanzieren den kommunalen Haushalt. Dieser Umstand wird in der Diskussion um hohe Energie- und insbesondere Stromkosten häufig vernachlässigt. Lokale und regionale Stromunternehmen werden für die Quersubventionierung anderer städtischer Aufgaben wie z. B. Schwimmbäder missbraucht.

Förderprogramme und Subventionen

Der internationale Standortwettbewerb hat in den vergangenen Jahren und Jahrzehnten zu einem massiven Angebot an Subventionen für Unternehmen durch finanzstarke Regionen und Städte sowie nationale Regierungen geführt. Auch wenn die politisch Verantwortlichen den Subventionswettlauf unter ordnungspolitischen Gesichtspunkten formal immer wieder öffentlich anprangern, so findet er faktisch doch statt.

Nationale Regierungen finden meist Mittel und Wege, die EU-Vorschriften so zu interpretieren, dass das gewünschte Ergebnis erreicht wird. Die Fantasie im Subventionswettlauf kennt kaum Grenzen. Deutsche Standorte scheinen durch die bekannte gesetzestreue Fantasielosigkeit und durch den Umstand, dass die meisten Regionen nicht in vorgegebene Förderkulissen passen, eher benachteiligt. Für die Wirtschaftsförderung gilt es hier, die auf den verschiedenen Ebenen bestehenden Förderprogramme systematisch zu analysieren und mit den Bedürfnissen und Möglichkeiten der regionalen Akteure abzugleichen.

Dabei ist zu berücksichtigen, dass die Gebietskulissen für die einzelnen Förderprogramme ausgesprochen unterschiedliche Zuschnitte aufweisen können, die mit anderen regionalen Abgrenzungen nicht übereinstimmen. Große Kreativität und Beharrungsvermögen im Suchprozess werden erfahrungsgemäß mit Erfolg belohnt, denn nicht selten sind in den verschiedenen Fördertöpfen mehr Finanzmittel vorhanden, als nachgefragt werden. Es mangelt vielmehr an einer ausreichenden Zahl von Anträgen auf Förderungen: mangelndes Know-how, zu wenig personelle und zeitliche Ressourcen sind in der Regel die Gründe für nicht in Anspruch genommene Fördermittel.

Standorte, die aufgrund von EU-Fördermitteln wichtige Unternehmensakquisitionen vermelden können, wären oft ohne die subventionspolitisch gewollte Besserstellung kaum wettbewerbsfähig. Deshalb ist eine Analyse, die nicht vordergründig nur auf schnelle Ansiedlungsbeihilfen gerichtet sein darf, sondern vielmehr tief in die Systematik der Förderprogramme eindringt, von großer Bedeutung. Nicht selten lassen sich die bestehenden Programme auch dort anwenden, wo man es zunächst nicht vermuten würde.

Aufgrund der hierfür erforderlichen speziellen Kenntnisse ist es mehr als ratsam, externe Spezialisten und versierte Berater hinzuzuziehen, da in den kommunalen Verwaltungen hierüber nicht ausreichend Spezialwissen vorhanden ist. Die Befassung mit Subventionsanträgen ist zwar langwierig und kompliziert, kann jedoch für den Standort ganz entscheidende Vorteile mit sich bringen.

Daher ist es nicht verwunderlich, dass es kommunale Verwaltungen gibt, die eine Stelle für das Screening von Zuschüssen und Subventionen auf allen Ebenen, nicht unbedingt beschränkt auf die Wirtschaftsförderung, eingerichtet haben.

Kreditwirtschaft und unternehmensnahe Dienstleistungen

Neben den Subventionsmöglichkeiten fehlt oftmals auch das notwendige Know-how bei den örtlichen Finanzinstituten. Gerade vor dem Hintergrund der Wirtschafts- und Bankenkrisen wird offensichtlich, wie wichtig ein funktionierendes Banken- und Kreditwesen ist. Dazu gehören die sich besonders für den Mittelstand engagierenden Sparkassen, Volks- und Raiffeisenbanken sowie überregionale Institute, aber auch Entwicklungs- und Innovationsfonds. Solche Fonds werden mittlerweile auch von Großunternehmen, wie z. B. der BASF aufgelegt. Weitere Beispiele sind der ALTANA-Innovationsfonds oder der Zukunftsfonds Heilbronn (seit 2023 mit neuem Namen: „DZ11 Ventures“), die dabei helfen, die regionale Innovationskraft und -geschwindigkeit durch unbürokratische, unternehmensnahe und risikogeneigte Kreditvergaben zu stärken.

Die Existenz solcher regionaler Innovationsfonds sichert Wettbewerbsvorteile gegenüber anderen Regionen, da insbesondere junge, innovative und technologieorientierte Unternehmen auf eine zeitnahe, flexible und risikoorientierte Kreditvergabe angewiesen sind. Ein solcher Wettbewerbsvorteil kann nicht hoch genug eingeschätzt werden. Eine Analyse der diesbezüglichen Situation wird häufig übersehen. Sowohl für wachstumsorientierte Unternehmen in neuen Branchen, aber auch für die Stärkung und Dynamik der regionalen Gründerszene ist das Angebot von Beteiligungsfinanzierungen ebenso zu prüfen wie die Möglichkeit der Kreditversorgung durch lokale und regionale Geldinstitute.

Neben der Kreditwirtschaft stellt das Vorhandensein unternehmensnaher Dienstleistungen einen wichtigen Standortfaktor dar. Wirtschaftsprüfer und Steuerberater,

Personalberater, Anwälte, Kommunikationsberater, Technologie- und Softwareentwickler, auch ein funktionierendes Logistiksystem, Fachleute in Werbung, Marketing und IT. Beratungsdienstleistungen und technische Büros gewinnen im Zeitalter von Outsourcing und zunehmender Spezialisierung immer mehr an Bedeutung. Neben den bekannten Standardfaktoren wie öffentlichen Einrichtungen ist daher das Bewusstsein um die Bedeutung unternehmensnaher Dienstleistungen eine Größe, auf die Standortanalyse eingehen muss.

Verkehrsinfrastruktur

Die Verkehrsinfrastruktur ist seit jeher ein entscheidender Faktor für die wirtschaftliche Entwicklung von Wirtschaftsräumen und Standorten. Der Waren- und Leistungsaustausch hat Verkehrsinfrastruktur zur notwendigen Voraussetzung. Im historischen Vergleich gern herangezogene Beispiele für die Untermauerung dieser Erkenntnis sind die Hanse, die Seidenstraße oder andere berühmte Handelswege, an deren Route immer auch wirtschaftlich prosperierende Städte lagen. Verkehr und damit Verkehrsinfrastruktur ist nach wie vor die entscheidende Voraussetzung für den Austausch von Waren und Menschen und damit für die Entwicklung von wirtschaftlichem Wohlstand. Ohne Erreichbarkeit, ohne Zugänglichkeit kann kein Austausch stattfinden. Abgeschiedene Orte waren nie und konnten niemals eine Brutstätte wirtschaftlicher, kultureller und wissenschaftlicher. Entwicklung sein. Bei der Analyse der Infrastruktur geht es zunächst um den Bestand der traditionellen Verkehrsträger.

Straßenverkehr

Zunächst ist an den überregionalen Fernverkehr zu denken, das heißt an den nächstgelegenen Anschluss an das Autobahnnetz, wobei die Entfernung von großer Bedeutung für Personen- und Gütertransport ist. Aber auch die Verkehrsfähigkeit, das heißt die Frequenz des Verkehrs, zählt bei der Bestandsaufnahme der überregionalen Verkehrsanbindung zu den beachtenswerten Fakten. Regionale Verbindungen, innerörtliche Erschließung und die Anbindung der Gewerbegebiete sind wesentliche Faktoren für Standortentscheidungen.

Dabei spielt Geschwindigkeit, nicht so sehr die Entfernung, die entscheidende Rolle. Die Zeit für die Bewältigung bestimmter Strecken ist entscheidend. Hinzu kommt die Notwendigkeit zur Bereitstellung von Parkierungsflächen, ein immer größer werdender Engpassfaktor nicht nur in Innenstädten, sondern mittlerweile auch in Gewerbegebieten. Dabei geht es auch hier nicht nur um die reine Zahl zur Verfügung stehender Straßen, Parkplätze oder Parkhäuser, sondern es geht auch um die Wirtschaftsfreundlichkeit der Verwaltung bei der Erteilung von Ausnahmegenehmigungen für Handwerker, Lieferbedingungen in der Innenstadt und die Handhabung von Lieferzeiten für den Einzelhandel etc. So es ist nicht nur eine Frage der Ausstattung, sondern auch der Frage der eine Frage der Organisation, wie mit der meist zu knappen Verkehrsinfrastruktur umgegangen wird.

Schienenverkehr und öffentlicher Personennahverkehr (ÖPNV)

Immer bedeutender wird aufgrund erhöhter Mobilitätsbedürfnisse und der Nachhaltigkeitserfordernisse das Vorhandensein intakter Schienenanschlüsse. Für den regionalen Nahverkehr, aber insbesondere auch für die nationale und internationale Anbindung an das Schienennetz, wird weltweit in Europa, Japan, China, offensichtlich jedoch noch nicht in den USA, die überragende Bedeutung von nationalen Hochgeschwindigkeitsverbindungen erkannt und deren Ausbau gezielt gefördert. Selbst in Europa konnten grenzüberschreitende Animositäten zwischen Frankreich und Deutschland mit Blick auf den TGV überwunden werden. Jeder Standort möchte an die Magistralen des Hochgeschwindigkeitsnetzes angeschlossen werden. Jedoch können, je schneller Züge rollen sollen, immer weniger Bahnhöfe angefahren werden. Die Stadt Bonn hatte schon das Nachsehen.

Der Wirtschaftsförderer sollte eine möglichst frühe Einsicht in Ausbaupläne anstreben, sicher oft kein einfaches Unterfangen. Wenn keine Änderungen der meist langfristig erfolgten Planungen möglich sind, bleibt nur, die Optimierung der Auswirkungen anzustreben. Von den Plänen negativ betroffene Personengruppen und Warenströme sind sauber zu erfassen, um Argumente zu sammeln. Vor der politischen Aktion stehen auch hier die Situationsanalyse und die Prognose der Entwicklung, anschließend müssen Verbündete bei der Umsetzung lokaler Interessen gefunden werden.

Die öffentlichen Trassen sind nicht nur wichtig in Agglomerationen, wo ohne ÖPNV nichts mehr geht, sondern insbesondere auf dem Land. In diesen Regionen ist der öffentliche Personennahverkehr oft entscheidend für die Erreichbarkeit. Der umweltfreundliche Transport der Arbeitnehmer zu den Arbeitsplätzen, aber auch die Erreichbarkeit des Einzelhandels und die Erschließung des Tourismus durch einen leistungsfähigen ÖPNV, insbesondere durch den regionalen Schienenverkehr, sind von großer Bedeutung. Ein gut ausgebauter ÖPNV verhilft Einzelhandel, Kultur, Sport, aber eben auch Unternehmen zu den notwendigen Verbindungen zur Bevölkerung und ist notwendige Voraussetzung für ein positives Wachstum.

Dabei spielt der ÖPNV aufgrund der zunehmenden Verdichtung der Straßen ebenso wie aufgrund der ökologischen Argumente eine zunehmend bedeutende Rolle. Der regionale Bahnverkehr, auch wenn dieser vielerorts aufgrund der hohen Kostenbelastung eingeschränkt wird, ist eine bei Arbeitnehmern, Konsumenten und Kulturgängern in hohem Maße beliebte Art der Anbindung. Die Verzichtbarkeit eines mehr oder weniger kostenintensiven Zweitautos wird bei Familien zu einem immer bedeutenderen Ziel.

Für den Wirtschaftsförderer kommt es maßgeblich darauf an, die Pendler- und Einkaufsströme genau zu erkennen. Raumteilende Funktionen nach Arbeiten und Wohnen können durch einen funktionierenden ÖPNV aufgehoben werden. Innenstadtstandorte gewinnen durch einen funktionierenden Nahverkehr an Zentralität. Die Analyse potenzieller Kaufkraftzu- und -abflüsse gehört zu den am meisten diskutierten Fragen. Wenn Chancen genutzt werden sollen, sind solche Erkenntnisse unabdingbar.

Die Optimierung der Fahrplangestaltung, Haltepunkte, neue Verkehrswege und -linien bedürfen einer genauen Untersuchung. Die regionale Gültigkeit der Tickets, entsprechende Fahrpreisgestaltung und Veranstaltungsbesuche aus der Region wollen analysiert sein, um entsprechende regionalpolitische Standortmaßnahmen erwägen zu können.

Güterverkehr

Ein Rückgang des Schienengüterverkehrs ist zu beobachten. Mag dieser Transportweg für einige wenige Branchen auch essenziell sein, so hat doch der Schwerlastverkehr dem schienenbezogenen Güterverkehr in Sachen Flexibilität, Geschwindigkeit und Kosten endgültig den Rang abgelaufen. Denn die Verkehrs- und umweltpolitische Diskussion stellt den schienenbezogenen Güterverkehr der Bahn als gleichberechtigt dar, verkennt aber, dass insgesamt weniger als 10 % des gesamten Güter- und Warenverkehrs bahnbezogen transportiert werden.

Eine deutliche Erhöhung erscheint aufgrund der in hohem Maße ausgelasteten Streckenkapazitäten, insbesondere durch den Personenverkehr, kaum mehr möglich. Insofern müssen gerade im Güterverkehr die bestehenden Anlagen und Verkehrswege für den Güterbereich analysiert werden. Nicht selten werden in Gewerbegebieten Industriegleisanschlüsse über Jahre und Jahrzehnte hinweg vorgehalten und mit hohen Aufwendungen instandgehalten, obwohl eine sinnvolle Nutzung nicht absehbar ist.

Insoweit müssen auch grundsätzliche Fragen gestellt werden dürfen. Dort, wo aber die bestehenden Betriebe, gerade im Rohstoffbereich oder in der Abfallwirtschaft, auf die Schienenverkehrsanbindung zurückgreifen können, muss eine Analyse die Zukunftsbedeutung ermitteln, langfristige Tendenzen erkennen lassen und als Grundlage für Gespräche mit den lokalen beziehungsweise regionalen Betriebsträgern über gegebenenfalls notwendige Anpassungen dienen.

Die Nutzung von Wasserwegen ist wegen des geringen Vorhandenseins an nur wenigen Standorten möglich. Die Neuanlage von Wasserwegen ist bis auf ganz wenige Ausnahmen, etwa beim Bau neuer Kanäle, so gut wie ausgeschlossen. Insoweit haben Standorte mit einem eigenen Hafen ein Alleinstellungsmerkmal, das eigene Chancen bietet, die geografisch determiniert und kaum veränderbar sind.

Der sich durch die Globalisierung ausweitende Güterverkehr und die Überlastung der Verkehrsträger Straße und Schiene werden einen Bedeutungszuwachs für die Wasserstraßen nach sich ziehen, sodass derzeit häufig nicht ausreichend genutzte Möglichkeiten des Schiffsverkehrs Eingang in die Standardanalyse finden müssen. Das signifikante Wachstum der Logistikbranche aufgrund verschiedenster Tendenzen in der internationalisierten Arbeitsteilung und Globalisierung ergibt für an Wasserstraßen gelegene Standorte erhebliche Potenziale.

Der Ausbau von Frachthäfen wird allseits beobachtet. Eine fachgerechte Aufarbeitung eines solchen Standortfaktors birgt große Chancen, denn der Zugang zum Wasser ist nicht nur für den Warentransport von Bedeutung, sondern kann z. B. auch in touristischer Hinsicht von Bedeutung für die Eröffnung neuer Themenfelder sein. Das große Interesse ausländischer Staaten nicht nur an griechischen Häfen, sondern auch an deutschen Standorten, sollte die nationale, aber auch lokale Politik zu kritischer Betrachtung veranlassen. Die Flussschifahrt hat als alternative Tourismusform einen sichtbaren Aufschwung genommen.

Luftverkehr

Der Luftverkehr ist in den vergangenen Jahrzehnten zu einem immer wichtigeren Verkehrsträger geworden, der nicht nur im Passagierverkehr, sondern auch im Frachtbereich ständig an Bedeutung gewinnt. Flughäfen sind für zahlreiche Regionen dominierende Wachstumsfaktoren und Jobmotoren. Allein der Frankfurter Flughafen zählt ca. 80 000 Mitarbeiter. Der Flughafen München gibt ca. 33 000 Beschäftigte an mit ca. 450 Unternehmen und Einrichtungen und selbst ein kleiner Flughafen wieder trinationale EuroAirport Basel Mulhouse Freiburg beschäftigt ca. 6500 Mitarbeiter.

Der Bau und die Instandhaltung von Flugzeugen sind an das Vorhandensein von Flughäfen gebunden. Einzelhandel, Hotels, Catering Service, Reparaturen, sowie flugaffine Dienstleistungen jeder Art sind notwendig für die Aufrechterhaltung eines Flughafens. Allein die Beschäftigungswirkungen solcher Einrichtungen sind immens.

Die Flughäfen in Deutschland wachsen. Auch nach der tiefen Coronakrise und trotz starker Vermehrung von Flugplatzstandorten, hervorgerufen durch die ehemaligen Militärflugplätze, die nach dem Abzug der alliierten Streitkräfte in Regionalflughäfen umgewandelt wurden, kam es nicht zu Einbrüchen an den traditionellen Standorten. Ganz im Gegenteil: Die zusätzlichen Flughäfen haben vielmehr bedingt durch die Inanspruchnahme durch sogenannte Billigfluggesellschaften sowohl im Waren- als auch im Passagierbereich zu einem erheblich größeren Angebot an Flugverkehr geführt.

Der ökologische Aufschrei der Klimaschutzgruppierung „Letzte Generation" scheint ungehört zu verhallen. Wirklich neue, emissionsarme Flugzeuge sind in weiter Ferne. Auch dieser Sektor ist ein großer Gewinner der Globalisierung, denn die heutige Zunahme der Mobilität von Menschen und Gütern setzt eben eine Ausweitung der Flugverkehrskapazitäten voraus; ohne die Unterstützung der Logistik wäre die Ausweitung des Welthandels nicht möglich.

Flugplätze

Wesentliche Aspekte der Analyse von Flugplätzen sind zum einen die Überprüfung der Geeignetheit für die verschiedenen Flugverkehre für Passagiere und Fracht. Darüber hinaus müssen auch andere Bereiche wie z. B. Privatfliegerei, Sport- und Hobbyflug, sowie die Ansiedlung von Gewerbe und Serviceeinrichtungen Beachtung bei Analysen und Potenzialermittlungen finden. Das Thema Flugrettung und Patiententransport sind weitere Aspekte.

Dabei zählen aufgrund der damit verbundenen Emissionen der Betrieb und der Ausbau von Flugplätzen sicher zu den schwierigsten politischen Aufgaben der Standortpolitik. Eine solche Diskussion ergibt sich scheinbar automatisch bei jedem Wachstum der Flugbewegungen und erst recht beim Ausbau von Flugplätzen. Insofern gehört bereits die Analyse und Diskussion darüber zu den ganz schwierigen und politisch empfindlichen Feldern der Wirtschaftspolitik. Schon die falsche Behandlung und Diskussion einer Standortanalyse kann auf Jahre hinaus die Weiterentwicklung von Flughäfen negativ beeinflussen. Veränderungen derartiger Standortfaktoren benötigen eine stabile politische Basis und einen ausgesprochen langen Atem. Aber auch die Stilllegung eines Flugplatzes wie in Berlin-Schönefeld verursacht keine generell einfacheren politischen Prozesse. Dabei ist insbesondere auf die regionale Konkurrenzsituation zu achten. Es kann zweifellos angenommen werden, dass bei der weiterhin zunehmenden Globalisierung Regionen mit gut frequentierten Flughäfen in jeder Hinsicht zu den erfolgreichen Standorten gehören werden. Dabei ist häufig eine gute Anbindung, das heißt die Erreichbarkeit eines bedeutenden Flughafens innerhalb einer Stunde Fahrtzeit, am besten mit öffentlichen Verkehrsmitteln, ein überaus wichtiger Standortfaktor. Häufig werden Standorte in angemessener Entfernung zu einem Flughafen von eigentlichen Flughafengemeinden beneidet, weil sie den Nutzen einer guten Anbindung erfahren, ohne selbst mit den zum Teil erheblichen negativen Wirkungen leben zu müssen.

Wachstumspotenzial für den Flugverkehr

Die immer enger werdenden internationalen wirtschaftlichen Verflechtungen, die sich etwa aus internationalen Unternehmenszusammenschlüssen, intensiveren Forschungskooperationen zwischen Unternehmen, Universitäten und anderen Forschungseinrichtungen, dem Zuwachs internationaler Arbeitstreffen, Tagungen und Konferenzen, aber auch durch den Erholungstourismus sowie den über die Luft abgewickelten Warenverkehr ergeben, haben zu einer großen Steigerung des Flugverkehrs in der Vergangenheit geführt. Die Coronakrise hat zu einem zweijährigen Rückgang der Flugbewegungen geführt. Mittlerweile ist das frühere Niveau wieder erreicht, zum Teil überschritten. Für die Zukunft ist ein weiteres Wachstum für den Flugverkehr anzunehmen, auch wenn viele Unternehmen und Institutionen aus Kosten- und Nachhaltigkeitsgründen ihr Kommunikationsverhalten hin zu Online-Meetings deutlich verändert haben. Maßgeblicher Treiber des zunehmenden Flugverkehrs wird wohl, wie auch in der Vergangenheit, der Tourismus sein.

Der Aspekt internationaler Firmenzusammenschlüsse bedeutet auch, dass diejenigen Standorte die besten Chancen besitzen, um Firmenzentralen zu werben, die am besten international durch Flugverbindungen erreichbar sind. Dabei wird durchaus ein einmaliger Umstieg an einem internationalen Zielflughafen, in die Bahn oder aber ein Zubringerflug in Kauf genommen, jedoch sollten die Verbindungen aufeinander abgestimmt sein. Dies gilt ebenso für Messestandorte mit Fluganbindung. Exemplarisch hierfür kann die Verlagerung der Messe Stuttgart an den dortigen Flughafen genannt werden. Der optimalen Anbindung mit dem ÖPNV und dem Bau eines eigenen Fernbahnhofes hat der Flughafen Frankfurt sicher einen Großteil seines rasanten Wachstums zu verdanken.

Für die Standortanalyse ergibt sich daraus die Notwendigkeit, eben nicht nur die bestehende Anbindung und Infrastruktur zu erfassen, sondern durch eine Bedarfsermittlung bei den handelnden Akteuren die erforderlichen Verbindungen für Passagiere und Fracht in Erfahrung zu bringen und Prioritäten zu bündeln, um darauf aufbauend mittel- und langfristig geeignete Maßnahmen ergreifen zu können.

Regionaler Flugverkehr

Der Gesamtkontext erforderlicher Verkehrsanbindungen als Zubringer zu internationalen Flughäfen und Fluglinien, aber auch der Verbindung von Regionen, die verkehrlich unzureichend angebunden waren, kann eine ganz eigene Dynamik für bisher periphere und entlegene Wirtschaftsstandorte entfachen. Der regionale Flugverkehr kann als Zubringer und damit zur Vernetzung von Regionen dienen, ohne die Luftverkehrszentren in Anspruch nehmen zu müssen. Es gehört deshalb zu den Aufgaben der lokalen und regionalen Wirtschaftsförderung, die Erreichbarkeit der ansässigen Unternehmen und Einrichtungen durch die Sicherung und den Ausbau vorhandener, geeigneter regionaler Verkehrslandeplätze zu verbessern. Eine genaue regionale Bedarfsanalyse für diesen Bereich kann daher von großer praktischer Bedeutung sein. Diese Anforderung ist heute allerdings immer unter Nachhaltigkeitsaspekten zu betrachten. Der Flugverkehr ist und wird auch absehbar ein starker CO_2-Emittent bleiben, wirkliche technische Innovationen sind nicht absehbar.

Insofern ist heute die richtige Abwägung zwischen einer funktionierenden Bahnanbindung und dem Kurzstreckenflugverkehr unabdingbar, die Nachhaltigkeit sollte fester Bestandteil einer regionalen Entwicklungsstrategie sein.

Nicht nur die Existenz eines Flugplatzes, sondern insbesondere die optimale Organisation der Anbindung ist es, die für Wirtschaft, Wissenschaft, Kongresse, Messen und Tourismus von großer Bedeutung ist. Die Analyse der vorhandenen Situation und der Herausarbeitung von Möglichkeiten einer substanziellen Verbesserung können zu neuen wirtschaftspolitischen Zielsetzungen führen. Die genannten traditionellen Verkehrsträger sind in vielen Belangen beim gegenwärtigen Ausbaustandard an die Grenze ihrer Leistungsfähigkeit gelangt. Der Aus- und Neubau von Straßen, Bahnstrecken, Flughäfen oder gar Wasserwegen stößt überall an Grenzen. Massiver Protest bei jeder infrastrukturellen, insbesondere verkehrlichen, Investition führt zu jahrelangen Planungs- und Genehmigungsverfahren. Dem Wunsch nach einer größeren Mobilität von Menschen und Gütern muss ausreichend Rechnung getragen werden, um Reserven mobilisieren zu können, sind zwei Faktoren von zunehmender Bedeutung:

- Die Vernetzung der verschiedenen Verkehrsträger durch die Einrichtung von Logistikzentren und die optimale Abstimmung der Planungen aufeinander, sowie
- die Koordination, Steuerung und Optimierung der Nutzung von Verkehrsinfrastrukturen durch intelligente Systeme und ausgeprägte Informations- und Kommunikationstechnologien.

Dazu gehört auch die regelmäßige Überprüfung der Bedürfnisse zur Minimierung von Verkehr durch geeignete logistische Maßnahmen wie z. B. die gemeinsame Belieferung von Geschäften in der Innenstadt über gemeinsame Spediteure und die Wahl umweltschonender Transportmittel wie z. B. Lastenfahrrädern und Fahrzeugen mit elektrischen Antrieben. Hiermit beschäftigt sich die City-Logistik, ein weites Feld für die Wirtschaftsförderung und das Citymanagement.

4.2.6 Flächen und Immobilien

Jegliche unternehmerische Aktivität ist in der Regel auf das Vorhandensein geeigneter Räume angewiesen. Die Bedürfnisse sind so unterschiedlich wie die Aktivitäten der Unternehmen, vom Minimalbedarf einer sogenannten Briefkastenfirma oder einer virtuellen Internetfirma, über flächenintensive Produktionsunternehmen bis hin zum Megaflächenbedarf des Flughafens Frankfurt, Tesla oder Amazon für die Erweiterung.

Die Flächenverfügbarkeit für die wirtschaftlichen Betätigungen zählt neben der Verfügbarkeit von Arbeitskräften zur Grundvoraussetzung für unternehmerische Aktivitäten und eine funktionierende Wirtschaft. Die Bereitstellung ausreichender gewerblich nutzbarer Flächen ist eine zentrale Aufgabe der Wirtschaftsförderung. Eine Analyse des Bestandes an unbebauten und bebauten Flächen und vorhandenen verfügbaren Immobilien muss jeder Zukunftsplanung eines Standortentwicklungskonzeptes vorangestellt werden. Diese Analyse wird jedoch erst dann zu einer sinnvollen Plangroße der Standortentwicklung, wenn die Bedürfnisse der beteiligten Akteure bekannt sind oder zumindest verlässlich prognostiziert werden können.

Das hierzu erforderliche Datenmaterial ist sehr detailliert bei den örtlichen Bauverwaltungen beziehungsweise den übergeordneten Behörden vorhanden. Die Anlage und genaue Führung eines solchen Gewerbeflächenkatasters gehören zur Grundausstattung der Wirtschaftsförderung. Das Kataster differenziert nach bebauten und unbebauten Grundstücken sowie nach Büro-, Labor-, Sonder- und Einzelhandelsflächen. Aktueller Leerstand und ausgewiesener Bestand sollten bei der Wirtschaftsförderung in Kooperation mit den städtischen Ämtern und örtlichen Maklern erfasst werden und jederzeit abrufbar sein.

Die Auswertung der abgeschlossenen Grundstückskaufverträge und der Anzeigenteil für gewerbliche Immobilien in der lokalen Presse und im Internet, die regelmäßige Erkundung und Dokumentation des eigenen Standortes und der Gewerbe- und Industriegebiete ergänzen die Informationsbasis. Auch empfiehlt sich immer wieder der Blick von oben auf die eigene Gemarkung: Luftbildaufnahmen z. B. durch Drohnen ermöglichen eine sinnvolle Erweiterung des eigenen Blickfeldes, Lösungen für bislang ungelöste Flächenprobleme fallen dem Betrachter von oben deutlich schneller ins Auge.

Ging es schon in den vergangenen Jahren maßgeblich um die Bereitstellung von Gewerbe- und Industrieflächen für den Bau neuer Handwerks-, Gewerbe- und Industriebetriebe, Hallen und Büros, so haben sich mit dem Strukturwandel der Wirtschaft von der Industriegesellschaft zur modernen Dienstleistungs- und Wissensgesellschaft auch die Anforderungen an Flächen und Räume stark verändert.

Neben den nach wie vor gefragten Gewerbeflächen mit optimaler Verkehrsanbindung sowie ausreichenden Logistik- und Vorratsflächen, die in den wirtschaftlichen Zentren aufgrund hoher Verdichtung und politischer Sensibilität immer seltener werden, sind dies zunehmend gewerbliche Flächen für moderne Dienstleistungen. Sie müssen jedoch besonderen Anforderungen genügen, wie z. B. immer häufiger eine exponierte Lage für gute Sichtbarkeit, die Anbindung an den ÖPNV, repräsentative Ausstattung und Umgebung sowie das Vorhandensein moderner Informations- und Kommunikationsinfrastruktur. Es wird erwartet, dass derart ausgestattete Flächen kurzfristig zur Verfügung stehen. Für die Errichtung von Neubauten bleibt in einer Zeit schneller Entwicklungs- und Produktionsnotwendigkeiten kaum mehr Zeit, sodass auf bestehende Vorratsflächen und Bestandsimmobilien zurückgegriffen werden muss. Bei der Erstellung von Produktionshallen wird häufig auf die Schnelle auf eine Stahlbauweise mit flexiblen Grundrissen zurückgegriffen.

In der Praxis häufig gewünscht werden kurzfristige Mietverträge mit einer Laufzeit von fünf Jahren. Kurze Produktzyklen von industriell gefertigten Waren und internationale Konkurrenz machen es zunehmend notwendig, die Zurverfügungstellung von Räumen in deutlich kürzeren Fristen und mit deutlich kürzeren Bindungsfristen zu ermöglichen.

Leerstand

Eine Ansiedlung in zeitlich engen Fristen wird somit dort vorgenommen, wo Gewerberäume leer stehen oder aber ihre schnelle Erstellung angeboten werden kann. Der Wirtschaftsförderung kommt ein gewisses Maß an Leerstand überaus entgegen, zumal hierdurch auch das Preisniveau tendenziell gesenkt und die Konkurrenzsituation zugunsten des nachfragenden Unternehmens verbessert werden kann. Dem expandierenden oder ansiedlungswilligen Unternehmen können bei einer gewissen Leerstandsrate passende Gewerbeflächen zur Auswahl angeboten werden, was wiederum das Unternehmen in die Lage versetzt, vorteilhafte Preis- und Konditionsverhandlungen mit den Eigentümern beziehungsweise Vermietern zu führen.

Einzelhandelsflächen sind je nach Lage stark differenziert zu betrachten, Flächen für den Verkehr, die Ver- und insbesondere die Entsorgung sind ebenso zu analysieren wie

Flächen für Sport und Freizeit, wobei der relative Anteil der sogenannten Freizeitnutzung ständig zunimmt.

Flächen und Gebäude für Veranstaltungen bei Messen, Kongresshotels, Freizeiteinrichtungen, Golfplätze, Parks und Wohnmobilplätze sind mitunter so flächenintensiv wie moderne Güterverkehrszentren oder Logistikstandorte. Die Ausstattung von Gebäuden und Flächen mit moderner Informations- und Kommunikationsinfrastruktur ist ebenso notwendig wie ihre verkehrliche Anbindung, wobei die Anbindung von Gewerbeflächen durch den ÖPNV aufgrund der steigenden Anforderungen von Mitarbeitern immer wichtiger wird.

Kürzere Mietzeiten

Während also die individuellen technischen Voraussetzungen an die gewerblichen Flächen steigen, ebenso der Pro-Kopf-Flächenverbrauch für jeden Arbeitsplatz, ermöglichen auf der anderen Seite moderne Produktionsverfahren, bedingt u.a. durch die Miniaturisierung von Geräten und optimale Fertigungstechnologien, eine deutliche Reduzierung der zur Fertigstellung erforderlichen Flächen. Die Raumerfordernis für Repräsentation und Kommunikation, Kultur und Gesundheitswesen ist weiterhin unabweisbar.

Aufgrund kürzerer Produktionszyklen sowie wachsenden Outsourcings und kürzerer Vertragslaufzeiten wird in der Praxis immer häufiger der Miet- und Leasingvertrag mit kürzeren Laufzeiten auch von Unternehmen im Produktionssektor nachgefragt. Das heißt, nicht nur die bebaubare Fläche wird gesucht, sondern eben auch kurzfristig bezugsfertige Räume.

Für die Wirtschaftsförderung bedeutet das, nicht nur stadteigene Flächen und Gebäude zu analysieren, sondern dem potenziellen Kunden eine möglichst vollständige Übersicht über den Immobilienmarkt zu geben. Insoweit sind neben Flächen und Gebäuden auch Informationen über die in der Region ansässigen Investoren und Makler zu recherchieren, wie z.B. örtliche Bauunternehmer und Projektentwickler, die speziell auf die Bedürfnisse der Unternehmen zugeschnittene Neubauten errichten, finanzieren und diese dann vermieten. Die Kurzfristigkeit und Flexibilität in einem Teil des gewerblichen Immobilienmarktes werden zu einem immer entscheidenderen Standortfaktor. Aber auch die mittel- und langfristigen Flächenpotenziale sind zu beschreiben, um einen möglichst vollständigen Überblick zu erhalten.

Altstandorte und Brachen

Von immer größerer Bedeutung wird die Aufnahme von ungenutzten Altstandorten und Gewerbebrachen. Sie zu dokumentieren ist vor dem Hintergrund einer sich schnell ändernden Gewerbenutzung, der kürzeren Nutzungsdauer und einer abnehmenden Verfügbarkeit von neuen Flächen besonders wichtig.

Gewerbebrachen können für die Wirtschaftsförderung eine Last oder eine echte Chance bedeuten. Einerseits sind Altstandorte nicht selten belastet, sei es durch einen nicht mehr nutzbaren Gebäudebestand oder aufgrund eines in der Vergangenheit sehr viel sorgloseren Umgangs mit belastenden Stoffen. Mitunter sind diese Immobilien in einem Maße kontaminiert, dass eine neue Nutzung wegen unverhältnismäßig hoher Kosten für Abbruch und Sanierung und zur Beseitigung anderer Hindernisse jahrzehntelang nicht möglich ist.

Darüber hinaus kommt es vor, dass Alteigentümer Insolvenz anmelden, da eine Verwertung mit Blick auf die im Boden vermuteten Altlasten nicht möglich ist und gesetzliche Auflagen zur Sanierung zum Konkurs des Grundstückeigentümers führen würden. Andererseits liegen solche Immobilien häufig in zentraler Lage, verfügen über eine historisch wertvolle, praktisch aber kaum nutzbare Industriearchitektur der Jahrhundertwende und lassen das Herz so manchen Stadtplaners höherschlagen. Auch die Wirtschaftsförderung würde sich über die Nutzbarmachung solcher Besonderheiten für eine gewerbliche Nutzung in geeigneter Altstadt- oder in Zentrumslage freuen, zumal die Brachen im aktuellen Zustand alles andere als attraktiv für den Standort sind.

Eine Analyse dieser Altstandorte hat deshalb mit größtmöglicher Sorgfalt zu erfolgen, da gerade die Kenntnis der genauen Eigentumsverhältnisse den richtigen Umgang mit solchen Flächenpotenzialen ermöglicht. Nicht selten haben auch die Grundstückseigentümer realitätsferne Vorstellungen vom Marktwert ihrer Immobilien. Denn häufig rechnen sie dem Gebäudebestand einen nicht realistischen Wert zu, weil sie verkennen, dass heute Betriebe eine moderne Raumaufteilung benötigen, von der die Möglichkeit effizienter Produktion in hohem Maße abhängt. Die Übernahme alter Gebäude im gewerblichen Bereich ist wirtschaftlich meist nicht darstellbar, da die individuellen Bedürfnisse räumliche Anforderungen stellen, die eben nur durch zweckmäßige Neubauten zu erfüllen sind. Langwierige Verhandlungen, langandauernde Leerstände oder minderwertige Zwischennutzungen, etwa als preiswerte Lagerfläche oder Wohnwagenunterstand, sind die Folgen.

Die durch preiswerte Zwischenvermietung zu erzielende Rendite ist in einigen Fällen durchaus höher als die aufwendige Sanierung und der anschließend zu erzielende Verkaufserlös. Oft resultiert aus solchen Situationen die Forderung nach einer Baurechtsänderung, wie z. B. der Umwandlung von Gewerbe- in Wohnungs- und Einzelhandelsflächen, um den am Standort erzielbaren Verkaufspreis entsprechend zu erhöhen.

Gewerbeflächenkataster

Das Gewerbeflächenkataster sollte in der Zusammenarbeit mit den örtlichen Maklern, den entsprechenden Liegenschaftsämtern und durch intensive Beobachtung des Immobilienmarktes für potenzielle Anfragen stets auf dem neuesten Stand gehalten werden. Dieses Instrument dient maßgeblich der ständigen Überprüfung der eigenen Flächenbedarfsplanung und als Grundlage für die politische Entscheidung über die Notwendigkeit der Ausweisung neuer Gewerbeflächen im Rahmen der Flächennutzungsplanung.

Das frühzeitige Anmelden des gewerblichen Flächenbedarfs durch die Wirtschaftsförderung ist aufgrund des durchaus langwierigen, mitunter jahrzehntelangen Entscheidungsprozesses in Grundstücksangelegenheiten von großer strategischer Bedeutung. Fehleinschätzungen können langfristig nicht beeinflussbare Folgen für die künftige Entwicklung haben, wenn über Jahre die Entwicklung neuer Flächen unterbleibt.

Dienstleistungsflächen

Auch wenn im politischen Raum bei der Gewerbeflächendebatte häufig an neue, unbebaute Flächen oder aber an großflächige Altbestände gedacht wird, so ist im Zuge der zunehmenden Tertiarisierung die Verfügbarkeit von Dienstleistungsflächen, meist bürogeeigneter Flächen, quantitativ der entscheidende Faktor. Die Ausstattung mit modernen, zentral gelegenen und repräsentativen Büroräumen, die häufig nicht im Eigentum des nutzenden Unternehmens stehen, sondern durch private Investoren bereitgestellt werden, stellt ein bedeutendes Wachstumspotenzial eines Standortes dar.

Die Verfügbarkeit von kurzfristig beziehbaren Gewerberäumen in moderner Büroqualität ist ein wichtiger Faktor für potenzielles Wachstum und somit ist auch die Bestandserhebung nach Menge und insbesondere nach Qualität, technischer Ausstattung und Standort notwendig. Die Verfügbarkeit von Räumlichkeiten unterschiedlichen Zuschnitts, insbesondere auch der immer häufigere Wunsch nach kleinen und kurzfristig anmietbaren Liegenschaften in Bahnhofsnähe, sowie die Erschließung mit ÖPNV, sind entscheidende Voraussetzungen für die Nutzung der Entwicklungspotenziale. Eine optimale Ausstattung mit moderner Netzinfrastruktur ist unverzichtbar.

Forschung und Entwicklung

Einer der wichtigsten Faktoren für die Zukunftsfähigkeit der wirtschaftlichen Entwicklung ist das Vorhandensein von Einrichtungen für Forschung und Entwicklung. Im Zuge des Übergangs von der Industriegesellschaft zur modernen Dienstleistungs- und Wissensgesellschaft repräsentieren die Produktion, Anwendung und Vermittlung von Wissen und Know-how wohl den maßgeblichen Produktionsfaktor, insbesondere in den technologieorientierten Branchen.

Entscheidend sind das Vorhandensein von Universitäten, Hochschulen und Forschungseinrichtungen, sowie das Zusammenwirken von Unternehmen, die selbst angewandte Forschung und Entwicklung betreiben, aber in erster Linie die Funktion übernehmen, die Forschungsergebnisse in marktfähige Produkte umzusetzen. Somit ist nicht nur eine Bestandserhebung aller Einrichtungen im Bereich Forschung und Wissenschaft vorzunehmen, sondern es wäre gut zu wissen, an welchen Themen dort gearbeitet wird und welche Kompetenzen vorhanden sind.

In manchen Fällen findet ein kommerzielles Scouting von Forschungsschwerpunkten und Technologien an Hochschulen und Universitäten statt. Die Aufbereitung und Verarbeitung dieser Informationen führt über ein gezieltes Matchmaking zur kommerziellen Auswertung von Forschungsergebnissen und zur Anbahnung von Kooperationen. Das heißt, die Identifizierung und Zusammenführung der passenden Anbieter und Nachfrager auf der Grundlage von Profilinformationen sind ein ganz entscheidender Schritt für die spätere Nutzung durch Unternehmen.

Dabei ist es nicht notwendig, dass die Wirtschaftsförderung selbst diesen Prozess übernimmt, aber die Wirtschaftsförderung ist auch hier Makler von Informationen und möglicher Initiator von Prozessen, nämlich der Sichtbarmachung der am Standort vorhandenen Forschungs- und Entwicklungskompetenzen.

Forschungsnetzwerke und Cluster

In gleicher Weise sind die Forschungs- und Entwicklungsabteilungen in den ansässigen Unternehmen sowie deren Kompetenzen zu identifizieren. Darüber hinaus ist in Erfahrung zu bringen, welche Netzwerke zwischen Wirtschaft und Wissenschaft beziehungsweise den Unternehmen und Forschern bereits bestehen, um solche Netzwerke für möglichst viele Akteure in der Region nutzbar zu machen. Dabei ist somit nicht nur die regionale Wissensbasis, sondern eben auch die Verknüpfung der Unternehmen und deren Forschungseinrichtungen untereinander zu beschreiben. Gerade das Vorhandensein solcher Verknüpfungen und deren Intensität können Hinweise auf sogenannte Cluster und Netzwerke geben, die wiederum richtungsweisend sein können für die Ausrichtung einer Region in bestimmten Schwerpunktentwicklungen.

Die moderne regionalwirtschaftliche Theorie hat bestätigt, dass das Vorhandensein von Unternehmen der gleichen oder ähnlicher Branchen häufig dazu führt, dass sich in regionaler Nähe weitere Firmen gleicher Ausrichtung ansiedeln, die dann ein Netzwerk bilden und wiederum die Einrichtung von Forschungs- und Ausbildungsstellen nach sich ziehen und durch diesen dynamischen Prozess weitere Innovationen vor Ort begünstigen. Dazu kommt häufig auch die Notwendigkeit von speziellen Ausbildungsgängen für das fachspezifische Personal, was wiederum die Einrichtung und Ansiedlung von entsprechend geeigneten Ausbildungseinrichtungen begünstigt.

Zusammenschlüsse miteinander vernetzter Unternehmen aus zukunftsorientierten Wachstumsbranchen sind häufig entscheidend dafür, dass bestimmte Regionen im Strukturwettbewerb erfolgreicher bestehen und sich wirtschaftlich besser entwickeln als andere. Besonders das frühzeitige Aufspüren solcher Ansätze kann die Möglichkeit eröffnen, durch die Förderung solche Cluster überhaupt und schneller entstehen zu lassen.

Die Erhebung der vorhandenen Forschungsinfrastruktur ist zumindest für den öffentlichen Bereich ohne Probleme möglich. Bei der unternehmensseitigen Informationsbeschaffung wird man häufig jedoch auf Skepsis und Zurückhaltung stoßen. Insoweit bedarf es bei der Generierung von qualifizierten Informationen eines sehr sensiblen Vorgehens u. a. im Rahmen persönlicher Firmenbesuche.

Wissensdefizite

Neben der reinen Bestandsaufnahme von Forschungs- und Entwicklungseinrichtungen, wie z. B. Instituten der Fraunhofer- oder Max-Planck-Gesellschaft, Forschungseinrichtungen an den Universitäten und Hochschulen oder privaten Einrichtungen, ist es notwendig, nach den bestehenden Defiziten zu fragen, um so den Kooperationsbedarf ermitteln zu können. Auch aus solchen negativen Beständen können die entsprechenden Entscheidungen für und gegen die Entwicklung der Forschungs- und Kooperationslandschaft richtungsweisend getroffen werden.

Die Strategien der Unternehmen im Bereich Forschung und Entwicklung sind dabei ebenso zu beschreiben wie die neueren Forschungs- und Kooperationsbereiche, um eben nicht am Status Quo, sondern an der Entwicklung zu erkennen, welche Richtung die regionale Wirtschaft künftig nehmen wird und ob das Wohlergehen der Region durch die geplanten Aktivitäten sichergestellt scheint. Dabei sind nach Möglichkeit auch die bestehenden Kooperationsbeziehungen mit Forschungsträgern außerhalb der Region zu ermitteln.

Entscheidend ist nur, dass solche Kooperationsbeziehungen und der damit zusammenhängende Wissenstransfer in der Region bekannt sind, und für andere Unternehmen oder Forschungseinrichtungen nutzbar gemacht werden können. Auch hier zählt wieder das Informationsmanagement zu den entscheidenden Aufgaben der Wirtschaftsförderung. Angesichts der vielfältigen Kommunikationsmöglichkeiten und des hohen Spezialisierungsgrades ist davon auszugehen, dass sich nicht nur regionale Akteure vor Ort zu Clustern und Netzwerken zusammenschließen, sondern dass dieses Cluster sich auch überregional und international in unterschiedlichen Regionen zusammenfinden kann.

Hieraus kann sich für die Wirtschaftsförderung möglicherweise eine Ansiedlungsstrategie ergeben, beziehungsweise kann sie im Fall potenzieller Abwerbeversuche diese frühzeitig erkennen und abwehren. Für eine Region ist die auf den Bereich Forschung und Entwicklung gerichtete Standortanalyse aufgrund der komplexen Inhalte und der häufig geringen Bereitschaft, Informationen hierüber herauszugeben, zwar schwierig, dennoch steckt gerade in diesem Bereich eine entscheidende Voraussetzung für die Zukunftsfähigkeit einer Region.

Wissensbilanzierung in Unternehmen

In jüngerer Vergangenheit findet das Thema Wissensbilanzierung in Unternehmen verstärkte Beachtung. In einer Wissensgesellschaft ist die Bedeutung des Faktors Wissens für die Wirtschaft groß. Dennoch wird der Faktor Wissen speziell in Unternehmen bilanziell mit herkömmlichen Mitteln nicht erfasst und bewertet. Die meisten immateriellen Wirtschaftsgüter können nicht bilanziert werden, demzufolge kann auch nicht korrekt abgebildet werden, ob ein Unternehmen in einer bestimmten Periode einem Zuwachs oder einem Abfluss von Wissen unterliegt.

Dieses Phänomen trifft aber auf alle Regionen zu. Zwar kennen wir die Städte und Kreise mit den meisten Einwohnern und mit dem höchsten Pro-Kopf-Einkommen. Ob aber ein Standort reich an Wissen ist, können wir nicht oder nur bedingt messen. Auch wenn es Hilfsgrößen gibt, wie die Akademikerdichte, die Zahl und Bedeutung von Bildungs- und Forschungseinrichtungen oder die Zahl der Patentanmeldungen, so scheint diese Frage nicht nur für Unternehmen, sondern auch für Standorte an Bedeutung zu gewinnen.

Exemplarisch soll hier auf die regelmäßig publizierten Untersuchungen der Wirtschaftsforschungsinstitute Prognos oder FERI verwiesen werden, die in ihren Studien insbesondere den Städten und Regionen, die einen vergleichsweise hohen Anteil an Wissenschaft und Forschung ausweisen, die besten Wachstumsprognosen für die Zukunft attestieren. Diese Erkenntnis ist in der Wirklichkeit angekommen, insbesondere Universitätsstädte wie Münster, Heidelberg oder Freiburg haben nicht nur sehr gute Wachstumschancen, sondern gehören bereits zu den Städten in Deutschland, die hinsichtlich ihrer Strukturgröße eine besondere Nähe zu Wissenschaft und Forschung, aber auch aufgrund ihrer besonders hohen Lebensqualität eine sehr gute Performance besitzen.

5 Maßnahmen der Standortentwicklung

5.1 Strategien

Die im Folgenden beschriebenen Maßnahmen der Standortentwicklung können im Rahmen von zwei grundsätzlich unterschiedlichen Strategien angewendet werden. Dabei handelt es sich zum einen um die Ansiedlungsförderung und zum anderen um die Bestandspflege, wobei statistisch seit Jahrzehnten belegt ist, dass die Bestandspflege den weitaus größten Teil zur Zielerreichung, nämlich Erhöhung des wirtschaftlichen Wohlstands, beiträgt.

Ansiedlungsförderung

Die Ansiedlungsförderung umfasst die Gesamtheit aller Maßnahmen, die standortsuchende, auswärtige Unternehmungen zur Ansiedlung innerhalb einer Kommune bewegen sollen. Um überhaupt eine erfolgreiche Neuansiedlungsförderung betreiben zu können, ist von der Kommune ein ganzes Maßnahmenbündel durchzuführen. Zunächst sind die eigenen Standortvorteile gegenüber den anderen Kommunen hervorzuheben und den standortsuchenden Unternehmen bekannt zu machen zu. Grundvoraussetzung aller Ansiedlungsbestrebungen der Kommunen ist jedoch seit jeher die Möglichkeit zur Bereitstellung von geeigneten, planungsrechtlich abgesicherten und jederzeit verfügbaren Industrie- und Gewerbeflächen.

Die Wahrscheinlichkeit von Neuansiedlungen wird einer empirischen Untersuchung des Deutschen Instituts für Urbanistik zufolge maßgeblich durch sog. Pull-Faktoren unterstützt, die im Allgemeinen von Unternehmen bei konkreten Standortentscheidungen als positive Faktoren beziehungsweise Vorteile des neuen Standortes benannt werden. Demnach ist für die Wahl eines neuen Standortes eine gute Verkehrsanbindung am wichtigsten, gefolgt vom Angebot an Büro-, Gewerbe- und Industrieflächen.

Bestandspflege

Mit dem Rückgang der Bedeutung der Neuansiedlungsförderung infolge des stark rückläufigen Ansiedlungspotenzials seit etwa Mitte der 1980er Jahre rückt die Bestandspflege immer mehr in den Vordergrund der kommunalen Wirtschaftsförderung. Unter Bestandspflege wird im Allgemeinen die Förderung der bereits am Ort ansässigen Betriebe verstanden. Dabei kann inhaltlich zwischen Bestandssicherung und Bestandsentwicklung unterschieden werden.

Bestandssicherung

Durch die sogenannte Bestandsicherung wird versucht, drohende Abwanderungen verlagerungs- und expansionswilliger Betriebe zu verhindern und betriebliche Standortsicherung zu betreiben. Es kann beispielsweise für die unter akuten Verlagerungsdruck geratenen Betriebe an geeigneter Stelle ein neuer Standort innerhalb der Kommune gefunden werden. So hat die Wirtschaftsförderung diese infrage kommende Standortverlagerung organisatorisch und verwaltungstechnisch zu betreuen.

Noch Mitte der 1980er Jahre war eine eher reaktive und einzelfallbezogene Praxis zu beobachten, bei der die kommunale Wirtschaftsförderung eine Art Feuerwehrfunktion wahrgenommen hat und in der Regel nur auf konkrete Anfragen und Hilferufe ortsansässiger Betriebe reagierte, die von akuten Problemlagen betroffen waren. Mit dieser antragsbezogenen Handlungsweise wurde nicht selten versucht, durch ad hoc getroffene Entscheidungen und Maßnahmen den betroffenen Betrieben möglichst schnelle und einfache Problemlösungen anzubieten.

Die Sicherung des vorhandenen Bestands darf aber nicht nur situativ und antragsorientiert durchgeführt werden, sondern hat vor allem den ansässigen Betrieben optimale Entwicklungsmöglichkeiten durch eine vorausschauende kommunalpolitische Rahmensetzung zu bieten. Planungsklarheit und Planungssicherheit werden insofern zu wesentlichen Voraussetzungen für die Standortsicherheit der Betriebe und deren Entwicklungsperspektiven.

Grundsätzlich geht es bei der Standortsicherung aber nicht um eine Konservierung der vorhandenen Wirtschaftsstruktur, eine Sicherung des Bestandes im statischen Sinne, sondern vielmehr darum, die Situationen der ansässigen Betriebe, die einer Pflege bedürfen, rechtzeitig zu erkennen und zur Beseitigung der betrieblichen Engpasssituation aktiv, vorausschauend und nicht nur auf Antrag beizutragen.

Bestandsentwicklung

Neben den verschiedenen Maßnahmen, die im Folgenden beschrieben werden, wird insbesondere der sogenannten Bestandsentwicklung im Allgemeinen im Rahmen der Bestandspflege eine Schüsselfunktion zugewiesen.

Darunter wird vor allem die Förderung der sogenannten endogenen Entwicklungspotenziale verstanden. Das heißt eine Mobilisierung der am Ort und in der Region vorhandenen, bislang aber nicht oder noch nicht ausreichend genutzten wirtschaftlichen Potenziale. Gerade durch das Entdecken und Fördern von Chancen in Form von Marktnischen und hochtalentierten Wissenschaftlern am eigenen Standort soll es ansässigen Unternehmen ermöglicht werden, zukunftsträchtige, innovative und qualitativ hochwertige Arbeitsplätze zu sichern und zu schaffen.

Diese Suche und Förderung von Ideen und Marktzugängen innovativer und in der Region passender Produkte und Dienste als Dienstleistung der Kommune verspricht zusätzlich positive Effekte für eine erfolgreiche und zeitgemäß betriebene kommunale Wirtschaftsförderung.[25]

Im Allgemeinen sind insbesondere kleinere und mittlere Unternehmen die bevorzugten Zielgruppen im Rahmen der kommunalen Bestandspflege. Gerade die KMU operieren vorzugsweise in Marktnischen, stoßen durch betriebsnotwendige Kapazitätsausweitungen oftmals an die Grenzen ihrer finanziellen und räumlichen Möglichkeiten und sind insofern auf die Unterstützung der Kommunen in besonderem Maße angewiesen. Aber auch Existenzgründer und junge Unternehmen haben in den ersten Jahren ihrer Existenz zahlreiche Probleme zu bewältigen und verdienen somit besondere Aufmerksamkeit im Rahmen der Bestandspflege.

Ähnlich wie die positiven Pull-Faktoren, die bei der Neuansiedlung von Unternehmen eine entscheidende Rolle spielen, gibt es auch im Rahmen der Bestandspflege eine ganze Reihe negativer Faktoren, die bei konkreten Standortentscheidungen für eine Verlagerung, Schrumpfung oder gar Schließung des Betriebes beziehungsweise gegen den derzeitigen Standort ausschlaggebend sein können.

Diese sogenannten Push-Faktoren lassen sich insofern als Hemmnisse an alten Standorten interpretieren. Das Angebot an geeigneten Büro-, Gewerbe- und Industrieflächen, spielt die mit Abstand entscheidende Rolle bei der Bestandssicherung, gefolgt von der Verkehrsanbindung und den Flächen- und Mietkosten.

5.2 Flächen

Die Bereitstellung von Flächen für Wohnen, Arbeiten und Infrastruktur ist neben dem Vorhandensein eines ausreichenden Arbeitskräftepotenzials und einer modernen Infrastruktur die dritte, unabdingbare Voraussetzung für wirtschaftliche Entwicklung. Dabei gilt es neben der Bereitstellung von Flächen für die wirtschaftliche Betätigung von Unternehmen und Einrichtungen im Rahmen einer aktiven Wirtschaftsförderung auch darauf zu achten, dass ausreichend Reserven für die Versorgung der Erwerbstätigen und ihrer Familien mit adäquaten Wohnflächen vorhanden sind.

Die Wirtschaftsförderung ist als Teil einer langfristig angelegten Standortentwicklungspolitik mit Weitblick mitverantwortlich für die Konzeption einer langfristigen Entwicklungsstrategie und hat durch ihre Mitwirkung bei Flächennutzungs- und Bauleitplanung sowie der Flächenbereitstellung entscheidenden Anteil an der Umsetzung. Nur wenn ausreichend Entwicklungsflächen auch für die begleitende Infrastruktur und insbesondere die Wohnversorgung gegeben sind, sind auch die notwendigen Bedingungen für das angestrebte Wirtschaftswachstum erfüllt.

Maßnahmen zur Flächenversorgung für Unternehmen und Einrichtungen

Im Folgenden konzentrieren sich die Ausführungen auf die Maßnahmen zur Flächenversorgung für Unternehmen und Einrichtungen, die zu den Zielgruppen der Wirtschaftsförderung gehören.

Zunächst ist festzustellen, dass die Möglichkeiten zur Flächenversorgung standortbedingt sehr unterschiedlich sind. So gibt es beispielsweise in den nord- und ostdeutschen Bundesländern überdurchschnittlich große Flächenreserven. In westdeutschen Bundesländern besteht das Potenzial an Reserven aus leerstehenden Industriebrachen, in den süddeutschen Bundesländern hingegen finden wir einen ausgesprochenen Mangel an Flächenreserven, insbesondere für die wirtschaftliche Entwicklung. Eine ähnliche Situation finden wir in den Regionen um viele Großstädte herum.

Die Standortbedingungen unterscheiden sich nochmals deutlich zwischen städtischen Standorten und ländlichen Gebieten. Verschiedene Standortgegebenheiten wie z. B. die Unbebaubarkeit von Flächen aufgrund besonderer natürlicher Voraussetzungen, ein empfindliches ökologisches Umfeld oder schlichtweg besondere Standortbedingungen können sehr unterschiedliche Folgen haben.

Aus diesem Grund ist für jeden Standort eine umfassende Bestandsaufnahme und daraus abgeleitet eine Verlaufsprognose vorzunehmen. Für einen Teil der Standorte stellt die Flächenversorgung ein weniger großes Problem dar, der andere Teil sieht sich durch nicht vorhandene Flächen beziehungsweise Flächenreserven in seinen Entwicklungsmöglichkeiten stark begrenzt, wobei die Zahl der von Flächenknappheit betroffenen Kommunen wächst.

Für alle Standorte gilt jedoch, dass die Anforderungen an eine nachhaltige Stadt -und Regionalentwicklung, strengere Umweltauflagen, der Wunsch vieler Unternehmen nach immer kürzeren Mietverträgen, gestiegene Anforderungen an die infrastrukturelle Ausstattung etc. zu einer immer größeren Komplexität und zu neuen Anforderungen im Bereich der Flächenbereitstellung geführt haben. Insoweit werden im Rahmen der Wirtschaftsförderung neue Strategien und Instrumente für eine ausreichende Flächenversorgung gefordert.

Einschränkung des Flächenverbrauchs

Auch wenn mancherorts zwischen Expansions- und Nachhaltigkeitsstrategie gerungen wird, kann davon ausgegangen werden, dass das Pendel künftig noch deutlicher zu nachhaltigen Entwicklungsstrategien, das heißt zur deutlichen Einschränkung des Flächenmehrverbrauchs, ausschlagen wird. Deshalb ist die Wirtschaftsförderung gefordert, nach neuen Strategien und Möglichkeiten zur Aktivierung vorhandener Flächenreserven zu suchen, das heißt: geringeren Leerstand, Nachverdichtung, interkommunale Lösungen und flexible Eigentumsmodelle anzustreben. Standorte mit ausreichenden Flächenreserven, z. B. durch Auflösung von Truppenstandorten, aufgrund allgemeiner Rezession oder Bevölkerungsrückgängen, besitzen mittelfristig und langfristig jedoch die Möglichkeit, von den überlaufenden, an die Grenzen ihrer Entwicklungsmöglichkeit kommenden, städtischen Standorten zu profitieren und expansionswillige, flächensuchende Ansiedlungen zur akquirieren.

Daher wird es für einzelne Städte und Gemeinden auch immer wichtiger werden, interkommunale und regionale Strategien für die Flächenbereitstellung zu entwickeln. Es wird für einen Standort immer günstiger sein, einen Betrieb in der eigenen Region zu halten, indem man den Wunsch von Nachbarkommunen nach Ausweitung ihrer Flächen unterstützt und neuen, auch konkurrierenden Nachbarstandorten zustimmt, als Betriebe in entfernte, flächenreiche Regionen ziehen zu lassen.

Ausweisung neuer Flächen

Der klassische Weg der Flächenbereitstellung ist auch in der allgemeinen Vorstellung immer noch die vorherrschende Strategie der Ausweisung neuer Gewerbeflächen in einem Gebiet am Rande der eigenen Gemarkung. Traditionell ist die gewerbliche Nutzung nach der landwirtschaftlichen Nutzung oft der zweite Schritt der sogenannten Fruchtfolge, an den sich dann die gemischte Nutzung und schließlich die reine Wohnnutzung anschließen. Dies ist die Art und Weise, wie sich viele Flächen im Zeitablauf zu Standorten entwickeln.

Idealerweise erfolgt eine Neuflächenausweisung auf gemeindeeigenen Flächen, die im Zuge einer ebenfalls langfristig angelegten Flächenbevorratungspolitik erworben werden. Zahlreiche Gemeinden sind konsequent und entwickeln grundsätzlich nur solche Flächen, die auch im Gemeindeeigentum stehen, um die sich aus Bodenpreissteigerungen erzielbaren höheren Verkaufserlöse zur Finanzierung der gemeindlichen Aufgaben nutzen zu können.

Dies ist ein wirksamer Schritt für eine Gemeinde, um kurzfristig und ohne Spekulationszugewinne für private Eigentümer die notwendige Flächenbereitstellung vornehmen und finanzieren zu können. Auch eine konsequente Einhaltung der kommunalen Strategie, wonach nur sich im Gemeindeeigentum befindliche Flächen entwickelt werden, führt zum freiwilligen Verkauf durch private Grundstückseigentümer an die Gemeinde. Jedes Abweichen von dieser Strategie macht eine aussichtsreiche und rechtzeitige Flächenversorgung beziehungsweise Flächenbevorratung schwieriger. Um eine vorausschauende Flächenbereitstellung betreiben zu können, ist eine Prognose über den Flächenbedarf der nächsten 10–20 Jahre notwendig.

Flächenerschließung

Die notwendige Erschließung der Grundstücke sollte jedoch erst dann erfolgen, wenn die konkreten Anforderungen der künftigen Nutzer an die Erschließung bekannt sind. Dies erspart einerseits Vorfinanzierungskosten bei der Infrastruktur, andererseits ergibt sich daraus die notwendige Flexibilität bei der Berücksichtigung der Interessen der bauwilligen Investoren.

Neben einer ausreichenden Menge und der Qualität der Erschließung ist darauf zu achten, dass die anfragenden Unternehmen mehr als nur ein Grundstücksangebot erhalten, um deren Präferenzen nach Lagezuschnitt und Bebaubarkeit berücksichtigen zu können. Die Angst zahlreicher Kommunalpolitiker, dass eine größere Flächenausweisung auch zwangsläufig zu einer umfangreicheren und schnelleren Bebauung dieser Flächen führt, ist berechtigt. Häufig sehen es Verwaltungen und Gemeinderäte als besondere Tüchtigkeit an, möglichst schnell besonders viel zu verkaufen. Das Gegenteil ist der Fall: Der langsame, überlegte Verkauf von Gewerbeflächen führt letztendlich zur Gewinnmaximierung, insbesondere für die Natur.

Es sollten in der Kommune Maximen bestehen, wann und in welchem Maße Flächen genutzt werden dürfen. Wenn damit allerdings eine Begrenzung des möglichen Wachstums angestrebt wird, ergibt sich hieraus ein Zielkonflikt.

Daher ist es gewöhnlich zum Standard geworden, dass Kommunen Vergaberichtlinien für den Verkauf von Grundstücken beschließen, um eine Priorisierung bei der Vergabe insbesondere nach Kriterien der Zahl neuer Arbeitsplätze, Nachhaltigkeitsanforderungen und Steuereinnahmen festzulegen.

Das Vorhandensein unterschiedlicher und verfügbarer Baugrundstücke kann durchaus dazu führen, dass eine Standortentscheidung gerade mit Blick auf das differenzierte Grundstücksangebot positiv für den Standort ausfällt. Ein ausreichendes, differenziertes Portfolio an Gewerbeflächen hilft also der Wirtschaftsförderung und spricht für eine positive Grundeinstellung der Kommune zu ihrer weiteren wirtschaftlichen Entwicklung.

Nachverdichtung und Umnutzung

Neben der Ausweisung neuer Flächen werden in Zukunft, zum einen aus Gründen nachhaltiger Flächenpolitik, zum anderen aufgrund der bereits erfolgten, sich weiter fortsetzenden Umstrukturierung der Wirtschaft, stärker noch als bisher die Möglichkeiten einer Nachverdichtung und Umnutzung von bisher anderweitig gewidmeten Flächen ins Blickfeld der Wirtschaftsförderung rücken.

Bei der Nachverdichtung geht es für die Kommunen u. a. um einen Rückkauf der durch Unternehmen in den vergangenen Jahren erworbenen Grundstücke, Gebäude und nicht genutzten Erweiterungsflächen bzw. darum, die Unternehmen dazu zu bewegen, diese baulich zu nutzen. Dieses Vorgehen erfordert einerseits eine große Sensibilität, da das Ansprechen von Unternehmen auf die Verwendung von bisher ungenutzten Grundstücken häufig als unangemessene Kritik und mangelndes Vertrauen in die Entwicklungs- und Zukunftsfähigkeit der Unternehmen betrachtet wird.

Andererseits kann sich durchaus die heikle Situation ergeben, dass solche Entwicklungsflächen von den Unternehmen in der Vergangenheit zu äußerst günstigen Preisen erworben werden konnten und bei einer Weiterveräußerung oder einem Rückkauf durch die Kommune gegebenenfalls Spekulationsgewinne anfallen, wobei es hierüber leicht zu unterschiedlichen Auffassungen über die konkrete Ausgestaltung der Rückerwerbsmodalitäten kommen kann, insbesondere dann, wenn politische Gremien daran beteiligt sind.

Daher ist nach dem Aufspüren von solchen absehbar von Unternehmen nicht oder nicht mehr benötigten Erweiterungsflächen großes Fingerspitzengefühl bei der Ansprache der Grundstückseigentümer erforderlich. Jedenfalls ist es im Zuge einer vorsorgenden Flächenpolitik unbedingt geboten, solche unbebauten Flächen, wenn auch nur vorübergehend, einer sinnvollen Nutzung zuzuführen. Dabei kann es sich auch um Angebote an den Grundstückseigentümer für eine zeitlich begrenzte Zwischennutzung handeln.

Umwidmung von Altstandorten

Eine immer häufigere Form von Flächengewinnung ist die Umwidmung von einem nicht mehr benötigten Altstandort. Oft sind dies Logistik- oder Industriestandorte, die aufgrund der Unternehmensentwicklung, sei es durch Verlagerung oder Aufgabe des Betriebes, nicht mehr genutzt werden. In der Regel ergeben sich hierbei zwei grundsätzliche Probleme:

- Zum einen sind diese Grundstücke häufig bebaut mit veralteten, nicht mehr nutzbaren Gebäuden und Hallen, deren Beseitigung auch meist aufgrund bekannter oder auch unbekannter Altlasten häufig kostspielig werden kann;
- Zum anderen sind die Erlöserwartungen des Alteigentümers, der einen möglichst hohen Verkaufserlös zur Finanzierung des neuen Projektes benötigt, zu hoch oder im Verwertungsfalle der Bank oder der Erbengemeinschaft steht Gewinnmaximierung im Vordergrund.

Das kann zur Folge haben, dass diese Liegenschaft, nicht selten in guter Lage der Stadt, in Wohnbaufläche umgewidmet werden soll, um einen möglichst hohen Erlös aus dem Grundstücksverkauf zu erzielen. In der Praxis wird es sicher auch aus politischen Überlegungen zur angestrebten Wohnnutzung kommen, wenn es denn der gesamtstädtischen Strategie entspricht. Hierdurch bewahrheitet sich die Gültigkeit der allgemein bekannten, sogenannten natürlichen Fruchtfolge von Grundstücken. Die Wirtschaftsförderung sollte in diesem Fall jedoch immer darauf achten, dass in ausreichendem Maße neue Gewerbeflächen an anderer Stelle für die verloren gegangene, umgewidmete Industriefläche ausgewiesen werden.

Wenn allerdings eine höherwertige Wohnnutzung nicht infrage kommt, sind es häufig Altlasten oder Finanzierungsprobleme, die einer neuen Nutzung entgegenstehen. Hier bewährt sich eine enge Kooperation mit örtlichen Projektentwickeln, Maklern und

Investoren, um auf dem Grundstück die bestmögliche gewerbliche Folgenutzung zu realisieren. Die häufig gewünschte Einzelhandelsausweisung sollte stets kritisch überprüft werden und ihr nur im Konsens mit einem auf den Gesamtstandort bezogenen Einzelhandels-, Märkte- und Zentrenkonzept zugestimmt werden.

Politisch motivierte Gefälligkeiten, die häufig im Wege einer sanften Erpressung nach dem Motto: „Nur wenn eine hochwertige Einzelhandelsnutzung für den alten Standort genehmigt wird, bleibt der Betrieb am Standort", sollten nicht zu einer vom Konzept abweichenden Entscheidungsfindung führen, da in der Regel die Standortbindung bei den Unternehmen so groß ist, dass diese Drohungen selten umgesetzt werden. Trotzdem sollte sich die Wirtschaftsförderung stets bemühen, es nicht zu solchen Konfliktlagen kommen zu lassen, sondern bereits im Vorfeld mit dem Alteigentümer zu realistischen Verkaufseinschätzungen zu kommen. Sollte es dabei zu einem allseits akzeptablen Kompromiss kommen, sollten aber sämtliche Möglichkeiten zur Unterstützung ausgeschöpft werden, um eine zeitnahe und möglichst attraktive Nachnutzung zu ermöglichen.

Stilllegung von Altstandorten

Aus Flächenperspektive noch interessanter sind auch die für viele Standorte segensreichen Stilllegungen und Betriebsaufgaben von meist zentral gelegenen Bahn-, Militär- und Postarealen in den vergangenen Jahren. Es geht hier auch um die Aufgabe von Standorten der Bundeswehr und der alliierten Streitkräfte, sowie andere Flächennutzungen, die einer gewerblichen Bebauung bisher entgegenstanden. Viele Kommunen haben in langwierigen Grundstücksverhandlungen ihre eigenen vielfältigen Erfahrungen sammeln können, etwa mit der Deutsche Bahn AG bzw. deren Verwertungsgesellschaften oder der Bundesrepublik Deutschland. Übrigens sind Verhandlungen mit staatlichen Liegenschaftsverwaltungen kaum besser und der Gedanke kommunaler Wirtschaftsförderung scheint dort oft völlig unbekannt.

Entwicklungsperspektiven für neue Nutzungen

Die Schließung von Großstandorten bedeutet einerseits einen Kaufkraftentzug durch den Wegzug einer Einrichtung, Arbeitsplatzverluste und ggfls. Bedeutungsverlust, andererseits ergeben sich hieraus für die betroffenen Kommunen Entwicklungsperspektiven für die Ansiedlung neuer Nutzungen, die oft eine deutlich größere wirtschaftliche Dynamik und Relevanz aufweisen können als die bisherigen Nutzer des Standortes. Beispiele zeigen, dass sich insbesondere nach der Verlagerung von militärischen Standorten bereits mittelfristig, d. h. in einem Zeitraum von etwa zehn Jahren, für die betroffenen Kommunen insgesamt durchaus positive Wirkungen aus den freiwerdenden Arealen entwickeln können.

Die Wirtschaftsförderung ist in solchen Fällen immer gefordert, die unterschiedlichen Nutzungsanforderungen kritisch zu prüfen und ihre Interessenslage deutlich vorzutragen, damit solche „Geschenke" aus flächenpolitischer Sicht nicht des kurzfristigen Profits wegen an die Meistbietenden veräußert werden, sondern ihren Beitrag zur strukturellen Entwicklung des Wirtschaftsstandortes leisten können.

Ein Ideenwettbewerb und dessen intensive Diskussion sollten der Verkaufsausschreibung unbedingt vorgeschaltet werden.

Langfristige Flächenversorgung

Um die langfristigen Entwicklungsstrategien des Standorts zu unterstützen, ist es Aufgabe der Wirtschaftsförderung, die langfristige Flächensicherung für alle Bereiche nicht nur zu begleiten, sondern bei fehlender anderweitiger Initiative deren strategische Planung selbst anzustoßen und Entscheidungen so vorzubereiten, dass sie rechtzeitig fallen.

Flächensicherung ist wegen häufig notwendiger Grundstückskäufe, dem oft langwierigen Erstellen von Flächennutzungs- und Bebauungsplänen eine mittel- bis langfristig angelegte und damit strategische Aufgabe. Falsche zeitliche Einschätzungen können so zu erheblichen Einbußen in der Entwicklungsfähigkeit eines Standorts führen, sodass eine langfristige Zusammenarbeit der zuständigen Ämter und der notwendigen Genehmigungsbehörden notwendig ist. Es ist Aufgabe der Wirtschaftsförderung, die politische und öffentliche Kommunikation über den kommunalen Flächenbedarf und damit die notwendige Flächenbereitstellung immer wieder voranzutreiben und um politische Mehrheiten sowie um Akzeptanz in der Bevölkerung zu werben.

Notwendig ist auch die Überzeugungsarbeit innerhalb der Verwaltung gegenüber den anderen Ämtern, insbesondere den Planungs- und Umweltämtern, um zu vermeiden, dass auch eine nur vorübergehende Flächenknappheit zu unwiderruflichen Unternehmensentscheidungen für andere Standorte führt. Die Wirtschaftsförderung hat auch darauf zu achten, dass unternehmensrelevante Entscheidungen seitens der Verwaltung auch betroffenen Unternehmen zur Kenntnis gelangen. Stille Verfahren von Politik und Verwaltung, die bewusst die zu erwartenden kritische Stellungnahmen und Einflussnahmen durch die betroffenen Unternehmen oder Verbände vermeiden sollen, darf es nicht geben. Die Wirtschaftsförderung muss solche Verfahren transparent machen.

Umfang notwendiger Gewerbeflächen

Von großer Relevanz ist stets auch die Grundsatzfrage nach dem Umfang der am Standort aktuell und für die zukünftige Entwicklung benötigten Gewerbeflächen. Regelmäßig kommt es zu kontroversen politischen Diskussionen um die notwendigen gewerblichen Reserveflächen. Diese sollten im Flächennutzungsplan enthalten und in regelmäßigen Abständen fortgeschrieben werden. Zur Ermittlung des Bedarfs bieten sich in der Regel zwei sich ergänzende Vorgehensweisen an:

- Zum einen die Fortschreibung auf der Basis des Verbrauchs der gewerblich genutzten Flächen innerhalb der letzten Periode, meist eines 10 bis 20 Jahre währenden, vergangenen Zeitraums;
- Zum anderen durch die Ermittlung des konkreten Bedarfs der Unternehmen mittels Abfrage und unter Berücksichtigung eines gewissen Sicherheitsaufschlages, der mögliche Anfragen und die Eigenentwicklung berücksichtigt.

Beide Vorgehensweisen bieten jeweils für sich betrachtet wohl nur unbefriedigende Ergebnisse und sollten daher in der Praxis kombiniert zur Anwendung gelangen. Dies ist zwar vorrangig Aufgabe der Stadt- und Regionalplanung, jedoch wird die Wirtschaftsförderung regelmäßig am Verfahren zu beteiligen sein.

Dann gilt es, die eigenen Standortkenntnisse einzubringen, die sich aus der spezifischen Branchen- und Unternehmensstruktur ergeben, insbesondere aus den absehbaren Strukturverschiebungen von produzierenden hin zu dienstleistungsorientierten Unternehmen. Das heißt, ein steigender Bedarf an Logistikflächen, Änderungen im Einzelhandelsangebot, zusätzliche Bildungseinrichtungen, neue Beherbergungs-, Konferenz- und Tagungsfazilitäten sollte mitbedacht werden. Die Gewerbeflächenprognose muss neben der möglichst exakten Bestands- und Bedarfsermittlung insbesondere auch absehbare Strukturverschiebungen in der Wirtschaft berücksichtigen.

Regionale Flächenversorgung

Aufgrund der Endlichkeit der zur Verfügung stehenden Flächen, wobei die Frage der tatsächlichen Inanspruchnahme von freien Flächen meist keine objektive Debatte erlaubt, sondern politisch geführt wird, gilt: Die Zusammenarbeit mit Nachbargemeinden und in der Region liegenden Standorten ist ein möglicher Ausweg aus einer Flächenknappheit.

Diese interkommunalen Gewerbegebiete sind meist nicht nur ein der Not mangelnder Flächen gehorchender Kompromiss, sondern sie machen aus wirtschaftlicher Sicht ebenso viel Sinn. Solche standortübergreifenden Gewerbeflächen besitzen häufig gute Anschlussmöglichkeiten, sind kurzfristiger zu belegen, da mehrere Standorte und Belegenheitsgemeinden dieses Gewerbegebiet mit Betrieben versorgen und somit längerfristig brachliegende Entwicklungsflächen entfallen.

Es können auf diese Weise auch die Kapazitäten mehrerer Gemeinden zusammengefasst werden, sowohl in der Vermarktung als auch in der Betreuung der Betriebe. Auch die Finanzierung der Erschließung wird auf mehrere Schultern verteilt, sodass in der Regel die interkommunale Lösung überaus positiv bewertet werden kann.

Für die Beurteilung wesentlich ist zum einen die verkehrliche Lage, zum anderen muss aber auch darauf geachtet werden, dass die gewählte Organisationsform die notwendige unternehmensfreundliche Flexibilität gewährleistet und nicht durch Kommunalrecht behindert wird. Dabei gilt die Gründung eines interkommunalen Zweckverbandes oft nicht als optimaler Organisationsform, privatrechtliche Organisationsformen lassen hier deutlich größere Spielräume zu.

Preisfindung

Neben dem Vorhandensein von Grundstücken gilt die Preispolitik des Standortes häufig als Ausweis der Wirtschaftsfreundlichkeit gegenüber den Unternehmern. Immer noch gelten die Gewerbeflächenpreise sowohl Kommunalpolitikern als auch Unternehmern als wichtige Parameter, und Bürgermeister versuchen in der Praxis nicht selten, durch ein gegenseitiges Unterbieten von Gewerbeflächenpreisen den Standortwettbewerb für sich zu entscheiden. Dabei haben Aufsichtsbehörden und Gerichte diesem gegenseitigen Überbieten enge Grenzen gesetzt.

Und dennoch wird immer wieder versucht, die Regeln zu umgehen. Die durch den örtlichen Gutachterausschuss oder vergleichbare Gremien festgesetzten Bodenrichtwerte sind in der Regel anzusetzen, Abschläge oder Zuschläge sind möglich, diese Ermessensspielräume nach oben und unten sollten je nach Situation konsequent ausgenutzt werden.

Objektiv richtig ist, dass der Preis für die eigentliche Gewerbefläche für den Bauherrn in der Regel nur einen geringen Teil der Gesamtinvestitionskosten für Gebäude, Ausstattung und Anlagen ausmacht und dass z. B. ein verkehrsgünstig gut erschlossener Standort in nur wenigen Jahren durch Einsparung z. B. bei Verkehrszeiten einen höheren Gewerbeflächenpreis rechtfertigt. Insoweit kann häufig leicht nachgerechnet werden, dass ein vom Unternehmen geforderter Preisnachlass nicht wirklich standortentscheidend ist. Das Verhalten der Genehmigungsbehörden und die Erteilung von Auflagen kommen häufig sehr viel teurer als der angemessene Grundstückspreis.

Dennoch ist die psychologische Wirkung eines günstigen Grundstückspreises nicht zu unterschätzen, da viele Unternehmen einen Nachlass beim Flächenverkauf durch die Gemeinde als Wirtschaftsfreundlichkeit und Belohnung für Standorttreue ansehen, sodass tatsächlich im Einzelfall abgewogen werden muss, ob diesem latent vorhandenen Druck, beziehungsweise der konkreten Forderung, stattgegeben wird, oder ob Prinzipientreue gilt. Es sind nicht wenige Fälle bekannt, in denen Unternehmer nicht wirklich aus ökonomischen Gründen, sondern eher aus verletztem Stolz wegen einer abgelehnten Preisreduzierung andere, zum Teil auch weniger geeignete Standorte ausgewählt haben.

Fehler bei Grundstücksverhandlungen

Fehler bei den Grundstücksverhandlungen erfolgen meist schon zu Beginn der Gespräche, etwa wenn falsche Erwartungen geweckt werden. Sehr wichtig erscheint hier die Gesichtswahrung für den Unternehmer nach außen, die tatsächliche ökonomische Belastung ist demgegenüber nicht so sehr das entscheidende Argument. An dieser Stelle ist also sehr viel Einfühlungsvermögen gefordert. Typisch ist auch, dass ein derartiges Verhalten von Unternehmen lediglich bei öffentlich-rechtlichen Grundstückseigentümern an den Tag gelegt wird. Wenn der Grund und Boden in privater Hand ist, wird der Unternehmer sehr rational und nach Kosten-Nutzen-Abwägung entscheiden. Von der öffentlichen Hand erwartet der Unternehmer eben manchmal eine Gegenleistung für seine Leistung, seien es Steuern, Arbeitsplätze oder Wirtschaftskraft.

Was für den Unternehmer stimmt, das gilt auch für die Kommune: Einige Euro mehr oder weniger Erlös bei einem Grundstücksverkauf sind nur kurzfristig für den Kämmerer von Bedeutung, langfristig zählen jedoch viel mehr das Verbleiben des Unternehmens am Standort, die Gewerbesteuereinnahmen und noch viel mehr die Schaffung neuer Arbeitsplätze und die damit verbundenen Sekundäreffekte für den gesamten Standort.

Vermittlung, Verkauf, Mobilisierung

Der Übergang von der Industriegesellschaft zur modernen Dienstleistungs- und Wissensgesellschaft hat zwei Trends deutlich verstärkt:

- Zum einen sind die Entscheidungs- und Realisierungszeiträume deutlich kürzer geworden. Entscheidungen werden heute sehr viel schneller getroffen und deren Umsetzung wird möglichst zeitnah erwartet;
- Aufgrund immer kürzerer Produktlebenszeiten und Anpassungszyklen verlangen der internationale Wettbewerb und anspruchsvollere Konsumenten kurzfristiger verfügbare Immobilien mit einer kürzeren Vertragslaufzeit. Langfristige vertragliche Bindungen, die den Bau eines eigenen Gebäudes sinnvoll machen, werden seltener. Auch im Produktionsbereich werden immer häufiger Mietverträge von drei Jahren gefordert und das Ausstattungsniveau der genutzten Gewerbeimmobilien mit technologisch anspruchsvollerer Infrastruktur nimmt deutlich zu. Hier treffen also zwei widersprüchliche Bewegungen aufeinander, nämlich das langfristige Denken von Immobilieneigentümern und Standorten und die Bedürfnisse von immer kurzfristiger agierenden Unternehmen.

Die Wirtschaftsförderung hat, wenn sie erfolgreich am Markt bestehen will, für einen Ausgleich dieser unterschiedlichen Interessen zu sorgen. Sie muss entweder mit kommunalen Mitteln oder mit Unterstützung der an einer positiven Standortentwicklung interessierten Einrichtungen, wie z. B. den örtlichen Banken und Kreditinstituten oder Projektentwicklern, Möglichkeiten finden, um diesen gegensätzlichen Interessen angemessen Rechnung zu tragen.

Dabei geht es zum einen darum, Grundstücks- und Gebäudeeigentümern klarzumachen, dass die kurzfristigen Nutzungszeiten durchaus dem aktuellen Marktgeschehen entsprechen und eine höhere Rendite auch über höhere Pachtpreise zu erzielen ist Die Unternehmen sind ihrerseits bereit, diese zu zahlen, wenn die Vertragsfristen ihren Wünschen entsprechen.

Eine andere Möglichkeit ist die Vermittlung von Bauherren, die bereit sind, auf die gewünschte Kurzfristigkeit der jeweiligen Nutzungen einzugehen, um eine hohe Flexibilität von gewerblichen Immobilien zu ermöglichen. Diese sind auch willens und in der Lage, nach einer kurzfristigen Vermietung die Immobilie mit wenig Aufwand für andere Folgenutzungen umzugestalten, wenn die Mietpreise es ermöglichen.

Transparenz des Immobilienangebotes und Aktivierung

Eine weitere notwendige Maßnahme operativer Wirtschaftsförderung ist die Schaffung von Transparenz beim Immobilienangebot. Verschiedenste Maßnahmen wie Standortinformationssysteme, die Gewerbeflächenbörsen im Internet oder Immobilienbeilagen in Tageszeitungen sollten dafür genutzt werden. Solche Medien sind nicht nur privatwirtschaftlich am Markt, sie werden auch durch die Wirtschaftsförderung unterstützt und zum Teil durch die öffentliche Hand selbst betrieben.

Es ist sogar zu beobachten, dass für einige Standorte die Anzahl derartiger Portale mehr als ausreichend ist. Die Wirtschaftsförderung hat darauf zu achten, dass die Qualität dadurch gegeben ist, dass ein einziges System einen möglichst vollständigen Überblick gibt. Hier kann die Wirtschaftsförderung mit Industrie- und Handelskammern, den ortsansässigen Immobilienmaklern und weiteren Unternehmen der Privatwirtschaft zusammenarbeiten und ein zentrales Informations- und Kommunikationsinstrument aufbauen, in dem möglichst alle gewerblichen, örtlichen Immobilienangebote zu finden sind.

Die Wirtschaftsförderung hatte bisher mitunter eine wichtige Initiativ- und Kommunikationsfunktion. Meistens muss sie die privaten Initiativen auf diesem Gebiet nicht nur durch eigene Initiativen ergänzen, sinnvolle Initiativen unterstützen und möglicherweise konkurrierende Systeme zusammenführen. Die insbesondere unter dem Aspekt einer nachhaltigen Stadtentwicklung notwendige Mobilisierung von Bestandsimmobilien ist eine zentrale Aufgabe der kommunalen Wirtschaftsförderung.

Dabei versteht es sich von selbst, dass die Wirtschaftsförderung nicht nur bei der Vermittlung, sondern insbesondere auch beim Erwerb der kommunalen oder im öffentlich- rechtlichen Eigentum stehenden Flächen insoweit unterstützen muss, als dass die erforderlichen Gremienbeschlüsse zeitnah gefasst werden und ein fairer Interessensausgleich zwischen Unternehmen und Kommune zustande kommt, der auch von den Unternehmen als fairer Prozess empfunden wird.

Zeitnahe Beschlüsse in Ausschüssen und Gremien sollten organisatorisch gesichert sein, die für den Standort tätigen Verhandlungsführer sollten Sicherheit haben, dass die erzielten Verhandlungsergebnisse in den politischen Gremien auch umgesetzt werden. Sollten aus dem Gemeinderat heraus Verhandlungen mit Unternehmen konterkariert werden, so würde dies zu einem Vertrauens- und Prestigeverlust führen, der mitunter auch in emotional bedingten Abwanderungen und negativen Standortentscheidungen münden könnte. Kurz: Die Zuverlässigkeit im politischen Entscheidungsprozess ist ein überaus großes Gut aus Sicht der Unternehmen. Die Wirtschaftsförderung sollte sich deshalb organisatorisch entsprechende Entscheidungswege sichern.

Themenimmobilien und Projektentwicklung

Aufgrund der Entwicklung hin zur Dienstleistungs- und Wissensgesellschaft ist der Anspruch an Immobilien und die Art der zur Verfügungstellung, wie bereits beschrieben, einem Wandel unterlegen. Häufig ist die Tendenz weg von der eigenen Immobilie hin zur Mietimmobilie gegeben. Der Bedarf an büro- und dienstleistungsgeeigneten Nutzungen nimmt deutlich zu, wobei aber auch der Anspruch an die Qualität, die Lage sowie den Ausstattungsstandard und die Erreichbarkeit durch den ÖPNV, nicht nur für die Kunden, sondern auch für die Mitarbeiter, steigt. Es ist somit auch die Anforderung an das Prestige des Quartiers beziehungsweise des Standorts deutlich gestiegen.

Die Wirtschaftsförderung ist nicht nur bei der Bekanntmachung von ungenutzten Immobilien oder zur Umnutzung anstehenden Grundstücken gefordert. Es sind auch die Eigentümer hinsichtlich möglicher neuer Nutzungen zu beraten, die sich aus der Wirtschaftsstruktur des Standortes ergeben. Mögliche Entwicklungsszenarien für Cluster und Netzwerke oder die Suche nach geeigneten Investoren für bestimmte Themenimmobilien gehören ebenso zu den Maßnahmen einer erfolgreichen Wirtschaftsförderung wie die Prüfung und intensive Diskussion mit den am Verfahren beteiligten Akteuren. es geht um die bestmögliche Standortnutzung.

Nicht selten werden Nutzungsvorstellungen durch geschickte Handhabung der baurechtlichen Vorschriften möglich und Ansiedlungshilfen, wie das Vermitteln von Investoren und Projektentwicklern für die Nachfolgenutzung einer Immobilie; können zum Erfolg führen.

Dabei ist es für das Image des Standorts immer von großer Bedeutung, verhältnismäßig hohe Leerstände in zentralen Einzelhandelslagen wie der Innenstadt oder im Stadtteilzentrum beziehungsweise dem Ortskern zu vermeiden, um eine negative Ausstrahlung auf potenzielle Investoren und ansässige Unternehmen zu vermeiden. Hier bietet es sich an, unvermeidliche mittelfristige Leerstände durch eine Zwischennutzung, die mitunter auch nur optischer Natur sein kann, zu überbrücken, insbesondere wenn die Immobilien an gut sichtbaren Standorten liegen.

Leerstände – gut oder schlecht?

Die häufig gestellte Frage, ob es für die Standortentwicklung förderlich oder schädigend ist, wenn Leerstände bei Gewerbeimmobilien offensiv nach außen kenntlich gemacht werden, lässt sich eindeutig beantworten: Ein bestimmtes Maß an Leerständen ist erforderlich für die Flexibilität bei Preisverhandlungen und zur Ermöglichung des jeder Marktwirtschaft immanenten Strukturwandels.

Die Zeiten, in denen erst gebaut wurde, wenn der Mietvertrag unterschrieben ist, sind längst vorbei. Der Immobilienmarkt hat sich in den vergangenen Jahren zu einem ausgesprochenen Mieter- und Käufermarkt entwickelt, insbesondere im Bereich der Gewerbeimmobilien. Dies ist für eine dynamische Wirtschaftsentwicklung wichtig. In einer Zeit, in der Standortentscheidungen kurzfristig getroffen werden, müssen entsprechende Immobilien zur Verfügung stehen, und eben nicht nur ein einziges Objekt, sondern eine Auswahl interessanter Alternativen. Insoweit ist eine gewisse Leerstandsquote aus Sicht der Wirtschaftsförderung nur positiv zu bewerten.

Die Eigentümer, Banken und Investoren haben Leerstände meist in ihre Berechnungen einkalkuliert. Jedoch ist auch hier das Maß der Leerstände entscheidend. Ganze Batterien von leerstehenden Büro- und Gewerberäumen, verbunden mit Leerständen bei erdgeschossigen Ladenlokalen, wirken auf Beteiligte eher abschreckend und sollten durch eine frühzeitige Ansprache der Eigentümer und potenzieller Investoren sowie entsprechender Informationsdarstellung durch die Wirtschaftsförderung möglichst vermieden werden, da ansonsten das Image des Standortes darunter leiden kann.

Hotelimmobilien

Ein besonderes Betätigungsfeld für die Wirtschaftsförderung ist die Suche nach, beziehungsweise die Bearbeitung der Nachfragen nach, geeigneten Hotelimmobilien. Dabei ist zu unterscheiden nach touristisch nachgefragten Hotels oder Stadthotels für Geschäftsreisende, Städtetouristen, Besucher von Freunden und Verwandten sowie Tagungs- und Messetouristen. Daneben gibt es spezielle Hotels im Economy-Segment, Boardinghäuser sowie spezielle Tagungs- und Wellnesshotels.

Die Mobilität der Bevölkerung, aber auch die der Unternehmen und ihrer Arbeitnehmer, die Teilnahme an Tagungen, Schulungen, Kundenbesuche, Messeteilnahmen, Vertriebsaktivitäten, Firmenausflüge, also die Zahl der geschäftlich bedingten Reiseanlässe, hat in den vergangenen Jahren auch durch die Globalisierung und die damit verbundene Internationalisierung stark zugenommen.

Das galt bis zum Ausbruch der Coronapandemie in den Jahren 2019 bis ins Jahr 2021. In den drei Jahren war das Reiseverhalten der Bevölkerung und besonders der Unternehmen stark eingeschränkt.

Die Pandemie hatte ihren Höhepunkt in einer Zeit, als sehr viele Hotelinvestoren, zumeist internationale Ketten, an fast allen Standorten stark investiert und expandiert hatten, eine also für eine Branche und deren Financiers sehr heikle Situation.

Die Vorhersagen, dass die Pandemie nachhaltig negativen Einfluss auf das private und geschäftliche Reiseverhalten haben werde, sind widerlegt. Spätestens seit 2024 hat die Reiselust der Privaten die Werte vor Corona übertroffen. Das Reisen ist zwar deutlich teurer geworden, nimmt man mal das Deutschlandticket aus der Betrachtung aus, aber es erfreut sich nach wie vor großer bzw. wachsender Beliebtheit.

Das Geschäftsreiseverhalten hat sich verändert, der Technologiesprung bei der Software in Sachen virtueller Meetings, Unterricht, Vortragsveranstaltungen und Diskussionsforen hat zu teilweise deutlich unterschiedlichen Verhaltensweisen geführt. Aber der erwartete und ökologisch erhoffte Rückgang im Geschäftsreiseverkehr ist nicht eingetreten. Auch im privaten Konsum nimmt das Reisen wieder eine Spitzenstellung ein.

Der Umstand der weiter zunehmenden Mobilität bedingt Infrastrukturmaßnahmen in Form geeigneter Hotels, Restaurants sowie Tagungs- und Konferenzfazilitäten. Diese liegen in der Regel bei einem familiengeführten Haus zwischen 30 und 60 Zimmern, Hotelkonzerne interessieren sich für Standorte ab ca. 100 Zimmern. Beide Formen haben ihre Existenzberechtigung, wobei die Wirtschaftsförderung auch die touristischen Übernachtungen im Rahmen ihres Standortentwicklungskonzeptes in Betracht ziehen muss und einzuschätzen hat, welche Hotelkategorien vor Ort benötigt werden.

Die Prüfung potenzieller Standorte durch Hotelkonzerne und Projektentwickler ist in der Hotellerie ähnlich wie beim Einzelhandel außerordentlich professionell angelegt. Die meisten Standortdaten bezüglich Bettenzahl, Preisniveau, Belegungsquote, Nachfragen in den verschiedenen Segmenten etc. sind bei den Konzernen bekannt, sodass es meist sehr guter Argumente bedarf, um positive Standortentscheidungen beziehungsweise Neuansiedlungen herbeizuführen.

Deshalb sind für den Fall, dass die Wirtschaftsförderung den Bedarf nach einem neuen Hotel erkennt, häufig kleine und mittlere Privatinvestoren vor Ort zu suchen, die mit lokalem Angebot und günstigeren Kostenstrukturen eine lukrative Hotelimmobilie auch bei vergleichsweise geringer Größe führen können.

Gerade im lokalen Management eines solchen Hauses liegt denn meist auch das Geheimnis höherer Effizienz, besserer Kostenstrukturen und größerer Gastlichkeit begründet. Die Wirtschaftsförderung hat bei ihren strategischen Überlegungen zu berücksichtigen, dass ein modernes Hotel nicht nur ein willkommenes Investment an einem Standort bedeutet, sondern für viele Unternehmen und Institutionen viel mehr eine absolut notwendige Infrastrukturmaßnahme darstellt.

Die Immobilienpreise sind meist ein entscheidender Hemmfaktor für die Ansiedlung eines neuen Hotels. Aber es ist wichtig zu betonen, dass eine positive Entwicklung des Übernachtungstourismus an einem Standort nur durch die Errichtung neuer, moderner Hotels, die meist durch Konzerne betrieben werden, möglich sein wird, wobei bereits das Erscheinen des Standortes im internationalen Hotelreservierungssystem für sich genommen einen wichtigen Baustein in Sachen Standortmarketing darstellt.

Wachstum im Tourismusbereich wird ohne die Investition in das örtliche Beherbergungsgewerbe nicht möglich sein, die Herbeiführung einer besseren Auslastung der bestehenden Betriebe ist dabei eine gemeinschaftliche Aufgabe von Wirtschafts- und Tourismusförderung, Gastronomie sowie des Einzelhandels.

In den letzten Jahren hat sich an verschiedenen touristisch besonders interessanten Standorten die Debatte über den sog. Overtourism ergeben, also die Frage, ob der Tourismus bestimmte Standorte zu bestimmten Zeiten überstrapaziert. Dies scheint bei genauerer Analyse nur an ganz wenigen Standorten zu bestimmten Zeiten stattzufinden. Nur wenige Destinationen sind mit Venedig vergleichbar. Aber ob es objektive Kriterien gibt, ist das eine, das subjektive Befinden der Bevölkerung das andere. Sobald also ernstzunehmende Diskussionen am Standort auftauchen, wäre die Wirtschaftsförderung gefordert, den Diskussionsprozess zu unterstützen, um auf eine rationale Betrachtung und Behandlung des Themas hinzuwirken.

Die meisten Standorte haben bezüglich des Übernachtungstourismus immer noch einen erheblichen Nachholbedarf und damit die Möglichkeit zur weiteren Wertschöpfung. Ein bekanntes Phänomen sind die durch den Tagestourismus mit sehr geringer Wertschöpfung auftretenden, saisonalen und tageszeitlichen Spitzen. Infrastrukturelle Steuerungsmaßnahmen sind zweifellos angebracht und möglich. Bei genauerer Betrachtung wird sich aber häufig die Relativität des Problems herausstellen.

Kauf oder Miete

Wie bereits beschrieben, ergeben sich hinsichtlich der gewünschten Mietvertragslaufzeiten von Gewerbeimmobilien Interessenskonflikte zwischen Immobilieneigentümern und Unternehmen. Die Wirtschaftsförderung kann, wenn sie geeignete Instrumente besitzt, z. B. in Form von Beteiligungen an Immobiliengesellschaften, z. B. gemeinsam mit Volksbanken, Sparkassen oder als formal privatisierte GmbH, eine langfristige Anmietung der von einem Unternehmen gewünschten Immobilien vornehmen und diese dann mit einer entsprechend kürzeren Mietvertragslaufzeit an das Unternehmen untervermieten. Diese Notlösung stellt eine rechtlich zulässige, betriebswirtschaftlich allerdings risikobehaftete Wirtschaftsförderungsmaßnahme dar, der die Hoffnung zugrundeliegt, dass das Unternehmen sich daraufhin positiv langfristig am Standort entwickelt und zu einem späteren Zeitpunkt eine Mietvertragsverlängerung vornimmt oder die Immobilie erwirbt.

Einzelhandelsimmobilien

Der Bereich der Einzelhandelsimmobilien ist überaus speziell und wird von der Wirtschaftsförderung an den einzelnen Standorten organisatorisch sehr unterschiedlich behandelt. Grundsätzlich ist anzumerken, dass attraktive Einzelhandelsstandorte eher nicht das Betätigungsfeld der Wirtschaftsförderung darstellen. Der Markt funktioniert hier sehr gut.

Ganz anders verhält es sich jedoch bei problematischen Standorten, d. h. häufig in kleineren und mittleren Kommunen oder unattraktiven Stadtteilen größerer Standorte, in denen leerstehende Einzelhandelsflächen nicht in erster Linie für den einzelnen Immobilieneigentümer, sondern für den Standort insgesamt imageschädigende Auswirkungen haben können. Häufig geht es auch um die Sicherstellung der Nahversorgung.

Die Einzelhandelsproblematik der Innenstädte gehört sicher in die Kernkompetenz der Wirtschaftsförderung. Jedoch ist die politische Brisanz des Themas groß, die Unterschiedlichkeit der Ursachen und die Therapie sind nicht nur schwierig, sondern auch langwierig, sodass sich in vielen Kommunen besondere Organisationseinheiten, z. B. das Citymanagement, häufig in Kooperation mehrerer Beteiligter, zusammengefunden haben, sodass der Wirtschaftsförderung bleibt, diesen Prozess aufmerksam zu begleiten.

Wir möchten auf weitere Ausführungen zu diesem Thema in diesem Buch verzichten, da hierzu eine große Anzahl sehr guter Literatur vorhanden ist. Diesbezügliche Aktivitäten werden dann im Bereich des Citymanagements oder ähnlicher Organisationen zum Teil als Teilaufgabe der Wirtschaftsförderung, zum Teil aber auch in rechtlich selbstständigen Interessengemeinschaften durchgeführt.

5.3 Arbeitsmarkt und Beschäftigung

Kaum ein anderes Tätigkeitsfeld der Wirtschaftsförderung ist in so starkem Maße von den Veränderungen der Wirtschaftsstruktur und der gesellschaftspolitischen Rahmenbedingungen betroffen wie das der Arbeitsmarktpolitik und der Beschäftigungsförderung. Ausgehend vom Wohlstandsziel und der damit einhergehenden Versorgung der Bevölkerung mit einer ausreichenden Zahl von Arbeitsplätzen sowie der Bereitstellung eines ausreichenden Arbeitskräftepotenzials für die Unternehmen, stellt Vollbeschäftigung den Idealzustand einer Volkswirtschaft dar. Diese Situation ist aber in den seltensten Fällen tatsächlich anzutreffen, sodass es Aufgabe der Wirtschaftsförderung ist, die bestehenden Ungleichgewichte auf dem Arbeitsmarkt bestmöglich in Richtung Vollbeschäftigung zu beeinflussen.

In der wirtschaftlichen Boomphase der 1960er und 1970er Jahre war das Thema Arbeitslosigkeit faktisch nicht existent. Es ging damals vordringlich um die ausreichende Versorgung von Unternehmen mit Arbeitskräften. Ausländische Arbeitskräfte standen hoch im Kurs. Zwischen 1955 und 1968 wurden von den Bundesregierungen sogenannte Anwerbeabkommen mit südosteuropäischen Ländern geschlossen. Italien, Spanien, Portugal, Türkei und Jugoslawien waren die bedeutendsten Herkunftsländer von Hunderttausenden, die entscheidend dazu beitrugen, das hohe wirtschaftliche Wachstum in der Bundesrepublik zu jener Zeit zu ermöglichen. Erst die tiefgreifenden Wirtschaftskrisen 1973 und 1980 bewirkten, dass durch das plötzliche Auftreten von Arbeitslosigkeit, bis hin zur strukturellen Massenarbeitslosigkeit der 90er Jahre, eine völlig neue Aufgabenstellung für die kommunale Wirtschaftsförderung entstand.

Ein nächster tiefgreifender Einschnitt auf dem Arbeitsmarkt ist zeitlich mit der Coronakrise eingetreten, wobei sich sehr unterschiedliche Veränderungen ergeben haben. Die Wissenschaft ist dabei, die Ursachen zu erforschen, von einer ausreichenden analytischen Klärung der Situation kann derzeit noch nicht ausgegangen werden.

Modernisierung der Wirtschaftsstruktur

Die Modernisierung der Wirtschaftsstruktur erfolgt in Schüben, immer sind unterschiedliche Bereiche betroffen. Die Abnahme der Produktionsorientierung, der starke Anstieg des tertiären Sektors und die Zunahme IT-orientierter Dienstleistungsarbeit führte zu einem großen Qualifikationsbedarf. Die Globalisierung führte über die neuen Möglichkeiten bei den internationalen Verflechtungen und Optimierungen zu großen Freisetzungen an insbesondere produktionsorientierten Standorten, deren Produktion nicht überwiegend technologie- und wissensbasiert war.

Der Anteil der Beschäftigten im Dienstleistungsbereich stieg 1970 von 52 % auf 73 % an. Die deutsche Wiedervereinigung führte zur massenhaften Freisetzung von nicht mehr zeitgerechten Arbeitsplätzen in den neuen Bundesländern und schließlich, häufig zu wenig beachtet, stieg die Erwerbstätigenquote der Frauen von 47 % im Jahre 1960 auf 65 % im Jahre 2009, während im selben Zeitraum die der Männer von 90 % auf 75 % sank. Die Massenarbeitslosigkeit wurde zu einer der wesentlichen gesellschaftspolitischen Herausforderungen, der sich auch die Kommunen stellen mussten.

Dabei resultierte diese neue Herausforderung zum einen aus der neuen Definition der Zielsetzung der Schaffung von Arbeitsplätzen durch die Wirtschaftsförderung. Als neue, plötzlich sehr dringliche Aufgabe der Kommunen galt es, die überbordenden Sozialhilfeausgaben in den Griff zu bekommen, indem die aktive Beschäftigungsförderung nicht mehr nur der Arbeitsverwaltung überlassen werden sollte. Arbeitslose und Sozialhilfeempfänger sollten nicht mehr nur verwaltet werden, sondern von einer aktiven Arbeitsmarkt- und Beschäftigungspolitik versprachen sich die Kommunen einen wesentlichen Beitrag zur Verringerung der finanziellen Belastung durch die Arbeitslosigkeit.

Es kam zu einem Paradigmenwechsel, denn der kommunalen Arbeitsmarkt- und Beschäftigungspolitik liegen keine geplante Arbeitsteilung und Aufteilung der Zuständigkeiten zwischen Bund, Ländern und Gemeinden zugrunde. Sie ist sehr viel mehr unmittelbare Folge der hohen finanziellen Belastungen der Kommunen durch eine überdurchschnittlich hohe Arbeitslosigkeit.

Rechtlich haben die Kommunen Einfluss auf die Arbeitsmarkt- und Beschäftigungspolitik über ihr institutionalisiertes Mitwirken in den Verwaltungsräten der Arbeitsagenturen als Träger von Maßnahmen des sogenannten zweiten Arbeitsmarktes im Bereich der Jugendsozialarbeit und bei der Unterstützung beschäftigungspolitischer Projekte freier Träger sowie im Rahmen der kommunalen Wirtschaftsförderung. Viele Städte, aber auch Landkreise haben sich dieser Thematik angenommen und betreiben eine aktive Beschäftigungsförderung, von der seinerzeit eine deutliche Verbesserung des lokalen Arbeitsmarktes ausgegangen war.

Entwicklung des Arbeitsmarktes nach 2020

Die Entwicklung des Arbeitsmarktes nach 2020 hat sich durch die Coronakrise in einer Weise vollzogen, wie sie nur von den Wenigsten erwartet worden war: Massive Verschiebungen der Beschäftigung zwischen den Branchen, weg von Gastronomie, Einzelhandel und einfachen Dienstleistungen hin zu gesicherten, qualifizierteren und besser bezahlten Tätigkeiten, sowie die gleichzeitige Tendenz zur Reduzierung der Arbeitszeit. Eine deutliche Verschiebung der Präferenz in Richtung mehr Work-Life-Balance und größerer Selbstständigkeit, weg von hierarchischen Strukturen hin zu mehr Selbstbestimmung und Teamarbeit fand ebenfalls statt.

Gewinnung von Arbeitskräften

Neben den Maßnahmen der klassischen Wirtschaftsförderung, die allesamt auf die Sicherung bestehender und die Schaffung neuer Arbeitsplätze gerichtet sind, ergeben sich im Rahmen einer aktiven Arbeitsmarkt- und Beschäftigungspolitik besonders Maßnahmen zur Gewinnung von Fachkräften.

Zum einen sind es Maßnahmen zur Förderung des Zuzugs neuer Fachkräfte durch gezielte Anwerbung aus anderen Regionen, die von höherer Arbeitslosigkeit betroffen sind. Die Anwerbungen süddeutscher Bundesländer in den ost- und norddeutschen Bundesländern sind bekannte Aktionen vergangener Jahrzehnte, die meist im Zusammenwirken von Unternehmen mit Verbänden und den Arbeitsagenturen zu sehr unterschiedlichen Erfolgen geführt haben. Auch sind solche Aktionen besonders in den grenznahen Regionen erfolgreich, da unterschiedliche Lohnniveaus und Arbeitslosenquoten genutzt werden können. Durch die gezielte Unterstützung der ausländischen Fachkräfte durch Sprachkurse und die Hilfe bei der Anerkennung ausländischer Bildungs- und Berufsabschlüsse können solche Aktionen durchaus erfolgreich sein. Die

Wirtschaftsförderung kann hier Partner von anderen wirtschaftspolitischen Akteuren sein und administrative und koordinierende Hilfe leisten.

Die Anwerbung in größerem Stil, wie z. B. die internationale Akquisition von Softwarespezialisten aus Indien mithilfe der sogenannten Green Card-Aktion der Bundesregierung, ist Aufgabe des Bundes zusammen mit den Landeswirtschaftsförderungsgesellschaften und den Spitzenverbänden der Wirtschaft. Zugleich beobachten wir aber auch in zunehmendem Maße, dass die internationalen Kontakte von größeren Kommunen, Städten und Regionen, häufig durch Städtepartnerschaftsnetzwerke gestützt, genutzt werden, um spezifische Akquisition von Fachkräften zu unterstützen und die guten Verbindungen zwischen befreundeten Partnerstädten zu nutzen.

Maßnahmen zur Mobilisierung des heimischen Arbeitskräftepotenzials

Die lokale Wirtschaftsförderung hat sich verstärkt um die Mobilisierung des heimischen Arbeitskräftepotenzials zu bemühen. Zuverlässige Erhebungen haben gezeigt, dass allein durch eine intensive Gewährung der Vermittlungs- und Beratungsleistungen messbare Beschäftigungserfolge erzielt werden können. Die Wirtschaftsförderung als Initiator politischer Unterstützung und Akteur im Bündnis für Arbeit ist gefordert, denn sie sollte die Anforderungen des Arbeitsmarktes und der Unternehmen am besten kennen und gute Kontakte besitzen, um das Zusammenbringen von Arbeitsuchenden und Arbeitgebern auch durch unkonventionelle Maßnahmen, wie z. B. Jobstartbörsen oder andere Kommunikationsmaßnahmen, zu unterstützen. Die deutlich niedrigeren Arbeitslosenraten z. B. in Dänemark und den Niederlanden in den 1990er Jahren konnten eindeutig auf bessere Vermittlungsinitiativen zurückgeführt werden.

Jobstartbörsen

Informationen über Berufsbilder und Ausbildungsberufe und die lokalen Angebote auf sogenannten Jobstartbörsen, aber auch Informationsveranstaltungen für Schüler und Studierende, können von der Wirtschaftsförderung initiiert und mitorganisiert werden. Auch für die Arbeitsagenturen ist der ständige Dialog mit den Betrieben über den Ausbildungskräftebedarf von entscheidender Bedeutung. Denn die Erfahrung zeigt, dass die finanziellen Ressourcen der Arbeitsagenturen nicht unerheblich sind und dass es eher an konkreten Umsetzungsinitiativen mangelt als an den institutionellen und finanziellen Möglichkeiten.

Bei der Vermittlung sind zunächst die örtlichen Arbeitsagenturen Hauptakteure, aber die Wirtschaftsförderung sollte immer auch darauf achten, dass alle vorhandenen

Möglichkeiten, insbesondere auch die erheblichen finanziellen Instrumente, sinnvoll und aktiv für die Region eingesetzt werden.

Es ist bekannt, dass die Vermittlungserfolge der Agenturen bundesweit sehr unterschiedlich sind, was nicht nur am lokalen Arbeitsmarkt liegt. Die Kommune hat nicht unerheblichen Einfluss in den jeweiligen Gremien der Arbeitsagenturen, den sie zur Informationsgewinnung und besonders zur aktiven Mitarbeit nutzen sollte. Daher wäre es angemessen, dass auch der Wirtschaftsförderung ein Sitz in den Aufsichtsgremien der Arbeitsverwaltung eingeräumt wird.

Qualifizierung und Umschulung

Die gleichen Kooperationspartner wirken bei den Maßnahmen der Qualifizierung, Ausbildung und Umschulung zusammen. Eine hohe Ausbildungsrate bei Jugendlichen, Sprachkurse für Migranten, Umschulungen für von Insolvenz Betroffene und Qualifizierungsmaßnahmen tragen dazu bei, dass eine Region ihre Human Ressources optimal nutzen und so den Folgen des demografischen Wandels entgegenwirken kann. Insbesondere durch die Bereitstellung und Organisation von familienfreundlicher Infrastruktur kann das zur Verfügung stehende Erwerbskräftepotenzial aktiviert werden.

Die angemessene Versorgung mit Einrichtungen der Kinder- und Schülerbetreuung, angemessene Öffnungszeiten an Werktagen und Ferienbetreuung, arbeitnehmerorientierte Arbeitszeiten und die Anbindung an einen gut funktionierenden ÖPNV sind nur einige Maßnahmen einer familienfreundlichen Wirtschaftsförderung, die immer mehr zur Selbstverständlichkeit werden sollte. Aber auch aus der gesellschaftspolitischen Verantwortung heraus sollte allen Familienangehörigen eine selbstbestimmte Beschäftigung möglich sein.

Die Wiederentdeckung der älteren Arbeitnehmer ist ein Potenzial, um regionales Know-how zu aktivieren und Unternehmen zu unterstützen. Zahlreiche Arbeitnehmer wünschen sich eine Weiterbeschäftigung zu passenden Bedingungen. Hier ist Kreativität bei den Arbeitsvereinbarungen gefragt.

Die sog. Senior Experts können jungen Unternehmern helfen, aber auch zur Qualifizierung eingesetzt werden. Die denkbaren Maßnahmen sind vielfältig. Es bedarf jedoch immer der Initiative und der Umsetzung. Gerade hier sind die kommunale und regionale Wirtschaftsförderung gefragt. Gemeinsam mit den Akteuren des ersten Arbeitsmarktes, wie Industrie- und Handelskammern, Verbänden und der Arbeitsagentur, gilt es, die Aktivierung der Senioren mit geeigneten Beschäftigungsmodellen zu unterstützen.

Kooperationen mit Zeitarbeitsfirmen prüfen

Gerade in Zeiten wirtschaftspolitischer Krisen zeigt sich eine weitere Möglichkeit flexibler Reaktion auf konjunkturelle Veränderungen: Als nicht ganz unumstritten, aber durchaus hilfreich und effizient, erweisen sich Zeitarbeitsfirmen als flexibles Instrument, um unerwartete Entwicklungen temporär zu überbrücken und Unternehmen vor schwerwiegenden Einschnitten zu retten.

Sie ermöglichen Unternehmen in unsicheren Zeiten mit nur niedrigem Auftragsbestand die Einstellung von Zeitpersonal zu allerdings deutlich höheren Kosten. Jedoch ergibt sich bei der Gesamtbetrachtung der Arbeitskosten eine für die Betriebe durchaus hinnehmbare Belastung. In wirtschaftlich guten Zeiten reduziert sich die Zahl der in Zeitarbeitsfirmen beschäftigten Arbeitnehmer, da die Unternehmen gute Fachkräfte auf Dauer an sich binden wollen. Die Selbstverpflichtung vieler Zeitarbeitsfirmen eine angemessene Entlohnung zu entrichten, die große Flexibilität sowie die Chance für viele Fachkräfte, auf diese Weise eine Daueranstellung zu erreichen, hat das Ansehen der Zeitarbeit deutlich verbessert. Die Wirtschaftsförderung sollte Zeitarbeitsfirmen also als ein wirksames Instrument der Arbeitsmarkt- und Beschäftigungspolitik betrachten und von Fall zu Fall prüfen, inwieweit mit ihnen zusammengearbeitet werden kann.

Auch die Einrichtung von projektbezogenen Beschäftigungsgesellschaften z. B. im Zuge von Insolvenzverfahren, aber auch zur Umsetzung von gemeinnützigen Arbeiten, die ohne öffentliche Förderung nicht möglich wären, kann im Aufgabengebiet der Wirtschaftsförderung liegen.

Neue Aufgaben der Beschäftigungsförderung

Kommunale Arbeits- und Beschäftigungspolitik wird zunehmend als interdisziplinäre Managementaufgabe gesehen. Einfache Lösungen gibt es selbst durch den konjunkturellen Aufschwung nicht mehr, da er einerseits zu Fachkräftemangel führt, andererseits die Arbeitslosigkeit bei Geringqualifizierten kaum beseitigt. Gefordert wird ein Zusammenwirken auf kommunaler und regionaler Ebene in Struktur- und Regionalpolitik, Wirtschaftsförderung, Beschäftigungspolitik, Stadtentwicklung und Sozialpolitik als kommunaler Managementaufgabe.[26]

Dazu gehört ein wirksames Behördenmanagement, zielorientiert auf den effizienten Einsatz der Mittel aus unterschiedlichen Haushaltstöpfen gerichtet. Weiterhin ist die kommunale Beschäftigungspolitik zur Beratung von Ausbildungs- und Qualifizierungsmaßnahmen sowie von Beschäftigungsstellen gefordert. Auch die Rolle als Arbeitgeber müssen die Kommunen aktiv wahrnehmen, vornehmlich durch Projektmaßnahmen und Gesellschaften, denn niemand will den Anteil der Kommunalbeschäftigten auf Dauer erhöhen wollen.

Solche Maßnahmen lassen sich nicht selten über eingesparte Sozialhilfeleistungen kofinanzieren. Der Wirtschaftsförderung kommt hierbei die Aufgabe zu, dass sich Training und Qualifizierung auf die richtigen, d. h. auf wirtschaftlich zukunftsfähigen und von Unternehmen der Region nachgefragten Beschäftigungsmöglichkeiten, richten. Sie kann darüber hinaus das Projektmanagement solcher Maßnahmen übernehmen, verfügt sie doch über gute Kenntnisse und Verbindungen zur regionalen Unternehmerschaft.

Neue Beschäftigungsfelder durch aktive Clusterentwicklung und Netzwerkbildung sowie die ständige Kommunikation inzwischen Akteuren, die Suche nach neuen Themen, die Förderung von Wissens- und Technologietransfer, aber auch unkonventionelle Wege im Bereich der sogenannten Migrantenökonomie, mobiler Ökonomie, informeller Ökonomie und Seniorenökonomie, wobei es um Ermöglichungs- und nicht um Verhinderungsstrategien geht, auch in diesem Segment der Wirtschaftsförderung gilt, dass die Aufgaben stark von den örtlichen Gegebenheiten abhängen. Erst eine sorgfältige Analyse ergibt verlässliche Hinweise auf geeignete und zielorientierte Maßnahmen.

Resümee

Seitdem Massenarbeitslosigkeit zu einem langanhaltenden Zustand geworden ist, haben sich Erklärungsansätze und Ursachenanalysen insoweit geändert, als dass weniger die wirtschaftspolitische, konjunkturelle Erklärung im Vordergrund steht, sondern vielmehr sehr unterschiedliche gesamtwirtschaftliche Ursachen zugrunde gelegt werden.

Allein die Neuerungen der Arbeitsmarktpolitik haben zu keinen durchschlagenden Verbesserungen geführt. Nach wie vor sind es konjunkturelle Aufschwünge und strukturelle Veränderungen der Wirtschaft, die zur Verbesserung auf dem Arbeitsmarkt führen. Da sollte es seitens der Wirtschaftsförderung immer wieder betont werden, dass gute wirtschaftspolitische Rahmenbedingungen, die eine erfolgreiche wirtschaftliche Betätigung der Unternehmen, Forschungsinstitutionen, der Wissenschaft und im Ausbildungsbereich ermöglichen, sowie eine gute Infrastruktur, kombiniert mit einem ausreichenden Flächen- und Arbeitskräftepotenzial, die beste und zuverlässigste Gewähr für geringe Arbeitslosigkeit und geringe finanzielle soziale Belastungen bieten.

5.4 Ausbau der Infrastruktur

Unter Infrastruktur versteht man alle langlebigen Grundeinrichtungen personeller, materieller und institutioneller Art, die das Funktionieren einer arbeitsteiligen Wirtschaft garantieren. Hergeleitet vom lateinischen „infra" (unten, unterhalb), bezeichnet Infrastruktur den Unterbau, wobei neben der vorgegebenen Infrastruktur wie Klima und räumliche Lage, die von Privatunternehmen und vom Staat gestaltete Infrastruktur, wie Wirtschaftsordnung oder staatliche Unternehmertätigkeit, und Infrastrukturinvestitionen unterschieden werden.[27]

Technische und soziale Infrastruktur

Infrastruktur wird meist unterteilt in technische Infrastruktur, z. B. Einrichtungen der Verkehrs- und Nachrichtenübermittlung, der Energie- und Wasserversorgung, der Entsorgung etc., und in soziale Infrastruktur, z. B. Schulen, Krankenhäuser, Sportanlagen, Freizeit- und Kultureinrichtungen und Nahversorgung. In den älteren Diskussionen wird dann häufig das Unterscheidungsmerkmal privater und öffentlich-rechtlicher Infrastruktur-Investitionen herangezogen. In der politischen Debatte werden dann häufig die Begriffe harte und weiche Standortfaktoren angewendet und die Infrastruktureinrichtungen in dieser Weise differenziert. Die Diskussion hierüber ist vielfältig, die Begriffe ‚harte' und ‚weiche' Standortfaktoren besitzen eine große Langlebigkeit, wobei diese Definitionen weder inhaltlich ausgefüllt sind noch in irgendeiner Weise weiterführen.

Public-Private-Partnership

Die Entwicklung der letzten Jahrzehnte hat eine intensive Diskussion um die private Beteiligung an öffentlich-rechtlichen Infrastrukturinvestitionen hervorgerufen. Eine solche Kooperation wird auch häufig als Public-Private-Partnership (PPP) bezeichnet. Hierbei geht es zum einen um tatsächliche private, wirtschaftliche Beteiligungen an öffentlich-rechtlichen Investitionen.

Andererseits sind auch solche Finanzierungsmodelle gemeint wie das sog. Sale-and-lease-back-Verfahren bei öffentlichen Einrichtungen. Aber auch Modelle der völligen Übertragung öffentlich-rechtlicher Infrastruktur und deren Betrieb an Private sind möglich. Beispielhaft sind das Aufgaben wie in den Bereichen des Post- und Telekommunikationswesens, aber auch bei der Abfallbeseitigung.

Auch im Bildungswesen werden zunehmend öffentliche Aufgaben durch private Anbieter wahrgenommen, ebenso wie im Gesundheitswesen, im ÖPNV und in fast allen Bereichen der öffentlichen Infrastrukturversorgung haben auch hier privatwirtschaftliche Organisations- und Finanzierungsformen Einzug gehalten.

Vorteile einer privatwirtschaftlichen Beteiligung

Viele Projekte sind erstmalig in PPP-Modellen organisiert worden. Dabei waren es insbesondere zwei Argumente, die für eine verstärkte privatwirtschaftliche Betätigung ins Feld geführt wurden:

- Die Mobilisierung von privatem Kapital für die Finanzierung von notwendigen öffentlich-rechtlichen Infrastrukturmaßnahmen sowie
- die bei einem privatwirtschaftlichen Engagement vermutete effizientere und effektivere Organisation von öffentlichen Aufgaben und Einrichtungen mit dem Ziel von Verbesserung, Verschlankung und Einsparungen bei den Betriebsausgaben.

Die in der Praxis entwickelte Modellpalette ist breit und reicht bis hin zu Steuersparmodellen mit ausländischen Anlegern. Viele dieser Modelle sind erfolgreich und werden weiterentwickelt. Andere Initiatoren haben hohe Verluste realisiert und sind ernüchtert und viele Kommunen kehren zu konventionellen Finanzierungs- und Organisationsformen zurück.

Neben der ideologischen Betrachtung, inwieweit private Strukturen in öffentliche Bereiche eindringen sollen, müssen aber auch die wirtschaftlichen Rahmenbedingungen vor der Entscheidung für oder gegen Organisations- und Finanzierungsmodellen genau untersucht werden. Dabei sollte nicht nur das gewünschte Ergebnis vorweggenommen werden, sondern es sollte gleichermaßen auch professionell und rational untersucht werden, ob den oftmals mit privatwirtschaftlichem Engagement verbundenen Versprechungen vom schnellen Geld und effizienterer Betriebsführung vertraut werden kann.

Als Beispiel einer misslungenen Finanzierung gilt der Versuch der Gründung einer privatwirtschaftlichen Gesellschaft bei der Deutschen Bundesbahn. Das Kernproblem effizienter privatwirtschaftlicher Betriebsführung mit privatem Kapital, mit dem damit zusammenhängenden Renditeversprechen, ist in der Regel der damit verbundene Stillstand beim Ausbau der Netzinfrastruktur. Nicht selten enden derartige PPP-Modelle in der Rückführung der Infrastruktur auf den Staat, der dann die während der Privatisierungsphase vernachlässigten Investitionen nachholen muss.

Der Wirtschaftsförderung kommt hier eine besondere Verantwortung zu; auf der einen Seite die optimale Versorgung des Standorts mit Infrastruktureinrichtungen zu sichern, andererseits den Standort vor finanziellen Schäden zu bewahren. Auch in diesem Fall ist für eine kompetente Verzahnung und ein dichtes Netzwerk mit anderen Wirtschaftsförderungseinrichtungen, national und international, von großem Vorteil. Es ist häufig sehr effizient, von den Erfahrungen anderer Standorte zu lernen, da diese als Grundlage für eigene Entscheidungen oftmals mehr taugen als fragliche Gutachten und Versprechungen möglicher Nutznießer.

Wieviel Infrastruktur benötigt ein Standort?

Die Ausführungen zum Thema Infrastruktur können Bände füllen, zu jedem der genannten Bereiche gibt es eine Vielzahl möglicher Maßnahmen. Wünschenswert ist Vieles, machbar nur Einiges. Für die Wirtschaftsförderung ist es eine strategisch wichtige Aufgabe, für die notwendige Priorisierung derjenigen Maßnahmen zu sorgen, die dem Leitbild des Standorts am meisten entsprechen.

Dabei geht es zunächst um die natürlichen Gegebenheiten des Standortes. Ein Standort ist geografisch fixiert, verbunden mit seinem Namen, und nicht beliebig verlegbar. Im Mittelgebirge lässt sich kein Kanal anlegen und wer in dünn besiedelten Gebieten wohnt, kann kaum mit einem ICE-Anschluss oder einer nahe gelegenen Autobahn rechnen.

Damit wird deutlich, dass die Analyse des Standortes aus sämtlichen Blickwinkeln bedeutsam ist. Die sich hieraus ableitende Zielbestimmung sollte sich in langfristig wünschbaren und kurzfristig machbaren Maßnahmen deutlich unterscheiden. Dabei wird es immer noch eine deutlich größere Anzahl von gewünschten Maßnahmen geben als diejenigen, die finanziell möglich sind.

Für das, was möglich ist, sind zumeist die Finanzen der restriktive Faktor, häufig aber auch sind es politische und rechtliche Hürden, die zum Teil aufgebaut werden, zum anderen Teil objektiv vorhanden sind, die wünschenswerte Projekte unmöglich machen. Dabei besteht der traditionelle Zielkonflikt zwischen den meist von der Wirtschaft gewünschten Maßnahmen auf der einen und den finanziellen Rahmenbedingungen der Kommunen auf der anderen Seite.

Das Finanzierbare und das Umsetzbare zu verbinden, in eine Liste einzubringen, die Maßnahmen zu priorisieren, das ist eine wesentliche, ressortübergreifende Querschnittsaufgabe der Wirtschaftsförderung in ihrer Rolle als Moderator.

Wünsche, Finanzierbares und Machbares

Dabei ist darauf zu achten, dass nicht individuelle Unternehmenswünsche das Maß der Dinge sind, die nur wenigen Betrieben und damit Arbeitnehmern helfen, und die häufig nur aus politischen Gründen oben auf der Prioritätenskala stehen. Wichtig ist auch die Suche nach Kofinanzierungsmitteln, entweder durch die Übernahme der Einrichtung durch Private oder aber im Rahmen von PPP-Modellen, die weitaus mehr ermöglichen als nur auf freie Mittel aus den öffentlichen Haushalten zu bauen. Bei den immer stärker zutage tretenden Restriktionen durch Einsprüche von Betroffenen handelt es sich häufig um ganz persönliche, zwar legitime, aber dann auch sozial zweifelhafte Interessen Einzelner.

Häufig ist die frühzeitige Einbeziehung von Moderationsverfahren oder von Ausgleichsmaßnahmen wichtige Aufgabe der Wirtschaftsförderung, bevor sich in öffentlichen Debatten die Positionen verhärten.

Zusammenfassend kann festgestellt werden, dass die Priorisierung der Umsetzung neuer Infrastrukturmaßnahmen durch Orientierung an deren Nachfrage gesteuert werden muss. Auch die Ausrichtung an den langfristigen Zielen des Standortes spielt eine wichtige Rolle. An dieser Stelle ist nicht zu vergessen, dass die Wirtschaftsförderung selbst ein Teil der Infrastruktur ist.

Vor der endgültigen Entscheidung möglicher Maßnahmen sei darauf hingewiesen, dass es zahlreiche Best-Practice-Beispiele von innovativen Infrastrukturinvestitionen gibt. Die ständige Beobachtung anderer Standorte und ständige Optimierung und Fortentwicklung ist jedoch notwendig, und wird auch derzeit umgesetzt, wie z. B. bei der Versorgung mit Breitbandanschlüssen. Ein Grund mehr für die Wirtschaftsförderung in ständiger Kommunikation mit vergleichbaren Standorten und den dortigen Wirtschaftsförderungen zu bleiben.

Verkehr

Die Verkehrsinfrastruktur besitzt eine herausgehobene Bedeutung. Dies ist daran zu erkennen, dass seit Jahrhunderten wirtschaftliches Wachstum und Wohlstand immer nur dort stattgefunden haben, wo Kommunikation durch Verkehrswege ermöglicht wurde. Handelswege an Flüssen entlang und bedeutende Landwege ermöglichten Standortentwicklungen. Abseitige Standorte sind und waren in der Regel nicht entwicklungsfähig, der Transport von Waren und Menschen und damit der Austausch von Wissen und Kultur erfolgt ausschließlich durch den physischen Austausch, der wiederum eine leistungsfähige Verkehrs- und Kommunikationsinfrastruktur benötigt.

Die technische Entwicklung zeigt, dass es einen neuen Aspekt in dieser Diskussion gibt, da mithilfe der Telekommunikation heute Informationsaustausch und damit wirtschaftliche Aktivitäten und Wissenstransfer auch außerhalb der bisherigen persönlichen Kommunikationswege möglich sind. Es gibt ernstzunehmende Theorien, die besagen, dass die Bedeutung des Verkehrs und damit das Vorhandensein verkehrsbedingter Infrastrukturen nachlässt. Es ist jedoch davon auszugehen, dass zum einen die Telekommunikation erhebliche Änderungen im Kommunikationsverhalten und damit auch in der Wertschöpfung und den Wachstumschancen mit sich bringen wird, zum anderen die Verkehrsinfrastruktur an Bedeutung nicht nachlassen wird.

Zwar nimmt der Bedarf für bestimmte Transporte ab, gleichzeitig wächst jedoch das Mobilitätsbedürfnis von Menschen und Waren insgesamt und überproportional an.

Auch hier beobachten wir eine Komplexitätssteigerung und die Notwendigkeit einer parallelen Existenz zahlreicher Verkehrsträger, seien es Straßen, Bahn-, Wasser- und Luftwege oder Datenübertragungsleitungen.

Die standortnotwendige Verkehrsinfrastruktur beinhaltet neben Straßen und Wasserstraßen, Bahnhöfen und Flughäfen auch das zur Verfügung stehende ÖPNV-Netz, sowie mit zunehmender Bedeutung das Netz von Geh- und Radwegen und die Versorgung des Verkehrs mit Tankstellen nicht nur mit herkömmlichen Treibstoffen, sondern auch mit Strom und zukünftig Wasserstoff.

Breitband, Internet und Mobilfunk

Die Probleme bei der flächendeckenden Versorgung mit schnellen Breitband- und Internetanschlüssen im ländlichen Raum zeigen, dass die Übertragung der Zuständigkeiten auf und die Finanzierung durch die Privatwirtschaft dazu führen kann, dass Standorte dann keine Chance besitzen, ausreichend versorgt zu werden, wenn keine ausreichende Anzahl von Nutzern zur Verfügung steht. An diesem Punkt wird dann auch in der Diskussion vor Ort immer wieder festgestellt, dass die Übertragung von Infrastruktur und deren Betrieb an private Anbieter auch kritisch zu hinterfragen ist.

Letztendlich bleibt kleinen Kommunen und den Bundesländern durch Förderprogramme einen eigenen Beitrag zur Kofinanzierung der Breitbandversorgung im ländlichen Raum nicht erspart, wenn die Anzahl der Nutzer gering ist, aber Unternehmen auf eine höhere Netzgeschwindigkeit angewiesen sind. Denn gerade die modernen Informations- und Kommunikationstechnologien machen es möglich, auch kleine, abgelegene Standorte, die bisher nur als Wohnstandorte dienten, mit dienstleistungsorientierten Unternehmen zu versorgen, weil sie mobiler sind und eben nur geeignete Infrastrukturen benötigen.

Dieser Umstand könnte zu einer Entlastung der Verkehrswege führen und die wohnortnahe Arbeitsplatzversorgung deutlich verbessern helfen, ein gesellschaftspolitisches Ziel von großer Bedeutung.

Corona hat in dieser Beziehung unserem System geholfen, aufzuzeigen, dass ein nicht unbedeutender Teil der Arbeit im sog. Homeoffice ausgeführt werden kann. Heute, 4 Jahre nach Beginn des Wandels, bieten 85 % aller deutschen Firmen ihren Arbeitnehmern das Homeoffice in unterschiedlichster Umsetzungsform als Alternative zum Firmenarbeitsplatz an. Fürwahr eine massive Änderung in bisher nicht für möglich gehaltener Geschwindigkeit. Diese Geschwindigkeit sozialer Verhaltensänderung erinnert an die rasante Geschwindigkeit der Umsetzung des Rauchverbots in öffentlichen Räumen.

Kann das zu einer Verringerung von Gewerberaumbedarf führen oder zu einer Reduzierung der Beanspruchung von Mobilitätsangeboten?

Die Wirtschaftsförderung ist aufgerufen, Standortdefizite zu erkennen, zu gemeinsamen Gesprächen einzuladen und Feldstudien und Umfragen zum Bedarf durchzuführen. Es wird aber gleichzeitig darauf hingewiesen, dass sich ein konkreter Bedarf sehr schnell auf dem Papier nachweisen lässt. Die reale Umsetzung stellt sich häufig anders dar. Deshalb ist es wichtig, bei der Bedarfserhebung die mit der Bedarfsdeckung verbundenen Kosten beziehungsweise deren Höhe offen und korrekt zu kommunizieren, um realistische Antworten zu erhalten.

Ver- und Entsorgung

Die Versorgung mit Strom, Gas und Wasser sowie die Beseitigung von Abwasser und Abfall jeglicher Art stellt in Deutschland in der Regel kein entscheidendes Problem dar. Deutschland gilt vielmehr als Standort mit hoher Ver- und Entsorgungssicherheit.

Umwelt und Ressourcen

Zum einen nehmen die Anforderungen nach umwelt- und ressourcenschonendem Verhalten, Energieeinsparung und dem Einsatz von CO_2-neutralen Energien vor dem Hintergrund des weltweiten Klimawandels einen immer höheren Stellenwert in der gesellschaftspolitischen Debatte ein. Luft, Wasser und Boden werden als unverzichtbare Rohstoffe erkannt, deren Bestand und Qualität nachhaltig zu sichern und zu verbessern ist.

Vereinzelte Versuche, bei der Wasserversorgung ausländische Steuersparmodelle zur Finanzierung zu nutzen, sind zum Glück gescheitert. Das Ergebnis war desaströs und hat zu millionenschweren Einbußen für die Versorgungseinrichtungen geführt. Mangelnde Professionalität, arglose Aufsichtsbehörden, der gute Glaube der Kommunalpolitiker an wolkige Versprechungen, windige Geschäftsmodelle und eine zu kurzfristige Betrachtung überaus langfristiger Umstände hat die Bürgerschaft einzelner Standorte erheblich belastet und damit einen deutlichen Wettbewerbsnachteil verursacht.

Innovative Modelle der Energieversorgung

Gerade bei der Energieversorgung sind innovative Modelle gefragt. Kommunen lassen sich nicht mehr von Energieversorgern die anfallenden Erträge vorenthalten, gründen eigene regionale Stadtwerkeverbünde und setzen insbesondere auf neue regenerative Energien wie Sonne, Wind, Wasser, Biomasse und Erdwärme. Hier treffen zwei starke Bewegungen zusammen: Zum einen die Forderung nach einem verstärkten Einsatz regenerativer Energien. So hat die Bundesregierung einen Anteil an der gesamten Energieversorgung von 45 % bis zum Jahre 2035 gefordert.

Zum anderen möchten Städte, Landkreise und Regionen die Energieversorgung wieder selbst in die Hand nehmen. Nach der Globalisierung kommt nunmehr die Regionalisierung in der Daseinsversorgung, gepaart mit Misstrauen gegenüber großen Energiekonzernen und deren Versagen bei der Bereitstellung von Infrastruktur.

In vielen Kommunalhaushalten wird auch nicht mehr akzeptiert, dass die großen Energieversorger den Kommunen über die bisher so einfach zu schließenden Konzessionsverträge nur die Brosamen zuwerfen. Folge wird sein, dass verstärkt kleinteilige Strukturen umgesetzt werden, diese aber kostspieliger sind, andererseits dann aufgrund des europäischen Drucks sinkender Preise deutlich weniger Ertrag an mehr Teilnehmer auszuschütten sein wird.

Andererseits sind fossile Brennstoffe wie Braun- und Steinkohle, Erdöl und Erdgas aus ökologischen Gründen überaus problematisch und müssen mittel- und langfristig ersetzt werden. Fernwärme und Blockheizkraftwerke, mit Müllverbrennung verbundene Passivhäuser, Geothermie, Wasserstoff und insbesondere Maßnahmen der Wärmedämmung sind ein bunter Strauß möglicher Alternativen, die in Zukunft die Aufmerksamkeit der Wirtschaftsförderung im Rahmen einer nachhaltigen Standortentwicklung auf sich ziehen werden.

Kooperation zwischen Energieverbrauchern und Produzenten

Kommunikation und Fantasie können neue Formen der Kooperation zwischen Energieverbrauchern und Energieproduzenten z. B. in einem Gewerbegebiet auslösen. Zusammen mit einem erhöhten Umweltbewusstsein als Standortlabel eröffnet dies neue Möglichkeiten für die Unternehmen. Es ist auch darauf hinzuweisen, dass sich Deutschland mit der Einführung des Erneuerbare-Energien-Gesetzes (EEG) und der Energieeinsparverordnung (EnEV) international große Anerkennung für die Wirtschaft und umweltpolitische Weitsicht erworben hat. Die Umwelttechnologien in Deutschland, wie die Solar- und Windenergie, waren Weltmarktführer, was nur wenigen anderen Branchen in der Vergangenheit gelungen ist.

In den vergangenen Jahren hat eine desaströse und opportunistische Politik der Bundesregierung, die sich nach dem jeweiligen Wind drehte, unter Merkel, der SPD und den Grünen diese weltweiten Standortvorteile aufgegeben und uns, ebenso wie Gesamteuropa, zum Spielball chinesischer Unternehmen und staatlicher Energiepolitik gemacht. Zumindest unter dem Aspekt der Nachhaltigkeit kann festgestellt werden, dass China mit der aggressiven Preispolitik, einer beeindruckenden Technologie und Milliarden an Staatshilfen einen nicht für möglich gehaltenen Rückgang der Preise für Solarinstallationen verursacht hat und damit den weltweiten CO_2-Ausstoß massiv reduziert.

Ohne eine aktiv betriebene Industrie- und Forschungspolitik kann eine Volkswirtschaft heute im internationalen Wettbewerb nicht mehr bestehen. Dennoch gehört zu einem wettbewerbsfähigen Standort auch die Preiswürdigkeit der Infrastruktur, insbesondere energieintensive Betriebe bemängeln in der Bundesrepublik immer wieder deutlich höhere Preise im Vergleich zu benachbarten, konkurrierenden Standorten. Die Bundesregierung ist mittlerweile aufmerksam geworden und sucht nach Modellen einer geeigneten Förderung. Die Wirtschaftsförderung muss deshalb über die politischen Mandatsträger Wege zu den preisgestaltenden Entscheidungsträgern der regionalen Energieversorger finden.

Da am Standort Deutschland in hohem Maße Versorgungssicherheit besteht, kann der Standort punkten, der preiswerte Energie aus eigenen umweltschonenden Quellen anbietet. Auch die Bürgerschaft fordert eine umweltgerechte, unabhängige Energieversorgung und Standorte, die innovative Konzepte anbieten, haben einen deutlichen Vorteil.

Die Maßnahmen in heutiger Zeit gehen immer mehr in Richtung von PPP-Modellen, hier insbesondere bei der Müll- und Abfallentsorgung. Städte und Standorte müssen ihre Interessen häufig durch das Mittel der regionalen Kooperation einbringen und auch dafür Sorge tragen, dass die Bevölkerung und insbesondere die Unternehmen nicht durch zu hohe Gebühren gefordert werden, damit diese keine Wettbewerbsnachteile erleiden. Die aufgrund der rechtlichen Organisation der Energieversorgung zwischenzeitlich eingetretenen marktbeherrschenden Stellungen von wenigen Anbietern sind es, die letztendlich zu deutlichen Nachteilen führen können.

Bildungswesen

Der Standortfaktor mit dem größten Bedeutungszuwachs ist zweifellos das Bildungswesen. Es ist festzustellen, dass die Bildungsinfrastruktur auf allen Ebenen – angefangen bei Kinderkrippen und Kindergärten, über die staatlichen und privaten Schulen, die Hochschulen, die Volkshochschulen, die Universitäten und Fachhochschulen – in verschiedensten Ausprägungen für den Standort vier bedeutende Funktionen erfüllt:

- Die Erziehung und Ausbildung unserer Kinder sind eine große gesellschaftliche Herausforderung und gelten als kulturelle Aufgabe, sowie als Basis für das Bestehen eines funktionierenden Wirtschaftssystems;
- Gut ausgebildete und qualifizierte Jugendliche und Erwachsene dienen der Volkswirtschaft und den ansässigen Unternehmen als wichtigstes Arbeitskräftepotenzial. Je mehr Aus- und Weiterbildungskapazitäten regional vorhanden sind, desto besser sind die Auswahl und der Zugriff für die Arbeitgeber;
- Je früher diese Ausbildungseinrichtungen auch überregional von Bedeutung sind und Interessierte in die Region ziehen, desto größer ist auch das Arbeitskräftepotenzial vor Ort, da die Auszubildenden häufig am Standort ihrer Ausbildungsstätte bleiben und somit den Arbeitgebern eine größere Auswahl an qualifizierten Mitarbeitern zur Verfügung steht;
- Jede Bildungseinrichtung, ob öffentlich-rechtlich oder privat, ist in sich ein Wirt schaftsbetrieb und trägt zur regionalen Wertschöpfung bei. Die öffentlich-rechtliche Finanzierung bringt Bundes- und Landesmittel an den Standort, private Schulen sammeln über die Ausbildungsgebühren Einkommen für die Region. Die Ausbildungsstellen schaffen neue Arbeitsplätze. Mit der immer größeren Bereitschaft zu lebenslangem Lernen und der zunehmenden Tendenz, dass die Bürger eigenes Geld in Aus- und Weiterbildung investieren, wird dieser Sektor auch für Standorte zu einem immer wichtigeren Wertschöpfungsfaktor.

Kinderbetreuung

Eine engagierte Wirtschaftsförderung wird immer darauf achten, dass sowohl die staatlichen Schuleinrichtungen und die Grundversorgung von der Kinderkrippe über Kindergärten, Kindertagesstätten bis hin auch zu privaten Kinderbetreuungseinrichtungen am Standort im bestmöglichen Umfang vorhanden sind. Dabei ist häufig auch an eine regionale Versorgung mit bildungsorientierten Infrastruktureinrichtungen zu denken.

Mittlerweile hat die Gesetzgebung sich dahingehend geändert, dass es einen Anspruch von allen Kindern auf einen entsprechenden Kindergartenplatz gibt. Diese Anzahl wird von zahlreichen, meist kleineren Gemeinden aber nicht vorgehalten.

Gerade in der frühkindlichen Betreuung gibt es in Deutschland vielerorts einen erheblichen Nachholbedarf im Vergleich zu konkurrierenden Standorten wie z. B. Frankreich. Um ein möglichst großes Arbeitskräftepotenzial zu erreichen, ist daher eine optimale Kinderbetreuung schon im Kleinkindalter notwendig, damit Mütter und Väter dem Arbeitsmarkt, so weit wie möglich und gewünscht, ihre Arbeitskraft zur Verfügung stellen können.

Häufig ist ein erforderliches Bildungsangebot staatlicherseits nicht darstellbar. Daher haben sich zahlreiche private Einrichtungen herausgebildet, um diese Aufgaben zu übernehmen Ein Beispiel hierfür sind die sogenannten Internationalen Schulen. Sie stehen meist in privatwirtschaftlicher Trägerschaft und sind oft Folge einer großen Unternehmensansiedlung aus dem Ausland. Das Vorhandensein einer solchen Schule am Standort in der Region kann wiederum ein starker Ansiedlungsgrund für weitere ausländische Unternehmen sein. Die verstärkte Ausrichtung von Ausbildungsgängen auf Fremdsprachigkeit muss ebenfalls das besondere Augenmerk einer modernen Standortentwicklungspolitik haben.

Aus der Sicht der Wirtschaftsförderung ist die private und öffentlich-rechtliche Trägerschaft von Bildungs- und Betreuungseinrichtungen keine ideologische Frage. Entscheidend ist, dass die Unternehmen und Fachkräfte nicht nur ein gutes Bildungssystem vorfinden, sondern insbesondere bei der allumfassenden Erziehung und Bildung optimale Bedingungen und hohe Qualität vorgefunden werden.

Bildungsinfrastruktur im ländlichen Raum

Spielt das schulische und frühkindliche Angebot an großen und mittleren Standorten eine wichtige, meist aber keine überragende Rolle, so stellt sich die Situation im ländlichen Raum, nochmals verschärft durch den demografischen Wandel und den Bevölkerungsrückgang, deutlich problematischer dar. Wie bereits dargestellt, ist für die erfolgreiche Entwicklung eines Wirtschaftsstandortes immer mehr das Vorhandensein auch guter sozialer Infrastruktur notwendig.

Und der ländliche Raum muss mit der Wirtschaftsförderung nachhaltige Lösungen durch die neuen Mobilitätsangebote und Organisationsmodelle finden, mit denen eine weitere Abwanderung in Städte und wirtschaftliche Zentren verhindert wird.

Die Bildungsinfrastruktur kann an größeren Standorten nicht nur die Ausbildungsfunktion für die vorhandene Bevölkerung und den Erziehungsauftrag übernehmen. Die staatliche und private Bildungslandschaft kann in ihrer Gesamtheit durchaus zu einem regionalen Cluster entwickelt und ausgebaut werden, um nicht nur Ausbildungsfunktionen zu übernehmen, sondern verstärkt auch den Wissensexport und die Schaffung von neuen Arbeitsplätzen zum Ziel zu haben.

Wohl maßgeblich aufgrund der Coronakrise hat sich im Bildungssektor, insbesondere mit Vorteilen für den ländlichen Raum, eine große Änderung dahingehend ergeben, dass zahlreiche Bildungsangebote auch virtuell angeboten werden können und somit der Nachteil der ländlichen Bevölkerung wegen mangelnder Mobilität zum Teil ausgeglichen werden konnte. Die Wirtschaftsförderung ist in diesem wesentlichen Teil der Aus- und Weiterbildung gefordert, die aktuell technischen Möglichkeiten zu erkunden und die Bevölkerung gemeinsam mit den zuständigen Stellen in der Verwaltung darauf aufmerksam zu machen, dass eine ständige Weiterbildung zum wichtigen Rüstzeug für eine erfolgreiche Beschäftigung gehört.

Dienstleistungen

Für Unternehmen ist das Vorhandensein von unternehmensnahen Dienstleistungen wie Anwaltskanzleien, insbesondere in den Bereichen Steuern, Vertragsrecht und Patentwesen, ebenso wichtig wie örtlichen Niederlassungen von Wirtschaftsprüfungsgesellschaften, Ingenieur- und Unternehmensberatungen, Software-Unternehmen, Werbe- und PR-Agenturen, sowie Serviceunternehmen. Für den Gebäudeunterhalt und Betriebseinrichtungen gehören Serviceunternehmen ebenso dazu wie ein funktionierendes Gesundheitswesen: Krankenhäuser, Allgemein- und Facharztpraxen sind insbesondere für die Arbeitnehmerschaft am Standort von großer Bedeutung, denn häufig sind es nicht einzelne Arbeitnehmer, sondern ganze Familien, die einen Wohnortwechsel vollziehen müssen und dabei auf eine ausreichende und qualitativ gute soziale Infrastruktur achten. Das Angebot von qualifizierten Schulen, Ärzten und Handwerksbetrieben und einem vielfältigen Einzelhandel spielt eine ebenso große Rolle wie das soziale Netzwerk über Vereine, kulturelle Einrichtungen, Museen, Veranstaltungsangebot und Volkshochschulen.

Für die Wirtschaftsförderung wäre es eine besondere Aufgabe, sich der neu zugezogenen Fachkräfte der Unternehmen und deren Familien im Zuge der Neubürgerbetreuung anzunehmen, insbesondere dann, wenn es sich um Zuzüge aus dem Ausland handelt. Hier kann den Unternehmen ein besonderer Standortservice der Wirtschaftsförderung angeboten werden.

Die Unterstützung von Vereinen, in denen sich Bürger aus mehreren Nationen mit Einheimischen treffen, stößt dort, wo es ausreichendes Potenzial gibt, auf großes Interesse. Dies ist dann mit den verschiedenen Stellen der Stadt zu koordinieren. Auch die

Hilfe bei der Wohnungssuche, bei den Schulanmeldungen und verwaltungsnotwendigen Formalitäten ebenso wie der Hinweis auf soziale Netzwerke werden von den Zugezogenen dankbar angenommen. Diese Hilfen könnten von der Wirtschaftsförderung initiiert werden und gemeinsam mit anderen Zuständigen in- und außerhalb der Verwaltung angeboten werden.

Kultur, Einzelhandel, Gastronomie und Hotellerie

Die Ansprüche hochqualifizierter Fachkräfte an die Ausstattung von Standorten steigen. Mittel- und Oberzentren sehen sich einem verstärkten Bevölkerungszuzug aus dem ländlichen Raum gegenüber. Die weltweite Entwicklung wird in Zukunft überwiegend in den Städten stattfinden, sodass auch mittlere Standorte ein immer breiteres Angebot an sozialer und gesellschaftlicher Infrastruktur vorhalten müssen. Neben kulturellen Angeboten wie Theater, Konzerte und Museen sind es auch Angebote der persönlichen Weiterbildung und der sozialen und sportlichen Betätigung.

Um soziale Bindungen zu schaffen, sind Kirchen und ein breites Vereinswesen ebenso wichtig wie eine attraktive gastronomische Szenerie. Einen bedeutenden Aspekt gewinnt hierbei das Vorhandensein einer qualitativ guten Hotellerie, zum Teil auch deshalb, weil im privaten Bereich der Besuch von Freunden und Bekannten nicht mehr zu Hause stattfindet, sondern hierfür gewerbliche Restaurants und Beherbergungsbetriebe in Anspruch genommen werden.

Auch in den Unternehmen finden Schulungen für Techniker und Verkäufer statt, besuchen Kunden ihre Lieferanten vor einer Beauftragung, um einen persönlichen Eindruck vor Ort zu erhalten, oder Mitarbeiter von Zertifizierern führen mehrtätige Inspektionen durch. Meetings werden eben nicht nur über Telefon oder Internet und Videokonferenzen abgewickelt, sondern das persönliche Zusammentreffen wird als Incentive, zum guten Teil aber auch als wichtiger Baustein für eine erfolgreiche geschäftliche Betätigung in vielen Bereichen gesehen. Auch die unternehmerische Geschäftsreise hat sich auf das Vorcorona-Niveau zurückentwickelt.

Häufig fehlt gerade an kleineren und mittleren Standorten eine ausreichend professionelle Hotel- und Tagungsinfrastruktur. Will man auch international tätige Unternehmen langfristig am Standort halten und neue dazugewinnen, liegt hier ein dankbares Aktionsfeld für den Wirtschaftsförderer.

Neben Hotellerie und Gastronomie sind es aber insbesondere auch die Einkaufsmöglichkeiten, die für Unternehmen und Arbeitnehmer gleichermaßen einen nicht zu unterschätzenden Standortfaktor darstellen. Neben der Grundversorgung ist das Einzelhandelsangebot vor Ort, aber auch in vertretbarer Entfernung wichtig, wobei sich die

Bevölkerung bereits an neue Strukturen gewöhnt hat. Vor Ort wird häufig nur noch eine Grundversorgung gewährleistet, größere Einkaufszentren mit einem entsprechend differenzierten Warensortiment stehen oftmals nur in einiger Entfernung zur Verfügung. Deshalb kann die Wirtschaftsförderung häufig nicht mehr beitragen, als für eine standortadäquate, das heißt der Größe entsprechende, Versorgung einzutreten. Ein umfassendes Sortiment wird sich nur an großen Standorten sicherstellen lassen. Ziel ist deshalb die gute Erreichbarkeit, umso wichtiger die verkehrsmäßige Erschließung von Einkaufsmöglichkeiten mit dem ÖPNV.

Auch in diesem Bereich hat sich seit der Coronakrise eine erhebliche Hinwendung zu alternativen Formen der Warenversorgung ergeben. Mittlerweile werden bis zu 20 %, je nach Sortiment unterschiedlich, der Einzelhandelsaktivitäten über das Internet beziehungsweise die dann erfolgenden Paketlieferungen abgewickelt. Der Trend zur Abwicklung der Versorgung durch das Netz scheint unumkehrbar und führt zu erheblichen infrastrukturellen Änderungen, sowohl im stationären Einzelhandel, aber auch durch die Notwendigkeiten in der Art der Organisation der Zustellung und der damit erforderlichen Verkehrsinfrastruktur.

Verwaltung, Recht und öffentliche Sicherheit

Am Standort Deutschland wird ein verlässliches und leistungsfähiges Staatswesen mit einem funktionierenden Rechtssystem sowie einem hohen Sicherheitsstandard vorausgesetzt. Diese Thematik soll hier nicht weiter behandelt werden. Insbesondere von ausländischen Investoren wird jedoch immer wieder das Problem der öffentlichen Sicherheit angesprochen. Das heißt, das Abschneiden in den polizeilichen Kriminalitätsstatistiken und das Image eines Standorts sind für Ansiedlungsentscheidungen von Unternehmen und Fachkräften gleichermaßen durchaus relevant und verlangen die Aufmerksamkeit der Wirtschaftsförderung. Die Debatte um Ausländerfeindlichkeit, Sicherheit und Sauberkeit des öffentlichen Raumes sind Standortfaktoren, auf die ein Augenmerk gelegt werden muss.

Da diese häufig in der Zuständigkeit von Politik und Verwaltung, Rechtsprechung und Polizei liegen, ist eine direkte Einflussmöglichkeit selten gegeben. Öffentliche Sicherheit und Sauberkeit sowie Toleranz müssen auf politischem Wege definiert und auch über das öffentliche Bewusstsein für den Standort thematisiert werden.

Das Vorhandensein wirtschaftsrelevanter Behörden am Standort ist von großem Vorteil, um den Unternehmen und Einrichtungen möglichst kurze Wege und vertraute Ansprechpartner anzubieten. Dies wird sich allerdings an vielen Standorten nicht ermöglichen lassen, da auch bei der öffentlichen Verwaltung eine zunehmende Standortkonzentration zu verzeichnen ist.

Andererseits ist der Ausbau der digitalen Verwaltung ein Lichtblick hinsichtlich der Bearbeitungsdauer, größerer Effizienz und der Verringerung von Behördengängen. Immer häufiger wird von der Notwendigkeit des persönlichen Erscheinens abgesehen, die digitale Unterschrift ist zum Teil möglich und Verwaltungen haben in den letzten Jahren verstärkt vom Einsatz moderner Informations- und Kommunikationstechnologien Gebrauch gemacht, um Behördengänge zu vermeiden und Verwaltungsabläufe zu beschleunigen. Ein Beispiel ist die e-Vergabe und das Bemühen von Kommunen, einheitliche Portale für alle öffentlichen Ausschreibungen zu nutzen.

Wie an anderer Stelle schon betont, ist der Standort Deutschland an Dichte und Qualität der digitalen Verwaltung deutlich ins Hintertreffen geraten und die Wirtschaftsförderer müssen jede Möglichkeit nutzen, Politik und Verwaltung immer wieder darauf hinzuweisen, dass die Mängel in öffentlichen Dienstleistungen und der Fachkräftemangel auch in der Verwaltung behoben werden können. Daher ist das rasche Aufholen im Bereich Digitalisierung kommunaler Dienstleistungen und die adäquate Nutzung von Künstlicher Intelligenz ein vordringliches Feld, auf dem die Wirtschaftsförderung mit allen Mitteln Fortschritte anmahnen muss.

Genehmigungsverfahren

Die Förderung der Kommunikation zwischen Behörden, die Verbesserung der Abläufe innerhalb der Verwaltung und die möglichst digitale Zugänglichkeit aller wichtigen Prozesse sollten im Blickfeld der Wirtschaftsförderung liegen. Häufig sind es jedoch nicht so sehr die tatsächlichen Genehmigungs- und Verfahrenslaufzeiten, sondern die in hohem Maße nicht immer professionelle Behandlung in zementierten Verwaltungsabläufen, die zu Verdruss bei den Unternehmer führen. Oft sind es die Organisationsabläufe und schlichtweg das Unverständnis und die mangelnde Sensibilität der Verwaltung für den Wunsch der Antragssteller nach zügiger und sachgerechter Behandlung der Vorgänge. Dass Zeit für die Unternehmen Geld ist, diese Erkenntnis geht vielen Mitarbeitern in den öffentlichen Verwaltungen völlig ab.

Die Verantwortlichkeiten für etwaige Versäumnisse werden in der Verwaltung nicht selten hin- und hergeschoben. Dieses „Ärger-Potenzial" zu minimieren, ist eine der Hauptaufgaben der Wirtschaftsförderung und auch ein Grund dafür, dass sie innerhalb der Verwaltung eine starke Stellung einnehmen muss und der direkten Unterstützung durch die Verwaltungsspitze bedarf.

Das Vorhandensein von effektiven Behörden ist nicht nur als Wirtschaftsinfrastruktur von Bedeutung. Behörden sind auch ein Wirtschaftsfaktor an sich, denn hier werden in der Regel zentrale Aufgaben mit staatlichen Mitteln vor Ort finanziert, was zu einem

Einkommenszuwachs für den betreffenden Standort führt. Die bei diesen Behörden angestellten Mitarbeiter besetzen meist gut dotierte und krisensichere Arbeitsplätze, die zur Stabilität der vor Ort wirksamen Nachfrage nach Gütern und Dienstleistungen beitragen und stellen einen stabilen Faktor für die Entwicklung der Kommunen dar.

Dieser Überblick über infrastrukturelle Maßnahmen soll ausreichen, da die konkreten Ausprägungen immer standortbezogen zu entscheiden sind. Die Maßnahmen müssen erarbeitet, geprüft und abgewogen werden. Meist bleiben es Einzelfallentscheidungen, die von Standort zu Standort sehr unterschiedlich zu bewerten sind. Auch an dieser Stelle sei noch einmal auf die große Bedeutung der Analyse dieser Faktoren hingewiesen und auf das Hineinhorchen des Wirtschaftsförderers in die Betriebe und die Arbeitnehmerschaft, um Defizite in der Infrastruktur frühzeitig zu erkennen und neue Chancen aufzuspüren. Auch hier ist eine große Kommunikationsfreudigkeit des Wirtschaftsförderers von Vorteil.

Marion Effing & Dr. Klaus Effing: Digitalisierung in der Wirtschaftsförderung

Einleitung

Die Digitalisierung hat in den letzten Jahren eine zentrale Rolle in der Wirtschaftsförderung übernommen. Durch den gezielten Einsatz digitaler Technologien können Kreise, Städte und Gemeinden ihre Attraktivität als Standort für Unternehmen steigern, den Einzelhandel und die Kultur fördern sowie den Tourismus ankurbeln.

Der Deutsche Städtetag beschreibt für die Wirtschaftsförderung drei aktuelle Herausforderungen, die als Chancen gesehen werden können. Dies sind die Globalisierung als Wettbewerbsfaktor, der demografische Wandel und die Digitalisierung (Deutscher Städtetag, 2019, S. 4 f.). Konkret sagt der Städtetag, dass die Digitalisierung einen schnellen Wandel in verschiedenen gesellschaftlichen und wirtschaftlichen Bereichen vorantreibe, einschließlich der öffentlichen Verwaltung. Dieser Prozess wird durch Begriffe wie Wirtschaft 4.0, Arbeit 4.0 oder Daseinsvorsorge 4.0 beschrieben. Intelligente Vernetzungskonzepte sind gefragt und durch die systematische Vernetzung von Infrastrukturen, Gebäuden und Verkehrsmitteln lassen sich Prozesse optimieren, Produktivität steigern und Kosten in den Anwenderbranchen senken. Die digitale Stadt fördert die Zusammenarbeit zwischen Wirtschaft und Wissenschaft, unterstützt die Beteiligung der Zivilgesellschaft und erprobt den Einsatz innovativer Informations- und Kommunikationstechnologien (Deutscher Städtetag, ebenda).

Die Wirtschaftsförderungen mit ihren vielfältigen Aufgabenbereichen und Handlungsfeldern sind gefragt, diese Entwicklungen zu steuern und voranzubringen.

1. Anwendungsbereiche und Handlungsfelder

Es gibt keine einheitliche Definition, welche Aufgaben- und Handlungsfelder zur Wirtschaftsförderung gehören. Dazu ist Wirtschaftsförderung ihrem Verständnis nach auch zu komplex organisiert. Wirtschaftsförderung gibt es auf staatlicher Ebene und hier im Kontext Europa, Deutschland und Bundesländer, sowie auf kommunaler Ebene und hier im Kontext Regionen, Kreise, kreisfreie Städte, Städte und Gemeinden sowie Stadtteile oder Gewerbegebiete. Auch die Organisationsformen können sich sehr unterscheiden (vgl. Vogelgesang & Stember, 2021, S. 107 ff.).

Im Rahmen dieses Beitrags soll lediglich die kommunale Wirtschaftsförderung betrachtet werden. Dennoch bleiben die Aufgaben vielfältig, denn:

> „Als Wirtschaftsförderung werden verschiedene Maßnahmen des Staates zur Begünstigung bestimmter wirtschaftlicher Tatbestände oder Verhaltensweisen bezeichnet. Konkret bezeichnet man als Wirtschaftsförderung die Summe aller staatlichen Maßnahmen, die unmittelbar für betriebliche Investitions- und Standortentscheidungen von Bedeutung sind." (Steinrücken, 2013, S. 11)

Legt man diese Definition zugrunde, könnte man die Aufgaben, die beispielsweise der Deutsche Landkreistag beschrieben hat (vgl. Deutscher Landkreistag, 2013, S. 6), grob clustern, wie in Abbildung 1 aufgezeigt: Hierbei agieren Wirtschaftsförderungen entweder nur auf der lokalen Ebene und/oder auch interkommunal oder grenzüberschreitend. Letzteres vor allem in Grenzgebieten wie z. B. an der niederländischen oder auch polnischen Grenze. Bei allen Aufgaben sollen Wirtschaftsförderungen vernetzend und innovativ agieren.

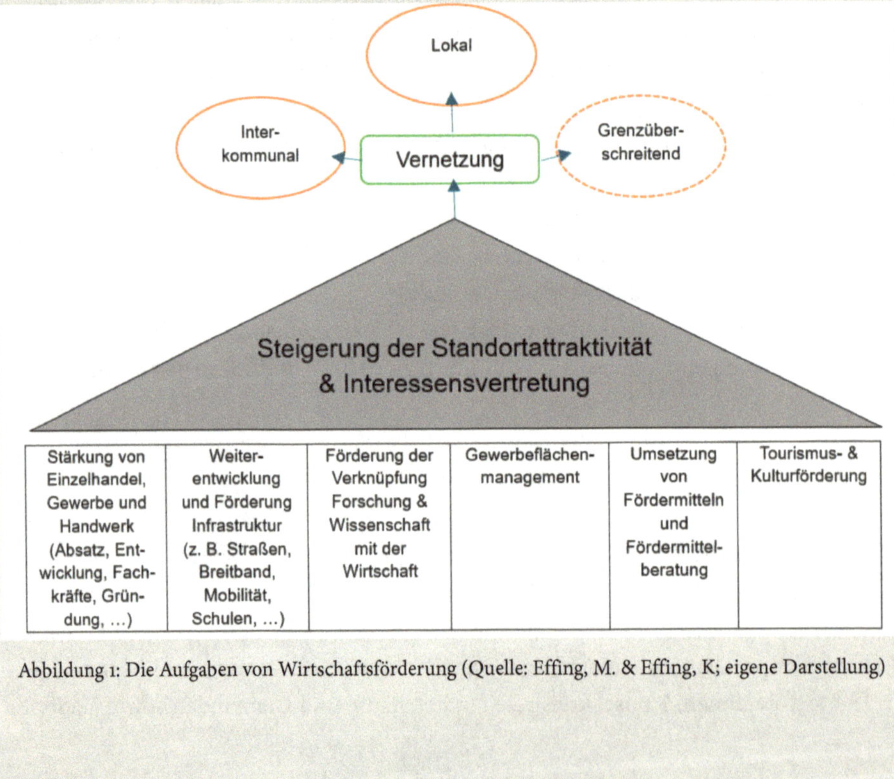

Abbildung 1: Die Aufgaben von Wirtschaftsförderung (Quelle: Effing, M. & Effing, K; eigene Darstellung)

Die Betrachtung in Abbildung 1 ist aufgabenzentriert und nicht organisatorisch. Je nach Organisation sind die Aufgaben und Handlungsfelder oft bei unterschiedlichen Institutionen angesiedelt.

Für all diese Handlungsfelder gibt es Herausforderungen im Bereich der Digitalisierung. Gut vorstellbar also, dass es bei der Bearbeitung solch vieler Aufgaben auch etliche Hürden zu überwinden gibt. Zunächst sollen aber die Ziele der Digitalisierung in der Wirtschaftsförderung nochmals konkret benannt werden.

2. Ziele der Digitalisierung in der Wirtschaftsförderung

Das oberste Ziel der Digitalisierung in der Wirtschaftsförderung ist es, die Wettbewerbsfähigkeit und Attraktivität einer Region nachhaltig zu erhöhen (vgl. Gärtner, 2004, S. 22). Aus diesem obersten Ziel lassen sich für alle Bereiche (vgl. hier z. B. Zwicker-Schwarm, 2013, S. 10) spezifische Ziele ableiten. An dieser Stelle sei angemerkt, dass im Rahmen dieser Ziele auch immer der Einsatz von Künstlicher Intelligenz als eine Möglichkeit zur Umsetzung von Digitalisierung mitgedacht und -gemeint ist.

Stärkung von Einzelhandel, Gewerbe und Handwerk

Ziel ist es, den regionalen und überregionalen Absatz durch digitale Verkaufsplattformen, E-Commerce, Online-Marketing sowie Virtual und Augmented Reality oder KI zu steigern. Unternehmen sollen ihre Reichweite erweitern und Umsatzpotenziale maximieren. Die Innovationsfähigkeit soll durch die Integration digitaler Technologien wie 3D-Druck und Automatisierung gefördert werden, um die Entwicklung neuer Produkte zu beschleunigen und die Wettbewerbsfähigkeit zu steigern. Digitale Tools sollen die Rekrutierung und Qualifizierung von Fachkräften optimieren, einschließlich Online-Weiterbildungsangebote zur Sicherung des Fachkräfteangebots. Der Gründungsprozess soll durch digitale Verwaltungstools vereinfacht werden, sodass Start-ups schneller Zugang zu Fördermitteln, Netzwerken und Märkten erhalten.

Weiterentwicklung und Förderung der Infrastruktur

Der flächendeckende Ausbau von Breitbandnetzen und 5G soll Unternehmen schnellen Internetzugang bieten. Digitale Technologien werden in Verkehrsinfrastrukturen integriert, um Netzwerke zu optimieren und Transportkosten zu senken. In städtischen und ländlichen Gebieten sollen Smart Cities und Regions durch digitale Lösungen effizienter in der Energie- und Ressourcennutzung sowie in der Mobilität werden. Unternehmen und Forschungseinrichtungen sollen vernetzt werden, um Innovation und Wissenstransfer zu fördern. Zusätzlich wird die Digitalisierung im Bildungsbereich vorangetrieben.

Verknüpfung von Forschung, Wissenschaft und Wirtschaft

Kooperationen zwischen Forschungseinrichtungen und Unternehmen sollen durch digitale Plattformen erleichtert werden, um gemeinsame Innovationsprojekte zu fördern. Forschungsergebnisse sollen durch digitale Tools schneller in die wirtschaftliche Anwendung überführt werden. Die Entwicklung digitaler Netzwerke zwischen Wissenschaft, Unternehmen und Start-ups soll Synergien schaffen und den Innovationsprozess beschleunigen. Überregionale und internationale Zusammenarbeit in Forschung und Entwicklung soll durch digitale Technologien verbessert werden, um den Zugang zu neuen Märkten zu erleichtern.

Gewerbeflächenmanagement

Gewerbeflächen sollen durch digitale Tools und Datenanalysen effizienter verwaltet werden, um die Flächennutzung zu maximieren und Leerstand zu vermeiden. Digitale Plattformen sollen eine transparente Übersicht über verfügbare Flächen bieten, um den Zugang für Investoren und Unternehmen zu erleichtern. Planung und Vergabe von Gewerbeflächen sollen durch Geoinformationssysteme und automatisierte Prozesse beschleunigt werden. Ziel ist es außerdem, durch datenbasierte Ansätze brachliegende Flächen wieder nutzbar zu machen und damit eine nachhaltige Nutzung zu fördern.

Nutzung von Fördermitteln und Beratung

Die Fördermittelvergabe soll durch digitale Systeme automatisiert werden, um Effizienz bei der Beantragung und Administration zu steigern. Digitale Beratungsangebote sollen Unternehmen schnell und unkompliziert unterstützen, während virtuelle Schulungen und Workshops die digitale Kompetenz der Unternehmen fördern. Digitale Tools sollen in Echtzeit Antragsdaten und die Verwendung von Fördermitteln analysieren, um Prozesse zu verbessern. Digitale Informationsportale sollen Unternehmen einen einfachen Zugang zu Fördermöglichkeiten bieten.

Tourismus- und Kulturförderung

Die digitale Sichtbarkeit touristischer und kultureller Einrichtungen soll erhöht werden, um Reichweite und Attraktivität zu steigern. Digitale Buchungs- und Informationsplattformen sollen den Zugang für Touristen und Kulturinteressierte erleichtern. Technologien wie Virtual und Augmented Reality machen die Angebote attraktiver. Echtzeit-Datenanalysen helfen, Besucherströme zu verstehen und Angebote besser auf Gäste abzustimmen. Gezielte Online-Marketingstrategien werden entwickelt. Kooperationen zwischen Einrichtungen und digitalen Dienstleistern sollen das Angebot stärken. Digitale Informationsportale bieten einfachen Zugang zu relevanten Informationen, während Open-Data-Portale die Zusammenarbeit zwischen Destinationsmanagement und Leistungsträgern fördern.

3. Herausforderungen bei der Digitalisierung in der Wirtschaftsförderung

Die Digitalisierung bietet enorme Chancen, stellt jedoch auch erhebliche Herausforderungen dar, die Wirtschaftsförderungen meistern müssen.

Eine der größten Herausforderungen bei der Digitalisierung ist der Mangel an Ressourcen. Gerade in kleinen und mittelständischen Unternehmen (KMU) fehlen oft finanzielle Mittel, Zeit und qualifiziertes Personal, um digitale Transformationsprozesse effektiv umzusetzen. Investitionen in neue Technologien, Schulungen und IT-Infrastruktur sind notwendig, aber häufig schwer zu stemmen. Zudem fehlt es in vielen Regionen an ausreichender digitaler Infrastruktur, wie flächendeckendem Breitband oder 5G-Netzwerken, was die Digitalisierung weiter erschwert (vgl. Mittelstand-Digital Zentrum Berlin, 2024; Wangermann, 2022, S. 2 ff.). Doch auch bei der Wirtschaftsförderung selbst zeigt sich, dass für die Bearbeitung all der zuvor genannten Aufgabenfelder auch entsprechend viele – vor allem personelle – Ressourcen benötigt werden. Wirtschaftsförderung ist eine freiwillige Aufgabe der Kommunalverwaltungen, sodass hier die Stadt- und Gemeinderäte über die Ressourcen entscheiden. Am Ende muss und darf aber auch gesagt werden, dass solche Bereiche auch „ein Fass ohne Boden" sein können und eine Fokussierung auf ausgewählte Schwerpunkte unerlässlich ist.

Die Akzeptanz digitaler Technologien ist ein weiterer entscheidender Faktor. Viele Unternehmen (und auch Behörden) stehen digitalen Veränderungen skeptisch gegenüber. Besonders ältere Arbeitnehmer oder Führungskräfte haben oft Vorbehalte gegenüber neuen Technologien, da sie die Notwendigkeit der Umstellung nicht erkennen oder befürchten, durch die Digitalisierung überfordert zu werden. Diese Widerstände können die Einführung digitaler Lösungen verlangsamen und zu ineffizienten Prozessen führen.

Digitalisierung erfordert Flexibilität und die Bereitschaft zur Veränderung. In vielen Unternehmen gibt es jedoch etablierte Strukturen und Prozesse, die sich über Jahre hinweg bewährt haben. Die daraus resultierenden Beharrungskräfte können dafür sorgen, dass Veränderungen oft auf Widerstand stoßen. Die Anpassung an neue digitale Prozesse erfordert nicht nur technische, sondern auch kulturelle Veränderungen innerhalb der Organisationen, was ein langwieriger und schwieriger Prozess sein kann (Vey et al., 2017, S. 25 ff.).

Auch die Technologie selbst stellt Hürden dar. Die Implementierung neuer Systeme, wie digitale Plattformen oder automatisierte Prozesse, erfordert oft spezialisiertes Fachwissen, das in vielen Unternehmen fehlt (vgl. Mittelstand-Digital Zentrum Berlin, 2024). Zudem sind die ständigen technologischen Weiterentwicklungen für viele Akteure schwer nachzuvollziehen und verursachen Unsicherheit. Unternehmen müssen sich fortlaufend an neue Tools und Technologien anpassen, was oft zusätzliche Schulungen und Ressourcen erfordert.

Ein besonders sensibles Thema bei der Digitalisierung ist der Datenschutz. Die Einführung digitaler Systeme bringt die Erfassung und Speicherung großer Mengen an Daten mit sich, die geschützt werden müssen. Die Einhaltung der Datenschutz-Grundverordnung (DSGVO) stellt viele Unternehmen vor Herausforderungen (vgl. Zimmermann, 2022, S. 1 ff.), da sie nicht nur technische Lösungen erfordert, sondern auch organisatorische Maßnahmen, um den sicheren Umgang mit Daten zu gewährleisten. Insbesondere kleine Unternehmen tun sich schwer, die komplexen Datenschutzanforderungen vollständig umzusetzen, was zu rechtlichen Risiken führen kann.

Nimmt man beispielsweise den Einzelhandel in den Innenstädten, zeigt sich hier oft die Situation, dass die Inhaber bereits im höheren Alter sind, wenig Mitarbeitende haben und so weder die Zeit, noch das Personal, noch die Motivation und das Verständnis dafür aufbringen können, neue digitale Methoden oder Anwendungen zu etablieren. Klassische Situation: Herr H. ist 61 Jahre alt, Inhaber eines Fotogeschäftes in der Innenstadt einer Stadt mit 35 000 Einwohnern. 2 Angestellte, das Ladenlokal gehört ihm. Seine Kinder werden das Geschäft nicht übernehmen, eine anderweitige Übernahme ist nicht in Sicht. Da er keine Miete zahlt, reicht das Tagesgeschäft noch, um gut leben zu können. Warum, so denkt sich Herr H., soll ich mich mit 61 Jahren und 4 Jahre vor Aufgabe des Ladens noch mit digitalen Konzepten beschäftigen? Dafür fehlt die Zeit, das Know-how und am Ende auch die Motivation. Und außerdem, ist das alles nicht überbewertet? Bislang hat es doch auch alles ohne den ganzen digitalen Schnick-Schnack geklappt.

Oder Herr A., Malermeister mit inzwischen mehreren Mitarbeitenden: Das Auftragsbuch ist voll, die Kasse klingelt, die Anfragen können gar nicht mehr bewältigt werden. Herr A. weiß wohl, dass die Digitalisierung auch dem Handwerk einige Erleichterung bringen könnte, vor allem perspektivisch und auch im Hinblick darauf, dass er einfach kein Personal mehr findet, doch damit kann er sich aktuell nicht befassen. Er ist froh, wenn niemand von seinen Mitarbeitenden krank wird und sie all ihre Aufträge fristgerecht erledigen können.

Die Wirtschaftsförderung muss sich dieser Herausforderungen annehmen und überlegen, an welcher Stelle sie die Möglichkeit hat, Digitalisierung wirklich zu fördern und wie sie es auch Menschen wie dem Malermeister Herrn A. so einfach wie möglich machen kann, gleichzeitig aber auch das 500 Mitarbeiter starke Unternehmen, das Zulieferer für Windräder ist, so fördern kann, dass letztlich so viele positive Effekte herauskommen, dass die Standortattraktivität gesteigert werden kann. Gar nicht so einfach!

4. Anforderungen und Erfolgsfaktoren

Die erfolgreiche Umsetzung der Digitalisierung als Aufgabe der Wirtschaftsförderung erfordert die Erfüllung bestimmter Anforderungen und die Berücksichtigung wichtiger Erfolgsfaktoren.

Zunächst muss hier unterschieden werden zwischen der Gesamtdigitalisierungsstrategie einer Kommune, die selbstverständlich auch den Bereich der Wirtschaftsförderung mit beinhaltet, und der Aufgabe der Wirtschaftsförderung, den Standort dadurch attraktiver zu machen, dass den Unternehmen dabei geholfen wird, sich im Bereich der Digitalisierung zukunftssicher aufzustellen – mit all den vorab erwähnten Aspekten.

Diese Strategie muss ein Part der Gesamtdigitalisierungsstrategie der Kommune sein und muss sich eingliedern in z. B. die Teilstrategien „Digitalisierung des Meldewesens", „Digitalisierung des Bauantragswesens" oder „Digitalisierung des Ratsinformationsdienstes", „Digitalisierung im Employer Branding" etc. Hier ist es von Bedeutung, dass die Digitalisierungsstrategie der Wirtschaftsförderung nicht für sich steht, sondern eingebettet ist in eine Gesamtstrategie mit gemeinsamen Zielen, um hier eine gesamtkommunale Kohärenz vermitteln zu können, um Synergien nutzen zu können und um Zielkonkurrenzen eliminieren zu können.

Ein weiterer erheblicher Erfolgsfaktor ist das Netzwerkdenken und die Zusammenarbeit: Eine enge Zusammenarbeit zwischen öffentlichen Institutionen, privaten Unternehmen und der Zivilgesellschaft ist entscheidend. Netzwerke und Plattformen, die Akteure zusammenbringen, sind unerlässlich. Nun sagen wahrscheinlich alle Mitarbeiter der Wirtschaftsförderung: „Das machen wir doch sowieso und immer!" Gemeint sind hier jedoch nicht Tools zur Zusammenarbeit und ein entsprechendes Mindset, sondern vielmehr ein neues Denken über die „übliche Bubble" hinaus. Die Kommunale Gemeinschaftsstelle für Verwaltungsmanagement (KGSt) setzt in ihrem Modell der Netzwerkkommune darauf, über den Tellerrand hinauszudenken und wirklich alle Akteure im Mikroumfeld „Kommune" mitzudenken (vgl. KGSt, o. D.). Vielleicht findet sich für

Herrn Malermeister A. dann eine Studentin, die ein Projekt „Employer Branding“ im Rahmen ihres Studiums umsetzt und die froh ist, die Möglichkeit zu haben, dies in der Praxis einmal auszuprobieren. Vielleicht aber gibt es auch einen Ehrenamtler, der in der Integrationshilfe tätig ist und gerade einem geflüchteten Menschen dabei hilft, sich bestmöglich zu integrieren. Und dieser Mensch freut sich, dem Fotografen H. dabei zu helfen, einen Onlineshop aufzubauen oder insgesamt als digitaler Lotse zu fungieren, denn er hat hier eine große Affinität. Klingt plakativ und zu einfach? Möglich. Doch der Netzwerkgedanke zeigt, dass genau dieser Blick – raus aus der eigenen Bubble – wichtig ist, um solche positiven Verknüpfungen schaffen zu können. Und dies muss originäre Aufgabe der Wirtschaftsförderung sein.

Sich als Wirtschaftsförderung im Kontext Digitalisierung mit allen relevanten externen Akteuren intensiv zu vernetzen und auszutauschen, sprengt wiederum den Rahmen des Möglichen. Es darf und muss hier deshalb eine Fokussierung stattfinden. Diese Fokussierung kann mit klassischen Instrumenten des Stakeholdermanagements relativ einfach vorgenommen werden. Nach einer Stakeholder-Identifikation werden diese im Kontext ihrer Bedeutung für das Thema Digitalisierung analysiert und anschließend bewertet. Von der Bewertung können dann entsprechende Maßnahmen abgeleitet werden, die je nach Bewertung eine enge Einbindung und einen engen Austausch erfordern oder bei denen es ausreicht, diese Stakeholder ggf. einfach nur informiert zu halten.

Die folgende Abbildung 2 zeigt beispielhaft eine entsprechende „Relevance-Interest-Grid“.

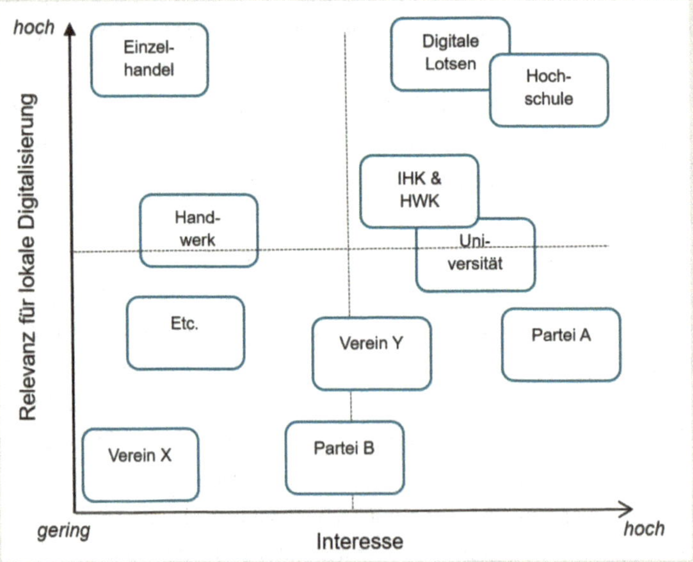

Abbildung 2: Relevance-Interest-Grid (Quelle: Effing, M. & Effing, K; eigene Darstellung)

Dasselbe gilt für die Aufgabenfülle. Unabhängig davon, ob sich die Stabsstelle Wirtschaftsförderung, angesiedelt beim Bürgermeister, um Aufgabe xyz kümmert, eine Wirtschaftsförderungsgesellschaft oder vielleicht auch das Stadtmarketing – die Aufgabenfülle im Bereich der Digitalisierung ist so groß, dass auch hier eine Fokussierung stattfinden muss, um sich nicht zu verzetteln.

Auch hier empfiehlt es sich, eine sachliche Einordnung vorzunehmen, optimalerweise nach dem ökonomischen Prinzip: Mit gegebenem Ressourceneinsatz den höchsten Wirkungsgrad erzielen oder einen definierten Wirkungsgrad mit möglichst wenig Ressourcen erreichen. Dass das im kommunalen Bereich nicht immer möglich ist und Politik vielleicht auch manche Entscheidungen vorwegnimmt, ist so zu akzeptieren. Dennoch sollten die Hauptverwaltungsbeamten oder auch Geschäftsführer oder Projektleitungen der Wirtschaftsförderung den durchaus gegebenen Spielraum nutzen, um die Ressourcen sinnvoll zu verteilen. Eine einfache Methode ist hierbei die Einteilung der Aufgaben und Projekte in eine Efficiency-Ressource-Grid wie in Abbildung 3 aufgezeigt.

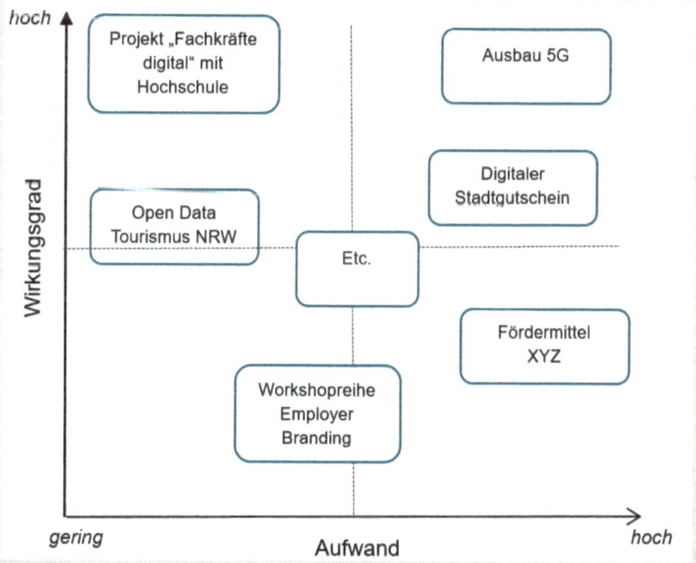

Abbildung 3: Efficiency-Ressource-Grid (Quelle: Effing, M. & Effing, K; eigene Darstellung)

Natürlich gibt es auch im operativen Bereich Erfolgsfaktoren und Handlungsempfehlungen. Als ein Beispiel von vielen sei an dieser Stelle ein Bericht der KGSt erwähnt, in dem kommunale Vorschläge zur Entbürokratisierung im Bereich von Fördersystemen benannt werden. Hier steht u. a. geschrieben:

„Die Basis ist eine zentrale und digitale Plattform, z. B. die bereits eingerichtete Förderdatenbank auf der Homepage des Bundesministeriums für Wirtschaft und Klimaschutz. Diese sollte (nur) aktuelle Förderprogramme mit verbesserten und erweiterten Filter- und Suchfunktionen präsentieren.“ (KGSt, 2023, S. 11).

5. Ausblick und Fazit

Die Digitalisierung stellt sowohl eine große Chance als auch eine bedeutende Herausforderung für die kommunale Wirtschaftsförderung dar. Sie bietet die Möglichkeit, die Wettbewerbsfähigkeit von Regionen nachhaltig zu stärken, den Einzelhandel und das Handwerk zu unterstützen sowie die Infrastruktur zu modernisieren. Digitale Technologien wie E-Commerce, Virtual und Augmented Reality sowie automatisierte Prozesse können helfen, die Attraktivität von Städten und Gemeinden als Standorten zu erhöhen und neue Innovationspotenziale zu erschließen. Gleichzeitig erfordert die Digitalisierung Flexibilität und die Bereitschaft zur Veränderung – sowohl auf technischer als auch auf kultureller Ebene.

Es wird deutlich, dass nicht nur Unternehmen, sondern auch öffentliche Verwaltungen und Wirtschaftsförderungen selbst vor der Aufgabe stehen, digitale Transformationsprozesse zu bewältigen. Eine Studie von Co:Lab, Capgemini und der KGSt von 2023 zeigt, dass lediglich 32 % der befragten Kommunen und Kreise angaben, dass Wirtschaftsförderung und Standortattraktivität ein wichtiges Ziel ihrer Digitalisierungsstrategie sind (Co:Lab, 2023, S. 21). Dies zeigt einen dringenden Aufholbedarf.

Der Erfolg dieser Prozesse hängt wiederum von verschiedenen Faktoren ab, wie der Verfügbarkeit von Ressourcen, der Akzeptanz neuer Technologien und der Fähigkeit, Netzwerke zwischen relevanten Akteuren zu schaffen. Um die Herausforderungen der Digitalisierung zu meistern, ist eine klare Strategie erforderlich, die in die gesamtkommunale Digitalisierungsstrategie eingebettet ist. Zudem ist es wichtig, durch gezielte Maßnahmen wie Netzwerkarbeit und Stakeholdermanagement Synergien zu nutzen und den Fokus auf wirkungsstarke Projekte zu legen.

Letztendlich ist es die Aufgabe der Wirtschaftsförderung, die Digitalisierung als Hebel zu nutzen, um Unternehmen zu unterstützen, Arbeitsplätze zu schaffen und den Standort langfristig zu stärken. Dabei müssen individuelle Bedürfnisse der Unternehmen berücksichtigt und Maßnahmen zur Überwindung von Widerständen ergriffen werden, um die positiven Effekte der Digitalisierung voll auszuschöpfen.

Quellenangaben

Co:Lab Denklabor & Kollaborationsplattform für Gesellschaft & Digitalisierung e. V. (2023): Sind unsere Kommunen zukunftsfähig? Nachhaltig Digital | Digital Nachhaltig. Studie des Co:Lab in Zusammenarbeit mit Capgemini und der Kommunalen Gemeinschaftsstelle für Verwaltungsmanagement (KGSt), Berlin.

Deutscher Landkreistag (2013): Wirtschaftsförderung konkret. Umfrage des Deutschen Landkreistages. Deutscher Landkreistag; online abrufbar unter https://www.landkreistag.de/images/stories/publikationen/bd-113.pdf (letzter Abruf am 22.09.2024).

Deutscher Städtetag (2018): Diskussionspapier für eine erfolgreiche Wirtschaftsförderung; online abrufbar unter https://www.staedtetag.de/files/dst/docs/Publikationen/Positionspapiere/Archiv/erfolgreiche-kommunale-wirtschaftsfoerderung-diskussionspapier 2018.pdf (letzter Abruf am 18.09.2023).

Gärtner, S. (2004): Integrierte Wirtschaftsförderung. Regionalökonomische Ansätze und Konzepte, in: Widmaier, B., Beer, D., Gärtner, S., Hamburg, I. & Judith, T. (Hrsg.): Wege zu einer integrierten Wirtschaftsförderung, Baden-Baden, S. 13–74.

Kommunale Gemeinschaftsstelle für Verwaltungsmanagement – KGSt (2023): Deutliche Modernisierung im staatlichen Fördersystem auf Bundes- und Länderebene erforderlich. Kommunale Vorschläge zur Entbürokratisierung, KGSt-Bericht, 6 / 2023.

Kommunale Gemeinschaftsstelle für Verwaltungsmanagement – KGSt (o. D.): Die Netzwerkkommune; online abrufbar unter https://www.kgst.de/netzwerkkommune (letzter Abruf am 22.09.2024.

Mittelstand-Digital Zentrum Berlin (2024, 2. Juni): Digitalisierung im Mittelstand: Fünf aktuelle Studien beleuchten den Status Quo; online abrufbar unter https://digitalzentrum-berlin.de/digitalisierung-im-mittelstand-vier-aktuelle-studien (letzter Abruf am 22.09.2024).

Steinrücken, T. (2013): Wirtschaftsförderung & Standortpolitik: Eine Einführung in die Ökonomie (2. Auflage), Erfurt: Books on Demand.

Vey, K., Fandel-Meyer, T., Zipp, J. S., & Schneider, C. (2017): Learning & Development in Times of Digital Transformation: Facilitating a Culture of Change and Innovation. International Journal of Advanced Corporate Learning (iJAC), 10(1), S. 22–32; online abrufbar unter https://online-journals.org/index.php/i-jac/article/view/6334/4348.

Vogelgesang, M., Stember, J. (2021): Netzwerke, Ebenen und Organisationen der Wirtschaftsförderung, in: Stember, J. et al. (Hrsg.), Handbuch Innovative Wirtschaftsförderung, 2. Auflage, Wiesbaden, S. 97–120.

Wangermann, T. (2022): Marktplatz digitale Bildung. Rahmenbedingungen für einen Marktplatz digitaler Bildungsangebote im schulischen Bereich. Konrad-Adenauer-Stiftung e. V. Analysen & Argumente, Nr. 485; online abrufbar unter https://d-nb.info/126835225X/34 (letzter Abruf am 22.09.2024).

Zimmermann, V. (2022): Vielfältige Hemmnisse bremsen die Digitalisierung im Mittelstand. KfW Research; online abrufbar unter https://www.kfw.de/PDF/Download-Center/Konzernthemen/Research/PDF-Dokumente-Fokus-Volkswirtschaft/Fokus-2022/Fokus-Nr.-380-April-2022-DigiHemmnisse.pdf (letzter Abruf am 22.09.2024).

Zwicker-Schwarm, D. (2013): Kommunale Wirtschaftsförderung 2012: Strukturen, Handlungsfelder, Perspektiven, Difu-Papers, 2013, Deutsches Institut für Urbanistik, Berlin.

Zu den Autoren

Marion Effing arbeitet im Management des EOE-Hochschulnetzwerks, war einige Jahre als Geschäftsführerin im Stadtmarketing tätig, ist Lehrbeauftragte an der Hochschule für Polizei und Verwaltung NRW und promoviert und forscht zum Thema Kommunalverwaltungsmarketing.

Dr. Klaus Effing (Landrat a. D.) ist seit Mai 2020 Vorstand der Kommunalen Gemeinschaftsstelle für Verwaltungsmanagement (KGSt). Zuvor war er knapp 30 Jahre in verschiedensten Bereichen der Kommunalverwaltung tätig.

Kontakt: marion.effing@lichtenberg.institute | klaus.effing@kgst.de

5.5 Unternehmensansiedlung

Das Ansiedeln von Unternehmen wird landauf, landab als Kernaufgabe der Wirtschaftsförderung angesehen. Eine Neuansiedlung gilt für Politiker und Wirtschaftsverbände als das Nonplusultra des Nachweises für die Tüchtigkeit und den politischen Erfolg von Wirtschaftsförderung. Auch Presse und Öffentlichkeit sehen in der Entscheidung eines Unternehmens für einen bestimmten Standort eine hohe Wertschätzung und Bestätigung. Kaum ein anderer politischer Erfolg wird mehr gefeiert als eine Unternehmensansiedlung, die die interkommunale oder gar internationale Wettbewerbsfähigkeit unterstreicht. Die Wertschätzung des Investors gilt als Erfolgsnachweis für die Politik und Verwaltung eines Standortes.

Jüngstes Beispiel ist die Ansiedlung einer Chipfabrik bei Dresden. Von den 10 Milliarden Euro Baukosten übernahm, mit Genehmigung der EU, 5 Millionen Euro die Bundesrepublik Deutschland, der Spatenstich wurde in zeitlich unmittelbare Nähe der mit Angst erwarteten Landtagswahlen in Sachsen und Thüringen gelegt. Die Bedeutung der teilnehmenden Politiker von EU, Bund, Land und Kommune hätte nicht höher sein können.

Angestrebt werden 2000 Arbeitskräfte, von denen eine große Anzahl nicht vor Ort vorhanden sind. Die Entscheidung für eine solche Ansiedlung muss also in hohem Maße mit technologischen Gründen gerechtfertigt werden. Das Arbeitsplatz- und Finanzziel können eine solche Subvention nicht rechtfertigen, vergleicht man sie mit den Summen, die auf Druck der Stromlobby gestrichen wurden, um den Solarstandort Deutschland zu ruinieren.

Darin liegt wohl auch der Grund, warum Stadt- und Gemeindeverwaltungen und ihre politischen Spitzen, aber auch Kommunalpolitiker, häufig jedes Augenmaß bei den Zugeständnissen für Unternehmensansiedlungen vermissen lassen, manchmal mehr als die aufmerksame Brüsseler Behörde zulässt. Zu gern glaubt man den vollmundigen Versprechen von Arbeitsplätzen und Gewerbesteuerzahlungen; die Unternehmen werden geradezu dazu genötigt, deutlich mehr in Aussicht zu stellen, als realistischerweise zu erwarten ist.

Dass derart geweckte Erwartungen dann nicht in Erfüllung gehen, häufig genug bereits vor dem ersten Spatenstich, liegt in der Natur der Sache. Die Chipfabrik bei Magdeburg, die nun über Jahre auf Eis gelegt wird, ist ein offenkundiges Beispiel für diese Verhaltensweisen.

Es gibt ein weitverbreitetes Missverständnis über Chancen und Wirkungen von Unternehmensansiedlungen, spielen sie doch heute im wirklichen Berufsleben eines Wirtschaftsförderers in Mitteleuropa nur eine untergeordnete Rolle.

Ansiedlungspotenzial

Das Ansiedlungspotenzial von nationalen und internationalen Unternehmen ist gut untersucht, Statistiken sind erstellt und Abhandlungen über die Zusammenhänge und Möglichkeiten sind verfasst. Allein die Kommunalpolitik will einfach nicht zur Kenntnis nehmen, dass das Ansiedlungspotenzial äußerst gering ist und dass der Erfolg einer Wirtschaftsförderung anders zu messen ist als an der Zahl der Unternehmensansiedlungen.

Aber es sind nicht nur die Politiker, sondern auch die Wirtschaftsförderer selbst, die in ihren Jahresberichten mitunter Ansiedlungserfolge für sich verbuchen und so die Aufmerksamkeit in die falsche Richtung lenken. Alle Ansiedlungsbeauftragten stürzen sich auf ein äußerst geringes Potenzial neuer Unternehmensansiedlungen. Dass Neuansiedlungen sehr arbeitsplatzintensiv sind, ist derzeit und mittelfristig unwahrscheinlich, da die Bevölkerungsprognose von einer problematischen Entwicklung ausgeht.

Ansiedlungen konkurrieren um ein knappes Arbeitskräftepotenzial mit den bestehenden Unternehmen, weswegen heute bei knappen Flächen und noch knapperem Arbeitskräftepotenzial die Begründungen für Neuansiedlungen schon gut überlegt sein sollte. Gerade im Produktionsbereich ist der Standort Deutschland nur in besonderen Bereichen konkurrenzfähig, weswegen die Wirtschaftsförderungsstrategie immer wieder neu justiert werden muss.

Zwei Arten von Unternehmensansiedlungen können unterschieden werden:

- Nahverlagerungen
- Überregionale Neuansiedlungen

Nahverlagerungen

Von Nahverlagerung wird im Rahmen der kommunalen und regionalen Wirtschaftsförderung dann gesprochen, wenn Alt- und Neustandort innerhalb einer Region liegen. Die Unterscheidung von einer Unternehmensansiedlung aus großer Distanz ist deshalb maßgeblich, da es bei Nahverlagerungen in der Regel nur zu wenigen Änderungen bei den Beschäftigungsverhältnissen und Lieferantenbeziehungen kommt.

Die Mitarbeiter wechseln in der Regel nur den Arbeitsort mit dem Unternehmen und behalten den angestammten Wohnort bei. Für die Zuzugsgemeinde des Unternehmens verbessern sich in der Regel die Steuereinnahmen und örtliche Dienstleister kommen neu ins Geschäft. Die regionale Wirtschaftskraft wird durch solche, häufig grundstücksbedingten Standortwechsel nicht verändert, jedoch die der abgebenden und gewinnenden Standorte.

Das Nahverlagerungspotenzial einer Region umfasst je nach Verkehrsbedingungen einen Umkreis von circa 100 Kilometern, ist überschaubar und besteht aus den verlagerungsbereiten Unternehmen innerhalb der Region, die durch eine Verlagerung ihre Standortbedingungen verbessern möchten. Für die Wirtschaftsförderung ist die Akquisition sog. Nahverlagerer eine leistbare Aufgabe, da sie auf eine überschaubare Anzahl begrenzt ist. Durch intensivere Recherche in der Region kann erhoben werden, welche Unternehmen eine Standortverlagerung in Erwägung ziehen, welche Gründe dafür ausschlaggebend sind und ob es möglich ist, ein konkurrenzfähiges Liegenschaftsangebot zu unterbreiten. Die Wirtschaftsförderung sollte über ein regional ausreichend gutes Netzwerk verfügen, um solche Verlagerungsfälle in Erfahrung zu bringen und im Bedarfsfall entsprechend reagieren zu können.

Dass ein solches Vorgehen gelegentlich die regionale Solidarität auf die Probe stellt, ist offensichtlich, solange jedoch kein ruinöser Preiswettbewerb um Grundstücke einsetzt und andere sachfremde Verhaltensweisen und Erwägungen ins Spiel kommen, muss aus regionaler Sicht ein regionaler Standortwettbewerb befürwortet werden, da dieser das Unternehmen in eine bessere Wettbewerbsposition am Markt bringt. Häufig sind am alten Standort nicht die passenden Grundstücke vorhanden. In diesem Fall sollte die regionale Wirtschaftsförderung um ein passendes regionales Angebot bemüht sein.

Immer wieder hört man auch davon, dass Unternehmen ihrer Heimatgemeinde den Rücken kehren, weil sie eine nicht ausreichende Wertschätzung erfahren haben oder ganz einfach die Chemie mit Verwaltung oder Politik nicht stimmt. Meist wird eine solche Gemengelage für eine Nahverlagerung wohl nicht ausschlaggebend sein, sie kann aber eine mit anderen Motiven begründete Verlagerung beeinflussen. Nicht selten dienen solche Ausreden auch nur zur Verschleierung der wahren Gründe: In der Nachbargemeinde ist es schlichtweg billiger. Nicht selten gibt es also sachliche Gründe, aber am Schluss entscheiden doch häufig die Emotionen und das auch bei Unternehmern.

Das Verständnis und das Verfahren für einen gesunden regionalen Standortwettbewerb sollte regional verabredet werden und gehört zu einer regionalen Solidarität, die als ein positiver Standortfaktor interpretiert werden muss. Die Region sollte alles daransetzen, Unternehmen, die einen neuen Standort suchen, im gemeinsamen Schulterschluss und ohne Rücksicht auf lokale Interessen die bestmöglichen Bedingungen und Grundstücke anzubieten.

Überregionale Unternehmensansiedlungen

Haftet einer erfolgreich abgeschlossenen Nahverlagerung immer auch ein wenig der Ruf des kleinkarierten nachbarschaftlichen Revanchefouls an, so gilt die Unternehmensansiedlung aus der Ferne, am besten aus dem Ausland, als die Krönung der Aktivitäten von Politik und Wirtschaftsförderung. Wenn der Wettbewerb dann noch gegen einen regionalen oder namhaften internationalen Rivalen gelungen ist, dann ist es wohl das höchste, aber auch das seltene Glück des Wirtschaftsförderers und seines obersten Vorgesetzten.

Immer häufiger werden Suchverfahren nach neuen Standorten professionalisiert, große internationale Beratungs- und Wirtschaftsprüfungsunternehmen haben Know-how und Kapazitäten aufgebaut und können die standortsuchenden Unternehmen bei der Auswahl und vor allen Dingen bereits bei der Festlegung der Auswahlkriterien beraten.

Dieses Verfahren erspart dem Wirtschaftsförderer viel Arbeit und Unsicherheit, kann er doch sicher sein, dass das Ansiedlungsinteresse ernsthaft und gut überlegt ist. Insoweit sind eingeschaltete Berater eine große Hilfe im Ansiedlungsverfahren, auch wenn die Anforderungen sicher deutlich größer sind. Solche Anfragen kommen direkt von Unternehmen und deren Beratern, aber auch über Ausschreibungen, bei denen der Standort entweder direkt zur Teilnahmeaufgefordert wird oder auf die er z. B. durch die Wirtschaftsförderungsgesellschaften des Bundes und der Länder aufmerksam gemacht wird.

Keine Ansiedlung ohne Motiv

Keine Ansiedlung ohne Motiv: häufig liegen diese Motive in vorhandenen wirtschaftlichen Beziehungen zu ansässigen Unternehmen, Hochschulen oder Forschungseinrichtungen, womit ein weiteres Motiv für eine aufmerksame Bestandspflege benannt wäre. Wenn ein mit dem eigenen Standort zufriedener Unternehmer anderen Unternehmern empfiehlt, sich auch dort anzusiedeln, ist das die schönste Ernte eines Wirtschaftsförderers. Das Klima stimmt. Aber auch zunächst irrational klingende Argumente wie beispielsweise „Mein Sohn studiert hier“, „meiner Frau gefällt die Landschaft“, oder die Möglichkeit, bestimmte Freizeitaktivitäten hier besser ausüben zu können, sind Gründe für Umsiedlungen.

Solche Argumente sind in der Praxis keine Seltenheit. Eine attraktive Immobilie für den zukünftigen Geschäftsführer hat schon manche Standortentscheidung beeinflusst.

Wenn nun ein solches Standortinteresse geäußert wurde, beziehungsweise wenn der Standort sich zur Abgabe eines Angebotes entschlossen hat, dann schlägt die Stunde des Wirtschaftsförderers. Grundstücke oder Immobilien müssen nachgewiesen werden, die vom Anfragesteller formulierten Fragen präzise, kurz und vor allen Dingen richtig, d. h. nicht beschönigend, beantwortet werden. Da die Anfragen oft sehr komplex sind und unterschiedliche Bereiche wie Arbeitsmarkt, Infrastrukturkosten, steuerrechtliche Rahmenbedingungen, Genehmigungsverfahren etc. betreffen, ist es angezeigt, die betreffenden Fachleute innerhalb und außerhalb der Verwaltung zu einer gemeinsamen Projektgruppe zusammenzuschließen und sich auch gegenüber dem Investor als kompetenter Netzwerker zu präsentieren.

Ein qualifiziertes Angebot, das die Kooperationsbereitschaft und das „An-einem-Strang"-Ziehen des gesamten Standortes unter Beweis stellt, sowie eine entschlossene Dienstleistungsmentalität sind besser, als mit günstigen, nicht haltbaren Grundstückspreisen zu locken. Ansiedlungswillige Unternehmen, die ein „Schnäppchen" suchen, also extrem günstige Grundstückskonditionen, sollten genau betrachtet werden, denn ein extrem guter Preis wird zwar als Morgengabe des Standortes erwartet und das ernsthafte Interesse des Standorts oft am Preisangebot festgemacht. Häufig spielt aber bei der Grundsatzentscheidung der Grundstückspreis nicht die entscheidende Rolle, da er angesichts der Höhe der Gesamtkosten des Projektes einen relativ kleinen Teil der Kosten ausmacht.

Servicequalität

Da dem Standort im Wettbewerb bei den direkten finanziellen Zugeständnissen aus vielerlei berechtigten Gründen meist die Hände gebunden sind, kann der motivierte Wirtschaftsförderer mit Servicequalität und dem Wohlfühlfaktor überzeugen. Das Einschalten der Politik bis hin zur Bundes- und Landesebene sollte dabei selbstverständlich sein, nach dem Motto: Wirtschaftsförderung ist Chefsache. Ebenso will die Familie des Entscheidungsträgers beziehungsweise des Unternehmers mitgenommen werden. Fragen nach der Verfügbarkeit von qualitativ hochwertigem Wohnraum und die Breite der Bildungseinrichtungen sind oftmals entscheidender als Grundstückspreise.

Das Einrichten eines sog. Pre-Opening-Offices auf Kosten der Wirtschaftsförderung oder eines späteren Nutznießers, also des Immobilieneigentümers und die Abstellung eines flexiblen Mitarbeiters in das Pre-Opening-Office, das den sich ansiedelnden Unternehmen für alle Fragen von Genehmigungen, Beschaffung und Fragen des Alltags, wie Wohnungs- und Mitarbeitersuche zur Verfügung steht, können ebenfalls hilfreich sein.

Die Vermittlung von Kontakten zu Steuerberatern und Wirtschaftsprüfern, Anwälten, Kindergarten und Schulplätzen können proaktiv angeboten werden. Es darf nicht vergessen werden, dass Unternehmer nicht mehr oder weniger eitel sind als der Durchschnitt der Bevölkerung und Eitelkeiten wollen bedient werden. Bei Unternehmen spielt die Frage nach schneller Kontaktherstellung zur Local Community eine Rolle, das Unternehmen erwartet die Wertschätzung seiner positiven Standortentscheidung und eine klare positive Stellungnahme sowie das Bemühen der Politik, sich um das neue Unternehmen zu kümmern. Hier ist die Verwaltungsspitze als oberster Wirtschaftsförderer gefordert.

Finanzielle Erwartungen der Unternehmen, die in der Regel nicht bedienbar sind, können mit erhöhtem persönlichem Einsatz wettgemacht werden. Auch die jeweiligen Ehepartner der Verwaltungsspitze sollten bei Einladungen miteinbezogen werden, um so das persönliche Interesse zu unterstreichen.

Aktive Akquise

Bleibt abschließend noch die Möglichkeit, in eine aktive Akquise von Unternehmen einzutreten, d.h. es soll mit Standortvorteilen nach ansiedlungswilligen Unternehmen gesucht werden, die jedoch nicht konkret bekannt sind. Ein solches Verfahren ähnelt jedoch der Suche nach der berühmten Nadel im Heuhaufen. Es ist offensichtlich, dass ohne eine Eingrenzung der Zielgruppe im Rahmen einer Konzentration auf Regionen und Branchen beziehungsweise Cluster die Suche überfordert wäre.

Es soll davon ausgegangen werden, dass die meisten Standorte die generelle Standortwerbung und die Marketingarbeit für den Standort Deutschland den Wirtschaftsförderungsgesellschaften und Einrichtungen des Bundes und der Länder sowie den Botschaften und Außenhandelskammern überlassen. Denn die generelle Überzeugungsarbeit für eine Standortentscheidung kann ein einzelner Standort in der Regel nicht leisten, wenn er das ansiedlungsbereite Unternehmen nicht kennt.

Der naheliegendste Weg zur allgemeinen Unternehmensakquise führt sicher über die ansässigen Unternehmen und ihre Netzwerke. Grundsätzlich ist jedes am Standort vorhandene Unternehmen ein möglicher Botschafter und ein hervorragender Ansiedlungsgrund für Zulieferer, für Kunden und für unternehmensbezogene Dienstleister. Unternehmen sprechen somit ihre Geschäftspartner an, um die Geschäftsbeziehungen zu verbessern.

Aber nicht nur aktive Unternehmer, Gesellschafter und leitende Angestellte sind gute Botschafter des Standortes, wenn es um Ansiedlungen geht. Es geht auch um die vielen ehemaligen Manager und die zwischenzeitlich sich im Ruhestand befindlichen Unternehmer und politischen und wirtschaftlichen Akteure, die ebenfalls zu einem lokalen Botschafternetzwerk zusammengebunden werden können, wie es beispielsweise in der Stadt Köln umgesetzt wird.

Aber auch die Alumninetzwerke der Universitäten und Hochschulen eignen sich für eine solche zielgerichtete Ansprache von Unternehmen, Wissenschaftlern, Mitarbeitern, internationalen Organisationen und sonstigen Einrichtungen, die für die Entwicklung des Standortes förderlich sind.

Hat man als Standort die zu bewerbende Zielgruppe regional-, branchen- oder technologiespezifisch festgelegt, so gibt es unterschiedliche Instrumente der Umsetzung. Eine in der Praxis gerne genutzte Maßnahme sind die sogenannten Roadshows, die häufig von Wirtschaftsförderungsgesellschaften der Länder angeboten werden. Diese sind meist branchenbezogen und bedienen sich der Form von Delegations- und Informationsreisen. Sie bieten in der Regel imageorientierte Präsentationsmöglichkeiten und Kontaktbörsen, bei denen Unternehmer nach vorher genau ermittelten Wünschen mit Unternehmen aus dem besuchten Land im Rahmen von Face-to-face-Meetings zusammengebracht werden, um entweder Zulieferer, Kundenvertriebspartner oder allgemein interessante Kooperationspartner zu finden und Kontakte zu knüpfen.

Wirtschaftsförderer sollten infrage kommende Unternehmen auf solche Präsentationsmöglichkeiten gezielt aufmerksam machen und sie bei der Vorbereitung u. a. durch zur Verfügungstellung von geeigneten Materialien unterstützen. Auch kann für den Wirtschaftsförderer selbst eine Teilnahme an solchen Reisen dann sinnvoll sein, wenn zum einen Präsentationsmöglichkeiten für Standorte geboten werden und die Themen zum anderen inhaltlich und regional ausgerichtet sind.

Solche Delegationsreisen haben daneben den unschätzbaren Vorteil, dass man als regionaler Standortwerber eine Reihe von Unternehmen aus der engeren und weiteren Region persönlich kennenlernen kann, Unternehmen sich untereinander kennenlernen und auch die mitreisenden Mitarbeiter aus Wirtschaft und Wissenschaft, Ministerien, Universitäten, Hochschulen und Forschungseinrichtungen sowie aus den Kammern und Verbänden bei solchen mehrtägigen Gruppenreisen überaus offen für neue Kontakte sind.

Die Chance gruppeninterner Ansiedlungs- und Gesprächserfolge scheint sicher genauso groß wie der Traum, anlässlich einer solchen Promotiontour den großen Ansiedlungserfolg im Ausland zu erzielen.

Projektmanagement

Folgt man den Untersuchungen des Deutschen Instituts für Urbanistik (Difu) zum Thema Wirtschaftsförderung, so hat der Maßnahmenbereich Projektmanagement eine in den vergangenen Jahren stetig wachsende Bedeutung für die lokalen und regionalen Wirtschaftsförderungsinstitutionen erfahren. Dies ist ein Ergebnis aus den regelmäßigen Umfragen des Difu unter den Wirtschaftsförderungseinrichtungen in Deutschland.[28]

Auch Unternehmen und Organisationen bedienen sich immer häufiger aufgrund steigender Komplexität und einer wachsenden Anzahl von gleichzeitig zu bearbeitenden Projekten des Projektmanagements. Am Ende des Projektmanagements steht immer ein Produkt als Leistung, ein definiertes Resultat. Was allerdings genau unter dem Begriff Projektmanagement (PM) zu verstehen ist, bleibt häufig offen und man hat doch den Eindruck, dass hierunter sehr Unterschiedliches subsumiert wird.

Folgt man der eher theoretischen Definition des Projektmanagementinstituts PMI, so versteht man unter Projektmanagement die Anwendung von Wissen, Können, Werkzeugen und Techniken auf Projekte und Aktivitäten, um Projektanforderungen zu erfüllen. Eine eher pragmatische Begriffsbestimmung findet sich beispielsweise bei der mitteldeutschen Wirtschaftsförderung GmbH (MWF):[29]

Projektmanagement ist die Planungs- und Koordinationsarbeit, mit der in einem Projekt sämtliche Arbeiten wohlkoordiniert und im abgesteckten Rahmenplan voll ablaufen und die gesteckten Ziele wie gewünscht in allen Details erreicht werden. Dabei sind die Bedingungen für die Koordination, die Aufgaben, das Ziel, sowie Anfang und Ende des Projektes einmalig.

Es gilt also, die Anforderungen, Kosten und Zeitbudget zu formulieren und die Akteure zu koordinieren, mit Blick auf eine optimale Zielerfüllung. PM besteht in den Schritten: Aufgabenanalyse, Planung und Konzeption, Umsetzung, Überwachung, Erfolgskontrolle und Optimierung.

Wendet man nun sowohl die theoretische als auch die eher praxisorientierte Beschreibung darauf an, was in der Wirtschaftsförderungspraxis unter Projektmanagement verstanden und umgesetzt wird, so soll im Folgenden dann von Projektmanagement in der Wirtschaftsförderung gesprochen werden, wenn folgende Eigenschaften auf eine Organisationsaufgabe zutreffen:

- Die zu lösende Aufgabe ist umfangreich und komplex;
- Die Aufgabe ist in einem vorgegebenen Kostenrahmen zu erledigen;
- Der zeitliche Rahmen ist begrenzt;

- Die Aufgabe ist definiert und in sich abgeschlossen;
- Es gibt eine eigene Organisationsstruktur für das Projektmanagement;
- Die Aufgabe dient der Erfüllung eines vorgegebenen Ziels

Legt man diese Anforderungen zugrunde, so können ganz bestimmte Aufgaben im Rahmen der Wirtschaftsförderung mit den Mitteln des Projektmanagements umgesetzt werden. Dabei erhebt die nachfolgende Aufzählung keinen Anspruch auf Vollständigkeit:

- Aufbau eines Branchenclusters oder thematisch beschriebenen Netzwerkes in einer definierten Region;
- Einrichtung sog. Themenimmobilien, eines Gründerzentrums oder Technologieparks;
- Entwicklung eines Industrie- und Gewerbegebietes mit besonderem Anspruch, z. B. interkommunal oder länderübergreifend;
- Konversion einer Liegenschaft, wie einer Kaserne oder eines nicht mehr benötigten Bahnareals oder einer stillgelegten Immobilie;
- Baustellenmanagement bei einer komplexen Einzelhandelslage in der Innenstadt bei Stilllegung des Verkehrs;
- Maßnahme zur großräumigen Anwerbung von Fachkräften in der Region. Oder überregionale Marketingmaßnahmen auf internationalem Parkett zur Unternehmensakquise und zum Standortmarketing;
- Teilnahme an bedeutenden Wettbewerben und Ausschreibungen für Unternehmensansiedlungen;
- City- und Quartiersmanagement;
- Erarbeitung eines Standortentwicklungskonzeptes.

Die Durchführung von Aufgaben mittels Projektmanagement erfordert zahlreiche organisatorische Handreichungen und Werkzeuge, wie z. B. Projektstrukturplan, Zeitplananalyse, Kostenanalyse oder ein Statement of Work (SOW). Auch wenn es keine Patentrezepte für das Projektmanagement gibt, so empfiehlt es sich doch, dass das Projektmanagementteam vor Beginn der Aufgabe entweder fachliche Beratung einholt oder selbst an entsprechenden Schulungsmaßnahmen teilnimmt, um die Vorteile des Projektmanagements und dessen Techniken in die Abwicklung des Projektes einzubringen.

Das wird in der Regel bereits im Vorfeld der Maßnahme Kosten verursachen, dient jedoch dazu, am Ende das Projekt zeit- und kostengerecht unter Risikominimierung abzuschließen. Die Wirtschaftsförderung kann in diesen Fällen Initiator oder Teil des Projektmanagementteams sein.

5.6 Marketing, Kommunikation und Social Media

Kommunikationspolitik kann beschrieben werden als Maßnahme, die bei den Zielgruppen Wissen, Einstellung und sonstiges Verhalten gegenüber den kommunizierenden Unternehmen, also hier über den Wirtschaftsstandort, beeinflusst.[30]

Wenn es bei der Erstellung eines Standortentwicklungskonzeptes um die Bereiche Imagebildung, Attraktivitätssteigerung und Bekanntheit, um Unternehmensakquisition, Tourismus und Einzelhandelsförderung, aber auch um Gewinnung von Fachkräften und Bevölkerungswachstum geht, dann sind geeignete Maßnahmen der Kommunikation gefragt.

Ein positives Wirtschaftsklima am Standort, die Bildung von Clustern und Netzwerken und damit die Standortentwicklung, aber ebenso die Akzeptanz der wirtschaftspolitischen Maßnahmen sind Aufgaben, die mit den Maßnahmen der Kommunikation und des Marketings erreicht werden sollen.

Marketing-Mix

Es sei vorausgeschickt, dass es bei der Auswahl der Maßnahmen, in diesem Bereich häufig auch als Marketing-Mix bezeichnet, durchaus hilfreich sein kann, nach einer standortbezogenen Analyse und Zieldefinition in einem weiteren Schritt zunächst auch auf die für diesen Maßnahmenbereich zur Verfügung stehenden finanziellen Ressourcen zu achten. Denn die Möglichkeiten in diesem Bereich sind nicht nur unüberschaubar, sondern auch finanziell in der Höhe nach oben offen. Die Vorstellungen der unterschiedlichen Akteure lassen keine Wünsche offen, und die Liste der zu prüfenden Maßnahmen könnte Bände füllen.

Ein Blick auf die Finanzen lässt vielleicht einige Maßnahmen gar nicht erst in den Bereich des Möglichen rücken Es sollte aber nicht nur der Haushaltsplan regieren, denn gerade Kommunikationsmaßnahmen lassen sich auch im Rahmen von Joint Ventures und PPP-Maßnahmen gemeinsam mit Unternehmen und anderen Institutionen realisieren. Die Fördertöpfe von EU, Bund und Land sind häufig größer als angenommen und eine unübersehbare Zahl von Stiftungen und an gemeinsamen Kommunikationsmaßnahmen Interessierten lassen die eigenen Bemühungen um ein Sponsoring oftmals erfolgreich sein.

Zielgruppe interner Kommunikationsmaßnahmen sind zum einen die eigene Bevölkerung, wenn es um Werbung für die Akzeptanz der standortpolitischen Ausrichtung geht, zum anderen die standortrelevanten Unternehmen, wenn es um Kooperationen,

Cluster und Netzwerkbildung geht. Aber auch das Ziel einer besseren Kommunikation zwischen Unternehmen, Institutionen sowie Wissenschaft und Forschung vor Ort ist zunächst nach innen gerichtet.

Nach außen gerichtet sind die Maßnahmen, die auf die Akquisition von Unternehmen und Fachkräften, auf Schüler und Studenten aber ebenso auf das immer mehr in den Vordergrund tretende Ziel einer positiven Bevölkerungsentwicklung und den Tourismus ausgerichtet sind. Am umfassendsten ist dann die Zielgruppe, bei der es um Verbesserung und Aufbau eines Images sowie um die Erhöhung des Bekanntheitsgrades geht.

Public Relations

Als Public Relation wird von der Deutschen Public Relations Gesellschaft das bewusste und legitime Bemühen um öffentliches Verständnis, sowie um Aufbau und Pflege von Vertrauen, auf der Grundlage systematischer Erforschung beschrieben.[31]

Ein positives Image, Meinungsbild, Akzeptanz, Wahrnehmung und die Kenntnis der Ziele des Standorts sollen durch PR-Maßnahmen erreicht werden. Die PR-Maßnahmen sind nicht nur auf Entscheider und politisch wichtige Zielgruppen gerichtet, sondern die Themen der regionalen Entwicklung müssen auch für die breite Bevölkerung dargestellt werden, da diese Politik letztendlich auch bei Wahlen immer wieder dann zur Abstimmung gestellt wird, wenn Kandidaten und Parteien sich für oder gegen bestimmte Maßnahmen der Wirtschaftsförderung aussprechen.

Zusammenarbeit mit der lokalen Presse

Für die Wirtschaftsförderung empfiehlt sich eine gute und offene Zusammenarbeit besonders mit der lokalen und regionalen Presse, wobei es sowohl um die Lokalseiten wie auch um die Wirtschafts- und regionalen Seiten geht. Themen, insbesondere der lokalen Wirtschaft, werden in den Medien nicht selten stiefmütterlich behandelt, da die Redakteure in einer positiven Berichterstattung über Unternehmen und Unternehmensentwicklungen häufig gleich Liebesdienste sehen, die einem kritischen Journalisten widerstreben oder eher Anzeigenblättern zugemutet werden.

Meist wird die Berichterstattung über kleine lokale Ereignisse im Unternehmensbereich mit dem Argument verweigert, dass das Unternehmen durch einen redaktionellen Beitrag lediglich die Kosten für eine Anzeige sparen wolle. Dieses Feld ist ausgesprochen heikel und hängt auch von der Persönlichkeit der berichtenden Journalisten ab. Für die

Wirtschaftsförderung ist daher Ausdauer, Offenheit und absolute Glaubwürdigkeit in der Pressearbeit gefordert.

Konstanz in der Berichterstattung zu bestimmten Themen, z. B. die Kommentierung der jeweiligen monatlichen Arbeitsmarktberichterstattung, die von den statistischen Ämtern gelieferten Arbeitsplatz- und Arbeitsmarktentwicklung ebenso wie die Herausgabe eines mindestens jährlichen Berichts über den Zustand der lokalen Wirtschaft und die Ziele, zahlen sich erfahrungsgemäß mittelfristig aus.

Auch eignet sich die Berichterstattung über regionale Wirtschaftsdaten als Füller im Sommerloch. Den erschienenen Bericht kann die Wirtschaftsförderung dann nochmal im Herbst an alle Interessierten verteilen.

Die Problematik besteht darin, dass es häufig keinen adäquaten Platz in Regionalzeitungen für die Berichterstattung über die lokale Wirtschaft gibt. Der Wirtschaftsteil ist häufig deutlich überregional ausgerichtet und im lokalen Teil fürchtet man das Überhandnehmen unternehmensbezogener Wirtschaftswerbung. Die Wirtschaftsförderung spielt zugegebenermaßen in der Wahrnehmung der Gesamtbevölkerung eine untergeordnete Rolle, wie dies auch für das gesamte Thema Wirtschaft gilt.

Außer der Arbeitslosenberichterstattung, die durch die Arbeitsagenturen besetzt ist, sind es vor allen Dingen Standortschließungen und negative Nachrichten, die sich in den Lokalteilen widerspiegeln. Eine Ausnahme macht da kurioserweise die Berichterstattung über den Einzelhandel und den Tourismus, der aber bezogen auf die Wertschöpfung eines Standortes insgesamt nur rund 10 % ausmacht.

Dies hat sicherlich auch mit der Notwendigkeit der Medien zu tun, ihre Produkte zu verkaufen, und da ist nun mal das Interesse an negativen Nachrichten größer als an der Aussage, dass ein Standort eine strukturell gute Entwicklung aufweist: „Bad news are good news".

Zugegebenermaßen wird eben auch der Bericht über den Bürgermeisterbesuch bei der Eröffnung des neugestalteten Schuhgeschäfts eher als Firmenwerbung gesehen. Dennoch sind das „Bohren dicker Bretter", die regelmäßige Versorgung der lokalen und regionalen Medien mit wirtschaftsnahen Themen, Hintergrundgespräche und die Lieferung von interessanten Hintergrundinformationen das Mittel der Wahl. Es muss langfristig Vertrauen aufgebaut werden, nur dann gelingt es, dass mittel- und langfristig ein positives Interesse an wirtschaftsrelevanten Themen entsteht.

Eigene Publikationen und kommunale Mitteilungsblätter

Hilfreich sind eigene Publikationen und regelmäßige Veröffentlichungsmöglichkeiten in kommunalen Mitteilungsblättern, aber auch Kooperationen mit regionalen Wirtschaftsmagazinen. Redaktionelle Beiträge zur regelmäßigen Berichterstattung über aktuelle Entwicklungen am Standort sind durchaus finanzierbar und tragen Früchte. Dabei sollte neben der Erläuterung der Wirtschaftspolitik des Standortes in solchen Medien insbesondere den kleinen und mittleren Unternehmen Raum gegeben werden, um über Eröffnungen, neue Produkte und Dienstleistungen, Auszeichnungen oder Jubiläen berichten zu können. Genau an diesem Punkt fühlen sich die Mittelständler durch die lokalen und regionalen Medien vernachlässigt. Die Presse argumentiert wiederum, sie ersticke in solchen Berichten und würde sie lieber als Anzeigen platziert sehen.

Neben den Printmedien, die nach wie vor große Bedeutung für die lokale und regionale Wirtschaft besitzen, ist es deutlich günstiger und der Raum nahezu unbeschränkt, wenn im Internet und in den sozialen Medien eine eigene Informations- und Kommunikationsplattform aufgebaut wird, um die standortrelevanten, wirtschaftspolitischen Themen zu kommunizieren. Dies ist fast unbegrenzt möglich und von den Kosten her überschaubar, doch es ist die Auffindbarkeit der Plattform, die auch dieses Instrument in ihrer Wirksamkeit beschränkt, wenn nicht erhebliche Mittel zu deren Vermarktung angesetzt werden.

Lokale Radio- und TV-Sender

Neben dem lokalen Zeitungsmarkt sind auch die lokalen Radio- und Fernsehsender wirksame Träger von PR-Maßnahmen. Darüber hinaus gibt es eine Vielzahl von kleinen Publikationen, Stadtteil- und Ortsblättchen, Fach- und Regionalwirtschaftsmagazinen sowie Veröffentlichungen der Unternehmen. Aber auch Sonderbeilagen für einzelne Standorte und Gewerbegebiete in Kooperation mit den ansässigen Unternehmen bieten sich an. Regionale Energieversorger und Verbände haben eigene Zeitschriften und Plattformen, die sich auch über Beiträge der kommunalen Wirtschaftsförderung freuen. Auch in diesem Bereich nimmt die Anzahl möglicher Publikationen von wirtschaftsbezogenen regionalen Meldungen deutlich zu.

Das gesamte Spektrum der Möglichkeiten sollte ausgeschöpft werden, um eine möglichst kostengünstige Art der positiven Standortkommunikation zu betreiben. Es ist weniger effizient, an die Möglichkeit zu denken, über Anzeigenschaltungen Einfluss zu nehmen, denn diese sind meist nicht erschwinglich. Es macht eher Sinn, die freien Mittel in qualifizierte personelle Kapazitäten im eigenen Haus oder aber auch in freie Medien und Pressebüros zu investieren, die dann über eine gezielte Belieferung der Fachpresse mit kurzweiligen redaktionellen Beiträgen aus dem vielfältigen Spektrum der Wirtschaftsförderung eine große Bandbreite der öffentlichen Medien abdecken.

Die positive Darstellung des Standorts ist auch verbunden mit der Solidarisierung der Bevölkerung nach außen für die Verfolgung bestimmter Ziele, z. B. eines regionalen Autobahn- oder Bahnanschlusses, die Verbesserung von Nahverkehrsverbindungen, die Erweiterung von Gewerbegebieten, den Ausbau von Infrastruktur etc. Diese Ziele müssen häufig mit positiver PR-Arbeit begleitet werden, denn wenn ein Standort auch von seiner Bevölkerung, von den ansässigen Unternehmen und ihren Mitarbeitern positiv bewertet wird, sind diese gute Kommunikatoren und Multiplikatoren nach außen, um weiteres Standortwachstum durch Bestandsentwicklung, aber auch durch Akquise herbeizuführen.

Multiplikatoren

Die Anlässe, über die berichtet werden kann, sind vielfältig: Neben der Arbeitsplatz- und Einzelhandelsentwicklung, der Verbesserung von Infrastrukturmaßnahmen, der Vergabe von Würdigungen und Preisen an Unternehmen, Mitarbeiter und Institutionen sind neue Forschungsergebnisse, Veranstaltungshinweise und Berichte über den Besuch prominenter Persönlichkeiten in der Region nur einige Beispiele dessen, worüber die Wirtschaftsförderung Pressearbeit initiieren kann.

Dabei geht es nicht nur um intensive und vertrauensbildende Maßnahmen mit Journalisten vor Ort, sondern auch darum, Berichte überregional zu platzieren. Hier dienen Einladungen insbesondere an Fachjournalisten und Influencer im Bereich Tourismus und des Standortmarketings sowie die Ausschreibung von Journalistenpreisen für die beste Berichterstattung über ein Ereignis oder eine Region dazu, die mediale Aufmerksamkeit auf den Standort zu lenken. Dabei sollte auch auf das Angebot der vielfältigen und durchaus eindrucksvollen Veranstaltungen und Events von Unternehmen eingegangen werden, denn diese empfinden es als durchaus attraktiv, wenn von offizieller Seite Medienvertreter eingeladen werden.

Umgang mit negativer Berichterstattung

Ärgerlich wird es regelmäßig dann, wenn die vermeintlich guten Beziehungen zur Presse eine negative Berichterstattung, sei sie nun berechtigt oder unberechtigt, nicht verhindern können.

Erfahrene Presseprofis wissen, dass der Unternehmenszweck eines privatwirtschaftlich geführten Verlages die Gewinnerzielungsabsicht ist, d. h. die Optimierung von Auflagenhöhe und Erlösstrukturen. Mit der Konsequenz, dass die sogenannte Pressefreiheit immer auch unter der Maßgabe steht, dass diese letztendlich auch finanziell ermöglicht werden muss.

Die Leser reagieren eben intensiver auf laute Nachrichten und der Journalist verabscheut von Hause aus eine Hofberichterstattung. Es ist also durchaus zu erwarten, dass selbst bei guten Geschäftsergebnissen ein Haar in der Suppe gefunden wird, da es ja niemandem klarzumachen ist, dass es einen Sachverhalt gibt, über den es nur Gutes zu berichten gibt, auch wenn dies durchaus der Lebenswirklichkeit entspricht. Als negativ empfundene Berichterstattung ist nicht zu vermeiden. Gute, glaubwürdige Arbeit wird in der Regel gewürdigt, und wenn man sich schlecht behandelt fühlt, so lohnt das Nachkarten selten: Nichts ist so alt wie die Zeitung von gestern.

Werbung

Neben den Maßnahmen der Public Relations kommt der Werbung und den Maßnahmen zur Verkaufsförderung wohl der breiteste Raum im Rahmen des Standortmarketings zu. Das sogenannte Standortprospekt gehört zur Grundausstattung eines jeden Standortes, selbst in Zeiten der digitalen Medien. Ein Messebesuch auf der Expo Real in München, der wohl für deutsche Standorte wichtigsten Standortmesse, zeigt, dass nach wie vor auf Print nicht verzichtet werden kann. Nach Maßgabe der möglichen Finanzierung ist von einem kreativen 12-seitigen, besser noch einem 16-seitigen Farbprospekt bis hin zum 120 Seiten starken, von Unternehmen gesponsorten Standorthandbuch in Hardcover und mit verschiedensten grafischen Raffinessen für einen bis zu sechsstelligen Euro-Betrag vieles möglich.

In dieser sogenannten Standortbroschüre beschreibt sich der Standort optisch und in Worten. Empfehlenswert sind neben den Daten die Infografiken als derzeit beliebteste Darstellungsform. Knapp und übersichtlich gestaltet, werden informative und optisch interessante, auch möglichst persönliche Statements, nicht nur Vorworte von Politikern, sondern auch und vor allem Standortbekenntnisse von bekannten und glaubwürdigen, wirtschaftsrelevanten Sympathieträgern angeboten.

Als Visitenkarte des Standorts sollte die Broschüre einen ersten Anblick und einen Überblick geben, nicht zu viel Text enthalten und möglichst auch längerfristig einsetzbar sein, d. h. wenig aktuelle Daten enthalten. Eine solche Standortbroschüre ist ein unbedingtes Muss, auch wenn mit ihr allein noch keine Ansiedlung gewonnen wurde, so ist es doch unverzichtbar, als ausführliche Visitenkarte etwas abzugeben, ebenso wichtig wie eine gute Präsentation und Positionierung im Internet.

Der Prospekt sollte attraktiv sein und dem Betrachter Lust machen, mehr über den so beworbenen Standort zu erfahren. Der positive Gesamteindruck ist wichtig, nicht

Einzelheiten, und meist ist der Nutzer eben doch nur Betrachter und nicht Leser. Der Wortanteil sollte sich daher beschränken, langwierige Zitate der Oberbürgermeister oder des Landrates sind zu vermeiden. Aber das wird sich wohl nicht ändern.

Von der Standortpräsentation, Broschüre oder Homepage abgeleitet, kann es nun eine Reihe von fachlich orientierten Beiträgen zu bestimmten Branchenclustern und Netzwerken oder Schwerpunkten der Wirtschaftsentwicklung geben. Zum Standard gehört ein Führer durch den Standort, gleich in welchem Format, der allerdings häufig maßgeblich innenorientiert ist und Möglichkeiten anbietet, Infrastruktur und Einrichtungen innerhalb des eigenen Standortes für Bewohner und ansässige Unternehmen zu kommunizieren.

Von den Standortbroschüren abgeleitet, biten sich des Weiteren Flyer als Kurzfassung und zur weiträumigen Verteilung ebenso an wie Kurzpräsentationen und Internetauftritte, die möglichst alle Elemente moderner Standortpräsentation beinhalten sollten, in denen mit den Kunden aktiv kommuniziert werden kann.

Der direkte Abruf von Prospektmaterial und Informationen via Internet sowie das Herunterladen von Filmen, das Erreichen des Beschwerdemanagements und möglichst vieler städtischer Dienstleistungen sollten im modernen Internetauftritt des Standorts möglich sein.

Markenbildung für den Standort

An dieser Stelle finden sich auch die Maßnahmen der grafischen und visuellen Grundausstattung sowie der Markenbildung. Welchen Namen trägt der Standort, gibt es ein eigenes Logo, das anders ist als das Gemeindewappen, wird eine inhaltliche Aussage zum Standort getroffen, wird die Region einbezogen?

All dies sind Fragen, über die sich viele Beteiligte gerne die Köpfe zerbrechen, die dann häufig, aber nicht zielgerichtet, sondern nach persönlichem Geschmack entschieden werden, jedoch nicht selten bereits am eigenen Horizont, manchmal auch schon am Kirchturm enden. Hier scheitern die Vorschläge der Fachleute für das Standortmarketing doch noch häufig an den mental zu eng gezogenen Grenzen der Kommunalpolitik.

Es sind dann auch die zu unterstützenden Bemühungen des Einzelhandels und die, falls der Tourismus für den Standort eine Rolle spielt, Tourismusbroschüren und Präsentationen, die berücksichtigt werden wollen. Auch hier sind der Fantasie keine Grenzen gesetzt. Es sind vielmehr die finanziellen Grenzen, die Werbekampagnen beschränken. Der Wirtschaftsförderung sei empfohlen, sich nach Partnern und Sponsoren umzuschauen, insbesondere bei den Unternehmen, die interessiert sind, gibt es häufig offene Ohren, wenn ein Unternehmen gemeinsam mit dem eigenen Standort werben kann. Dies gilt auch bei der Werbung für Touristen und den Einzelhandel.

Zunehmend hat die Werbung für qualifizierte Fachkräfte begonnen und letztendlich auch der Wettbewerb um ein positives Bevölkerungswachstum. Dieses Ziel wird in Zukunft sicher noch stärker in den Mittelpunkt der kommunikativen Maßnahmen im Rahmen der Wirtschaftsförderung rücken.

Zum positiven Binnenmarketing und zum Lobbying sowohl in der Politik als auch in der Wirtschaft gehört auch die Erstellung von periodischen Presseüberblicken über die Berichterstattung über alles, was in einer Region geschehen ist. Pressedienste dieser Art können extern beauftragt werden, wenn sie nicht selbst vor Ort erstellt werden können.

„Huckepack"-Werbung

Eine weitere Möglichkeit, effiziente Werbung mit Standortidentifikation zu geringen Kosten zu generieren, ist die sog. Huckepack-Werbung, d. h. die Standortwerbung sucht sich Standortunternehmen, die eine intensive Kommunikation betreiben und nutzt die Standortverbundenheit zu gemeinsamen Marketingmaßnahmen.

Dazu gehören Standortunternehmen z. B. im Versandbereich, die zehntausende von Aussendungen tätigen und damit die Möglichkeit haben, versendete Pakete, Briefe und E-Mails mit einem wiedererkennbaren Standortlogo oder einer standortbezogenen Nachricht zu versehen. Eine solche Kooperation kann eine ausgesprochen preisgünstige Maßnahme mit Erfolg sein. Denn nichts ist besser, als wenn sich Unternehmen der Region zu ihrem Standort bekennen. Maßnahmen zur aktiven und sichtbaren Kennzeichnung des Standortes gehören zu den besonders effizienten Standortkommunikationsmaßnahmen. Dabei sind die Möglichkeiten vielfältig, limitierende Faktoren sind lediglich die zur Verfügung stehenden zeitlichen und finanziellen Ressourcen.

Es sei nochmals betont, dass ein einheitliches Erscheinungsbild das A und O jeder wiedererkennbaren Kampagne sein muss. Nicht die Originalität ist es letztendlich, die sicher von Vorteil ist und wichtig für den mittel- und langfristigen Erfolg von Kampagnen, sondern die Durchsetzung des gleichen Erscheinungsbildes in möglichst vielen Bereichen der öffentlichen Darstellung und Wahrnehmung.

Die Erstellung der Kommunikationsmittel ist das Eine, deren Vertrieb das Andere. Auch hier sollte man an die Standortsolidarität von Unternehmen und Institutionen appellieren, um möglichst an den Orten, an denen Kommunikation stattfindet, an denen sich Menschen bewegen, geeignete Maßnahmen zu ergreifen. Der regionale Flughafen, der Bahnhof, die Straßenbrücken, die Unternehmen, die Messe- und Kongressgebäude, die Events sind die geeigneten Orte, um mit entsprechenden Materialien auf den Standort aufmerksam zu machen. Die Erfahrung, dass die Bereitschaft zur Kooperation der wirtschaftlichen Akteure gegeben ist, wächst mit der Seriosität und dem vorher betriebenen positiven Binnenmarketing der Wirtschaftsförderung und letztendlich der kommunalen und regionalen Politik. Wenn die politische Spitze akzeptiert ist, wenn diese sich nachhaltig für die Wirtschaftsförderung einsetzt, als oberster Wirtschaftsförderer des Standortes, dann werden auch die lokalen Akteure und Entscheidungsträger mitziehen.

Messen

Als weiteres Marketinginstrument der Standortwerbung kommt die Teilnahme an Standortmessen, wie z. B. die Immobilienmessen MIPIM in Cannes oder Expo Real in München, in Betracht.

Hier werden Standorte sowie konkrete Investitionsmöglichkeiten und Entwicklungsprojekte meist von Investoren und Projektentwicklern, Bauträgern, Einzelhandels- und Hotelketten vorgestellt und angeboten. Andererseits wird von Politikern und Prominenten unterstützendes Standortmarketing betrieben, mit eher unspezifischer Zielorientierung. Hier finden sich die großen Gewerbegebiete und Entwicklungsmaßnahmen im Bundesgebiet, die nach neuen Ansiedlungen suchen. Wer konkrete Erwartungen hegt, wird allerdings meist enttäuscht, gegenseitige Information und Kommunikation, die Konkurrenzbeobachtung und der Austausch stehen denn auch im Vordergrund der auch von ausländischen Besuchern sehr geschätzten Immobilien- und Standortmessen.

Deutlich zielorientierter ist die Teilnahme an branchenbezogenen Fachmessen, wo für die Standortqualitäten des bestimmenden Branchenschwerpunktes oder eines Clusters geworben werden kann. Hier kann unter der Führung der Wirtschaftsförderung z. B. ein Gemeinschaftsstand organisiert werden. Auf diese Weise wird ganz konkret für branchenbezogene und technologienorientierte Kompetenz geworben und gleichzeitig auch etwas für den Zusammenhalt unter den Clusterakteuren getan.

Großveranstaltungen

Ein weiteres Mittel zum Marketing für unterschiedliche Zielgruppen ist die Durchführung von kulturellen und sportlichen Großveranstaltungen, seien es nun die nationalen und internationalen Meisterschaften, Olympischen Spiele, die EXPO-Weltausstellungen oder Sportveranstaltungen. Die Veranstaltung eines Radrennens oder eines Marathonlaufes, die Durchführung von Bundes- und Landesturnfesten, Musikfeste, Landesgartenschauen: Jedem Standort ist es je nach vorhandener Infrastruktur und geografischer Lage möglich, solche Events zu akquirieren und durchzuführen.

Aber gilt dies auch für kleinere Standorte? Oftmals halten sich kleinere Standorte für nicht ausreichend qualifiziert, aber gerade hier greift der regionale Gedanke. Es gilt, an regionale Verbünde zu denken und sich als Region zu bewerben. Regionale Wettbewerbe bieten dabei vielfältige Möglichkeiten der positiven Selbstdarstellung. Insgesamt hat sich eine deutliche Vergrößerung der Anzahl der überregional bedeutenden Veranstaltungen ergeben, sodass bei kluger Auswahl auch für kleine und mittlere Standorte Möglichkeiten bestehen, um überregional ausstrahlende Veranstaltungen durchzuführen.

Die Realisierbarkeit von solchen Großveranstaltungen hängt meist nicht nur an Institutionen oder Finanzen, sondern an Personen, an vorhandenen Vereinen und Organisationen. Dennoch ist es erfahrungsgemäß oft der Initiator, zunächst ein Einzelkämpfer, der Initiative ergreift und die Motivation besitzt, solche Großveranstaltungen entweder dauerhaft am Standort zu etablieren oder von Fall zu Fall an den Standort zu ziehen.

Daraus entsteht dann die Idee, die sich verbreitet, Freunde findet, bis sich ein Team bildet oder findet. Die Finanzierung findet häufig in PPP-Modellen statt. Die Initianten solcher Events sind meist Ideengeber und gleichzeitig Projektorganisatoren. Ihre wichtigste Aufgabe ist es, eine ausreichende gesellschaftliche und politische Unterstützung zu organisieren, die dann das Feuer entfacht. Dadurch wird auch die Finanzierung möglich, hier wirken Kommune, Region und Private zusammen. In den häufigsten Fällen geht es nicht ohne den Standort, meist mit einer öffentlichen Kofinanzierung beziehungsweise einer Ausfallbürgschaft bei Verlusten

Solche Großveranstaltungen können selten kostendeckend inszeniert werden. Zumindest werden kostenlose Infrastrukturleistungen, der Verzicht auf Gebühren, die kostenlose Werbung und die günstige Gestellung von kommunalen Dienstleistungen angefordert, damit ein Standort ausgewählt wird.

Bei der Austragung von solchen Großevents geht es um die Popularität der Standorte untereinander. Das führt oft dazu, dass die Events sehr begehrt sind unter den austragenden Kommunen. Die Vergebenden solcher Events besitzen häufig die Auswahl und können den Kommunen so einen Großteil der finanziellen Bürde auferlegen. Ob und in welchem Umfang welche Großveranstaltungen für den Standorte zu einer positiven Bilanz, also Ertrag minus Aufwand, führen, hängt vom jeweiligen Einzelfall ab und sollte vorher in einer Kosten-Nutzen-Analyse bewertet werden.[32]

Einer rationalen, erfolgsorientierten Bewertung solcher Events steht oft die Erfahrung entgegen, dass die Übernahme solcher Veranstaltungen gelegentlich mehr dem Ruhm der politisch Verantwortlichen dient als dem Gemeinwohl. Häufig werden zu errichtende Bauten dann im Alltagsbetrieb nicht mehr genutzt, sind unter- oder überdimensioniert und werden optisch aufwendig, nicht aber funktional und für den Dauerbetrieb geeignet, errichtet.

Ebenso wie die negativen Beispiele sind die zahlreichen positiven Ergebnisse einer Kosten-Nutzen-Bewertung bekannt, bei denen Sportveranstaltungen ohne großen baulichen Infrastrukturaufwand zu ganz erheblicher Popularität geführt haben. So hat die Tour de France im Jahr 2000 durch die Etappenführung durch Freiburg im Breisgau mit mehr als 500 000 Besuchern eine unglaubliche mediale Resonanz für den Standort erzeugt, die sehr lange positiv ausgestrahlt hat.

Generell gilt die Erfahrung, dass für den Erfolg von Großveranstaltungen der dauerhafte Nutzen des Investitionsaufwands entscheidend ist. Nur wenn die dauerhaften Investitionen auch langfristig Nutzen generieren, lässt sich die Veranstaltung rechtfertigen, wie z. B. durch viele Landesgartenschauen gezeigt werden kann.

Sonderbeilagen

Die Herstellung und Herausgabe von Sonderbeilagen in Wirtschaftsmagazinen, aber auch in überregionalen Tageszeitungen, gehört zu den publizistischen Aktivitäten der Wirtschafts- und Standortförderung. Diese Beilagen sind zwar häufig aufwendig gestaltet, aber bei einem starken Standortbekenntnis ist ein solches Imageprodukt durch die Kofinanzierung von Unternehmen und Institutionen gut umsetzbar. Durch den Druck von Überexemplaren erhält man außerdem für eine gewisse Zeit ein attraktives Standortmedium.

Bezahlte Marketingkampagnen in Bussen, Bahnen und auf öffentlichen Plätzen sind weitere Mittel der Wahl, häufig auch mit Partnern aus der Privatwirtschaft, ebenso auch die Werbemöglichkeiten auf Produkten oder in Einrichtungen der Kommunen, beziehungsweise die Gestattung von Werbung gemeinsam mit dem Standort. Die Notwendigkeit, mit zusätzlichen Einnahmen den kommunalen Etat aufzubessern, hat zudem dazu geführt, dass Genehmigungen für Werbeflächen deutlich großzügiger vergeben werden und damit z. B. die Zahl von Werbeplätzen im öffentlichen Rahmen in den vergangenen Jahren deutlich gestiegen ist.

Hinweisschilder an Autobahnen und im öffentlichen Raum, Hinweise auch auf Verkehrsschildern und neue technische Möglichkeiten lassen der Fantasie bei solchen Maßnahmen großen Spielraum.

Präsentation in Standortmagazinen

Als weitere angebotene Marketingmaßnahme besteht für Standorte zur Akquisition die Möglichkeit, sich in den von den Wirtschaftsförderungsgesellschaften der Länder initiierten, meist anzeigenfinanzierten Standortmagazinen zu präsentieren, nicht selten mit dem Hinweis, dass die mit redaktionellen Beiträgen angereicherte Publikation von der Landesregierung unterstützt wird. Da auch andere Standorte teilnehmen und weder die Verteilung der Publikation noch der Grad der Zielgruppenansprache eindeutig nachvollziehbar erscheinen, können solche meist nicht preiswerten Medien eher auf eine Imageverbesserung als auf eine konkrete Akquisition hinwirken.

Reine Imagekampagnen wie Anzeigen, TV-Spots oder Mailings sowie Kampagnen in den Sozialen Medien eignen sich nur selten für eine direkte Akquise, da die Streuverluste solcher Maßnahmen in der Regel zu groß und die anzusprechende Zielgruppe zu klein ist. Die Wirtschaftsförderung tut immer gut daran, ihre Marketingmaßnahmen gut zu begründen, denn in der Regel werden sie von der interessierten Öffentlichkeit wahrgenommen und häufig für schlechter als die der Mitbewerber gehalten. Solchen Vorhaltungen wird in der öffentlichen Auseinandersetzung dann leichter standzuhalten sein, wenn die Beschlüsse über bedeutende Marketingmaßnahmen in den entsprechenden Gremien verabschiedet wurden und Zustimmung gefunden haben.

Location Offices

Werden eigene Maßnahmen nur durch erhebliches Sponsoring standortaffiner Personen, Unternehmen und Einrichtungen möglich sein, so ergibt sich seit einiger Zeit eine interessante Standortmarketingmaßnahme durch die sogenannten Location Offices. Dabei handelt es sich um Einrichtungen meist der staatlichen Film- und Medienförderung, die darauf abzielen, die Voraussetzungen für Film- und Fernsehaufnahmen in den Regionen zu optimieren und den Filmschaffenden die bestmöglichen Standortbedingungen durch Hilfe bei der Motivsuche, günstige Infrastruktur, Übernachtungen und Hilfe zur Erlangung von Genehmigungen zu bieten. Hierdurch sinken die Produktionszeiten und damit auch die Produktionskosten für die Filmproduzenten und der Standort kann so im doppelten Wortsinn ins rechte Licht gerückt werden. Auch die Produktion einer Tatortfolge oder eines erfolgreichen Kino- und Fernsehfilmes, aber auch von Werbespots an einem wiedererkennbaren Ort können von großer Wirkung für die Imagebildung eines Wirtschaftsstandortes sein.

Standortbotschafter

Die Pflege von sogenannten Prominenten, sei es nun in den Bereichen Sport, Film, Theater, Rock und Pop, Klassik, Kunst, Kultur und Wissenschaft oder Politik, die am Standort leben und dort geboren beziehungsweise aufgewachsen sind, sowie ein Bekenntnis dieser Persönlichkeiten auch aus der Wirtschaft zu ihrem Standort, sind glaubwürdig und haben aus der Sicht der Wirtschaftsförderung sehr große Wirkung, die anderweitig finanziell kaum erreichbar wäre. Eine erfolgreiche Standortpolitik heißt somit auch die Pflege populärer Persönlichkeiten, wenn sie willens sind und Gelegenheit haben, ihre Standortaffinität zu dokumentieren.

Das gilt auch für Sportvereine, öffentliche Einrichtungen wie Museen und Theater und Großevents. Das bereits in zahlreichen Städten durchgeführte Botschafterkonzept ist zwar personell aufwendig, kann aber sehr erfolgreich sein, wenn gefragte Persönlichkeiten des Standortes mitspielen und den ausgewählten Botschaftern ihre Bedeutung klarmachen. Insbesondere Ehemalige verfügen über Zeit, eventuell auch über eigene finanzielle Mittel, und freuen sich über eine solche öffentliche Aufgabe, den Standort nach außen bei verschiedensten Anlässen zu vertreten. Die Übernahme von Reisekosten reicht häufig aus, um auf diese Weise hochkarätige Fürsprecher zu gewinnen und ein positives Bild vom Standort zeichnen zu können.

Repräsentationstermine und Betriebsbesuche

Im Bereich des Binnenmarketings sowie der Netzwerkbildung sollte die Wirtschaftsförderung bei möglichst vielen Auftritten, bei denen Unternehmen und Politik involviert sind, präsent sein. Der jährliche Presse- oder Wirtschaftsball, Neujahrsempfänge der Kammern und Verbände sind ebenso zu nutzen wie die großen kulturellen Events, um Unternehmer sowie Meinungsführer kennenzulernen, für den Standort zu werben und die Wirtschaftsförderung vorzustellen.

Dabei ist mehr noch als die positive Darstellung in eigener Sache auch das Bekanntmachen der Unternehmen und Institutionen, beziehungsweise deren Vertreter untereinander, wichtig. Es ist nicht selten zu beobachten, dass benachbarte Unternehmen sich kaum kennen und deshalb auch nicht wissen, womit sie sich beschäftigen und deshalb auch kaum Synergien nutzen können.

Dies ist eine wichtige Erkenntnis aus Betriebsbesuchen, zu denen auch andere Unternehmer, aber auch politische Vertreter eingeladen werden können. Dabei können diese Betriebsbesuche entweder branchenspezifisch sein oder aber es handelt sich um die Einladung an alle Unternehmer in einem Gewerbegebiet, um sich gegenseitig kennenzulernen. Die positive Rückmeldung von teilnehmenden Unternehmen, dass man ja gar nicht gewusst habe, dass ein bestimmtes Unternehmen sich ganz in der Nähe befände, ist häufig. Für den auf Kommunikation bedachten Wirtschaftsförderer unverständlich, aber eine häufig festzustellende Beobachtung.

Einladung von Referenten

Die Einladung zu einem sogenannten Business-Lunch mit einem begrenzten Teilnehmerkreis gegen zumindest teilweise Kostenübernahme der Eingeladenen ist ebenso eine mögliche Maßnahme der Wirtschaftsförderung wie die Einladung oder zumindest Vermittlung von Einladungen hochkarätiger Referenten, die in einer Stadt einen Auftritt haben. Auch hier ist es die Partnerschaft der Wirtschaftsförderung mit einladenden Unternehmen und Institutionen, die von Bedeutung ist. Die Erweiterung von Einladungslisten durch die Wirtschaftsförderung ist ein probates und einfaches Mittel, damit sich die wirtschaftlichen Akteure des Standorts gegenseitig kennenlernen und beim anschließenden Stehempfang in Kontakt treten.

Kontaktbörsen

Eine weitere, in der Praxis erfolgreiche Maßnahme sind Kontaktbörsen. Sie werden zielgerichtet ohne großen Aufwand organisiert, meist gemeinsam mit Kammern und Verbänden nach dem Motto: Existenzgründer treffen Investoren, Produzenten treffen Zulieferer, Clusterakteure treffen Gleichgesinnte.

Immer geht es um Kommunikation, Informationsaustausch und das persönliche Kennenlernen. Die regionale Nähe soll als Standortvorteil genutzt werden, um Synergien und Fühlungsvorteile zu generieren, Kooperationspartner zu suchen und strategische Partnerschaften zu schmieden. Die Wirtschaftsförderung sollte solche Initiativen durch Organisationshilfe, Programmbegleitung und Einladungsverteiler, Infrastruktur und eventuell auch ein Sponsoring unterstützen.

Stammtische

Einfache Dinge wie die Einladung zu einem Stammtisch im Rahmen eines Gewerbegebietes, bei dem Kommunalpolitik und Unternehmer sich treffen können, die Organisation eines Wissenschaftsmarktes mit Universitäten und Hochschulen sind probate Mittel, um Akteure zusammenzubringen, wobei die Vernetzung nicht nur horizontal, sondern ebenso gut vertikal möglich ist. Das Überraschende an solchen Formaten ist häufig, dass sich daraus ergebende Innovationen, Kooperationen und positive Kontakte nicht planen lassen. Kommunikation an sich ist ein Wert, der die Chance in sich birgt, dass sich neue Ideen, innovative Produkte und Dienstleistungen entwickeln.

Im Sinne einer Public-Private-Partnership ist auch die häufig angefragte Möglichkeit der Verlinkung von städtischen Internetauftritten mit Unternehmenspräsentationen.

Dabei ist einerseits vor möglichen Missbräuchen zu warnen, sodass die Partner stets sorgsam und zuverlässig auszuwählen sind. Andererseits muss bei der Auswahl eine Gleichbehandlung gewährleistet sein. Wenn diese potenziellen Probleme beachtet werden, sollte gegenüber den Unternehmen sehr offen mit der Frage der Verlinkung umgegangen werden. Auf der standorteigenen Homepage können darüber hinaus Hinweise auf ausgewählte Branchen gegeben werden und Verbindungen zu Unternehmen hergestellt werden Im Gegenzug sollten Unternehmen dann auch auf eine ausreichende und gute Standortdarstellung verpflichtet werden.

Lobbying

Ein weiterer Bereich der Kommunikation ist das Lobbying. Die Wahrnehmung der Interessen im Bereich der Kommunalpolitik und der regionalen Akteure ist, wie bereits erwähnt, absolut notwendig und gehört ebenfalls zum selbstverständlichen Repertoire der Wirtschaftsförderung. Auch die Landeshauptstadt, die Bundeshauptstadt, europäische Standorte sowie deren Repräsentanten können und sollten Ziel der positiven Standortarbeit sein.

Die Einladung der Landtags-, Bundestags- und Europaabgeordneten ist meist bedingt durch besondere Anlässe, aber auch die nichtereignisgebundene Einladung von Ausschüssen und die Aussprache mit einzelnen Abgeordneten ist für bestimmte Standortthemen von großer Bedeutung. Sie sollten daher auch mithilfe der Wirtschaftsförderung organisiert werden. Dabei wird es häufig nicht der Wirtschaftsförderer selbst sein, der diesen Kontakt pflegt. Aber sie können von ihm sowie über die lokalen Abgeordneten und Mandatsträger initiiert und organisiert werden. Auch die in Verbänden engagierten Unternehmer und Persönlichkeiten haben häufig gute Kontakte zur überregionalen Politik, sodass auch diese zum Vorteil der Standorte genutzt werden sollten.

Dr. Michael Kausch: Wirtschaft fördern mit Social-Media-Marketing

Facebook, YouTube und Co. sind mittlerweile auch in den deutschen Behörden angekommen. Rund 90 Prozent der Organisationen der öffentlichen Verwaltung nutzen auf die eine oder andere Weise heute soziale Medien in ihrer Kommunikation. Leider gibt es nur wenige repräsentative aktuelle Studien. Die meisten deuten aber darauf hin, dass Facebook im Behördeneinsatz noch immer dominiert, gefolgt von Instagram und YouTube. Mit deutlichem Abstand folgt X, das frühere Twitter, und wieder deutlich zurück auf Rang fünf bis sieben liegen LinkedIn, Xing und WhatsApp, abgeschlagen platziert sind TikTok und Snapchat.

Bei den Bürgern sieht das Ranking allerdings ein wenig anders aus. Da spielt Facebook heute nur noch die in Orchestern seltene dritte Geige:

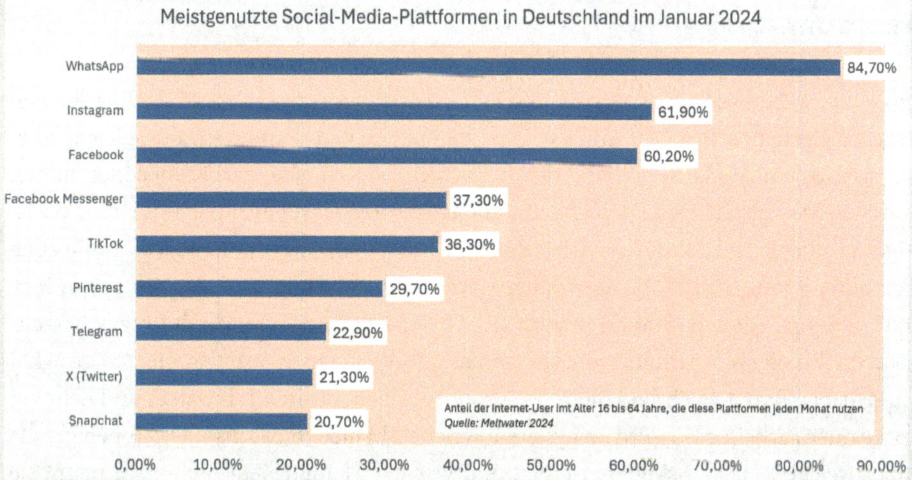

Abbildung 1: Meistgenutzte Social-Media-Plattformen in Deutschland im Januar 2024 (Quelle: Kausch, M.)

Auch bei den regionalen Wirtschaftsförderern und im Standortmarketing steht das Thema Social-Media-Marketing heute auf der Tagesordnung. Es hat eine Weile gedauert, aber inzwischen trauen sich die Verantwortlichen in den Kommunen ganz offensichtlich trotz der anhaltenden rechtlichen Bedenken des Bundesbeauftragten für den Datenschutz und die Informationsfreiheit über die rechtliche Zulässigkeit insbesondere von Facebook-Seiten durch staatliche Behörden, Social-Media-Kanäle in ihre Öffentlichkeitsarbeit einzubeziehen. Im Februar 2023 hat der Bundesdatenschutzbeauftragte dem Bundespresseamt den Betrieb seiner Facebook-Fanpage unter Hinweis auf datenschutzrechtliche Bedenken untersagt. Das Bundespresseamt hat hiergegen Klage vor dem Verwaltungsgericht Köln eingereicht. Das Verfahren läuft noch (siehe hierzu den 32. Tätigkeitsbericht des Bundesbeauftragten für den Datenschutz und die Informationsfreiheit für das Jahr 2023 vom 20. 03. 2024, Bundestagsdrucksache 20 / 10800). Und das ist gut so.

Grundsätzlich sollten sich Behörden dorthin begeben, wo die Menschen sind, und nicht umgekehrt. Viel zu lange haben Kommunalverwaltungen auch darauf vertraut, dass sich interessierte Bürger ihre Informationen in den Rathäusern abholen. Später hat man dieses Konzept dann einfach auf das Internet übertragen und Informationen über die Gemeinde auf Webseiten gestellt und darauf vertraut, dass diese Informationen von den Zielgruppen dort schon irgendwie gefunden und abgerufen werden würden. So aber funktioniert die digitale Gesellschaft nicht. So funktioniert auch Standortmarketing nicht.

Wirtschaftsförderung im Zeitalter sozialer Medien erfordert einen doppelten Perspektivwechsel

Im Social-Media-Zeitalter müssen sich Wirtschaftsförderer erstens auf die Plattformen ihrer Zielgruppen begeben und zweitens deren Themen kennen und bespielen. Man muss also seine Zielgruppen und deren Themen kennen, ehe man Kampagnen in den sozialen Medien aufsetzt. Deshalb kommt das Zuhören vor dem aktiven Agieren. Wichtiger als die eigene Aktivität auf Facebook & Co. ist ein funktionierendes Monitoring. Ein guter Social-Media-Manager in der Wirtschaftsförderung wird also mit einem Monitoring-Tool wie z. B. Brandwatch (es gibt eine ganze Reihe von Monitoring-Werkzeugen, die für die Beobachtung von Themen und Influencern in sozialen Medien geeignet sind; neben Brandwatch sind hier z. B. Sprout Social, Hootsuite, Talkwalker und Echobot zu nennen) arbeiten. Er wird analysieren, welche Themen in seinen Zielgruppen gerade über welche Kanäle diskutiert werden und wer die Meinungsmacher – man nennt sie gerne Influencer – in diesen Kanälen sind.

Erst danach wird man seine eigenen Themen in die bereits laufenden sozialen Debatten einflechten – indem man die Themen und Interessen der Zielgruppen aufgreift.

Die Wahl der richtigen Plattform hängt von der Zielgruppe ab

Wirtschaftsförderer verfolgen in den sozialen Medien viele Ziele:

- Investoren für den eigenen Standort interessieren;
- Gründer in der Region motivieren und unterstützen;
- Unternehmen in der Region durch Innovations- und Kooperationsförderung und nicht zuletzt durch die Stärkung des Social-Media-Know-hows in der regionalen Wirtschaft stärken.

Gestandene Unternehmer erreicht man am besten in LinkedIn, Handwerker sowie Kleinunternehmen auch noch über Xing. Entscheider aus Klein- und Mittelstand trifft man auch bei Facebook an, Gründer viel eher über Instagram und TikTok. X, das frühere Twitter, verliert seit der Übernahme durch Elon Musk stark an Bedeutung und ist politisch sehr unter Druck geraten, da Musk zunehmend rechtsradikalen und rassistischen Verschwörungserzählungen Raum gibt, von denen sich auch viele werbetreibende Unternehmen und Industrieverbände distanzieren. Heute spielt X eigentlich nur noch für die Adressierung von Journalisten eine große Rolle.

Die Bewertung der klassischen sozialen Medien Facebook, Instagram, WhatsApp, TikTok und Telegram ist also vor allem vom Alter der Zielgruppe abhängig. Folgende Übersicht mag hierfür hilfreich sein:

	Generation X (geboren 1966–1980)	Generation Y (1981–1995)	Generation Z (1995–2010)
Klassische soziale Netzwerke	Facebook	Facebook	Instagram
	WhatsApp	Instagram	TikTok
		Pinterest	
		WhatsApp	
		Telegram	
Video- und Podcasts	YouTube	YouTube	YouTube
			Podcasts
Berufliche Netzwerke	LinkedIn	LinkedIn	LinkedIn
	Xing	Xing	

Abbildung 2: Bewertung der klassischen sozialen Medien in Abhängigkeit vom Alter der Zielgruppen (Quelle: Kausch, M.)

Videos und Podcasts werden oft unterschätzt

Häufig unterschätzt werden YouTube und Podcasts für die Kommunikationsstrategien in der Wirtschaftsförderung. Videos und Podcasts, also Tonproduktionen im Stil von Hörfunk-Features oder Interviews, können nicht nur optimal in eigene Webseiten und Corporate Blogs eingebunden werden, sondern sie sind auch über die Suchfunktionen von YouTube und den wichtigen Podcast-Plattformen (die derzeit wichtigsten Plattformen sind Spotify, Deezer, SoundCloud, podigee, Apple Podcasts und Google Podcasts) extrem gut für neue Zielgruppen auffindbar. Ein Beispiel für eine gut gemachte Podcast-Strategie einer kommunalen Wirtschaftsförderung sind die Geschichten mit Zukunft der Hansestadt Lübeck. Dort unterhalten sich Dario Arndt und Lucas Braun in der Regel mit Unternehmern aus der Region über Themen wie „Smart City Lübeck", Innovationsmanagement oder Employer Branding – alles Themen, die derzeit auch auf der Tagesordnung innovativer Unternehmen stehen. Der Podcast ist zugleich ein Sprachrohr für in der Region ansässige Unternehmer und ein Beweis dafür, dass die Stadt am Puls der Zeit ist.

Auf YouTube findet man zahlreiche Kanäle, die bereits von kommunalen Wirtschaftsförderern organisiert werden. Der häufigste Fehler, der dabei begangen wird, ist das Überschätzen der Wahrnehmungsspanne der YouTuber. Sicherlich ist YouTube auch ein guter Platz, um ab und an mal eine komplette mehrstündige Konferenz mit allen Vorträgen zu dokumentieren – dann aber bitte mit Untertiteln. Viel wichtiger sind aber kurze Filmchen mit einer Länge von ein bis drei Minuten, die kurz und knapp Kernaussagen zusammenfassen: kurze Statements einheimischer Unternehmer statt langer Interviews, das ist das erfolgreichere YouTube-Format. Ein gutes Beispiel hierfür ist der Kanal der WFB Wirtschaftsförderung Bremen. Kleinere Kommunen müssen ja nicht so viele Filme produzieren wie die große Hansestadt. Aber das Format und die Mischung können auch für eine süddeutsche Kleinstadt ein gutes Vorbild abgeben.

Lead Generation über LinkedIn

Erfolgreiches Stadtmarketing beruht einerseits auf einer nachhaltigen Markenkommunikation rund um die Stadtmarke, andererseits auf einer fokussierten Social-Selling-Strategie. Dabei kommt es darauf an, ansiedlungswillige Investoren zu identifizieren und gezielt anzusprechen. Man darf nicht darauf vertrauen, dass Unternehmer die eigenen Seiten im Stimmengewirr der sozialen Kanäle und Webseiten schon finden werden. Besser ist es, ansiedlungswillige Unternehmen zu finden und gezielt zu kontaktieren. LinkedIn bildet hierfür eine geeignete Basis. Allerdings ist Social Selling über LinkedIn die Königsdisziplin im Social-Media-Marketing, denn es geht hier weniger um die Platzierung von Anzeigen als vielmehr um den Aufbau langfristiger persönlicher Netzwerke. Die mehrstufige Strategie lautet verkürzt:

1. Identifikation von Unternehmen und Investoren durch Recherche im LinkedIn Sales Navigator;
2. Vorbereitung der Kontaktphase durch Identifikation der Themeninteressen der potenziellen Leads im Monitoring;
3. Aufbereitung eigener Content-Module zu den identifizierten Themensegmenten;
4. Kontaktierung der Leads durch reaktives Aufgreifen von Statements der potenziellen Leads in LinkedIn;
5. Aufbau und Festigung der persönlichen Beziehungen in LinkedIn durch direkte Interaktion.

Im Zentrum von Social Media stehen Webseite und Blog

Jedes Engagement einer Wirtschaftsförderung in den sozialen Medien muss durch eine starke Präsenz auf einer Webseite und möglichst einen eigenen Blog fundiert unterstützt werden. Dies liegt schon darin begründet, dass man sich mit Social-Media-Kampagnen stets in die Abhängigkeit privater Plattform-Betreiber begibt. Niemand kann sicher sein, ob und in welcher Form Plattformen wie LinkedIn oder Facebook künftig noch zur Verfügung stehen. Die Geschichte von Twitter ist dafür ein mahnendes Beispiel.

Die eigene Webseite oder der Bereich der Wirtschaftsförderung im Internet-Angebot der Kommune sollte immer durch ein Blog-Angebot ergänzt werden. Ein Blog erlaubt nicht nur einen Dialog mit den Zielgruppen, mit Investoren und Unternehmen aus der Region. Ein Blog ist auch die Bühne für eine persönlichere und emotionalere Ansprache. Eine Webseite wird immer formaler und kontrollierter im Auftritt sein als ein Blog. Die Webseite gehört einer Stadt oder einer Behörde. Auf dem Blog kommunizieren Menschen miteinander. Wirtschaftsförderer adressieren Unternehmer, Gründer und Manager. Ein Blog ist deshalb ihr natürlicher Lebensraum.

Social-Media-Marketing ist Partnermarketing

In einen Blog lassen sich auch Partner sehr viel einfacher einbinden. Die wichtigsten Partner eines Wirtschaftsförderers sind die Menschen aus den in der Region ansässigen

Unternehmen, ihre Führungskräfte, aber auch alle anderen Mitarbeitenden. In einem Blog können sie zu Wort kommen und die Vorteile der Region aus der Sicht der hier Beschäftigten und Lebenden schildern. Das ist glaubwürdiger als jede Selbstdarstellung durch einen Vertreter der Kommune.

Ebenso lassen sich Tools und Content entwickeln, die nicht nur auf den eigenen Plattformen, sondern ebenso auf den Plattformen der Partner eingesetzt werden können. Ein schönes Beispiel hierfür ist das digitale Standortmarketing-Tool zur Fachkräftegewinnung der Wirtschaftsförderung Region Freiburg. Eine dynamische Standortinfo-Grafik stellt kontinuierlich Echtzeitinformationen bereit und kann in die Karrierewebseiten von Unternehmen eingebunden werden. Dabei passt es sich automatisch an das Design der jeweiligen Unternehmen an. So werden diese Unternehmen zu Multiplikatoren der Wirtschaftsförderung der Region Freiburg (weitere Informationen hierzu finden sich im Internet unter https://wrf-freiburg.de/fachkraeftegewinnung-freiburg/).

Auch Influencer lassen sich mit Gastbeiträgen sehr gut in Blogs einbinden. Das gleiche gilt natürlich für die Sprecher der Unternehmen aus der Region.

Eine weitere, bislang noch kaum im Bereich Wirtschaftsförderung eingesetzte Möglichkeit sind Strategien des Employee Advocacy. Mit Tools wie Haiilo lassen sich die Mitarbeitenden der eigenen Kommune, aber auch der Unternehmen aus der Region in die eigenen Social-Media-Kommunikationsaktivitäten einbinden. Solche Tools empfehlen diesen Mitarbeitenden eigene Postings zum Teilen oder Weiterleiten in deren persönlichen Netzwerken. Gamification-Modelle schaffen Anreize dafür, dass die für kommunale Facebook- und Instagram-Accounts oder andere Kanäle erstellten Posts weiterverbreitet werden. So wird die Reichweite der eigenen Aktivitäten schnell um mehrere hundert Prozent erhöht.

Keine Angst vor Kosten

Bei den vielen Möglichkeiten, die sich der Wirtschaftsförderung im Social-Media-Marketing bieten, stellt sich rasch die Frage, wer dies alles leisten – und auch bezahlen – soll. Richtig ist: Social-Media-Marketing macht man nicht einfach nebenbei. Eine Kommune mit 30 000 Einwohnern sollte mit wenigstens 20 Wochenstunden Aufwand für ein professionelles Social-Media-Marketing rechnen. Bei 50 000 Einwohnern sollte man schon eine volle Stelle schaffen. Viele technische Aufgaben kann – und sollte man – auch nach außen geben. Die Redaktion aber sollte langfristig immer im eigenen Haus stattfinden. Diese Kompetenz gehört ins Haus und sollte nicht an Agenturen vergeben werden. Ein Coaching allerdings kann man sich immer zukaufen. Kostensenkend ist die Zusammenarbeit mit örtlichen Hochschulen – wenn vorhanden. Und immer sollte man versuchen, die örtliche Wirtschaft als Sponsor zu gewinnen. Schließlich profitiert sie auch unmittelbar von einer starken regionalen Social-Media-Aktivität. Eine Employee-Advocacy-Kampagne oder eine Social-Media-Kampagne zur Anwerbung von Fachkräften wird immer über die lokale Wirtschaft finanzierbar sein.

Keine Angst vor Shitstorms

Immer noch fürchten viele Entscheider in Behörden, dass bei zu viel Engagement in sozialen Medien eines Tages ein Shitstorm auf sie zukommen könnte. Davor sollte man keine Angst haben. Der Shitstorm kommt früher oder später ohnehin. Das ist so sicher wie der Cybercrime-Angriff auf die IT-Infrastruktur der Stadtwerke. Man kann sich davor nicht schützen. Man kann sich nur optimal darauf vorbereiten. In einer Welt, in der die Anzahl der Verschwörungstheorien und der Trolle schneller zunimmt als die Anzahl der Webseiten, trifft es früher oder später auch jene, die gar nicht präsent sind im großen Netz. Und die trifft es sogar besonders, weil sie keine Freunde im Internet haben, die sich bei Bedarf hinter sie stellen. Je stärker die eigene Position in den sozialen Medien und im Internet ist, desto schwieriger wird es für Trolle, diese Position durch üble Nachrede und Falschmeldungen zu erschüttern.

Jede Behörde sollte sich deshalb gründlich auf eine Krisenkommunikation vorbereiten. Es gibt hierfür inzwischen ausgezeichnete Dienstleister, die mit den Mitarbeitenden von Behörden und Unternehmen vor dem Eintreten einer Krise entsprechende Prozesse einüben und vorbereiten.

Zusammenfassung

Dieses Handbuch kann nur eine kleine Übersicht über das Thema Wirtschaftsförderung und Social-Media-Marketing geben. Auch sind die Wirtschaftsförderer heute unterschiedlich weit bei der Einführung entsprechender Strategien. Für alle aber gilt, dass sie ihre Social Media-Strategie entlang von sechs konkreten Schritten entwickeln müssen:

1. Optionen sichern = Adressen sichern;
2. Unbedingt müssen die relevanten Adressen auf allen heutigen und aufkommenden Social-Media-Kanälen frühzeitig gesichert werden (Es entstehen laufend neue soziale Plattformen. Welche sich durchsetzen werden, ist ungewiss. Sichern Sie sich also Ihre Adressen stets frühzeitig auf Medien wie Mastodon. Vielleicht wird Mastodon ja doch einmal das Twitter des Jahres 2050);

3. Gefahren und Chancen erkennen = Monitoring;
4. Monitoren Sie, was zu Ihren Themen und in Ihren Zielgruppen in den sozialen Medien geschieht. So entdecken Sie wichtige Influencer und die Themen, über die Sie mit potenziellen Leads im Standortmarketing in Kontakt kommen;
5. Image aufbauen = Content generieren und Präsenz schaffen;
6. Entwickeln Sie den Content entlang der Interessen Ihrer Zielgruppen. Und nutzen Sie relevante Tools zur Suchmaschinenoptimierung. Hierfür können Sie auch auf externe Ressourcen zurückgreifen – für ein gutes Coaching und ein professionelles SEO;
7. Kontakte schaffen = Leads generieren;
8. Lead-Generierung über Social Selling in LinkedIn ist der Königsweg zur Direktansprache ansiedlungswilliger Unternehmen;
9. Kontakte intensivieren = Dialog fördern;
10. Social-Media-Marketing ist immer dialogorientiert. Deshalb sollte es keine Webseite ohne Blog geben. Auf diese Weise bestimmen Ihre Zielgruppen die Themen (mit);
11. Strukturen stärken = Partner unterstützen;
12. Ein intelligentes Social-Media-Marketing integriert die Ressourcen der Unternehmen der Region, aber auch weitere Stakeholder: traditionelle Medien, Influencer, Hochschulen und mehr.

Zum Autor

Dr. Michael Kausch ist als Kommunikationsexperte spezialisiert auf strategische und konzeptionelle Unternehmensberatung und Coaching im Bereich integrierter Unternehmens- und Marketingkommunikation, Markenkommunikation, Reputationsmanagement, Krisen-PR, strategisches Social-Media-Marketing und vertriebsorientierte Öffentlichkeitsarbeit. Er ist Agenturinhaber und Geschäftsführer der vibrio. Kommunikationsmanagement Dr. Kausch GmbH. Er ist Mitglied des Branchenverbands Bitkom, des PresseClub München und Experte im Unternehmerkreis MUK. Er betreibt den Blog Czyslansky und schreibt regelmäßig in diversen Blogs und Medien über neue Technologien, digitale und analoge Kultur.

Kontakt: michael@mkausch.eu

5.7 Gründungs- und Start-up-Förderung

5.7.1 Existenzgründungsförderung als traditionelle Aufgabe

Fragt man allgemein nach den Aufgaben einer Wirtschaftsförderung, so fällt nach den Schlagworten Bestandspflege, Unternehmensansiedlung und Gewährung finanzieller Hilfen für Unternehmen sehr bald seit jeher auch der Begriff „Existenzgründungsförderung" als prioritäre Aufgabe. Existenzgründungen bilden für eine erfolgreiche deutsche Wirtschaft einen immer gewichtigeren Bestandteil. Sie sind essenzieller Motor und Treiber für eine zukunftsfähige Wirtschaft und Gesellschaft. Arbeitsplätze werden geschaffen und neue innovative Produkte und Dienstleistungen entwickelt.

Qualitativ und quantitativ wird der Existenzgründungsförderung in Deutschland deshalb auf allen politischen und gesellschaftlichen Ebenen eine große Bedeutung zugeschrieben. Bund, Länder und Kommunen stärken mit einer Vielzahl von Maßnahmen, Wettbewerben, Initiativen, Instrumenten und Förderprogrammen den Gründungsgeist in Deutschland und unterstützen so angehende Unternehmer auf dem Weg in die Selbstständigkeit. Dazu zählen Gründerpreise und Gründungswochen ebenso wie konkrete Förderprogramme auf Bundes- und Landesebene, wie z. B. die EXIST-Förderung für Gründungsteams aus Universitäten und Hochschulen des Bundesministeriums für Wirtschaft und Klimaschutz (BMWK) oder verschiedene länderspezifische Förderprogramme, wie z. B. Gründungsgutscheine, Innovationsgutscheine oder Gründungs- und Wachstumsfinanzierung. Um die Rahmenbedingungen speziell für Start-ups in Deutschland und Europa zu verbessern, hat die Bundesregierung im Sommer 2022 erstmals sogar eigens eine „Start-up-Strategie" beschlossen. Diese enthält rund 130 Maßnahmen, die in der laufenden Legislaturperiode umgesetzt werden sollen: von neuen Förderprogrammen über Beratungsleistungen bis zu neuen Gesetzen.[33]

Gründerland Deutschland?

Internationale Vergleichsstudien und langfristige Zeitreihen bestätigen Deutschlands außergewöhnliche Anstrengungen zur Förderung von Existenzgründungen. Zwar hat die Gründungstätigkeit in Deutschland im Jahr 2023 leicht zugelegt, wie der „KfW-Gründungsmonitor 2024" zeigt.[34] Die Zahl der Existenzgründungen ist demnach auf 568 000 gestiegen (plus 3 %). Allerdings ging dabei die Zahl an Gründungen im Vollerwerb auf 205 000 zurück (minus 8 %), während es im Nebenerwerb mit 363 000 wieder mehr Gründungen gab (plus 11 %). Insgesamt fehlte der Gründungstätigkeit 2023 der gesamtwirtschaftliche Antrieb. Die Prognosen für Konjunktur und Arbeitsmarkt lassen ähnlich schwache Impulse für das Jahr 2024 erwarten.

Der „Global Entrepreneurship Monitor“ (GEM) für Deutschland 2023/2024 berichtet von einer Gründungsquote für Deutschland, die mit 7,7 % im Jahr 2023 den zweithöchsten Wert der seit 1999 jährlich erhobenen GEM-Datenreihe erreicht hat.[35] Die Entwicklung des Gründungsgeschehens in Deutschland weist demzufolge in den letzten Jahren eine hohe Dynamik auf. Im Jahr 2019 erreichte die Gründungsquote ihr damaliges Allzeithoch (7,6 %). Im darauffolgenden ersten Corona-Jahr (2020: 4,8 %) brach die Quote ein. In den beiden darauffolgenden Jahren stieg die Quote inmitten der Pandemie stark an und erreichte mit 9,1 % im Jahr 2022 ein neues Allzeithoch (2021: 6,9 %). Im Jahr 2023 sank die Gründungsquote wieder etwas. Generell sind jedoch die Gründungsaktivitäten in Deutschland in den letzten Jahren deutlich angestiegen – im Zeitraum von 1999 bis 2018 betrug die Gründungsquote im Mittel nur 5,0 % und lang somit deutlich niedriger.

Zentrale Ergebnisse des GEM-Monitors für Deutschland 2023/2024 sind (Auswahl):

- **Jüngere gründen verstärkt**
  Die Altersgruppe der 25 bis 34-Jährigen weist mit 13,3 % die stärksten Gründungsaktivitäten auf, dicht gefolgt von der jüngsten Altersgruppe der 18- bis 24-Jährigen mit 11,0 %. Trotzdem sind in gründungsstarken Ländern wie den USA oder den Niederlanden die Gründungsaktivitäten in der jüngsten Altersgruppe mit knapp 25 % nach wie vor deutlich höher.
- **Gendergap ist mit 3,4 Prozentpunkten weiterhin deutlich ausgeprägt**
  Seit dem Start des GEM im Jahr 1999 liegen die Gründungaktivitäten und Gründungsvorhaben von Frauen unterhalb denen von Männern. Die Gründungsquote bei Frauen beträgt 5,9 % und bei Männern 9,3 %.
- **Menschen mit Einwanderungsgeschichte gründen häufiger als in Deutschland Geborene**
  Die Gründungsquote von Menschen mit Einwanderungsgeschichte war 2023 in Deutschland mit 12,6 % um 5,6 Prozentpunkte höher als die Gründungsquote der Bevölkerung ohne Einwanderungsgeschichte (ca. 7 %). Migrantische Gründungspersonen sind tendenziell sehr jung: Die Gruppe der 18- bis 34-Jährigen ist mit 56,4 % besonders stark vertreten.
- **Umweltaspekte spielen bei der Unternehmensausrichtung eine große Rolle**
  Mehr als sieben von zehn neuen oder etablierten Unternehmern geben an, dass sie Umweltaspekte berücksichtigen: und zwar im Rahmen der Unternehmensstrategie, bei angebotenen Produkten und Dienstleistungen oder auch bei der Gestaltung der Lieferkette.

Ziele der Existenzgründung

Die Maßnahmen der Existenzgründungsförderung im Rahmen der lokalen und regionalen Wirtschaftsförderung dienen allgemein dem Ziel der Schaffung von Arbeitsplätzen sowie der Förderung des Strukturwandels. So ist unstrittig, dass Existenzgründungen, insbesondere im technologischen Bereich, Innovationen zum Durchbruch verhelfen und damit den regionalen, wirtschaftsstrukturellen Wandel unterstützen können. Durch die Belebung der Konkurrenz entsteht eine regionale Dynamik, die in der Regel zur Verbesserung der Strukturen und Erhöhung der Zahl der Arbeitsplätze am Standort führt. Dies geschieht aber auch durch Kooperationen zwischen etabliertem Mittelstand und Existenzgründern.

Auf Bundes- und Landesebene wurden in den vergangenen Jahren große Anstrengungen unternommen, um für eine deutlich größere Bereitschaft und Zahl von Existenzgründungen zu sorgen. Auch die Kommunen und Regionen haben ihre eigenen Anstrengungen deutlich erhöht mit dem Ziel, möglichst ideale Voraussetzungen für Existenzgründer zu schaffen. Dennoch sind es nach wie vor nicht so sehr die organisatorischen und materiellen Voraussetzungen, sondern vielmehr die mentalen und ideologischen Voraussetzungen für Existenzgründungen und Selbstständigkeit, die am Standort Deutschland verbessert werden müssen.

Nachfolgeproblematik

Eine besondere Herausforderung bildet in diesem Zusammenhang die aufgrund des demografischen Wandels sich deutlich verschärfende Nachfolgeproblematik. Die Schere zwischen Senior-Unternehmern auf der einen und Übernahmeinteressierten auf der anderen Seite wird immer größer – das gilt gerade für die mittelständischen Unternehmen des produzierenden Gewerbes und des Handwerks in ganz besonderer Weise.

Das Nachfolgeproblem wirft bereits seit einigen Jahren einen langen Schatten auf den Mittelstand. Laut einer Studie des Instituts für Mittelstandsforschung (IfM) Bonn aus dem Jahr 2021 wird es in Deutschland bis 2026 mehr als 772 000 übernahmewürdige und darunter wiederum ca. 190 000 übergabereife Unternehmen geben.[36] Zugleich ist die Anzahl potenzieller Nachfolger bedeutend geringer, was für die Volkswirtschaft aktuell eines der gravierendsten Probleme darstellt. Hinzu kommt, dass sich in den letzten Jahren auch die Finanzierung der Nachfolge erschwert hat. Laut dem DIHK-Nachfolgereport 2023 fordern etwa 40 Prozent der Eigentümer einen überhöhten Kaufpreis. Gleichzeitig haben aber mehr als 30 Prozent der Nachfolger Schwierigkeiten bei der Nachfolgefinanzierung.[37]

Vor diesem Hintergrund ist auf das Thema „Nachfolge und Betriebsübergabe" auch seitens der Wirtschaftsförderung ein besonderes Augenmerk zu legen. Bundesweit stellt die vom Institut für Entrepreneurship, Mittelstand und Familienunternehmen (EMF-Institut) mit Unterstützung des Bundesministeriums für Wirtschaft und Klima (BMWK) eingerichtete Webseite www.nachfolge-in-deutschland.de bereits seit dem Jahr 2014 eine unabhängige Wissens- und Informationsplattform dar für alle, die sich zu dem Thema Unternehmensnachfolge informieren wollen.

Exemplarisch für ein Bundesland, wird im Rahmen der vom Ministerium für Wirtschaft, Arbeit und Tourismus des Landes Baden-Württemberg initiierten Landeskampagne „Nachfolge BW: Generationswechsel in Baden-Württemberg – Unternehmensnachfolge gemeinsam anpacken" ab November 2024 das Informationsportal www.nachfolgebw.de bei der Suche nach geeigneten Nachfolgern für Inhaber noch stärker als bisher über die vorhandenen Unterstützungsangebote informieren.[38] Ziel ist hier, den in Baden-Württemberg überdurchschnittlich stark ausgeprägten Mittelstand beim anstehenden Generationswechsel zu unterstützen und somit Wertschöpfung, Arbeitsplätze und auch die Versorgung und somit Lebensqualität im Land zu erhalten. Hinzu kommen im Fall Baden-Württemberg noch geförderte Beratungs- und Finanzierungsangebote für Nachfolger bzw. Übergeber, wie z. B. EXI-Gründungsgutscheine, eine mit bis zu 80 % bezuschusste Möglichkeit zur professionellen Beratung in der Vorgründungsphase, Nachfolge-Moderationen, Intensivberatungen für Handel und Handwerk oder die Förderinstrumente der Start-, Gründungs- und Wachstumsfinanzierung seitens der L-Bank bzw. stille Beteiligungen zur Finanzierung der Übernahme eines Betriebs durch die Mittelständische Beteiligungsgesellschaft Baden-Württemberg (MBG).

Wertschätzung des selbstständigen Unternehmertums

Es muss auch das ständige Bemühen der Wirtschaftsförderung vor Ort sein, zunächst die Bereitschaft zur Selbstständigkeit vor allem junger Menschen zu fördern. Beispielsweise, indem vorbildhafte Existenzgründungen kommuniziert werden, erfolgreiche Unternehmer in Schulen, Ausbildungsstätten, Universitäten, Hochschulen und Forschungseinrichtungen mit gutem Beispiel vorangehen, und in dem ein allgemeiner Stimmungswandel vor Ort zu einer größeren Anerkennung und Wertschätzung des selbstständigen Unternehmertums erzeugt wird. Zwar unterstützen Kampagnen auf Bundes-, Landes- und kommunaler Ebene, wie z. B. die Auszeichnung von engagierten und verdienten Unternehmern, die Verbesserung des Ansehens und des Images des selbstständigen Unternehmertums, jedoch sind es immer auch und gerade lokale und damit persönliche Beispiele sowie die Einstellung der Bevölkerung vor Ort, die das Bild der Selbstständigkeit maßgeblich prägen und damit wichtige Vorbildfunktionen erfüllen. Die Zusammenarbeit aller wirtschafts- und gesellschaftspolitischen Akteure, das Bewusstsein und die Erkenntnis, dass Deutschland und im Zweifel auch die eigene Region einen großen Nachholbedarf in Sachen Existenzgründung und Unternehmertum haben, sind entscheidende Voraussetzungen für die notwendige Verbesserung der Rahmenbedingungen.

Kooperation der wirtschaftspolitischen Akteure

Mit Bezug auf die Ausgangssituation lässt sich feststellen, dass es in Deutschland nicht ein zu kleines, sondern mitunter ein zu großes Spektrum von unterschiedlichsten Akteuren auf dem Gebiet der Existenzgründungsförderung gibt. Wer die Strukturen in Deutschland kennt, kann einschätzen, dass es aufgrund der üblichen Beharrungstendenzen sehr optimistisch sein dürfte, eine Neuordnung und damit schlankere Strukturen anzustreben.

Deshalb bleibt als zweitbeste Strategie für die lokale und regionale Wirtschaftsförderung die Aufgabe, durch eine enge Kooperation und Synchronisation der Aktivitäten und zugleich klare Aufgaben- und Arbeitsteilung sowie ein nach außen hin einheitliches, geschlossenes Auftreten und Erscheinungsbild die Ansprache der Gründungswilligen vor Ort zu organisieren. Hierdurch wird die Gründungsbereitschaft gestärkt, die einzelnen Akteure können durch sinnvolle Kooperation eigene Ressourcen sparen, für die Gründungswilligen wird die Transparenz erhöht und damit letztendlich die Qualität durch ein abgestimmtes Management der Beratungs- und Unterstützungsleistungen für alle Beteiligten deutlich verbessert.

Zentrale Akteure der Gründungsförderung

Zu den mehr oder weniger intensiv tätigen Akteuren im Rahmen der Existenzgründungsförderung gehören neben der kommunalen und regionalen Wirtschaftsförderung insbesondere folgende Einrichtungen und Institutionen:

- Agenturen für Arbeit;
- Industrie- und Handelskammern sowie Handwerkskammern;
- Universitäten und Hochschulen;
- Sparkassen, Volks- und Raiffeisenbanken;
- Stadt- und Landkreisverwaltungen;

- Steuerberater und Wirtschaftsprüfer, Rechtsanwälte;
- Technologie- und Gründerzentren;
- Wirtschaftsförderungsgesellschaften;
- Krankenkassen;
- Beratungsnetzwerke von Senioren, Wirtschaftsjunioren und anderen Organisationen.

Durch eine Broschüre, einen Flyer, einen gemeinsamen Internetauftritt und vor allen Dingen eine verbindliche, arbeitsteilige Absprache über die Zuständigkeiten und die zeitliche Reihenfolge ihrer Beratungs- und Unterstützungsangebote sowie durch Auftritte unter einem gemeinsamen Dach kann ein einheitliches Erscheinungsbild auch dann geschaffen werden, wenn es de facto keine zentrale organisatorische Einheit der Existenzgründungsförderung vor Ort gibt.

Im ständigen Austausch zwischen den Akteuren der Wirtschaft, Wissenschaft und Schulen sollte eine permanente Aufmerksamkeit auf dieses so wichtige Thema gelenkt werden. Gerade für Standorte, die sich nicht mit einem bestimmten Cluster oder einer besonderen Branche im Wettbewerb profilieren können, besteht immer die Möglichkeit, sich als besonders gut organisiert im Bereich der Existenzgründungsförderung darzustellen, um sich so zu profilieren und zusätzliches Wachstum für den Standort generieren zu können

Gründerzentren

Ein seit Jahrzehnten erfolgreiches Instrument der Gründungsförderung ist die Einrichtung von Gründerzentren. Sie dienen dazu, Existenzgründern am Beginn ihrer Tätigkeit für die ersten Jahre Räume zu günstigen und besonderen Konditionen zur Verfügung zu stellen.

Wichtig für ein Gründerzentrum sind günstige Mieten, gute Möglichkeiten für das Networking, Serviceeinrichtungen, flexible und risikoarme Mietkonditionen, eine funktionale Infrastruktur sowie eine attraktive Ausstrahlung. Bei den preisgünstig zur Verfügung gestellten Mietflächen, die im Laufe der Zeit an die marktüblichen Mietpreise herangeführt werden, geht es insbesondere auch um eine kurzfristige Mietdauer, damit im Falle des Scheiterns das individuelle Risiko überschaubar bleibt. Die verfügbaren Mieträume sollten darüber hinaus variabel sein und mit den Bedürfnissen der Gründer mitwachsen können. Anmietbare Konferenzräume, Gemeinschaftseinrichtungen und ein Zentrumsservice für unterschiedliche Dienstleistungen gehören ebenfalls zu den Mindestanforderungen an eine solche Einrichtung. Dabei wurden Gründerzentren in den vergangenen Jahren immer häufiger auch in Technologiezentren oder ähnlich bezeichnete Themenimmobilien integriert, damit Gründer eben nicht nur unter sich arbeiten, sondern von den Erfahrungen etablierter Unternehmen profitieren.

Gründer nehmen solche Angebote gern an, da solche Einrichtungen zum einen wirtschaftlich vorteilhaft in einer schwierigen Entwicklungsphase sind, meist als sehr gute Adresse gelten und vor allem den gerade in der Startphase so wichtigen Austausch mit anderen Gründern, aber auch erfahreneren Gleichgesinnten ermöglichen. Gründerzentren können von der Kommune oder dem Landkreis, kommunalen Gesellschaften oder Einrichtungen, in Partnerschaft mit regionalen Sparkassen und Banken, Industrie- und Handelskammern, Handwerkskammern, Universitäten, Hochschulen und Verbänden, aber auch mit Privatunternehmen eingerichtet werden. Es ist dabei aber von Beginn an sicherzustellen, welcher der Partner für die finanziellen Lasten aufkommt, die mit der Einrichtung und dem Betrieb einer solchen Einrichtung entstehen.

Als Gründerzentren, deren Einrichtung auch in kleineren Städten und Gemeinden Sinn macht, kommen oft leerstehende Wirtschaftsimmobilien in Betracht, aber auch die einfache Anmietung einer Etage in einem bestehenden, gewerblich genutzten Gebäudekomplex ist als Anfang ebenso möglich wie die Unterbringung in einem Neubau eines modernen Innovationsparks. Die Wirtschaftsförderung sollte Initiator solcher Einrichtungen sein und kommt bei geeigneten Organisationsstrukturen auch als Betreiber oder als Zentrumsmanager eines Gründerzentrums in Betracht.

Phasen der Existenzgründungsberatung

Folgende Phasen der Existenzgründungsberatung (exemplarisch) können unterschieden werden:

- **Phase 1 | Ansprache und Motivation von möglichen Gründern**
  Nach der allgemeinen Motivationskampagne und der Schaffung der organisatorischen Voraussetzungen, ist die Ansprache und Motivation von möglichen Gründern die erste vorbereitende Maßnahme, die intensiv und permanent erfolgen sollte. Dabei sind dort die Zielgruppen zu suchen, wo die Wahrscheinlichkeit für eine Existenzgründung groß ist. Nicht nur das Bereitstellen von beratenden Dienstleistungen, sondern die offensive Werbung für Selbstständigkeit ist Voraussetzung dafür, dass die nach wie vor vorhandene Schwäche behoben werden kann.
- **Phase 2 | Durchführung von Orientierungsgesprächen**
  Als ersten konkreten Schritt muss es nach Identifizierung der Gründungswilligen zu ersten Gesprächen kommen, in denen Orientierung gegeben wird und in de-

nen Gründungswilligen die richtigen Fragen gestellt werden. Fragen nach Motivation für die Geschäftsideen, den finanziellen Voraussetzungen, den persönlichen Voraussetzungen und eine Skizzierung des Ablaufes der Gründung und der nächsten Jahre sollten im Vordergrund eines solchen Orientierungsgespräches stehen.

- **Phase 3 | Skizzierung der Gründungsidee**
  Nachdem die Gründungswilligen über den großen Rahmen und die allgemeinen Rahmenbedingungen informiert wurden, müssen sie ihre Gründungsidee skizzieren und sich hierüber mit erfahrenen Ratgebern austauschen, die jedoch unabhängig sind, Vertraulichkeit gewährleisten und eine Markteinschätzung abgeben.
- **Phase 4 | Unterstützung bei der Aufstellung eines Businessplanes**
  Wenn die Geschäftsidee einer Nachprüfung standhält, ist die Aufstellung eines Businessplanes der nächste Schritt. Hier gibt es zahlreiche Handreichungen, Expertisen und Experten. Dieser Schritt stellt den wesentlichen Meilenstein für Erfolg oder Misserfolg des Gründungsvorhabens dar, hängt doch von der Überzeugungskraft des Businessplanes die Beschaffung von Kapital und die Gewinnung anderer Finanzierungspartner ab. Dabei muss ein möglichst detaillierter Plan erstellt werden, der nicht nur das Unternehmen, sondern auch die persönliche Existenz der Existenzgründer berücksichtigt, sondern in dem auch die Fragen der Rente, der Versicherungen und Haftungen dargestellt werden. Ein zu defensiv formulierter Businessplan kann jedoch genauso hinderlich bei der Kapital- und Gesellschafterbeschaffung sein wie ein zu optimistischer Plan, dem die notwendige Glaubwürdigkeit fehlt.
- **Phase 5 | Erarbeitung eines fundierten Businessplanes**
  Auch die Aufstellung des Businessplanes sollte von nicht nur einem Experten begleitet werden. Verschiedene Meinungen sollten eingeholt werden, um das Projekt auf möglichst sichere Beine zu stellen, denn Einzelmeinungen zu bestimmten Projekten sind häufig mit subjektiven Erfahrungen durchsetzt und spiegeln eher eigene Erfahrungen wider. Es ist gerade im Bekannten- und Verwandtenbereich immer wieder zu beobachten, dass es sich hier sicher nicht um professionelle Beratung, sondern um durchaus auf eigenen, persönlichen guten oder schlechten Erfahrungen beruhende Einschätzungen handelt. Daher ist die Erarbeitung eines fundierten Businessplanes das A und O jeder Existenzgründung. Hieran schließen sich die Finanzierungsgespräche mit möglichen Gesellschaftern, Banken, Förderinstitutionen und lokalen und regionalen Fonds an, um das Projekt zu finanzieren.
- **Phase 6 | Prüfung der rechtlichen Rahmenbedingungen**
  Neben Finanzamt, Gewerbeaufsicht, Baubehörden, Jugend- und Ausländerbehörden kann es eine Vielzahl von möglichen Restriktionen geben, die vor der Gründung beachtet werden wollen. Fehlerhafte Einschätzungen, Unwissen über rele-

vante Richtlinien und Verordnungen, aber auch ganz einfache Hinweise aus dem Umweltrecht oder dem Jugendschutz, können in einem eng regulierten Gemeinwesen zu kostspieligen Überraschungen führen.

Betreuung durch professionelle Berater

Die oben skizzierten Schritte im Betreuungs- und Unterstützungsangebot sind häufig nicht scharf voneinander zu trennen, gehen ineinander über oder sind auch nicht immer in ihrer Gänze angezeigt. Jedoch ist es wichtig, bei allen Schritten eine permanente Beratung durch möglichst den gleichen Betreuer zu gewährleisten, sodass die Sachverhalte nicht immer neu erklärt werden müssen, Informationen auch nicht zu weit gestreut werden und eine einmal gebildete Vertrauensbasis erhalten bleibt. Die Betreuung durch professionelle Gründungsberater oder auch Senior-Experten empfiehlt sich, ist aber immer von individuellen Fähigkeiten abhängig. Dabei muss auch auf die Gefahr hingewiesen werden, dass in Ausnahmefällen solche externen Experten durch die Gründungsberatung lediglich versuchen könnten, an eine interessante Gründungsidee zu gelangen. Auch hier sollte bei ersten Beratungsgesprächen eine Sensibilisierung der Gründungswilligen stattfinden.

Existenzgründung kann also für die Wirtschaftsförderung zu einer Kernaufgabe und für die Region zu einer Kernkompetenz bis hin zu einem eigenen Netzwerk werden, wenn Beratungs-, Finanzierungs- und Raumangebote entsprechend beworben werden. Deshalb bleibt die Existenzgründungsförderung für die Wirtschaftsförderung eine lohnende und vielversprechende Aufgabe mit guten Erfolgsaussichten für die Verbesserung der Rahmenbedingungen des Standortes.

Zahlreiche wichtige Hinweise erhalten Gründungswillige auf dem zentralen Existenzgründungsportal des Bundesministeriums für Wirtschaft und Klimaschutz (BMWK) unter www.existenzgruendungsportal.de, das ausführliche Informationen zum Thema der beruflichen Selbstständigkeit bietet – mit wichtigen Informationen, Tipps und Publikationen für Existenzgründer. Darunter auch eine ganze Reihe von weiterführenden Links zu Gründungsnetzwerken, die Gründungswilligen vor, während oder nach ihrer Gründung als Plattform zum Erfahrungs- und Informationsaustausch dienen können. Darüber hinaus bietet das Bundesportal www.verwaltung.bund.de Bürgern einen Online-Zugang zu den Verwaltungsleistungen von Bund, Ländern und Kommunen an sowie einen spezifischen Wegweiser zur Unternehmensgründung, um die Formalitäten online erledigen zu können. Diese Seite gibt einen Überblick über offizielle Informationsangebote und die wichtigsten Verwaltungsverfahren rund um die Unternehmensgründung, wobei viele der notwendigen Formulare online ausgefüllt und übermittelt werden können. Darüber hinaus wird über das Portal auch ein Netzwerk sog. einheitlicher Ansprechpartner (Point of Single Contact) zur Klärung der erforderlichen Formalitäten als Unterstützungsleistung angeboten. Seit 2018 gibt es mit der von BMWK und Kreditanstalt für Wiederaufbau (KfW) ins Leben gerufenen Gründerplattform www.gruenderplattform.de eine zentrale Webseite mit zahleichen Informationen und Unterstützungsangeboten für Gründer. Die Gründerplattform hat das selbsterklärte Ziel, Gründen in Deutschland einfacher zu machen und mehr Menschen dazu zu ermutigen. Das kostenfreie und digitale Angebot soll Gründende Schritt für Schritt beim Gründungsprozess begleiten und sie organisiert durch Info- und Förderangebote navigieren.

Spektrum staatlicher Förderungen

Die öffentliche Hand unternimmt auf allen Ebenen – EU, Bund, Land und Kommunen – große Anstrengungen, um Gründer gezielt zu unterstützen. Das Spektrum an Fördermitteln, Initiativen und Programmen für Gründungen, die den Start in die Selbstständigkeit erleichtern sollen, ist in der Praxis entsprechend breit angelegt und vielfältig. Es werden umfangreiche Förderprogramme und Unterstützungsleistungen für Unternehmensgründungen angeboten. Zentrale Akteure sind dabei das Bundesministerium für Wirtschaft und Klimaschutz (BMWK), die Kreditanstalt für Wiederaufbau (KfW) als Förderbank des Bundes, die Wirtschaftsministerien der einzelnen Bundesländer, deren Investitions- und Bürgschaftsbanken sowie lokale und regionale Gründungsnetzwerke und -initiativen – nicht selten unter Beteiligung von Städten, Gemeinden und Landkreisen. Hinzu kommen die spezifischen Beratungsleistungen der Kammern, Verbände oder weiterer Anlaufstellen sowie die Firmenkundenbetreuer der Banken oder Gründungszentren an Universitäten und Hochschulen.

Insbesondere Gründungen des wissensintensiven, technologieorientierten produzierenden Gewerbes und der wissensbasierten Dienstleistungen (sog. Start-ups) können durch neue bzw. verbesserte Produkte, Prozesse oder Geschäftsmodelle Innovationen fördern. Die Wirtschaftsförderung kann durch die gezielte Förderung und Unterstützung einer positiven Gründungskultur, Beratung der Gründungswilligen und Vermittlung zu Experten unterstützen. Ergänzend hierzu bedarf es auch der finanziellen Unterstützung – z. B. mit Venture Capital aus Bundes- bzw. Landesprogrammen. Gleichzeitig braucht die Wirtschaftsförderung geeignete Instrumente, um Flächen, Büros, gemeinsam genutzte Räume usw. anbieten zu können.[39]

Baden-Württemberg und seine Förderbanken – Landeskreditbank Baden-Württemberg (L-Bank), Bürgschaftsbank Baden-Württemberg (BB) sowie Mittelständische Beteiligungsgesellschaft (MBG) – bieten exemplarisch Gründern sowie mittelständischen

Unternehmen im Land ein breites Spektrum an öffentlichen Förderprogrammen. Die bundesweit geförderten Programme komplettieren dabei das länderspezifische Förderangebot. Dieses reicht von Mikrofinanzierungsangeboten und Darlehensprogrammen über Bürgschaften und Beteiligungen bis hin zur Bereitstellung von Wagniskapital und Innovationsförderprogrammen. Zudem stehen für Gründungsvorhaben im ländlichen Raum, Ausgründungen aus Forschungseinrichtungen und Hochschulen, Gründungen aus der Arbeitslosigkeit oder innovative, technologieorientierte Vorhaben spezielle Förderangebote bereit.[40]

Gründungsfinanzierung

Eine solide und tragfähige Finanzierung ist der Schlüssel für eine erfolgreiche Gründung. Neben Eigenmitteln benötigen viele Gründer zusätzlich externe Finanzierungsquellen oder Fremdmittel. Entscheidend bei der Wahl ist vor allem, dass die Finanzierung zum Vorhaben passt.

Gründungswillige müssen in Immobilien, Ausstattung, Maschinen, Geräte und oft auch Personal investieren. Auch die Kosten für ihre eigene Lebenshaltung müssen im Businessplan einkalkuliert werden. Damit aus ihren guten, zukunftsträchtigen Geschäftsideen erfolgreiche Unternehmen entstehen, sollten sich Gründer frühzeitig um ihr Startkapital kümmern. Dieses setzt sich aus Eigen- und Fremdkapital zusammen:

Eigenkapital

Zum Eigenkapital gehören die finanziellen Rücklagen und – je nach Rechtsform – das Grund- bzw. Stammkapital eines Unternehmens sowie der Bilanzgewinn und das persönliche Vermögen. Darüber hinaus gehören zum Eigenkapital auch Gegenstände (Maschinen, Anlagen, Fuhrpark etc.), die einem Unternehmen unbegrenzt zur Verfügung stehen.

Neben den tatsächlichen eigenen Mitteln, die Gründer aufbringen, gibt es auch Eigenkapital, das von Dritten zur Verfügung gestellt wird. Dabei kann es sich um (öffentliche) Zuschüsse oder Beteiligungskapital handeln:

- **Zuschüsse**
  Bei Zuschüssen handelt es sich in der Regel um finanzielle Zuwendungen des Staates, die über öffentlich-rechtliche Förderinstitute wie der Kreditanstalt für Wiederaufbau (KfW) oder Landesbanken, wie z. B. die Landesbank Baden-Württemberg

(L-Bank), zur Verfügung gestellt werden. Sie werden vor allem für die Wachstumsfinanzierung sowie für die Innovationsförderung ausgereicht. Die Bedingung ist: Zuschüsse sind an bestimmte Investitionsvorhaben gebunden. Bei der Umsetzung müssen die Vorgaben der Förderinstitute eingehalten werden; werden diese nicht eingehalten, kann es zu Rückzahlungsaufforderungen kommen.

- **Beteiligungskapital**
  Beim Beteiligungskapital handelt es sich um Eigenkapital, das dem Unternehmen von öffentlichen, privaten oder gemischten Beteiligungsgesellschaften zur Verfügung gestellt wird; und zwar in Form von Einlagen als Stamm- oder Grundkapital, aber auch als eine stille Beteiligung am Unternehmen.

Fremdkapital

Um ihr Gründungsvorhaben zu finanzieren, benötigen Gründer meistens zusätzliches Geld in Form von Fremdkapital. Dabei kommen – je nach Umfang und Nutzungsdauer der geplanten Investitionen – unterschiedliche Kreditgeber und Kreditarten infrage:

- **Förderdarlehen von Bund und Ländern**
  Typisch für Förderdarlehen sind u. a. günstige Zinsen, lange Laufzeiten und häufig eine rückzahlungsfreie (tilgungsfreie) Anlaufphase. Der Bund sowie das ERP-Sondervermögen, die Länder und die Europäische Union unterstützen Gründer sowie kleine und mittlere Unternehmen mit ganz unterschiedlichen Förderdarlehen. Einige Beispiele sind auf Bundesebene das „ERP-Gründerkredit – StartGeld", „ERP-Mezzanine" für Innovation oder der „Mikrokreditfonds Deutschland" speziell für Kleinst- und Kleinunternehmen sowie junge Unternehmen, denen der Zugang zu Bankkrediten strukturell erschwert ist. Auf Landesebene am Beispiel Baden-Württemberg z. B. die „Startfinanzierung 80" als Startkapital mit Bürgschaft, das Beteiligungsprogramm „InnoGrowth" für Start-ups und mittelständische Unternehmen oder Start-up BW „Pre-Seed" als Finanzierungsinstrument für innovative Gründungsvorhaben bestehend aus einer mindestens 20-prozentigen Risikobeteiligung durch einen Co-Investor und der Förderung aus Landesmitteln.
- **Kredite von Banken, Sparkassen und Genossenschaftsbanken**
  Kredite zur Finanzierung von Investitionen und Betriebsmitteln erhalten Gründer von ihrer Hausbank, d. h. jener Bank bzw. Sparkasse, bei der das Geschäftskonto eröffnet wurde. Je nach Finanzierungszweck wird nach kurzfristigen Betriebsmittelkrediten oder mittel- und langfristigen Investitionskrediten unterschieden.

Bürgschaft

Für die Hausbank ist entscheidend, dass die Gründer jederzeit in der Lage sind, den eingegangenen Zahlungsverpflichtungen nachzukommen. Deshalb verlangen die Banken von den Gründern geeignete Sicherheiten, um einen Zahlungsausfall abzusichern. Wer diese Sicherheiten nicht aufweisen kann, muss eine Bürgschaft nachweisen. Eine Bürgschaft für den Kredit können Gründer aus zwei wesentlichen Quellen erhalten: Von Privaten und von der Bürgschaftsbank.

5.7.2 Förderung von Start-ups

Definition Start-ups

In Literatur und Praxis finden sich verschiedene Definitionen für Start-ups. Die nachfolgende Darstellung orientiert sich zur Einordnung und Begriffsbestimmung von Start-ups an der Definition des „Deutschen Startup Monitor" (DSM).[41]

Für den DSM werden im Wesentlichen drei Definitionskriterien herangezogen. Diese definieren ein Start-up als ein Gründungsprojekt oder Unternehmen, welches

- jünger als zehn Jahre ist,
- in seiner Technologie und / oder seinem Geschäftsmodell (hoch-)innovativ ist und
- ein signifikantes Mitarbeiter- und / oder Umsatzwachstum hat bzw. anstrebt.

Damit ein junges Unternehmen als „Start-up" im Sinne des DSM betrachtet werden kann, muss die den Zeitrahmen betreffende Voraussetzung erfüllt sein. Zudem muss mindestens eine der beiden weiteren Bedingungen gegeben sein. Eine formale Gewerbeanmeldung ist dabei keine notwendige Voraussetzung, um als „Start-up" im Sinne des DSM zu gelten, was zusätzliche Einblicke in die frühe Phase des Start-up-Prozesses erlaubt. Existenzgründungen, wie z. B. Beratungstätigkeiten oder freiberufliche Tätigkeiten, fallen demnach nicht unter diesen Start-up-Begriff.

Um eine Verzerrung der Studienergebnisse im Rahmen des DSM zu verhindern, wird zusätzlich in Branchen, in denen ein vermehrtes Auftreten dieser selbstständigen Tätigkeiten bekannt ist, eine zusätzliche Bedingung hinsichtlich der Zahl der Mitarbeitenden eingeführt – mindestens zwei bei „Medien und Kreativwirtschaft", jeweils drei bei „Beratung und Agentur" sowie „Sonstiges". Mit dieser Definition grenzt der DSM den Start-up-Begriff deutlich von den allgemein geläufigen Bezeichnungen „Existenzgründung", „klassische Gründung" oder „KMU" ab. Auch wurde die Bezeichnung „Start-up" lange Zeit vor allem mit Unternehmensgründungen im Bereich der digitalen Ökonomie in Verbindung gebracht. Diese Gründungen stellen zwar nach wie vor den Großteil der Start-ups, bilden aber dennoch nur einen Ausschnitt aller innovativen Unternehmensgründungen ab.

In Deutschland liegt bisher keine amtliche Statistik vor, die das Gründungsgeschehen im Bereich der Start-ups vollständig dokumentiert. Da bisher kein einheitliches Register für Start-ups existiert, sind verfügbare Datenquellen in Bezug auf verschiedene wesentliche Aspekte und Messgrößen hin verzerrt.

Das Handelsregister und verschiedene (kommerzielle) Datenbanken bieten zwar eine breite Datenbasis, aber entweder erfolgt keine Trennung zwischen Start-ups und anderen Unternehmen oder die Wahrscheinlichkeit der Teilnahme ist ungleich verteilt. Beides führt zu einer Verzerrung der Stichprobe, die umso gravierender ausfällt, wenn die Wahrscheinlichkeit, in die Stichprobe zu gelangen, mit relevanten Merkmalen zusammenhängt.

Die vom DSM erhobene Datenbasis erfasst per definitionem junge, innovative und wachstumsorientierte Start-ups, wodurch sich der DSM von allgemeinen Gründungsstudien wie dem „KfW-Gründungsmonitor" oder dem „Global Entrepreneurship Monitor" unterscheidet.

Aufgrund des hohen Rücklaufs gibt der DSM einen umfassenden Einblick in die deutsche Start-up-Landschaft und bildet die Einschätzungen der Gründer in der Breite ab. Die Studie stellt insofern eine wichtige Momentaufnahme dar, geht aber auch darüber hinaus und bettet die Ergebnisse in den wirtschaftlichen und gesellschaftlichen Kontext ein. Durch die jährliche Erscheinungsweise lassen sich zudem zentrale Entwicklungen im Ökosystem abbilden.

Ziel des DSM sind der Aufbau und die kontinuierliche Aktualisierung der Wissensbasis über das deutsche Start-up-Ökosystem, um damit die Gründungsforschung und -praxis zu unterstützen. Diese Daten- und Wissensbasis dient u. a. dazu, Gründungsaktivitäten sowie Herausforderungen im Gründungsprozess besser nachvollziehen und Implikationen für die Praxis und Politik auf allen Ebenen ableiten zu können.

Der DSM erscheint jährlich, wurde 2013 zum ersten Mal durchgeführt und ist die umfassendste Studie zur Start-up-Landschaft in Deutschland. Er dient Öffentlichkeit und Politik als wichtigste Informationsgrundlage und mit ihm setzt der 2012 als Interessenverband der deutschen Start-up-Branche gegründete Bundesverband Deutsche Startups e. V. mit Sitz in Berlin wichtige Impulse für die Weiterentwicklung des Ökosystems.

Bedeutung der Start-ups

Um ein Gefühl für die Zahl der Start-ups in Deutschland zu erhalten, wird im Folgenden auf die Ergebnisse des Deutschen Startup Monitors (DSM) für das Jahr 2024 Bezug genommen. Mit einer Teilnehmerzahl von insgesamt 1828 Start-ups lieferte der Report erneut valide und umfassende Daten zur deutschen Start-up-Szene.

Die vier Kernergebnisse des DSM 2024 lassen sich wie folgt zusammenfassen:

- Der Gründerinnenanteil geht von 20,7 % im Vorjahr auf 18,8 % zurück (minus 1,9 %)
- Die TOP 3-Zukunftsbranchen aus Start-up-Sicht sind Gesundheit (44,2 %), Bildung (38,7 %) und Energie (37,2 %)
- Die Nähe von Hochschulen wird von 80,5 % aller Start-ups als positiver USP bewertet
- Es kooperieren weiterhin deutlich weniger Start-ups mit etablierten Unternehmen als 2020

Mittelstands meets Start-ups

Kooperationen zwischen Start-ups und etablierten Mittelständlern bieten aufgrund der sich ergänzenden Fähigkeiten beider Partner großes Potenzial, wie eine diesbezügliche Studie des Instituts für Mittelstandsforschung (IfM) zeigt.[42] Dabei können die Gründe für eine Zusammenarbeit mit Start-ups für mittelständische Unternehmen gleichfalls verschieden sein: Das Start-up bietet eine konkrete Lösung für ein spezielles (technisches) Problem oder es liefert völlig neue Impulse, um beispielsweise – im Zuge der digitalen Transformation – die eigene Wettbewerbsfähigkeit in einem dynamischen Marktumfeld zu sichern bzw. auszubauen. Dies kann bis zur gemeinsamen Entwicklung neuer Produkte und Dienstleistungen führen. Die Kooperation bietet zudem die Chance, das Potenzial hochqualifizierter Fachkräfte für das Unternehmen nutzbar zu machen. Und während sich Start-ups durch die Kooperation den Zugang zu einem großen Netzwerk sowie branchenspezifisches Know-how erhoffen, motiviert Mittelständler der Zugang zu neuen Technologien und hochqualifizierten Fachkräften. Die Wahl der konkreten Kooperationsform leitet sich aus den jeweiligen Zielen ab. Dabei unterscheiden sich Kooperationen hinsichtlich ihrer Intensität sowie in ihrer juristischen Ausgestaltung. Aber nur etwas mehr als ein Drittel der Unternehmen führen konkrete Maßnahmen durch, um in Kontakt mit Start-ups zu kommen. Knapp zwei Drittel überlassen die Kontaktentstehung nach wie vor dem Zufall.

5.8 Technologie- und Innovationsförderung

5.8.1 Technologietransfer und Innovation

Die Innovations- und Technologieförderung ist ein klassisches Instrument aus dem Repertoire einer modernen, zukunftsgerichteten Wirtschaftsförderung. Die zugehörigen Maßnahmen zur Förderung und Beschleunigung des Technologietransfers sollen den ansässigen Unternehmen die Durchführung von Innovationen erleichtern. Es gibt zahlreiche Definitionen, wie z. B. die aus Gablers Wirtschaftslexikon:

> „Unter Technologietransfer versteht man die Weitergabe von technischem Wissen von der Entstehung hin zur Verwendung im Produktionsprozess. Technologietransfer bedeutet institutionell den planvollen, zeitlich limitierten, privatwirtschaftlichen oder staatlich unterstützten Prozess der Diffusion oder Verbreitung von Technologie zur wirtschaftlichen Nutzbarmachung für Dritte. Der Technologietransfer kann zwischen Hochschulen, Forschungseinrichtungen, Erfindern und Unternehmen, innerhalb eines internationalen Unternehmens, zwischen verschiedenen Unternehmen oder zwischen Industrie- und Entwicklungsländern stattfinden. Mögliche Bestandteile / Inhalte sind freie Technologien (Patente, Lizenzen, Know-how) und gütergebundene Technologien (in Form von Spezialmaschinen, Ausrüstungen und sonstigen Gütern bis zur ‚schlüsselfertigen Fabrik').“[43]

Versucht man diese Definition zu erläutern, so kann man von der Weitergabe von technischem Wissen zur Anwendung im Produktionsprozess sprechen. Dabei dient der zeitnahe Technologietransfer aus der Wissenschaft in die Wirtschaft als Instrument der Wirtschaftsförderung letztendlich dem Ziel des Wachstums und der Wohlstandsmehrung. Beides erfolgt über die Steigerung der Effizienz beim Einsatz von Technologien, über eine höhere Produktivität, über mehr Ressourceneffizienz, über eine größere Leistungsfähigkeit und damit über einen geringeren Ressourceneinsatz, d. h. die Nutzbarmachung von technischem Fortschritt im Produktionsprozess.

Auf die weitere gebräuchliche Verwendung des Begriffs Technologietransfer im internationalen Zusammenhang soll hier bewusst verzichtet werden. Dabei geht es um den Transfer von Gütern, Personen oder auch Patenten von einem Land in ein anderes. Diese Art des internationalen Transfers von Wissen und Technologien soll hier bewusst ausgeklammert werden, da sie Gegenstand der internationalen Wirtschaftsförderung ist.

Technology push & Market pull

Akteure des Technologietransfers sind in der Regel Universitäten, Hochschulen, Forschungsinstitute sowie Erfinder, aber auch Forschungs- und Entwicklungsabteilungen von Unternehmen. Ziel ist, durch die Übertragung und Anwendung neuer fortschrittlicher Technologien und Prozesse Produktivitätsfortschritte zu erzielen. Dabei werden im Wesentlichen zwei Ansatzpunkte unterschieden:

- **Technology Push**
  Unter einem Technology Push wird eine neu entstehende Technologie oder neue Kombination von bestehenden Technologien als Triebfeder für innovative Produkte verstanden.
- **Market pull**
  Im Gegensatz dazu bedeutet Market pull die Befriedigung von Kundenbedürfnissen durch Produkt- oder Prozessinnovationen.

Innovationsprozess & betriebliches Innovationsmanagement

Die initiale Phase des Innovationsprozesses in Unternehmen ist stets das Generieren und Sammeln von neuen Ideen. Je nach Zielsetzung des betrieblichen Innovationsmanagements, entweder ein radikal neues Produkt durch „Technology Push“ oder eine inkrementelle Verbesserung aufgrund von „Market Pull“ hervorzubringen, ist der Ausgangspunkt unterschiedlich. Radikale Innovationen erfolgen in der Praxis eher selten und im Zeitablauf unregelmäßig. Sie werden durch konkrete strategische Herausforderungen oder Krisensituationen ausgelöst. Die Ideenquelle ist meist eine Erfindung durch einen Mitarbeiter und/oder eine neue Technologie (Technology Push). Die Ideengenerierung kann dabei z. B. durch einen Kreativworkshop initiiert sein und verstärkt werden. Ein solcher auch als „Design Thinking“ bezeichneter Workshop ist ein wichtiger Baustein im Rahmen des Innovationsprozesses. Ein Team aus unterschiedlichen Fach- und Führungskräften versteht Kundenbedürfnisse aus erster Hand, entwickelt schnelle Prototypen und erhält direktes Feedback dazu aus der Zielgruppe.

Die treibende Kraft für inkrementelle Innovationen geht meist von extern Quellen aus, vor allem von den Kunden, aber auch von Lieferanten, von Wettbewerbern, von Universitäten, Hochschulen und Forschungsinstituten. Daraus entstehen Ideen in den Köpfen der involvierten Mitarbeiter, die permanent und systematisch vom Unternehmen aufgenommen und weiterverfolgt werden. Die Gewinnung und Verwertung von Ideen für neue Produkte ist als ein zielgerichteter Prozess im Rahmen eines systematisch betriebenen Innovationsmanagements zu verstehen.

Innovative Produkte allein sind jedoch nicht entscheidend für den Erfolg eines Unternehmens. Vielmehr kommt es auf die Ausstattung dieser Innovationen mit einem überlegenen Kundennutzen bzw. konkreten Mehrwert an; denn der Gradmesser der neuentwickelten Produkte eines Unternehmens ist ihr Erfolg im Markt. Ein Erfolgsfaktor ist dabei die konsequente Nutzung des eigenen betrieblichen Know-hows der Kundenanforderungen, um zukünftige Entwicklungen zu antizipieren. Die Kunden wiederum profitieren dadurch z. B. von kompakteren Bauweisen bei gleicher Leistungsfähigkeit, von einer gesteigerten Robustheit der Produkte, von der Reduzierung von Arbeitsschritten oder der Beschleunigung von Prozessen.

Vertikaler und horizontaler Technologietransfer

Bei der Entwicklung neuer, innovativer Produkte kommt es nicht nur zu vertikalen Transfers zwischen Forschungsinstitutionen und Unternehmen. Die Transfers können auch horizontaler Natur sein, d. h. unter Forschungsinstitutionen, die z. B. an gleichen Projekten oder Problemlösungen bzw. Lösungsansätzen gearbeitet haben und ihre Ergebnisse zusammenfassen. Auch der Technologietransfer zwischen Unternehmen ist in der Praxis durchaus keine Seltenheit, da Forschungsergebnisse und Innovationen nicht immer auch gezielt oder berechenbar entstehen. So können für ein Unternehmen nicht gewünschte, aber dennoch erfolgreiche oder vielversprechende Forschungsergebnisse an andere Unternehmen zur wirtschaftlichen Verwertung weitergegeben werden. Innerhalb von Großkonzernen gibt es auch den Technologietransfer innerhalb der Konzernstrukturen. Eine weitere Variante ist, dass unabhängig operierende Forschungs- und Entwicklungsabteilungen in Konzernstrukturen ihre Ergebnisse konzernintern anbieten und bei Interesse an andere Abteilungen abgeben.

Arten des Technologietransfers

Es gibt zahlreiche Arten des Technologietransfers, die von den jeweiligen Institutionen und Akteuren abhängen. So lässt sich der Wissens- und Technologietransfer beispielsweise nach vier Arten unterschieden:

- **Durch Köpfe**
  Hierunter ist der Wissenstransfer durch Lehre, Aus- und Weiterbildung, wie es an verschiedensten Aus- und Fortbildungsinstitutionen geschieht, zu verstehen.
- **Durch Forschungskooperationen**
  Hierbei geht es im weitesten Sinne um Auftragsforschung von Unternehmen an forschenden Institutionen, u. a. auch durch gemeinsame Forschungsprojekte und Forschungszusammenarbeit.
- **Durch Patentlizenzen**
  In diesem Fall des Wissens- und Technologietransfers erlaubt ein Lizenzinhaber einem Erfinder, einer Hochschule oder einer Institution durch die Vergabe von Lizenzen die Nutzung des technischen Know-hows; in der Regel verfolgt das Unternehmen durch diese Anwendung eine wirtschaftliche Verwertung.
- **Durch Ausgründungen**
  Bei dieser Art des Technologietransfers gründet ein Erfinder oder eine forschende Institution ein eigenes Unternehmen als sog. Start-up oder Spin-off, um den unmittelbaren Nutzen aus der Invention zu erlangen.

Transfermechanismen

Neben dieser Unterscheidung lassen sich nach Transferart folgende Transfermechanismen, die parallel laufen und ineinander greifen, unterscheiden:[11]

- **Auftragsforschung**
  Unternehmen beauftragen Hochschulen oder Forschungseinrichtungen mit einem konkreten Forschungsauftrag zu festgelegten Bedingungen. Die Forschungsergebnisse sind exklusives Eigentum des Unternehmens.
- **Beratung**
  Experten, Spezialisten, Erfinder beraten Unternehmen. Dabei wird die Beratung in der Regel nach festen Tagessätzen abgerechnet und erstreckt sich über wenige Tage.
- **Lizenzierung**
  Bei der Lizenzierung wird das Recht von einer Hochschule oder Forschungseinrichtung erworben, ein bestimmtes Forschungsergebnis zu nutzen.
- **Forschungsprojekte**
  Im Rahmen öffentlich geförderter (Verbund-)Forschungsprojekte arbeiten mehrere Partner aus Wissenschaft und Wirtschaft an einer gemeinsamen Problemstellung, z. B. KMU, Handwerksbetriebe, Hochschulen und anwendungsnahe For-

schungseinrichtungen (Fraunhofer-Institute, etc.). Die Ergebnisse des Projektes werden öffentlich zugänglich gemacht.

- **Studien-, Bachelor-, Master- und Doktorarbeiten**
  Forschungs- und Entwicklungsfragestellungen können z. B. über Bachelor-, Master- oder Doktorarbeiten wissenschaftlich bearbeitet werden. Neben den wissenschaftlichen Erkenntnissen des Studenten kann das Unternehmen erste Kontakte zu Wissenschaftlern aufbauen.
- **Praktika in Unternehmen**
  In längeren Betriebspraktika können von Studenten Forschungsfragen bearbeitet werden. Hier ist eine sehr intensive Betreuung durch das Unternehmen besonders bei Studenten jüngerer Semester erforderlich.

Akteure des Wissens- und Technologietransfers

Während mit der Gesamtheit der Unternehmen in ihrer Funktion als Abnehmer neuer technologischer Entwicklungen auf der einen Seite eine Vielzahl von Ansprechpartnern bereits bestehen, gibt es auf der anderen Seite mit den Produzenten von technischem Wissen ein überschaubares Angebot. Als potenzielle Anbieter von Technologietransferleistungen stehen z. B. die Forschungsinstitute von Universitäten und Hochschulen, die außeruniversitären Forschungsinstitute der Fraunhofer-, der Hahn-Schickard-, der Max-Planck-, der Helmholtz- oder der Leibniz-Gesellschaft sowie die Transferzentren im Steinbeis-Verbund[45] oder die für Innovation und Technologietransfermanagement zuständigen Kammern zur Verfügung.

Konkrete Ansatzpunkte für die Wirtschaftsförderung

Für die Wirtschaftsförderung stellt sich die Frage, welche Möglichkeiten zur positiven Beeinflussung und Förderung des Technologietransfers für den Standort in Betracht gezogen werden können. Dies hängt maßgeblich von der Ausgangssituation und den örtlichen Rahmenbedingungen ab. Das Vorhandensein von Universitäten, Hochschulen, Forschungsinstituten oder Unternehmen mit eigenen Forschungs- und Entwicklungsabteilungen fordert andere Maßnahmen als ländliche Strukturen, in denen Wissens- und Technologietransfer fast ausschließlich auf dem Importweg zustande kommt.

Sämtlichen Maßnahmen und Best-Practice-Beispielen, die im Folgenden dargestellt werden, ist eine Grundfunktion der Wirtschaftsförderung gemein, nämlich die Aufgabe, funktionierende Informations- und Kommunikationsstrukturen zu schaffen und das notwendige Wissen zu vermitteln.

Sind an einem Standort technologieschaffende Einrichtungen vorhanden, wie Universitäten, Hochschulen, Forschungsinstitute oder (Groß-)Unternehmen mit eigenen Forschungs- und Entwicklungsabteilungen, so verfügen diese in der Regel bereits selbst über gut funktionierende Wissens- und Technologietransfereinrichtungen. Die große Bedeutung des Technologietransfers ist diesen Einrichtungen bekannt, sodass das Problembewusstsein vorhanden bzw. die Aufgabenstellung nicht neu ist. Es ist jedoch – wie so häufig – eine Frage der Qualität und Intensität, inwieweit gerade die regionale Wirtschaft von diesen Bemühungen des Wissens- und Technologietransfers profitiert. Hier setzt die Aufgabe der aktiven Wirtschaftsförderung ein, nämlich allen interessierten Unternehmen den Zugang zu anwendungs- und entwicklungsorientierten Technologieträgern zu verschaffen.

KMUs und Technologietransfer

Häufig ist es gerade für kleinere und mittlere Unternehmen (KMU) auch eine Frage der Schwellenangst, Universitäten und Forschungsinstitute auf eigene Initiative hin zu kontaktieren. Dann ist es Aufgabe der Wirtschaftsförderung, den Kontakt herzustellen und als Vermittler bzw. Brückenbauer zu fungieren, zum einen durch zielgruppenorientierte Formate und gezielte Kontaktvermittlung, aber auch ganz gezielt durch Bedarfsabfrage bei Unternehmen. Häufig wissen Unternehmen nichts oder einfach nur zu wenig von den Möglichkeiten des Zugangs zu problemlösungsorientiertem Wissen und Know-how, zu Patenten und Lizenzen von sprichwörtlich „naheliegenden" Forschungseinrichtungen, die umgekehrt wiederum häufig nur mit großen Industrieunternehmen in der Ferne kommunizieren und kooperieren.

Auch die Frage der Auftragsforschung oder niederschwelliger Kooperationsvereinbarungen, etwa durch die Vergabe von Bachelor- oder Masterarbeiten oder die Vermittlung von Praktika, kann eine Annäherung zwischen Unternehmen und Forschungsinstitutionen deutlich befördern. Dabei ist es wichtig, auf beiden Seiten der angehenden Partnerschaften Vertrauen, Verständnis und Interesse zu erzeugen. Eine Vergabe von Forschungsaufträgen und Gutachten ist bereits das fortgeschrittene, reifere Stadium des Technologietransfers.

Technologischer Fortschritt

Häufig führt die Zusammenarbeit zwischen Unternehmen auch aus verschiedenen Bereichen, die an gleichen Problemstellungen arbeiten, zu einem erheblichen Fortschritt bei der Suche nach neuen Ansätzen, der ohne eine Kooperation nicht möglich wäre. Dabei besteht in der Regel die Schwierigkeit darin, dass Unternehmen nur sehr zurückhaltend über ihre eigene Forschungs- und Entwicklungsarbeit sprechen, weil sie berechtigterweise die unberechtigte Weitergabe ihres Wissens fürchten. Es bedarf dadurch eines großen Vertrauens, sich anderen Unternehmen zu öffnen, dennoch kann es gerade auf dieser Ebene zu erheblichen Verbesserungen durch einen systematisch geförderten Wissens- und Technologietransfer zwischen Unternehmen kommen. Die Wirtschaftsförderung sollte auch in diesem Fall die Qualität der Kooperationspartner gewährleisten.

Bei der regelmäßigen Kommunikation mit Unternehmern sollte die Wirtschaftsförderung stets auch die Fragestellung möglicher Forschungskooperationen aufgreifen, um so mögliche Bedarfe und Angebote aufzudecken und diese Information dann gezielt an infrage kommende Kooperationspartner weiterzugeben.

Technologietransfer ohne Hochschulen?

Wirtschaftsförderungen in Regionen, die über keine ansässigen Hochschulen und Forschungseinrichtungen verfügen, haben die besondere Herausforderung, den Unternehmen ihres Einzugsgebiets trotzdem den Zugang zu neuen Technologien zu ermöglichen, da alle Unternehmen technischen Fortschritt benötigen, um auch in Zukunft wettbewerbsfähig zu bleiben. Insofern ist es dauerhafte Aufgabe der Wirtschaftsförderung, auf die Notwendigkeit des technischen Fortschritts hinzuweisen, etwa durch das Angebot zielgruppenorientierter Formate in Zusammenarbeit mit Kammern und Verbänden in Form von Vorträgen, Seminaren und Workshops. Insbesondere die anwendungsorientierten Forschungseinrichtungen besitzen eigene Technologietransferstellen, mit denen die Wirtschaftsförderung regelmäßig in Kontakt stehen sollte.

Die Gründung oder Ansiedlung einer anwendungsbezogenen, technologieorientierten Einrichtung der Forschung und Entwicklung, sei es einer Hochschule, eines Forschungsinstituts oder aber eines Unternehmens, ist in der Regel kein einfaches, kurzfristig zu realisierendes Unterfangen. Das Beispiel Heilbronn zeigt, wie mit der gezielten Ansiedlung von Forschungs- und Innovationszentren der Fraunhofer-Gesellschaft ein nachhaltiger Beitrag zur Stärkung des Wirtschafts- und Innovationsstandorts geleistet werden kann.[46]

Im Rahmen einer langfristigen Wirtschaftsförderungsstrategie gehört es jedoch zu den mittelfristigen Zielen, bei der Clusterentwicklung und Netzwerkbildung geeignete branchenspezifische oder technologische Schwerpunktbereiche zu identifizieren und gezielt auszubauen. Teil eines jeden Clusters bzw. Netzwerks sind auch wissensproduzierende, wissensvermittelnde und damit technologietragende und forschungsnahe Einrichtungen. Die auch im Rahmen der Wirtschaftspolitik von Bund und Ländern vorangetriebene Clusterentwicklung kann die mittelfristigen Bemühungen auf regionaler Ebene, künftig ein Standort für eine forschungsnahe Einrichtung und damit Forschungsträger zu sein, gezielt verstärken. Durch die Bündelung aller regionalen Kräfte, wie Unternehmen, Institutionen, Verbände und Politik, kann daher diesem hochgesteckten Ziel durchaus eine gute Realisierungschance eingeräumt werden.

Einrichtung einer Technologietransferstelle

Dabei kann es Aufgabe der Wirtschaftsförderung sein, eine Stelle für Innovations- und Technologietransfer einzurichten, die innerhalb der Wirtschaftsförderung anzusiedeln ist. Dies kommt insbesondere dann in Betracht, wenn vor Ort keine Forschungsinstitute und -einrichtungen oder Clusterinitiativen vorhanden sind und es hierfür einen Ansprechpartner braucht. Diese Stelle hat dann die wichtige Aufgabe, den Bedarf der Unternehmen nach Wissens- und Technologietransfer zu ermitteln und geeignete Kooperationspartner in Zusammenarbeit mit Kammern und Verbänden, die ihrerseits den Unternehmen Hilfestellung und Leistungen im Bereich des Technologietransfermanagements anbieten, zu suchen.

Eine enge Kooperation der Wirtschaftsförderung mit den vorhandenen Einrichtungen in Sachen Technologietransfer ist deshalb eine selbstverständliche Aufgabe. Dabei kann die Wirtschaftsförderung insbesondere den Zugang zu den Unternehmen ermöglichen, die Funktionen Information, Kommunikation und Moderation übernehmen oder auch als weitgehende Kooperation ein gemeinsames Gründer- und Innovationszentrum oder branchennahe Einrichtungen zur Förderung von Ausgründungen initiieren und einrichten.

5.8.2 Regionale Innovationsökosysteme

Innovationsökosysteme sind von entscheidender Bedeutung für eine stärker vernetzte, dynamische und nachhaltige Wirtschaft.[47] Sie können im Rahmen der kommunalen und regionalen Wirtschaftsförderung durch eine verbesserte Zusammenarbeit, Vernetzung, den Austausch von Ideen und Wissen und die Entwicklung offener Innovationsprozesse entstehen und sollen Innovationsökosysteme gezielt stärken und so in ihrer Wirkung für die Akteure verstärken. Auch in die Ausbildung des benötigten Fachkräftenachwuchses findet das Thema Eingang. So bietet etwas die Hochschule für öffentliche Verwaltung in Kehl (Baden-Württemberg) seit September 2023 den deutsch-französischen Masterstudiengang „Management von regionalen Innovationsökosystemen" an.[48] Die Absolventen sollen hierdurch dazu befähigt werden, regionale und internationale Innovation vorantreiben, Netzwerke koordinieren und Akteure verbinden zu können.

Funktionierende und gelebte regionale Innovationsökosysteme und -netzwerke sind wichtige Pfeiler für die Leistungsfähigkeit sowie die Wettbewerbs- und Innovationsfähigkeit des Wirtschaftsstandortes. Aus diesem Grund unterstützen und stärken auch EU, Bund und Länder regionale Innovationsökosysteme mit verschiedenen Initiativen und Maßnahmen. So stärkt beispielsweise Baden-Württemberg seit Juli 2024 den gezielten Ausbau und die Weiterentwicklung von insgesamt neun regionalen Innovationssystemen im Land mit rund 1,5 Millionen Euro.[49] Die Europäische Kommission fördert ebenfalls seit 2024 im Rahmen der Neuen europäischen Innovationsagenda (NEIA) insgesamt 151 Regionen in der EU als regionale Innovationsökosysteme (RIV – Regional Innovation Valley), davon 12 in Deutschland.[50] Durch Zusammenarbeit verschiedener Regionen mit unterschiedlichem Innovationsniveau und die Verknüpfung ihrer wichtigsten Akteure sollen die ausgewählten RIVs Innovationslücken in Europa schließen und die Innovationskraft Europas verbessern.

Gründungsökosysteme

Eine spezifische Form von regionalen Innovationsökosystemen sind Gründungsökosysteme. Ein Gründungsökosystem umfasst die Gesamtheit der Unterstützungslandschaft für Gründer sowie Start-ups in einer Stadt oder Region, aber auch die Gründungsszene selbst. Wesentliches Merkmal ist dabei das effektive Zusammenwirken von unterstützenden Akteuren und Organisationen, wie beispielsweise Universitäten, (Fach-)Hochschulen, Forschungsinstitute, Banken und Kreditinstitute, Business-Angels und Investoren, Rechts- und Steuerberatungskanzleien, Acceleratoren und Inkubatoren, Gründungs- und Innovationszentren, Clusterinitiativen und Netzwerke, etablierte Unternehmen, Wirtschaftsförderungen, Kammern, Verbände und politische Institutionen.

Das „Gründungsökosystem" ist ein vergleichsweise junges Konzept und wurde u. a. durch den im Juni 2010 erschienenen Aufsatz von Daniel J. Isenberg im *Harvard Business Review* „The Big Idea – How to Start an Entrepreneurial Revolution"[51] und das 2012 von Brad Feld publizierte Buch *Startup Communities – Building an Entrepreneurial Eco-*

system in Your City[52] geprägt. Demnach beleben regionale Gründungsökosysteme die Gründungsaktivitäten und Gründungsnetzwerke und stärken gleichzeitig auch den Erfolg junger Unternehmen am Markt.

Gestaltung des Gründungsökosystems „von unten"

Angesichts der gestiegenen Anspruchs- und Erwartungshaltung seitens der Gründer suchen auch Einrichtungen der Wirtschafts- und Gründungsförderung zunehmend nach Orientierung. Hierbei bietet exemplarisch der Gründungsökosystem-Ansatz des Kompetenzzentrums des vom Bundesministerium für Wirtschaft und Klimaschutz (BMWK) geförderten Rationalisierungs- und Innovationszentrums der Deutschen Wirtschaft e. V. (RKW-Kompetenzzentrum) einen guten Ansatzpunkt.[53]

Im Zentrum des im Jahr 2015 vom RKW-Kompetenzzentrum entwickelten Modells steht die regionale Gründungsszene – also die Gründer mit ihren besonderen Kenntnissen, Fähigkeiten und Einstellungen. Ein besonderes Merkmal dieses Modells ist die Fokussierung auf die Beziehungen zwischen den Akteuren oder Elementen sowie die führende Rolle engagierter Gründer in der Gründungsszene. Dabei spielt das regionale Umfeld für den Erfolg von Gründungen und Start-ups eine entscheidende Rolle. Wenn die Umfeldbedingungen stimmig sind, dann steigt die Chance, dass Gründungen erfolgreich verlaufen und andere Gründungswillige anziehen. Dies führt wiederum mittel- und langfristig zur Nachahmung und somit zu mehr Gründungen, Innovationen, Beschäftigung und Wachstum.

Grundsätzlich gilt aber: Jedes Gründungsökosystem ist einzigartig. Erfolgreiche Start-up-Regionen können nicht einfach kopiert werden. Der Gründungsökosystem-Ansatz des RKW-Kompetenzzentrums ist jedoch ein gutes Instrument, um in der kommunalen Praxis den Blick auf die eigene Region zu schärfen, die Zusammenarbeit zwischen den beteiligten Akteuren zu fördern und konkrete Maßnahmen für die Entwicklung von Netzwerken und Unterstützungsmaßnahmen aufzuzeigen.

Für den erfolgreichen Aufbau, die Stärkung und Gestaltung von Gründungsökosystemen gibt es keine Blaupause. Der Gründungsökosystem-Ansatz kann Unterstützenden der Gründungsszene allerdings dabei helfen, die wichtigen Stellschrauben ihrer Region besser zu verstehen. Er ermöglicht, die noch fehlendenden Verbindungen zu identifizieren und vorhandene Potenziale zu aktivieren. Empfohlen werden in diesem Zusammenhang die nachfolgend genannten drei Schritte, um die Funktionsweise regionaler Gründungsökosysteme ganzheitlich zu erfassen und um passende Maßnahmen für deren regionalen Bedarf ableiten zu können:

- **Das große Ganze erkennen**
  Im ersten Schritt gilt es, die Elemente für die eigene Region stichpunktartig zu beschreiben. Hierdurch können Sie gründungsrelevante Programme, Institutionen, Unternehmen und Netzwerke identifizieren. Auch die Gründungsszene selbst sollte in diesem Schritt näher betrachtet werden.
- **Stärken und Schwächen analysieren**
  Im zweiten Schritt wird die Situation des Gründungsökosystems mit seinen Elementen und Netzwerken näher beleuchtet und analysiert. Hierdurch können Sie Stärken und Schwächen bei den einzelnen Elementen des Gründungsökosystems sowie mögliche Doppelungen (z. B. von Förderprogrammen) identifizieren.
- **Zusammenhänge ermitteln und Zukunft gestalten**
  Der dritte Schritt dient der Entwicklung einer konkreten Strategie zur Gestaltung von Gründungsökosystemen. Ziel ist es, Synergien zwischen den einzelnen Programmen und Akteuren zu schaffen und zu nutzen, also die Identifikation von Missing Links und die Etablierung von Netzwerken. Im Zuge der strategischen Ausrichtung können Sie so Chancen bewerten, neue Wachstumsmöglichkeiten erforschen und Wege zur Entwicklung des Gründungsökosystems finden.

Die Erfahrungen aus der Praxis zeigen, dass sich die zu entwickelnden Maßnahmen zur Stärkung des regionalen Gründungsökosystems meist auf folgende Bereiche konzentrieren:

- Akteure zusammenführen und verbinden
- Marktorientierung der Gründungen stärken
- Talente und potenzielle Gründende aktivieren
- Infrastruktur bereitstellen und Finanzierung ermöglichen
- Anerkennung und Identifikation fördern.

Die Vielzahl an involvierten Akteuren erfordert dabei in der Regel passende Formen der Zusammenarbeit, gemeinsame Zielbilder sowie Gründer und Entrepreneure, die bereit sind, eine Führungsrolle zu übernehmen.

Stärkung des Gründungsökosystems „von oben“

Die Komplexität der Unterstützungslandschaft ist gestiegen. So sind beispielsweise allein in Baden-Württemberg – ausgelöst und gefördert durch die Landeskampagne „Start-up BW“ – seit Mitte 2017 insgesamt 19 Start-up-Acceleratoren als Gründungszentren für hochinnovative Gründungen bzw. Start-ups entstanden.[54] Sie unterstützen Gründungsteams bereits in der sehr frühen Gründungsphase und begleiten sie in ihrer Entwicklung über den Markteintritt bis hin zur Finanzierungsreife – z. B. in Form von Mentoring, Coaching, Netzwerkaufbau oder Unterstützung bei der Prototypentwicklung. Dabei greifen sie auf ihr breites Netzwerk von Experten aus verschiedenen Branchen und Fachgebieten zurück. Darüber hinaus stellen sie den Start-ups Infrastruktur (Labore und Räumlichkeiten) in Technologie- und Start-up-Zentren zur Verfügung.

Als Flächenland unterstützt Baden-Württemberg darüber hinaus nicht nur einzelne wenige Start-up-Hotspots im Land, sondern hat mit insgesamt zwölf regionalen Start-up-Ökosystemen die Gründungs- und Start-up-Förderung in der Fläche etabliert. Hier finden sich Ansprechpartner direkt vor Ort, die direkt bei den ersten Schritten der Gründung begleiten. Darüber hinaus können sie Kontakte zu Experten zu spezifischen Themen und Fragestellungen herstellen.

Erfolgsfaktoren für ein Start-up-Ökosystem

Unternehmensgründungen vor allem in Hightech-Bereichen wird national und international deswegen so viel Bedeutung beigemessen, da sie statistisch ein hohes Wachstum aufweisen und viele zukunftsfähige Arbeitsplätze schaffen. Eine Studie der Unternehmensberatung Roland Berger ging 2021 davon aus, dass Start-ups bis 2030 fast 4 Millionen Jobs in Deutschland schaffen könnten.[55] Zuletzt ist der Anteil sehr junger Gründer in Deutschland rasant gewachsen.[56]

Mit Ausnahme von Berlin, Hamburg oder München werden deutsche Städte international bislang zu wenig als Start-up-Standorte wahrgenommen.[57] Weltweit bekannte und vielzitierte Beispiele für Start-up-Ökosysteme sind das Silicon Valley und Tel Aviv. Israel zählt zu den kleinsten Staaten der Erde und befindet sich seit seiner Gründung fast ununterbrochen im Ausnahmezustand. Doch trotz widrigster Umstände hat Israel beeindruckende Leistungen vorzuweisen. Israel hat, im Verhältnis zu seiner Größe, mehr Start-up-Unternehmen hervorgebracht als die meisten anderen Nationen – und viele große Unternehmen wie etwa Teva, die umsatzstärkste Generika-Firma der Welt. Es gilt als Hightech-Schmiede.

Ein Start-up-Ökosystem stellt im Allgemeinen ein Netzwerk von Ressourcen, Institutionen und Akteuren dar, die zur Entwicklung und Unterstützung von Start-ups beitragen. Es ist ein wichtiger Erfolgsfaktor für Start-ups und trägt dazu bei, dass sie erfolgreich wachsen und gedeihen können.

Die Entwicklung eines erfolgreichen Start-up-Ökosystems erfordert die Zusammenarbeit von verschiedenen Akteuren aller Ebenen – Regierungen, Investoren, Universitäten, Unternehmen und anderen Institutionen. Es geht darum, eine Kultur der Innovation und des Unternehmertums zu schaffen, die es Start-ups ermöglicht, zu wachsen und erfolgreich zu sein.[58]

Wichtige Faktoren, die dabei berücksichtigt werden sollten (Auswahl):

- **Zugang zu Kapital**
  Start-ups benötigen Kapital, um zu wachsen und erfolgreich zu sein. Ein erfolgreiches Start-up-Ökosystem sollte den Zugang zu Kapital erleichtern, sei es durch Venture Capital, öffentliche Finanzierung oder andere Finanzierungsquellen.
- **Zugang zu Talenten**
  Start-ups benötigen talentierte und engagierte Mitarbeiter, um erfolgreich zu sein. Ein erfolgreiches Start-up-Ökosystem sollte den Zugang zu Talenten erleichtern, sei es durch die Zusammenarbeit mit Universitäten oder die Schaffung von Arbeitsplätzen in der Region.
- **Zugang zu Netzwerken und Ressourcen**
  Ein erfolgreiches Start-up-Ökosystem sollte den Zugang zu Netzwerken und Ressourcen erleichtern, sei es durch die Schaffung von Inkubatoren und Acceleratoren oder durch die Zusammenarbeit mit Unternehmen und anderen Institutionen.
- **Regulatorische Rahmenbedingungen**
  Ein erfolgreiches Start-up-Ökosystem sollte eine regulatorische Umgebung schaffen, die Innovation und Unternehmertum fördert und gleichzeitig die Interessen der Verbraucher schützt.
- **Kultur der Innovation und des Unternehmertums**
  Ein erfolgreiches Start-up-Ökosystem sollte eine Kultur der Innovation und des Unternehmertums schaffen, die es Start-ups ermöglicht, erfolgreich zu sein und zu wachsen.

Insgesamt ist die Entwicklung eines erfolgreichen, funktionierenden Start-up-Ökosystems als ein komplexer Prozess zu verstehen, der die Zusammenarbeit und das Vertrauen von verschiedenen Akteuren erfordert. Von zentraler Bedeutung sind dabei die Schaffung einer Kultur der Innovation und des Unternehmertums, der Zugang zu Kapital und Talenten sowie die Schaffung und Weiterentwicklung von Netzwerken und Ressourcen. Bei einer erfolgreichen Kombination dieser Faktoren sind die Grundlagen für ein Start-up-Ökosystem, das innovative Start-ups dabei unterstützt, zu wachsen und erfolgreich zu sein, gegeben.

Martina Knittel: Städtische Innovationsförderung in einer Public-Private-Partnership

Zwei Partner – eine Vision

Die FWTM – Freiburg Wirtschaft Touristik und Messe GmbH & Co. KG – ist ein Unternehmen der Stadt Freiburg und u. a. zuständig für die Wirtschafts- und Gründungsförderung. Zu den Aufgaben im Rahmen der Wirtschaftsförderung für Freiburg zählen – neben Bestandspflege und -entwicklung, Ansiedlung, Gründungs- und Start-up-Förderung sowie Innovations- und Technologieförderung – auch die Entwicklung branchen- und technologieorientierter Cluster und Kompetenznetzwerke. Hierbei stehen die drei Themencluster Nachhaltigkeit, Umweltwirtschaft sowie Kultur- und Kreativwirtschaft im Fokus. In ihrer Funktion als Wirtschaftsförderungsgesellschaft der Stadt Freiburg koordiniert die FWTM seit 2017 das regionale Start-up-Ökosystem Freiburg in Kooperation mit der Landeskampagne „Start-up BW".

Der Grünhof wurde 2013 von einer privaten Initiative mit der Vision einer „nachhaltigen, wirtschaftlichen und gesellschaftlichen Gestaltung der Zukunft" gegründet. Die Idee war es, ein „florierendes Innovations-Ökosystem zu erschaffen, um gemeinsam die Herausforderungen unserer Zeit auf unternehmerische Weise zu lösen".

Heute – zehn Jahre später – wird die Umsetzung dieser Vision in den verschiedenen Geschäftsfeldern greifbar: An drei kreativ gestalteten Co-Working-Standorten auf über 3500 Quadratmetern arbeiten Green-Tech-Start-ups, Social Start-ups, Kreative und Remote-Arbeiter zusammen, um Synergien zu schaffen und relevante Netzwerke zu pflegen. Regionale Green-Tech-Start-ups haben hier ihre Büros.

Mit zwei impact-orientierten Start-up-Acceleratoren – dem >SMART>GREEN-Accelerator und dem Social Innovation Lab – wird die Entwicklung und Vermarktung neuer unternehmerischer Lösungen im Bereich ökologischer und sozialer Nachhaltigkeit effektiv vorangetrieben.

Im neuen Geschäftsbereich MACHN begleitet der Grünhof etablierte Unternehmen dabei, selbst wieder zum Start-up zu werden. Dabei werden unternehmensinterne Innovationsteams nach dem Vorbild von Start-ups aufgebaut und mit Methoden, Denkweisen und einer unternehmerischen Haltung aus der Start-up-Welt ausgestattet.

Das Freiburger Innovationsmodell

Beide Akteure verbindet eine Public-Private-Partnership, die die Stärken beider Partner optimal zum Tragen bringt: Das Projekt profitiert von der Geschwindigkeit und Effizienz eines agilen, jungen Unternehmens wie dem Grünhof. Auf der anderen Seite bringt die FWTM ein großes Netzwerk, stabile Strukturen und die Beständigkeit eines städtischen Unternehmens ein. Beide Organisationen verbindet ein über Jahre gewachsenes Vertrauensverhältnis. Sie verfügen über erprobte operationelle Prozesse und Strukturen, um Innovationsvorhaben für die Wirtschaftsregion bedarfsorientiert zu entwickeln und effektiv sowie wirkungsorientiert zu planen, umzusetzen und abzurechnen.

Mittlerweile hat sich diese Public-Private-Partnership zu einem echten Erfolgsmodell entwickelt, das anderen Städten als Vorbild dient. Die beiden Partner arbeiten inzwischen in verschiedenen Projekten zusammen:

- SMART>GREEN Accelerator – Gründungsbeschleuniger für grüne Start-ups
- Social Innovation Lab – Innovationsinkubator für das Gemeinwohl
- Kreativpark Lokhalle Co-Working – Co-Working-Space für Kreative und Start-ups
- EXI-GG „Grüne Gründungen“ – Vorgründungsberatung für nachhaltige Start-ups
- EXI-GG „Social Innovation“ – Vorgründungsberatung für soziale Start-ups
- Zukunft.Raum.Schwarzwald – Innovationsberatung für Unternehmen
- FRAI.accelerator – Umsetzung von KI-Projekten mit Unternehmen

Vorteile für beide Akteure und die Zielgruppen

Die Wirtschaftsförderung der Stadt Freiburg kann durch die Partnerschaft mit einem privaten Akteur Innovationsangebote für Start-ups und Unternehmen schaffen, die sich an den Bedürfnissen der Zielgruppen orientieren. Da das private Unternehmen Gewinne erwirtschaften muss, passt es seine Dienstleistungen so an, dass diese einen echten Mehrwert für die Zielgruppe bieten. Die eingesetzten Mittel fließen somit nicht in den Aufbau von Verwaltungsapparaten, sondern werden äußerst effizient verwendet.

Darüber hinaus kann sich die Wirtschaftsförderung auf ihre eigenen Stärken konzentrieren: Sie entwickelt Konzepte zur Stärkung der Innovationsfähigkeit der Region und akquiriert Fördermittel für deren Umsetzung. Die Durchführung von Innovationsformaten überlässt sie hingegen Start-up-Beratern und Innovationsberatern aus der Wirtschaft, die die Sprache der Start-ups und der Unternehmen sprechen und diese erfolgreich begleiten können. Auch den Betrieb von Innovationsstandorten überlässt sie Fachleuten, die solche Standorte erfolgreich und wirtschaftlich betreiben können. Vor allem im Bereich des Betriebs von Innovationsstandorten verfolgt die Wirtschaftsförderung in diesem Modell einen wirtschaftlichen und sehr erfolgreichen Ansatz.

Das private Unternehmen Grünhof erhält durch die Wirtschaftsförderung Zugang zu Fördermitteln für Start-ups und innovationsorientierte Unternehmen. Diese Unternehmen können zu Beginn ihrer Entwicklung kostenlos beraten werden. Später kehren sie häufig als „normale" Kunden zurück und nehmen weitere Dienstleistungen in Anspruch. Der Grünhof profitiert außerdem von den Netzwerken der Wirtschaftsförderung zu Unternehmen, Ministerien und Verbänden – Akteuren, die für die Innovationsentwicklung von großer Bedeutung sind.

Neben den direkten Vorteilen profitieren die beiden ungleichen Partner auch in ihrer eigenen Weiterentwicklung als Organisationen: Die Wirtschaftsförderung erhält Zugang zu vielen Impulsen im Bereich „New Work" und moderner Organisationsentwicklung. Der Grünhof professionalisiert sich durch die Zusammenarbeit in den Bereichen Prozesssteuerung, Buchhaltung und strategische Netzwerkarbeit.

Nach sieben Jahren erfolgreicher Zusammenarbeit kann man mittlerweile von einer „Public-Private-Friendship" sprechen, die auch in Zukunft viele gemeinsame Innovationsformate auf den Markt bringen soll – Formate, die einen messbaren Unterschied für die Zukunftsfähigkeit von grünen Start-ups und innovationswilligen Unternehmen machen.

Zur Autorin

Martina Knittel ist Geschäftsführerin der Grünhof GmbH. 2013 hat sie das Unternehmen mit ihrem Geschäftspartner Hagen Krohn gegründet. Das Unternehmen beschäftigt mittlerweile 45 Mitarbeitende, die in 3 verschiedenen rechtlichen Einheiten organisiert sind.

Kontakt: martina@gruenhof.org

5.9 Clusterförderung und -entwicklung

5.9.1 Der Begriff „Cluster"

Der Begriff „Cluster" wird in den unterschiedlichsten Zusammenhängen für Anhäufungen oder Gruppierungen relativ ähnlicher Elemente verwendet, wie das Beispiel der Clusteranalyse in der Statistik verdeutlicht.[59]

Dabei stellt die Verknüpfung und Zusammenarbeit von mehreren Unternehmen historisch betrachtet keine Innovation der letzten Jahre dar. Seitdem es Unternehmen gibt, existieren verschiedene Formen von Kooperationen und Netzwerken. Der Begriff „Cluster" war bereits zu Zeiten der Gebrüder Grimm im deutschen Sprachgebrauch bekannt. Seinerzeit wurde als „Kluster" ein „Klump von Früchten" beschrieben, „was dicht und dick zusammensitzet".[60] Im Englischen steht der Begriff „Cluster" ebenfalls für Trauben, Klumpen, Haufen bzw. Ballung oder Schwarm.

Heute ist der Begriff als Anglizismus fester Bestandteil des deutschen Sprachgebrauchs und im Zusammenhang mit Wirtschaftsförderung und Standortentwicklung eng mit Michael E. Porter verbunden. Der US-amerikanische Ökonom der Harvard Business School rückte den Begriff „Cluster" Anfang der 1990er Jahre in seiner Veröffentlichung *The Competetive Advantage of Nations* ins fachöffentliche Interesse der Raum- und Wirtschaftswissenschaften.[61]

In Raumwissenschaften wie der Wirtschaftsgeografie und der Regionalökonomik wird unter Clustern die räumliche Ballung von Unternehmen aus gleichen oder verwandten Tätigkeitsbereichen – Branchen und / oder Technologiefelder – verstanden. In der meistverwendeten Definition beschreibt Porter Cluster als geografische Konzentration von miteinander verbundenen Unternehmen, spezialisierten Zulieferern und Dienstleistern, Unternehmen in verwandten Branchen und weiteren Organisationen wie z. B. Universitäten, Standardagenturen oder Industrieverbänden in einem bestimmten Bereich, die miteinander im Wettbewerb stehen und gleichzeitig kooperieren.[62]

Bekannte Beispiele hierfür in den USA sind wie bereits erwähnt das Silicon Valley südlich von San Francisco, Hollywood als Cluster der Filmindustrie oder verschiedene Ballungen der Biotechnologiebranche in der Greater Boston Area, das englische Cambridge – mitunter auch als Silicon Fen bezeichnet, das in einem Radius von etwa 25 Kilometern rund um die Universität etwa 5000 Firmen mit rund 61 000 Arbeitsplätzen im Hightech-Bereich aufweist – oder der Großraum München. Ihre territoriale Ausdehnung wird nicht von Verwaltungsgrenzen bestimmt, sondern ergibt sich funktional aus der räumlichen Dichte von Akteuren und deren Interaktionen.[63] Eine frühe Auswertung von mehr als 700 in der Literatur dokumentierten Clustern konnte zeigen, dass sich rund 60 % der Cluster innerhalb einer Stadt oder Metropolregion abgrenzen lassen.[64]

Die Begriffe „Cluster“ und „Netzwerk“ werden meist synonym verwendet, obwohl sie deutliche definitorische Unterschiede aufweisen. Die räumliche sowie thematische Nähe wirtschaftlicher Tätigkeiten sind entscheidende Bestandteile der Definition eines Clusters. Akteure innerhalb eines Netzwerks müssen sich hingegen weder räumlich noch thematisch nahestehen. Cluster können somit auch als Spezialfall eines Netzwerks interpretiert werden.

Auch die Begriffe „Cluster“ und „Clusterinitiative“ werden oftmals synonym verwendet. Zwischen diesen Begriffen existieren jedoch bedeutende definitorische Unterschiede. Cluster beziehen sich ausschließlich auf das empirische Phänomen einer räumlichen Konzentration von Akteuren aus einem bestimmten Wirtschaftsbereich. Clusterinitiativen beschreiben hingegen den institutionellen Rahmen, in dem sich die Koordination und Außendarstellung der beteiligten Akteure organisiert. In den meisten Fällen verfügen Clusterinitiativen über eine zentrale Geschäftsstelle, von welcher aus das Clustermanagement seine Aufgaben erfüllt. Clusterinitiativen können durch die öffentliche Hand oder von Unternehmensseite gegründet werden. Die Existenz eines Clusters ist für die Gründung einer Clusterinitiative nicht zwingend notwendig, genauso wie die Gründung einer Clusterinitiative nicht automatisch mit der Entstehung eines Clusters einhergeht.

Es können also Cluster ohne zugehörige Clusterinitiative genauso wie Clusterinitiativen ohne zugehöriges Cluster existieren. In zahlreichen Bundesländern kam es in den vergangenen Jahren zur Gründung oder Unterstützung landesweiter Clusterinitiativen durch die öffentliche Hand. Hierbei handelt es sich meist um überregionale Anlaufstellen für Akteure eines bestimmten Wirtschaftsbereichs, wie z. B. „Mikrosystemtechnik BW“ mit Sitz in Freiburg im Breisgau, das als landesweites Kompetenz- und Kooperationsnetzwerk für intelligente Lösungen im Bereich Mikrosystemtechnik bereits im Jahr 2005 mit Unterstützung des Landes Baden-Württemberg gegründet wurde und heute als Fachverband „microTEC Südwest“ mit mehr als 100 Mitgliedern aus Industrie, Wissenschaft und Dienstleistung firmiert.[65] Durch die Einrichtung dieser landesweiten Initiativen soll insbesondere die überregionale Vernetzung von Akteuren gewährleistet werden.

5.9.2 Clusterpolitik zur Förderung regionaler Besonderheiten

Die Vernetzung von Branchen kann zur Stärkung der regionalen Innovationskraft sowie zu leistungsfähigen regionalen Institutionen und Netzwerken beitragen. Aufgrund der unterschiedlichen Standortpotenziale und Stärken ergeben sich regional unterschiedliche Wachstumsbranchen, die sich auch zu übergreifenden Kompetenzfeldern entwickeln können. Besonders positiv bewerten Experten Regionen, die auf unterschiedliche Standbeine setzen und so ein möglichst großes Spektrum abdecken. Auch die Nähe zu Universitäten, Hochschulen und Forschungsinstituten, die den nötigen Wissens- und Technologietransfer erst ermöglicht, ist von entscheidender Bedeutung. Weitere Maßnahmen sind z. B. Unterstützungsmaßnahmen zur Profilierung des Standorts und seiner Kernkompetenzen.[66]

Die Förderung von Clustern – der räumlichen Konzentration von Unternehmen, spezialisierten Anbietern, Dienstleistern, wissenschaftlichen Einrichtungen und Institutionen desselben Wirtschaftsbereichs – spielt in der kommunalen und regionalen Wirtschaftsförderung seit Jahren eine wichtige Rolle. Ziel der Clusterförderung ist es, regionale Stärken noch weiter herauszuarbeiten, um von den erwarteten Wettbewerbsvorteilen zu profitieren und sich in der globalen Wirtschaft zu behaupten.[67]

Der Begriff „Clusterpolitik" fasst dabei eine Vielzahl von Politikansätzen zusammen, die auf eine Förderung und Weiterentwicklung regionaler Besonderheiten abzielen. Im Grunde lassen sich alle staatlichen Maßnahmen zur Förderung der Entstehung und Entwicklung von Clustern als Clusterpolitik bezeichnen. Clusterpolitik ist dabei kein in sich geschlossenes Politikfeld, sondern eine Kombination bereits existierender industriepolitischer und regional-strukturpolitischer Maßnahmen.[68]

Als clusterpolitische Maßnahmen den Weg in die Praxis fanden, waren die damit verbundenen Hoffnungen und Erwartungen noch immens. So existierte teilweise die Wunschvorstellung, die gewünschten Cluster durch geeignete Maßnahmen entstehen zu lassen. Diese Erwartungen haben sich heute an die Realität angepasst. Parallel und ergänzend zu den clusterpolitischen Aktivitäten der Kommunen haben EU, Bund und Länder inzwischen eigene Strategien und Programme zur Clusterförderung aufgelegt.

Beispiele hierfür sind:

die Initiativen der Europäischen Union:

- Zur Unterstützung der Clusteraktivitäten in den Mitgliedsländern wurde 2015 auf Initiative der Europäischen Union die „European Cluster Collaboration Platform" (ECCP) eingerichtet mit dem Ziel, die europäische Wirtschaft durch Zusammenarbeit zu stärken.[69] Sie hilft Clusterorganisationen in Europa und darüber hinaus dabei, sich zu vernetzen, zu kommunizieren und zusammenzuarbeiten, um die Herausforderungen des grünen und digitalen Wandels gemeinsam zu bewältigen. Durch die ECCP und deren Unterstützungsangebote soll die Leistungs- und Wettbewerbsfähigkeit der europäischen Cluster gesteigert werden. Ein wesentliches Ziel der ECCP ist es, insbesondere kleinen und mittelständischen Unternehmen (KMU) den Zugang zu Clustern zu erleichtern und sie bei ihren Internationalisierungsaktivitäten und der Positionierung in globalen Wertschöpfungsketten zu unterstützen.

- Alle zwei Jahre bringt zudem die „Europäische Clusterkonferenz", zuletzt im Mai 2024 in Brüssel, die europäische Cluster-Gemeinschaft zusammen, darunter Branchenführende, politische Entscheidungstragende, Forscher sowie Innovatoren aus ganz Europa.[70]
- Der „Cluster Panorama Report 2024" bietet schließlich einen umfassenden Überblick über die europäische Cluster-Landschaft, den Fußabdruck der Cluster-Organisationen der EU-Länder im europäischen Binnenmarkt und die Trends in der Cluster-Politik in Europa. Der Bericht wurde von dem Analyse- und Beratungsunternehmen Prognos AG im Rahmen der ECCP veröffentlicht und bietet eine aktuelle Bewertung der europäischen Cluster-Landschaft, untersucht die Rolle von Clustern für die industrielle Wettbewerbsfähigkeit, die Produktivität und die Übergangsprozesse, skizziert die wichtigsten Ergebnisse und politischen Trends von Clusterpolitiken und -programmen und zeigt auf, wie spezielle Clusterpolitiken die Übergangsprozesse in den Regionen der 27 EU-Mitgliedsstaaten (EU27) unterstützen können.[71]

die Wettbewerbe für „Spitzencluster" und „Zukunftscluster" des Bundes:

- Das Ziel der Spitzencluster-Wettbewerbe war es, die leistungsfähigsten Cluster auf dem Weg in die internationale Spitzengruppe zu unterstützen. Durch die Förderung der strategischen Weiterentwicklung exzellenter Cluster sollten die Umsetzung regionaler Innovationspotenziale in dauerhafte Wertschöpfung gestärkt und hierdurch Wachstum und Arbeitsplätze gesichert und geschaffen werden. Der Spitzencluster-Wettbewerb war ein Flaggschiff der sog. Hightech-Strategie der Bundesregierung: Zwischen 2007 und 2012 fanden insgesamt drei Auswahlrunden statt. Seit 2017 setzen die insgesamt 15 Spitzencluster ihre Arbeit in Eigeninitiative und zum Teil im Rahmen anderer, weiterführender Fördermaßnahmen fort.[72]
- Auch die aktuelle Zukunftsclusterinitiative hat das Ziel, neue Wertschöpfung in Deutschland anzuregen, die die Position Deutschlands unter den Innovationsführern weltweit stärkt. Im Fokus stehen dabei regionale Netzwerke, die die Vielfalt an Perspektiven und Kompetenzen einer Region bündeln. Unter dem Motto „Clusters4Future" startete im Sommer 2019 die erste Wettbewerbsrunde um die besten Ideen. Im Februar 2021 wurden die ersten sieben Zukunftscluster auf Grundlage dieser Konzepte von einer unabhängigen Jury zur Förderung empfohlen. Seit Januar 2022 befinden sich alle sieben Zukunftscluster der ersten Wettbewerbsrunde in der Umsetzung.[73]

oder die Initiierung und Unterstützung von Clusterinitiativen aus Landesebene, wie beispielsweise in Baden-Württemberg:

- Das Land Baden-Württemberg betreibt seit 2006 eine gezielte Clusterpolitik und setzt hierfür verschiedene Maßnahmen und Instrumente zur Unterstützung der Clusterinitiativen und landesweiten Netzwerke ein, deren Schwerpunkt sich im Laufe der Zeit verändert haben. War es zu Anfang vor allem wichtig, den Begriff „Cluster" überhaupt fassbar und die Clusterlandschaft in Baden-Württemberg mit ihren Clusterinitiativen und Netzwerken transparent zu machen, so stehen heute Maßnahmen im Zentrum, die darauf gerichtet sind, bestehende Cluster- und Netzwerkmanagements weiter zu professionalisieren und sie bei der Bewältigung der mit der Globalisierung und dem demografischen Wandel verbundenen Herausforderungen zu unterstützen.
- Zu den Instrumenten der baden-württembergischen Clusterpolitik zählen neben dem Dialog (Jahrestagung der baden-württembergischen Clustermanagerinnen und Clustermanager), der Erfassung (Cluster-Atlas, Cluster-Portal und Cluster-Datenbank, in der aktuell rund 80 regionale Clusterinitiativen und 25 landesweite Netzwerke gelistet sind) auch das eigens eingeführte Qualitätslabel „Cluster-Exzellenz Baden-Württemberg". Darüber hinaus werden Programme zur finanziellen Förderung des Cluster- und Netzwerkmanagements sowie anderer Innovationsintermediäre angeboten.[74]
- Mit der bereits 2014 eingerichteten ClusterAgentur auf Landesebene – seit Februar 2022 mit dem Namen „RegioClusterAgentur für Innovation und Transformation in Baden-Württemberg" (RCA BW)[75] – wurde für die EFRE-Förderperiode 2021–2027 eine neue Unterstützungsagentur für regionale Clusterinitiativen als Antwort auf den fortschreitenden Strukturwandel und die damit verbundenen regionalen Transformationsherausforderungen ins Leben gerufen. Die RCA BW versteht sich als Dienstleister von Clusterinitiativen, Wirtschaftsförderungen und regionalen Innovationssystemen und unterstützt diese bei der Bewältigung regionaler Transformationsherausforderungen. Sie unterstützt darüber hinaus das Ministerium für Wirtschaft, Arbeit und Tourismus Baden-Württemberg bei der Umsetzung der wirtschafts- und clusterpolitischen Ziele des Landes. Hierfür bietet die RCA BW regionalen Innovationsakteuren wie Wirtschaftsfördereinrichtungen und Clusterinitiativen ihre Serviceleistungen an. Dadurch wird nach eigenem Verständnis eine strategiebasierte Zusammenarbeit ermöglicht und ein erfolgreiches Innovationssystem geschaffen, um regionale Transformationsherausforderungen zu bewältigen. So werden regionale Wirtschaftsräume in die Lage versetzt, sich zukünftig noch schneller und bedarfsgerechter an neue Gegebenheiten anzupassen und resilienter zu werden.[76]

Vor diesem Hintergrund vollzieht sich „Kommunale Clusterpolitik"[77] oder vereinfachend Clusterförderung auf kommunaler Ebene vor unterschiedlichen Programm- und Förderkulissen sowie Initiativen übergeordneter Ebenen und führt daher zu unterschiedlichsten Akteurskonstellationen – einschließlich der damit verbundenen Herausforderungen.

In der kommunalen Wirtschaftsförderungspraxis spielen neben den genannten klassischen Strategien und Aufgabenschwerpunkten spätestens seit den 1990er Jahren auch branchenspezifische sowie kompetenz- und technologiefeldorientierte Konzepte in Form von Clustern, Clusterinitiativen und Netzwerken eine wichtige Rolle bei der strategischen Profilierung und Weiterentwicklung von Standorten.

Die Entwicklung derartiger Standortentwicklungskonzepten und Strategien kann als Teil der Neugestaltung des Verhältnisses zwischen Kommune und Unternehmen interpretiert werden. Die kommunale Wirtschaftsförderung sieht dabei ihre Aufgabe nicht mehr nur in der Bereitstellung von Gewerbeflächen und finanziellen Förderung von Ansiedlungen, sondern u. a. auch in der Initiierung und Moderation von Prozessen zur Netzwerkbildung in der Wirtschaft. Von Unternehmen wird gleichzeitig ein stärkeres Engagement für kommunale und regionale Belange eingefordert.[78] Einen frühen umfassenden Überblick über die theoretischen und praktischen Grundlagen der Entwicklung von Clusterstrategien, konzeptionelle Ansätze und Best-Practice-Beispiele sowie Instrumente der Clusterentwicklung und des Clustermanagements in diesem Zusammenhang gab Floeting (2008).[79]

Das Deutsche Institut für Urbanistik (Difu) hatte hierfür in Abstimmung mit dem Deutschen Städtetag (DST) und dem Deutschen Städte- und Gemeindebund (DStGB) zum Jahreswechsel 2007/2008 die Wirtschaftsförderungseinrichtungen der insgesamt 188 deutschen Städte mit mehr als 50 000 Einwohnern befragt.[80] Gut zwei Drittel (63 %) der 144 an der Umfrage teilnehmenden deutschen Städte und Gemeinden gaben seinerzeit an, bereits über eine umfassende Strategie zur abgestimmten Entwicklung von Clustern, Netzwerken, Technologie- und Kompetenzfeldern zu verfügen. Mehr als ein Viertel (26 %) der Städte und Gemeinden hatte zum Zeitpunkt der Umfrage bereits ein Konzept entwickelt, das Aktivitäten zur gezielten Unterstützung der vor Ort vorhandenen Cluster, Netzwerke, Technologie- und Kompetenzfelder umfasst. In etwas mehr als einem Drittel (37 %) der befragten Städte und Gemeinden gab es sogar mehrere Clusterkonzepte.[81]

Die Entwicklung von Clusterstrategien und -konzepten war bereits seinerzeit nicht mehr nur auf große Städte und sog. Metropolregionen beschränkt, sondern in der kommunalen Praxis weitverbreitet. Die unterschiedliche Intensität, in der sich die Bundesländer bisher im Bereich Clusterpolitik engagiert haben,[82] spiegelt sich in gewissem Umfang in der räumlichen Verteilung der kommunalen Clusterstrategien und -konzepte wider.[83] Initiiert wurden Cluster vor allem durch die Wirtschaftsförderung selbst. Nicht selten geschah dies in Kooperation mit regionalen Partnern aus der Wirtschaft, Kammern und Verbänden oder Hochschulen. So gingen mehr als 90 % der in der Kommunalbefragung genannten Clusteransätze auf Initiativen zurück, an denen sich die kommunale Wirtschaftsförderung beteiligte, während die Wirtschaft lediglich in rund 37 % der Fälle an der Initiierung der Cluster beteiligt war.[84]

Ein direkter Vergleich dieser Ergebnisse mit denen der im Juni 2016 ebenfalls durch das Deutsche Institut für Urbanistik (Difu) durchgeführten Befragung zur Clusterförderung deutete auf einen leichten Rückgang der Bedeutung von Clusterförderung in der kommunalen Wirtschaftsförderungspraxis hin. Dieser Rückgang – so die Vermutung von Assmann und Floeting (2018)[85] – könnte zum einen als Zeichen einer wachsenden Skepsis gegenüber der Wirksamkeit clusterpolitischer Maßnahmen auf kommunaler Ebene interpretiert werden, zum anderen auch darauf hindeuten, dass die Grenzen zwischen clusterpolitischen Maßnahmen und solchen der „klassischen Wirtschaftsförderung" zunehmend verschwimmen und diese daher nicht mehr automatisch der Clusterförderung zugeschrieben werden. So sind insbesondere Themen wie Technologie- und Innovationsförderung, Standortmarketing, Ansiedlungsförderung oder Unterstützung von Existenzgründungen eng mit Maßnahmen der Clusterförderung verbunden.

Die Identifizierung und Initiierung von Clusterinitiativen und Netzwerken ist zwar eine wesentliche Grundlage kompetenz- und technologiefeldorientierter kommunaler Wirtschaftsförderung, reicht aber heute und in Zukunft allein nicht mehr aus, um erfolgreich zu sein. Netzwerke und Cluster sind keine statischen Gebilde, sondern unterliegen in der von relevanten Megatrends und zunehmender Volatilität, Unsicherheit, Komplexität und Ambiguität geprägten sog. VUCA-Welt ständigen Veränderungs- und Anpassungsprozessen, die im Rahmen der kommunalen Wirtschaftsförderung aktiv gestaltet und erfolgreich koordiniert werden müssen. Damit gewinnt das Prozessmanagement zunehmend an Bedeutung. Durch die Möglichkeit zur Einbindung unterschiedlicher Akteure in gemeinsame lokale und regionale Aktivitäten verdeutlichen gerade Clusterinitiativen und Netzwerke die Bedeutung einer integrierten kommunalen Wirtschaftspolitik, ohne gleichzeitig ein Patentrezept für die kommunale Wirtschaftsförderung zu sein.[86]

Unter den Begriffen „Kommunale Clusterpolitik" oder „Clusterförderung" lassen sich somit sämtliche Maßnahmen auf kommunaler Ebene zusammenfassen, die das Ziel einer Förderung ansässiger Cluster, Clusterinitiativen und Netzwerke verfolgen. Clusterpolitik ist jedoch kein in sich geschlossenes Politikfeld, sondern bedient sich verschiedenster Instrumente und Maßnahmen, die anderen, bereits etablierten Politikfeldern zuzuordnen sind. So wird Clusterpolitik in der Fachliteratur mitunter als eine historische Weiterentwicklung der Regional-, Industrie-, Technologie- und Forschungspolitik verstanden oder den Bereichen Ordnungs-, Prozess- und Wachstumspolitik zugeordnet. Mitunter wird in der Clusterpolitik eine Mischung aus regionaler Strukturpolitik und Industriepolitik gesehen – diese weise im Gegensatz zur regionalen Strukturpolitik einen Branchenbezug und im Gegensatz zur Industriepolitik einen räumlichen Bezug auf. Die Schwierigkeit einer klaren Zuordnung lässt Clusterpolitik auch als eine Art „Buzzword" erscheinen, unter dem ein Maßnahmenbündel verstanden wird, das sich an eine Vielzahl von Akteuren mit Regional- bzw. Branchenbezug richtet.[87]

Clusterpolitik als Teil der „Wirtschaftsförderung 3.0"

In der Fachliteratur werden nach Hahne (2020) verschiedene Phasen der lokalen und regionalen Wirtschaftsförderung unterschieden: Während die in den 1950er und 1960er Jahren betriebene intensive Förderung von Industrieansiedlungen auch als „Wirtschaftsförderung 1.0" und die in den 1970er und 1980er Jahren mit dem zunehmenden Rückgang großer Ansiedlungen und Betriebsverlagerungen einsetzende Fokussierung auf die sog. endogenen Entwicklungspotenziale im Rahmen der Bestandsentwicklung einschließlich der Bestandserneuerung in Form von Neugründungen insbesondere technologieorientierter Unternehmen als „Wirtschaftsförderung 2.0" bezeichnet werden kann, setzte in den 1980er und 1990er Jahren die nächste große Phase in der Bestandsorientierung ein, die eine stärkere Vernetzung der am Standort und in der Region aktiven Unternehmen zum Ziel hatte. Die Vernetzung von Unternehmen verwandter Branchen untereinander sowie mit ihren verbundenen Forschungseinrichtungen und fördernden Institutionen entwickelte sich somit zur „Clusterpolitik", die als „Wirtschaftsförderung 3.0" breite Anwendung auch in Deutschland fand. Der Übergang zur modernen Wissensgesellschaft führt schließlich seit etwa Anfang / Mitte der 2000er Jahre zu einem verschärften urbanen Wettbewerb. Die zunehmende Digitalisierung bewirkt dabei einen neuen Rationalisierungsschub mit zunehmender Standortkonkurrenz, führt aber – zielgerichtet eingesetzt – auch zur Erhöhung der Ressourceneffizienz, Stärkung der Resilienz und Verwirklichung der Nachhaltigkeitsziele. In dieser Konnotation kann daher mit Hahne auch von „Wirtschaftsförderung 4.0" gesprochen werden. [88]

Mit der Clusterpolitik bzw. Clusterförderung hielt also ein neues Aufgabenfeld Einzug, das für eine neue Entwicklungsphase der lokalen und regionalen Wirtschaftsförderung prägend ist. Im Vergleich zur Ansiedlungsförderung, Bestandspflege und Gründungsförderung ist sie damit der jüngste Bereich. Gleichzeitig ist sie ein Aufgaben- und Handlungsfeld, das sich mit der Zeit in seiner Ausrichtung gewandelt hat. Einerseits hat sie im engeren Sinne in der Praxis an Bedeutung verloren. Andererseits wird die Cluster- und Netzwerkförderung mit wachsender Ausdifferenzierung des Tätigkeitsspektrums der

Wirtschaftsförderung, wachsender Zahl und Vielfalt der Intermediäre und angesichts der notwendigen strategischen Weiterentwicklung und Stärkung der Innovationsfähigkeit der Wirtschaftsförderung auch multipler, wie es Wagner-Endres et al. (2021) beschreiben.[89]

Zielte die klassische Clusterpolitik vor dem Hintergrund von Porters Erklärungsansatz für nationale Wettbewerbsvorteile und der Bedeutung räumlicher Nähe von in einer Wertschöpfungskette miteinander verbundenen Akteuren anfänglich auf die Unterstützung von Unternehmen eines bestimmten Branchen- bzw. Technologiebereichs an einem Standort, so hat sich der Handlungsradius der Wirtschaftsförderung in diesem Bereich der innovationsfördernden Regionalpolitik gewandelt: Bestand die Zielsetzung von Clusterstrategien anfangs darin, die Unternehmen für Cluster zu sensibilisieren, wurden sie im weiteren Verlauf auch gezielt als Marketinginstrument und zur Vernetzung auf europäischer und internationaler Ebene eingesetzt. Mit zunehmendem Erfolg von Clustern rückten deshalb Aspekte des Prozessmanagements und der Steuerung von Clustern in den Vordergrund. Auf nationaler und europäischer Ebene wurden eigene Label für sog. Cluster-Exzellenz initiiert und eingeführt, wie das Beispiel Baden-Württemberg oder das „Cluster Organisation Management Excellence Label“ der European Cluster Excellence Initiative (ECEI) zeigt.

Aufgrund der wachsenden Bedeutung der Wissensökonomie richtete sich das Augenmerk neben technologieorientierten Unternehmen und Clustern auch auf die Kultur- und Kreativwirtschaft – beflügelt durch Richard Floridas (2002) vielbeachtete These vom Aufstieg der „kreativen Klasse“ und entsprechender Industrien.[90] Die „Wirtschaftsförderung 3.0“ steht damit für eine umfassende Förderung der Wissensgesellschaft als neuer Quelle für Wachstums- und Innovationspotenziale.

Mit Blick auf die neuen Dimensionen der Wirtschaftsförderung und ihre Innovationsfähigkeit stellen Wagner-Endres et al. (2021) fest:

> „Innovationsförderung hat sich bisher im Rahmen der Clusterförderung entwickelt und vor allem die Potenziale bestimmter Branchen und Technologien im Blick gehabt. Inzwischen ist sie zunehmend geprägt von diversen Ansätzen branchenübergreifender Vernetzungen („cross-innovation“), die eine Zusammenarbeit zwischen Kreativwirtschaft und industriellen Unternehmen, aber auch anderen Zweigen wie der Gesundheitswirtschaft, ausmachen. Die Ausrichtung auf resiliente und nachhaltige Stadt- und Wirtschaftsentwicklung verlangt grundsätzlich nach einer neuen Sichtweise auf Innovationen, die soziale, ökologische und technologische Aspekte miteinschließt […]. Daran anknüpfend gewinnt der Wert sozialer Innovationen zur Lösung (stadt-)gesellschaftlicher Probleme zunehmend an Bedeutung. In diesem Gefüge ist es Aufgabe der Wirtschaftsförderung, neue (digitale und analoge) Innovationsräume für Begegnung, Entwicklung und Vernetzung zu fördern.“[91]

Diese Entwicklung ist jedoch keineswegs gleichbedeutend mit einer grundsätzlichen Ablösung der etablierten Aufgabenfelder Ansiedlungsförderung, Bestandspflege, Gründungsförderung oder Clusterentwicklung. Vielmehr besteht die künftige Aufgabe der Wirtschaftsförderung und damit die Herausforderung für die handelnden Akteure darin, die neuen Dimensionen als Transformationspfade in das bestehende Portfolio zu integrieren.[92]

5.9.3 Instrumente zur Identifikation, Unterstützung und Erfolgskontrolle von Clustern

Für Kommunen stellt sich in diesem Zusammenhang eine Vielzahl von Fragen: Sollte Clusterpolitik betrieben werden? Welche Branchen ließen sich durch Clusterpolitik fördern? Welche clusterpolitischen Maßnahmen sollten angewandt werden? Wie lassen sich die bestehenden clusterpolitischen Maßnahmen weiterentwickeln? Auf welche Weise lässt sich der Erfolg von Fördermaßnahmen messen? Wie könnte sich die kommunale Clusterpolitik durch aktuelle und zukünftige Technologieentwicklungen verändern?

Die Ausgestaltung, Möglichkeiten und Grenzen von Clusterpolitik sind zwischenzeitlich Gegenstand unterschiedlicher Studien geworden. Trotz einer Reihe von Fall- und Regionalstudien fehlte lange Zeit ein umfassender Überblick über den aktuellen Stand der Clusterpolitik auf kommunaler Ebene. Mit der letzten Veröffentlichung des Deutschen Instituts für Urbanistik (Difu) zu diesem Thema aus dem Jahr 2018 konnte diese Lücke geschlossen werden.[93]

Da Clusterförderung von Bund, Ländern und Kommunen auf den vorhandenen regionalen Stärken und Potenzialen aufbauen soll, müssen diese zunächst identifiziert werden. Welche der ermittelten Cluster dann im Rahmen der kommunalen und regionalen Wirtschaftsförderung durch konkrete Maßnahmen unterstützt werden, hängt von strategischen Überlegungen, der Prioritätensetzung und regionalen Besonderheiten ab.

- **Instrumente zur Identifikation potenzieller Cluster**
  Die nachfolgende, überblickartige Aufzählung von Maßnahmen zur Identifikation von Clustern wurde im Rahmen der diesbezüglichen Kommunalbefragung des Deutschen Instituts für Urbanistik (Difu) abgefragt. Sie lässt sich grundsätzlich in die drei Gruppen subjektive Einschätzungen und Erfahrungen, objektive Kriterien und externe Einflussgrößen unterteilen:[94]

  Subjektive Einschätzungen und Erfahrungen

  Kommunale Wirtschaftsförderer verfügen oftmals über einen langjährigen Erfahrungsschatz, durch den sie sich selbst ein Bild von der Lage machen können:

- Eigene Sachkenntnis: Einsatz langjähriger Erfahrungen und Informationen;
- Moderation von Vernetzungsprozessen: Kenntnisse regionaler Vernetzungen und Vernetzungsmöglichkeiten;
- Abschätzung von Entwicklungsdynamiken: Berücksichtigung zukünftiger Branchenentwicklungen.

Objektive Kriterien

Hierdurch erhalten Wirtschaftsförderer konkrete Zahlen, mit denen sich die subjektiven Einschätzungen und Erfahrungen abgleichen lassen:

- Externe Gutachten: Heranziehen unabhängiger externer Expertenmeinungen;
- Analyse von Branchenkonzentrationen: Identifikation quantifizierbarer Maßzahlen zu regionalen Spezialisierungen;
- Analyse von Wertschöpfungsketten: Identifikation von Lücken und Potenzialen in der regionalen Wertschöpfungskette;
- Analyse von Netzwerken: Auswertung regionaler Unternehmensverflechtungen.

Externe Einflussgrößen

Auch Unternehmen und die Kommunalpolitik können einen Einfluss darauf haben, welche Branchen oder Themen durch die Wirtschaftsförderung besonders unterstützt werden:

- Vorgaben der Kommunalpolitik: Einflussnahme von politischen Entscheidungsträgern;
- Interventionen von Unternehmensvertretern: Einflussnahme von Unternehmensvertretern (z. B. als Ansiedlungsvoraussetzung).

– **Instrumente zur Unterstützung des Clustermanagements**

Clusterpolitische Maßnahmen und Instrumente zur Unterstützung des Clustermanagements zielen explizit darauf ab, bestehende regionale Clusterentwicklungen zu fördern und können dabei verschiedene Ziele verfolgen: Sie können sich auf die Wahrnehmung und Außendarstellung, die Zusammensetzung oder die Organisation und die Aktivitäten des Clusters beziehen.

Die nachfolgende Aufzählung diente ebenfalls der Kommunalbefragung des Deutschen Instituts für Urbanistik (Difu) als Grundlage und umfasst eine Reihe clusterpolitischer Instrumente zur Effizienzsteigerung:[95]

Verbesserung der Wahrnehmung und Außendarstellung

- Clusterspezifisches Standortmarketing: gezieltes Hervorheben regionaler Stärken zur Erhöhung des Bekanntheitsgrads angesiedelter Cluster bzw. Clusterinitiativen;
- Organisation von gemeinsamen Messeauftritten.

Entwicklung der Zusammensetzung und Steigerung der Zahl der Akteure

- Aktive Ansiedlungsförderung: Anstrengungen zur Ansiedlung weiterer cluster-relevanter Akteure;
- Unterstützung von Existenzgründungen: Förderung der Gründung clusterrelevanter Start-ups.

Verbesserte Organisation der Aktivitäten im Cluster

- Vermittlung von Kontakten: Anregung eines Informationsaustauschs zwischen gezielt ausgewählten Akteuren;
- Durchführung von Veranstaltungen zum Informations- und Erfahrungsaustausch: Schaffung einer Möglichkeit zum Informations- und Erfahrungsaustausch und zur Kontaktanbahnung;
- Unterstützung bei der Akquise von Fördermitteln: Anwerbung von Fördermitteln zur Umsetzung clusterspezifischer Projekte;
- Initiierung bzw. Begleitung von clusterinternen Kooperationsprojekten: Hilfe bei der Koordinierung von Aktivitäten im Cluster;
- Beratung bzw. Leitung von Clusterinitiativen: Unterstützung von Clusterinitiativen zur besseren Koordinierung von Aktivitäten im Cluster;
- Initiierung bzw. Begleitung von branchenübergreifenden Kooperationen: Schaffung von Anreizen und Vermittlung von Kontakten, die Unternehmen zu branchenübergreifendem Zusammenarbeiten bewegen könnten;
- Initiierung bzw. Begleitung von überregionalen Kooperationen: Schaffung von Anreizen und Vermittlung von Kontakten, die Unternehmen zum regional übergreifenden Zusammenarbeiten bewegen könnten.

– **Erfolgskontrolle clusterpolitischer Instrumente**
Die Erfolgskontrolle clusterpolitischer Instrumente ist von Bedeutung, um die Effizienz der clusterpolitischen Maßnahmen einzuschätzen. Allerdings ergeben sich bei der Messung der Effekte zahlreiche methodische Schwierigkeiten.

Auch diese abschließende Aufzählung diente der Kommunalbefragung des Deutschen Instituts für Urbanistik (Difu) als Grundlage:[96]

- Auswertung von Geschäftsbilanzen: Bilanzierung materieller Werte des Clusters bzw. der Clusterinitiative;

- Benchmarking: Gegenüberstellung mit der Entwicklung vergleichbarer Cluster bzw. Clusterinitiativen;
- Evaluation: turnusmäßige Beurteilung der Aktivitäten des Clusters bzw. der Clusterinitiative;
- Monitoring: kontinuierliche datengestützte Beurteilung der Aktivitäten des Clusters bzw. der Clusterinitiative;
- Auswertung von Wissensbilanzen: Bilanzierung immaterieller Werte des Clusters bzw. der Clusterinitiative;
- Zertifizierungen: Überprüfung festgelegter Standards zur Beurteilung des Clusters bzw. der Clusterinitiative.

Zwar existieren zahlreiche Instrumente zur Erfolgskontrolle clusterpolitischer Maßnahmen, jedoch verfälschen verschiedene, teils gravierende methodische Schwierigkeiten deren Aussagekraft. Der Effekt clusterpolitischer Maßnahmen kann nie vollständig vom Einfluss anderer Faktoren (z. B. Konjunkturschwankungen) isoliert werden. Durch die Verwendung ökonometrischer Verfahren lässt sich dieser Einfluss reduzieren, jedoch nicht beseitigen. Zudem tritt der Effekt clusterpolitischer Maßnahmen stets mit einer zeitlichen Verzögerung ein, die nicht genau bekannt ist. Auch diese Unsicherheit kann entscheidenden Einfluss auf das Ergebnis der Erfolgsmessung haben. Auch kann es sein, dass die spezifischen Ziele clusterpolitischer Maßnahmen nur in den seltensten Fällen vorab benannt werden. Dies hat wiederum zur Folge, dass grundsätzlich alle Anzeichen einer positiven regionalen Entwicklung je nach Belieben den durchgeführten Maßnahmen zugeschrieben werden können. Will man die genannten methodischen Probleme umgehen, so bleibt als Möglichkeit die Abfrage der Zufriedenheit unter den Akteuren in dem Cluster, an den sich die untersuchte Maßnahme richtet. Auch hierbei ist jedoch zu beachten, dass die Befragten die genauen Konsequenzen meist nicht in ihrer Gesamtheit beurteilen können.

Weiterhin haben die Befragten einen Anreiz, entsprechende Maßnahmen positiv zu bewerten, um in den Genuss weiterer Förderaktivitäten zu kommen. Trotz der genannten methodischen Probleme können Erfolgsmessungen clusterpolitischer Maßnahmen zumindest einen Eindruck von deren Wirksamkeit liefern. Die Ergebnisse solcher Messungen müssen jedoch stets vor dem Hintergrund der methodischen Schwierigkeiten interpretiert werden. Durch die Formulierung klar quantifizierbarer Zielgrößen im Vorfeld der Durchführung entsprechender Maßnahmen kann zumindest das Problem der beliebigen Zurechnung positiver Effekte beseitigt werden.

5.9.4 Die Rolle des Clustermanagements als Innovationstreiber

Die RegioClusterAgentur des Landes Baden-Württemberg (RCA BW) hat sich im Rahmen einer Veröffentlichung aus dem Jahr 2016 intensiv mit der Fragestellung „Cluster und Innovationen – Clusterinitiativen als Innovationstreiber" beschäftigt und kommt dabei zu interessanten Erkenntnissen und Schlussfolgerungen die Rolle des Clustermanagements als Innovationstreiber betreffend, die nachfolgend auszugsweise und exemplarisch dargestellt werden:[97]

Für das Cluster- und Netzwerkmanagement erwachsen in einem akteursübergreifenden Clusterumfeld neue Aufgaben, vor allem dann, wenn es einen Beitrag zur Stärkung der Innovationsfähigkeit der Clusterakteure leisten will. Dieser Ansatz hilft vor allem kleinen und mittelständischen Unternehmen (KMU), die sich kein eigenes Innovationsmanagement leisten können. Somit kann das Clustermanagement die (Teil-) Aufgabe eines Innovationsmanagers übernehmen. Ein Teil der Methoden, die in diesem Kontext anzuwenden sind, unterscheidet sich dabei nur wenig von der firmeninternen Nutzung der Methoden durch das klassische betriebliche Innovationsmanagement; ein Teil ist spezifisch für dieses Umfeld, vor allem die Vernetzungskomponente.

Die besonderen Mehrwerte des Innovationsmanagements im Clusterumfeld entstehen einerseits durch die Betrachtung von Wertschöpfungsketten einschließlich zeitlich vorgelagerter Entwicklungsschritte (vertikale Erweiterung), und andererseits durch das Erreichen kritischer Größen bzw. Marktanteile durch Anzahl der Clustermitglieder (horizontale Erweiterung). Weiterhin haben Clusterinitiativen – einem virtuellen Großunternehmen vergleichbar – andere Möglichkeiten der Einflussnahme auf äußere Rahmenbedingungen. Die Spanne reicht hier von Skaleneffekten, wie sie typischerweise in Einkaufsgemeinschaften erzielt werden können, bis hin zur Wahrnehmung durch politische Stakeholder.

Maßnahmen des Clustermanagements auf der Strategieebene

Es gibt verschiedene Maßnahmen des Clustermanagements, die strategischen Charakter haben und in der Regel ganz am Beginn eines umfangreichen Innovationsprozesses in einer Clusterinitiative stehen können. Diese Maßnahmen dienen insofern der Positions- und Bedarfsbestimmung oder der Strategiedefinition. Sie können, müssen aber nicht, in der hier nachfolgend dargestellten zeitlichen Abfolge erfolgen. Ein sog. Roadmapping-Prozess zeigt in der Regel die zukünftigen Entwicklungslinien und zukünftigen technologischen, marktseitigen und gesellschaftlichen Bedarfe auf. Eine anschließende

Positionsbestimmung und Technologie-Portfolio-Analyse kann aufzeigen, wie gut eine Clusterinitiative und ihre Akteure auf diese bevorstehenden Herausforderungen vorbereitet sind. Alle diese Informationen liefern einen wichtigen Input für den dann in der Regel folgenden Strategieprozess:

- **Roadmapping**
  in einer Roadmap werden grafische Vorgehensweisen erfasst, um komplexe Szenarien in ihrer Zeit- und Pfadabhängigkeit darzustellen. Sie kommen häufig bei komplexen Projekten für die Entwicklung von Strategien für Produktfamilien, Branchen oder auch Cluster zum Einsatz. Dabei handelt es sich um eine sogenannte Dialog-Konsens-Methode, bei der es darum geht, das Wissen und die Erkenntnisse von Experten in einem durch Moderatoren geleiteten Dialogprozess zu visualisieren sowie einen Konsens – bezogen auf den dargestellten Prozess und die abgebildeten Faktoren – zu finden.[98]
- **Positionsbestimmung der Clusterakteure im Innovationskontext**
  Zur Steigerung der Innovationsfähigkeit und zur stärkeren Profilierung von Clusterinitiativen und ihren Akteuren als Innovationskernen und -treibern ist die grundlegende Standortbestimmung der Clusterakteure im globalen Forschungs- und Innovationsumfeld eine wichtige Grundvoraussetzung. Mit der Durchführung von umfassenden Innovationsaudits für einzelne Clusterinitiativen, organisiert und koordiniert durch die jeweiligen Clustermanagements, können die herausragenden Innovationskompetenzen (z. B. besondere technologische Fähigkeiten) sowie kritische Innovationsengpässe (z. B. fehlende Pioniere für radikal neue technologische Anwendungen) identifiziert und so eine wichtige Entscheidungsgrundlage für die weitere strategische Clusterentwicklung im internationalen Umfeld geschaffen werden.[99]
- **Technologie-Portfolio-Analyse**
  Die Technologie-Portfolio-Analyse ist ein Instrument des strategischen Technologiemanagements. Die Darstellung der Analyseergebnisse erfolgt zweidimensional – mit Ist-Situation und Zukunft. Es werden sowohl externe (nicht beeinflussbare) als auch interne (beeinflussbare) Parameter berücksichtigt. Bei der Anwendung auf Clusterinitiativen ist zu beachten, dass die Begriffe intern und extern (eigentlich bezogen auf ein Unternehmen) anders verwendet werden müssen. Aus dem Ergebnis lassen sich Handlungsempfehlungen für die thematische Fokussierung und die Strategie ableiten.[100]
- **Strategie-Definition**
  Die Analyse der Beziehung zwischen der Intensität einzelner Dienstleistungen einer Clusterinitiative, d. h. der operativen Ebene des Innovationsmanagements

(= Input) und der Wirksamkeit (= Output) zeigt, dass eine hohe Quantität an dieser Stelle nicht zwingend mit der Wirksamkeit der Aktivitäten korreliert. Beim Erzielen von Auswirkungen geht es also nicht nur um die Anzahl der erbrachten Leistungen, sondern vor allem um die Qualität der Leistungserbringung im Sinne von Entwicklung, Inhalt und Lieferung der Dienstleistungen. Es sind also die Kombination und Interaktion von Dienstleistungen (d.h. das Gesamtkonzept), die eine Wirkung der Aktivitäten des Clustermanagements auf die Forschungs- und Entwicklungs- sowie Geschäftsaktivitäten von KMU erzielen. Dieses Gesamtkonzept ist die Strategie der Clusterinitiative.[101]

Methoden zur Unterstützung auf operativer Ebene

Aufgrund der zunehmenden Komplexität von Innovationen, werden zunehmend komplementäre, vernetzte Kompetenzen benötigt, über die einzelne KMU nicht verfügen. Hierfür stellt eine Clusterinitiative bzw. ein Netzwerk eine ideale „Umgebung" dar. Das Maß der seitens des Clustermanagements auf der operativen Ebene aufzuwendenden Unterstützung in einem solchen einzelnen Innovationsprozess ist direkt von der bereits vorhandenen Qualität der Vernetzung der Clusterakteure und von der Komplexität der zu beantwortenden Fragestellung abhängig. Je nachdem, wo sich die Clusterinitiative bzw. die involvierten Clusterakteure im Innovationsprozess befinden, bieten sich hierfür verschiedene Ansätze wie z.B. Technology Scouting, Innovation Matching, Cross Clustering oder der Technologietransfer zwischen Clusterakteuren zur Unterstützung an, die von den Ergebnissen der strategischen Positions- und Bedarfsbestimmung oder der Strategiedefinition im Vorfeld abhängen.[102] Auf diese kann jedoch an dieser Stelle nicht näher eingegangen werden.

5.10 Fördermittel, Subventionen und Finanzierungen

Geht man von der wörtlichen Bedeutung des Begriffs der Wirtschaftsförderung aus, so ist nicht verwunderlich, dass die Öffentlichkeit, sofern sie sich überhaupt näher mit dem Thema befasst, unter der Tätigkeit von Wirtschaftsförderungsgesellschaften und -einrichtungen die Vergabe von Fördermitteln an Unternehmen und andere Zielgruppen als wesentlichen Geschäftsgegenstand versteht.

Dass die Bereitstellung von Fördermitteln und deren Vergabe in der Vergangenheit zu den wesentlichen Aufgaben gehört haben mag, ist wahrscheinlich, bestand doch Wirtschaftsförderung immer aus einer Mischung aus restriktiven Regulierungen, um lästige auswärtige Konkurrenz vom Standort abzuhalten, und der Förderung der heimischen Wirtschaft auch durch zum Teil erhebliche finanzielle Zuwendung. Erst mit dem Einschreiten der EU und dem Verbot wettbewerbsverzerrender Subventionen an Unternehmen wurde der durchaus üblichen Praxis finanzieller Unterstützungsförderung, insbesondere auf kommunaler Ebene, deutlich ein Riegel vorgeschoben.

Es ist nicht lange her, dass auch in Deutschland an Unternehmen bei Ansiedlungen und Neubauvorhaben Grundstücke kostenlos abgegeben wurden, Gewerbesteuer reduziert oder gar erlassen, beziehungsweise Grundstückserschließungsbeiträge nicht erhoben wurden. Verlorene Investitionszuschüsse und Arbeitsplatzprämien waren beliebte Instrumente im regionalen Wettbewerb um Unternehmensansiedlungen.

Solche Hilfen sind jedoch im Rahmen des heute geltenden EU-Beihilferechts nicht mehr gestattet, aber immer noch an der Tagesordnung und in vielen Regionen der Welt nicht untersagt, sondern finden als probates Mittel der Ansiedlungsförderung weiterhin ihren Einsatz. Wenn also ein Unternehmen im Rahmen eines internationalen Standortsuchverfahrens explizit nach finanziellen Hilfen fragt, gibt es am Standort Deutschland drei Möglichkeiten:

- Gewährung einer Kleinsubvention unterhalb des Schwellenwertes der sogenannten De-minimis-Regel;
- Beantragung einer EU-Genehmigung für eine Ausnahmeregelung;
- Ablehnung einer Subvention für das Unternehmen und gleichzeitig Nutzung des kreativen Potenzials des Wirtschaftsförderers.

Die Gewährung einer heimlichen Subvention wird auch deshalb nicht als echte Alternative betrachtet, da in der Regel solche Tatbestände verschiedene Gremien durchlaufen, Presse und Politik damit befasst sind und vor allen Dingen die kritische Unternehmerschaft meist selbst dafür sorgt, dass auswärtige Konkurrenten nicht auch noch finanziell unterstützt werden. Es gab zahlreiche Fälle, in denen solche Missbrauchstatbestände zur Anzeige gebracht wurden, auch nationale Zuschüsse, die durch die EU beanstandet wurden und, unter Verhängung von Strafen, rückabgewickelt werden mussten.

Um in der EU gleiche Wettbewerbsverhältnisse zu gewährleisten, hat die Europäische Kommission im Grundsatz die Gewährung aller staatlichen Subventionen in Form von Zuschüssen, Zinsvorteilen oder Beihilfen und Bürgschaften untersagt. Die EU sieht in der Gewährung solcher Hilfen eine Verzerrung des Wettbewerbs, indem Marktbedingungen künstlich verfälscht werden.

Staatliche Subventionen verändern die Kostenstruktur von geförderten Unternehmen und verbessern damit deren Wettbewerbsposition. Dabei werden Hilfen von Bund, Land oder Kommune gleichbehandelt und sind generell untersagt. Jedoch auch hier keine Regel ohne Ausnahme: Die EU legt aus strukturpolitischen Gründen immer wieder Ausnahmen und Fördergebietskulissen für bestimmte Branchen und Regionen fest. Darüber hinaus kann beim Vorliegen bestimmter Voraussetzungen auch immer ein Antrag auf Genehmigung der Subvention gestellt werden.

Unter diese Regelung fallen auch die öffentlichen Zuschüsse für die Chipfabrik bei Dresden. Die geplanten Gesamtkosten von 10 Milliarden Euro dürfen mit 5 Milliarden Euro aus öffentlichen Subventionen gefördert werden.

De-minimis-Regel

Eine generelle Ausnahme vom allgemeinen Beihilfeverbot der EU bedeutet die De-minimis-Regel, die staatliche Zuschüsse dann erlaubt, wenn sie in drei Steuerjahren einen bestimmten Betrag nicht überschreiten.

Gemäß der EU-Verordnung Nr. 2023/2831, die Anfang 2024 in Kraft getreten ist, darf der Gesamtbetrag der sog. De-minimis-Beihilfen, die ein Mitgliedsstaat einem Unternehmen innerhalb eines Zeitraums von drei Jahren gewährt, den Schwellenwert von 300 000 € nicht überschreiten. Die Verordnung gilt bis zum 31. Dezember 2030.

Zuvor lag der Schwellenwert bei 200 000 € und war für Unternehmer im gewerblichen Güterkraftverkehr auf 100 000 € begrenzt – ausgenommen davon sind integrierte Dienstleistungen, d. h. Dienstleistungen, bei denen die Beförderung von Gütern nur ein Teil der Dienstleistung ist, z. B. Umzugsdienste, Post- oder Kurierdienste oder Dienstleistungen, die die Sammlung und Verarbeitung von Abfällen umfassen. Diese Ausnahme wurde mit der neuen EU-Verordnung für den Zeitraum von 2024 bis 2030 für Speditionsunternehmen aufgehoben.

Die De-minimis-Verordnung gilt grundsätzlich für staatliche Beihilfen an Unternehmen aller Wirtschaftsbereiche. Es bestehen jedoch Ausnahmen für Unternehmen aus folgenden Bereichen: Fischerei und Aquakultur, landwirtschaftliche Primärproduktion, Verarbeitung und Vermarktung landwirtschaftlicher Erzeugnisse, bestimmte exportbezogene Tätigkeiten sowie für den Erwerb von Fahrzeugen für den Straßengüterverkehr. Die Höchstbeträge gelten für alle De-minimis-Beihilfen, unabhängig von deren Art und Zielsetzung. Auch spielt es keine Rolle, ob die von dem Mitgliedsstaat gewährte Beihilfe ganz oder teilweise aus Gemeinschaftsmitteln der EU finanziert wird.

Kommunale Hilfen

Wie kann die Kommune ihrem Wirtschaftsförderungsauftrag in Form von finanziellen Hilfen nachkommen? Diese Frage ist ziemlich einfach zu beantworten: Außer den Beträgen innerhalb der De-minimis-Regel gibt es keine Möglichkeiten von nennenswerten finanziellen Subventionen für einzelne Unternehmen. Diese Regelung macht im Ergebnis die Arbeit der Wirtschaftsförderung letztendlich einfacher, ist sie doch nicht mehr erpressbar mit der Androhung von Standortverlagerungen bei unzureichender finanzieller Förderung. Auch die früher großzügig gewährten Preisnachlässe bei Grundstücksverkäufen und Erschließungsbeiträgen oder der Gewerbesteuer lassen sich rechtlich nicht mehr darstellen, auch wenn man mancherorts großzügig mit der rechtlichen Auslegung umgeht.

Ausnahme von dieser strikten Regel bleibt nach wie vor, und darauf ist hinzuweisen, die Möglichkeit der Beantragung einer Ausnahmegenehmigung bei der EU, wenn es um wirklich bedeutende Ansiedlungen in wirtschaftsschwachen Regionen geht. Hier sind Ausnahmeregelungen durchaus möglich. Es bedarf jedoch einer breit angelegten Kampagne politischen Drucks, um das Großprojekt, wie die Ansiedlung einer Automobilfabrik, eines Windparks, eines Produktionsstandorts für Speicher oder moderner Hochtechnologie, durchzusetzen. Solche arbeitsplatz- und insbesondere technologiefördernden Maßnahmen finden bei der EU durchaus offene Ohren.

Der Standortwettbewerb konzentriert sich stark auf die Qualität der von der Wirtschaftsförderung angebotenen Serviceleistung, dem Entgegenkommen der Ämter bei Genehmigungen und dem Wohlwollen der Politik. Zunehmend sind es auch Finanzierungsmöglichkeiten, wie regionale Beteiligungsfonds von Sparkassen und Volksbanken, aber auch privatwirtschaftliche Regionalfonds, wie z. B. der „Zukunftsfonds Heilbronn" (seit 2023 mit neuem Namen „DZ11 Ventures"), die über risikobereite Beteiligungen und Finanzierungen den örtlichen und ansiedelnden Unternehmen letztendlich geldwerte Vorteile gewähren. Solche Fonds machen Kredite, beziehungsweise Beteiligungen, abhängig von der Ansiedlung in der Region, die sie fördern wollen.

Dies scheint mit EU-Recht vereinbar. Das Vorhandensein solcher regionalbezogenen Finanzierungsmöglichkeiten stellt sicher eine hervorragende Möglichkeit regionaler Wirtschaftsförderung dar. Dass solche Fördermöglichkeiten zustande kommen, sollte durch die Wirtschaftsförderung eventuell initiiert, unterstützt und vorangetrieben werden.

Die Wirtschaftsförderung kann aber ansiedlungswillige Arbeitgeber durchaus wirksam unterstützen, zum einen dadurch, dass sie offensiv bei der Standort- und Immobiliensuche und ebenso bei den Preisverhandlungen unterstützt. Dem Ansiedlungswilligen sollte optimale Markttransparenz geboten und das Netzwerk der Wirtschaftsförderung genutzt werden, um insbesondere auch am privaten Immobilienmarkt beste Konditionen zu erzielen. Auch die Einrichtung eines Pre-Opening-Offices für Ansiedler in der Gründungsphase und die Ausstattung mit Personal der Wirtschaftsförderung stellen zulässige Möglichkeiten dar, dem ansiedelnden Unternehmen über Einsparungen und qualifizierte Beratung bei Anfangsinvestitionen sowie vorteilhafte Immobilienbeschaffung legitime Unterstützung zu gewähren.

Und dennoch ist auch der erfahrene Wirtschaftsförderer von der Kreativität von Unternehmen und Bürgermeistern überrascht, wenn es darum geht, im nachbarschaftlichen Wettbewerb eine erfolgreiche Unternehmensverlagerung, und zwar völlig legal, zu ermöglichen. Man stelle sich den Fall eines nahverlagerungswilligen Unternehmens vor, ein reiner Dienstleistungsbetrieb, dem der Bürgermeister der abwerbenden Gemeinde in unmittelbarer Nachbarschaft nicht nur ein kostengünstiges Gewerbegrundstück anbietet, sondern obendrein ein damit zusammenhängendes, wesentlich größeres Wohnungsgrundstück in bester Lage, deklariert für Mitarbeiterwohnen für 40 Wohnungen, das kurz nach Erwerb an einen Immobilienentwickler weiterveräußert wird, mit hoher Gewinnspanne. Die Ansiedlung des Gewerbebetriebs konnte wegen Konkurses desselben nicht vollzogen werden. Der Kreativität sind keine Grenzen gesetzt.

Landes-, Bundes- und EU-Förderung

Nach Schätzungen von Fachleuten gibt es in Deutschland aktuell bis zu 2000 sehr unterschiedliche Förderprogramme, mit denen einzelne Personen, Unternehmen, Kommunen und Regionen unterstützt werden sollen. Dabei geht es um Zuschüsse, Zinsverbilligungen, Bürgschaften und Garantien.

Es soll hier nicht auf einzelne Programme eingegangen werden, die für Kommunen und Regionen interessant sein können. Die große Zahl zeigt jedoch, dass die kommunale Wirtschaftsförderung es nicht leisten kann, eine auch nur einigermaßen kompetente Auskunft über die Vielzahl der Fördermöglichkeiten an die betreffenden Zielgruppen zu geben.

Förderfibel der Wirtschaftsförderung

Einen guten Überblick, was ein Standort leisten kann, vermittelt z. B. die auch im Internet abrufbare Förderfibel für Unternehmen und Existenzgründer der Investitionsbank Berlin (IBB), die auf rund 150 Seiten einen eindrucksvollen, aber auch nicht ganz vollständigen Überblick gibt.[103]

Daher muss sich der örtliche Wirtschaftsförderer in dieser Frage der Unterstützung durch die wirtschaftspolitischen Akteure der Region versichern. Industrie- und Handelskammern, Handwerkskammern, Wirtschaftsverbände und Arbeitsagenturen sind die ersten Partner, hinzu kommen die Kreditanstalt für Wiederaufbau (KfW) als nationale Förderbank, aber auch die Landesbanken der Bundesländer und die regionalen Einrichtungen der Wirtschaftsförderung. Als allgemein sehr nützliche Förderdatenbank gilt das gleichnamige Portal des Bundesministeriums für Wirtschaft und Technologie, das einen aktuellen Überblick über die Programme von Bund, Ländern und EU gibt. Aktuell sind es über 150 Förderorganisationen, die dargestellt werden.

Private Beratungsunternehmen

Neben den umfangreichen Informationen im Netz sowie bei Kammern und Verbänden bieten auch private Beratungsunternehmen eine kompetente Fördermittelberatung und die gesamte Abwicklung der Beantragung an. Es erfolgt in der Regel zunächst eine kostenlose Erstberatung über Fördermöglichkeiten und Erfolgsaussichten.

Bei einer Beauftragung werden dann Gebühren fällig, in günstigen Fällen nur ein prozentualer Beitrag bei erfolgreicher Bescheidung des Antrags.

Darüber hinaus bieten in einem bundesweiten Netzwerk sogenannte Business Angels konstruktive Beratungsleistungen, mitunter auch eigene Beteiligungen, an. Bei diesen Angeboten muss der Gründer beziehungsweise der Kapitalsuchende sich immer ausreichend vor zu großer Informationspreisgabe schützen, sodass ein verlässlicher professioneller Beistand bei solchen Verhandlungen geboten erscheint.

Die lokale Wirtschaftsförderung hat also zur Abdeckung des Servicefeldes Fördermittelberatung eine Erstinformationspflicht und eine Beratungsvermittlung zu leisten und bedient sich daher am besten der örtlichen Partner. Von einer eigenständigen inhaltlichen Finanzierungsberatung durch die Wirtschaftsförderung sollte abgesehen werden, weil zum einen ein ausreichendes Know-how fehlt, zum anderen man in den Wettbewerb des örtlichen Fördermarktes eingreifen könnte. Von der möglicherweise auftretenden Haftungsproblematik ganz abgesehen, sollte die Wirtschaftsförderung auch hier ihre Rolle des sachkundigen Vermittlers von qualifizierten Kontakten erfüllen.

5.11 Standortimage und Identität

Durch die zunehmende Regionalisierung weg von Staaten hin zu den Regionen verlieren Standorte, das heißt Städte und Kommunen, zunehmend ihre Erkennbarkeit. Die durch die Globalisierung bedingte Vergrößerung von Regionen wird akzeptiert, um die globale Sichtbarkeit zu erhöhen. Dadurch vergrößert sich jedoch der empfundene Gesichtsverlust im regionalen Einerlei. Es entsteht das verständliche Bestreben, die lokale Abgrenzung und Profilierung weiterzubetreiben und durch aktiven Standortwettbewerb den eigenen Standort nach vorne zu bringen. Gleichzeitig ist der Wunsch nach Reduzierung der Komplexität hin zu einfachen Botschaften offensichtlich, denn Authentizität ist gewünscht. Dieser Prozess ist gekennzeichnet durch eine Identitätsfindung und eine darauf aufbauende Imagebildung.

Das Eigen zeigen

Im alemannischen Sprachraum hat sich hierfür eine griffige Formulierung herausgebildet: „Das Eigen zeigen". Diese Formulierung bedeutet zum einen, dass ein Standort eine eigene Identität besitzt, ebenso aber auch ein Image. Beides muss allerdings nicht notwendigerweise übereinstimmen. Wenn sich manche Standorte lieber kein Image als das vorhandene schlechte Image wünschen, so ist das verständlich, aber nicht machbar. Auch vermeintlich „kein Image" ist ein Image. Ein Image existiert immer, aber man kann es ändern, nicht jedoch totschweigen. Und so kommt es, dass jeder Standort sich irgendwann mit seinem Image beschäftigen muss.

Identifikation und Kommunikation der Standortidentität

Geht man davon aus, dass der Standort nur das Image kommunizieren sollte, das der empfundenen Identität der Menschen am Standort entspricht, ist es entscheidend, diese Identität zu ermitteln. Sie kann nicht erfunden werden, wie manche Marketingexperten es sich vielleicht wegen leerer Auftragsbücher wünschen, sondern die Standortidentität muss gefunden werden. Dabei ist die interessante Frage noch nicht beantwortet, ob es besser ist, kein Image zu kommunizieren, als ein schlechtes, das ja immer Sichtbarkeit und Aufmerksamkeit gewährleistet.

Die Identifizierung der Identität gehört sicher zu den schwierigsten Aufgaben in einem Gemeinwesen, erfordert sie doch zunächst die historische Aufarbeitung, die Meinungsfindung in der Gegenwart und den Prozess der Leitbildentwicklung für die Zukunft. Einzubeziehen sind dabei die politischen Akteure, wobei auch die Beteiligung der interessierten Bevölkerung auch außerhalb bestehender Strukturen zu organisieren ist. Dabei ist immer auch ganz wesentlich die Binnensicht einerseits und die Wahrnehmung von außen andererseits zu unterscheiden und die sicher auch vielmals unterschiedlichen Sichtweisen zu erklären und in einer einheitlichen Darstellung erklärbar zu machen.

Stärken-Schwächen-Analyse

Die sogenannte Stärken-Schwächen-Analyse eines Standorts kann wichtige Hinweise geben, sicher auch die gegebenenfalls vorhandenen Rankings der vergangenen Jahre, wobei hieraus auch interessante Ergebnisse aus deren historischen Veränderung abzuleiten sind. Kommt es nach dem Prozess der Identitätsfindung zur Imagebildung und deren Kommunikation, ist nochmals die Frage der Zielgruppe zu stellen. Neben der Bevölkerung sind so unterschiedliche Gruppen wie auswärtige Arbeitnehmer, Studierende, Schüler Touristen, Wissenschaftler, Fachkräfte oder einfach zuzugswillige Menschen in Zeiten negativer demografischer Entwicklung Ziel von Standortwerbern.

Die Identität eines Standortes hat sich historisch durch die Geografie, das Klima, die Kultur und schließlich durch die am Standort lebenden Menschen entwickelt. Sie ist nicht kurzfristig änderbar. Ob diese Identität ein positives Image oder ein negativer Standortfaktor ist, ist nicht abschließend zu beurteilen. Eine Identität bleibt. Deren Bewertung hängt vom Standpunkt des Betrachters ab. Ein bestimmtes Image, das noch gestern als positiv bewertet wurde, kann schon heute als altmodisch und nicht mehr wirtschaftsförderlich angesehen werden. Mag auch die Standortidentität stabil bleiben, die Bewertung kann in der Entwicklung sehr unterschiedlich ausfallen.

Es ist also auch zu hinterfragen, ob eine Standortidentität zu wirtschaftsförderlichen Marketingaktivitäten herangezogen wird. Man sollte das auf die Zielgruppentauglichkeit hin untersuchen.

Unbestritten aber ist, dass ein Standortimage sich nur an der tatsächlichen und von der Bevölkerung empfundenen Identität ausrichten kann. Interessant wird die Aufgabe dann, wenn die Empfindung der Binnensicht sich deutlich von der Außenwahrnehmung unterscheidet. Sehr häufig sehen die Einwohner ihren Standort kritischer als diejenigen, die den Blick von außen auf den Standort werfen. Sicherlich können hieraus sehr interessante Aufgaben für Marketingexperten entstehen.

Die Standortidentität wird durch die Menschen geprägt. Sie muss formuliert, geschärft und kommuniziert werden, sie muss von außen geglaubt werden können. Sie ist keine vergängliche Marke, sondern ein langfristig bedeutender Wert und damit Standortfaktor. Kein Standort besitzt kein Image, auch wenn es einem nicht gefällt. Mit den Mitteln der Kommunikation und des Marketings können Verbesserungen erzielt werden, der Prozess muss aber glaubwürdig bleiben.

Erfolgreiche Imagekampagnen

Eine erfolgreiche Imagekampagne war etwa der „blaue Himmel über der Ruhr" in den 70er Jahren, mit der eine Schwäche in eine Stärke umgewandelt werden sollte. Oder die Kampagne des Landes Baden-Württemberg, das sich ab 1999 mit dem bekannten und sehr beliebten Slogan „Wir können alles. Außer Hochdeutsch"[104] und sich seit Oktober 2021 als „THE LÄND" selbst vermarktet. Stärken verstärkende Kampagnen sind auch die „HafenCity" Hamburg und die „Green City" Freiburg.

Ob diese Kampagnen mit einer Wort- oder Wortbildmarke einhergehen müssen, ist Frage des Geschmacks und der Agentur. Zu empfehlen sind imagebildende und verbessernde beziehungsweise verstärkende Kampagnen nur, wenn sie vor allen Dingen glaubwürdig sind und von der Bevölkerung mitgetragen werden. Imagebildung und deren Kommunikation ist ein langfristiger Prozess, der sich nicht übers Knie brechen lässt.

Ulrich Prediger: JobRad® – vom Erfinder des Fahrradleasings zum Motor der Fahrradwirtschaft

Die Erfindung des Fahrradleasings: Eine Idee, die Bewegung schafft

Abbildung 1: JobRad-Gründer Ulrich Prediger, Sandra Prediger und Holger Tumat (v. r. n. l.) (© JobRad | jobrad.org)

Gute Ideen entstehen nicht am Schreibtisch, sondern aus alltäglichen Situationen heraus, in denen man sich immer und immer wieder über Umstände wundert und sich fragt: Warum geht das nicht auch anders? Bis zum Jahr 2007 arbeitete ich bei einer Freiburger Medizintechnikfirma und hatte einen Dienstwagen. Der stand allerdings die meiste Zeit in der Garage. Viel lieber fuhr ich mit dem Fahrrad zur Arbeit. „Warum gibt es einen Firmenwagen, aber kein Jobrad?", fragte ich mich und schließlich meinen Chef. Der winkte ab. Also machte ich mich selbst auf die Suche nach einer Antwort. Die Idee für JobRad war geboren.

Gemeinsam mit meiner Frau Sandra und unserem Mitgründer Holger Tumat legten wir den Grundstein für einen eigenen Wirtschaftszweig. Mit JobRad als Marktführerin hält die Branche heute die gesamte Fahrradwirtschaft in Bewegung. Unser eigener Campus im Herzen Freiburgs mit knapp 1000 Beschäftigten, mehr als 1,5 Millionen JobRäder auf den Straßen und rund 100 000 Arbeitgeber, die JobRad anbieten, sind Zeugnis dafür, dass sich eine mutige Idee zu einem erfolgreichen Geschäftsmodell entwickeln lässt.

Freiburg als idealer Standort für nachhaltige Mobilität

Die Entscheidung, JobRad in Freiburg zu gründen, war kein Zufall. Die Stadt, am Rande des Schwarzwalds und mitten in einer der wohlhabendsten Regionen Europas gelegen, bietet exzellente Infrastruktur, hohe Lebensqualität und eine starke Zivilgesellschaft, die aufgeschlossen und offen ist für Neues und für Veränderung. Als eine der fahrradfreundlichsten Städte Deutschlands war Freiburg geradezu prädestiniert dafür, genau hier ein Unternehmen zu gründen, das Menschen aufs Rad bringen möchte. Die Förderung des Radverkehrs durch die Stadt und die kontinuierliche Verbesserung der Fahrradinfrastruktur liefen parallel zum Erfolg von JobRad.

Abbildung 2: JobRad-Campus in Freiburg (© JobRad | jobrad.org)

Für uns war klar, dass wir in Freiburg weiterwachsen wollen. Als unsere ersten Ladengeschäfte und kleinen Büros nicht mehr ausreichten für die schnell wachsende Zahl an

Mitarbeitenden, hatten wir das Glück, uns auf dem Gelände der Businessmile unweit des Hauptbahnhofs ansiedeln zu können. Die durch die Stadt geförderte Maßnahme kam genau zum richtigen Zeitpunkt und zeigt, wie wichtig städtebauliche Entwicklungen sind, um die nötigen Rahmenbedingungen für Unternehmen zu schaffen. Mit dem Campus, der nach höchsten ökologischen Standards errichtet wurde, haben wir uns bewusst für einen Standort mitten in der Stadt entschieden – ein klares Bekenntnis zu unseren Freiburger Wurzeln.

Bildung, Wissenschaft und Talentförderung: ein starkes Netzwerk

Freiburg mit seiner Universität, mehreren Hochschulen und zahlreichen Forschungseinrichtungen zieht junge Talente an und bildet ein ideales Umfeld für die Entwicklung innovativer Geschäftsideen. Formate wie TEDx Freiburg oder das Käpsele Innovation Festival schaffen den Raum, sich mit kreativen Köpfen über mutige, mitunter verrückt klingende Visionen auszutauschen und sie gemeinsam zu Gründungsideen weiterzuentwickeln – Ideen, die unsere Gesellschaft so sehr braucht, um die Herausforderungen von heute und morgen zu bewältigen. Mit diesen Plattformen sorgt Freiburg als Gründungsstandort für ein stetig wachsendes Netzwerk von hervorragend qualifizierten Fachkräften und liefert damit die Initialzündung für neue Geschäftsfelder. Das schafft Jobs, hält Menschen bei uns und stärkt die Wirtschaftskraft vor Ort nachhaltig.

JobRad und der SC Freiburg: a perfect match

Abbildung 3: Haupt- und Trikotsponsor des SC Freiburg (© JobRad | jobrad.org)

Unsere besondere Verbundenheit mit der Stadt zeigen wir über die Region hinaus als Haupt- und Trikotsponsor des SC Freiburg. Indem wir das Fahrrad auf Millionen Fernsehbildschirme bringen, heben wir es auf die ganz große Bühne und machen JobRad bundesweit sichtbar. Gleichzeitig nutzen wir das Sponsoring, um Sportkultur und soziale Projekte zu unterstützen. Mit der Fahrrad-Fan-Zahl aktivieren wir nicht nur die SC-Fans, klimafreundlich zu den Heimspielen zu kommen. Für jedes Rad spenden wir einen Euro an eine soziale Organisation und lassen die Gemeinschaft an unserem Erfolg teilhaben – vor Ort und darüber hinaus. Etwas zurückzugeben und den gesellschaftlichen Zusammenhalt zu stärken, ist wesentlicher Bestandteil unserer Unternehmensphilosophie.

Der Mensch im Mittelpunkt: Unternehmenskultur als Vorbild für die Wirtschaft

Die Idee der Nachhaltigkeit nicht nur in ihrer ökologischen, sondern auch sozialen und finanziellen Dimension hat JobRad konsequent umgesetzt. Der Mensch steht im Mittelpunkt und ist die wichtigste Ressource. Intern wie extern begegnen wir Menschen auf Augenhöhe, teilen Wissen sowie Erfahrung und hören zu, um zu verstehen. Vielfalt verstehen wir als Gewinn. Unsere besondere Unternehmenskultur leben wir in einem wertschätzenden Füreinander: in Co-Creation, Ideenworkshops, Team-Events und Kulturtagen. Durch die Implementierung von New-Work-Konzepten und flexiblen Arbeitszeitmodellen schaffen wir ein Arbeitsumfeld, das dazu einlädt, mitzugestalten und sich persönlich weiterzuentwickeln.

Unsere Mitarbeitenden profitieren von umfassenden Sport- und Gesundheitsangeboten, Benefits wie Workations und einem individuell nutzbaren Mobilitätsbudget – selbstverständlich auch für ein eigenes JobRad. Damit möchten wir nicht nur attraktive Arbeitgeberin sein, sondern auch ein Vorbild, das zeigt, dass wirtschaftlicher Erfolg und Nachhaltigkeit Hand in Hand gehen können.

Werteorientiert und inhabergeführt: JobRad ist New German Mittelstand

Als Unternehmen hat JobRad nicht nur dem E-Bike zum Durchbruch verholfen. Wir haben auch einen eigenen Wirtschaftszweig in Deutschland etabliert, der Wertschöpfung und Jobs schafft und Innovation Made in Germany vorantreibt. Wir denken und verknüpfen Märkte miteinander und machen daraus erfolgreiche Geschäftsmodelle. Digitalisierung überlassen wir nicht dem Silicon Valley. Unsere Produkt- und Tech-Experten arbeiten in agilen Development-Teams permanent an der Entwicklung von Lösungen und Services für zukunftsweisende Mobilität. Dabei wachsen wir nachhaltig aus eigener Kraft. Als Familienunternehmen mit starken Wurzeln in der Fahrradstadt Freiburg denken wir in Generationen. Unser Handeln richten wir an unserem Purpose aus – und nicht an kurzfristigen Gewinnchancen. Kreativ, digital und werteorientiert zeigt JobRad, wozu der Innovationsstandort Deutschland, wozu – allen voran – unsere Region fähig ist. Wir nennen es: New German Mittelstand.

Förderung durch die Politik als wirtschaftlicher Erfolgsfaktor

Ohne eine steuerliche Regelung, die dem Dienstwagen vergleichbar ist, wäre unser Geschäftsmodell nicht tragfähig. Deshalb bringen wir uns aktiv in die politische Landschaft ein: Von Anfang an haben wir uns mit Abgeordneten getroffen, Termine in Ministerien wahrgenommen und Netzwerke aufgebaut, um auf die Bedeutung des JobRads aufmerksam zu machen und damit auch auf unsere Vision und Motivation für die Mobilitätswende. Nach jahrelanger Überzeugungsarbeit gelang es uns schließlich, mit dem sogenannten Dienstraderlass eine steuerrechtliche Regelung zu etablieren, die das Fahrradleasing für Unternehmen und Angestellte möglich macht – der Durchbruch für unser Geschäftsmodell.

Auch nach dem Erfolg führen wir unsere politische Lobbyarbeit fort: Um das Fahrradleasing dauerhaft im Gesetz zu verankern, aber auch, um uns allgemein für das Radfahren einzusetzen – für eine bessere Radinfrastruktur und Tempolimits und um dem Fahrrad insgesamt mehr Platz einzuräumen und es als gleichwertiges Verkehrsmittel zu etablieren. Unsere Lobbyarbeit bleibt zentraler Bestandteil unserer Unternehmensstrategie. Inzwischen arbeiten wir dabei verstärkt in Verbänden zusammen, allen voran mit dem Bundesverband Zukunft Fahrrad, dessen Vorsitzender ich bin. Die positiven Rückmeldungen aus der Politik waren und sind immer zugleich auch Motivation, unser Geschäftsmodell weiter auszubauen und neue Ansätze für die Mobilität der Zukunft zu entwickeln.

Qualitätspartner, Absatzgarant, Marketingmaschine: JobRad als Motor der Fahrradwirtschaft

Die Fahrradwirtschaft macht einen signifikanten Teil ihres Geschäfts über Fahrradleasing. Der Grund: Steuerlich vergünstigte monatliche Raten machen auch höherpreisige Räder für alle erschwinglich. Jeder fünfte Euro im Fahrradfachhandel wird über JobRad umgesetzt. Zusätzlich zu den vielen verkauften Fahrrädern kurbeln die Nachfrage nach Zubehör und Service den Umsatz im Fachhandel an.

Abbildung 4: Mehrwert für Kunden – Stärkung des Fachhandels (© JobRad | jobrad.org)

Unsere deutschlandweiten Kampagnen, Sponsorings und Verkaufsaktionen begeistern ganz neue Gruppen von Kunden fürs Rad – ein Gewinn für die gesamte Branche. Wir unterstützen den Fachhandel durch Schulungen, Marketingmaßnahmen und administrative Entlastung – so können sich die Händler auf das konzentrieren, was sie am besten können: die Beratung und den Verkauf von Fahrrädern. Dadurch schaffen wir nicht nur einen Mehrwert für unsere Kunden, sondern stärken insbesondere den lokalen Fahrradfachhandel – auch in der Region Freiburg.

Win-Win: Von JobRad profitieren Wirtschaft und Gesellschaft gleichermaßen

Inzwischen schätzen rund 100 000 Unternehmen JobRad als klugen Benefit, um Fachkräfte zu gewinnen und langfristig zu halten. Die Vorteile reichen weit über einzelne Betriebe hinaus: Menschen, die regelmäßig mit dem Rad zu Arbeit fahren, sind nachweislich fitter und motivierter. Das wirkt sich positiv auf die Gesundheitsversorgung aus und stärkt damit die gesamte Volkswirtschaft. Mehr Radfahrende entlasten den Straßenverkehr und fördern die Lebensqualität aller Menschen. Mit dem Fahrradleasing leistet JobRad einen wichtigen Beitrag zur Mobilitätswende und schafft damit gleichzeitig neue Arbeitsplätze in verschiedenen Branchen der deutschen Wirtschaft. Unsere JobRad-Gruppe ist mit mehr als zehn Tochterunternehmen und stetigem Wachstum nicht nur wirtschaftlich profitabel, sondern steht auch für nachhaltiges Wirtschaften.

Damit leisten wir einen Beitrag, um die Grundlagen der Wirtschaft von morgen zu erhalten.

Förderung von Start-ups und Innovation: Die Startrampe

Ich bin fest davon überzeugt: Innovationen, die unser Land so dringend braucht, stammen häufig von Start-ups. Deshalb wollen wir Menschen dabei unterstützen, ihre Ideen in Unternehmensgründungen umzuwandeln. Mit unserem Venture Studio „Startrampe" bieten wir eine Plattform, auf der kreative Köpfe ihre Träume verwirklichen und die Mobilität der Zukunft aktiv mitgestalten können. Mitarbeiter von JobRad können hier ihre eigenen Geschäftsideen entwickeln und umsetzen. Wir unterstützen sie dabei im gesamten Entwicklungsprozess – von der Idee bis zur Ausgründung. Diese Unterstützung gibt ihnen die Sicherheit, die sie brauchen, um unternehmerisch tätig zu werden, ohne die finanziellen Risiken allein tragen zu müssen.

Unser Ziel ist es, innovative Ideen zu fördern und gleichzeitig die Innovationskraft der gesamten Region zu stärken. Wir möchten dazu beitragen, dass Freiburg ein Hotspot für neue Ideen bleibt.

Mut zur Verantwortung: wie sich Region und Wirtschaft gegenseitig stärken

Die Erfolgsgeschichte von JobRad zeigt, wie wichtig Wirtschaftsförderung für die Entwicklung von Unternehmen ist. Doch Wirtschaftsförderung allein reicht nicht aus. Es braucht auch die Bereitschaft, Risiken einzugehen, Verantwortung zu übernehmen und aktiv an der Gestaltung der Gesellschaft mitzuwirken. Wir bei JobRad haben diese Verantwortung angenommen und arbeiten täglich daran, unsere Vision einer nachhaltigen Mobilität Wirklichkeit werden zu lassen.

Freiburg und JobRad gehören zusammen – wir profitieren von den Rahmenbedingungen, die uns die Stadt bietet, und geben im Gegenzug etwas zurück. Die Erfindung des JobRads hat den Genuss an der Rad-Mobilität deutlich gesteigert, vor allem bei denen, die das Fahrrad als Verkehrsmittel noch gar nicht auf dem Schirm hatten. Der Erfolg von JobRad zeigt, dass sich mit Mobilitätswende und Klimaschutz Geld verdienen lässt. Das Signal ist deutlich: Das Fahrrad hat einen festen Platz in der Gesellschaft – und in unserer Stadt.

Fahrradleasing mit JobRad

Als Mobilitätsdienstleisterin organisiert JobRad mit einer digitalen Portallösung unkompliziert und kostenneutral die Fahrrad-Überlassung zwischen Arbeitgeber:innen und Mitarbeitenden. Angestellte profitieren von steuerlich geförderten Diensträdern sowie Services rund um die Radnutzung. Rund 100 000 Arbeitgeber:innen mit mehr als 6 Millionen Beschäftigten – z. B. Bosch, SAP und Deutsche Bahn – setzen bereits auf JobRad als nachhaltiges Mobilitätsangebot, das Talente anzieht, Mitarbeitende fit hält und die Umwelt schützt. Insgesamt hat JobRad bereits 1,5 Millionen Menschen das für sie perfekte Rad verschafft.

Die JobRad-Gruppe

Die JobRad-Gruppe zählt zu den führenden Anbietern innovativer Dienstleistungen rund um nachhaltige und flexible Radmobilität. Zu ihr gehören Unternehmen aus den Bereichen Fahrradleasing, Gebrauchträder und HR-Tech. Mit der Marke JobRad® – „JobRad" ist eine eingetragene deutsche und Unionsmarke der JobRad GmbH – ist die Unternehmensgruppe Marktführerin im Fahrradleasing. Für die gesamte JobRad-Gruppe arbeiten über 1000 Beschäftigte am Hauptsitz in Freiburg sowie an Standorten in Frankfurt, Berlin, München, Wien und Hasselt (Belgien) daran, nachhaltige Mobilitätslösungen in den Alltag von Menschen zu integrieren.

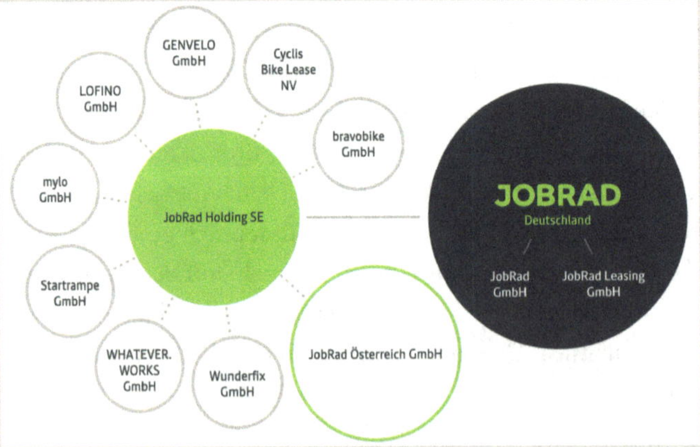

Abbildung 5: Die JobRad-Gruppe (© JobRad | jobrad.org)

Zum Autor:

Ulrich Prediger, Jahrgang 1971, ist der Erfinder des Fahrradleasing-Modells und Gründer der heutigen JobRad-Gruppe mit Sitz in Freiburg. Der gelernte Feinmechaniker und studierte Volkswirt gründete im Jahr 2008 zusammen mit seiner Frau Sandra die heutige JobRad GmbH, um das Dienstfahrrad als Alternative zum Dienstwagen zu etablieren. Gemeinsam mit Mit-Gründer Holger Tumat ist er Mitglied im Aufsichtsrat der JobRad Holding SE, der Muttergesellschaft der JobRad-Gruppe, und engagiert sich in der Fahrradpolitik, u. a. als Vorstandsvorsitzender des Bundesverbands Zukunft Fahrrad. Für seine erfolgreiche Tätigkeit als Gründer und Unternehmer wurde er mehrfach ausgezeichnet, zuletzt mit dem Deutschen Nachhaltigkeitspreis.

Kontakt: antje.eichler@jobrad.org

5.12 Unternehmensbesuche

Zu den wichtigsten Kommunikationsmaßnahmen der lokalen und regionalen Wirtschaftsförderung gehört der Besuch der ihrem Sprengel zugehörenden Unternehmen, Institutionen, wissenschaftlichen Einrichtungen und sonstigen wirtschaftlichen Akteure. Hierzu zählen grundsätzlich all diejenigen Einrichtungen, die Gegenstand der Wirtschaftsförderung sind, das heißt, die zur wirtschaftlichen Entwicklung der Kommune einen maßgeblichen Beitrag leisten. Dabei stehen zwar die Unternehmen im Vordergrund, aber das Tätigkeitsfeld der Wirtschaftsförderung sollte nicht nur auf private Unternehmen und Einrichtungen ausgerichtet sein, sondern ebenso auf die öffentlich-rechtlichen Einrichtungen in ihrer Funktion als bedeutende Arbeitgeber, Auftraggeber, Investoren und Entscheidungsträger.

Wertschätzung und Information

Es sind maßgeblich drei Funktionen, die mit Unternehmensbesuchen verfolgt werden:

- **Wertschätzung**
  Mit dem Betriebsbesuch will der Standort, vertreten durch Verwaltung, Mandatsträger oder die Wirtschaftsförderung, seinen standortrelevanten Einrichtungen zum einen Anerkennung zollen und sein Interesse an der Leistung des Unternehmens und der Mitarbeiter zum Ausdruck bringen.
- **Information für die Unternehmen**
  Mit dem Besuch sollte die Wirtschaftsförderung dem Unternehmen möglichst zielgerichtete Informationen über die Entwicklung des Standortes, geplante Projekte, wie z. B. Flächenausweisungen, Infrastrukturinvestitionen, Neuansiedlungen und Entwicklungen in der Branche, Einrichtung von Netzwerken und Clustern sowie Kooperationsmöglichkeiten mit Wissenschaft und Forschung näherbringen.
- **Informationen über die Unternehmen**
  Mit dem Besuch erhält die Wirtschaftsförderung selbst wichtige standortrelevante Informationen über das besuchte Unternehmen sowie dessen Planungen für die Zukunft, darunter seine wirtschaftliche Lage und die Entwicklungsperspektiven, das Produkt- und Dienstleistungsangebot, die technologische Ausrichtung, die Mitarbeiterstruktur sowie den künftigen Flächenbedarf. Auch mögliche Perspektiven für Gesellschafteränderungen und strukturelle Veränderungen des Unternehmens sind von Bedeutung für die Verwaltung.

Da am Standort eine Vielzahl von Unternehmen und Institutionen beheimatet ist, bedarf es einer sehr langfristigen Planung der Unternehmensbesuche und damit auch einer Festlegung der Prioritäten. Aus der von der Wirtschaftsförderung angelegten Datei der Unternehmen und Institutionen ist eine Prioritätenliste zu entwickeln, die sich zum einen an der Betriebsgröße, beziehungsweise der Bedeutung für den Standort, orientiert. Zum anderen muss auf aktuelle Entwicklungen eingegangen werden, wie z. B. auf Unternehmenskrisen, besondere Ereignisse, Verlagerungsvorhaben, Eigentümer- und / oder Geschäftsführerwechsel, Auszeichnungen, Betriebsjubiläen oder andere Gründe, die das Unternehmen oder die Institution im Fokus der Öffentlichkeit stehen lassen.

Dabei sollte jeweils der aktuelle Anlass die Gelegenheit zum Besuch geben. Die oben beschriebenen Aufgaben und der exemplarisch vorgestellte Leitfaden zur Durchführung von Betriebsbesuchen sollte auf jeden Fall abgearbeitet werden (siehe Anhang Betriebsbesuche).

Ablauf eines Betriebsbesuchs

Der Besuch sollte durch mindestens zwei Personen erfolgen, wobei die Wirkung des Besuchs durch die Begleitung des (Ober)Bürgermeisters einen erheblichen Bedeutungsgewinn erhält. Regelmäßige gemeinsame Unternehmensbesuche mit der Wirtschaftsförderung sollten zum Standardrepertoire des obersten Wirtschaftsförderers, also der Stadtspitze, gehören. Dies kann schon allein aus zeitlichen Gründen nicht immer der Bürgermeister sein, sollte aber für besondere Fälle und besonders in kritischen Fällen ihm / ihr vorbehalten sein.

Eine schriftliche Terminanfrage sollte mit einer telefonischen Terminvereinbarung abgeschlossen werden. Ansprechpartner auf Unternehmensseite ist zunächst immer deren höchster Vertreter vor Ort. Ein Anspruch auf dessen Teilnahme besteht jedoch nicht, Gesprächsangebote sind anzunehmen. In der Regel freuen sich Unternehmen und Einrichtungen über das mit dem angekündigten Besuch dokumentierte Interesse und sie nutzen diese Termine gern für eine ausführliche Darstellung ihres Unternehmens. Die Gesprächskunst besteht nun darin, nicht nur die positiven Nachrichten des Unternehmens entgegenzunehmen, sondern auch Dinge abzufragen, die von Interesse im Zusammenhang mit der Standortanalyse und einer Entwicklungsprognose für das Unternehmen und den Standort sind.

Fragebogen zum Betriebsbesuch

Dabei sollte der Betriebsbesuchsfragebogen nicht offen vorgelegt werden, sondern die Fragen sollten im Gedächtnis sein und die Notizen müssen dann bei Rückkehr in die Datei übertragen werden. Unternehmer und Leiter von Einrichtungen sind bei einem ersten Kennenlernen der Wirtschaftsförderung gegenüber eher zurückhaltend, da sie der hoheitlichen Sphäre zugeordnet und damit als Teil der Obrigkeit angesehen wird, der man möglichst wenig und nur auf Nachfrage Auskunft gibt. Aus diesem Grund ist die Schaffung einer vertrauensvollen Gesprächsbasis von elementarer Bedeutung.

Gesprächsverlauf

In der Regel wird der Gesprächspartner zunächst mehr über die Motivation des Besuchs erfahren wollen. Hierbei gilt es, das anfängliche Misstrauen in die hoheitliche Funktion abzubauen und zunächst über die bereits vorhandenen Informationen und das besuchte Unternehmen oder die Einrichtung einen vertrauensbildenden Einstieg zu finden. Die Überbringung von Informationsmaterial, gegebenenfalls eines neuen Bildbandes oder eine andere standorttypische Aufmerksamkeit, ist durchaus angemessen. Unabdingbar ist auch die vorherige Informationsgewinnung in der Stadt- und Gemeindeverwaltung, ob anhängige Vorgänge, Genehmigungsverfahren, rechtliche Auseinandersetzungen oder Förderanträge in Bearbeitung sind, oder ob Anfragen seitens des Unternehmens an die Verwaltung offen sind. Hier ist es dann wichtig, über den aktuellen Verfahrensstand informiert zu sein und im Idealfall positive Vorabnachrichten mitzubringen.

In der Regel berichten die besuchten Unternehmen gern über die Vergangenheit, die Entwicklung und die positiven Seiten ihres Unternehmens, beziehungsweise ihrer Einrichtung. Auch sollte kritischen Äußerungen gegenüber der Verwaltung breiter Raum gegeben werden, wobei dann nicht der Fehler gemacht werden sollte, hierauf direkt einzugehen. Vielmehr sollte alles aufgenommen und möglichst nicht kommentiert werden, da sich solche Darstellungen im Nachhinein auch als emotional übertrieben und nicht immer dem Sachverhalt entsprechend erweisen können. Hier sollten spontan nicht zu große Hoffnungen geweckt, stets aber die interne Überprüfung des Sachverhaltes und eine zeitnahe Beantwortung der Vorgänge zugesagt werden.

Informationen über die Planungen des Unternehmens

Die Besuchten müssen im Gespräch Vertrauen fassen und sie sollten auch Raum für die Schilderung ihrer zukünftigen Pläne erhalten. Die Wirtschaftsförderung muss sich als Dienstleister für alle Wirtschaftssubjekte am Standort darstellen. Das Gespräch erfordert Fingerspitzengefühl, da die Besuchten sehr unterschiedlich reagieren, einige den Behördenvertreter im Wirtschaftsförderer sehen und nur sehr wenig über den Betrieb äußern, da sie behördliche Reglementierung oder sonstige Nachteile befürchten. Es ist deshalb der Vertraulichkeitscharakter des Gesprächs zu betonen.

Auch das Mitschreiben sollte sich in Grenzen halten, da die Unternehmer sich häufig beobachtet fühlen und gelernt haben, möglichst wenig Informationen nach außen zu geben. Angebote zu einem Gespräch mit einem wichtigen kommunalen Vertreter, die Einladung zu einer kommunalen Veranstaltung oder aber auch das Angebot gemeinsamer Öffentlichkeitsarbeit in Zusammenarbeit mit der Stadt, beziehungsweise der Gemeinde, sollten dazu dienen, dem Gesprächspartner die Wertschätzung der öffentlichen Hand zu verdeutlichen und gleichzeitig Vertrauen aufzubauen.

Im Vordergrund steht die Informationsgewinnung für die Prognoseplanung der regionalen Wirtschaftsförderung, jedoch sollte der Besuch auch dazu genutzt werden, die Angebote der Wirtschaftsförderung zu kommunizieren und Hilfe dort zuzusagen, wo der Schuh drückt.

Betriebsrundgang

Der Besuch sollte, wenn möglich, mit einem Betriebsrundgang abgeschlossen werden, jedoch nur, wenn dieser auch ausdrücklich angeboten wird. Auch sollte schon bei der Anmeldung Interesse hieran bekundet werden. Die Terminvereinbarung kann auch mit einer Einladung zum Essen verbunden werden. Unmittelbar nach dem Besuch sollte in einem kurzen Dankesschreiben der Gesprächsinhalt bestätigt werden, verbunden mit der Zusage, die aufgeworfenen Fragen kompetent und zeitnah zu bearbeiten und an die zuständigen Stellen weiterzugeben und zu beantworten.

Betriebsbesuche sind erst dann nachhaltig, wenn sie mehr als einmal stattgefunden haben. Unternehmen und Einrichtungen erkennen erst dann das ernsthafte Interesse der Wirtschaftsförderung. Auch aus diesem Grunde sollte eine Betriebsdatei angelegt werden (siehe Anhang Checkliste). Je nach Aktualität der aufgeworfenen Frage und je nach Problemstellung kann ein zeitnaher Wiederholungsbesuch mit der Erledigung einiger Aufgaben verbunden werden.

5.13 Verwaltungsoptimierung: One-Stop-Agency

Der Vorwurf einer überbordenden Bürokratisierung der Verwaltungsabläufe ist einer der dauerhaftesten und leider treffendsten Vorwürfe, die Unternehmen am Standort Deutschland den Verwaltungen auf allen Ebenen entgegenbringen. Davon sind vor allen Dingen die Verwaltung auf Stadt und Landkreisebene betroffen; Heerscharen von Arbeitsgruppen und Kommissionen, Beauftragten und Wissenschaftlern haben sich über dieses Thema hergemacht, bei der EU wurde eigens ein Entbürokratisierungsbeauftragter installiert.

Da eines der vornehmsten Ziele der kommunalen Wirtschaftsförderung eine wirtschafts- und investitionsfreundliche Verwaltung ist, gilt es, geeignete Maßnahmen zu ergreifen, um das Ziel möglichst rascher, schlanker und entscheidungsorientierter Verfahrensabläufe zu erreichen. Dabei ist es ständige Aufgabe der Wirtschaftsförderung, Unternehmen und arbeitsplatzschaffende Einrichtungen bei sämtlichen Behördengängen mit Rat und Tat zur Seite zu stehen, um verwaltungsintern und behördenübergreifend deren Beschleunigung und Vereinfachung zu erreichen

Das ständige Versprechen, eine unternehmensfreundliche Kommune zu sein, beinhaltet nicht nur, dass das Stadtoberhaupt oder der Landrat gleichzeitig auch oberster Wirtschaftsförderer sein muss. Auch die Verwaltungsabläufe müssen so strukturiert und organisiert sein, dass das Bekenntnis der Unternehmensfreundlichkeit auch von den Verwaltungsmitarbeitern verinnerlicht und umgesetzt wird.

Dabei geht es weniger um die Privilegierung von Unternehmen, sondern um den selbstverständlichen Service und die Implementierung der unternehmerischen Gedankengänge, dass nämlich Zeit ein wertvolles Gut ist. Oftmals vermisst man das Bewusstsein für gerade diesen Umstand in der Verwaltung, da hier die Komponente Zeit eine deutlich untergeordnete Rolle zu spielen scheint. Investitionsvorhaben rechnen sich nach Vorfinanzierungs- und damit Zinskosten, aber auch der moderne Verwaltungsbeamte hat hierfür häufig wenig Verständnis.

Das investitionsfreundliche Klima in kleinen Gemeinden liegt gerade in diesem Punkt begründet, dass in diesen Kommunen oft der Bürgermeister oder der Kämmerer selbst der Ansprechpartner ist, der alle Verfahren durch die Zuständigkeiten bringt und dabei das Zeitargument immer im Auge hat. In großstädtischen Amtsstuben ist die ökonomische Relevanz oft nicht ausgeprägt. Zu einer wirtschaftsfreundlichen Verwaltung gehört eben auch das Bewusstsein, dass Unternehmen durch die Schaffung von Arbeitsplätzen die Grundlage für Wachstum und Wohlstand unserer Republik legen.

Vorteile der One-Stop-Agency

Ein wirksames Instrument der besseren Betreuung von Unternehmen und Existenzgründern ist die Einrichtung einer sog. One-Stop-Agency, ein schon lange in der Wirtschaftsförderungspraxis diskutiertes Modell eines Ansprechpartners für alle Belange. Dieses Modell ist im Übrigen auch von der EU übernommen worden und diente quasi als Blaupause für die Einführung des sog. einheitlichen Ansprechpartners in Genehmigungs- und Beratungsangelegenheiten.

Diese One-Stop-Agency wird mit ähnlichem Inhalt auch als One-Face-to-the-Customer bezeichnet und soll, wie es z. B. von der Wirtschaftsförderung der nordrhein-westfälischen Landeshauptstadt Düsseldorf beschrieben wird, als zentrale Anlaufstelle für alle unternehmerischen Belange dienen. Die One-Stop-Agency als Servicecenter nimmt eine Lotsenfunktion für Unternehmen in Ansiedlungs-, Expansions-, und Genehmigungsverfahren wahr. Diese Einrichtungen des Servicecenters sind mittlerweile verbreitet im Bereich der Existenzgründer. Hier wird versucht, den Gründern bei der Überwindung bürokratischer Prozess der Gründung entgegenzukommen.

Genehmigungsverfahren vereinfachen

Es sind insbesondere die verschiedenen Genehmigungsverfahren, denen sich die Kunden der Wirtschaftsförderung, also die Unternehmen vor Ort, tagtäglich gegenübersehen. Wie die Erfahrung der vergangenen Jahrzehnte zeigt, sind Verwaltungsabläufe und Genehmigungsverfahren überaus unterschiedlich strukturiert. Stolpersteine lauern an verschiedensten Stellen. Die Mitwirkungspflicht des Unternehmers ist eine entscheidende Voraussetzung und gerade in dieser Mitwirkungspflicht macht sich jedoch oft das Scheitern fest, denn häufig begründet die Verwaltung die Nichteinhaltung zugesagter Fristen damit, dass der Antragsteller die notwendigen Unterlagen noch nicht vollständig eingereicht habe. Die Wahrheit liegt häufig in der Mitte, weil die Verwaltung, um Zeit zu gewinnen, immer neue Anforderungen erfindet, und so liegt es trotz bester institutioneller Voraussetzungen wieder an der Wirtschaftsförderung, die Moderatorenrolle zu übernehmen. Insoweit ist jedes Unterfangen einer One-Stop-Agency insbesondere im Genehmigungsverfahren ausgesprochen begrüßenswert, aber ebenso anspruchsvoll wie aufwendig.

Die Erfüllung der Ansprüche an eine gut funktionierende One-Stop-Agency ist ein langer Prozess, an dessen Ende nicht nur ein besserer Service für die Unternehmer, sondern kürzere Entscheidungsprozesse, eine Überprüfung der Normen und Bearbeitungszeiten sowie die Verfahrensvereinfachung stehen sollten. Neben der Einrichtung eines solchen Servicepoints, dessen Vorhandensein allein schon ein Bekenntnis für die Wirtschaftsorientierung eines Standorts darstellt, ist es die verwaltungsinterne Abstimmung der Ämter und die dezernatsübergreifende Bearbeitung mit dem Ziel, zeitliche Vorgaben und verlässliche Rahmen für Verfahrensdauern zu geben. Dazu kommen die weiteren Aufgaben der Koordination von Kammern, Behörden und Institutionen sowie möglicherweise die Berücksichtigung regional notwendiger Abstimmungen.

5.14 Innenstadtentwicklung und Einzelhandel

Zu den vielschichtigsten und schwierigsten Branchen für die Wirtschaftsförderung gehört der Einzelhandel, das heißt die Distribution von Waren, die vom Hersteller oder Großhändler erworben werden, nach bestimmten Sortimenten zusammengefasst und dann an den Endverbraucher veräußert werden.

Dabei gibt es verschiedene Formen wie den stationären Einzelhandel, der sich grob nach Facheinzelhandel, Discounter sowie Waren- und Kaufhäuser unterscheiden lässt.

Darüber hinaus gibt es den ambulanten Handel auf Wochenmärkten und sogenannte Haustürgeschäfte, den traditionellen Versandhandel über Kataloge, wobei sich in den letzten Jahren insbesondere Formen des E-Commerce bzw. Online-Versandhandels und Teleshoppings stark entwickelt und differenziert haben.

Der Umsatz im deutschen Einzelhandel lag nach Angaben des Handelsverbandes Deutschland (HDE) im Jahr 2023 bei ca. 650 Milliarden Euro, die Anzahl der Arbeitsplätze des mit mehr als 280 000 Unternehmen drittgrößten Wirtschaftszweiges in Deutschland setzt sich aus über 3 Millionen Beschäftigten und 150 000 Auszubildenden zusammen.[105]

Bedeutung des Einzelhandels

Der Einzelhandel übernimmt eine wichtige Vermittlerfunktion zwischen Herstellern und Verbrauchern. Er ist somit von wirtschaftlicher Bedeutung, aber mit Blick auf seine Anteile am Bruttoinlandsprodukt und die Zahl der Beschäftigten nicht herausragend. Neben seiner wirtschaftlichen Funktion ist dem Einzelhandel auch eine institutionelle Funktion beizumessen, deren Bedeutung den Einzelhandel insbesondere für die Wirtschaftsförderung zu einem maßgeblichen Akteur und Instrument in der Gesamtschau des Wirtschaftslebens eines Standorts werden lässt. Diese Bedeutung leitet sich zum einen aus der stadtplanerischen Relevanz sowie aus der großen Sichtbarkeit und der Versorgungsfunktion ab, zum anderen aus der sozialen und politischen Relevanz sowie aus dem Umstand, dass die Einzelhandelsflächen allen Standorten in den vergangenen Jahren überproportional zugenommen haben.

Raumwirksamkeit

All dies gibt dem Einzelhandel neben seiner Bedeutung für den gesamten Wirtschaftsprozess eine enorme raumwirksame Dimension und Sichtbarkeit, was wiederum einen Hinweis auf die große Bedeutung raumwirksamer Fragen, insbesondere für die lokale und regionale Politik, ergibt.

War es bei den alten Griechen die Agora, bei den Römern das Forum, so war es in der mittelalterlichen europäischen Stadt der Marktplatz, wo sich der Handel abspielte. Er war als zentraler Ort des öffentlichen Lebens konstitutiv für die Stadtbildung, mit einer einzigartigen Sichtbarkeit, und prägend für das Stadtbild. An zahlreichen Standorten ist der Einzelhandel noch im Stadt- bzw. im Ortszentrum angesiedelt, jedoch gibt es auch eine große Anzahl von Städten und Gemeinden, die im Zuge der sprunghaften Vermehrung von Einzelhandelsflächen diese zentralartige Funktion gewollt oder ungewollt auf die grüne Wiese verlegt haben.

Flächenausweisung

In den vergangenen 50 Jahren hat in Deutschland eine Verfünffachung der Einzelhandelsflächen stattgefunden. Es liegt auf der Hand, dass sich dieses Flächenwachstum nicht oder nur unwesentlich in den ohnehin limitierten Stadtzentren niederschlagen konnte. Daher entwickelten sich an den Stadt- und Ortsrändern, also auf der grünen Wiese, neue Einzelhandelsstrukturen, die den modernen Einkaufsbedürfnissen der Kunden entsprechen. Sehr spät, für einige Standorte zu spät, wurde jedoch erkannt, dass hierdurch die Innenstädte, Stadtteile und Ortszentren nach und nach ausbluteten, da die wichtige Funktion des Frequenzbringers des Handels wegfiel, Wegebeziehungen sich änderten und früher funktionierende und prosperierende Zentren sich bis zur ökonomischen Bedeutungslosigkeit zurückentwickelten.

Als Gegenstrategie entwickelten im Zuge der 1980er Jahre nach und nach die meisten Gemeinden und Städte sog. Märkte- und Zentrenkonzepte für eine geordnete und ausgewogene Einzelhandelsentwicklung an ihren Standorten. Dieses langfristig angelegte Instrument der Stadtplanung und -entwicklung trug dem Flächenbedürfnis des Einzelhandels Rechnung, schob aber durch eine Differenzierung in zentrenrelevante und nicht zentrenrelevante Sortimente dem Exodus des innerstädtischen Handels einen Riegel vor.

Durch die Kaufkraftprognosen der Gutachter und eine nicht immer nachvollziehbare Aufteilung in Produktgruppen gab es zwar aus ökonomischer Sicht einen stark regulatorischen Eingriff in die Entscheidungsfreiheit der Wirtschaftsteilnehmer, andererseits muss konstatiert werden, dass ohne ein derartiges Eingreifen in marktwirtschaftliche Prozesse ein weitaus größerer Schaden für die Entwicklung von Städten und Gemeinden eingetreten wäre.

Insoweit hat die Entwicklung von Märkte- und Zentrenkonzepten und damit von regulatorischen Rahmenbedingungen einen überaus positiven Beitrag zur Stadt- und Gemeindeentwicklung geleistet und damit das starke Eingreifen in den Wettbewerbsprozess auch aus Sicht der Wirtschaftsförderung trotz einiger fragwürdiger Ausprägungen und Entscheidungen gerechtfertigt. Zahlreiche Standorte haben begonnen, Fehlentwicklungen der Vergangenheit aufzuarbeiten und mit überaus kostspieligen Maßnahmen durch das Zurückholen zentrenrelevanten Einzelhandels in die Innenstädte und Stadtteile vergangene Fehler zu korrigieren.

Stadt und Region

Für die Wirtschaftsförderung ist es von großer Bedeutung, den Gesamtzusammenhang des gesamtstädtischen sowie des regionalen Organismus zu sehen und die daraus entstehenden berechtigten wirtschaftlichen Interessen einzelner Handelsunternehmen dem Gesamtwohl des Standortes und der Region unterzuordnen.

Eine funktionierende und attraktive Innenstadt ist im Einzelfall höher zu bewerten als die Ansiedlung eines großflächigen Einzelhandelsbetriebs an der Peripherie, wobei diese Entscheidungen immer auch regionale Dimensionen haben und der Wettbewerb der Standorte häufig zu gesamtwirtschaftlich besseren Ergebnissen führt. Die generelle Frage, wie viele Einzelhandelsflächen wir in Anbetracht der großen Flächenknappheit benötigen, stellt sich immer häufiger, wird aber politisch zu selten gestellt.

Der Einzelhandel ist also für die Wirtschaftsförderung nicht nur aufgrund der Bedeutung für den Wirtschaftsprozess von Interesse, sondern es ist auch die Attraktivität und Sichtbarkeit des Einzelhandels, der sich zumeist in den Stadtteilen und Ortszentren und damit an den prominentesten Orten von Städten und Gemeinden abspielt, von Bedeutung. Erfolg und Misserfolg des Einzelhandels sind im Gegensatz zu anderen Branchen für jedermann unmittelbar sicht- und erfahrbar in Form von florierenden Geschäften und gut frequentierten Geschäftsquartieren, bzw. immer häufiger offensichtlichen Leerständen.

Für jede Stadt und Gemeinde ist eine hohe Zentralitätsziffer wünschenswert, das heißt, wenn nicht nur die einheimische Bevölkerung vor Ort einkauft, sondern darüber hinaus möglichst viele Einkäufer auch aus dem benachbarten Umland kommen. Dies wird als Erfolg angesehen, ist besonders sichtbar und für die Politik und den Einzelhandel prestigeträchtig.

Aus diesem Grund hat die Beschäftigung mit dem Einzelhandel in der Regel neben der wirtschaftlichen und stadtplanerischen Funktion auch eine politische Dimension, denn der Einzelhandel ist über seine nach außen deutlich wahrnehmbare Präsenz im Stadtbild hinaus auch noch politisch engagiert, was eine sachliche Behandlung dieses Themas in der Praxis gerade auch im Rahmen der Stadtpolitik nicht einfacher macht.

Stadtteil- und Ortszentren

Dabei schätzt der Innenstadteinzelhandel seine politische Bedeutung richtig ein, jedoch wird häufig vergessen, dass Innenstädte, Stadtteile und Ortszentren nicht nur eine Funktion für den Einzelhandel haben dürfen, sondern einer Vielzahl von Funktionen dienen müssen. In den Innenstädten gibt es zahlreiche gastronomische und kulturelle Angebote. Dienstleister wie z. B. Anwälte und Ärzte werden aufgesucht, ebenso wie Verwaltungsbehörden, Kirchen, Museen, Bibliotheken, Schulen, Bildungseinrichtungen, Veranstaltungshäuser und Hotels. Diese Einrichtungen und Nutzungen tragen in ihrer Gesamtheit dazu bei, den historisch gewachsenen Stadt- und Ortskern mit Leben zu füllen und damit zur Aufenthaltsqualität beizutragen. Der Einzelhandel erfüllt dabei nur eine dieser Funktionen, wenn auch eine durchaus wichtige.

Aufgrund seiner herausgehobenen Funktion und Bedeutung ist der Einzelhandel häufig gut organisiert. Zum einen, um die eigenen Interessen gegenüber der Verwaltung und den Behörden zu vertreten, zum anderen, um als innenstadt-, stadtteil- und ortsbezogene Interessengemeinschaft eine bessere Vermarktung seiner Standorte sicherstellen zu können.

Gemeinsame Marketingmaßnahmen wie Anzeigenkampagnen, verkaufsoffene Sonntage, Weihnachtsbeleuchtung, Innenstadtgestaltung, Sauberkeit und Lobbyarbeit stellen dabei wichtige Funktionen derartiger Vereinigungen dar, die jedoch auch immer bestrebt sind, eine Beteiligung der Kommunen an ihren Aktivitäten im Rahmen der Wirtschaftsförderung zu erreichen. In vielen Fällen wird eine personelle und finanzielle Unterstützung durch Städte und Gemeinde gewährt. Ein Großteil der Standorte verweigert jedoch ein finanzielles Engagement zumeist mit dem durchaus nachvollziehbaren Argument, dass diese Marketingzusammenschlüsse einzelbetriebliche Interessen vertreten und nichtorganisierte Einzelhandelsstandorte in anderen Stadt- und Ortsteilen, aber auch Betriebe an der Peripherie, nicht in gleichem Maße von einer solchen Förderung erfasst sind und damit ungleich behandelt würden.

Maßnahmen zur Unterstützung des Einzelhandels

Vor diesem Hintergrund scheint es geboten, dass die Wirtschaftsförderung eine Unterstützung des Einzelhandels kritisch prüft. Maßnahmen zur Verbesserung der Einzelhandelssituation werden durch die Aktivitäten, die den jeweiligen Einzelhandelsstandort vermarkten, unterstützt. Die Aufenthaltsqualität kann mit vielen Projekten, insbesondere im Bereich der Verkehrsberuhigung und der Gestaltung öffentlicher Räume, verbessert werden. Eine bessere Anbindung durch den ÖPNV und die ausreichende Bereitstellung von zentrumsnahem, innerörtlichem Parkraum sind weitere Maßnahmen, mit denen die Attraktivität des Standorts gesteigert werden muss. Die Gewährung von Sauberkeit und Sicherheit, die Vermeidung von Leerständen, aber auch verkaufsoffene Sonntage und lange Einkaufsnächte sind besondere Aktionen, mit denen die örtlichen Interessengemeinschaften in den Wettbewerb mit benachbarten Standorten, insbesondere mit den Einkaufszentren auf der grünen Wiese und großflächigen Einzelhandelsstandorten an der Peripherie, treten.

Filialisierung

Dabei macht ihnen die zunehmende Filialisierung der Innenstädte und Stadtteilzentren sowie insbesondere der schwindende Organisationsgrad der Händler und Betriebe immer mehr zu schaffen. Filialbetriebe sind häufig von ihrer Zentrale angehalten, meist aus Kostengründen, lokale Marketingaktivitäten nicht zu unterstützen. Mit dem Argument, dass große Marken durch ihre nationalen und überregionalen Werbekampagnen bereits einen erheblichen Teil zur Vermarktung des jeweiligen Innenstandorts beitragen.

Hinzu kommt die zunehmende Tendenz des Auseinanderfallens von Immobilieneigentum und Geschäftsbetrieb, was bewirkt, dass Ladenpächter eher kurzfristig denken und eine Beteiligung an längerfristigen Infrastrukturinvestitionen in innerstädtische Standorte ablehnen. Diejenigen Einzelhändler, die selbst über Gebäudeeigentum verfügen, am Wohlergehen des Standortes unabhängig vom darin befindlichen Geschäftsbetrieb interessiert sind und sich engagieren, verlieren in der Praxis immer mehr an Bedeutung.

Im englischen Sprachraum wurden in den vergangenen Jahren sog. Business Improvement Districts (BID) als rechtlicher Rahmen geformt, in dem die betroffenen

Haus- und Grundstückseigentümer zur Finanzierung von Innenstadtentwicklungsmaßnahmen herangezogen werden können. In Deutschland wird dieses Instrument bisher in Hamburg und in Teilen Nordrhein-Westfalens eingesetzt, wobei nicht unerhebliche rechtliche Vorbehalte gegen solche Instrumente bestehen.

Zentralität

Da ein funktionierender Einzelhandel mit möglichst hoher Zentralität nicht nur aus wirtschaftlicher Sicht standortrelevant, sondern auch stadtplanerisch von großer Bedeutung ist, müssen auch dessen Versorgungsfunktion und die Funktion für die Attraktivität für die Bevölkerung gesehen werden. In der Standortkonkurrenz bei der Ansiedlung von qualifiziertem Personal spielt die Innenstadtattraktivität eine nicht zu unterschätzende Rolle. Die Wirtschaftsförderung ist gehalten, sich engagiert einzubringen und das Eigenengagement der Einzelhändler im Rahmen der Möglichkeiten zu unterstützen. Inwieweit dies auch finanziell sein kann, muss eher skeptisch beurteilt werden, weil auch andere städtische Standorte und vor allen Dingen andere Branchen ähnliche Hilfen nachfragen werden.

Eine initiative Funktion der Wirtschaftsförderung bei der Bildung von Marketingvereinen, der Koordination der Aktivitäten, der Hilfe bei allen Genehmigungs- und rechtlichen Verfahren sollte selbstverständlich sein. Es gibt jedoch häufig auch widerstreitende Interessen unter den Einzelhändlern. Dabei gilt das in diesem Zusammenhang geflügelte Wort unter den Wirtschaftsförderern zu beachten, dass Einzelhändler den Namen deshalb tragen, weil sie einzeln handeln: sicher eine überspitzte Feststellung.

Regionalität

Zu beachten ist auch der Umstand, dass Einzelhandelsentscheidungen immer auch regionale Konsequenzen zeitigen, da die Maßnahmen zur Verbesserung des Einzelhandels insbesondere auf die Erhöhung des Kaufkraftzuflusses aus der Region abzielen.

Insofern arbeiten sie darauf hin, dass die Einheimischen weniger an auswärtigen Standorten ihre Einkäufe tätigen bzw. dass mehr Auswärtige als Käufer gewonnen werden können.

Eine gute Standortunterstützung für den Einzelhandel steht häufig im Konflikt mit Zielen der Stadtplanung. Die Wirtschaftsförderung tut gut daran, diesen Interessenskonflikt objektiv zu begleiten und zum einen zu engherzige und perfektionistische Planvorgaben für Märkte- und Zentrenkonzepte möglichst objektiv zu bewerten. Zum anderen sollten überzogene Forderungen von Innenstadteinzelhändlern nicht kritiklos übernommen werden.

Das wirtschaftliche Interesse der Gesamtstadt, aber auch das der genehmigten Standorte auf der grünen Wiese und der Stadtteil- und Ortszentren sind in die Gesamtbetrachtung und Abwägung einzubeziehen. Im Falle funktionierender Organisationen sollte die Kraft der Interessenvereinigungen für das Gesamtwohl genutzt werden.

Ganzheitliche Standortentwicklung

Mit dem allgemeinen Strukturwandel änderten sich auch die Prioritäten und Zielrichtungen der Wirtschaftsförderung für den Bereich Einzelhandel. Gerade mit Blick auf den Einzelhandel gilt es, jeden Schritt sorgsam zu bedenken, gilt er in der Praxis doch Vielen als vermeintlich vermintes Terrain. So hat die Wirtschaftsförderung in den 1960er, 1970er und 1980er Jahren in der Regel kritiklos dem explosionsartigen Wachstum von Einzelhandelsflächen auf der grünen Wiese stattgegeben und dies als Erfolg gewertet. Im Nachhinein ist diese Sichtweise jedoch zu relativieren. Die Wirtschaftsförderung hat im Interesse einer ganzheitlichen und vor allen Dingen nachhaltigen Standortentwicklung eben auch stadtplanerische Ziele zu berücksichtigen.[106]

Die Angleichung von Öffnungszeiten, die Bewusstseinsbildung dafür, dass das Schließen der Geschäfte über die Mittagszeit nicht mehr den Einkaufsgewohnheiten entspricht, die Erarbeitung von belebenden Strategien, infrastrukturelle Maßnahmen, wie z. B. die Verbesserung der verkehrlichen Erschließung, adäquate Außenbestuhlung und Außenpräsentation, die Suche nach geeigneten Betrieben, Unterstützung in Nachfolgefragen sowie die Sicherstellung der Versorgungsfunktion auch für Senioren und Familien, bieten der Wirtschaftsförderung ein breites Tätigkeitsfeld für Innenstadtstandorte, aber auch in den Stadtteilen und den Ortszentren.

Auch die Finanzierung eines Citymanagers durch den Einzelhandel, die Beauftragung von Strukturgutachten und die Planung von Marketingkampagnen können und sollten durch die Wirtschaftsförderung unterstützt und begleitet werden, problematisch wird es erst bei den materiellen Zuwendungen für einzelne Standorte und Branchen.

Gemischte Nutzung der Standorte

Eine attraktive Mischung von Geschäften für die Deckung des kurzfristigen Bedarfs mit solchen des langfristigen Bedarfs und denen, die eher den Erlebnischarakter des Einkaufsstandortes ausmachen, ist ebenso wichtig wie das Vorhandensein großer

Fachmarktzentren, Verbrauchermärkte und Einkaufszentren, die den heutigen Einkaufsgewohnheiten der Bevölkerung entsprechen. Eine ausgewogene und funktional gerechtfertigte Unterstützung zahlreicher Einkaufsarten ist das Mittel der Wahl im Rahmen der Wirtschaftsförderung.

Neben der Einkaufsfunktion muss ein kompetentes Veranstaltungsmanagement die Ansiedlung von kulturellen, kirchlichen, sozialen und behördlichen Institutionen am Standort Innenstadt beziehungsweise in den Stadtteil- und Ortszentren unterstützen, damit diese multifunktional belebt und genutzt werden. Eine derart gemischte Nutzung ist die beste Gewähr für eine hohe Attraktivität und Frequenz solcher Standorte.

Auch muss im Zuge des Klimawandels vermehrt auf das Wohlbefinden der Besucher insoweit geachtet werden, als dass klimatische Bedingungen sich ändern und z. B. regen- und hitzefreie Einkaufsbereiche einen großen Vorteil gegenüber konventionellen, offenen Straßenlösungen für den Einzelhandel haben werden.

Roland Wölfel: Zur Transformation der Innenstadt – Von der Asset-Klasse zu „Unserer Mitte“: Strategien für eine zukunftsfähige Innenstadtentwicklung

Transformation – Alltag für die Innenstadt?

Wandelbarkeit ist in einer immer komplexeren Welt gerade für unsere Innenstädte eine immens wichtige Fähigkeit. Schon der Biologe Charles Darwin fand heraus: „Es ist nicht die stärkste Spezies, die überlebt, auch nicht die intelligenteste, sondern diejenige, die am besten auf Veränderungen reagieren kann.“ So wird es auch den Innenstädten gehen. Schon jetzt sind die Städte und die Gemeinden die Orte, an denen sich die ökonomischen, ökologischen und sozialen Veränderungen manifestieren.

35 Jahre dürfen wir den Wandel der Innenstädte begleiten und gestalten. Da waren die Diskussionen um die ersten Fußgängerzonen, die ersten Kaufhäuser, Shoppingcenter, Fachmarktzentren, Vertikalisierung, Digitalisierung und Onlinehandel sowie die weltweite Corona-Pandemie, Inflation und Zinsanstieg als „Brandbeschleuniger“.

Heute sehen wir uns mit dem fortschreitenden Klimawandel, dem demografischen Wandel, der Verkehrswende, Migration, dem Verlust gesellschaftlichen Zusammenhalts sowie den globalen Krisen und ihren Folgen für Menschen und für die Städte konfrontiert. Multiple Krisen machen auch vor den Innenstädten nicht halt. Zugegeben, der Handlungsdruck könnte gegenwärtig nicht größer sein. Noch nie gab es so viele Herausforderungen, die gleichzeitig und schnell zu bewältigen sind!

Aber: Noch nie waren die Innenstädte so im Fokus der gesellschaftlichen Diskussion, wurde so viel experimentiert, gefördert und kurzfristig umgesetzt.

Und es sei auch festgehalten, dass die Innenstädte bereits über Jahrzehnte immer wieder eine große Resilienz und Anpassungsfähigkeit bewiesen haben. Sie sind eben nicht Betriebstyp oder Assetklasse. Ihre Attraktivität, ihr „Wert“ kann also nicht auf rein quantitative Merkmale wie Zentralität, Miethöhen und Kaufkraft, kurz gesagt die Immobilienrendite, reduziert werden. Gerade die Entwicklungen um unsere Warenhäuser machen deutlich, wie überhöhte Mieten zum Aus führen.

Wir sind auf einem guten Weg zur „Renaissance der Innenstadt" – „Stadtrendite und Gemeinwohl" rücken stärker in den Fokus.

Transformation der Innenstädte fordert jetzt mutige Weichenstellungen und Entscheidungen von ihren Protagonisten. Nichts täuscht darüber hinweg – die Zukunft der Innenstadt ist viel Arbeit. Sie braucht einen großen Anlauf. Sie braucht einen langen Atem, Mut und Veränderungsbereitschaft.

Die Innenstadtentwicklung muss noch integrierter und vernetzter angegangen werden:

Abbildung 1: Zielkonflikt integrierter Konzepte –
Beispiel für die Möglichkeit einer städtebaulichen Rahmenplanung
(© Maximilian Burger | CIMA Beratung + Management GmbH 2023 | Toolbox Innenentwicklung)

Mit der Vielfalt der zu betrachtenden Themen wächst auch die Zahl der einzubeziehenden Akteure und Experten und die Komplexität der Prozesse.

Neue Erwartungen an die Innenstadt – vom reinen Einkaufsort zu „unserer Mitte"

Die CIMA „Deutschlandstudie Innenstadt 2022" machte deutlich, welche Faktoren zukünftig auf die Attraktivität der Innenstädte einzahlen: So sind die digitale Information und die Online-Sichtbarkeit das neue Eintrittstor zur City. Aspekte wie Aufenthaltsqualität und Erlebnisorientierung werden erwartet. Grün ist gefragt. Die Innenstadt rückt als Lebensort wieder verstärkt in den Fokus und sie überzeugt als Gesamtdestination. Fest steht auch, der Handel allein wird die Zukunft der Innenstädte nicht richten. Aber ohne Handel geht es auch nicht.

Stärkere Kundenbindung statt mehr Einzugsgebiet wird die Devise lauten. In der Vergangenheit hat man nach großen Einzugsgebieten geschielt, jetzt geht es darum, die Stammkunden eng zu führen (Beispiel: KaDeWe-Group: richten sich vor allem an den lokalen Markt in Deutschland und inszenieren die Häuser als „Places to be“ und als Orte der Experience und des Entertainments: „Wir sind kein Department-Store mehr, sondern ein Ort der Begegnung und des Unerwarteten“).

Abbildung 2: „Unsere Mitte“ – Von der Innenstadt zum „Third Place“: Gestaltung öffentlicher Räume mit Anziehungskraft und Verweilpotenzial (© Kirsten Rosenthal | CIMA Beratung + Management GmbH 2022 | Visualisierung „Unsere Mitte“)

Für diese Entwicklung muss der Investitionsstau bei öffentlichen Institutionen identifiziert werden und es braucht Hilfe, um diesen aufzulösen. Die Chance liegt darin, Immobilienentwicklung für öffentliche Einrichtungen in der City zu nutzen. Neue Geschäfts-, Finanzierungs-, und Kooperationsmodelle sind hier gefordert. Gerade Mittelzentren stehen vor der Herausforderung, bei der Neujustierung der Funktionen ihre Attraktivität konkurrenzfähig zu definieren. Potenzial liegt hier in einer strategischen, kopplungsorientierten Ansiedlungspolitik. Neue Formen werden entwickelt und die Dichte von Aufenthaltszonen sowie die Distanzempfindlichkeit steigen. Das Denken in den Quartieren und der Mut zu neuen Nutzungsmischungen können hierbei helfen – Stichwort: 15-Minuten-Stadt.

Nicht zuletzt braucht es dafür auch Innenstadtförderprogramme, Sanierungsgebiete, Sonderabschreibungen, Vorkaufsrecht und die Städtebauförderung – möglicherweise auch für Investoren und nicht nur Kommunen

Gerade in der pro-aktiven Anwendung der Möglichkeiten der Städtebauförderung liegen strategische wie operative Chancen und Werkzeuge zur Bewältigung der anstehenden Aufgaben.

Abbildung 3: Städtebauförderung ermöglicht Innenstadtmanagement 4.0
(© CIMA Beratung + Management GmbH)

Das Gesicht der Innenstädte muss sich deutlich verändern

Ein wesentlicher Entwicklungsschlüssel der Innenstadtentwicklung sind die Immobilien – angefangen beim Sorgenkind Bestand mit Revitalisierungen und Umnutzungen über den Rück- und Umbau bestehender Gebäude bis hin zu Neubebauungen. Im Regelfall befindet sich das Gros der Immobilien in privater Hand. Gerade in den Innenstädten ist es daher wesentlich, zusammen mit privaten Eigentümern zu agieren. Exemplarisch können hier als Transformationsimmobilien die Einkaufszentren und Warenhäuser der

Städte angeführt werden, wovon sich der Großteil (etwa 80 %) in den nächsten Jahren mit Repositionierung und Umwidmung auseinandersetzen muss. Auch die zum dritten Mal in drei Jahren verkündete Insolvenz von Galeria Kaufhof zeugt stellvertretend davon, welche Rolle ehemalige Kaufhausimmobilien in der Transformation der Innenstädte einnehmen könnten. Es gibt Städte, die in den strategischen Erwerb ehemaliger Kaufhäuser gehen, um mit Mixed-Use-Konzepten die Innenstadt zu bespielen. Dabei ist eine vielseitig genutzte Immobilie die Maßgabe (ein Mix aus Handel, Wohnen, Büros, Arztpraxen, Kita, Hotels, Co-Working-Spaces, Gastronomie).

Ohnehin dürfte die Frage, was aus einzelnen Immobilien an prominenten Standorten wird, in der nächsten Dekade Debatten über die Gestaltung ganzer Quartiere auslösen. Ganze Stadträume werden im Sinne einer zukunftsgerechten Stadtentwicklung qualitativ, emotional und nutzungsorientiert aufgewertet. Es werden mehr Menschen in den Städten wohnen und zur Belebung beitragen. Neue Orte der Begegnung werden entstehen.

Um da hinzukommen, dürfen die Städte meines Erachtens folgende strategische Handlungsempfehlungen / Fragestellungen nicht außer Acht lassen:

These 1: Der Handel braucht neue Frequenzpartner – kopplungsorientierte Ansiedlungspolitik im Fokus

Künftig werden sich andere Nutzungen etablieren. Wie kann strategische, kopplungsorientierte Ansiedlungspolitik forciert werden? Das Nutzungs- und Angebotsmix der Innenstadt muss ergänzt und verändert werden. Mit der Kopplung der Aktivtäten leisten wir nicht nur einen „Frequenzbeitrag“, sondern auch einen Beitrag zur Verkehrs- und Klimawende, indem mehr Aktivitäten in eine Fahrt gebündelt werden.

Zentrale Fragen:

- Was sind mögliche Frequenzpartner (z. B. Dienstleister), was sind gute Nachbarn (z. B. Gastronomie) des Handels?
- Welche öffentlichen Nutzungen, Funktionen der Daseinsvorsorge gehören in die Innenstadt (z. B.: Bildung, Gesundheit, Behörden, Kultur) oder können gezielt in die Innenstadt zurückgeholt werden?
- Wie können wir „gebundene Frequenzen“ z. B. durch Arbeitsplätze in der Innenstadt schaffen, die die Grundfrequenz stabilisieren?
- Wie können zusätzliche Besuchsanlässe geschaffen werden?

These 2: Von der Innenstadt zum „Third place" – Gestaltung öffentlicher Räume mit Anziehungskraft und Verweilpotenzial

Insbesondere junge Menschen wollen zurück in die Innenstadt. Sie bewerten diese am positivsten – ihre Wünsche und Vorstellungen sollten daher besondere Berücksichtigung finden. Dabei artikulieren sie in Bezug auf die Leitlinien der Innenstadt der Zukunft Forderungen, die allen zugutekommen, auch Familien mit kleinen Kindern, Menschen mittleren Alters und Senioren: Die Innenstadt der Zukunft überzeugt nicht mehr durch Monostruktur, sondern durch einen regionalen und nachhaltigen Branchenmix, hochwertige und erlebnisorientierte Angebote und vor allem durch Aufenthaltsqualität. Ebendiese Aufenthaltsqualität ist an ein sauberes Umfeld gekoppelt und trägt – idealerweise – den veränderten klimatischen Verhältnissen Rechnung: Wasser und Grün sorgen für ein besseres Mikroklima, Elemente wie Bänke und öffentliche Toiletten erlauben das Verweilen jenseits von Konsumdruck.

Die Innenstadt muss sich stärker zum Dritten Ort mausern, mit soziokulturell relevanten Räumen zwischen Zuhause und Arbeit. Orte des nachbarschaftlichen Miteinanders sind damit genauso gemeint wie die Hotspots der kreativen Klasse, ansprechende Cafés, aber auch spannende Formen der Zwischennutzung, die Möglichkeitsräume aufzeigen und Debatten in der Stadtgesellschaft auslösen. *Soziale* Fundamente und Architekturen stecken in der DNA der europäischen Stadt, wurden jedoch durch die monofunktionale Ausrichtung auf den stationären Handel oder durch die Priorisierung des Individualverkehrs verschüttet. Nun kehren sie zurück und erobern Stadtteilzentren und 1A-Lagen: Bauernmärkte, öffentliche Treff- und Aufenthaltsbereiche, aber auch Handwerkerhöfe und Urban Manufacturing, erdgeschossige Dienstleistungsangebote vom Kindergarten bis zum Fitnessstudio, moderne Arbeitsformen und ihr immobilienwirtschaftlicher Ausdruck in Co-Working-Spaces.

Vom „Einkaufs- zum Lebensort" lautet die Devise.

Zentrale Fragen:

- Wie können wir unsere Innenstadtflächen zu Anziehungs- und Aufenthaltsflächen umgestalten?
- Welche Flächen sind aktuell unter- oder fehlgenutzt?
- Wie kann das Verweilen erleichtert und erhöht werden?

These 3: „Know-how-Transfer macht Städte stark" – neue Allianzen für die Innenstädte

Noch nie waren Innenstadt und Handel auf der politischen Agenda von Bund und Ländern so präsent wie heute. Und nie gab es mehr Förderinitiativen für Innenstädte, Handel und den Stadtumbau. So komplex und herausfordernd die Aufgaben an eine zukünftige Innenstadtentwicklung sind, so vielfältig sind auch die Lösungen.

Innenstadtentwicklung wird zur kollektiven Gemeinschaftsaufgabe. Permanenter Wissens- und Knowhow-Transfer befähigt Städte und Akteure, schneller umzusetzen und gezielt an den Erfahrungen anderer zu partizipieren. Mit dem Beirat Innenstadt auf Bundesebene und dem bundesweit einmaligen Netzwerk „Stadtimpulse" (www.unsere-Stadtimpulse.de) wurden neue, sektorenübergreifende Strukturen und Bündnisse initiiert, die es in dieser Breite nicht gab. Mit über 100 bundesweit ausgezeichneten guten Lösungen und umgesetzten Beispielen wird deutlich, wie viel jetzt schon möglich ist. Wir müssen schneller und mutiger agieren. Dabei helfen bewährte und geprüfte Best-Practices. Es geht nicht mehr so sehr um den Wettbewerb zwischen den Städten, sondern mehr denn je um die Kooperation zwischen Städten, Verbänden und lokalen Akteuren.

„Wer immer die Gleichen fragt, wird auch immer die gleichen Antworten bekommen."

Multiple Herausforderungen setzen auch „multiple Bündnisse" voraus, nur so lässt sich die Aufgabe auch in der erforderlichen Breite bewältigen. Waren die Akteursgruppen bisher stark handelsökonomisch ausgerichtet, brauchen wir mehr soziale und ökologische Kompetenz in unseren Bündnissen, Initiativen und Innenstadtforen.

Wollen wir neue Nutzungen und Angebote, so ist es zwingend erforderlich, dass auch die „Gestalter" dieser Bereiche aktiv einbezogen werden. Neue Antworten erfordern neue Perspektiven und Blickwinkel.

Zentrale Fragen:

- Welche Gruppen müssen wir einbeziehen, um auch neue Nutzungen zu initiieren (z. B. Ärzte, Ingenieure, Handwerker, Fab-Labs, Kultur, IT-ler, Soziale Berufe etc.).
- Welche guten Lösungen gibt es andernorts?

„Strategie statt Reparatur"

Die Zeit der sektoralen Konzepte sowie der auf Einzelprobleme fokussierten Konzepte und Herangehensweisen ist vorbei. Erfolgversprechend sind integrierte Konzepte und Kooperationen, die nicht nur einen „Reparaturleitfaden" darstellen, sondern unsere Städte komplett neu denken und eine echte „Zukunftsstrategie" mit all ihren Facetten und Wechselwirkungen betrachten. Partizipativ und kooperativ, analog und digital, nachhaltig und effizient.

Zum Autor

Roland Wölfel ist Geschäftsführer und Gesellschafter der CIMA Beratung + Management GmbH. Fokussiert auf die Zukunft von Städten, Gemeinden und Regionen. Seit 1988.

Kontakt: woelfel@cima.de

5.15 Tourismus

Der Begriff Tourismus löste in den 1980er Jahren nach und nach den tradierten Begriff Fremdenverkehr ab. Es war das Verdienst von Claude Kaspar, Ordinarius für Tourismus und Verkehrswirtschaft an der Universität St. Gallen, der Forschung in Tourismus und Verkehr eine neue Dimension zu verleihen.

Kaspar schlägt in Anlehnung an Hunziker Kraft, beziehungsweise der Assoziation Internationale Experten, folgende von ihm modifizierte Definition des Tourismus vor:[107] „Fremdenverkehr oder Tourismus ist die Gesamtheit der Beziehungen und Erscheinungen, die sich aus der Reise und dem Aufenthalt von Personen ergeben, für die der Aufenthaltsort weder hauptsächlicher noch dauernder Wohn- und Aufenthaltsort ist."

So weit die wissenschaftliche Definition, die neben der Definition der Welthandelsorganisation WTO eine der deutschen Standarddefinitionen für den Begriff Tourismus ist. Es ist wichtig, darauf hinzuweisen, dass Geschäftsreisen in diese Definition miteinbezogen wurden.

Wirtschaftliche Bedeutung

Für die Wirtschaftsförderung stellt der Tourismus je nach den örtlichen Standortgegebenheiten eine mehr oder weniger wirtschaftlich bedeutende Branche dar. In kleineren, tourismusintensiven Standorten sind Anteile von 20 % an Wertschöpfung und Arbeitsplätzen möglich, in tourismusintensiven Großstädten werden Anteile von 3 % erreicht. Weltweit dürfte der Tourismus mit geschätzt über 330 Millionen Beschäftigten der bedeutendste Arbeitgeber sein, das sind 10 % aller weltweit Beschäftigten. Im Jahr 2019 belief sich die Zahl der grenzüberschreitenden Touristen nach Angaben der Welttourismusorganisation UNWTO auf rund 1,5 Milliarden Menschen.

Für die kommunale und regionale Wirtschaftsförderung ergeben sich in der Praxis zahlreiche Schnittpunkte zur Tätigkeit der Tourismusförderung. Tendenziell werden Wirtschafts- und Tourismusförderung auch organisatorisch zusammengelegt, zumal mit dem Bedeutungsgewinn sogenannter weicher Standortfaktoren insbesondere bei der Attraktivität von Städten die gleiche Zielsetzung in Wirtschafts- und Tourismusförderung verfolgt wird.

Dabei ist bemerkenswert, dass die Tourismusförderung, obwohl nur ein kleiner Teil des gesamten Spektrums der Wirtschaft, die Wirtschaftsförderung in ihren finanziellen und personellen Dimensionen oft übertrifft, obwohl Tourismusförderung auch eine freiwillige Aufgabe im Rahmen der kommunalen Leistungsverwaltung darstellt. Gerade in kleineren Städten und Gemeinden engagieren sich Bürgermeister oft in vielfältigen örtlichen, regionalen und landesweiten Organisationen der Tourismusförderung.

Da die Literatur über den Tourismus im Gegensatz zur Wirtschaftsförderung zwischenzeitlich ganze Bibliotheken füllt und der Tourismus national und international Gegenstand verschiedenster Aus- und Weiterbildungsangebote ist, soll an dieser Stelle nicht weiter auf die Tourismusförderung als Bestandteil der Wirtschaftsförderung eingegangen werden. Lediglich einige Hinweise, in welchen Bereichen sich Wirtschaftsförderung und Tourismusförderung sehr nah sind, sollen mit folgenden Ausführungen gegeben werden

Tagestourismus

Im Besonderen ist der sogenannte Tagestourismus vom Übernachtungstourismus zu unterscheiden. Bei Tagestouristen handelt es sich um Touristen, die an einen Standort kommen, um dort in der Regel Stadtbesichtigungen vorzunehmen, Einkäufe zu tätigen, kulturelle Veranstaltungen zu besuchen und Freizeit zu verbringen oder aber Einrichtungen des Gesundheitswesens aufzusuchen. Der Berufspendler, der zur Arbeitsaufnahme seinen Wohnort verlässt, ist kein Tourist.

Fraglich ist jedoch, ob ein Arztbesuch in einer benachbarten Gemeinde unter Tagestourismus fällt oder nicht. Der Besuch eines Kur- und Heilbades ist zweifellos unter Tourismus zu subsummieren, aber wie steht es z. B. mit dem Besuch einer physiotherapeutischen Behandlung? Zweifelsfrei nicht zum Tagestourismus zählen demgegenüber die Schulbesuche der täglich ein- und auspendelnden Schüler aus dem Umland beziehungsweise aus benachbarten Städten und Kreisen.

Übernachtungstourismus

Beim sog. Übernachtungstourismus lassen sich der Kulturtourismus, der Städtetourismus, der Messe- und Kongresstourismus sowie der Erholungstourismus, zunehmend aber auch der Gesundheitstourismus unterscheiden. Bildung, Einkauf und Erlebnisse sind weitere Gründe, um zu reisen.

Das Deutsche Wirtschaftswissenschaftliche Institut für Fremdenverkehr (DWIF) an der Universität München geht auf Basis empirischer Erhebungen bezogen auf das Jahr 2023 und exemplarisch für die Region Franken bei Tagesreisen und Besuchen von Verwandten und Freunden von durchschnittlichen Ausgaben in Höhe von 31,80 €, bei Tagesgeschäftsreisen mit durchschnittlich 25 € pro Kopf und Tag aus.

Bei Übernachtungstouristen in gewerblichen Beherbergungsbetrieben mit mehr als zehn Betten geht das DWIF dabei von durchschnittlichen Ausgaben in Höhe von 153,90 € pro Kopf und Tag aus. Die durchschnittlichen Ausgaben von Übernachtungsgästen in Privatquartieren mit weniger als zehn Betten liegen im Referenzgebiet demgegenüber bei 88,30 € pro Kopf und Tag, Touristik- und Dauercamper sowie Reisemobilisten geben durchschnittlich 45,30 € pro Kopf am Tag aus.[108]

Diese Ausgaben und die damit verbundenen Multiplikatoreffekte summieren sich auf, wie oben bereits geschildert, und führen zu einem tourismusinduzierten Anteil von rund 6 % an der Bruttowertschöpfung z. B. bei einer tourismusintensiven Stadt wie Freiburg im Breisgau mit rund 2,0 Millionen Übernachtungen allein im Jahr 2023 in den gewerblichen Tourismusbetrieben. Dieser Anteil variiert zwischen Standorten je nach Größe und Anteil des Tourismussektors. Man kann also davon ausgehen, dass der Tourismus ein durchaus sehr bedeutender Wirtschaftsfaktor für viele der Kommunen und Regionen darstellt.

Die Darstellungen der Möglichkeiten der Tourismusförderung als Instrument der Wirtschaftsförderung würden den Rahmen dieser Ausführungen sprengen, dennoch sollen einige Schnittpunkte zwischen Wirtschaftsförderung und Tourismus exemplarisch aufgezeigt werden.

Hotellerie und Gastronomie

Das Vorhandensein einer leistungsfähigen und modernen touristischen Infrastruktur, insbesondere einer qualitativ angemessenen, variationsreichen und hochwertigen Hotellerie und Gastronomie, ist eine Grundvoraussetzung, nicht nur für den touristischen Erfolg, sondern auch als Standortfaktor im Interesse einer positiven Wirtschaftsentwicklung. Viele einheimische Unternehmen und Einrichtungen haben immer wieder und immer häufiger Kunden und Geschäftspartner zu Gast, aber auch Außendienstmitarbeiter, Montageteams oder wissenschaftliche Mitarbeiter benötigen qualitativ ansprechende und ausreichende Unterbringungsmöglichkeiten.

Eine Hotellerie und Gastronomie, die nicht nur den Touristen anspricht, ist heute ein unbedingtes Muss in der infrastrukturellen Ausstattung für einen attraktiven Wirtschaftsstandort. Aber auch die Anforderungen, die von privater Seite an Übernachtungsmöglichkeiten gestellt werden, sind vor dem Hintergrund kleiner werdender Wohnungen und der damit verbundenen sinkenden Bereitschaft, den eigenen Wohnraum mit Gästen zu teilen, kontinuierlich gestiegen. Familienfeiern benötigen Veranstaltungsräume, ein professioneller Cateringservice wird sowohl im privaten Bereich als auch bei Veranstaltungen von Unternehmen und Einrichtungen verstärkt nachgefragt, sodass heute im Bereich der Infrastruktur die Anforderungen des Tourismus die gleichen sind wie im Bereich der allgemeinen Wirtschaftsförderung.

Bedeutung des Standortimages

Ein weiteres Betätigungsfeld im Rahmen der Tourismusförderung ist die Förderung eines positiven Stadt- und Standortmarketings nach außen, und damit ist diese Aufgabe zunehmend auch Gegenstand der Wirtschaftsförderung. Denn nicht nur Unternehmen siedeln sich sehr viel leichter an einem mit positivem Image belegten Standort an. Gleiches gilt auch und insbesondere für qualifizierte Fachkräfte und deren Familien, für Studierende sowie Teilnehmer an Aus-, Fort- und Weiterbildungsangeboten.

Dabei sollte der Imagefaktor auf Fakten beruhen, was dazu führt, dass eine attraktive Gestaltung und hohe Aufenthaltsqualität, Sauberkeit und Sicherheit, aber auch die vorhandene Infrastrukturausstattung nicht nur für die Tourismusbranche, sondern darüber hinaus auch für die übrigen Wirtschaftsbereiche eine überaus wirtschaftsfördernde Bedeutung besitzen.

„Dort arbeiten, wo andere Urlaub machen" – dies war lange Zeit der Leitspruch einer süddeutschen Großstadt, die bis heute in bundesweiten Umfragen als Wohlfühlstadt regelmäßig hoch im Kurs steht. Die Aussage bringt es letztendlich auf den Punkt: Ein vordergründig auf Tourismus ausgerichtetes positives Stadtimage wird in gleichem Maße von Unternehmen und Fachkräften geschätzt.

Neben den bekannten, touristisch relevanten Einrichtungen wie Hotellerie und Gastronomie und einem attraktiven Einzelhandel sind es insbesondere Fazilitäten für das Tagungs- und Kongresswesen sowie das Messe- und Ausstellungswesen, die nicht nur unter touristischen, sondern auch unter wirtschaftlichen Aspekten zu sehen sind. Die persönliche Kommunikation und Begegnung wird trotz Internet, E-Mail, Instagram, LinkedIn & Co. immer mehr Bedeutung für Unternehmen, Universitäten und Hochschulen, aber auch für viele andere Organisationen und Einrichtungen gewinnen.

Die Bereitstellung dieser Infrastrukturen erfolgt zum einen durch die Hotellerie, zum anderen geben die Kommunen mit Investitionen in solche Infrastrukturangebote, wie Kongresshäuser und Messehallen, Schwimm- und Thermalbäder, einen eindeutigen Hinweis auf ihren Anspruch, auf dem nationalen und internationalen Tagungs- und Messemarkt eine Rolle zu spielen und präsent sein zu wollen. Dies zieht dann häufig weitere Investitionen im privaten Hotel- und Dienstleistungsbereich nach sich.

Ein weiterer an Bedeutung gewinnender Faktor sowohl für den Tourismus als auch für Unternehmen, Fachkräfte und Ausbildungswillige ist das Kulturangebot. Einzigartige Events sowie kulturelle Veranstaltungen und Angebote werden für Einheimische und

Auswärtige immer wichtiger und tragen so viel zur Tourismuswirtschaft bei, aber ebenso zur Attraktivitätssteigerung des Wirtschaftsstandortes und für die einheimische Bevölkerung bei.

Gesundheitstourismus

Parallel zum allgemeinen Städtetourismus nimmt der sogenannte Gesundheitstourismus als eine weitere Sonderform des Tourismus an Bedeutung stark zu. In seinen Anfängen war der Tourismus auf Freizeit und Erholung gerichtet. Lange Zeit wurde unter Erholung das Ausspannen vom täglichen Stress verstanden.

Heute sind es vielmehr die aktiven Gesundheitsbedürfnisse, früher als Kuren bezeichnet, wie z. B. Wellness, Fitness und Gesundheitstraining sowie Beauty und Antiaging. Der Übergang von Gesundheit zu Beauty ist fließend, auch psychosomatische Behandlungen haben häufig eine medizinische Begleitung.

Dazu kommen immer häufiger auch die Behandlungen von schweren Erkrankungen in renommierten Universitäts- und Spezialkliniken, die auch und gerade für ausländische Patienten von wachsender Bedeutung sind, in deren Ländern es keine entsprechenden medizinischen Angebote gibt. Für manche Nationen sind es Qualitäts- und Hygienefragen, für andere wiederum Kostenfragen, die zu einem kontinuierlich steigenden Aufkommen des Gesundheitstourismus an den darauf spezialisierten Standorten führen.

Es bedarf jedoch über die rein medizinischen Leistungen und Einrichtungen hinaus einer Vielzahl von Dienstleistungen und organisatorischer Infrastruktur, um einen funktionierenden und florierenden nationalen und internationalen Gesundheitstourismus im Bereich der Spitzenmedizin zu etablieren und zu entwickeln.

Da die Gesundheit das wichtigste Gut ist, das ein Mensch besitzen kann, und wir uns zudem zu einer immer älter werdenden Gesellschaft mit stets wachsendem Wohlstand entwickeln, ist unschwer vorherzusagen, dass sich das Thema Gesundheit in all seinen Ausprägungen insgesamt zu einer bedeutenden Zukunfts- und Wachstumsbranche entwickeln wird. Dabei werden nicht nur rein krankheitsbezogene Maßnahmen, sondern verstärkt auch präventive und schönheitsorientierte Maßnahmen sowie Gesundheitsversorgungen auch im psychosomatischen Bereich eine Rolle spielen.

Wachstumsbranche Tourismus

Die deutlich höhere Mobilität der Menschen, die zu relativ geringen Kosten möglich ist, der Wandel von Konsumbedürfnissen hin zu deutlich mehr Kommunikation und erlebnisorientierter Unterhaltung, die arbeitsplatzbedingte Mobilität, der kulturelle Austausch sowie die Trennung von Wohn- und Arbeitsort bedingen erheblich höhere Ansprüche an die technische Infrastruktur. Der deutlich gestiegene Anspruch an Freizeit und das Streben nach weiterer Arbeitszeitreduzierung deuten auf ein weiteres Wachsen des Wirtschaftsfaktors Tourismus hin. Ganze Kontinente wie Indien und China waren bisher aus vielerlei Gründen vom Welttourismus ausgeschlossen. Dies wird sich in den nächsten Jahrzehnten spürbar verändern. Europa und damit auch der Standort Deutschland sind eine der attraktivsten Tourismusdestinationen weltweit.

Die Wirtschaftsförderung wird deshalb gut beraten sein, die Tourismusförderung unter den genannten Aspekten zu betrachten und in die Analyse möglicher Ziele und Maßnahmen für die Standortentwicklung aufzunehmen. Dabei ist auch zu prüfen, ob die Tourismusförderung nicht integraler Bestandteil einer Standortentwicklungs- und Wirtschaftsförderungsorganisation sein sollte, zumal sich die Zielgruppen beider Bereiche zunehmend überschneiden. Ressourcen könnten so gemeinsam genutzt werden, Synergien geschaffen und die einheitliche Außendarstellung der wirtschaftspolitischen Akteure des Standorts sichergestellt werden.

Roland Mack: Europa-Park als Wirtschaftsmotor für Südbaden und den gesamten Südwesten

Der Europa-Park sieht sich seit vielen Jahren als eigenständige Reisedestination, als „Europa-Park Erlebnis-Resort". Der Europa-Park mit mehr als sechs Millionen Besuchern jährlich ist inzwischen der größte zusammenhängende Hotelstandort an einer Stelle in Deutschland. Das ist auch Ausdruck einer hohen Wirtschaftskraft für Südbaden und ganz Baden-Württemberg. Die wirtschaftlichen Auswirkungen des Europa-Parks auf die Region Ortenau/Emmendingen sind mit einem jährlichen Betrag von 276 Millionen Euro ausgesprochen hoch. Das geht aus einer von der Universität St. Gallen vorgelegten Studie hervor. Allein im Ort Rust werden jährlich, ausgelöst durch den Europa-Park und seine Besucher, mehr als 88 Millionen Euro ausgegeben.

Unter der Leitung von Roland Scherer, Direktor Forschungszentrum Regionalwissenschaft, hat das international renommierte Institut für Systemisches Management und Public Governance an der Universität St. Gallen die touristische und wirtschaftliche Bedeutung des Europa-Parks für die Region untersucht. Eines der Ergebnisse: Durch den Europa-Park werden jährlich 1,7 Millionen Übernachtungen außerhalb des Europa-Parks ausgelöst. Die meisten davon in Rust und Ringsheim. Zudem übernachten im Europa-Park Erlebnis-Resort mittlerweile weit mehr als 1,2 Millionen Menschen im Jahr. Die Region kommt damit insgesamt auf rund 3 Millionen Übernachtungen aufgrund des Europa-Parks.

Die Untersuchung zeigt die starke regionale Verankerung des Europa-Parks als Arbeitgeber sowie eine auf regionale Dienstleister und Lieferanten ausgerichtete Einkaufspolitik des Familienunternehmens. Innerhalb eines Jahres flossen 182 Millionen Euro an Aufträgen und Lohnzahlungen vom Europa-Park in die Region Ortenau-Emmendingen, davon 34 Millionen Euro allein nach Rust und Ringsheim. Damit gingen 50 % der Ausgaben des Europa-Parks an die Region Ortenau-Emmendingen (darunter rund neun Prozent nach Rust/Ringsheim). Besonders hoch ist der regionale Anteil von rund 70 % bei den Personalkosten (darunter Rust/Ringsheim rund 20 %). Weitere 22 % werden im benachbarten Elsass verausgabt. Auch Dienstleistungen (Instandhaltung und Reparatur, Sicherheit und Reinigung) sowie Wareneinsatz und Material weisen mit 55 beziehungsweise 43 % hohe regionale Anteile auf.

Als der Gründer des Europa-Park Erlebnis-Resorts betrachte ich unser Konzept als ein umfassendes Freizeiterlebnis, das sich über mehrere Komponenten erstreckt und Besucher jeden Alters begeistert. Der Park bietet über 100 Attraktionen und Shows in 17 thematisch gestalteten europäischen Bereichen, die eine Vielzahl von Fahrgeschäften und Achterbahnen umfassen. Darüber hinaus haben wir sechs thematische Hotels geschaffen, die unseren Gästen eine komfortable Übernachtungsmöglichkeit und ein einzigartiges Ambiente bieten.

Ein weiterer Höhepunkt unseres Resorts ist „Rulantica", unsere Wasserwelt, die 2019 eröffnet wurde. Mit über 53 Wasserattraktionen, darunter aufregende Rutschen und ein Wellenbad, ist Rulantica ganzjährig ein großer Anziehungspunkt.

Der Europa-Park ist jedoch weit mehr als nur ein Freizeitpark. Er fungiert als bedeutender Wirtschaftsmotor für die Region Südbaden und spielt eine wesentliche Rolle in der regionalen Entwicklung. Mit über 5000 Arbeitsplätzen und rund 8000 indirekten Arbeitsplätzen sind wir einer der größten Arbeitgeber in der Region. Unsere stark regional ausgerichtete Beschaffungs- und Investitionsstrategie sichert nicht nur viele indirekte Arbeitsplätze, sondern trägt auch zur wirtschaftlichen Stabilität bei. Darüber hinaus schafft der durch den Europa-Park ausgelöste Tourismus essenzielle Infrastruktur, die auch die Attraktivität für Familien in Südbaden erhöht.

Wir dienen außerdem als Botschafter für die Region und positionieren Südbaden und den Schwarzwald als attraktives Reiseziel. Die hohe Besucherzahl und die internationale Medienpräsenz stärken das Image unserer Region. Im Oktober 2023 haben wir die Erlebnisregion Europa-Park ins Leben gerufen, in der sieben umliegende Kommunen gemeinsam mit der Marke „Europa-Park" anstreben, die Attraktivität unserer Region zu zeigen und Gäste zu ermutigen, länger zu bleiben und die Region zu erkunden.

Als Veranstaltungsort bieten wir nicht nur Freizeitmöglichkeiten, sondern auch erstklassige Kongress- und Eventräume für Firmen, was eine wertvolle Unterstützung für die lokale Wirtschaft darstellt. Unsere unverwechselbare Atmosphäre und die Möglichkeit, Arbeit mit Freizeit zu verbinden, machen uns zu einem bevorzugten Ziel für Tagungen und Incentives.

Durch kontinuierliche Investitionen in neue Attraktionen, innovative Technologien und eine starke regionale Zusammenarbeit setzen wir auf den badischen Erfindergeist und stärken damit die Wettbewerbsfähigkeit der gesamten Region. Unsere Innovationskraft wird nicht nur lokal, sondern weltweit anerkannt, was zum wirtschaftlichen Wachstum in Südbaden beiträgt.

Zusammenfassend lässt sich sagen, dass der Europa-Park weitreichende positive Auswirkungen auf die regionale Infrastruktur, Wirtschaft und Lebensqualität hat und somit einen erheblichen Beitrag zur Entwicklung Südbadens leistet.

Hier die Kernaussagen der Wertschöpfungsstudie der Universität St. Gallen:

Studie zur touristischen und regionalwirtschaftlichen Bedeutung des Europa-Parks

Das Institut für Systemisches Management und Public Governance (IMP-HSG) der Universität St. Gallen hat unter der Leitung von Dr. Roland Scherer im Rahmen einer Studie die touristische und regionalwirtschaftliche Bedeutung des Europa-Parks untersucht. Wie die für das Geschäftsjahr 2018 / 2019 vorgenommenen Berechnungen zeigen, gehen vom Europa-Park erhebliche regionalwirtschaftliche und touristische Effekte auf die Gemeinden Rust und Ringsheim sowie die weitere Region Ortenau-Emmendingen aus. Zudem wurden Effekte auf das Land Baden-Württemberg und das angrenzende Elsass untersucht. Die wichtigsten Ergebnisse werden im Folgenden dargestellt.

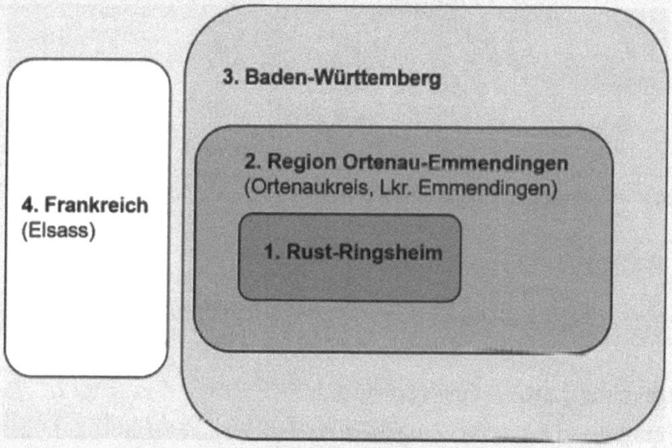

Abbildung 1: Räumliche Betrachtungsebenen der Studie zur touristischen und regionalwirtschaftlichen Bedeutung des Europa-Parks (Quelle: IMP-HSG 2020)

Arbeitsplätze und Wertschöpfung:

a) Beschäftigungs- und Einkaufspolitik des Europa-Parks sind stark regional ausgerichtet:

Die Untersuchung zeigt die starke regionale Verankerung des Europa-Parks als Arbeitgeber sowie eine auf regionale Dienstleister und Lieferanten ausgerichtete Einkaufspolitik des Familienunternehmens. Im Geschäftsjahr 2018 / 19 flossen 182 Millionen Euro an Aufträgen und Lohnzahlungen vom Europa-Park in die Region Ortenau-Emmendingen, davon 34 Millionen Euro allein in die Gemeinden Rust und Ringsheim. Damit flossen 50 % seiner Ausgaben in die Region Ortenau-Emmendingen (darunter rund 9 % in Rust / Ringsheim).

Besonders hoch ist der regionale Anteil mit rund 70 % bei den Personalkosten (darunter Rust / Ringsheim rund 20 %). Weitere 22 % werden im benachbarten Elsass verausgabt. Auch Dienstleistungen (Instandhaltung und Reparatur, Sicherheit und Reinigung) sowie Wareneinsatz und Material weisen mit 55 bzw. 43 % hohe regionale Anteile auf.

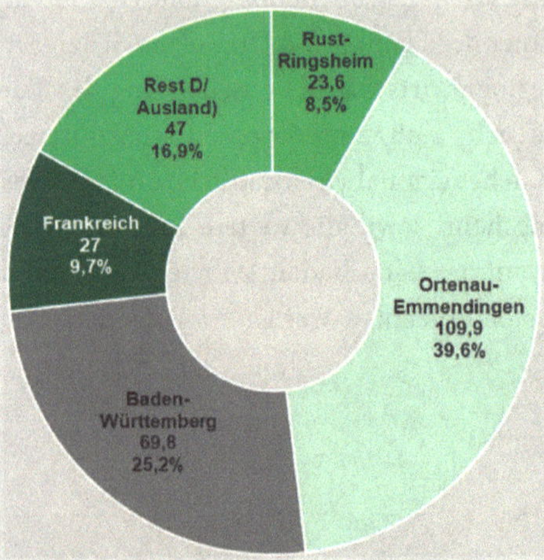

Abbildung 2: Ausgaben Europa-Park nach Zielort in Millionen Euro (Quelle: IMP-HSG 2020)

b) Der Europa-Park trägt erheblich zur regionalen Wertschöpfung bei:

Mit den Ausgaben des Europa-Parks sowie der auswärtigen Besucher ist ein Kaufkraftzufluss für die Gemeinden Rust und Ringsheim in Höhe von 88 Millionen Euro (ca. 13 200 € pro Kopf) und für die Region Ortenau-Emmendingen insgesamt in Höhe von 276 Millionen Euro (ca. 460 € pro Kopf) verbunden. Die Ausgaben des Europa-Parks und seiner auswärtigen Besucher führen in der Region über Zulieferverflechtungen und den ausgelösten Konsum zu einer regionalen Wertschöpfung von rund 230 Millionen Euro.

c) Der Europa-Park schafft Beschäftigung in der Region:

Durch die Ausgaben des Europa-Parks und seiner Besucher sowie den regionalen Konsum der Beschäftigten des Unternehmens und den Beschäftigten seiner Dienstleister und Lieferanten entstehen allein in der Region Ortenau-Emmendingen rund 4500 Beschäftigungsverhältnisse im Jahr. Dabei profitieren insbesondere das Gastgewerbe und weitere Dienstleistungsunternehmen (z. B. Reparatur / Instandhaltung, Reinigung, Sicherheit), aber auch der Groß- und Einzelhandel. In Baden-Württemberg insgesamt schafft der Europa-Park rund 6100 Beschäftigungsverhältnisse. Damit kommen auf einen Beschäftigten im Europa-Park rund zwei indirekt Beschäftigte in der Region.

d) Der Europa-Park hat eine hohe touristische Bedeutung:

Das breite Angebot an Attraktionen des Europa-Parks führt zu einem starken, internationalen Besucheraufkommen und einem hohen Anteil von Mehrtagesaufenthalten, von denen auch das Gastgewerbe und der Einzelhandel vor Ort und in der Region profitieren. Insgesamt generiert der Europa-Park außerhalb der eigenen Hotellerie-Betriebe rund 1,7 Millionen Übernachtungen pro Jahr im Rahmen von Urlaubsreisen, die durch den Parkbesuch motiviert sind. Davon profitiert insbesondere die Tourismuswirtschaft in den Regionen Ortenau-Emmendingen (rund 800 000 Übernachtungen), Freiburg / Breisgau-Hochschwarzwald (rund 240 000 Übernachtungen) sowie im benachbarten Elsass (rund 500 000 Übernachtungen). Mit seinem hohen und internationalen Bekanntheitsgrad trägt er zudem zum positiven Image der gesamten Urlaubsregion Schwarzwald und ihrer Attraktivität als Feriendestination bei.

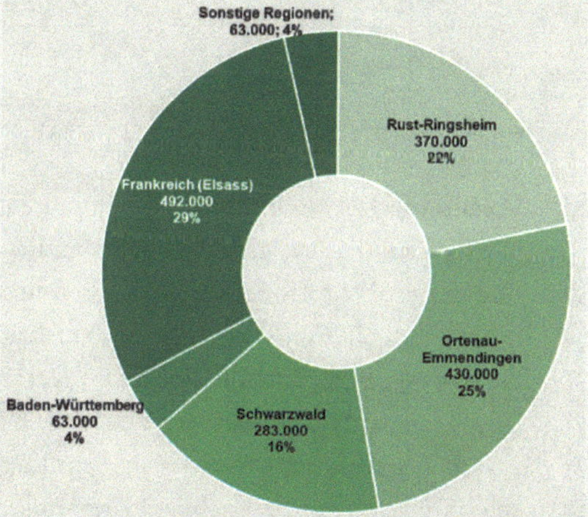

Abbildung 3: Übernachtungen außerhalb mit Reisemotiv „Europa-Park“ (Quelle: IMP-HSG 2020)

e) Der Europa-Park trägt zur Finanzierung der öffentlichen Haushalte bei:

Die durch den Europa-Park und seine Besucher in der Region angestoßene Wertschöpfung ist mit Steuereffekten für Bund, Länder und Kommunen verbunden. Dies betrifft insbesondere die Umsatzsteuer, die Einkommensteuer sowie die Körperschafts- und Gewerbesteuer. Für die Region Ortenau-Emmendingen wird das Aufkommen aus diesen Steuern auf insgesamt 93 Millionen Euro im Jahr geschätzt. Für Baden-Württemberg insgesamt liegt das Steueraufkommen bei rund 116 Millionen Euro. Allein die kommunale Ebene in der Region profitiert in Höhe von 22 Millionen Euro durch Gewerbesteuer und Gemeindeanteile an Umsatz- und Einkommenssteuer.

Zusammenfassung

Der Europa-Park ist ein essenzieller Wirtschaftsmotor für die Region Südbaden, der durch seine kontinuierlichen Investitionen und innovativen Konzepte nicht nur als Freizeitdestination, sondern auch als bedeutender Arbeitgeber und Tagungsort fungiert. Er fördert die regionale Infrastruktur, stärkt die lokale Wirtschaft und schafft zahlreiche Arbeitsplätze. Mit seiner hohen Anziehungskraft steigert er zudem den Freizeitwert der Region, was die Mitarbeitergewinnung für ansässige Unternehmen unterstützt. Darüber hinaus trägt der Europa-Park aktiv zur positiven Wahrnehmung und Vermarktung Südbadens als attraktive Reisedestination bei. Insgesamt hat der Park weitreichende positive Auswirkungen auf die wirtschaftliche und soziale Entwicklung der gesamten Region.

Zum Autor

Roland Mack, 1949 in Freiburg geboren, hat 1975 den Europa-Park gegründet, der heute Deutschlands größter Freizeitpark und der größte saisonal geöffnete Freizeitpark der Welt ist. Er hat wesentlich zum Auf- und Ausbau beigetragen und treibt das Europa-Park Erlebnis-Resort als Kurzreisedestination mit dem Europa-Park, Rulantica, YULLBE, Eatrenalin und sechs Hotels weiterhin innovativ voran. Sein Engagement wurde bereits mit zahlreichen hochkarätigen Auszeichnungen gewürdigt. Roland Mack ist seit 1974 mit seiner Frau Marianne verheiratet und hat drei Kinder – Michael, Thomas und Ann-Kathrin.

Kontakt: presse@europapark.de

6 Erfolgskontrolle

Im Rahmen des gewählten rationalen ziel- und ergebnisorientierten Prozesses zur Erstellung eines Standortentwicklungskonzeptes stellt die Erfolgskontrolle den zunächst abschließenden Baustein und zugleich die Ausgangsbasis für die Wiederholung des gesamten Prozesses dar, nachdem festgestellt werden konnte, dass weder alle Ziele erreicht noch die daraus abgeleiteten Maßnahmen in der Praxis gegriffen haben.

Die kritische Würdigung der Maßnahmen oder eine erneute Zieldiskussion sind ein wahrscheinliches Ergebnis der Erfolgskontrolle, die sowohl aus einem objektiven Soll-Ist-Vergleich gesetzter Rahmenbedingungen besteht als auch aus einer inhaltlichen Bewertung der ergriffenen Maßnahmen zur Zielerreichung. Zu betonen ist hier nochmals, dass jede Erfolgskontrolle auf der gewissenhaften Durchführung einer umfangreichen Situationsanalyse basiert. Aus der Betriebswirtschaft kennen wir mit Blick auf die Abfolge von Prozessen die Schritte: Planung, Organisation, Durchführung, Kontrolle.

Wichtig ist bei diesem Procedere auch die Bestimmung des zeitlichen Rahmens für die Zielerreichung. Je nach Komplexität der Maßnahmen und der Ziele können zwischen Projektstart und -abschluss zwischen zwei und zehn Jahre liegen. In den vergangenen Jahren hat die akademische Auseinandersetzung zum Thema der Erfolgskontrolle in der Wirtschaftsförderung zugenommen, ohne allerdings eine umsetzbare Handreichung für die pragmatische Handhabung anzubieten.[109]

Bei der kommunalen Gemeinschaftsstelle für Verwaltungsmanagement (KGSt) werden seit 2010 Vergleichsringe für Städte von 80 000 Einwohnern sowie für die deutschen Landkreise als Pilotprojekte geführt. Beantwortet werden sollen vier Fragen, u. a. die Kernfrage, mit welchen Kennzahlen die Effektivität und Effizienz kommunaler Wirtschaftsförderung messbar gemacht werden kann.[110]

6.1 Beurteilung von Indikatoren

Die wirtschaftliche Situation einer Kommune lässt sich an zahlreichen objektiv ermittelbaren und aussagekräftigen wirtschaftlichen Indikatoren festmachen. Diese sind in einem Gutachten der Kommunalen Gemeinschaftsstelle für Verwaltungsmanagement (KGSt) zur Organisation der Wirtschaftsförderung umfassend dargestellt.[111]

Definition von überprüfbaren Zielen

Bei der Beurteilung des Erfolgs einer standortbezogenen Wirtschaftspolitik stellt sich jedoch schnell die Frage, ob es eine verbindliche Zielorientierung gibt, beziehungsweise geben kann, an der der Erfolg oder Misserfolg gemessen werden kann. Erfolgskontrolle ist aber nur dort rational möglich, wo Zielvorgaben definiert wurden, also die Erreichung bestimmter absoluter oder relativer Werte für Indikatoren, wie z. B.

- Arbeitslosenquote
- Arbeitsplätze
- Ausbildungsplätze
- Bevölkerungsentwicklung
- Gewerbeflächenvergabe
- Gewerbesteueraufkommen
- Zahl angesiedelter Unternehmen
- Infrastrukturentwicklung
- Einkommensteueraufkommen
- Entwicklung des BIP
- Einzelhandelsumsätze
- Sozialhilfeaufwendungen
- Übernachtungszahlen
- Wirtschaftsklima

Bis auf das Wirtschaftsklima sind die exemplarisch genannten Indikatoren objektiv messbar und die relevanten Informationen stehen in der Regel kreis- und aber auch gemeindescharf zur Verfügung. Die objektive Erfolgskontrolle wird in den meisten Fällen allerdings daran scheitern, dass keine entsprechenden quantifizierten Erwartungen und Zieldaten formuliert wurden.

Eine Lösung bietet an dieser Stelle die Definition von Zielvorgaben, die sich nicht an absoluten Werten oder relativen Veränderungen von Werten festmachen, sondern an die Entwicklung von Durchschnittswerten gekoppelt sind, wie etwa die der Arbeitslosenquote des Landes, der Region, vergleichbarer Städte oder der im Rahmen eines Benchmarking-Prozesses definierten Vergleichsstandorte.

Daher muss es mit Blick auf die notwendige Erfolgskontrolle das Bestreben aller Beteiligten bei der Erstellung eines Wirtschaftsentwicklungskonzeptes sein, möglichst klar quantifizierte Ziele und Vorgaben zu formulieren. In der Praxis finden sich jedoch in vielen Konzepten lediglich allgemeine Formulierungen wie z. B.

- Verbesserung der Arbeitslosenquote
- Schaffung neuer Arbeitsplätze
- Verbesserung der Wirtschaftsstruktur
- Steigerung kommunaler Einnahmen
- Erhöhung der Einzelhandelszentralität
- Verbesserung der Infrastruktur

Solche Zielsetzungen sind zwar lobenswert, sie führen jedoch bei der Bewertung der durchgeführten Maßnahmen kaum zu brauchbaren Erkenntnissen und Aussagen. Ein langfristig angelegtes, rationales Wirtschaftsentwicklungskonzept verlangt daher zwingend, dass sich der Standort überprüfbare Ziele setzt. Hier hat sich in den vergangenen Jahren das sogenannte Benchmarking als sinnvolle Methode des Standortvergleichs empfohlen.

Messbare Erfolgskontrolle mithilfe des Benchmarkings

Misst man die Entwicklung der eigenen Wirtschaftsdaten nur am Durchschnitt von Bund, Land und Region oder Vergleichsstandorten, bleiben wichtige strukturpolitische Effekte solchen Betrachtungen verborgen. Strukturelle Veränderungen wie z. B. bei der Arbeitsplatz- und der Sozialproduktentwicklung können nur erkannt werden, wenn diese statistisch isoliert werden und gleichzeitig überprüft wird, wie sich andere Standorte mit den gleichen Charakteristika im gleichen Betrachtungszeitraum entwickelt haben.

Anspruchsvoll ist die Erfolgskontrolle dann, wenn neben der Erfolgskontrolle im Wege einer Ex-Postanalyse auch eine Bewertung abgegeben werden kann, wie sich bekannte Standortfaktoren ohne die Durchführung der beschlossenen wirtschaftspolitischen Maßnahmen entwickelt hätten. Dies ist in der Tat eine wissenschaftlich wertvolle, aber in der Praxis nur schwer zu leistende Herausforderung.

Deutlich einfacher stellt sich daher die Bewertung konkreter Vorhaben im Bereich der Verbesserung der Infrastruktur dar. Die Erschließung neuer Gewerbeflächen, die Verbesserung der Straßenanbindung, die Intensivierung des ÖPNV, die Schaffung zusätzlicher Kinderkrippen- und Kindergartenplätze oder preiswerten familiengerechten Wohnraums, sowie die Versorgung mit schnellen Internetzugängen, beziehungsweise größeren Bandbreiten, sind also ganz konkret messbar, oder eben als Zielabweichung festzustellen, wobei die Zielformulierung eine realistische beziehungsweise umsetzbare zeitliche Vorgabe zur Zielerreichung beinhalten muss.

6.2 Bewertung von Maßnahmen

Wesentlicher Bestandteil der Erfolgskontrolle ist neben der Frage der Zielerreichung auch eine Antwort auf die Frage, in welchem Umfang welche Maßnahmen konkret zur Zielerreichung beigetragen haben, in der Tat eine sehr diffizile Frage. Immer dann, wenn es um die Aktivitäten der Wirtschaftsförderung geht, wie z. B. Marketingmaßnahmen, Kommunikation und Public Relations, Networking, Kooperationsvermittlung, Messebeteiligungen, Unternehmensbesuche, Konzepterstellung, Projektentwicklung oder Clusterentwicklung bzw. Clustermanagement, sieht es für die statistische Messbarkeit, geschweige denn deren Zuordnung zu erzielten Wirkungen, eher düster aus. Eine wortreiche Aufzählung der zahlreichen Aktionen und kreative Ausführungen über angestrebte Wirkungen bleiben häufig das Einzige, mit dem sich die Wirtschaftsförderung schmücken kann.

Vieles von dem, womit sich die Wirtschaftsförderung tagtäglich beschäftigt, entzieht sich in der Regel einer direkten Zuordnung zu konkreten Ergebnissen. Dies liegt in der Natur der Sache und gilt für viele Bereiche wirtschaftlicher und politischer Betätigung. Mit welchen Hilfsgrößen und Faktoren lässt sich der Erfolg der Wirtschaftsförderung dennoch darstellen, wenn die wirtschaftspolitischen Rahmendaten nicht geeignet sind?

Erfolgsindikatoren

Eine Arbeitsgruppe von Praktikern hat in dem bereits zitierten Gutachten der KGSt eine exemplarische Zusammenstellung von Indikatoren für den Erfolg von Wirtschaftsförderungsmaßnahmen vorgenommen:[112]

- Anzahl der durch die Wirtschaftsförderung angesiedelten und gesicherten Unternehmen
- Investitionen der durch die Wirtschaftsförderung verlagerten Unternehmen
- Nachnutzung von Altstadtorten
- Vermittelte Kooperationen
- Bereitstellung neuer Flächen
- Umsatz von gewerblich nutzbaren Flächen
- Unterstützung von technologieorientierten Firmen
- Eingeworbene öffentliche Förderungen
- Unterstützte Gründungen und Start-ups

Das Problem dieser Erfolgsfaktoren liegt darin, dass sich diese objektiv nur selten direkt einer konkreten Maßnahme beziehungsweise Aktivität im Rahmen der Wirtschaftsförderung zuordnen lassen. Denn meist geht es um eine Gemeinschaftsleistung. An dem Prozess beteiligt sind Akteure aus Verwaltung und Politik, Wirtschaft und Wissenschaft. In der Regel lassen sich Erfolge oder Misserfolge im Rahmen der Wirtschaftsförderung keinen eindeutigen Wirkungsbeziehungen zuordnen und niemand möchte sich den Erfolg nehmen lassen, insoweit ist zu empfehlen, bei der Erfolgskontrolle strenge Maßstäbe an den Ursache-Wirkungszusammenhang zu legen.

Objektive Indikatoren für die Erfolgskontrolle

Es gibt eine Reihe objektiv messbarer Maßnahme, fraglich bleibt die Zuordnung zum Erfolg:

- Anzahl getätigter Firmenbesuche
- Entwicklung neuer regionaler Cluster oder Netzwerke
- Presseclippings
- Rücklauf von Marketingmaßnahmen wie Messeteilnahme, Schaltung von redaktionellen Beilagen in Wirtschaftsmagazinen und Tageszeitungen
- Anzahl realisierter Unternehmenskontakte
- Anzahl der Gespräche mit Einrichtungen von Forschung, Wissenschaft, Banken, Kammern und Verbänden
- Anzahl erfolgreich beschleunigter Genehmigungsverfahren
- Positionierung im Standortranking
- Image- und Zufriedenheitsumfragen
- Analysen zu Wirtschafts- und Investitionsklima

Auch bei den aufgeführten Parametern handelt es sich um Hilfsgrößen der Erfolgskontrolle, die jedoch verlässlich und objektiv ermittelbar sind. Der Erkenntnisgewinn aus solchen Daten ergibt sich erst bei der Betrachtung längerer Zeiträume, denn Wirtschaft und damit Wirtschaftsförderung ist ein dynamischer Prozess, dessen Erfolg oder Misserfolg sich nur im zeitlichen Verlauf und im Vergleich zu vergleichbaren Daten messen lässt.

Das Controlling in der Wirtschaftsförderung bleibt also ein steiniger Acker für jeden Wirtschaftsförderer, auf dem es noch viel Potenzial für wissenschaftliche Arbeit mit dem Ziel verbesserter Ergebnisse und konkreterer Zuordnungen gibt.

7 Organisation der Wirtschaftsförderung

7.1 Allgemeine Rahmenbedingungen

Für die Organisation der kommunalen Wirtschaftsförderung stehen Städten und Gemeinden öffentlich-rechtliche und privatrechtliche Rechtsformen sowie Mischformen (sog. Parallel- bzw. Doppellösungen) zur Verfügung. Da es sich um eine freiwillige Selbstverwaltungsaufgabe handelt, lassen sich keine zwingenden Vorschriften für die in der Praxis zu wählende Rechts- und Organisationform finden. Diese ist im konkreten Fall abhängig von der Größe der Kommune, ihrer finanziellen Ausstattung sowie den diesbezüglichen Präferenzen der Verwaltung und politischen Entscheidungsträger. Eine einheitliche Organisations- und Rechtsform und damit eine „Wirtschaftsförderung von der Stange" wird es auch in Zukunft nicht geben können.

Entsprechend ihres Charakters als freiwillige Aufgabe im Rahmen der öffentlichen Daseinsvorsorge zur Standortsicherung und -entwicklung ist die kommunale Wirtschaftsförderung – historisch bedingt – bislang in den überwiegenden Fällen innerhalb der öffentlich-rechtlichen Verwaltungsstruktur organisiert. Die Organisationsform kann dabei mitunter sehr unterschiedlich ausgeprägt sein – je nach dem Stellenwert, der dieser Aufgabe seitens der betreffenden Kommune beigemessen wird, und in Abhängigkeit von der zur Verfügung stehenden Personalausstattung und dem gewählten Aufgabenzuschnitt.

Obwohl sich die Wurzeln der kommunalen Wirtschaftsförderung bis ins hohe Mittelalter zurückverfolgen lassen, hat die institutionelle Entwicklung der Organisation dieses wichtigen Aufgabengebietes erst zu Beginn des 20. Jahrhunderts eingesetzt. Seither nutzen die Kommunen zur Erfüllung der Aufgaben im Rahmen der Wirtschaftsförderung die ihnen durch die Organisationshoheit der kommunalen Selbstverwaltungsgarantie gem. Art. 28 Abs. 2 Satz 1 Grundgesetz (GG) gegebene Wahlfreiheit unter den vielfältigen institutionellen Möglichkeiten des öffentlichen Rechts und des Privatrechts.[113] Auch die Entscheidung über die Sachmittelausstattung und die Ausgestaltung der Stellenpläne fallen darunter. Eine Grenze findet die Organisationshoheit in der finanziellen Belastbarkeit der Städte und Gemeinden, die vom Staat im Rahmen seiner Aufsichtspflicht vor zu hohen Ausgaben geschützt werden müssen.

Infolgedessen ist die Organisation der kommunalen Wirtschaftsförderung heute durch eine Vielfalt der Institutionen gekennzeichnet, wie sie wohl in keinem anderen kommunalen Verwaltungsbereich anzutreffen ist. Bei der Organisation der Wirtschaftsförderung haben die Kommunen – unabhängig von der Organisationsform – folgende Rahmenbedingungen zu beachten:

Organisatorische Rahmenbedingungen

Innerhalb einer Kommunalverwaltung nehmen verschiedene Ressorts wie etwa Finanzverwaltung, Liegenschaftsverwaltung oder Stadtplanung Aufgaben der Wirtschaftsförderung und Standortentwicklung wahr. Angesichts dieser ressortübergreifenden, querschnittsorientierten Aufgabenwahrnehmung bedarf es im Rahmen der Wirtschaftsförderung wie bei keiner anderen kommunalen Aufgabe eines gegenseitigen, informellen Informationsaustausches sowie einer formellen Beteiligung der Wirtschaftsförderungsstelle an sämtlichen wirtschaftsrelevanten Entscheidungen innerhalb der Verwaltung. Information, Koordination und Kooperation aller beteiligten Ämter und Behörden bilden insofern die entscheidenden organisatorischen Rahmenbedingungen, die erfüllt sein müssen, wenn kommunale Wirtschaftsförderung erfolgreich betrieben werden soll. Die Überwindung des Ressortegoismus ist eine unabdingbare Voraussetzung für eine effektiv und zeitgemäß betriebene kommunale Wirtschaftsförderung.

Personelle Rahmenbedingungen

Die personellen Rahmenbedingungen sind – gerade vor dem Hintergrund des sich weiter verschärfenden Fachkräftemangels und der zukünftigen Herausforderungen für die eigene Arbeit – ebenfalls von nicht zu unterschätzender Bedeutung für die kommunale Wirtschaftsförderung und mitbestimmend für den Erfolg. In den vergangenen Jahren haben u. a. die Globalisierung und der Megatrend der Digitalisierung die Anforderungen an Strategien und Instrumente der Wirtschaftsförderung weiter erhöht. So ist die kommunale Wirtschaftsförderung gefordert, ihre Strategien und Aktivitäten kontinuierlich zu überprüfen und anzupassen. Das hat auch Auswirkungen auf die Anforderungen und Qualifikationen des eigenen Fachpersonals.

Bereits vor über 100 Jahren wurde in Verwaltungskreisen eindrücklich darauf hingewiesen, dass im Rahmen der kommunalen Wirtschaftsförderung eine „einheitliche, fachkundige und geschickte Bearbeitung des Gebietes“ unbedingt gewährleistet sein müsse.[114] Die mit der kommunalen Wirtschaftsförderung verbundenen, steigenden Anforderungen an die Qualifikation der Mitarbeitenden hinsichtlich ihrer Ausbildung und Persönlichkeit werden in der Praxis bestätigt. Ein Blick in die Stellenanzeigen für den

Bereich der Wirtschaftsförderung und Standortentwicklung vermittelt einen Eindruck von dem spezifischen Tätigkeits- und Anforderungsprofil von Wirtschaftsförderern bei Gebietskörperschaften, Körperschaften des öffentlichen Rechts sowie privatrechtlichen Gesellschaften und Vereinigungen. Hinsichtlich der Anforderungen an die Person kann festgestellt werden, dass Kandidaten mit einer rein wirtschaftswissenschaftlichen Ausbildung oder einer Kombination von wirtschaftswissenschaftlicher mit technischer bzw. naturwissenschaftlicher Ausbildung (z. B. Wirtschaftsingenieure) bevorzugt gesucht werden und dabei besonderer Wert auf die soziale Kompetenz der Bewerber insbesondere hinsichtlich ihrer Kommunikations-, Kooperations-, Führungs- und Managementqualifikationen gelegt wird. Als wesentliche Anforderungsmerkmale hinsichtlich des Arbeits- und Leistungsverhaltens gelten hierbei Leistungsbereitschaft und Initiative, Kommunikationsfähigkeit und Kommunikationsbereitschaft, Verhandlungsgeschick und Überzeugungskraft, Kooperationsfähigkeit und Kooperationsbereitschaft, Führungs- und Managementqualitäten, Flexibilität sowie Koordinations- und Organisationsfähigkeit.

Personalausstattung

Die Personalausstattung kommunaler Wirtschaftsförderungsstellen zeigt tendenziell eine gewisse Kontinuität im Zeitablauf. So hat sich beispielsweise an der Feststellung, dass in der kommunalen Praxis Aufgabenspektrum und Personalausstattung der mit Wirtschaftsförderung beauftragten Dienststellen umgekehrt proportional zueinander sind,[115] auch über vier Jahrzehnte später tendenziell nichts Wesentliches verändert: Seinerzeit konnte für 116 befragte Städte mit über 50 000 Einwohnern in den Jahren 1977 / 1978 eine durchschnittliche Mitarbeiterzahl von 2,6 je Wirtschaftsförderungsdienststelle registriert werden.[116]

Die Umfrageergebnisse des Deutschen Instituts für Urbanistik (Difu) veranschaulichen die Entwicklung der Personalausstattung im Zeitablauf; bei der zuletzt im Jahr 2019 durchgeführten Umfrage unter 187 Städten lag der Durchschnittswert der Personalausstattung über alle Einwohnergrößenklassen hinweg bei 0,58 Vollzeitstellen pro 10 000 Einwohner.[117] Bereits in der Befragung von 2012 wurde ein geringfügiger Rückgang im Vergleich zur Vorgängerbefragung von 2008, in der die Personalausstattung 0,63 Vollzeitstellen je 10 000 Einwohner betragen hatte, verzeichnet; in den Jahren 2001 und 1995 lag dieses Verhältnis nach Difu-Angaben noch bei 0,59 bzw. 0,47 Mitarbeitenden pro 10 000 Einwohner.[118]

Die personelle Ausstattung einer kommunalen Wirtschaftsförderungsstelle fällt im bundesweiten Vergleich jedoch mitunter sehr unterschiedlich aus, sodass allgemeingültige Aussagen diesbezüglich nicht getroffen werden können. Sie hängt von den unterschiedlichsten Kriterien ab, wie etwa der Größe der Kommune, den zur Verfügung stehenden Haushaltsmitteln, dem Aufgabenspektrum und nicht zuletzt vom Stellenwert, welcher der Wirtschaftsförderung innerhalb der Verwaltung beigemessen wird.

Finanzielle und technische Ausstattung

Der dynamische Wandel in Wirtschaft und Gesellschaft gründet sich nicht nur im technologischen Fortschritt durch Digitalisierung und den wachsenden Einsatzmöglichkeiten von Künstlicher Intelligenz, sondern in zunehmendem Maße auch im Klimawandel und der notwendigen Transformation sowie in wachsenden Erwartungshaltungen und Forderungen nach mehr Mitbestimmung und partizipativem Verwaltungshandeln.[119] Diese Trends und Veränderungen, aber auch die eigene Innovationsfähigkeit beeinflussen die inhaltliche Arbeit, aber auch die organisatorische Entwicklung der kommunalen Wirtschaftsförderung. Kompetente Mitarbeitende benötigen und erwarten systematische Fort- und Weiterbildungen, optimierte Arbeitsprozesse sowie eine moderne technische Ausstattung für ein nachhaltiges und zukunftsfähiges Wissensmanagement in Form von Customer-Relationship-Management (CRM) und Datenmanagement-Systemen.

Aus dem steigenden Anspruch an die Qualifikation des Personals und seine Ausstattung ergibt sich bereits ein erster Hinweis auf den erforderlichen Finanzbedarf.[120] Die Stellenbewertung und das Vergütungssystem müssen dem hohen Anspruch an die Mitarbeitenden gerecht werden. Zudem ist ein adäquates Budget in ausreichender Höhe erforderlich, um die Aufgaben sachgerecht, schnell und situationsbezogen wahrnehmen zu können. Um die Servicequalität für die Unternehmen zu verbessern, sind effektive und ausgereifte Datenbanksysteme als Bestandteil des Wissensmanagements unersetzlich. Für wirtschaftspolitisch gebotenes rationales Handeln sind Entscheidungsgrundlagen auf Basis spezifischer Analysekapazitäten und -kompetenzen erforderlich. Die Umsetzung von zielwirksamen Kommunikations- und Marketingstrategien erfordert zusätzliche finanzielle Mittel. Dies gilt ebenso für die Einrichtung von branchen- oder themenspezifischen Cluster- und Kompetenzfeldinitiativen. Die Ausstattung mit neuesten Informations- und Kommunikationstechnologien und deren Erneuerung bedingen eine gesicherte, den Aufgaben angemessene Finanzausstattung.

7.2 Verwaltungsinterne Organisation

Zur Einbindung der öffentlichen Aufgabe der kommunalen Wirtschaftsförderung in die Verwaltung bzw. zur verwaltungsinternen Organisation können sich die Kommunen der Vielfalt öffentlich-rechtlicher Dienststellen bedienen, beispielsweise in Form von Ämtern, Abteilungen, Referaten oder Stabsstellen. Empirischen Untersuchungen zufolge wird die kommunale Wirtschaftsförderung nach wie vor in allen Bundesländern gleichermaßen überwiegend in der öffentlich-rechtlichen Organisationsform wahrgenommen. Die Diskussion, ob eine öffentlich-rechtliche Organisationsform von Vor- oder Nachteil bei der Aufgabenerfüllung ist und wie diese konkret zu organisieren sei, ist alt und kann bis Anfang der 1920er Jahre zurückverfolgt werden:[121]

> „Das Amt ist die Zentralstelle, die alle Handlungen anregt oder wahrnimmt […]; sie gibt den Interessenten alle Auskünfte und führt die Verhandlungen in einer geschäftlich klaren, raschen und den Verhandlungsformen privatwirtschaftlicher Unternehmungen angepassten Weise."

Für eine öffentlich-rechtliche Organisationsform, insbesondere in Form eines kommunalen Amtes für Wirtschaftsförderung (sog. Amtslösung), spricht im Allgemeinen, dass die ressortübergreifende Querschnittsaufgabe der kommunalen Wirtschaftsförderung durch eine in die Verwaltung integrierte Dienststelle besser wahrgenommen werden könnte als mit einer organisatorisch ausgelagerten Wirtschaftsförderungseinrichtung. Zudem spielt hierbei auch die Möglichkeit eine entscheidende Rolle, auf die anderen Verwaltungsbereiche Einfluss nehmen zu können, im Sinne einer frühzeitigen Information und Kooperation.

In der Praxis funktioniert z. B. die Kommunikation zwischen Wirtschaftsförderung und Stadtplanung bzw. -entwicklung sowie Bauleitplanung im Allgemeinen gut; nicht zufriedenstellend ist dagegen die Kommunikation mit dem Umweltamt. Die immer wieder mit der öffentlich-rechtlichen Organisationsform verbundenen Nachteile werden insbesondere in den zum Teil langwierigen verwaltungsinternen Entscheidungsfindungsprozessen sowie den engen kommunalrechtlichen Bindungen gesehen, die einerseits ein flexibles und rasches, d. h. eigenverantwortliches unternehmerisches Handeln, nicht erlauben, was Unternehmen aber zu Recht erwarten können. Ein weiterer Nachteil liegt andererseits darin, dass private Akteure nicht in die Organisation eingebunden werden können.

Auch das im Allgemeinen negativ besetzte Image der Bürokratie an sich und vereinzelt mangelnde Motivation und Qualifikation der mit Wirtschaftsförderung betrauten

Mitarbeiter sind oft genannte verwaltungstypische Nachteile, die im Einzelfall dazu geführt haben, die Wirtschaftsförderung aus der Verwaltung auszugliedern und privatrechtlich zu organisieren. Bereits seit Jahren besteht daher die Tendenz zur Gründung kommunaler Wirtschaftsförderungsgesellschaften.

7.3 Verwaltungsexterne Organisation

Wird die Wirtschaftsförderung von den Kommunen aus der Verwaltung ausgegliedert, d. h. verwaltungsextern organisiert, werden im Allgemeinen kommunale Wirtschaftsförderungsgesellschaften in Form einer Gesellschaft mit beschränkter Haftung (GmbH) gegründet. Auf die anderen möglichen Organisationsformen des Privatrechts wie etwa die eines eingetragenen Vereins (e. V.) wird in der Praxis bei einer gemeindlichen bzw. städtischen Wirtschaftsförderungseinrichtung in der Regel nur äußerst selten zurückgegriffen, sodass an dieser Stelle auf eine ausführliche Darstellung dieser organisatorischen Alternativen verzichtet werden kann.

Mit der Übertragung der Aufgabe der kommunalen Wirtschaftsförderung auf eine privatrechtliche Gesellschaft mit beschränkter Haftung (sog. GmbH-Lösung) verfolgen die Kommunen im Allgemeinen die Vermeidung der bereits angesprochenen Nachteile einer verwaltungsinternen bzw. öffentlich-rechtlichen Organisationsform. Kommunale Wirtschaftsförderungsgesellschaften gelten dabei insbesondere als Bindeglieder zwischen Wirtschaft und Verwaltung. Die Diskussion um das Für und Wider privatrechtlicher Organisationsformen im Rahmen der kommunalen Wirtschaftsförderung hat eine vergleichsweise lange Tradition. Als Vorteile gelten seit jeher die größere Flexibilität sowohl hinsichtlich des finanziellen Handlungsspielraumes als auch bei der gesamten Personalwirtschaft, eine erhöhte Akzeptanz bei den Verhandlungspartnern bzw. den Unternehmen sowie die einfachere Möglichkeit der Beteiligung anderer lokaler Akteure an der Wirtschaftsförderung. Als Nachteil wird entsprechend regelmäßig der Verlust der genannten Vorteile der klassischen Amtslösung angeführt, also vor allem der geringere Informationsfluss aus der Verwaltung und der Verlust der Einflussnahme auf die anderen beteiligten Verwaltungsressorts. Überhaupt wird die vollständige Ausgliederung von öffentlichen Aufgaben aus der öffentlich-rechtlichen Verwaltungsorganisation selbst (sog. Privatisierung öffentlicher Aufgaben) und der damit in Zusammenhang stehende vermeintliche Verlust der Einflussnahme der Kommunalpolitik auf die Ziele und Maßnahmen einer privatrechtlich organisierten kommunalen Wirtschaftsförderungsgesellschaft häufig kritisiert.

Grundsätzlich ist aber festzustellen, dass die Ausgliederung und Übertragung der kommunalen Wirtschaftsförderungsaufgaben auf eine privatrechtliche GmbH keine

Privatisierung im materiellen Sinne ist, da diese öffentliche Aufgabe nicht an Private abgegeben wird, sondern vielmehr als eine Privatisierung im formellen Sinne zu verstehen ist, d.h. als eine privatrechtlich organisierte öffentliche Verwaltung. Und selbst wenn neben den mehrheitlich beteiligten Kommunen zusätzlich noch andere halböffentliche und private Akteure wie etwa Kammern und Verbände oder aber Unternehmen beteiligt sind, liegt immer noch eine Aufgabenerfüllung auf privatrechtlicher, nicht aber auf privater Ebene vor, da aufgrund der Dominanz der Kommunen hinsichtlich der konkreten Beteiligungsverhältnisse an der Gesellschaft die kommunale Wirtschaftsförderung nicht dem Einflussbereich der öffentlichen Hand entzogen wird.

Es sind aber auch solche Fälle denkbar, in denen durch eine Kombination von öffentlich-rechtlichem Amt und privatrechtlicher Gesellschaft mit beschränkter Haftung (sog. Doppel- bzw. Parallellösung) versucht wird, die bestmögliche organisatorische Lösung für die kommunale Wirtschaftsförderung zu finden. Hierbei werden wesentliche, nichthoheitliche Teilbereiche vom Amt auf die Wirtschaftsförderungsgesellschaft übertragen, um so die jeweiligen Vorteile beider Organisationsformen besser ausnutzen zu können.

7.4 Organisationsformen aus Sicht der Praxis

7.4.1 Ausgangslage

Für die verwaltungsinterne und -externe Organisation der kommunalen Wirtschaftsförderung stehen in der kommunalen Praxis, wie zuvor erwähnt, verschiedene öffentlich-rechtliche und privatrechtliche Rechtsformen (Amts- und GmbH-Lösungen) sowie Mischformen (sog. Parallel- bzw. Doppellösungen) zur Verfügung. Da es sich hierbei um eine freiwillige Aufgabe innerhalb der kommunalen Selbstverwaltung handelt, lassen sich auch keine zwingenden Vorschriften für die Rechtsform der Organisation finden.

Entsprechend der Definition als öffentliche Aufgabe ist die kommunale Wirtschaftsförderung – historisch bedingt – in den überwiegenden Fällen in der hierfür üblichen öffentlich-rechtlichen Verwaltungsstruktur organisiert. Die Organisationsform kann dabei mitunter sehr unterschiedlich ausgeprägt sein, je nach dem Stellenwert, den diese Aufgabe für die betreffende Kommune einnimmt, und nach der Personalausstattung bzw. dem Aufgabenzuschnitt, sicher immer abhängig von der Größe der Kommune und ihrer finanziellen Ausstattung sowie den Präferenzen der Verwaltung und der Entscheidungsträger.

7.4.2 Öffentlich-rechtliche Organisationsformen

Wirtschaftsförderung als verwaltungsuntypische Aufgabe

Die Durchdringung der Kommunalverwaltung durch die Wirtschaftsförderung als ressortübergreifende Querschnittsaufgabe führt zu einem organisatorischen Problem. Wirtschaftsförderung ist etwas völlig anderes als die übrigen Aufgabenstellungen der Verwaltung. Wirtschaftsförderung ist keine klassische Aufgabe, weil sie ressortübergreifend alle Abteilungen und Dezernate umfasst. Es geht um die Schaffung wirtschaftsfreundlicher Rahmenbedingungen in allen Bereichen. Die damit verbundenen Aufgaben sind umfänglich, deshalb muss die Organisation entsprechend strukturiert sein.

Einrichtung einer Stabsstelle

Dabei ist die Organisationsform „Stabsstelle“ häufig dem (Ober-)Bürgermeister oder aber dem für Wirtschafts- und Finanzfragen zuständigen Bürgermeister direkt zugeordnet – ganz nach dem Motto: Wirtschaftsförderung ist Chefsache! Auf diese Weise sollen die Bedeutung der Wirtschaftsförderung und damit ein wirtschaftsfreundliches Klima gegenüber den Unternehmen dokumentiert werden.

Durch die direkte Unterstellung unter das Büro des (Ober-)Bürgermeisters oder der Koordinierungsstelle wird aber auch der Charakteristik der Wirtschaftsförderung als Querschnittsaufgabe Genüge getan. Durch die Ansiedlung direkt bei dem Verwaltungschef kann die Bedeutung auch als eine Schwerpunktaufgabe direkt des Oberbürgermeisters oder des Wirtschaftsdezernenten betont werden; auch die stark kommunikative, koordinierende und projektmanagementorientierte Betonung der Wirtschaftsförderung gibt einen Hinweis darauf, dass die Organisationsform der Stabsstelle beim Verwaltungschef nicht nur für kleine Verwaltungseinheiten, sondern auch für große Kommunen als effiziente Organisationsform betrachtet wird.

Das gilt insbesondere dann, wenn ein starker (Ober-)Bürgermeister oder Dezernent mit einer organisationsstarken Crew sich der wirtschaftlichen Entwicklung seiner Kommune verschrieben hat. Die sog. Stabslösung kommt also besonders in kleinen Gemeinden, in der Wirtschaftsförderung eine Ein-Personen-Veranstaltung ist, zum Zuge, aber sicher auch dort, wo die nachhaltige Unterstützung der wirtschaftlichen Entwicklung den politischen Schwerpunkt einer erklärten kommunalen Wirtschaftspolitik darstellt.

Wirtschaftsförderung als eigenständiges Amt

Bei der klassischen Amtslösung mit Amtsleitung sowie Stellvertretung und Sachbearbeitung ergibt sich zum einen die Frage der Zuordnung zu den Dezernaten. Es lassen sich in der Praxis die Bereiche Bauverwaltung, Wirtschaft, Finanzen, aber auch Liegenschaften als zuständige Dezernatsbeschreibung finden. Entsprechend ihres Selbstverständnisses wird die Wirtschaftsförderung stets die direkte Anbindung an das Büro des (Ober-)Bürgermeisters als oberstem Wirtschaftsförderer anstreben. Das bedingt jedoch auch eine gewisse fachliche Nähe zu diesem Thema; daraus sollte jedoch kein Dogma erwachsen.

Wirtschaftsförderung als Teil eines Amtes

Ganz dem Charakter der Wirtschaftsförderung als ressortübergreifende Querschnittsaufgabe entspricht die Vielfalt der in der Praxis zu findenden Zuordnungen der Wirtschaftsförderung zu den unterschiedlichsten Ämtern. Liegenschaftsamt, Verkehrsamt, Kämmerei, Planungsamt, Hauptamt oder Öffentlichkeits- und Presseamt werden häufig mit der Wahrnehmung der Aufgabe der Wirtschaftsförderung betraut. Oft ist aber nicht nur die sachliche Nähe des mitverwalteten Amtes, sondern besonders die Wirtschaftsnähe, die Ausstrahlung und Kompetenz des zuständigen Amtsleiters entscheidend für die organisatorische Zuordnung der Wirtschaftsförderung innerhalb der Verwaltung – es muss immer auch eine personelle Lösung dergestalt gefunden werden, dass die Unternehmen in dem nach außen handelnden Leiter dieses Bereiches Kompetenzen auch außerhalb von der Verwaltung, Vertrautheit mit dem Thema und unbürokratisches Vorgehen bei der Problemlösung erwarten können.

Während also die Größe der Gemeinde maßgeblich darüber entscheidet, ob die Wirtschaftsförderung als eigenständiges Amt oder Teil eines Amtes organisiert ist, lässt die Einrichtung einer Stabsstelle noch keinen Rückschluss auf die Gemeindegröße bzw. die Bedeutung der Wirtschaftsförderung für eine Stadt oder Gemeinde zu. Häufig wird die Einrichtung einer Stabsstelle erst als Einstieg in dieses neue Aufgabengebiet gesehen. Es ist eine typische Querschnittsfunktion, allerdings mit dem Mangel, dass eine Stabsstelle gegenüber einem Amt keine Möglichkeit der eigenen Mittelbewirtschaftung besitzt. Auch wird – insbesondere im Behördenverkehr – das Amt im Gegensatz zur Stabsstelle als vollwertiger Verhandlungspartner angesehen, wohingegen für die Wirtschaft zum einen der Begriff des Amtes eher negativ besetzt ist, andererseits die direkte Nähe der Stabsstelle zum obersten Entscheidungsträger als Grund für eine schnelle und unkonventionelle Hilfe angesehen wird.

Das Denken in Stabsstellen ist also für die Wirtschaft eine eher vertraute Organisationsform und wird dort weit mehr gepflegt als in öffentlichen Verwaltungen. Dieses könnte ein wichtiger Grund für die Bevorzugung der Stabsstelle gegenüber einer Amtslösung in der Bewältigung der Aufgabe der Wirtschaftsförderung sein. Hieraus lässt sich ableiten, dass die Entscheidung zwischen Stabsstelle und Amt bzw. Teil eines Amtes nach den selbst formulierten Zielsetzungen und Aufgabenschwerpunkten der Wirtschaftsförderung getroffen werden sollte, je nachdem, ob zum einen mehr koordinierende Querschnittsaufgaben im Vordergrund stehen, oder aber, ob eine Gemeinde in großem Umfang Gewerbeflächen kauft und verkauft und damit ein wichtiger Bereich der Wirtschaftsförderung in der Liegenschaftsverwaltung liegt.

Wirtschaftsförderung als Teil eines Eigenbetriebes

Auch die Übertragung der Aufgabe der Wirtschaftsförderung an einen städtischen Eigenbetrieb stellt eine Möglichkeit der Organisation dar. Sie findet sich in der Praxis jedoch eher selten[122] und wird wohl dann gewählt, wenn zum einen die politisch-organisatorische Eigenständigkeit und der eigene haushaltsausgegliederte Wirtschaftsplan betont werden sollen. Andererseits wird der mancherorts noch immer schwierige, ideologische Sprung in die privatrechtliche GmbH nicht gewagt.

Der Eigenbetrieb stellt ein Sondervermögen dar und betont die große organisatorische Eigenständigkeit und Bedeutung durch seine Sonderstellung als finanzwirtschaftlich und organisatorisch ausgegliederte Einheit. Sein Handeln wird aber der Stadt bzw. der Gemeinde zugeordnet, verantwortlich sind Gemeinderat und (Ober-)Bürgermeister. Mit dieser Wahl sollen Transparenz, Eigenständigkeit und Personalanwerbung verbessert werden, der wirkliche Sprung weg von öffentlich-rechtlichen Strukturen ist kaum möglich; es gelingt damit jedoch eine gewisse Annäherung an die privatwirtschaftlichen Strukturen.

7.4.3 Privatrechtliche Organisationsformen

Während in Deutschland die sog. Amtslösung stellvertretend für öffentlich-rechtliche Organisationsformen bei der Organisation der Wirtschaftsförderung weiterhin dominiert – auch wegen der Mehrzahl der kleinen Städte und Gemeinden, für die nur in den wenigsten Fällen eine privatrechtliche Konstruktion in Betracht kommt –, ist in der Praxis, insbesondere bei Städten mit mehr als 50 000 Einwohnern, eine Zunahme der privatrechtlich organisierten Wirtschaftsförderungseinrichtungen festzustellen: So hat sich etwa in dem vom Deutschen Institut für Urbanistik (Difu) untersuchten Zeitraum der Anteil privatrechtlicher Organisationsformen in der kommunalen Wirtschaftsförderung von 19,3 % (1995) auf 27,8 % (2000) über 32 % (2008) und 34 % (2012) auf zuletzt 41 % (2019) innerhalb von 25 Jahren mehr als verdoppelt.[123] Das zeigt deren Bedeutungszuwachs.

Eine weitere Organisationsform des Privatrechts, die in der kommunalen Praxis zu finden ist, sind eingetragene Vereine (e. V.).

Der Verein

Zur Organisation von Gewerbevereinen, bei der Einzelhandelsförderung und im Stadt- bzw. Citymarketing, aber auch in der regionalen Wirtschaftsförderung, ist der Verein in seinen verschiedenen Ausgestaltungen eine oft und gern gewählte Rechtsform. Aufgrund der vergleichsweise geringen Regelungsdichte erfreut sich der Verein als privatrechtliche Rechts- und Organisationsform insbesondere dort großer Beliebtheit, wo es um geringe Kosten, wenig bürokratischen Aufwand und klare Zuständigkeiten geht. Geringe laufende Kosten, im Falle der Gemeinnützigkeit steuerlich absetzbare Mitgliedsbeiträge, finanzielle Verantwortung der Mitglieder, klare Identifikation mit dem Vereinszweck sind Vorteile, die diese Rechts- und Organisationsform für viele Einsatzmöglichkeiten im Rahmen der kommunalen Wirtschaftsförderung empfehlen.

Am schwierigsten dürften sich wohl die Mehrheits- und Strategiefindung bei einer großen und heterogenen Mitgliederstruktur und mitunter unterschiedlicher Anspruchs- und Erwartungshaltungen gestalten. Denn die Mitgliederversammlung als oberstes Organ entscheidet auch über das operative Geschäft. Wer aber als kleine Kommune auf Regionalisierung setzt und die regionalen Akteure beteiligen will, findet in der sog. Vereinslösung eine kostengünstige Alternative, trotz der rigiden Haftungsbestimmungen für Vorstandsmitglieder und dem Umstand, dass die Vereinsform in der Wirtschaft als wenig professionell angesehen wird.

Die Gesellschaft mit beschränkter Haftung

Die GmbH ist die am häufigsten gewählte privatrechtliche Organisationsform der kommunalen Wirtschaftsförderung – mit weiter steigender Tendenz. Durch die Möglichkeit zur Aufnahme privater und öffentlich-rechtlicher Gesellschafter bietet die GmbH auch regionalem Zuschnitte und die Beteiligungsmöglichkeiten Privater.

Die GmbH kann aufgrund der Gestaltungsfreiheit im GmbH-Recht in der Praxis sehr unterschiedlich konstruiert werden. Wichtigstes Unterscheidungsmerkmal sind die Mehrheitsverhältnisse, die Kapitalausstattung, die regionale Ausgestaltung bzw. Beteiligung sowie die über die Wirtschaftsförderung hinaus zusätzlich übertragenen Aufgaben.

Während sich die Ergebnisse einer zunehmenden Regionalisierung und interkommunalen Zusammenarbeit in den 1970er Jahren in den seinerzeitigen Gemeindereformen widerspiegelten, hat die Erkenntnis um sich gegriffen, dass regionale Neuordnungen durch Zusammenlegung von Städten und Gemeinden politisch kaum mehr durchsetzbar sind.

Vielfältige Stadt-Umland-Lösungen, Regionalverbände, Stadt- und Metropolregionen sowie viele andere Ansätze befinden sich in der Erprobung, als Beispiele seien hier die Modelle in und um Hannover, Frankfurt und Stuttgart genannt. Aber auch viele kleinere Städte und Gemeinden sowie Landkreise haben die Notwendigkeit und Vorteilhaftigkeit der Regionalisierung verschiedener Aufgaben erkannt. Zweckverbände, interkommunale Industrie- und Gewerbegebiete und weitere, vielfältige, phantasiereiche Konstruktionen sind erdacht worden, um die erkannte Notwendigkeit der Regionalisierung wirtschaftlicher Aktivitäten außerhalb traditioneller Strukturen der Kommunalverwaltung abzubilden. Diese Erkenntnis hat denn auch dazu geführt, dass die privatrechtliche GmbH wohl das am häufigsten gewählte Organisationsmodell für die überregionale Wirtschaftsförderung ist.

Im Gegensatz zum Amt bietet die GmbH die Möglichkeit des Verlassens der kommunalrechtlich gebotenen räumlichen Enge und zur Organisation der Wirtschaftsförderung entsprechend den tatsächlich gelebten wirtschaftlichen Austauschbeziehungen und Verflechtungen.

Unabhängig von der Problematik der politischen Mehrheits- und Meinungsbildung im Falle einer regionalen Wirtschaftsförderungseinheit bietet eigentlich allein die GmbH eine regionale Integration der meist öffentlich-rechtlich organisierten Gesellschafter. Neben der regionalen Begründung einer GmbH steht die Integration anderer an den Zielen der Wirtschaftsförderung interessierter Organisationen im Vordergrund der Überlegung bei der Aufnahme weiterer Gesellschafter. Durch die Möglichkeit der Aufnahme zahlreicher Gesellschafter kann der Konsens der wirtschaftspolitischen Akteure einer Region zielgerichtet zusammengeführt werden. Zweck ist es, maßgeblich das gemeinsame Interesse an der Wirtschaftsförderung zu dokumentieren, vor allem aber sowohl öffentliches wie auch privatwirtschaftliches Know-how der Beteiligten zu nutzen und zum Wohle der gemeinsamen Region einzusetzen.

Die enge Kooperation der Akteure, das gegenseitige Kennenlernen, das Verstehen von privaten Strukturen einerseits und Verbands- bzw. öffentlichen Strukturen andererseits sind Werte an sich. Die Bildung von belastbaren Netzwerken, auch auf kurzem Wege unter den Gesellschaftern, ist ein Hauptaspekt, wenn sich öffentliche und private

Interessen an dem gemeinsamen Wohlergehen der wirtschaftlichen Entwicklung einer Region zusammenfinden.

Finanzierung der Wirtschaftsförderungs-GmbH

Daneben geht es vor allem den Kommunen auch um fiskalische Ziele, nämlich die Privatwirtschaft an der Finanzierung der öffentlichen Aufgabe Wirtschaftsförderung zu beteiligen und auf diese Weise privates Unternehmertum und Gemeinwohlorientierung aktiv zusammenzuführen. Doch diese Rechnung geht nur auf bei der Frage des Stammkapitals. Viele institutionalisierte wirtschaftspolitische Akteure sind zwar bereit, das Stammkapital einzubringen, um sich so eine Mitsprache bei der Wirtschaftsförderung zu sichern. Da jedoch das Stammkapital aufgrund der öffentlich-rechtlichen Aufgabe und des Zuschusscharakters der reinen Wirtschaftsförderung bald aufgebraucht ist, stellt sich alsbald die Gretchenfrage nach der Beteiligung an den laufenden Kosten und damit der Verlustabdeckung für den Betrieb einer Wirtschaftsförderungs-GmbH.

Kammern, Verbände und Privatwirtschaft verlieren bereits nach kurzer Zeit die Bereitschaft zu einer ständigen Defizitfinanzierung, wenn dies nicht schon bei der Gründung deutlich ausgesprochen wurde. Die Finanzierung von Wirtschaftsförderungsaktivitäten „am Markt" bereitet erhebliche Probleme und es sind nur sehr wenige erfolgreiche Beispiele bekannt. Lediglich die Finanzierung der Wirtschaftsförderung durch aktive Liegenschaftspolitik und Projektentwicklung stellt ein nachhaltiges Finanzierungsinstrument dar, jedoch ist dies lediglich ein verdecktes Markteinkommen, denn es handelt sich um Margen und Erträge, die andernfalls im kommunalen Bereich angefallen wären; nämlich dann, wenn die Wirtschaftsförderungsgesellschaft zu marktüblichen Konditionen Grundstücke hätte erwerben müssen und dann lediglich durch die Vermarktung und den Verkauf marktübliche Margen erzielt. Dieses Vorgehen stellt eine öffentlich-rechtliche Zuschussgewährung dar.

Stammkapital und Verlustausgleich

Deshalb bleibt auch bei den privatrechtlichen Wirtschaftsförderungsorganisationen letztendlich festzustellen, dass die Finanzierung mehr oder weniger durch die öffentliche Hand zu erfolgen hat, wobei die staatlichen Unternehmen wie Energieversorger, Verkehrsbetriebe, aber auch öffentliche Sparkassen, ein offensichtliches Interesse an einer guten, wachstumsorientierten Entwicklung einer Region haben und zur Finanzierung der Wirtschaftsförderung beitragen können, ohne dass es ihrem eigenen Gesellschaftszweck widerspricht. Insoweit ist eine private Finanzierung der klassischen Wirtschaftsförderungsaufgaben nur in sehr eingeschränktem Umfang in Form von tatsächlich am Markt erzielten Einnahmen möglich. Meist handelt es sich in der einen oder anderen Form um öffentliches Geld.

Die Kosten für die Gründung und den Betrieb einer GmbH sind nicht unerheblich, vor allem aufgrund der durch die öffentlich-rechtliche Mehrheitsbeteiligung erhöhten Anforderungen. So werden durch die Bildung eines Aufsichtsrates zum einen die Entscheidungswege länger, zum anderen erhöhen sich die Kosten durch die Vorschriften der Prüfung nach Regeln der großen GmbH.

Kosten der GmbH

Dies sind die Gründe dafür, dass GmbHs nur ab einem bestimmten Umsatzvolumen und ab einer bestimmten Mitarbeiteranzahl überhaupt effizient arbeiten können, da die Fixkosten für Betrieb und Verwaltung sehr viel höher sind als bei anderen Rechtsformen. Eine GmbH mit weniger als fünf Mitarbeitern wird angesichts großer Overhead-Kosten nur schwer betriebswirtschaftlich zu rechtfertigen sein. Möchte sich allerdings eine kleine Kommune mit vergleichsweise geringem Wirtschaftsförderungsetat unbedingt privatrechtlich organisieren, sollte sie eine Zusammenlegung verschiedener privatwirtschaftlich orientierter Aufgaben ins Auge fassen, so z. B. können die Themen Wirtschaftsförderung und Tourismus, Stadtmarketing, Verwaltung öffentlicher Gebäude, Messegesellschaft, Abwicklung von Märkten, Kongress- und Veranstaltungshäuser durch Stadtentwicklungs- und Stadtbaugesellschaften oder aber auch die teilweise Auslagerung von Aufgaben der Liegenschaftsverwaltung sinnvoll mit einer Wirtschaftsförderung zusammengelegt und kombiniert werden.

Durch eine solche Aufgabenbildung im öffentlich-rechtlichen Bereich lassen sich die Kosten einer Geschäftsführung, die einer Buchhaltung und des Personalwesens sowie Steuerberatungs-, Prüfungs- und Verwaltungskosten auf mehrere Einheiten verteilen. Vor diesem Hintergrund kann es auch für kleinere Städte und Gemeinden durchaus sinnvoll sein, die Rechtsform der GmbH zu wählen. Aber auch die Regionalisierung und die Gesellschaftereigenschaften mehrerer Kommunen bietet eine Lösungsmöglichkeit für die GmbH und ihre Fixkostenproblematik.

Die Form der Aktiengesellschaft oder die neu geschaffene „kleine AG" ist in der kommunalen Praxis eher eine Ausnahme, wie das Beispiel Augsburg zeigt. Da durch die Vorschriften des Aktienrechts fundamentale Rechte des Gemeinderates ausgehebelt werden können, wird diese privatrechtliche Organisationsform von den meisten Landesgesetzen nicht zugelassen. Im Fall Augsburg wurde die im Jahr 2003 auf Beschluss des Stadtrates als ein Instrument der regionalen Wirtschaftsförderung gegründete „Augsburg AG" bereits im Jahr 2009 in die „Regio Augsburg Wirtschaft GmbH", die von der Stadt Augsburg und den beiden Landkreisen Augsburg und Aichach-Friedberg getragen wird, umgewandelt bzw. rekommunalisiert.[124] Mitentscheidend hierfür war der Umstand, dass bei einer GmbH der Gesellschafter, also die Stadt Augsburg, Weisungsbefugnis gegenüber der Geschäftsleitung hat, bei einer AG nicht.

Kriterium	Amtslösung (verwaltungsintern)	GmbH-Lösung (verwaltungsextern)	Doppellösung (Kombination)
Koordination (Ziele / Abläufe)	intern günstig, erleichtert bei einer Amtszusammenlegung	intern günstig, tendenziell erschwerte Abstimmung mit der Verwaltung	intern jeweils günstig, Abstimmung abhängig vom Verhältnis Amt -GmbH
Kommunikation (Informationsfluss)	relativ gut, aber lange Informationswege, da Linienorganisation	intern erleichtert, zur Kommunalverwaltung erschwert	siehe oben
Kompetenzen (Steuerungs- / Eingriffsmöglichkeiten)	klare Abgrenzung, beschränkt gegenüber den anderen Ressorts	klare Abgrenzung, kein Einfluss auf die Verwaltungsabläufe	Gefahr von Überschneidungen
Flexibilität (Autonomie / Handlungsspielräume)	tendenziell gering	tendenziell hoch	teilweise verbessert durch Ausgliederung
Projektabwicklung (Steuerung)	häufige Kapazitätsengpässe	erweiterte Möglichkeiten	erweiterte Möglichkeiten durch GmbH
Akzeptanz durch die Unternehmen	ungünstig, abhängig von der Kontaktpflege nach außen	günstig, da größere „Wirtschaftsnähe"	günstig, soweit die GmbH als zentrale Anlaufstelle fungiert
Beteiligung anderer Träger	nicht möglich (nur informeller Art)	ohne Weiteres möglich	ohne Weiteres möglich

Abbildung 1: Stärken und Schwächen ausgewählter Organisationsformen
(Quelle: Eigene Darstellung in Anlehnung an Bauer, Helfried et al. (1990), S. 68.)

7.5 Welche Organisationsform kann empfohlen werden?

Gab es in der Vergangenheit in Fachliteratur und Praxis noch häufig ideologische Auseinandersetzungen über die Vor- und Nachteile einer Ämter- bzw. einer GmbH-Lösung, die als Synonym stand für den Streit zwischen öffentlich-rechtlicher und privatrechtlicher Rechts- und Organisationsform – obwohl beide Alternativen in der überwiegenden Zahl der Fälle öffentlich finanziert werden –, so hat die Diskussion dieser Frage in den vergangenen Jahren rationalere Züge angenommen. Wenn Rationalität die Zielgerichtetheit von Handeln ist, so ist auch die Wahl der Rechts- und Organisationsform an den Zielen der Wirtschaftsförderung bzw. am Grad der damit verbundenen Zielerreichung auszurichten.

7.5.1 Die öffentlich-rechtliche Organisationsform

Als öffentlich-rechtliche Lösungen sind die Gestaltung eines Amtes, die Aufgabenerledigung als Teil eines anderen Amtes – durch eine Stabsstelle, durch einen Eigenbetrieb oder einen Zweckverband – grundsätzlich denkbar. Die Stärke dieser Lösungen ist zunächst eindeutig die sehr enge Einbindung dieser Organisationen in die Kommunalverwaltung. Dies ermöglicht die Erledigung der Lotsenfunktion, gibt schnellen Zugang zu angefragten Ämtern und macht es möglich, die Erwartungen der hilfesuchenden Unternehmen bezüglich einer Unterstützung auf dem Weg durch das Dickicht der Bürokratie zu erfüllen. Wirtschaftsförderung als ressortübergreifende Querschnittsaufgabe hat somit zu fast allen Bereichen der kommunalen bzw. regionalen Verwaltung enge Kontakte. Daher ist die organisatorische Einbindung der Wirtschaftsförderung an zentraler Stelle – sei es als Amt oder als Stabsstelle – in der Praxis mit großer Häufigkeit anzutreffen.

Bei richtiger Verwaltungsorganisation ist das Amt für Wirtschaftsförderung in den Verwaltungsfluss eingebunden und erfährt so rechtzeitig wirtschaftsrelevante Planungen und Entwicklungen. Der kurze Dienstweg und der Zugriff auf die jeweils zuständigen Ämter, Dienststellen und andere Behörden macht eine schnelle, unbürokratische Hilfe erst möglich. Die fundierte Kenntnis der Zuständigkeiten und der personellen Verflochtenheit zwischen Wirtschaftsförderungsstelle und der übrigen Verwaltung macht eine Aufgabenwahrnehmung in diesem Bereich effizient und glaubhaft.

Einbindung in öffentlich-rechtliche Verwaltungsabläufe

In welcher Weise die Wirtschaftsförderungsstelle in die Organisation einer Verwaltung eingebunden ist, hängt von der Größe der allgemeinen Struktur ab. Maßgabe müssen ein optimaler Informationsfluss, der schnelle Zugriff auf andere Ämter, Zuständigkeiten und die frühzeitige Beteiligung der Wirtschaftsförderungsstelle sein. Hier ist ein weiterer wesentlicher Vorteil einer Ämterlösung zu sehen: Die enge Einbindung und frühzeitige Beteiligung bei strategischen Fragen, z. B. der Aufstellung und Fortschreibung von Flächennutzungs- und Bauleitplänen, der Planung und Durchführung von Infrastrukturmaßnahmen und die Erledigung anderer öffentlicher Aufgaben. Nur wenn dieses gewährleistet ist, ist das für die volle Akzeptanz der Wirtschaftsförderung notwendige Vertrauen von außen gegeben.

GmbH und Verwaltung

Dass eine solche strikte Einbindung in öffentlich-rechtliche Verwaltungsabläufe jedoch nur durch eine öffentlich-rechtliche Rechts- und Organisationsform möglich ist, dem widerspricht die in der kommunalen Praxis mögliche, vorbildliche Einbeziehung privatrechtlicher GmbHs in die Verwaltungsstruktur. Diesen privatrechtlichen GmbHs, die stets im Mehrheitseigentum der Kommune stehen, werden die gleichen Rechte und Pflichten im Verwaltungsablauf eingeräumt wie eigenen Ämtern und Dienststellen: Mitzeichnungspflichten, Erstellung von Vorlagen, Teilnahme bei allen verwaltungsinternen Besprechungen sowie öffentlichen und nicht-öffentlichen Sitzungen des Gemeinderates bei Themen, welche die Wirtschaftsförderung betreffen, Beteiligung an allen Vorgängen, Planungen und Prozessen, ohne Unterschied zu Ämtern und Dienststellen. Diese Möglichkeit besteht rechtlich und wird de facto in einigen Städten auch umgesetzt.

Auch die Abordnung von städtischem Personal in eine privatrechtliche GmbH bzw. die Doppelfunktion von Mitarbeitern eines Amtes sowohl als städtische Angestellte oder Beamte und gleichzeitig Angestellte einer GmbH sind mögliche Ausformungen mit großen praktischen Vorteilen. Gerade solche „smarten" Lösungen, die den Anforderungen an eine professionelle Wirtschaftsförderung in besonderem Maße entsprechen, nämlich zum einen eng in den Verwaltungsablauf eingebunden zu sein, zum anderen die flexiblere privatrechtliche Organisationsform zu nutzen, stellen sehr pragmatische und erfolgversprechende Ansätze einer Kombination von Privatrecht und öffentlichem Recht dar.

Möglichkeiten der Einflussnahme

Die wichtige Einflussnahme bei der Ausweisung neuer Gewerbeflächen, der baurechtlichen Standortentwicklung oder der allgemeinen Liegenschaftspolitik ist bei einer Amtslösung in deutlich höherem Maße möglich. Das Erkennen von Defiziten in der Infrastruktur sowie deren Beeinflussung und die frühzeitige Einbeziehung in Planungen neuer Infrastrukturen sind aus der Verwaltung heraus erfolgreich möglich. Dazu gehören wichtige Gestaltungsfelder wie die Beeinflussung von Satzungen für die Bereiche Abfall, Bauen, Verkehr etc. – alles Bereiche, mit denen die Unternehmen täglich konfrontiert sind.

Das gilt in einem hohen Maße auch für die Steuerpolitik, sind doch zumindest aus der Sicht vieler kleiner und mittelständischer Unternehmer (KMU) – obwohl sie selbst kaum der Gewerbesteuerpflicht unterliegen – die Höhe der Gewerbesteuerhebesätze und die Erhebung von Gebühren und Beiträgen Aspekte, an denen eine erfolgreiche Wirtschaftsförderpolitik gemessen wird. Gebühren, Beiträge und Entgelte für kommunale Leistungen gehören also auch zu den Bereichen, die eine verwaltungsintern organisierte Wirtschaftsförderung besser beeinflussen kann als verwaltungsexterne Rechts- und Organisationsformen. Das gilt auch für laufende Entscheidungen in der aktuellen politischen Debatte. Darüber hinaus ist die Kooperation mit zahlreichen Ämtern und Dienststellen der eigenen Verwaltung ebenfalls leichter als die Kooperation mit anderen öffentlich-rechtlichen Institutionen und Behörden. Die „Amtssprache" ist dort vertraut, Hierarchien sind bekannt, die Strukturen vergleichbar und Positionen einschätzbar. Die Vertrauensbasis ist gegeben und damit auch der notwendige Informationsfluss gewährleistet.

Qualifiziertes Personal

Nachteile ergeben sich jedoch insbesondere im Personalbereich. Von qualifizierten und engagierten Wirtschaftsförderern wird eine Denk- und Handelsweise erwartet, die mit den Bedingungen, wie sie für Beamte und Angestellte des öffentlichen Dienstes gelten, nicht immer in Einklang zu bringen sind. Dies beginnt bei der Höhe der Vergütung. Denn um ein annäherndes Qualifikationsniveau wie die Gesprächspartner aus der Wirtschaft zu finden, ist es notwendig, Gehälter zu zahlen, die laufbahnrechtlich kaum möglich sind. Ein wesentlicher Grund ist auch die häufig gewählte Befristung von Wirtschaftsförderungstätigkeiten. Diese Art der befristeten Verträge muss aufgrund des Risikos auch höher dotiert sein; auch dieses ist nach den beamtenrechtlichen Vorgaben kaum möglich. Es scheint wie eine Kleinigkeit, ist aber im Endeffekt sehr wichtig: Die sog. Nebenabreden zu den Arbeitsverträgen. So erhalten Mitarbeitende aus der Privatwirtschaft häufig eine Zusatzversicherung zur Altersvorsorge bzw. eine direkte Versicherung, während im öffentlichen Dienst eine Pflichtmitgliedschaft in den Zusatzversorgungskassen vorgegeben ist. Ein nur für einige Jahre aus der Privatwirtschaft Kommender hat kaum Mitnahmeansprüche aus dieser Pflichtmitgliedschaft; seine private Altersversorgung muss er dann gesondert fortführen.

Auch das Kündigungsrecht im öffentlichen Dienst ist mit den Anforderungen an ein modernes Management kaum vereinbar, so auch die Gewährung von Erfolgsprämien oder die Abrechnung von Dienstreisen. Schon allein eine Bahnfahrt erster Klasse, das Übernachten in dem Hotel, in dem auch der Gesprächspartner aus dem Unternehmen übernachtet, oder gar der Flug im Rahmen einer Wirtschaftsdelegationsreise führen dort zu Problemen, wo die selbstverständliche Anpassung der Verhaltensmuster an die Aufgaben eines erfolgreichen Wirtschaftsförderers notwendig ist. Dies gilt nicht nur für die leitenden Kräfte, sondern es bedarf auch einer besonderen Flexibilität bei den kundennahen Mitarbeitenden. Die Ausstattung des Büros, der allgemeine Auftritt der Wirtschaftsförderer sollte eben nicht auf einem nüchternen Rathausflur enden, sondern die herausgehobene Funktion und der mit der Aufgabe verbundene Anspruch muss sich auch in einem professionellen, wirtschaftsnahen „Auftritt" von Sitz und Ausstattung sowie im Auftritt der Mitarbeitenden widerspiegeln.

Für die öffentlich-rechtliche Organisationsform lässt sich feststellen, dass sie erhebliche Vorteile im Bereich des behördennahen, wirtschaftsfördernden Engagements besitzt, dass jedoch die Kriterien, die den Wirtschaftsförderer auch in die Nähe bzw. auf Augenhöhe seiner Kunden, nämlich der Unternehmen, bringen, nur schwer zu erfüllen sind.

7.5.2 Die privatrechtliche Organisationsform

Die privatrechtliche Organisationsform für Wirtschaftsförderungseinrichtungen erfreut sich bundesweit wachsender Beliebtheit: Die letzte Erhebung des Deutschen Instituts für Urbanistik (Difu) unter den Städten mit mehr als 50 000 Einwohnern aus dem Jahr 2019 konstatiert einen Anteil von 41 %.[125] Hieraus ist jedoch zu erkennen, dass trotz der starken Regionalisierung der eher betriebswirtschaftlich bezogenen Organisationsform der öffentlichen Hände und einer starken Offensive der Wirtschaftsförderung auf allen Ebenen von den Entscheidungsträgern nach wie vor die öffentlich-rechtliche Organisationsform bevorzugt wird. Dies hängt sicher mit dem Grundsatz zusammen, dass Wirtschaftsförderung eine Aufgabe der öffentlichen Daseinsvorsorge ist und damit in der

Verantwortung der öffentlichen Hand zu liegen hat. Es ist den Autoren jedenfalls kein Fall bekannt, in dem eine mehrheitlich privatwirtschaftliche Gesellschaft die öffentlich-rechtliche Aufgabe der Wirtschaftsförderung übernimmt.

Es wird im Folgenden davon ausgegangen, dass privatrechtlich organisierte Wirtschaftsförderung immer in solchen Strukturen stattfindet, dass die öffentliche Hand direkt oder indirekt über Tochtergesellschaften die Mehrheit und damit letztendlich die Entscheidungshoheit innehat, denn die Aufgabe der Wirtschaftsförderung kann zwar organisatorisch delegiert, aber politisch nicht von der öffentlichen Hand in private Hände verlagert werden und wie oben geschildert wird es auch kaum möglich sein, Private für die mehrheitliche Finanzierung dieser öffentlichen Aufgabe gewinnen zu können. Eine private Minderheitsbeteiligung, die aus zahlreichen Gründen willkommen ist, dient zum einen zur Stärkung der finanziellen Basis, zum anderen des operativen Know-hows und insbesondere des Networkings der wirtschaftspolitisch handelnden Akteure einer Kommune oder der Region.

Die GmbH-Lösung

Die offensichtlichen Vorteile einer GmbH im alleinigen Eigentum der zuständigen Gebietskörperschaften oder der Region bzw. einer nur minderheitlichen Beteiligung von anderen, liegen zunächst in der größeren Nähe dieser Organisation zu den zu fördernden Zielgruppen, maßgeblich den Unternehmen. Den am Wirtschaftsleben beteiligten Akteuren ist die privatrechtliche Konstruktion einer GmbH bekannt. Sie kennen die Möglichkeiten und Grenzen. Funktionen von handelnden Personen können exakter zugeordnet werden, Verantwortlichkeiten sowie Abläufe sind vertraut. Im Gegensatz zur sog. Amtslösung, bei der viele Kunden der Wirtschaftsförderung bereits mit den Amtsbezeichnungen und Dienststellungen gewisse Vorurteile von Inflexibilität und Wirtschaftsferne verbinden, schafft die sog. GmbH-Lösung durch die Vertrautheit der Organisationsform eine größere Akzeptanz, man fühlt sich sozusagen unter seinesgleichen. Zwar sind auch öffentlich-rechtliche GmbHs gehalten, sich an die Strukturen ihrer beteiligungsrechtlichen „Mütter", nämlich den Kommunen und Regionen, anzupassen, jedoch hat die Erkenntnis, dass Wirtschaftsförderung aus dem Rahmen der traditionellen Aufgaben einer öffentlichen Verwaltung herausfällt, dazu geführt, dass auch die notwendigen Freiheiten und Flexibilitäten zugestanden werden.

Häufig wird das Personal der Wirtschaftsförderungs-GmbH aus der Verwaltung rekrutiert, denn es geht schließlich nicht ohne qualifizierte Kenntnis der Verwaltungs- und Entscheidungsabläufe. Hilfreich ist auch, wenn persönliche, belastbare Kontakte zwischen der Wirtschaftsförderungs-GmbH und der Kommunalverwaltung bestehen, und kurze Dienstwege genutzt werden können, auf die ja gerade eine erfolgreiche Wirtschaftsförderung angewiesen ist.

Auf dem Wege der Abordnung von Bediensteten des öffentlichen Dienstes an die GmbH kommen dann aber auch gleich Gehalts- und Versorgungsstrukturen in die GmbH zurück, sodass der Freiheitsgrad bei der Festlegung von Arbeits- und Vergütungsbedingungen relativiert wird. Denn auch in einer privatrechtlichen GmbH müssen Vergleichbarkeit und Ausgewogenheit der Gehalts- und Leistungsstrukturen erkennbar sein. Die Erfahrung zeigt, dass die Flexibilität bei Entlohnung, Hierarchie und Organisation in einer Wirtschaftsförderungs-GmbH deutliche strukturelle Vorteile bietet, dass jedoch die notwendige Nähe zur Verwaltung eine vollständige Unabhängigkeit in den Anstellungsmodalitäten nicht zulässt.

Vorteile der GmbH

Entscheidende Vorteile der GmbH sind in den nachfolgend aufgeführten, wesentlichen Gestaltungsmöglichkeiten zu sehen:

- Aufnahme und Beteiligung von anderen Gesellschaftern wie Banken, Sparkassen, Energie- und Versorgungsunternehmen, Großunternehmen, Unternehmen des Zusammenschlusses von Einzelhändlern, wie Gewerbeverein oder touristische Leistungserbringer (Verkehrsvereine, City-Initiativen etc.);
- Organisation mit Partnern außerhalb des eigenen Stadt- oder Landkreises, d. h. Integrationsmöglichkeit der Region;
- Möglichkeit zur Finanzierung der Wirtschaftsförderung durch Übernahme ähnlicher Geschäftsfelder;
- Aufgabenorientierte Organisation, z. B. beim Betrieb von Gründerzentren, Technologie- und Innovationszentren oder Themenparks;
- Projektbezogene Organisation.

Ist also die Größe ein maßgeblicher Vorteil der GmbH in der Frage der organisatorischen Flexibilität, so stellt diese zugleich auch die größte Einschränkung dieser Organisationsform dar, wenn es sich um kleinere Städte und Gemeinden oder wirtschaftsschwache Standorte mit geringen Ressourcen handelt. Wenn also nur ein oder zwei Personen innerhalb der Verwaltung mit der Wahrnehmung von Wirtschaftsförderungsaufgaben betraut sind, dann wäre eine privatrechtliche Organisationsform zwar möglich, jedoch aus finanzieller Sicht wenig sinnvoll.

Daher fällt für eine große Anzahl von Städten und Gemeinden, aber auch für Landkreise, eine GmbH-Lösung als alleinige Wirtschaftsförderungsinstitution weg – ein häufig nicht erkanntes Argument bei der Auseinandersetzung zwischen privatrechtlichen und öffentlich-rechtlichen Rechts- und Organisationsformen. Dagegen kann eine Ämterstruktur solche kleinen Organisationseinheiten integrieren, sei es als Stabsstelle oder als Teil eines Amtes.

Die GmbH mit zusätzlichen Aufgaben

Aber auch für den Fall, dass die personelle Ausstattung der verwaltungsinternen Wirtschaftsförderungseinheit nur klein ist, bietet sich bei einem privatrechtlichen Ansatz eine pragmatische Lösung an. So ist es durchaus möglich, unterschiedliche Aufgaben ähnlicher Struktur, die bislang durch die Verwaltung wahrgenommen wurden, in einer gemeinsamen privatrechtlichen GmbH zusammenzufassen. In der Praxis sind deshalb häufig Kombinationen der Wirtschaftsförderung mit Tourismusförderung, dem Messe- und Kongresswesen, dem Stadtmarketing, der Innovations- und Technologieförderung in einer privatrechtlichen GmbH mit unterschiedlichen Abteilungen zusammengefasst.

Das bedeutet, dass auch in kleinen Städten und Gemeinden privatrechtliche Lösungen zum Zuge kommen können, etwa durch das Zusammenführen verschiedener Aufgabenbereiche, das Zusammenwirken auf regionaler Ebene oder aber die Gründung eines Vereins.

Beteiligung privater Partner

Ein weiteres Motiv für eine privatrechtliche Organisationsform ist die mögliche Beteiligung privater Partner an einer GmbH und damit die Möglichkeit einer komplementären Finanzierung der zu erledigenden Aufgaben. Ausgeschlossen bleibt jedoch eine Mehrheitsübernahme durch die Privaten, jedenfalls was den politischen Auftrag der Wirtschaftsförderung mit dem Ziel der öffentlichen Daseinsvorsorge und einer Verbesserung der allgemeinen Lebensumstände angeht.

Die finanzielle und symbolische Unterstützung sowie das Zusammenwirken der regional bedeutenden Akteure können positive Wirkungen auf die Imagebildung und Ausstrahlung eines Standortes für das Binnen- und Außenmarketing entfalten. Die offensiv dargestellte Solidarität eines Standortes vermittelt einen positiven Eindruck und zeigt das Vorhandensein eines erfolgsorientierten Wirtschafts- und Wachstumsklimas.

Wirtschaftsförderung – ein steiniger Acker

Die auf diesem Wege mögliche Umsetzung der Wirtschaftsförderungsaktivitäten kann durch die Beteiligung der Gesellschafter an den laufenden Kosten erfolgen. Häufig erlahmt aber nach einer gewissen Zeit die Bereitschaft der Privaten zur Mitfinanzierung. Die privaten Gesellschafter – als Unternehmer meist ungeduldig, was die Zeitdauer der Zielerreichung angeht – erwarten von einzelnen Maßnahmen der Wirtschaftsförderung schnelle Erfolge und sichtbare Ergebnisse. Allein das Steckenbleiben sinnvoller Maßnahmen im täglichen politischen Geschäft führt in nicht wenigen Fällen bereits nach zwei bis drei Jahren zu einem Auseinanderfallen der mitunter euphorisch begonnenen, gemeinsam durch öffentliche und private Träger finanzierten Wirtschaftsförderungsaktivitäten. Die Erkenntnis, dass Wirtschaftsförderung ein sehr steiniges und eher mittel- und langfristig angelegtes Geschäft ist, setzt sich in der Regel erst nach einiger Zeit durch. Es empfiehlt sich in dieser Situation, die privaten Gesellschafter aus ihrer Pflicht zur ständigen Defizitfinanzierung des laufenden Betriebs zu entlassen, aber gleichzeitig sicherzustellen, dass deren Engagement und die Aktivität des regionalen Netzes bestehen bleiben.

Besser sind die Erfahrungen mit privaten Finanzierungsbeiträgen, wenn sie jeweils projektbezogen sind und eine begründete Aussicht auf kurzfristigen, zumindest optischen oder medialen Erfolg besteht. Aufgrund des Umstandes, dass die privaten Partner meist nur Minderheitsgesellschafter einer Wirtschaftsförderungs-GmbH sind, kann man durchaus Verständnis für eine solche Position haben.

Wirtschaftliche Betätigung der GmbH

Sehr nahe liegt jedoch auch die Möglichkeit, dass die Wirtschaftsförderungs-GmbH dank des Engagements und Know-hows von Partnern aus der Privatwirtschaft überhaupt erst in die Lage versetzt wird, durch wirtschaftliche Betätigung eigene Einnahmen und Erträge zu erzielen, die wiederum der Finanzierung bzw. Quersubventionierung der gestellten Wirtschaftsförderungsaufgabe dienen. Dazu gehören die Möglichkeiten der Projektentwicklung von kommunalen Flächen oder die Übernahme der Immobilienwirtschaft für die Kommune und kommunale Gesellschaften. Dabei ist das durch die kommunalen Mehrheitsgesellschafter eingebrachte Know-how, insbesondere in der Projektentwicklung und im Liegenschaftswesen, nicht hoch genug einzuschätzen.

Diese privatrechtlichen GmbHs – wie beispielsweise die 1993 gegründete „Freiburg-S-Wirtschaftsimmobilien GmbH & Co. KG“ (FSWI) – besitzen aufgrund ihrer verwaltungsinternen Kenntnisse häufig Informationen, die privaten Maklern und Projektentwicklern nicht ohne Weiteres zur Verfügung stehen. So können vorausschauende Liegenschaftspolitik, an kommunalen Zielen orientierte Projektentwicklung und im Umgang mit den Ämtern und Dienststellen routinierte Standortentwicklung für eine privatrechtliche GmbH durchaus ökonomisch interessant sein. Solche Konstruktionen können dazu dienen, der Wirtschaftsförderung zusätzliche Mittel zur Verfügung zu stellen, um die Aufgaben noch aktiver umzusetzen. Einzelne Modelle dieser Art haben sich in den letzten Jahren sehr bewährt.

Mögliche Partner einer GmbH

Einer der wesentlichen Gründe für privatrechtliche Organisationsformen ist die Regionalisierung und interkommunale Zusammenarbeit. Eine andere Einrichtung aus dem kommunalen Umfeld, die aufgrund des sog. Regionalprinzips an der Förderung der regionalen Wirtschaft interessiert ist, ist die Sparkassenorganisation mit ihren lokalen, unabhängigen Instituten. Die Unterstützung der Wirtschaftsförderung ist ein expliziter, durch das Sparkassengesetz gedeckter Zweck. Insbesondere Sparkassen und in gleicher Weise die Volks- und Raiffeisenbanken sind lokal und regional stark verwurzelt und haben am ehesten Interesse an einer kommunal- und regionalbezogenen Wirtschaftsförderungspolitik. Dieses Interesse ist grundsätzlich auch bei den sonstigen Geschäftsbanken vorhanden, jedoch sind die regionalen Zuständigkeiten und Bezüge häufig derartig gering, dass – anders als bei Sparkassen und Volksbanken – die Filialen in nur ganz seltenen Fällen bereit sind und die Möglichkeit haben, sich institutionell an der Wirtschaftsförderung vor Ort zu beteiligen.

Regionale Versorgungsunternehmen

Darüber hinaus sind es die regionalen Versorgungsunternehmen für Strom, Erdgas und Wasser, Telekommunikation und sonstige Infrastruktur ebenso wie die Verkehrsbetriebe, die alle unmittelbar von einer guten wirtschaftlichen Entwicklung einer Region profitieren und insoweit einen sehr direkten Nutzen aus einer aktiven und erfolgreichen Wirtschaftspolitik ziehen. Eine positive Beeinflussung der ökonomischen Entwicklung liegt also im unmittelbaren Geschäftsinteresse dieser Unternehmen, da erhöhte wirtschaftliche Aktivität zu höheren Umsätzen, besseren Auslastungen der Kapazitäten und somit einem wirtschaftlicheren Ergebnis führt. Diese positiven Mitnahmeeffekte bei einer guten wirtschaftlichen Entwicklung gelten selbstverständlich auch für einen Großteil der ansässigen Unternehmen. Doch bei den meisten ist eine enge Korrelation zwischen positiver wirtschaftlicher Entwicklung und betriebswirtschaftlichem Erfolg nicht so offensichtlich wie im Kreditgewerbe, beim Verkehr sowie bei den übrigen Dienstleistungen in den Bereichen Versorgung und Infrastruktur.

Ein ähnliches Interesse an einer Gesellschaftereigenschaft in einer Wirtschaftsförderungs-GmbH wie die oben genannten Unternehmen sollten auch Industrie- und Handelskammern, Handwerkskammern, Wirtschaftsverbände und Gewerkschaften sowie vergleichbare wirtschaftsnahe Institutionen haben. Es muss verdeutlicht werden, dass Wirtschaftsförderung eine Gesamtaufgabe der Region bzw. aller wirtschaftspolitischen Akteure darstellt und eben nicht nur ausschließlich der Kommune.

Eine aktive Mitwirkung und Mitfinanzierung durch die oben genannten Unternehmen und Institutionen im öffentlich-rechtlichen Bereich ist denn auch immer häufiger in der Praxis anzutreffen. Aus den Vereinigten Staaten von Amerika sind Beispiele bekannt, bei denen z. B. Energieunternehmen die Wirtschaftsförderung eines Bundesstaates maßgeblich finanzieren.

Einbringung von Grund und Boden als Gesellschaftsanteil

Eine von Städten und Gemeinden häufig gewählte Möglichkeit der Kapitalausstattung ihrer privatrechtlichen GmbHs ist die Einbringung von Grund und Boden als Gesellschaftsanteil. Die großzügige Ausstattung mit Grund und Boden dient häufig der Initialisierung von Wirtschaftsförderungseinrichtungen in privatrechtlicher Form. Auf diese Weise kann – ohne dass jährlich große Finanzmittel für die Wirtschaftsförderung im kommunalen Haushalt genehmigt werden müssen – der Wirtschaftsförderung ein erhebliches Startkapital übertragen werden.

Beteiligung privater Unternehmen

Das Thema der Beteiligung privater Unternehmen an der Wirtschaftsförderung erfährt eine besondere Behandlung. Diese ist in der Regel weder politisch gewollt, um so den Einfluss privater Interessen aus den Aufgaben der öffentlichen Daseinsvorsorge zu eliminieren, noch dient es im Allgemeinen dem Unternehmenszweck privatwirtschaftlicher und der Gewinnerzielungsabsicht verpflichteter Unternehmen. Reine privatwirtschaftlich orientierte Unternehmen sind deshalb auch nur selten bereit, einen finanziellen Beitrag für die allgemeine Wirtschaftsförderung zu leisten, da sie dies als eine durch die geleisteten Steuern und Abgaben bereits finanzierte, originäre Aufgabe der öffentlichen Hand betrachten.

Abweichungen von diesen Grundsätzen sind dann möglich, wenn Unternehmen ein sehr direktes Interesse an bestimmten Gemeinschaftsaktionen haben, wie z. B. Einzelhändler eines Innenstadtbereiches an der Erstellung eines Parkhauses, Hoteliers an der Erstellung eines touristischen Verkehrsleitsystems oder Unternehmen eines Gewerbegebietes an der Einrichtung eines gemeinsamen Betriebskindergartens. Auch die finanzielle Beteiligung einer Firmengruppe oder eines Gewerbevereins an einem besseren werblichen Auftritt eines Standortes, an einer Imagekampagne oder an sonstigen, zeitlich und sachlich auf ein bestimmtes Projekt begrenzten Aktivitäten sind in der Praxis durchaus nicht selten und wünschenswert.

Neben diesem finanziellen Engagement ist in einem noch höheren Maße das gesellschaftspolitische Engagement der Unternehmer bei der Erarbeitung von Zielen und Strategien der Wirtschaftsförderung und deren Umsetzung erwünscht, ebenso wie die Mitwirkung in einem Wirtschaftsbeirat oder die Berufung von Unternehmensvertretern als sachkundigen Bürgern in den Wirtschaftsförderungsausschuss des Gemeinderates.

Großunternehmen und Wirtschaftsförderung

Bei der Beteiligung von privaten Unternehmen an kommunalen und regionalen Wirtschaftsförderungsgesellschaften gibt es jedoch immer häufiger Beispiele von großen Unternehmen, die sich maßgeblich die regionale Standortentwicklung zu ihrer eigenen Aufgabe machen. Als Beispiele seien die Unternehmen VW in Wolfsburg genannt, ThyssenKrupp in Dortmund und die RWE in Essen. SAP in Walldorf finanziert große öffentliche Einrichtungen in der Rhein-Neckar-Region und BASF unterstützt die Metropolregion Rhein-Neckar.

In diesen Fällen ist das Interesse der in den jeweiligen Regionen residierenden Großunternehmen gleichzusetzen mit dem Interesse der gesamten Region, weswegen diese Unternehmen Verantwortung übernehmen. Aus diesem Grund hatte beispielsweise in Dortmund die ThyssenKrupp AG ein Standortentwicklungsprogramm kofinanziert und ist an einer gemeinsamen Gesellschaft beteiligt.[126] Der Unternehmensgründer und Eigentümer der Schwarz-Gruppe Dieter Schwarz (Lidl und Kaufland) investiert aktuell über seine Stiftung erhebliche Millionenbeträge in die Entwicklung seiner Heimatstadt Heilbronn zu einem Hightech-Standort mit modernsten Bildungs- und Forschungseinrichtungen.[127]

Solche Beispiele lassen sich auch andernorts finden, sind ausdrücklich zu begrüßen, insbesondere nicht nur wegen der finanziellen Beteiligung, sondern weil sie der Standortprofilierung erheblichen Nachdruck verleihen. Jedoch muss immer sichergestellt sein, dass das öffentliche Interesse an einer allgemeinen und nicht firmenspezifischen

Standortförderung deutlich im Vordergrund steht und die Grenzlinie zwischen gemeinwohlorientiertem Sponsoring und schlichter Markenwerbung beachtet wird.

Privatrechtliche Vorzüge?

Die am häufigsten genannten Argumente, die für eine privatrechtliche Wirtschaftsförderungs-GmbH sprechen, sind:

- relative finanzielle und rechtliche Unabhängigkeit
- Schnelligkeit von Entscheidungsprozessen
- regionale Integration
- besseres Image bei den Zielgruppen der Wirtschaftsförderung
- effizientere, marktnahe Aufgabenwahrnehmung

Die starke Marktorientierung, die Nähe zu den Unternehmen, die Akzeptanz dieser Rechts- und Organisationsform durch die Zielgruppen sowie die größere Wirtschaftsnähe des Personals sprechen eher für die Installation einer Wirtschaftsförderungs-GmbH denn für die Einrichtung eines Amtes.

Die Struktur einer GmbH besitzt entscheidende Vorteile für die modernen Methoden der Standortwerbung sowie des Standortmarketings. Alle Maßnahmen auf diesem Gebiet erfordern hohe Professionalität, wirtschaftsnahes Agieren und große finanzielle Ressourcen und Spielräume – häufig verbunden mit dem Einwerben von Sponsorengeldern und der Suche nach aktiven Partnerschaften und qualifiziertem Personal – alles Eigenschaften, die eben viel eher in einer GmbH zu realisieren sind als mit einer Amtslösung.

Auch die betriebswirtschaftliche und personalrechtliche Beweglichkeit außerhalb der öffentlich-rechtlichen Strukturen spricht eher für die GmbH-Lösung: Bei der marktnahen Bewertung und dem schnellen Verkauf von gewerblichen Liegenschaften, der projektbezogenen Arbeit und dem Projektmanagement, die z. B. in der Initialisierung und Führung von Gründer-, Technologie- und Innovationszentren zu finden sind. Diese Aufgaben sind einer GmbH-Lösung quasi auf den Leib geschrieben.

Die verschiedenen Zielsetzungen der Wirtschaftsförderung – die Kooperation der Kommunen, das Matching von Unternehmen, die Kommunikationsfunktion sowie das Standortmarketing – sind in der privatrechtlichen GmbH sehr gut erreichbar.

Die Errichtung eines Gewerbeparks, das gewerbliche Immobilienmanagement sowie die zunehmenden Beteiligungen der Kommunen an gemischt-wirtschaftlichen Aktivitäten der Region, können über kommunale Wirtschaftsförderungsgesellschaften effizient und überregional abgewickelt werden. Immer dann, wenn der kommunale Einfluss gewahrt bleibt, d.h. die Aufgabe der öffentlichen Daseinsvorsorge nicht gefährdet wird, aber besonders effiziente, marktnahe Organisationsstrukturen gefordert sind – unter der Voraussetzung, dass der Zweck nicht rein privatwirtschaftlich finanzierbar ist –, muss die Einrichtung einer privatrechtlichen Wirtschaftsförderungsgesellschaft ernsthaft geprüft werden.

Geht man an die Beantwortung der Frage Amt oder GmbH gänzlich ohne Vorurteile heran, sondern rational, d.h. ziel- und zweckorientiert, so sind für eine Entscheidungsfindung im Wesentlichen folgende Kriterien ausschlaggebend:

- Wie groß ist die Kommune oder die Region?
- Welche finanziellen Möglichkeiten stehen für die Wirtschaftsförderung zur Verfügung?
- Wie gut kann die personelle und finanzielle Ausstattung sein?
- Welche Bedeutung hat Wirtschaftsförderung für die entscheidende Gebietskörperschaft?
- Sollen Partner aus dem öffentlichen oder dem privatwirtschaftlichen Bereich oder der Region berücksichtigt werden?
- Welches sollen die maßgeblichen Aufgaben der Wirtschaftsförderung sein?
- Welche Schwerpunkte werden gesetzt?

7.6 Handlungsempfehlungen

Wann ist die Amtslösung sinnvoll?

Die Amtslösung – sei es als Stabsstelle, Teil eines Amtes oder eigenständiges Wirtschaftsförderungsamt – ist für alle diejenigen Aufgaben der Wirtschaftsförderung unabdingbar, die mit der Lotsenfunktion, d.h. der One-Stop-Agency, des Verwaltungsratgebers, verbunden sind. Gleichgültig, welche Organisationsform gewählt wird, ein wichtiger Teil der Wirtschaftsförderung ist nur durchführbar, wenn eine ganz enge organisatorische Verbindung, ein Zugriff auf die für die Wirtschaftsförderung wichtigen Bereiche der kommunalen und regionalen Verwaltung gegeben ist.

Die Beteiligung bei langfristigen Planungsprozessen in Kommune und Region, die Hilfestellung bei der Überwindung bürokratischer Hürden, die Stärkung einer wirtschaftsfreundlichen Verwaltung sowie die Schaffung eines wirtschaftsfreundlichen Klimas in den politischen Institutionen machen eine in die Verwaltung integrierte Organisationsform notwendig. Ein Amt oder eine Stabsstelle sind am besten geeignet für die Lösung dieser Aufgaben, aber auch eine verwaltungsexterne Wirtschaftsförderungsgesellschaft kann dann geeignet sein, wenn eine amtsgleiche Behandlung die Integration in alle verwaltungsinternen Vorgänge, wie Mitzeichnung von Vorlagen, Teilnahme an allen relevanten – auch nichtöffentlichen – Sitzungen von Verwaltung, Gemeinderat und Ausschüssen, ebenso gewährleistet ist wie die Einbeziehung in die Erstellung von Vorlagen und in Planungsprozesse.

Wann ist die GmbH-Lösung sinnvoll?

Die GmbH-Lösung scheidet bei zu kleinen Gebietskörperschaften aus. Eine GmbH sollte erfahrungsgemäß über mindestens fünf Mitarbeitende verfügen, um als unabhängige Organisation lebensfähig zu sein. Will man trotz geringer Finanz- und Personalressourcen dennoch eine unabhängige, marktnahe privatrechtliche Lösung für die kommunale Wirtschaftsförderung, so bleibt neben einer verwaltungsinternen Stabsstelle die Beauftragung von externen Beratern und Dienstleistern. Aber auch die Integration der Wirtschaftsförderung in eine andere, in Privatrechtsform organisierte kommunale Gesellschaft, die weitere kommunale Aufgaben wahrnimmt, wie z. B. die Tourismusförderung, die Betreuung von Technologie- und Innovationszentren, das Immobilienwesen, das Messe-, Kongress- und Ausstellungswesen, das Standortmarketing, stellt eine mögliche Alternative dar.

Durch eine Zusammenlegung von privatrechtlich zu erledigenden, öffentlich-rechtlichen Aufgaben, kann die notwendige kritische Masse für eine funktionierende Organisation gefunden werden. Ein Beispiel für die sehr breite Auslegung einer städtischen Wirtschaftsförderungsgesellschaft stellt die bereits 1987 von der Stadt Freiburg im Breisgau gegründete „Freiburg Wirtschaft Touristik und Messe GmbH & Co. KG“ (FWTM) dar, die aus kleinsten Anfängen heraus in den vergangenen Jahren sukzessive viele Bereiche städtischer und regionaler Marketing- und Managementaufgaben übernommen hat.

Doppellösung von Amt und GmbH

Entscheidend für den Erfolg einer privatrechtlichen Lösung ist jedoch nach wie vor die gleichberechtigte verwaltungsinterne Einbindung der GmbH, weil nur so eine wichtige Teilfunktion der Wirtschaftsförderung zu erledigen ist. Ist diese Integration nicht gegeben, z. B. weil private Partner oder regionale Einflüsse ein zu starkes Gewicht haben, um eine enge Einbeziehung in die Verwaltung zu ermöglichen, bleibt nur eine Alternative übrig, die nicht nur einen Kompromiss, sondern vielleicht sogar die optimale Organisationsform im Bereich kommunaler Wirtschaftsförderung darstellen kann: die sog. Doppellösung von Amt und GmbH.

Um eine optimale Wahrnehmung der Funktionen Koordinierung, Initiierung und Einbindung in verwaltungsinterne Vorgänge zu gewährleisten, ist einerseits eine nahtlose Integration in die Kommunalverwaltung erforderlich, wie sie ein Amt oder eine Stabsstelle bestmöglich sicherstellt. Andererseits bietet sich die GmbH, mit der eine größere Markt- und Kundennähe, Flexibilität, organisatorische und finanzielle Überlegenheit sowie die Möglichkeit zur regionalen Integration verbunden werden, als die überlegene Rechts- bzw. Organisationsform an. Daher scheint die Kombination beider Organisationsformen der organisatorische „Königsweg" zu sein.

Diese Kombination ist insbesondere dann optimal, wenn so die Gefahren eines personellen Auseinanderdriftens der handelnden Akteure von Amt und GmbH vermieden werden können. Dies kann etwa durch in Personalunion wahrgenommene Leitungsaufgaben gewährleistet werden, d. h., dass die Leitung des Amtes oder der Stabsstelle gleichzeitig auch als verantwortliche Geschäftsführung der GmbH berufen wird. Auch der Ansatz, dass der zuständige Wirtschafts- oder Finanzdezernent einer Kommune gleichzeitig aktiver GmbH-Geschäftsführer wird und somit den inhaltlichen Gleichschritt gewährleistet, ist möglich.

Darüber hinaus kann das Personal von Amt und GmbH – zumindest anteilig – identisch sein und abwechselnd für die eine oder andere Organisation arbeiten. Hierdurch können sämtliche Vorteile einer GmbH-Lösung mit der Notwendigkeit einer verwaltungsinternen Integration verbunden werden. Flexibilität im personellen Bereich ist gewährleistet, weil wechselweise auf unterschiedliche Strukturen zurückgegriffen werden kann.

Optimale Abstimmung, vollständige Einbindung in die Verwaltung und sämtliche Vorteile aus Marktnähe und Flexibilität der GmbH-Lösung fügen sich bei einer Doppellösung nahtlos ineinander. Dieser Ansatz bietet zudem keinen Raum mehr für ideologische Diskussionen. Die wichtige „Scharnierfunktion" zwischen Amt und GmbH ist über die personenidentische Besetzung jederzeit gewährleistet und die Beauftragung eines Bürgermeisters oder eines Dezernenten mit der Geschäftsführung der GmbH macht deutlich: Wirtschaftsförderung ist Chefsache!

7.7 Zusammenarbeit mit Dritten

Wirtschaftsförderung ist grundsätzlich eine langfristig angelegte, ressortübergreifende Querschnittsaufgabe mit überregionalen, themenübergreifenden sowie öffentlich-rechtlichen und privatrechtlichen Aspekten, die es bei der Aufgabenwahrnehmung angemessen zu berücksichtigen gilt. Ohne permanente Information und Kommunikation, Abstimmung und Kooperation zwischen den relevanten wirtschaftspolitischen Akteuren ist kein Gelingen möglich. Die Notwendigkeit eines intensiven Networkings zwischen Betroffenen, Interessierten und Anzusprechenden ist konstitutiver Bestandteil dieses Aufgabenfeldes. Im Folgenden sollen Partner und die Vernetzungen mit ihnen beschrieben werden.

Zusammenarbeit mit städtischen Ämtern

Das Zusammenwirken der Wirtschaftsförderung mit den übrigen Ämtern und Dienststellen der Verwaltung gehört zur täglichen Routine. Die vielfältigen Berührungspunkte mit den Ämtern der Bauverwaltung dienen der Abstimmung und Beschleunigung von Genehmigungsverfahren. Ordnungsämter gewähren internationalen Arbeits- und Fachkräften die erforderlichen Arbeits- und Aufenthaltsgenehmigungen, das Finanzdezernat verwaltet in der Regel die Liegenschaften und ist ein oft gewünschter Gesprächspartner von Unternehmen in Steuer- und Zuschussfragen, die Sozialverwaltung im Bereich der Arbeitsmarkt- und Beschäftigungsförderung und die Schulbehörde etwa bei besonderen Einschulungsvoraussetzungen von Kindern ausländischer Fach- und Führungskräfte stellen ebenfalls wichtige Ansprechpartner dar.

Die Aufstellung und Fortschreibung von Flächennutzungs- und Bauleitplänen, Baugenehmigungsfragen, das Gewerbeamt bei Beanstandungen im Gastronomiebereich und das Kulturamt zur Entgegennahme einer Unternehmensspende – kaum eine andere Einrichtung dürfte vielfältigere Beziehungen zu den anderen Ämtern der Verwaltung besitzen als die Wirtschaftsförderung. Die Art der Zusammenarbeit variiert dabei von kleinen Anfragen beim Standesamt bis zur institutionalisierten Kooperation mit der Bau- und Liegenschaftsverwaltung.

Jour Fixe der Wirtschaftsförderung

Ein regelmäßiger Jour Fixe der Wirtschaftsförderung hat sich in der Praxis sehr bewährt. Der schnelle Zugriff auf Verwaltungseinheiten sollte durch eine entsprechende hierarchische Verortung innerhalb der Kommunalverwaltung gesichert sein. Die Bereitstellung von Räumlichkeiten, Betriebs- und Geschäftsausstattung und Personal muss berücksichtigen, dass der Wirtschaftsförderung in einem besonderen Maße eine Außenwirkung und Erwartungshaltung seitens der Wirtschaft zukommt, was sowohl an räumlicher, finanzieller wie auch personeller Ausstattung sichtbar sein sollte. Auch der unbürokratische Zugang zu Dienstfahrzeugen, die Verwendung von Kreditkarten oder Dienstreisegenehmigungen sollte den Aufgaben entsprechend gehandhabt werden.

Zusammenarbeit mit Behörden, Institutionen und Unternehmen

Die wirtschaftspolitischen Akteure eines Standortes sind bekannt, die Kooperation zwischen ihnen und der Wirtschaftsförderung ist in der Regel eingespielt. Dennoch eröffnen sich immer wieder neue Chancen und Perspektiven der Zusammenarbeit und Projektentwicklung. Neben der regionalen, interkommunalen Kooperation sind auch die folgenden Selbstverwaltungseinrichtungen und Akteure der regionalen Wirtschaft sowie aus Wissenschaft und Forschung wichtige Kooperationspartner:

- Industrie- und Handelskammern
- Handwerkskammern und Innungen
- Branchenverbände des Einzelhandels, der Hotellerie und Gastronomie etc.
- Arbeitgeberverbände und Gewerkschaften
- Behörden wie Gewerbeaufsicht, Landratsämter, Regierungspräsidien und Ministerien auf Bundes- und Landesebene
- Kreditinstitute wie Banken, Sparkassen und Genossenschaftsbanken
- Versorgungsunternehmen und Verkehrsbetriebe
- Universitäten, (Fach-)Hochschulen und Forschungseinrichtungen
- Unternehmen und Einrichtungen der Privatwirtschaft

Zwischen diesen Einrichtungen kann sich in der Regel eine vielfältige, multilaterale und mehrdimensionale Kooperationsstruktur bei der Umsetzung gemeinsamer Projekte und der Vernetzung eines Standortes und seiner Region ergeben. Je zahlreicher und erfolgreicher die Kooperationen der wirtschaftspolitischen Akteure, desto größer ist ihr Zusammenhalt und damit das strategische Interesse an einer erfolgreichen Zukunft der gemeinsamen Region.

Der Wirtschaftsförderung kommt bei der Initiierung, Konzeption und Umsetzung dieser Strategie große Verantwortung zu. Oft hängen solche Initiativen an ihr, da andernorts eine Zuständigkeit nicht gesehen wird oder hierfür keine Kapazitäten vorhanden sind. Auf diesem Feld wird sich künftig die Entwicklung der Standorte verstärkt bewähren müssen, da die öffentliche Hand die zahlreichen Aufgaben und Herausforderungen einer internationalen, global ausgerichteten, aber dennoch regional organisierten Standortentwicklung allein nicht mehr wird leisten können.

Zusammenarbeit mit externen Dienstleistern

Eine weitere mögliche Form der Aufgabenerledigung im Rahmen der kommunalen Wirtschaftsförderung ist die Beauftragung eines externen Dienstleisters in Form eines Beraters oder Beratungsunternehmens. Diese Alternative wird häufig dann gewählt, wenn die personellen Kapazitäten der Wirtschaftsförderungseinrichtungen qualitativ wie quantitativ begrenzt sind oder einzelne Projekte abgewickelt werden sollen. Die Beauftragung externer Dienstleister bringt einen entscheidenden Vorteil mit sich, wenn der Beauftragte Erfahrungen mit anderen Standorten gesammelt hat. Auf diesem Weg fließt Erfahrungswissen und Know-how in die beauftragende Stadt oder Gemeinde, das bei einer internen Bearbeitung kaum entstanden wäre.

Wann ist die Beauftragung externer Dienstleister sinnvoll?

Bestimmte Aufgaben der Wirtschaftsförderung, wie z. B. die Funktion des Lotsen durch die Verwaltung – auch als „One-Stop-Agency" oder Behördenengineering bezeichnet – können von Externen kaum übernommen werden, da diese Funktion eine institutionelle Einbindung in die Verwaltung erfordert. Andererseits ist z. B. die Einrichtung eines Technologie- und Innovationszentrums, die Erstellung eines Kommunikations- und Marketingkonzeptes und dessen Umsetzung, die Projektentwicklung, insbesondere die Standortanalyse, ebenso wie die Erstellung eines darauf aufbauenden Standortentwicklungskonzeptes, eine Leitbilddiskussion etc. durch Externe ebenso gut, wenn nicht sogar besser möglich als in Form einer sog. Inhouse-Lösung mit eigenem Personal. Da Externe unabhängiger von politischen und administrativen Interessenlagen der Beteiligten sind und ihre unvoreingenommenen Sichtweisen häufig zu Arbeitsergebnissen führen, die durch eine interne Bearbeitung nicht oder nicht in gleicher Qualität möglich gewesen wären, ergeben sich häufig gute Gründe für eine Beauftragung externer Dienstleister. Aufgaben wie die Standortsicherung von ansässigen Unternehmen oder die Koordination verwaltungsinterner und behördenübergreifender Abstimmungsprozesse, also im Wesentlichen die Bestandspflege, sind aus offensichtlichen Gründen von Externen kaum leistbar.

Externe Beratung – interne Betreuung

Dennoch darf nicht vergessen werden, dass jede externe Beauftragung auch einer internen Betreuung und Koordination durch den Auftraggeber bedarf. Kein externer Gutachter kommt ohne eine fachkundige Begleitung der Verwaltung und ihrer Fachämter aus. Deswegen ist in der Praxis die zeitliche Inanspruchnahme des Auftraggebers durch den Auftragnehmer häufig sehr viel stärker ausgeprägt als erwartet, da der externe Sachverstand in jedem Fall zunächst aktive Unterstützung bei der Ermittlung der Basisdaten benötigt sowie eine ständige Rückkopplung und laufende Abstimmung mit den politischen Entscheidungsträgern. Insoweit ist bei einer externen Beauftragung immer ein ausreichendes personelles Polster für die interne Projektbegleitung und -koordination einzukalkulieren. Positiv bei der Beauftragung eines Externen ist jedoch der Umstand zu werten, dass auf diese Weise die tatsächlichen Kosten für die Organisation und Umsetzung wirtschaftsfördernder Initiativen und Maßnahmen offen zutage treten. Im Allgemeinen werden diese nämlich bei einer verwaltungsinternen, aber auch bei einer verwaltungsexternen GmbH-Lösung häufig nicht erfasst, da über die Aufwendungen eines Amtes oder einer GmbH nur einmal jährlich en bloc als Wirtschaftsförderungsetat politisch beraten und abgestimmt wird, während bei der Erstellung von Honorarabrechnungen für externe Beratungsleistungen in jedem Einzelfall eine Offenlegung der tatsächlichen Leistung erfolgt und diese hierdurch transparent wird.

Peter Graf & Christian Heinrich: Die Schule der Wirtschaftsförderer – warum der Erfolgsweg für viele Wirtschaftsförderer in Freiburg beginnt

In den 1980er Jahren gab es so etwas wie Ausbildung in der Wirtschaftsförderung nicht. Heute tragen mehr als 400 erfolgreiche Absolventen den Titel „Wirtschaftsförderer / -förderin (VWA)“ – einen Abschluss, der so in Deutschland einzigartig ist und der seinen Ursprung in Freiburg hat. Wie kam es dazu und was beinhaltet eine erfolgreiche Wirtschaftsförderung?

Ein Blick zurück

Als die Stadt Freiburg 1987 Mitarbeitende für die städtische „Gesellschaft für Kultur, Tagungen und Ausstellungen“ (KTA) suchte, war von Wirtschaftsförderung in diesem Zusammenhang noch keine Rede – obwohl es hier bereits um die Förderung des wirtschaftlichen, vor allem aber des kulturellen Lebens der Stadt ging.

Darum kümmerte sich das damals dreiköpfige Team der KTA und übernahm daraufhin immer mehr Aufgaben aus anderen städtischen Bereichen. So wurde das Verkehrsamt, zuständig für den Tourismus, aufgelöst und der Bereich „Messen und Märkte“ wurde angegliedert. Die Aufgaben des Teams wurden damit immer vielfältiger. Mit den dynamischen, wachsenden Tätigkeitsbereichen wandelte sich schließlich das Bewusstsein der Beteiligten für die Bedeutung und Definition ihrer Arbeit.

Im Jahr 1989 tauchte der Begriff „Wirtschaftsförderung“ zum ersten Mal in der Tätigkeitsbeschreibung des damaligen Leiters der KTA auf, der zum Wegbereiter der Wirtschaftsförderung in Freiburg und auch ihrer Ausbildung werden sollte: Dr. Bernd Dallmann. „Damals wusste ich noch nicht viel mit diesem Begriff anzufangen“, erinnert sich Dallmann in einem Interview mit einem regionalen Wirtschaftsmagazin. Und was genau gefördert werden sollte, war auch nicht klar: „Es gab in Freiburg nicht viel Industrie, aber glücklicherweise auch keinen wirtschaftlichen Rückgang wie in vielen anderen Regionen der Nachkriegszeit.“

Unter Dallmanns Leitung entwickelte sich die KTA zur Freiburg Wirtschaft Touristik und Messe GmbH & Co. KG (FWTM) mit heute über 175 Mitarbeitenden, drei Veranstaltungshäusern und Events mit mehreren tausend Besuchern. Das Unternehmen steht deutschlandweit für eine erfolgreiche Wirtschaftsförderung und Standortentwicklung der Stadt Freiburg.

Doch der Weg dahin war keinesfalls geradlinig. Ein konkretes Anforderungsprofil für Dallmanns Aufgaben als Freiburger Wirtschaftsförderer gab es nicht. Und auch in anderen Städten und Gemeinden suchte man seinerzeit meist vergeblich nach einer konkreten Definition des Tätigkeitsbereichs für diejenigen, die die Aufgaben der Wirtschaftsförderung übernehmen sollten. Vielmehr schienen diejenigen häufig wie „Fremdlinge“ in einer Stadtverwaltung. Es kam zu zahlreichen Fehlbesetzungen, weil Kandidaten, die man für die Aufgaben der Wirtschaftsförderung als geeignet betrachtete, entweder eine Verwaltungslaufbahn hinter sich hatten, aber über keinerlei Erfahrung in der freien Wirtschaft verfügten. Oder aber sie besaßen Marktkenntnisse und betriebswirtschaftliches Know-how, aber das Wissen über Vorgänge und Prozesse in der öffentlichen Verwaltung fehlte.

Eine Bildungspartnerschaft, die Wege ebnete

In Freiburg erkannte man die Notwendigkeit eines passenden Bildungs- und Qualifizierungsangebots in der Wirtschaftsförderung, denn Aus- und Weiterbildungsangebote für diesen Bereich gab es bis dato kaum und wenn, dann nur in Form kurzer Lehreinheiten zu einzelnen Themen, die lediglich am Rande mit der Wirtschaftsförderung zu tun hatten. Stattdessen wurde ein Angebot benötigt, das die relevanten Bereiche der öffentlichen Verwaltung mit den Interessen und Bedürfnissen der regionalen Wirtschaft und ihrer Unternehmen verknüpfte. Mithilfe von Dr. Hans Evers, ehemaliger Stadtkämmerer und Bürgermeister der Stadt Freiburg im Breisgau, fand Dr. Dallmann Anfang der 90er Jahre den idealen Partner für dieses Projekt schließlich direkt vor der Haustür: Die Verwaltungs- und Wirtschafts-Akademie (VWA) Freiburg, mit der Evers als ehrenamtlicher Präsident bereits erfolgreich zusammenarbeitete.

Gemeinsam entwickelte die VWA, allen voran Hauptgeschäftsführer Peter Graf sowie Dozenten aus Wissenschaft, Wirtschaft und der Verwaltung, mit den Verantwortlichen der Stadt, Dallmann sowie seinem Mitarbeiter Dr. Michael Richter, ein maßgeschneidertes Curriculum für angehende Wirtschaftsförderer. Volkswirtschaftslehre, Betriebswirtschaftslehre und Rechtslehre bildeten die theoretische Grundlage und wurden im darauffolgenden praktischen Studienteil auf die Wirtschaftsförderung übertragen. 1994 konnten die VWA Freiburg und Studienleiter Dallmann die ersten Teilnehmer des berufsbegleitenden Studiengangs „Wirtschaftsförderer / -förderin (VWA)“ begrüßen, die damals innerhalb von zwei Jahren vier Semester mit je einem zweiwöchigen Unterrichtsblock absolvierten.

Diese Qualifizierung war richtungsweisend in der Branche und hat die Professionalisierung des Berufsstandes in Deutschland maßgeblich beeinflusst. Sie schuf die Basis für viele weitere Kurse und Lehrgänge, die nachfolgend von verschiedenen Bildungseinrichtungen angeboten wurden. Universitäten und Fachhochschulen begannen, spezialisierte Studiengänge und Zertifikatskurse anzubieten, die sich auf die Vermittlung von theoretischem Wissen und praktischen Fähigkeiten konzentrierten. Die meisten dieser Bildungsprogramme wurden jedoch immer wieder ausgesetzt oder vollends eingestellt.

Die Ausbildung für Wirtschaftsförderer an der VWA Freiburg hingegen blieb bestehen und wurde kontinuierlich überarbeitet und an die sich wandelnden Anforderungen und Bedürfnisse des Marktes angepasst. Der Schwerpunkt verlagerte sich im Laufe der Zeit von der Theorie mehr hin zur projektbezogenen Anwendung des Wissens und zur konkreten Umsetzung eigener Wirtschaftsförderungsprojekte. Die enge Zusammenarbeit der beteiligten Personen aus Stadtverwaltung, Wirtschaft und dem wissenschaftlichen Bildungsträger VWA ermöglichen bis heute ein aktuelles und bedarfsgerechtes Bildungsangebot für die Wirtschaftsförderung.

Die heutige Weiterbildung Wirtschaftsförderung

Inzwischen umfasst das Programm der VWA Freiburg zwei 6-tägige Unterrichtsblöcke, die auf einen Zeitraum von zwei Jahren verteilt sind und wahlweise vor Ort besucht oder live und interaktiv online mitverfolgt werden können. Die Teilnehmenden erhalten Wissen und Werkzeuge, um eine treffende Situationsanalyse ihres Standortes unter dem Gesichtspunkt der Wirtschaftsentwicklung anfertigen zu können. Sie lernen, eine Wirtschaftsförderungsstrategie zu erarbeiten und diese politisch abgestimmt erfolgreich umzusetzen.

Den Abschluss bildet eine studienbegleitende und tutoriell betreute Projektarbeit, anhand derer das Erlernte direkt in die Praxis übertragen werden kann. Die Qualifizierung endet mit einem Zertifikat und dem Abschluss „Wirtschaftsförderer / -förderin (VWA)“.

Der Studiengang der VWA Freiburg ist deutschlandweit das einzige dauerhaft angebotene Qualifizierungsprogramm für Wirtschaftsförderung und hat der Akademie in Fachkreisen den Spitznamen „Freiburger Wirtschaftsförderungsschule“ eingebracht. Im Jahr 2024 feierte der Studiengang sein 30-jähriges Jubiläum in der Bildungslandschaft. Bereits über 400 Teilnehmende legten seitdem die Prüfung ab und dürfen den entsprechenden Titel tragen. Durch die inzwischen auch online angebotene Weiterbildung hat sich der Kreis der Teilnehmenden stetig erweitert und erstreckt sich über die Grenzen

Südbadens hinaus. Die Teilnehmer des letzten Jahrgangs kamen nicht nur aus Baden-Württemberg, sondern auch aus Brandenburg, Hessen, Nordrhein-Westfalen, Sachsen-Anhalt und Thüringen.

Garant für diese Entwicklung sind seit der Gründung der Studienleiter Bernd Dallmann und sein Stellvertreter Michael Richter, die als Basis des Studienganges diesen Leitfaden der Wirtschaftsförderung bereits in 2. Auflage verfasst haben.

Netzwerken als Erfolgsfaktor

Neben dem neu erworbenen Wissen und dem in der Branche anerkannten Titel nehmen die Studierenden vor allem die wertvollen Kontakte mit, die sie im Rahmen des Studienganges knüpfen können. Dass der Austausch und ein gutes Netzwerk entscheidende Faktoren sind, um als Wirtschaftsförderer erfolgreich zu sein, das bestätigt nicht nur Dallmann selbst: „Wenn man wissen will, wie gut man ist und was funktioniert, dann ist Austausch das A und O."

Auch die Teilnehmenden wissen diesen Mehrwert zu schätzen und pflegen enge Kontakte zu ihren Kommilitonen auch lange nach Beendigung des Studiengangs: „Praxisbezogener Unterricht, top Dozenten und der intensive Austausch mit Studienkollegen auch im Anschluss an das Studium – das hat mir Ein- und Weitsicht für die wirtschaftliche Entwicklung an meinem Standort gebracht!", betont Absolventin Anja Gust, Wirtschaftsförderin der Stadt Ahrensburg.

Moderatoren zwischen Verwaltung, Politik und Wirtschaft

Und was müssen sie denn nun können, die erfolgreichen Wirtschaftsförderer? Die Aufgaben, die die kommunale und regionale Wirtschaft der Wirtschaftsförderung stellt, sind vielseitig und komplex. Impulsgebung, Moderation, Kommunikation und Koordination: Um das Aufgabenspektrum zu verstehen und kompetent zu erfüllen, sind fundiertes Wissen zu wirtschaftlichen, rechtlichen und administrativen Themen erforderlich sowie Kenntnisse im Projektmanagement und in der Kommunikation.

Wer mit der Wirtschaftsförderung betraut ist, sollte analytische Fähigkeiten besitzen, Controlling-Methoden kennen und wissen, wie erfolgreiche Strategien für Standortmarketing entwickelt werden. Es ist hilfreich, mit Förderprogrammen, Subventionen und anderen finanziellen Unterstützungsmaßnahmen vertraut zu sein. Clustermanagement sollte kein Fremdwort sein und Erfahrung in der Projektentwicklung und -steuerung erleichtern die Arbeit. Unbedingt erforderlich ist ein gutes Verständnis für digitale

Technologien und deren Einsatzmöglichkeiten in der Wirtschaftsförderung. Unternehmerische Erfahrung muss mit den Spielregeln der öffentlichen Verwaltung in Einklang gebracht werden.

Die Bedingungen und Anforderungen an eine erfolgreiche Wirtschaftsförderung werden sich auch in Zukunft immer wieder ändern. Umso wichtiger sind flexible Bildungs- und Qualifizierungsmaßnahmen, die kompetente Wirtschaftsförderer ausbilden, damit sie mit diesen immer neuen Herausforderungen umzugehen wissen. In Freiburg ist dafür der Grundstein gelegt.

Die VWA Freiburg

Die VWA Freiburg wurde 1930 als Abteilung der Verwaltungs- und Wirtschafts-Akademie Baden gegründet. Ursprünglich lag der Schwerpunkt auf der Aus- und Weiterbildung von Beamten sowie Mitarbeitenden in der öffentlichen Verwaltung. Im Laufe der Zeit rückten wirtschaftsnahe Inhalte stärker in den Fokus, insbesondere im berufsbegleitenden Studiengang der Betriebswirtschaft.

Heute bietet die VWA ein breites Bildungsprogramm aus Studiengängen, Online- und Präsenz-Seminaren, Coachings und Inhouse-Schulungen für Fach- und Führungskräfte in Verwaltung und Wirtschaft an. Seit jeher legt die VWA in all ihren Bildungsangeboten besonderen Wert auf die enge Verknüpfung von Theorie und Praxis.

Zu den Autoren

Peter Graf ist Hauptgeschäftsführer der Verwaltungs- und Wirtschafts-Akademie (VWA) für den Regierungsbezirk Freiburg e. V. sowie der Deutschen Immobilien-Akademie (DIA) an der Universität Freiburg GmbH, Geschäftsführer der Steinbeis School for Real Estate and Management gGmbH (SREM) und Vorstandssprecher der DIA Consulting AG.

Christian Heinrich ist Geschäftsführer der Verwaltungs- und Wirtschafts-Akademie (VWA) für den Regierungsbezirk Freiburg e. V.

Kontakt: graf@vwa-freiburg.de | heinrich@vwa-freiburg.de

8 Regionalisierung und interkommunale Zusammenarbeit

8.1 Der Begriff der Region

Mit dem Begriff der Region ist insbesondere im Rahmen der politik- und wirtschaftswissenschaftlichen Diskussionen um ein „Europa der Regionen" und dem zunehmenden „Wettbewerb der Regionen" ein starkes Interesse in Theorie und Praxis gleichermaßen verbunden. In der Literatur findet sich eine schier unüberschaubare Zahl von Versuchen, den Begriff „Region" inhaltlich näher zu umschreiben, auf die an dieser Stelle aber nicht näher eingegangen werden kann. Je nach dem Kontext, in dessen Zusammenhang der Regionsbegriff verwendet wird, sind für den Einzelnen damit die unterschiedlichsten Assoziationen, etwa was die Größe, die Kriterien zur Abgrenzung oder die von einer Region wahrgenommenen Funktionen betrifft, verbunden. So ist der Begriff „Region" heute mehr denn je ein konturenloser, diffuser Begriff von schillernder Vielfältigkeit und Vielschichtigkeit.

Etymologisch betrachtet, stammt das Wort „Region" aus dem 15. Jahrhundert und leitet sich aus dem lateinischen „regio" ab, was so viel wie Gegend, Bereich oder Gebiet bedeutet. Als Region kann zunächst allgemein formuliert ein zusammenhängender Teilraum mittlerer Größe in einem Gesamtraum bezeichnet werden, der durch bestimmte Merkmale gekennzeichnet ist. Die darin zum Ausdruck kommende Komplexität des Regionsbegriffs relativiert sich jedoch bei näherer Betrachtung wieder: Zum einen ist die mittlere Größenordnung einer Region unbestimmt. Im föderativen Staatsaufbau der Bundesrepublik Deutschland existieren – etwa im Gegensatz zu Frankreich – keine institutionellen bzw. politisch-administrativen Regionen als mittlere Hierarchieebene. Insofern werden im allgemeinen Sprachgebrauch Vorgänge oder Gegebenheiten, die mehr als nur den lokalen Zusammenhang betreffen, aber dennoch unterhalb der staatlichen Ebene angesiedelt sind, gewöhnlich mit dem Begriff „Region" bzw. dem Attribut „regional" versehen. Bezogen auf die administrative Gliederung in der Bundesrepublik Deutschland bedeutet dies also konkret, dass als Region nur die Ebene zwischen „Kreis" einerseits und „Land" andererseits verstanden werden kann. Dabei muss zum einen allerdings einschränkend darauf hingewiesen werden, dass als Kreis in diesem Sinne nur der Landkreis verstanden werden kann, da die kreisfreien Städte einen eindeutigen lokalen Bezug aufweisen. Zum anderen ist das angewendete Definitionskriterium einer

Region (Merkmal) vom jeweiligen Untersuchungsziel abhängig. So geht es beispielsweise in der politikwissenschaftlichen Diskussion darum, den gemeinsamen Baustein eines demokratischen Europas, d. h. eine politische Region, zu identifizieren. In der wirtschaftswissenschaftlichen Diskussion steht dagegen die wirtschaftliche Region bzw. die Wirtschaftsregion im Vordergrund der Betrachtung.

8.2 Regionalisierung zur gemeinsamen Aufgabenerfüllung

Auch der Begriff „Regionalisierung" ist bislang nicht abschließend definiert worden. Zunächst können jedoch zwei traditionelle wissenschaftliche Begriffsinterpretationen von Regionalisierung in der gegenwärtigen Diskussion unterschieden werden: Zum einen im Sinne einer Regionalisierung von (Fach-)Politiken, d. h. als Einbeziehung des Raumes in politisches Gestalten, und in eine – ihm vorausgehende – wissenschaftliche Analyse und Diagnose. Zum anderen als ein eher technisches Verfahren zur problemadäquaten Strukturierung des Gesamtraumes.

In den letzten Jahren haben aber zwei neue Definitionen von „Regionalisierung" zunehmend an Bedeutung gewonnen: Zum einen wird in der politischen Diskussion die Aufspaltung einer (Fach-)Politik zwischen dem Gesamtstaat und seinen einzelnen Teilräumen darunter verstanden; zum anderen auf kommunaler Ebene im Allgemeinen die interkommunale Organisation kommunaler Aufgabenerfüllung.

Das hier zugrunde liegende Begriffsverständnis stützt sich auf die zuletzt genannte Definition: Unter „Regionalisierung" wird im Rahmen der weiteren Ausführungen ausschließlich die übergemeindliche bzw. interkommunale Zusammenarbeit im Rahmen der kommunalen Wirtschaftsförderung und deren Organisation verstanden.

Zum Wesen der Regionalisierung im Rahmen der kommunalen Wirtschaftsförderung kann festgestellt werden, dass es im Grunde nicht um eine vollständige Abtretung bestimmter Zuständigkeiten an eine übergeordnete Instanz geht, sondern vielmehr ausschließlich um die gegenseitige, vertraglich abgesicherte Einräumung von Mitsprache- und Beteiligungsrechten, um einen kontinuierlichen Informations- und Erfahrungsaustausch und letztlich um die Suche nach und Realisierung von gemeinsamen Problemlösungen.[128] Erfolgreiche interkommunale Zusammenarbeit im Rahmen der kommunalen Wirtschaftsförderung kann insofern maßgeblich zu erfolgreichen Teillösungen eines komplexeren Problems führen.

Michael Kaiser: Vernetzung, Austausch und Unterstützung für einen starken Standort Region Stuttgart

Was ist die WRS?

Die Wirtschaftsförderung Region Stuttgart GmbH (WRS) ist die zentrale Ansprechpartnerin für Kommunen, Investoren, Unternehmen, Start-ups und Fachkräfte zum Thema Wirtschaft in der Region Stuttgart. Die Region Stuttgart umfasst die Landeshauptstadt Stuttgart und die fünf umliegenden Landkreise Böblingen, Esslingen, Göppingen, Ludwigsburg und Rems-Murr. Mit ihrer Arbeit macht die WRS die Qualitäten der Region Stuttgart bekannt, fördert mit zahlreichen Projekten und Angeboten die wirtschaftliche Entwicklung des Standortes und koordiniert dabei alle mit regionaler Wirtschaftsförderung zusammenhängenden Aktivitäten. Zu den strategischen Aufgaben gehören: Akquisition von Unternehmen, Investorenservices, die Unterstützung von Unternehmensgründungen, die Förderung regionaler Branchen- und Innovationsnetzwerke und des Wissenstransfers zwischen Forschungseinrichtungen und regionaler Wirtschaft, Maßnahmen zur Fachkräftesicherung sowie nationales und internationales Standortmarketing. Ein wesentlicher Treiber für die Arbeit der WRS ist die Förderung von Innovation in der Region Stuttgart.

Die WRS vernetzt Unternehmen, Forschungseinrichtungen, Hochschulen, Kommunen und Akteure des regionalen Innovations-Ökosystems. Der Fokus ihrer Arbeit liegt auf aktuellen Themen und Herausforderungen, wie der Diversifikation der Branchenstruktur mit Fokus auf Zukunftstechnologien, der Transformation und den Anpassungsprozessen in der Automobilwirtschaft und des Maschinenbaus, der Förderung nachhaltiger und umweltschonender Technologien, der Digitalisierung in der Wirtschaft, der Fachkräftequalifizierung oder der Knappheit bei Gewerbeflächen. Die WRS wurde im Jahr 1995 gegründet. Als Tochter des Verbandes Region Stuttgart (VRS) und mit weiteren Gesellschaftern wie Gewerkschaften, Kammern, Kommunen und Verbänden ist sie ein öffentlich getragenes Unternehmen.

Wofür steht die WRS?

Mit der Gestaltung von Transformationsprozessen kennt die WRS sich aus wie kaum eine zweite Entwicklungsgesellschaft in Land und Bund. Mitte der 1990er Jahre stand die Wirtschaftsregion vor einem tiefgreifenden Wandel der sie prägenden Automobilwirtschaft: Insbesondere fortschreitende Automatisierungsprozesse in der Produktion hatten für Freisetzungen bei Herstellern und Zulieferern im eng verzahnten Automotive-Cluster gesorgt, die in ihrem Ausmaß nicht nur die Wertschöpfungsketten der Branche selbst, sondern in ihrer Wucht auch die öffentlichen Haushalte und in letzter Konsequenz sogar den sozialen Frieden am Neckar und seinen Nebenflüssen gefährdeten.

So wurde 1994 zunächst die Region Stuttgart als erste politisch verfasste und auch heute in dieser Konstellation noch einzigartige Region per Landesgesetz aus der Taufe gehoben und mit der Pflichtaufgabe der regional bedeutsamen Wirtschaftsförderung betraut – einer Aufgabe, die der Verband Region Stuttgart 1995 seiner eigens zu diesem Zweck gegründeten Tochtergesellschaft übertrug. Die WRS richtet ihre Arbeit in der Region Stuttgart an sechs Schwerpunkten aus, die eng miteinander verwoben sind, effizient ineinander greifen und so grundlegend zur dauerhaften Stärkung des Wirtschafts-, Wissenschafts- und Arbeitsstandorts Region Stuttgart beitragen: Begleitung von Investitionen und Ansiedlungen, Beförderung des technologischen Wandels und der Digitalisierung, Vorantreiben der nachhaltigen Nutzung von Ressourcen, Förderung von Unternehmertum und Kreativität, Unterstützung der Gestaltung der Arbeitswelt und der Fachkräftesicherung und Positionierung des Standorts Region Stuttgart.

Modellhaft: die verfasste Region Stuttgart

Von den zwölf Regionen Baden-Württembergs ist die Region Stuttgart mit 2,8 Millionen. Einwohnern nicht nur die erste, sondern auch immer noch die einzige mit einer direkt gewählten Regionalversammlung. Ihr gehörten in ihrer 30-jährigen Geschichte von (Ober-)Bürgermeistern über Landräte, Kreisräte und Gemeinderäte bis hin zu Mitgliedern des Landtags und des Bundestags bereits Vertreter aller Verwaltungsebenen an. Die Regionalwahl findet alle fünf Jahre gemeinsam mit Kommunal- und Europawahl statt und ist damit eingebettet in den Kontext zweier für den Erfolg des Standorts elementarer Ebenen von Politik und Verwaltung.

Zwar wurden dem Verband Region Stuttgart als Körperschaft des öffentlichen Rechts seine Aufgaben per Landesgesetz zugewiesen. Doch die dazugehörige, regional bedeutsame Wirtschaftsförderung muss auch als Bindeglied zwischen Brüssel und den 179 Städten und Gemeinden in der Region Stuttgart verstanden werden, was auch sogenannte Europabeauftragte beweisen, die die Europaarbeit von Wirtschaftsförderung und Verband Region Stuttgart (VRS) auf kommunaler Ebene unterstützen, also u. a. die Einwerbung europäischer Förderungen und die Teilhabe an europäischen Netzwerken – dafür unterhält die WRS sogar ein Europabüro in Brüssel. Nicht nur hier gilt: Was Einzelne nicht vermögen, gelingt ihnen getreu dem regionalen Motto, wenn sie ihre „Kräfte bündeln".

Einmalig: die Kreiswirtschaftsförderung

Ein deutschlandweit einzigartiges Netzwerk besteht zwischen den Wirtschaftsförderkollegen in der Region Stuttgart. Das „Esslinger Modell" der Kreiswirtschaftsförderung, das im Jahr 2002 im Landkreis Esslingen startete, sieht vor, dass die Kreiswirtschafsförderer bei der WRS angestellt sind, den Arbeitsplatz im jeweiligen Landratsamt haben und in die Kreisverwaltung integriert sind. Die Kreiswirtschaftsförderer tauschen sich regelmäßig mit den Kollegen der WRS und auch mit dem VRS aus, um die jeweiligen Arbeitsinhalte abzustimmen und zu koordinieren. Die Kreiswirtschaftsförderer treffen sich wiederum mehrmals im Jahr mit den kommunalen Kollegen im jeweiligen Kreis. Die Ergebnisse und Anregungen dieser Treffen fließen direkt in die Arbeit der WRS ein. Diese Struktur ermöglicht eine eng vernetzte und effektive Zusammenarbeit auf allen Ebenen der Wirtschaftsförderung. Aus diesem Grund ist das Modell seit vielen Jahren in allen Landkreisen als flächendeckendes Netz innerhalb der Region Stuttgart erfolgreich im Einsatz.

Aufgabenteilig: die Zusammenarbeit mit den Städten und Gemeinden der Region

Über dieses Netzwerk hinaus hält die WRS direkt Kontakt mit den kommunalen Wirtschaftsförderern in der Region. Alle 179 Kommunen haben einen Ansprechpartner für Wirtschaftsförderung. In den kleinen Kommunen sind dies meist die Bürgermeister, in rund 60 Städten und Gemeinden gibt es eine konkrete Ansprechperson für Wirtschaftsförderung. Um neuen Wirtschaftsförderern das Kennenlernen der WRS und auch der regionalen Strukturen zu erleichtern, bietet die WRS einen Welcome Service an. Bei einem persönlichen Gespräch werden die Service-Angebote und wichtige Projekte der WRS vorgestellt. Das Gespräch ermöglicht ein gegenseitiges Kennenlernen und den Austausch über aktuelle Wirtschaftsförderungsthemen in der jeweiligen Kommune.

Ein Format für den regelmäßigen Austausch sind die Netzwerkgespräche. Bei den Veranstaltungen greift die WRS für die Kommunen wichtige Fachthemen auf, stellt die Dienstleistungen der regionalen Wirtschaftsförderung oder von Partnern in der Region vor und zeigt Best-Practice-Beispiele aus Kommunen und Institutionen der Region Stuttgart auf. Die Netzwerkgespräche bieten die Möglichkeit des gegenseitigen persönlichen Kennenlernens und des regelmäßigen fachlichen Austausches zwischen regionalen und kommunalen Akteuren. So trägt die WRS dazu bei, einen aktiven Austausch auf allen Ebenen der Wirtschaftsförderung zu ermöglichen. Grundsätzliches Verständnis der WRS ist es dabei, Partnerin und Dienstleisterin für Unternehmen, für Städte und Gemeinden sowie für alle Akteure der Wirtschaftsförderung wie z. B. Ministerien, Kammern, Verbände und wirtschaftsfördernde Organisationen zu sein.

Ausgangslage

Nachdem die Auswirkungen der Corona-Pandemie und des Ukraine-Kriegs in fast allen wirtschaftlich relevanten Bereichen große Umwälzungen mit sich gebracht oder verstärkt haben, sind die vielfältigen Herausforderungen, denen man in der Region Stuttgart bereits vor Beginn der Krise durch einen vorausschauenden Wandel zu begegnen versuchte, zum „neuen Normal" geworden. Somit ist dies nicht mehr nur ein Thema für Experten, sondern auch von gesamtgesellschaftlicher Relevanz. Dementsprechend muss die soziale Krisenbewältigung mehr denn je mit der angestrebten mittelfristigen ökonomischen Erholung und der langfristigen Erreichung aller ökologischen Ziele verbunden werden. Denn auch wenn viele der oben genannten Faktoren hemmend auf regionale Unternehmen und Institutionen wirken können, setzen diese doch ihre bewährte Problemlösungskompetenz ein – sei es bei der Umsetzung neuer Geschäftsmodelle, der Schaffung zukunftssicherer Arbeitsplätze oder der Entwicklung neuer Produkte und Dienstleistungen.

Gemeinsam mit dem Land Baden-Württemberg ging und geht die Region Stuttgart strategisch auf diese Entwicklungen ein, um in der Europäischen Union ein verlässlicher Wirtschafts- und Innovationsstandort zu bleiben sowie Vorreiter in Sachen Nachhaltigkeit zu werden. Grundlegende Aufgabe der Wirtschaftsförderung ist dabei, von entsprechenden Förderkulissen zu profitieren und diese für die regionale Wirtschaft verfügbar zu machen. Eine drohende Deindustrialisierung kann aber angesichts immer noch großer Interdependenzen allein dadurch nicht aufgefangen und zum allgemeinen Problem für den Produktionsstandort Region Stuttgart werden. Zurückgehende Direktinvestitionen in Deutschland insgesamt zeigen, dass dringend die politischen Rahmenbedingungen für mehr Planungs- und Entscheidungssicherheit und somit mehr Innovationen und Investitionen am Standort und in den Standort verbessert werden müssen.

Ausblick

Bei allen Erfolgen und Beiträgen zur Diversifizierung der wirtschaftlichen Strukturen steht die Region Stuttgart also erneut vor Herausforderungen, die in ihrem Ausmaß und in ihrer Gleichzeitigkeit höchstens mit jenen Krisen vergleichbar sind, die zur Gründung der WRS führten – wiederum ausgehend vom immer noch prägenden Fahrzeug- und Maschinenbau: Die andauernde sog. „Twin Transition" aus Dekarbonisierung und Digitalisierung wird akut durch brüchige Lieferketten, hohe Energiepreise und Inflation erschwert, hinzu kommen ein grundlegender Fachkräfte- und Flächenmangel sowie umfangreiche bürokratische Herausforderungen. Und über alledem steht der uns nicht nur ökonomisch, sondern existenziell bedrohende und somit zum Handeln verpflichtende Klimawandel. In all diesen Schwierigkeiten und Herausforderungen liegen aber auch Chancen.

Es ist Aufgabe der WRS, diese Chancen zu erkennen und die regionale Wirtschaft dabei zu unterstützen, sie zu ergreifen. Wasserstoff und Brennstoffzelle, Elektromobilität, Umwelttechnologien, Smart Production, Virtuelle Realität, Quantentechnologien und Künstliche Intelligenz sind nur einige Antworten auf die großen Herausforderungen, die in den vergangenen Jahren gegeben wurden und bei denen die WRS – in bewährten Kooperationen mit ihren Gesellschaftern, Kommunen und vielen Partnern – ihren Beitrag leistete.

Immer ging und geht es darum, die Unternehmen in einer hochinnovativen, kreativen, starken und anpassungsfähigen Region bestmöglich zu unterstützen und Zukunftstechnologien zu etablieren. Die Meilensteine der WRS, die sie seit 1995 zusammen mit ihren Partnern, Wegbegleitern und Unterstützern umsetzen durfte, zeigen nicht nur die Themenvielfalt der WRS, sondern auch, dass sie oft Vorreiterin war und die Region nicht nur inhaltlich bei nachhaltiger Mobilität oder Kreislaufwirtschaft frühzeitig auf Entwicklungen aufmerksam machen konnte, die für deren fortgesetzten wirtschaftlichen Erfolg elementar waren. So wurden aus der WRS heraus Initiativen wie die Innovations- und Kompetenzzentren und eine internationale Bauausstellung oder der regionale Breitbandausbau und ein regionaler Welcome Service entwickelt und in eigenen Strukturen etabliert. Damit trug sie auch dazu bei, dass Kommunen auch den Fachkräften, die die Unternehmen am Standort heute dringender denn je benötigen, ein mit einem tragfähigen Verkehrsnetz und guten Bildungs- und Betreuungseinrichtungen arbeitnehmerfreundliches Umfeld bieten und die Region Stuttgart zu einem attraktiven Standort zum Leben und Arbeiten machen konnten.

Große Ansiedlungserfolge wie der Forschungscampus von Bosch in Renningen oder Thales in Ditzingen zeigen die Wirksamkeit des regionalen Ansatzes, Wertschöpfung am Standort zu halten und wachsen zu lassen, den die WRS gemäß ihrer konsequenten, auf Einbindung aller relevanten regionalen Akteure basierenden Strategieentwicklung seit bald 30 Jahren erfolgreich verfolgt. Mit der modellhaften Implementierung von Zukunftsthemen in der Region Stuttgart wie Quantentechnologien im Rahmen der Messe „Quantum Effects", Künstliche Intelligenz in der genossenschaftlich organisierten KI-Allianz Baden-Württemberg, dem Aufbau von Smart Production für IT-Hardware und dem Bioökonomie-Cluster „BioCores" will die WRS dem an sie und sich selbst gestellten Anspruch gerecht werden, innovative Instrumente der Wirtschaftsförderung zu entwickeln und im Zusammenspiel mit kommunalen Akteuren zur gelungenen Weiterentwicklung eines starken Standorts einzusetzen.

Zum Autor

Michael Kaiser ist seit 2023 Geschäftsführer der Wirtschaftsförderung Region Stuttgart GmbH (WRS). Daneben ist er Aufsichtsratsvorsitzender der Bio Regio STERN Management GmbH, der Gigabit Region Stuttgart GmbH sowie der Film- und Medienfestival gGmbH und sitzt im Vorstand der KI-Allianz Baden-Württemberg. Vor seiner Tätigkeit bei der WRS war Kaiser viele Jahre Direktor der Wirtschaftsförderung der Stadt Karlsruhe. Der gelernte Industriekaufmann und Diplom-Geograf ist verheiratet und hat zwei Kinder.

Kontakt: wrs@region-stuttgart.de

8.3 Interkommunale Konkurrenz und Kooperation

8.3.1 Ausgangssituation: Wettbewerb der Standorte

Die interkommunale Zusammenarbeit erstreckt sich heute nahezu über das gesamte Spektrum des kommunalen Aufgabenkatalogs. Insbesondere im Rahmen der gemeinschaftlichen Vorhaltung materieller Infrastrukturleistungen, z. B. in Form von Krankenhäusern, Rettungsdiensten oder bei der gesamten Ver- und Entsorgung, ist interkommunale Zusammenarbeit eine seit Langem geübte und moderne Verwaltungspraxis.

Nicht so im Rahmen der kommunalen Wirtschaftsförderung: Gerade dieser kommunalpolitisch äußerst „sensible" Bereich zeichnet sich seit jeher durch ein ausgeprägtes Konkurrenzdenken der Städte und Gemeinden untereinander aus (sog. horizontale Konkurrenz), das mit den beiden schillernden und oft zitierten politischen Schlagworten „Bürgermeister-Wettbewerb" und „Kirchturmpolitik" wohl am treffendsten umschrieben werden kann. Aber auch zwischen den kreisangehörigen Gemeinden und Städten auf der einen und den übergeordneten Landkreisen auf der anderen Seite ist nicht selten ein Konkurrenzdenken anzutreffen (sog. vertikale Konkurrenz).

Wie die Ausführungen zur historischen Entwicklung der kommunalen Wirtschaftsförderung zeigen, waren bereits die mittelalterlichen Stadtwirtschaften darauf bedacht, Handwerker und Kaufleute anzusiedeln. Die damaligen Stadtherren versuchten mit vielen Versprechungen, Gewerbetreibende sprichwörtlich „in ihren Bann" zu ziehen und boten ihnen nennenswerte Vorteile bis hin zur Gewährung weitgehender Freiheiten.

Aber auch in den Gründerjahren während der zweiten Hälfte des 19. Jahrhunderts haben deutsche Städte und Gemeinden um die Neuansiedlung von bedeutenden Industrieunternehmen geradezu gerungen, wie das Beispiel der erfolgreichen und unter strategischen Gesichtspunkten richtungsweisenden Ansiedlung der Badischen Anilin- und Sodafabrik (BASF) in Ludwigshafen am Rhein im Jahr 1865 zeigt. Damals konnten die Ludwigshafener Stadtherren durch die Konzessionsvergabe an die BASF im jahrelang andauernden Konkurrenzkampf mit der benachbarten Stadt Mannheim einen bedeutenden Industriebetrieb heranziehen, der in den Folgejahren weitere Ansiedlungen nach sich zog und damit wesentlich zur Diversifizierung der bis dahin allein auf den Handel ausgerichteten Wirtschaftsstruktur Ludwigshafens beigetragen hat.

Dieser allgemeine Wettbewerb um die Ansiedlung bzw. Heranziehung von potenten Industrie- und Gewerbebetrieben in Deutschland erfuhr nach dem Ersten Weltkrieg eine neue Dimension, mussten doch gerade jetzt die vielerorts zerstörten und demontierten Fabrikanlagen wieder neu aufgebaut werden. Im Deutschen Kommunalkalender

1924/25, dem seinerzeit in Berlin publizierten Terminkalender und Handbuch für Verwaltungsbehörden, wurde die aggressive Haltung der Kommunen im Rahmen ihrer Industrieansiedlungspolitik dementsprechend kritisch und treffend kommentiert:[129]

> „Bei den Bestrebungen mancher Gemeinden, um jeden Preis Industrie heranzuziehen, kann man sich des Gefühles nicht erwehren, dass zuweilen übertriebener Lokalpatriotismus oder, was noch schlimmer ist, übereilte Projektemacherei die Triebfeder bilden."

Eine Feststellung, die sich vermutlich auch auf die heutige Zeit ohne Weiteres übertragen lässt, wenn man den Reportagen über die Ansiedlungspraktiken deutscher Kommunen Glauben schenkt. Aber auch durch verschiedene kommunalwissenschaftliche Untersuchungen auf empirischer Basis, allen voran des Deutschen Instituts für Urbanistik (Difu), wird bestätigt, dass sich die Situation auf dem kommunalen Standortmarkt seit damals nicht wesentlich verändert hat; vielmehr ist spätestens seit Mitte der 1970er Jahre eine Verschärfung der interkommunalen Konkurrenz zu registrieren.

8.3.2 Verschärfung interkommunaler Konkurrenz

Die Ursachen für die Verschärfung des interkommunalen Wettbewerbs liegen hauptsächlich in der Veränderung der allgemeinen kommunalpolitischen Rahmenbedingungen seit den frühen 1970er Jahren: Noch in den 1950er und 1960er Jahren war kommunale Wirtschaftsförderung eine vergleichsweise problemlose, d.h. durchaus erfolgversprechende Aufgabe, die sich angesichts einer nahezu im Vollbeschäftigungszustand befindlichen deutschen Volkswirtschaft und eines ausreichend hohen Neuansiedlungspotenzials in der Regel in einer Neuansiedlung möglichst leistungsfähiger Unternehmen im eigenen Gemeindegebiet erschöpfte. Im Laufe der 1970er Jahre aber stieg die Arbeitslosigkeit stark an und das industrielle Neuansiedlungspotenzial war stark rückläufig. So standen zu jener Zeit einer durchschnittlichen Zahl von ca. 500 an- bzw. umsiedlungswilligen Industriebetrieben jährlich etwa 800 mitunter sehr stark interessierte Kommunen in der Bundesrepublik Deutschland gegenüber.

Die Verschärfung der interkommunalen Konkurrenz hatte aber auch spezifische Ursachen. Zusätzliches Konfliktpotenzial entstand einerseits innerhalb von verdichteten Gebieten infolge der Abwanderung von Arbeitskräften bzw. Einwohnern und der intraregionalen Verlagerung von Betrieben aus den Kernstädten ins benachbarte Umland sowie andererseits zwischen Verdichtungsgebieten und peripheren, meist schwach strukturierten Räumen, wo sich das Attraktivitätsgefälle zugunsten der verdichteten Gebiete verstärkte. Zudem war und ist der interkommunale Wettbewerb um

Arbeitsplätze und Steuereinnahmen dadurch gekennzeichnet, dass es sich bei dem Markt für Neuansiedlungen um einen typischen „Käufermarkt“ handelt, auf dem die wenigen umworbenen Betriebe den vielen werbenden Kommunen die Konditionen diktieren können.

Bis heute – und selbst in Phasen der Hochkonjunktur der vergangenen Jahre, unterbrochen von den Eindrücken der Weltfinanz- (2009) und Coronakrise (2020) – ist das interregionale industrielle Neuansiedlungspotenzial ausweislich empirischer Untersuchungen als äußerst gering einzustufen. Die Situation verschärft sich durch die zunehmende „Deindustrialisierung“ der deutschen Wirtschaft infolge einer neuen Abwanderungswelle der deutschen Industrieproduktion ins Ausland, u. a. motiviert durch die stark gestiegenen Energiepreise infolge des russischen Kriegs in der Ukraine sowie den schlechten Noten für das internationale Image des Wirtschaftsstandorts Deutschland beim Blick von außen.[130]

Erschwerend kommt hinzu, dass sich die Zahl der konkurrierenden Gemeinden im Zuge der deutschen Vereinigung sowie der nachfolgenden Gebietsreformen bzw. Gemeindefusionen zwischenzeitlich auf mehr als 11700, darunter knapp über 2000 Städte, erhöht hat.[131] Die vielfältigen Akquisitionsbemühungen einzelner Kommunen im Rahmen der Wirtschaftsförderung bzw. des Standortmarketings sind insofern wohl als wenig aussichtsreich einzustufen.

8.3.3 Notwendigkeit der Zusammenarbeit

Obwohl die Kommunen seit jeher mehr oder weniger stark um die Ansiedlung wirtschaftlich potenter Unternehmen konkurrieren und angesichts der ohnehin immer geringer werdenden Erfolgsaussichten einer einseitig auf die Ansiedlungsförderung ausgerichteten Wirtschaftsförderungsstrategie spätestens seit Mitte der 1980er Jahre auch die Bestandspflege stärker in den Vordergrund ihrer Bemühungen rückten, werden in Zukunft trotzdem weite Bereiche der kommunalen Wirtschaftsförderung nicht mehr allein auf der Ebene einzelner Städte, Gemeinden und Kreise betrieben werden können.

Es besteht also heute vielmehr noch als früher die Notwendigkeit regionaler Kooperation. Auch und gerade in Zukunft wird daher im Rahmen der kommunalen Wirtschaftsförderung, wenn sie erfolgreich, zukunftsorientiert und effektiv betrieben werden soll, die interkommunale Zusammenarbeit in Form von regionalen Kooperationen, Netzwerken und strategischen Allianzen zwischen öffentlichen und/oder privaten Akteuren weiter an Bedeutung gewinnen.

Doch obwohl über die Notwendigkeit zur Regionalisierung bzw. interkommunalen Zusammenarbeit im Rahmen der Wirtschaftsförderung sowohl in der kommunalwissenschaftlichen Literatur als auch in den kommunalen Spitzenverbänden seit Jahrzehnten grundsätzlich Einigkeit besteht, hat sich in der kommunalen Praxis dagegen jahrelang ein mitunter abweichendes Bild geboten.

Auch die Fachkommission Wirtschaftsförderung des Deutschen Städtetages (DST) wies zuletzt im Jahr 2018 mit Blick auf den verstärkten Standort- und Regionalwettbewerb nochmals explizit darauf hin, dass angesichts knapper Ressourcen, technologischer Entwicklungen und zunehmendem Wettbewerb eine stärkere Verflechtung und Kooperation mit anderen Kommunen zu einzelnen wirtschaftlichen Bereichen sinnvoll ist, um die Standortqualität der gesamten Region zu verbessern.[132]

8.3.4 Vorteile und Erfolgsfaktoren regionaler Kooperation

In der Literatur und Praxis finden sich konkrete Hinweise darauf, welches die entscheidenden Motive interkommunaler bzw. regionaler Kooperation in der kommunalen Wirtschaftsförderung sind. Neben den an anderer Stelle bereits dargestellten allgemeinen Vorteilen, die sich grundsätzlich aus einer interkommunalen Zusammenarbeit im Rahmen der kommunalen Aufgabenerfüllung ergeben können (insbesondere Koordinationsvorteile, Größenvorteile sowie Vorteile aus der Internalisierung externer Effekte), kommen im Bereich der kommunalen Wirtschaftsförderung eine Reihe weiterer spezifischer Vorteile zum Tragen, die im Einzelfall den konkreten Anlass für eine regionale Kooperation bilden können.

Kooperationsvorteil 1 | Abbau der Erpressbarkeit von Gemeinden

Ein wesentlicher spezifischer Kooperationsvorteil ist sicherlich der Abbau der Erpressbarkeit der einzelnen Gemeinden innerhalb einer Region. Aufgrund des äußerst geringen industriellen Neuansiedlungspotenzials agieren die Kommunen – wie bereits erwähnt – auf einem für sie typischen „Käufermarkt". Unzureichende Abstimmung und Koordination der Kommunen untereinander kann von den vergleichsweise wenigen Standort suchenden Unternehmen als Druckmittel benutzt werden, um sie gegeneinander auszuspielen und somit unangemessene finanzielle Begünstigungen zu erhalten; zum Teil wird in diesem Zusammenhang auch von „Mitnahmeeffekten" gesprochen. Hier könnte es etwa im Rahmen der Festsetzung der Realsteuerhebesätze – ganz im Sinne der neoklassischen Oligopoltheorie für den Fall der beiderseitigen Anpassung – zu einer automatischen Anpassung der individuellen Hebesätze innerhalb einer Region kommen, wenn eine stabile Kompromisslösung durch die einzelnen Gemeinden angestrebt wird bzw. dies im eigenen Interesse der Gemeinden ist.

Kooperationsvorteil 2 | Überwindung ressourcenbedingter Engpässe

Ein zweiter wichtiger spezifischer Kooperationsvorteil im Rahmen der kommunalen Wirtschaftsförderung ist die Überwindung ressourcenbedingter Engpässe. In der Praxis liegen diese Engpässe im Allgemeinen in Form von Finanzknappheit, Personalknappheit oder allgemeiner gesprochen: Ressourcenknappheit vor. Nicht selten wird interkommunale Zusammenarbeit – zumindest aus städtebaulicher Sicht – erst durch konkrete „Zwangssituationen" möglich bzw. angestrebt. Als solche Zwangssituationen kommen insbesondere eine absolute und kurzfristig nicht behebbare Gewerbeflächenknappheit, eine gemeinsame Bedrohung, etwa in Form einer Müllverbrennungsanlage, oder Restriktionen aufgrund landes- bzw. regionalplanerischer Vorgaben infrage; oftmals ist es aber auch die schiere Größe der Aufgabe, die von zumeist kleineren Gemeinden nicht bewältigt werden kann wie z. B. die Konversion ehemaliger militärischer Liegenschaften.

Kooperationsvorteil 3 | Nutzung von Synergiepotenzialen

Eine sinnvolle Kombination der jeweiligen Stärken und Potenziale durch interkommunale bzw. regionale Zusammenarbeit im Rahmen der Wirtschaftsförderung kann auch zur Nutzung von Synergiepotenzialen für alle Beteiligten führen. Zudem hängt die Attraktivität einer Gemeinde oder Stadt als Wirtschafts- und Wohnstandort im Zuge der voranschreitenden Internationalisierung und Globalisierung der Unternehmen und Märkte immer weniger ausschließlich von den örtlichen Gegebenheiten ab als vielmehr von den allgemeinen Rahmenbedingungen der gesamten Wirtschaftsregion.

Kooperationsvorteil 4 | Erfüllung raumbedeutsamer Politiken und Planungen

Auch in der Möglichkeit einer optimalen Erfüllung raumbedeutsamer Politiken und Planungen gegenüber der isolierten Aufgabenerfüllung ist ein spezifischer Kooperationsvorteil im Rahmen der kommunalen Wirtschaftsförderung zu sehen. Die nach dem Willen des Gesetzgebers gebotene allgemeine Begrenzung des

Flächenverbrauchs kann hier insbesondere durch die Ausweisung eines gemeinsamen, von mehreren Kommunen geplanten und erschlossenen Industrie- und Gewerbegebiets erfolgen. Zusätzlich wird dadurch eine bessere Verträglichkeit bzw. Vereinbarkeit von landschaftlichen, ökologischen und ökonomischen Belangen gewährleistet und insofern werden die angesprochenen Zielkonflikte reduziert.

Es kann grundsätzlich davon ausgegangen werden, dass die nachfolgenden, stichwortartig aufgezählten Voraussetzungen bzw. Rahmenbedingungen unbedingt erfüllt sein müssen, damit eine interkommunale bzw. öffentlich-private Kooperation im Rahmen der Wirtschaftsförderung überhaupt zum Erfolg führen kann:[133]

- Begrenztheit des Kooperationsgegenstandes
- Realisierbarkeit der Kooperationsziele
- Lokalität bzw. Regionalität der Initiative
- Geeignetheit der Organisationsform
- Freiwilligkeit der Kooperation
- Entwicklungsperspektiven für die Kooperation
- Legitimation durch die Politik
- Dauerhaftigkeit der Kooperationsvereinbarung

8.4 Implementierung regionaler Kooperation

8.4.1 Kooperationsbedarf

Bevor es überhaupt zu einer Kooperation im Rahmen der kommunalen Wirtschaftsförderung kommen kann, müssen – quasi als unabdingbare Voraussetzung – zunächst konkrete kommunale Engpässe vorliegen, identifiziert und analysiert werden. Erst wenn eine Kommune die zur Beseitigung der Engpässe erforderlichen Mittel bzw. Ressourcen nicht allein aufbringen kann oder will, entsteht überhaupt ein konkreter Kooperationsbedarf (sachlicher Aspekt).

8.4.2 Kooperationsgegenstände

Theoretisch können die Kommunen auf vielen Gebieten im Rahmen der kommunalen Wirtschaftsförderung mehr oder weniger eng zusammenarbeiten. Diese Heterogenität möglicher Kooperationsbereiche resultiert zum einen aus der dargestellten Breite des damit zusammenhängenden Aufgabenspektrums sowie des zur Verfügung stehenden Instrumentariums und zum anderen aus den lokalen bzw. regionalen Disparitäten hinsichtlich der konkreten sozioökonomischen und der – nicht zu unterschätzenden – (partei-) politischen Ausgangssituationen.

Für eine institutionalisierte interkommunale bzw. öffentlich-private Zusammenarbeit kommen insbesondere drei Aufgabenkomplexe infrage, die sich im Rahmen einer zeitgemäßen und effektiv betriebenen kommunalen Wirtschaftsförderung geradezu anbieten (inhaltlicher Aspekt).[134] Im Einzelnen sind dies:

- Gewerbeflächenmanagement
- Trägerschaft von Standortgemeinschaften
- Akquisition, Bestandspflege und Standort- / Regionalmarketing

Im Anschluss an die Ermittlung des konkreten Kooperationsbedarfs und der näheren Bestimmung des in Betracht kommenden Kooperationsgegenstandes im Rahmen der kommunalen Wirtschaftsförderung durch die kooperationswilligen Kommunen muss die Kooperation implementiert werden. Dabei gilt es, die folgenden Implementierungsprobleme einer befriedigenden Lösung für alle Beteiligten zuzuführen, da sie für den dauerhaften Erfolg einer Kooperation von ausschlaggebender Bedeutung sind:

- die Wahl des Kooperationspartners | räumlicher Aspekt
- die Wahl der Organisationsform | institutioneller Aspekt
- die Aufteilung von Kosten und Nutzen | finanzieller Aspekt

8.4.3 Implementierungsprobleme

Wahl der Kooperationspartner

Die Suche nach den geeigneten Kooperationspartnern ist für den späteren, dauerhaften Erfolg der Kooperation von entscheidender Bedeutung. Generell lassen sich bei der Wahl der Kooperationspartner zwei Vorgehensweisen unterscheiden: Kooperationen entstehen in der Praxis entweder eher zufällig oder sind Resultat einer bewussten und systematisch betriebenen Suche nach einem geeigneten Partner. Sind Kooperationen eher zufällig entstanden, so sind Konflikte in der Regel automatisch vorprogrammiert. Eine dauerhafte und erfolgreiche Partnerschaft wird sich daher nur nach einer ganz bewusst betriebenen und systematischen Suche bzw. Auswahl der Partner ergeben. Aber anders als bei privatwirtschaftlichen Unternehmen, denen zur Vermittlung von Kooperationspartnern im Allgemeinen eigens dafür eingerichtete Kooperationsbörsen der Kammern und Verbände zur Verfügung stehen, müssen die Kommunen selbst Eigeninitiative und Kreativität bei der Partnersuche im Rahmen der kommunalen Wirtschaftsförderung zeigen. Bei der Wahl geeigneter Kooperationspartner sind aber nicht nur wirtschaftliche und rechtliche Verhältnisse, sondern auch und gerade zwischenmenschliche Aspekte zu beachten. Das Vorhandensein eines Klimas gegenseitiger Offenheit und des Vertrauens unter den Beteiligten wird somit zur unabdingbaren Voraussetzung einer tragfähigen Basis für eine dauerhaft angelegte Kooperation und kann vertragliche Regelungen der Zusammenarbeit zwischen den Partnern nicht ersetzen.

Im Rahmen der Wirtschaftsförderung sehen sich die kooperationsbereiten Kommunen in der Praxis einer Vielfalt möglicher Kooperationspartner aus dem gesamten öffentlichen, halböffentlichen und dem privaten Sektor einer Stadt oder Region gegenüber; sie alle an dieser Stelle abschließend aufzuzählen, würde den Rahmen des vorliegenden Bandes sprengen. Exemplarisch wird daher im Folgenden auf kommunale Sparkassen sowie Industrie- und Handelskammern etwas näher eingegangen, da sie im Rahmen der lokalen bzw. regionalen Wirtschaftsförderung traditionell eine bedeutende Rolle spielen.

Geradezu prädestiniert für die Beteiligung an einer regionalen Kooperation in der kommunalen Wirtschaftsförderung sind zunächst die in öffentlicher Trägerschaft befindlichen kommunalen Sparkassen. Als öffentliche Unternehmen haben die Sparkassen einen öffentlichen Auftrag und dienen insofern auch dem kommunalen Gemeinwohl, das sie in erster Linie durch kommunale Wirtschaftspolitik fördern können. Eines der wichtigsten Bestandteile des Sparkassenorganisationsrechts überhaupt ist das sog. Regionalprinzip, die institutionelle Bindung an die Region bzw. an das Gebiet ihres Gewährträgers und insofern auch an die wirtschaftlichen und sozialen Bedürfnisse der dort lebenden Menschen. Kommunale Sparkassen leisten somit einen wichtigen Beitrag zur Festigung bzw. Erhöhung des Gemeinwohls in einer Region. Das Regionalprinzip der Sparkassen ist insofern ein wichtiger regionalpolitischer Ansatz für Aktivitäten in der lokalen und regionalen Wirtschafts- und Innovationsförderung. In einer empirischen Untersuchung des Deutschen Instituts für Urbanistik (Difu) konnte gezeigt werden, dass das Aufgabenspektrum der Sparkassen im Rahmen der Wirtschafts- und Innovationsförderung schwerpunktmäßig bei der Existenzgründungs- und Finanzierungsberatung liegt, gefolgt von der Auflage spezieller Kreditprogramme für Existenzgründer, der betriebswirtschaftlichen Beratung, weiteren Informations- und Schulungsveranstaltungen sowie der Vermittlung von FuE-Programmen.[135]

Neben den kommunalen Sparkassen kommen insbesondere die organisierten halböffentlichen Interessenvertretungen der Wirtschaft in Form der Industrie- und Handelskammern als mögliche Kooperationspartner infrage. Auch die Industrie- und Handelskammern sind sowohl auf die Wirtschaftsförderung als auch auf die Region bzw. ihren Bezirk ausgerichtet. In § 1 Abs. 1 des Gesetzes zur vorläufigen Regelung des Rechts der Industrie- und Handelskammern (IHK-Gesetz) werden die Industrie- und Handelskammern u. a. zur Wahrnehmung des Gesamtinteresses aller Gewerbetreibenden eines Bezirks und zur Förderung der gewerblichen Wirtschaft verpflichtet.[136] Neben dieser Funktion der Interessenvertretung leisten die Industrie- und Handelskammern auch vielfältige Beratungs- und Serviceleistungen, die in § 1 Abs. 2 IHK-Gesetz genannt sind. Danach können sie u. a. „[...] Anlagen und Einrichtungen, die der Förderung der gewerblichen Wirtschaft dienen, begründen, unterhalten und unterstützen [...]".

Die Industrie- und Handelskammern haben insofern als regionale Institutionen auch an der lokalen bzw. regionalen Wirtschaftsförderung einen maßgeblichen Anteil. Nach den Ergebnissen der zitierten Difu-Untersuchung umfasst das Aufgabenspektrum der Industrie- und Handelskammern im Bereich der lokalen Wirtschafts- und Innovationsförderung insbesondere die Vermittlung von betrieblichen Kooperationen, dicht gefolgt von der Finanzierungsberatung, der Standortberatung und der allgemeinen Unternehmensberatung. Information, Beratung und Weiterbildung gehören ebenfalls zu den wichtigen Aufgaben der Industrie- und Handelskammern.

Wahl der Organisationsform

Ist die Suche nach den geeigneten Kooperationspartnern erfolgreich abgeschlossen, haben sich die zukünftigen Partner im Falle einer Institutionalisierung der interkommunalen Zusammenarbeit in einem nächsten Schritt über die günstigste Organisationsform zur gemeinsamen Aufgabenerfüllung zu einigen. Dabei wird die Wahl der Organisationsform im Allgemeinen zunächst von Zweckmäßigkeitsgesichtspunkten bestimmt. In der Praxis werden aber vermutlich zusätzlich auch noch psychologische Aspekte in Form persönlicher Präferenzen der verantwortlichen Entscheidungsträger einen maßgeblichen Einfluss auf die zukünftige Organisationsform haben. Da bereits an anderer Stelle ausführlich auf die grundsätzlichen Wahlmöglichkeiten der Kommunen im Allgemeinen und die infrage kommenden Organisationsformen für die interkommunale Zusammenarbeit im Besonderen eingegangen wurde, kann an dieser Stelle auf die entsprechenden Darstellungen verwiesen werden.

Aufteilung der Kosten und Nutzen

Schließlich haben die Kommunen im Rahmen der Implementierung einer interkommunalen Zusammenarbeit gemeinsam über die „gerechte“ Aufteilung der anfallenden Kosten und Nutzen zu entscheiden. Dieser finanzielle Aspekt kann in der Praxis mitunter zu einem erheblichen Kooperationshemmnis werden. Aber wenn die Kommunen sich erst einmal für die Aufnahme einer Kooperation entschieden haben, sollten sie auch in der Lage sein, bei eventuell auftretenden Problemen eine für alle befriedigende Lösung zu finden. Denn gerade im Hinblick auf die finanziellen Aspekte interkommunaler Zusammenarbeit gilt:[137]

> „Der gemeinsame Wille zur Zusammenarbeit ist entscheidend und die Bereitschaft, in einem solchen Falle auf scheinobjektive „Kommagenauigkeit“ auch einmal zu verzichten.“

Dieser Aspekt kommt insbesondere dann zum Tragen, wenn es sich bei dem ins Auge gefassten Kooperationsgegenstand um ein gemeinsames Gewerbegebiet handelt. Auf einem Gewerbegebiet, das sich über die Gemarkungsfläche von zwei oder mehr Gemeinden erstreckt, können unterschiedlich hohe Realsteuerhebesätze in den einzelnen Belegenheitsgemeinden zu einem Problem werden. Da es sich ansiedlungswilligen Unternehmen nur schwer vermitteln lassen wird, sich in einem zwar nach außen hin einheitlich dargestellten und vermarkteten, gemeinsamen Gewerbegebiet niederzulassen, in dem aber unterschiedliche Hebesätze vorhanden sind, ist zunächst an eine Angleichung zu denken. Ist dies nicht möglich oder politisch nicht gewünscht, kommt für eine gewisse Übergangszeit auch eine abschnittsweise Besiedlung der Flächen dergestalt infrage, dass zuerst nur die auf eine Gemeinde entfallende Teilfläche des Gewerbegebiets in Anspruch genommen wird.

Aufteilung der Realsteuern

Damit unmittelbar in Zusammenhang steht die Aufteilung der Realsteuern. Liegen nämlich in einem gemeinsamen Gewerbegebiet Realsteuerhebesätze in unterschiedlicher Höhe vor, wird es in der Praxis sinnvoll sein, eine Aufteilung der Steuereinnahmen unter den Belegenheitsgemeinden – nach dem Prinzip des kleinsten gemeinsamen Nenners – auf der Basis des niedrigsten Hebesatzes durchzuführen. Der größte Nutzen einer solchen Regelung liegt auf Seiten der Gemeinde mit dem jeweils höchsten Realsteuerhebesatz, da die Steuereinnahmen, die über dem „gekappten" Hebesatz liegen, nicht auf die anderen Gemeinden verteilt zu werden brauchen.

Aufteilung der Kosten und Nutzen

Bevor jedoch Einnahmen über die Realsteuern erzielt werden können, müssen die beteiligten Gemeinden das gemeinsame Gewerbegebiet erst einmal planungsrechtlich ausweisen, erschließen und vermarkten. Zur Aufteilung der Kosten und Nutzen bzw. Erträge hat es sich in der Praxis häufig bewährt, die Verhältniszahlen der Einwohner als Maßstab für die Aufteilung zu wählen. Diese Form ist besonders dann ratsam, wenn es sich um Gemeinden handelt, die stärkere strukturelle Unterschiede aufweisen. Bei Gemeinden mit gleichmäßigerer Struktur wird dagegen die Zuteilung gleicher Anteile von Vorteil sein – auch im Hinblick auf den angestrebten Konsens aller Beteiligten.

8.5 Beispiel: Interkommunale Industrie- und Gewerbegebiete

Die Verfügbarkeit von Gewerbe- und Industrieflächen in ausreichender Quantität und Qualität zählt, wie bereits angesprochen, nach wie vor zu den wichtigsten Pull-Faktoren bei der Neuansiedlung im Rahmen der kommunalen Wirtschaftsförderung. Aufgrund der Flächen- und Ressourcenknappheit in Städten und Gemeinden primär des peripheren ländlichen Raumes haben sich in den vergangenen rund 35 Jahren – wenn auch anfangs nur recht zögerlich – erste erfolgversprechende interkommunale Kooperationsprojekte im Rahmen des kommunalen Gewerbeflächenmanagements in Form der gemeinsamen Planung, Ausweisung, Erschließung und Vermarktung von Industrie- und Gewerbeflächen gebildet, die im Allgemeinen als interkommunale Industrie- und Gewerbegebiete (IIG) bezeichnet werden.

Die interkommunalen Industrie- und Gewerbegebiete im Bundesgebiet wurden insbesondere durch die vom Institut für Landes- und Stadtentwicklungsforschung des Landes Nordrhein-Westfalen (ILS) durchgeführten empirischen Untersuchungen erfasst.[138]

Neben Nordrhein-Westfalen hat auch das Land Baden-Württemberg bereits früh – gemessen an den dort bereits bestehenden interkommunalen Industrie- und Gewerbegebieten – eine führende Rolle bei dieser Form der Regionalisierung im Rahmen der kommunalen Wirtschaftsförderung eingenommen. Mitte der 1990er Jahre entfielen allein auf Baden-Württemberg über ein Drittel (37,3 %) der seinerzeit ermittelten gemeinschaftlichen Industrie- und Gewerbegebiete, nämlich 22 von insgesamt 59 Projekten.[139] Nach Baden-Württemberg stellte seinerzeit auch Nordrhein-Westfalen mit 16 Projekten einen weiteren Großteil der interkommunalen Industrie- und Gewerbegebiete (27,1 %), gefolgt von Sachsen (sieben Projekte bzw. 11,9 %) und Rheinland-Pfalz (sechs Projekte bzw. 10,2 %). Mit weitem Abstand folgten die Länder Bayern, Hessen, Sachsen-Anhalt und Thüringen mit jeweils nur zwei Objekten, was einem Anteil an allen gemeinschaftlichen Gewerbegebieten im Bundesgebiet von 3,4 % entsprach.

Diese Dominanz Baden-Württembergs legt die Vermutung nahe, dass die Kooperation in Form von interkommunalen Industrie- und Gewerbegebieten bei der Vergabe von Fördermitteln besonders berücksichtigt wurde. Tatsächlich förderte etwa die baden-württembergische Landesregierung im Rahmen des „Entwicklungsprogramms Ländlicher Raum“ (ELR) und unter Beachtung der jeweils geltenden De-minimis-Verordnungen der EU bevorzugt solche Industrie- und Gewerbegebiete, die von mehreren Gemeinden in interkommunaler Trägerschaft erschlossen wurden, mit einem anteiligen Zuschuss von bis zu 40 % (Regelfördersatz) des gesamten Investitionsvolumens.

Die Tatsache, dass im Jahr 1994 von den 59 bundesweit ermittelten interkommunalen Projekten gerade einmal 16 Objekte tatsächlich in der Praxis bestanden, 16 sich noch in der Realisierungsphase befanden und 27 gar erst beabsichtigt waren, zeigt auch, dass dieser Aufgabenkomplex nur allmählich und erst etwa ab der zweiten Hälfte der 1980er Jahre im Rahmen der Regionalisierung kommunaler Wirtschaftsförderung auch konsequent in die Praxis umgesetzt wird.

Mitte der 2000er Jahre ging man davon aus, dass in Deutschland im Zeitraum 1995–2000 insgesamt rund 130 und im Zeitraum 2000–2005 insgesamt deutlich mehr als 250 interkommunale Gewerbegebiete geplant oder realisiert wurden, der größte Anteil davon in Nordrhein-Westfalen.[140] An dieser Größenordnung hat sich bis heute nichts verändert.[141]

Die interkommunalen Gewerbegebiete verteilen sich auf Basis der Angaben des ILS sehr ungleichmäßig auf die einzelnen Bundesländer. Die Mehrheit liegt nach wie vor in Nordrhein-Westfalen und Baden-Württemberg. Das Spektrum der Flächengröße ist sehr unterschiedlich und reicht von relativ kleinen (unter 20 ha) bis hin zu großen Gebieten (über 400 ha). In über 60 % der Fälle kooperieren nur zwei Städte bzw. Gemeinden miteinander; bei ca. 20 % sind es drei und bei knapp 10 % vier Kooperationspartner.

Hinsichtlich der Rechts- und Organisationsformen interkommunaler Gewerbegebiete hatten sich bis Erhebungszeitpunkt 38 % der ermittelten Projekte für den Zweckverband als Organisationsform entschieden; mit 9 % folgt die öffentlich-rechtliche Vereinbarung vor der privatrechtlichen GmbH mit 7 %. Kombinationen verschiedener Organisationsformen werden von 28 % der Kooperationsprojekte bevorzugt; der Grund für derartige Doppellösungen liegt vermutlich darin, dass zur Planung, Ausweisung und

Erschließung die Vorteile der öffentlich-rechtlichen Organisationsform genutzt werden, während die spezifischen Vorteile der privatrechtlichen GmbH insbesondere bei der Vermietung und Vermarktung der Flächen zum Tragen kommen sollen.

Markus Riesterer: Vom Fliegerhorst Bremgarten zum Gewerbepark Breisgau

Das 30-jährige Bestehen des Zweckverbandes Gewerbepark Breisgau gibt Anlass zu einem Überblick über die Konversion des früheren Militärflugplatzes Bremgarten zu einem inzwischen sehr erfolgreichen Gewerbe- und Industriegebiet. Der Gewerbepark Breisgau hat sich in dieser Zeit zu einem gelungenen Modell für die freiwillige interkommunale Zusammenarbeit der Region südlich von Freiburg entwickelt.

Historische Entwicklung

Auf dem 1953 von der französischen Luftwaffe 20 km südlich von Freiburg eröffneten Militärflugplatz war von 1968 bis 1994 das Aufklärungsgeschwader 51 der Bundeswehr stationiert. Nach der Bekanntgabe der Standortauflösung im Mai 1991 haben 12 Verbandsmitglieder zum 2. Oktober 1994 den Zweckverband Gewerbepark Breisgau gegründet. Ziel des Verbands war die Entwicklung eines interkommunalen Gewerbe- und Industriegebietes.

Organisation

Die Gemarkungsgemeinden haben wichtige hoheitliche Aufgaben (Bebauungspläne, Erschließung, Infrastruktureinrichtungen etc.) auf den Zweckverband übertragen. Dieser beschränkt sich auf diese hoheitlichen Aufgaben sowie die politische und finanzielle Gesamtsteuerung des Projekts. Seit Herbst 1997 hat der Zweckverband einen hauptamtlichen Verbandsdirektor, welcher derzeit als Beamter auf Zeit für fünf Jahre gewählt ist.

Das operative Geschäft wurde auf die 1997 vom Zweckverband gegründete Gewerbepark Breisgau GmbH übertragen, an der auch fünf regionale Kreditinstitute und die Freiburg Wirtschaftsimmobilien GmbH beteiligt sind. Die Gewerbepark Breisgau GmbH hat nicht nur die Vermarktung der Gewerbegrundstücke und die Vermietung von Gebäuden, sondern auch die Straßenunterhaltung und Grünflächenpflege, den Betrieb der Infrastruktur sowie die Projektsteuerung für die Erschließung übernommen.

Die Geschäftsführung der GmbH wird vom Verbandsdirektor des Zweckverbandes in Personalunion wahrgenommen. Die Aufgabenteilung zwischen dem Zweckverband und der GmbH hat sich bewährt. Die Verzahnung erfolgt durch den Verbandsdirektor, der auch Geschäftsführer der GmbH ist.

Planung

Von 1997 bis 2014 wurden die im Flächennutzungsplan dargestellten Bauflächen durch zwölf Bebauungspläne überplant (vier Industriegebiete, fünf Gewerbegebiete und drei Sondergebiete). Diese Bebauungspläne umfassen 250 ha brutto mit einer Nettogewerbefläche von 150 ha. Bei den übrigen Flächen handelt es sich neben der Verkehrsfläche um Ausgleichsflächen, die durch einen 1998 mit der Unteren Naturschutzbehörde geschlossenen städtebaulichen Vertrag als Gesamtkonzept für den Gewerbepark Breisgau entwickelt wurden.

Wegen der hohen ökologischen Wertigkeit des Magerwiesengeländes im Flugplatzbereich hat das Regierungspräsidium Freiburg für den östlichen Teil des Verbandsgebietes 1999 eine Rechtsverordnung über das Natur- und Landschaftsschutzgebiet „Flugplatz Bremgarten“ erlassen. Sie umfasst ein Gebiet von 267 ha (158 ha Naturschutzgebiet und 109 ha Landschaftsschutzgebiet). Es handelt sich um das erste Naturschutzgebiet, in dem ein Flugplatz mit erheblichem Flugverkehr betrieben wird.

Infrastruktur

Die Straßenverkehrsinfrastruktur für den Gewerbepark Breisgau ist im Wesentlichen von 1996 bis 2000 neu geschaffen worden. Den neuen Autobahnanschluss Hartheim-Heitersheim-Gewerbepark Breisgau und die Südanbindung des Gewerbeparks mit der neuen K4941 hat der Landkreis als Kreisstraßen mit GVFG-Fördermitteln für rund 13 Millionen Euro neu gebaut und bereits im September 1998 fertig gestellt. Das interne Straßennetz hat der Zweckverband 1998 bis 2000 vollständig neu gebaut und später auf jetzt rund neun Kilometer erweitert. Das 1994 stillgelegte Industriegleis wurde 1999 instand gesetzt und wieder in Betrieb genommen. Im Jahr 2005 erfolgte der weitere Ausbau für die Müllverbrennungsanlage TREA Breisgau, weil der dort verwertete Restabfall weitgehend auf der Schiene angeliefert wird. Seit 1997 wird die vorhandene Start- und Landebahn auf einer Länge von 1650 Meter für den Sonderlandeplatz genutzt, welcher für den Geschäfts- und Sportflugverkehr für Flugzeuge bis 20 Tonnen zugelassen ist. Seit 1998 hat der Gewerbepark Breisgau den ÖPNV mit Busverbindungen zum Bahnhof in Heitersheim, Bad Krozingen und Freiburg schrittweise ausgebaut.

Investitionen und Finanzierung

Der Zweckverband hat seine Ausgaben für die Entwicklung des Gewerbeparks durch vier verschiedene Einnahmen finanziert: die Konversionsförderung des Landes Baden-Württemberg, die Umlagen der Verbandsmitglieder, die Einnahmen aus Grundstücksverkäufen und die von den Gemarkungsgemeinden abgeführten Steueranteile. Eine wichtige Einnahmequelle des Zweckverbandes ergibt sich durch die teilweise Abführung des im Verbandsgebiet anfallenden Ist-Aufkommens an der Grundsteuer B (50 %) und an der Gewerbesteuer (90 %), zu der die fünf Gemarkungsgemeinden nach der Verbandssatzung verpflichtet sind. Von 1998 bis 2023 sind insgesamt 3,4 Millionen Euro aus den Einnahmen bei der Grundsteuer B und 52,9 Millionen Euro aus den Gewerbesteuereinnahmen an den Zweckverband abgeführt worden, insgesamt also 56,3 Millionen Euro (2013: Grundsteuer B 215 000 Euro; Gewerbesteuer 5,5 Millionen Euro). Längerfristig wird mit jährlichen Sonderausschüttungen an Steuereinnahmen von vier Millionen Euro gerechnet, die der Zweckverband an die Verbandsmitglieder ausschütten kann, soweit er diese nicht zur Deckung der Betriebskosten oder der Investitionen benötigt.

Der Schuldenstand des Zweckverbandes hat sich von 1996 bis 2017 erheblich verändert. Der Höchststand lag zwischen 1999 bis 2004 bei rund 22,5 Millionen Euro. Seit 2017 ist der Zweckverband schuldenfrei.

Grunderwerb und Grundstücksverkäufe

Seit Dezember 1996 bis zum Sommer 2024 hat der Zweckverband bisher an 157 Investoren Grundstücke mit einer Gesamtfläche von 142 ha verkauft von insgesamt 150 ha. 75 % der angesiedelten Firmen kommen aus Mitgliedsgemeinden des Zweckverbandes. Sie haben entweder zur Betriebserweiterung ihren Standort in den Gewerbepark Breisgau verlegt oder dort eine zusätzliche Niederlassung errichtet. Die anderen Grundstücke sind meist an Firmen aus der Region oder an neu gegründete Betriebe verkauft worden. Es gibt inzwischen auch einige überregionale Ansiedlungen.

Gewerbeansiedlung und Arbeitsplätze

Die bisherigen Ansiedlungen umfassen Firmen vor allem aus den folgenden Bereichen: Fotogroßlabor, Automobilzulieferer, Lasertechnik, Medizintechnik, Metall- und Maschinenbau, Feinmechanik. Schwerpunkte sind Logistik, Abfallwirtschaft und Energieerzeugung; hinzu kommen Handwerks- und Dienstleistungsbetriebe.

Im Sondergebiet TREA-Breisgau hat ein privater Investor für 83 Millionen Euro die Müllverbrennung TREA-Breisgau errichtet. Diese Anlage hat 2005 den Betrieb aufgenommen, hat heute eine Kapazität von 170 000 Tonnen pro Jahr (im 10-Jahres-Durchschnitt) und entsorgt die Restabfälle der Stadt Freiburg und des Landkreises Breisgau-Hochschwarzwald sowie teilweise von vier anderen Landkreisen. Die erzeugte Wärme wird weitgehend von Betrieben im Gewerbepark Breisgau abgenommen. Derzeit baut der Gewerbepark ein Nahwärmenetz für weitere Betriebe aus. Drei Unternehmen produzieren erneuerbare Energien. Im Solarpark entstand 2006 auf einer sechs Hektar großen Altlastenfläche (ehemals Tanklager) eine der größten Photovoltaikanlagen in Baden-Württemberg. Die Biogasanlage der badenova läuft seit 2012.

Heute sind im Gewerbepark Breisgau über 3600 Arbeitsplätze vorhanden, die fast zur Hälfte neu geschaffen worden sind. Bis 2026 sollen rund 4000 Arbeitsplätze entstehen.

Zusammenfassung

Die Erfahrungen seit 1994 zeigen, dass der Gewerbepark Breisgau ein gelungenes Modell für die erfolgreiche interkommunale Zusammenarbeit zur Konversion eines Militärflugplatzes in einem regionalen Industrie- und Gewerbegebiet darstellt.

Fast die gesamte vorhandene Netto-Gewerbefläche ist verkauft und überwiegend bebaut. Im Gewerbepark Breisgau haben sich bisher über 200 Firmen mit einem interessanten Branchenmix und zum Teil architektonisch sehr gelungenen Betriebsgebäuden angesiedelt.

In der Aufbauphase wurde das Konversionsprojekt durch die Konversionsförderung des Landes und Umlagen der Verbandsmitglieder finanziert. Inzwischen konnten durch die Einnahmen aus den Grundstücksverkäufen und die von den Gemarkungsgemeinden an den Zweckverband abgeführten Gewerbe- und Grundsteueranteile nicht nur die laufenden Kosten gedeckt, sondern auch die Schulden abgebaut sowie erhebliche Sonderausschüttungen an die Verbandsmitglieder bezahlt werden. Für die Verbandsmitglieder erweist sich die Beteiligung am Zweckverband Gewerbepark Breisgau damit nicht nur hinsichtlich der Arbeitsplatzentwicklung in der Region, sondern auch in finanzieller Hinsicht als eine hervorragende Investition in die Zukunft.

Die Umlagen der Gemeinden wurden bereits im Jahr 2017 vollständig zurückbezahlt. Der Zweckverband hat bislang an Überschüssen, welche nicht für den laufenden Betrieb benötigt wurden, 23 Millionen Euro an die Beteiligten ausgeschüttet.

Zum Autor

Markus Riesterer (57) ist Verbandsdirektor beim Zweckverband Gewerbepark Breisgau und seit über 16 Jahren Geschäftsführer der Gewerbepark Breisgau GmbH. Gleichzeitig hat er seit über acht Jahren die Geschäftsführung bei der badenovaKonzept GmbH inne. Hinzu kommen noch einige ehrenamtliche Ämter. Zuvor war er neun Jahre Bürgermeister der Gemeinde Sölden und 16 Jahre Bürgermeister der Gemeinde Horben. Ausgleich zu seinen hohen beruflichen Anforderungen sind für ihn seine Familie und der Sport. Riesterer ist verheiratet und hat zwei Kinder.

Kontakt: riesterer@gewerbepark-breisgau.de

8.6 Beispiel: Standortmarketing, Akquisition und Bestandspflege

Kommunales Standortmarketing, Akquisition und Bestandspflege sind strategische Aufgaben, die eines ganzheitlichen Konzepts bedürfen und die sich schließlich als ein weiterer Kooperationsgegenstand im Rahmen der Regionalisierung kommunaler Wirtschaftsförderung in der Praxis geradezu anbieten. Insofern kommt zur Institutionalisierung interkommunaler bzw. öffentlich-privater Zusammenarbeit bei diesem strategisch wichtigen Aufgabenkomplex nur eine Organisationsform in Betracht, die auf Dauer angelegt ist und eine möglichst breite Beteiligung aller wirtschaftspolitisch relevanten Akteure in einer Stadt oder Region erlaubt.

Bedeutung des Regionalmarketings

Während der gesamte Aufgabenbereich der Akquisition und Bestandspflege in zahlreichen Landkreisen in Form von institutionalisierten regionalen, privatrechtlichen Wirtschaftsförderungsgesellschaften bereits seit vielen Jahren und Jahrzehnten erfolgreich praktiziert wird, kommt im Zuge des sich weiter verschärfenden „Wettbewerbs der Regionen" insbesondere dem umfassenden regionalen Standortmarketing bzw. Regionalmarketing eine große Bedeutung zu. Es wird in Zukunft mehr als bisher für die Wettbewerbsfähigkeit einer Wirtschaftsregion darauf ankommen, in der Region weitere Unterstützungskräfte für die eigenen kommunalen Aktivitäten im Rahmen des Standortmarketings zu gewinnen. Regionalmarketing kann insofern als ein marktorientiertes Steuerungskonzept zur Entwicklung von Regionen, das die Gestaltung der Beziehungen zwischen Regionen und ihren Marktpartnern zum Gegenstand hat, verstanden werden.[142]

Als konkrete „Marktpartner" der Regionen gelten hierbei insbesondere Bürger, Gebietskörperschaften und Unternehmen. Seine spezifischen Ausprägungen findet der Oberbegriff des Regionalmarketings im kommunalen Bereich sowohl hinsichtlich der durchführenden administrativen Ebene, wie z. B. der Städte (sog. Stadtmarketing), als auch hinsichtlich der konkreten Gegenstandsbereiche, wie z. B. bei Investoren (sog. Standortmarketing). Im Folgenden wird Regionalmarketing als umfassendes regionales Standortmarketing zur Entwicklung und Förderung der Region verstanden.

Zur praktischen Umsetzung des Standortmarketings außerhalb der Verwaltung bieten sich insbesondere die privatrechtlich organisierten kommunalen Wirtschaftsförderungsgesellschaften an, die damit – neben Marketingagenturen sowie Industrie- und

Handelskammern – zu den potenziellen Marketingorganisationen im Rahmen des regionalen Standortmarketings bzw. Regionalmarketings gezählt werden können.[143] Aufgrund einer weitgehenden Kongruenz der originären Aufgaben von kommunalen Wirtschaftsförderungsgesellschaften mit denen des Regionalmarketings sind diese meiner Meinung nach als Träger des Regionalmarketings geradezu prädestiniert. Und tatsächlich lässt sich in der Praxis häufig eine starke Übereinstimmung der spezifischen Dienstleistungsangebote kommunaler Wirtschaftsförderungsgesellschaften mit den verschiedenen Instrumenten des regionalen Standort- bzw. Regionalmarketings feststellen.

Aufgaben und Ziele des Regionalmarketings

Ein konsequent betriebenes und umfassendes Regionalmarketing geht jedoch weit über das herkömmliche Aufgabenspektrum einer traditionellen Wirtschaftsförderungsgesellschaft hinaus und würde insofern eine wesentliche Erweiterung ihres Aufgabenspektrums erfordern. Diesem Verständnis folgend, müssten theoretisch die bekannten und bewährten Wirtschaftsförderungsgesellschaften alter Prägung umgewandelt werden zu Marketinggesellschaften neuen Zuschnitts. In der Praxis lässt sich diese Entwicklung durchaus nachvollziehen; dort wurden in den letzten Jahren nach und nach regionale Entwicklungs- bzw. Marketinginitiativen und -gesellschaften als Public-Private-Partnership gegründet und damit der Gründung einer eher allgemeineren regionalen Wirtschaftsförderungsgesellschaft vorgezogen.

Wirtschaftsförderungsgesellschaften im Fokus

Ein Blick auf die aktuelle Mitgliederzahl des Deutschen Verbands der Wirtschaftsförderungs- und Entwicklungsgesellschaften (DVWE), der im Jahr 2001 von 33 Mitgliedern als Netzwerk von Gesellschaften in GmbH-Rechtsform gegründet wurde und im November 2024 insgesamt 134 Mitglieder aus dem gesamten Bundesgebiet zählte, bekräftigt diese Einschätzung.

Demgegenüber lagen über institutionalisierte interkommunale bzw. öffentlich-private Partnerschaften für das regionale Standortmarketing bzw. Regionalmarketing lange keine bundesweiten Erhebungen und konkreten Zahlen vor. Eine frühe Ausnahme bildet eine von der „Aktion Münsterland e. V." im Herbst 1996 durchgeführte schriftliche Umfrage bei den bekannten Regionalmarketing-Initiativen, deren Ergebnisse jedoch auf Wunsch der befragten Einrichtungen nicht veröffentlicht wurden.[144]

8.7 Rechtliche Grundlagen interkommunale Zusammenarbeit

8.7.1 Rechtliche Zulässigkeit

Nach Gründung der Bundesrepublik Deutschland im Jahre 1949 wurden mit Ausnahme Niedersachsens, wo das Reichszweckverbandsgesetz (RZwVG) aus dem Jahr 1939 bis zum Jahr 2004 als Landesrecht weiterhin Bestand hatte, in allen Flächenstaaten nach und nach eigene Landesgesetze zur Regelung der freiwilligen interkommunalen Zusammenarbeit gleichen oder ähnlichen Inhalts eingeführt. Diese Gesetze, meist als Gesetze über die kommunale Gemeinschafts- bzw. Zusammenarbeit bezeichnet, stellen die bis heute gültigen Rechtsgrundlagen freiwilliger interkommunaler Zusammenarbeit in den Ländern der Bundesrepublik Deutschland dar. In Baden-Württemberg ist dies beispielsweise das Gesetz über kommunale Zusammenarbeit (GKZ).[145]

Danach sind die Gemeinden und Landkreise grundsätzlich dazu berechtigt, zur Erledigung bestimmter Aufgaben – gleichgültig, ob sie dazu verpflichtet sind oder diese freiwillig wahrnehmen – Zweckverbände zu bilden oder aber öffentlich-rechtliche Vereinbarungen zu schließen, mit Ausnahme der Aufgaben, deren gemeinsame Erfüllung durch das Gesetz ausgeschlossen oder mit einer besonderen Rechtsform verbunden ist. Auf eine Besonderheit Baden-Württembergs sei in diesem Zusammenhang abschließend hingewiesen: Während sich die Landesverfassungen anderer Bundesländer in Anlehnung an Art. 28 Abs. 2 GG für eine pauschale Garantie der Selbstverwaltung der Gemeinden und Gemeindeverbände allgemein aussprechen, gewährleistet Baden-Württemberg in Art. 71 Abs. 1 Satz 1 seiner Landesverfassung das Recht zur Selbstverwaltung ausdrücklich auch den Zweckverbänden.

8.7.2 Rechtliche Grenzen

Für eine interkommunale Zusammenarbeit in den Rechtsformen des Gesetzes über kommunale Zusammenarbeit (GKZ) des Landes Baden-Württemberg kommen nach § 1 Satz 1 GKZ also nur solche Aufgaben in Betracht, zu deren Erfüllung die Kommunen entweder berechtigt oder aber verpflichtet sind. Insofern können die Kommunen freiwillig bei der Erfüllung von Selbstverwaltungsaufgaben, bei Pflichtaufgaben zur Erfüllung nach Weisung und bei Auftragsangelegenheiten zusammenarbeiten, also auch im Rahmen der kommunalen Wirtschaftsförderung.

Durch den einschränkenden Zusatz von § 1 Satz 3 GKZ gilt dies aber nicht, „wenn durch Gesetz die gemeinsame Erfüllung der Aufgaben ausgeschlossen oder hierfür eine besondere Rechtsform vorgeschrieben ist." Demzufolge sind Aufgaben, deren gemeinsame Erfüllung durch Gesetz ausgeschlossen oder mit einer besonderen Rechtsform verbunden sind, nicht kooperationsfähig.

Bei der interkommunalen Zusammenarbeit sind grundsätzlich zwei Fälle hinsichtlich ihrer rechtlichen Funktion voneinander zu unterscheiden:

– Überwälzende Delegation von Aufgaben

Zum einen kann interkommunale Zusammenarbeit darauf gerichtet sein, dass ein Beteiligter einzelne Aufgaben der übrigen Beteiligten in seine eigene Zuständigkeit übernimmt, d. h. eine überwälzende Delegation von Aufgaben stattfindet. In diesem Fall geht die rechtliche Zuständigkeit für die Aufgabe auf die übernehmende Körperschaft über; dem Kompetenzzuwachs bei dem übernehmenden Beteiligten steht insofern ein Kompetenzverlust bei dem abgebenden Beteiligten gegenüber. Durch die Delegation wird also eine Änderung der Zuständigkeiten für alle Beteiligten herbeigeführt, was rechtlich aber ausgesprochen problematisch sein kann. Die Kommunen können zwar innerhalb der rechtlichen Grenzen grundsätzlich über das Ob und Wie der Aufgabenerfüllung innerhalb ihres Zuständigkeitsbereiches frei entscheiden, jedoch nicht über dessen Einschränkung oder Ausweitung. In Anlehnung an Oebbecke (1984) kann wohl auch das Gesetz über kommunale Zusammenarbeit (GKZ) des Landes Baden-Württemberg hinsichtlich seiner Verfassungskonformität nur dahingehend ausgelegt werden, dass die Delegation von Aufgaben bzw. Zuständigkeiten grundsätzlich nur dann zulässig ist, wenn sie dem sog. Übermaßverbot genügt, d. h. die Delegation hinsichtlich der zu erwartenden Kooperationsvorteile geeignet, erforderlich und verhältnismäßig ist.[146]

– Übertragung einer Aufgabe zur Durchführung

Zum anderen kann interkommunale Zusammenarbeit auch darauf abzielen, dass ein Beteiligter einzelne Aufgaben lediglich für die übrigen Beteiligten durchführt, d. h. eine bloße Übertragung einer Aufgabe zur Durchführung stattfindet. In diesem Fall verbleibt die Aufgabe rechtlich in der alleinigen Zuständigkeit des übertragenden Beteiligten (Aufgabenträger); der übernehmende Beteiligte verpflichtet sich in diesem Fall lediglich, die übertragene Aufgabe in fremdem Namen bzw. im

Auftrag für den übertragenden Beteiligten durchzuführen. Es findet hier – im Gegensatz zur überwälzenden Delegation – keine (neue) Kompetenzverteilung statt. Von der rechtlichen Funktion her handelt es sich in diesem Fall interkommunaler Zusammenarbeit lediglich um ein Mandat, das die bestehende Kompetenzzuweisung unberührt lässt.

8.8 Organisationsformen interkommunaler Zusammenarbeit

8.8.1 Wahlfreiheit

Die Kommunen verfügen quasi als Kern der kommunalen Selbstverwaltung – neben der Finanz-, Gebiets-, Planungs-, Abgaben-, Rechtsetzungs- und Personalhoheit – über die ebenfalls durch Art. 28 Abs. 2 GG verfassungsrechtlich geschützte Organisationshoheit, d. h. sie haben das Recht, im eigenen Wirkungskreis die Verwaltungsorganisation selbstständig nach eigenem Ermessen zu regeln. Entsprechend der deutschen Verfassungstradition dürfen daher Gemeinden, Städte und Kreise grundsätzlich zur Erfüllung ihrer Aufgaben die jeweils günstigste Organisationsform frei wählen (sog. Wahlfreiheit), und zwar unabhängig davon, ob die gewählte Organisationsform öffentlich-rechtlicher oder privatrechtlicher Natur ist.

Einschränkungen der Wahlfreiheit

Einschränkungen findet diese grundsätzliche Wahlfreiheit hinsichtlich der Organisationsform allerdings dort, wo Aufgabenbereiche betroffen sind, die der staatlichen Hoheitsgewalt bedürfen – also etwa im gesamten Bereich der sog. Eingriffsverwaltung. Da die staatliche Hoheitsgewalt unveräußerlich ist, kann eine rechtlich selbstständige und in der Organisationsform des Privatrechts betriebene öffentliche Einrichtung auch nur privatrechtlich handeln – nicht aber öffentlich-rechtlich, wie es im Bereich der Eingriffsverwaltung bei Verwaltungsakten notwendigerweise der Fall ist. Eine weitere, wenn nicht sogar die wesentlichste Einschränkung der Wahlfreiheit findet sich in den kommunalrechtlichen Bestimmungen des § 103 Abs. 1 Nr. 4 der Gemeindeordnung (GemO) des Landes Baden-Württemberg, die gemäß § 48 der baden-württembergischen Landkreisordnung (LkrO) auch für die Kreise gilt. Danach darf sich eine Gemeinde bei einem wirtschaftlichen Unternehmen, d. h., wenn sie am Wirtschafts- und Erwerbsleben teilnimmt, nur dann für eine privatrechtliche Organisationsform entscheiden, wenn ihre Haftung auf einen ihrer Leistungsfähigkeit angemessenen Betrag begrenzt ist (sog. Haftungsbegrenzung). Als Folge kommen deshalb aus der Vielfalt möglicher privatrechtlicher Organisationsformen zur Aufgabendurchführung in erster Linie lediglich die Aktiengesellschaft (AG) und die Gesellschaft mit beschränkter Haftung (GmbH) infrage.

Bei der Wahl der Organisationsform zur Durchführung kommunaler Aufgaben stellt die Möglichkeit zur Institutionalisierung der interkommunalen Zusammenarbeit ein zentrales Entscheidungskriterium dar. Aufgrund der Tatsache, dass die Errichtung einer interkommunalen Institution des öffentlichen Rechts nur durch ein Gesetz oder aufgrund eines Gesetzes zulässig ist, erfährt die Wahlfreiheit der Kommunen eine weitere Einschränkung.

Kernformen kommunaler Zusammenarbeit

Nach geltendem Recht können sich nur die Kommunen für eine Aufgabenerfüllung in der öffentlich-rechtlichen Organisationsform entscheiden. Trotz der mehr oder weniger voneinander abweichenden gesetzlichen Regelungen über die gemeinschaftliche Zusammenarbeit der Kommunen bei der Aufgabenerfüllung in den einzelnen Bundesländern, kristallisieren sich insbesondere zwei öffentlich-rechtliche Organisationsformen heraus, die zu Recht als die Kernformen kommunaler Zusammenarbeit gelten. Dabei handelt es sich zum einen um die öffentlich-rechtliche Vereinbarung und zum anderen um den Zweckverband. Diese beiden institutionellen Formen interkommunaler Zusammenarbeit werden im Folgenden, ergänzt um die kommunale Arbeitsgemeinschaft, in ihren wesentlichen Grundzügen vorgestellt. Die nachfolgenden Darstellungen der öffentlich-rechtlichen Organisationsformen zur Institutionalisierung der interkommunalen Zusammenarbeit basieren dabei im Wesentlichen auf der Grundlage des Gesetzes über kommunale Zusammenarbeit (GKZ) des Landes Baden-Württemberg. In § 1 GKZ Satz 1 und 3 heißt es dazu grundsätzlich:[147]

> „Gemeinden und Landkreise können zur kommunalen Zusammenarbeit Zweckverbände und gemeinsame selbstständige Kommunalanstalten bilden sowie öffentlich-rechtliche Vereinbarungen schließen, um bestimmte Aufgaben, zu deren Erledigung sie berechtigt oder verpflichtet sind, für alle oder Einzelne gemeinsam zu erfüllen. Zur gemeinsamen Durchführung bestimmter Aufgaben können sie gemeinsame Dienststellen bilden. […] Die Sätze 1 und 2 gelten nicht, wenn durch Gesetz die gemeinsame Erfüllung oder Durchführung der Aufgaben ausgeschlossen oder hierfür eine besondere Rechtsform vorgeschrieben ist."

Im Gegensatz zu anderen Bundesländern sieht das baden-württembergische GKZ aber keine gesetzliche Regelung der kommunalen Arbeitsgemeinschaft vor. Für diesen Fall wird zur Darstellung auf vergleichbare gesetzliche Regelungen anderer Bundesländer zurückgegriffen.

Betätigen sich die Gemeinden in Organisationsformen des Privatrechts, dann werden damit zwei unterschiedliche Rechtsgebiete, das öffentlich-rechtliche Kommunalrecht auf der einen und das privatrechtliche Gesellschaftsrecht auf der anderen Seite, davon berührt, wobei dem bundesgesetzlichen Gesellschaftsrecht grundsätzlich der Vorrang eingeräumt wird. Insofern bestimmen sich die Rechte und Pflichten der Gesellschaftsorgane und ihrer Mitglieder ausschließlich nach dem Gesellschaftsrecht, d. h. eine Gemeinde, die sich zur Erledigung ihrer Aufgaben der privatrechtlichen Rechtsform bedient, hat sich auch vollständig dem privatrechtlichen Gesellschaftsrecht zu unterwerfen. Dies hat aber zur Folge, dass die gewählten (kommunalen) Mandatsträger in ihrer Funktion als Mitglieder des Aufsichtsrates nicht mehr in einem (öffentlichen) Auftragsverhältnis zu ihren Wählern stehen, sondern in erster Linie die Interessen der Gesellschaft wahrzunehmen haben.

8.8.2 Öffentlich-rechtliche Organisationsformen

Kommunale Arbeitsgemeinschaft

Die kommunale Arbeitsgemeinschaft gilt gemeinhin als die in ihrer Ausprägung wohl lockerste Form interkommunaler Zusammenarbeit überhaupt. Daher wird sie nicht selten als bloße Vorstufe für eine zu einem späteren Zeitpunkt vorgesehene engere und intensivere Zusammenarbeit auf der Grundlage anderer institutioneller Organisationsformen betrachtet. Die kommunale Arbeitsgemeinschaft ist somit geradezu prädestiniert für eine Bestandsaufnahme interkommunaler Probleme im Rahmen der Ermittlung möglicher Kooperationsbedarfe oder aber für die Erstellung gemeinschaftlicher Vorplanungen.

Zwar sieht das Gesetz über kommunale Zusammenarbeit (GKZ) des Landes Baden-Württemberg – anders als etwa die entsprechenden Landesgesetze in Nordrhein-Westfalen oder Bayern – die kommunale Arbeitsgemeinschaft als öffentlich-rechtliche Organisationsform, wie bereits erwähnt, nicht ausdrücklich vor; rechtlich ist sie aber auch hier grundsätzlich zulässig. Dabei handelt es sich dem Grunde nach um einen öffentlich-rechtlichen Vertrag im Sinne der §§ 54 ff. des Verwaltungsverfahrensgesetzes (VwVfG), der unter Gemeinden und Gemeindeverbänden abgeschlossen wird. Als sog. koordinationsrechtlicher Verwaltungsvertrag, der die gemeinsame Koordinierung von bestimmten kommunalen Aufgaben zum Ziel hat, bedarf die kommunale Arbeitsgemeinschaft im Allgemeinen der Schriftform sowie der Zustimmung von betroffenen Dritten und zuständigen Behörden. Wenngleich als originäre Gründungsmitglieder nur Gemeinden und Gemeindeverbände infrage kommen, so dürfen sich jedoch bereits in der Gründungsphase auch sonstige Körperschaften des öffentlichen Rechts sowie natürliche und juristische Personen des Privatrechts beteiligen, sofern sie im Sinne des Gesetzgebers mit zum Abbau von Interessensgegensätzen und Reibungspunkten beitragen können.

Das Aufgabenspektrum der kommunalen Arbeitsgemeinschaft kann grundsätzlich alle kommunalen Angelegenheiten umfassen. Den an ihr Beteiligten eröffnet die kommunale Arbeitsgemeinschaft eine Plattform zur gemeinschaftlichen Zusammenarbeit in Form von Information und Beratung gemeinsamer Angelegenheiten sowie zur Abstimmung und Koordination einzelner Planungen, ohne dass diese ihre rechtliche Selbstständigkeit verlieren. Des Weiteren können auch – mit Ausnahme von Bayern – keine für die Beteiligten bindenden Beschlüsse gefasst werden; es handelt sich dabei vielmehr um gemeinsam beschlossene, aber für die Einzelnen letztlich unverbindliche Empfehlungen und Anregungen. Dem Wesen nach handelt es sich also um eine reine Interessensgemeinschaft ohne eigene Rechtspersönlichkeit, die zu einer eigenverantwortlichen und selbstständigen Aufgabenwahrnehmung nicht befugt ist. Die Geschäftsführung der kommunalen Arbeitsgemeinschaft wird zwischen den Beteiligten selbst geregelt.

Öffentlich-rechtliche Vereinbarung

Die öffentlich-rechtliche Vereinbarung steht an zweiter Stelle der hier vorgestellten öffentlich-rechtlichen Organisationsformen, d.h. zwischen der kommunalen Arbeitsgemeinschaft und dem Zweckverband. Im Unterschied zur kommunalen Arbeitsgemeinschaft ist sie – wie auch der noch darzustellende Zweckverband – ausnahmslos in allen entsprechenden Landesgesetzen über die kommunale Gemeinschafts- bzw. Zusammenarbeit explizit geregelt. In Baden-Württemberg findet die öffentlich-rechtliche Vereinbarung ihre gesetzliche Regelung in den §§ 25 ff. des Gesetzes über die kommunale Zusammenarbeit (GKZ).[148]

Hierbei handelt es sich um den Spezialfall eines öffentlich-rechtlichen Vertrages, d.h. um eine Vereinbarung von Gemeinden und Gemeindeverbänden darüber, dass eine der beteiligten Kommunen bestimmte Aufgaben für alle Beteiligten – gegen eine angemessene Entschädigung – erfüllt, insbesondere aber den übrigen Beteiligten die Mitbenutzung einer von ihr betriebenen Einrichtung gestattet. Durch die Vereinbarung gehen das Recht und die Pflicht der übrigen Körperschaften zur Erfüllung der Aufgabe auf die übernehmende Körperschaft über (sog. delegierende Vereinbarung). Dennoch kann in der Vereinbarung den übrigen Beteiligten ein Mitwirkungsrecht bei der Aufgabenerfüllung eingeräumt werden.

Für den Fall, dass die Geltungsdauer der öffentlich-rechtlichen Vereinbarung nicht befristet ist, muss sie die Voraussetzungen bestimmen, unter denen sie von den Beteiligten gekündigt werden kann. Des Weiteren ist die öffentlich-rechtliche Vereinbarung schriftlich abzuschließen und von der zuständigen Rechtsaufsichtsbehörde zu genehmigen. Die Vereinbarung, ihre Änderung und ihre Aufhebung sind – falls erforderlich – zusammen mit der Genehmigung von den Beteiligten öffentlich bekanntzumachen. Die Körperschaft, die zur Erfüllung der Aufgabe verpflichtet wurde, hat das Recht, im Rahmen der ihr übertragenen Aufgabengebiete entsprechende Satzungen zu erlassen, die für das gesamte Gebiet der Beteiligten gelten – ausgenommen ist hierbei die Erhebung von Steuern. Zudem kann sie im Geltungsbereich der Satzung alle zur Erfüllung der Aufgabendurchführung erforderlichen Maßnahmen wie im eigenen Geschäftsgebiet treffen.

Dabei wird auch in diesem Fall – analog zur kommunalen Arbeitsgemeinschaft – keine eigene Rechtspersönlichkeit geschaffen, sondern lediglich die Durchführung einer bestimmten Aufgabe an eine bestehende Verwaltungs- bzw. Organisationseinheit durch einen sog. koordinationsrechtlichen Vertrag delegiert. Von der kommunalen Arbeitsgemeinschaft unterscheidet sich die öffentlich-rechtliche Vereinbarung allerdings insofern, als sie nicht nur eine rein interne Bindung hat, sondern von ihr auch Auswirkungen für und wider jedermann ausgehen können. Eine Beteiligung sonstiger natürlicher Personen und juristischer Personen des Privatrechts wurde vom Gesetzgeber ausgeschlossen.

Zweckverband

Wie den Ausführungen zur historischen Entwicklung zu entnehmen ist, stellen Zweckverbände die typische Rechtsform im Rahmen der interkommunalen Zusammenarbeit dar. Der Zweckverband ist in den §§ 2 ff. des Gesetzes über kommunale Zusammenarbeit (GKZ) des Landes Baden-Württemberg gesetzlich geregelt.[149]

Zwei Arten von Zweckverbänden

Nach § 2 Abs. 1 GKZ können zwei Arten von Zweckverbänden unterschieden werden: Danach können sich Gemeinden und Landkreise entweder freiwillig zu einem Zweckverband zusammenschließen (sog. Freiverband) oder aber zur Erfüllung von Pflichtaufgaben durch eine aufsichtsbehördliche Verfügung zusammengeschlossen werden (sog. Pflichtverband). Die nachfolgenden Ausführungen berücksichtigen ausschließlich den auf dem Prinzip der „Freiwilligkeit" beruhenden Freiverband.

Zusammenschluss zu einem Freiverband

Im Gegensatz zur öffentlich-rechtlichen Vereinbarung können neben Gemeinden und Landkreisen auch – soweit Vorschriften dies nicht ausschließen oder beschränken – andere öffentlich-rechtliche Körperschaften, Anstalten und Stiftungen des öffentlichen Rechts sowie natürliche Personen und juristische Personen des Privatrechts Mitglied eines Freiverbandes sein, wenn dadurch die Erfüllung der Verbandsaufgaben gefördert wird und Gründe des öffentlichen Wohls dem nicht entgegenstehen.

Der Rechtsnatur nach handelt es sich beim Zweckverband um eine eigenständige Körperschaft des öffentlichen Rechts, die die ihr übertragenen Angelegenheiten unter eigener Verantwortung im Rahmen der Gesetze selbst verwaltet. Die Bildung eines Zweckverbandes bedarf einer durch die Beteiligten aufzustellenden Verbandssatzung, deren Inhalt im Gesetz näher bestimmt ist, sowie einer aufsichtsbehördlichen Genehmigung. Ist die Genehmigung erteilt und die Verbandssatzung einschließlich der Genehmigung von der zuständigen Rechtsaufsichtsbehörde öffentlich bekanntgemacht worden, „entsteht" der Zweckverband, d. h. er ist dann allein für die Erledigung der Verbandsaufgabe zuständig. Als Organe des Zweckverbands sind die Verbandsversammlung und der Verbandsvorsitzende zwingend vorgeschrieben. Zusätzlich kann als weiteres Organ ein Verwaltungsrat durch die Verbandssatzung vorgesehen werden. Die Verbandsversammlung als Hauptorgan des Zweckverbands ist für den Erlass von Satzungen zuständig und besteht aus mindestens einem Vertreter eines jeden Verbandsmitglieds. Die Stimmen eines Verbandsmitglieds können nur einheitlich abgegeben werden. Eine Gemeinde wird in der Verbandsversammlung durch den (Ober-)Bürgermeister, ein Landkreis entsprechend durch den Landrat vertreten.

Den in der Verbandsversammlung ehrenamtlich tätigen Vertretern können durch die Verbandsmitglieder Weisungen erteilt werden. Zusätzlich können durch die Verbandssatzung zum einen sog. beschließende Ausschüsse gebildet und ihnen bestimmte Aufgabengebiete zur dauerhaften Erledigung übertragen werden. Zum anderen können auch sog. beratende Ausschüsse zur Vorbereitung ihrer Verhandlungen oder einzelner Verhandlungsgegenstände gebildet werden. Die Sitzungen der Verbandsversammlung sind grundsätzlich öffentlich; Ausnahmen sind nur möglich, wenn es das öffentliche Wohl erfordert oder berechtigte Interessen Einzelner dem entgegenstehen. Der Verbandsvorsitzende ist Vorsitzender der Verbandsversammlung, des fakultativen Verwaltungsrates und vertritt als Leiter der Verbandsverwaltung den Zweckverband nach außen. Er ist ehrenamtlich tätig und wird – zusammen mit mindestens einem Stellvertreter – aus der Mitte der Verbandsversammlung gewählt. Eine angemessene Aufwandsentschädigung kann aber durch die Satzung festgesetzt werden.

Für die Wirtschaftsführung des Zweckverbands gelten – von einzelnen Ausnahmen abgesehen – die Vorschriften über die Gemeindewirtschaft. Zur Deckung des Finanzbedarfs kann der Zweckverband von den Verbandsmitgliedern – soweit seine eigenen sonstigen Einnahmen dafür nicht ausreichen – eine sog. Umlage erheben, deren Höhe in der Haushaltssatzung für jedes Verwaltungsjahr festzusetzen ist. Die Maßstäbe für die Umlage sind so zu bestimmen, dass der Aufwand für die einzelnen Aufgaben angemessen auf die Verbandsmitglieder verteilt wird. Dabei kann bei einzelnen Verbandsaufgaben für die Kostentragung eine andere Regelung vereinbart werden.

Ist beabsichtigt, dass der Zweckverband eine weitere Aufgabe für alle Mitglieder erfüllen soll, bedarf dies einer Änderung der Verbandssatzung. Dabei ist die Vorgehensweise analog wie bereits bei der Gründung des Zweckverbands, d. h. die „neue" Verbandssatzung muss von den Mitgliedern beschlossen werden und bedarf einer Genehmigung der zuständigen Rechtsaufsichtsbehörde, die mit der Verbandssatzung wiederum zu veröffentlichen ist. Alle sonstigen Änderungen der Verbandssatzung sowie die Auflösung des Zweckverbands müssen von der Verbandsversammlung mit einer Mehrheit von mindestens zwei Dritteln der satzungsmäßigen Stimmzahlen der Verbandsmitglieder beschlossen werden. Für den Fall, dass der Zweckverband eine weitere Aufgabe nur für einzelne Mitglieder erfüllen soll, bedarf es zusätzlich eines Antrages dieser Mitglieder.

8.8.3 Privatrechtliche Organisationsformen

Aktiengesellschaft

Die folgende Darstellung ausgewählter privatrechtlicher Organisationsformen, die im Rahmen interkommunaler Zusammenarbeit grundsätzlich Anwendung finden können, beginnt mit der Aktiengesellschaft (AG), die in Deutschland weitverbreitet ist und im Wirtschaftsleben bereits eine lange Tradition aufweist. Die gesetzliche Grundlage bildet dabei das Aktiengesetz (AktG).[150]

In § 1 gibt das AktG eine Legaldefinition der AG mit Begriffsmerkmalen: Danach ist die Aktiengesellschaft eine Körperschaft, die als juristische Person eine eigene Rechtspersönlichkeit besitzt, für deren Verbindlichkeiten den Gläubigern nur das Gesellschaftsvermögen haftet und deren gesetzlich vorgeschriebenes Grundkapital in Aktien zerlegt ist. An der Gründung einer AG müssen sich eine oder mehrere Personen beteiligen, welche die Aktien gegen Einlagen übernehmen. Dabei muss das Grundkapital einen Mindestnennbetrag von 50 000 € aufweisen; die Aktien können entweder als Nennbetrags- bzw. Nennwertaktien oder als Stückaktien begründet werden.

Gesetzlich zwingend vorgeschriebene Organe der Aktiengesellschaft sind Vorstand, Aufsichtsrat und Hauptversammlung. Der Vorstand ist mit der Leitung der AG betraut und kann aus einer oder mehreren Personen bestehen. Dabei vertritt er die AG nach außen hin uneingeschränkt. Die Geschäftsführung durch den Vorstand wird durch einen Aufsichtsrat überwacht, der auch die Mitglieder des Vorstandes bestellt und abberuft. Die Hauptversammlung repräsentiert die Aktionäre, durch sie üben sie ihre Rechte aus. Sie bestellt die Aufsichtsratsmitglieder, soweit diese nicht infolge von Entsendungsrechten anderer Gruppen entsandt werden.

Gesellschaft mit beschränkter Haftung

Mit der Gesellschaft mit beschränkter Haftung (GmbH) steht den Kommunen eine weitere privatrechtliche Organisationsform mit langer Tradition zur Verfügung, der in der heutigen Praxis ebenfalls eine erhebliche Bedeutung beigemessen wird. Als gesetzliche Grundlage dient das Gesetz betreffend die Gesellschaften mit beschränkter Haftung (GmbHG).[151]

Im Gegensatz zum AktG enthält das GmbHG zwar keine Legaldefinition der GmbH, dennoch gelten für sie gemäß den §§ 1, 5 und 13 GmbHG dieselben Merkmale. Danach ist auch die GmbH eine Handelsgesellschaft mit körperschaftlicher Organisation und eigener Rechtspersönlichkeit, die zu jedem zulässigen Zweck, d.h. aus wirtschaftlichen und ideellen Gründen, durch eine oder mehrere Personen gegründet werden kann. Die Haftung für Verbindlichkeiten der GmbH ist – in vom AktG abweichender Terminologie – auf das Stammkapital beschränkt, das hier mindestens 25 000 € betragen muss und in Stammeinlagen (auch: Geschäftsanteile) zerlegt ist. Der Nennbetrag jedes Geschäftsanteils muss auf volle Euro lauten. Ein Gesellschafter kann bei Errichtung der Gesellschaft mehrere Geschäftsanteile übernehmen.

Zur Gründung einer GmbH bedarf es grundsätzlich eines Gesellschaftsvertrages, dessen Form und (Mindest-)Inhalt in den §§ 2 und 3 GmbHG geregelt sind. Vor dem Eintrag in das zuständige Handelsregister sind mindestens 12 500 € auf das Stammkapital einzubezahlen (d.h. auf jeden Geschäftsanteil, soweit nicht Sacheinlagen vereinbart sind, ein Viertel des Nennbetrags bzw. die Hälfte des Mindeststammkapitals) und durch Beschluss der Gesellschafter einer oder mehrere Geschäftsführer zu benennen.

Die Eintragung ins Handelsregister hat wie bei der AG konstituierende Wirkung und ist durch Veröffentlichung bekanntzumachen. Die GmbH hat – im Gegensatz zur AG – nur zwei gesetzlich zwingend vorgeschriebene Organe: einen oder mehrere Geschäftsführer und die Gesellschafterversammlung als oberstes Willensbildungsorgan der GmbH. Die Satzung kann darüber hinaus weitere Organe vorsehen, insbesondere einen Aufsichtsrat oder andere Organe mit Kontroll- oder Leitungszuständigkeiten. Die GmbH ist aber nicht nur auf unternehmerische bzw. wirtschaftliche Zusammenschlüsse beschränkt; sie steht vielmehr auch ideellen Zwecken zur Verfügung.

Vorteile einer GmbH & Co. KG

Erwähnenswert ist in diesem Zusammenhang noch die Rechtsform der GmbH & Co. KG, die insbesondere in den letzten Jahren zum Teil erhebliche wirtschaftliche Bedeutung erlangt hat. Besonders vorteilhaft ist die Beteiligung einer GmbH an einer Kommanditgesellschaft (KG), wenn die Gesellschafter der GmbH zugleich auch die der KG sind und eine allseitige Haftungsbeschränkung als Ziel gesetzt wird, d. h. die persönliche Haftung der Gesellschafter gegenüber den Gläubigern der KG ausgeschlossen werden soll.

Gesellschaft bürgerlichen Rechts

Im Gegensatz zu den beiden zuvor behandelten handelsrechtlichen Kapitalgesellschaften, bei denen die Kapitalbeteiligung der Gesellschafter im Vordergrund steht, gilt die Gesellschaft des bürgerlichen Rechts (GbR) – vereinfachend auch als „BGB-Gesellschaft“ bezeichnet – als Grundform für alle Personengesellschaften, die grundsätzlich auf die personale Bindung der Anteilseigner abstellen. Eine ausführliche gesetzliche Regelung der BGB-Gesellschaft findet sich in den Vorschriften der §§ 705 ff. des Bürgerlichen Gesetzbuches (BGB).[152]

Danach ist die BGB-Gesellschaft ein auf einem Vertrag beruhender Zusammenschluss mehrerer Personen (Gesellschafter) mit dem Ziel, in einer vertraglich bestimmten Art und Weise zur Erreichung eines gemeinsamen Zweckes beizutragen, insbesondere aber die vereinbarten Beiträge zu leisten. Ist nichts anderes vereinbart, so haben die Gesellschafter die gleichen Beiträge zu leisten; der Beitrag kann auch in einer Dienstleistung bestehen. Die in der Regel gesamtschuldnerische Haftung der Gesellschafter kann allerdings durch Vereinbarung auf das Gesellschaftsvermögen beschränkt werden. Aufgrund der Tatsache, dass die BGB-Gesellschaft für eine Vielzahl von Zwecken geeignet ist, erfreut sie sich in der Praxis im Allgemeinen großer Beliebtheit. Dabei kommt als sog. gemeinsamer Zweck jeder erlaubte Zweck in Betracht. Neben rein erwerbswirtschaftlichen, d. h. auf bloße Gewinnerzielung ausgerichteten Zwecken, werden BGB-Gesellschaften häufig auch aus rein ideellen Überlegungen bzw. Zwecken heraus gegründet, um damit bestimmte gesellschaftliche oder kulturelle Zwecke verfolgen zu können.

Die Gesellschaftsgründung bedarf eines Vertragsabschlusses durch die Gesellschafter, ohne dass dafür besondere Formvorschriften bestehen. Wenn der Gesellschaftsvertrag keine andere Regelung vorsieht, steht die Geschäftsführung der BGB-Gesellschaft den Gesellschaftern nicht nur gemeinschaftlich zu, sie sind sogar dazu verpflichtet, d. h. für jedes Geschäft ist die Zustimmung aller Gesellschafter erforderlich. Da die BGB-Gesellschaft keine eigene Rechtspersönlichkeit hat, d. h. keine juristische Person des Privatrechts ist, sind die Gesellschafter alleinige Träger aller auf die Gesellschaft bezogenen Rechte und Pflichten. Dieser Zusammenschluss muss aber nicht auf Dauer angelegt sein. Als Mitglieder bzw. Gesellschafter kommen sowohl juristische als auch natürliche Personen infrage. Das Gesellschaftsvermögen wird als Sondervermögen durch die Beiträge der Gesellschafter und die erworbenen Gegenstände wie Grundstücke, bewegliche Sachen etc. gebildet und ist vom Privatvermögen der Gesellschafter zu trennen. Für Verbindlichkeiten haftet stets das Gesellschaftsvermögen.

Eingetragener Verein

Der Verein ist in den §§ 21 ff. in Verbindung mit den §§ 55 ff. des Bürgerlichen Gesetzbuches (BGB) gesetzlich geregelt. Als privatrechtliche Organisationsform im Sinne der §§ 21 ff. BGB spielen Vereine in Deutschland traditionell eine bedeutende Rolle.[153]

Dabei handelt es sich um eine auf Dauer angelegte Vereinigung von Personen, die der Erreichung eines selbstgesetzten gemeinsamen Zweckes dient – insofern ist der Verein der Gesellschaft ähnlich. Der wesentliche Unterschied zur Gesellschaft aber besteht im unterschiedlichen körperschaftlichen Aufbau. Bei Vereinen sind Mitgliederversammlung und Vorstand die gesetzlich zwingend vorgeschriebenen Organe. Durch entsprechende Ausgestaltung der Satzung, für die in Ermangelung entsprechender Vorschriften eine weitgehende Gestaltungsfreiheit besteht, können weitere Organe wie z. B. ein Verwaltungsrat, ein Beirat etc. vorgesehen werden. Der Vorstand, der aus mehreren Personen bestehen kann, ist als gesetzlicher Vertreter zur Geschäftsführung und Vertretung des Vereins bestimmt. Allerdings kann durch die Satzung der Umfang der Vertretung beschränkt werden. Die Mitgliederversammlung ist das oberste Aufsichts- und Kontrollorgan des Vereins und damit auch seines Vorstandes.

Das BGB unterscheidet dabei zum einen den sog. nichtwirtschaftlichen Verein, dessen Zweck nicht auf einen wirtschaftlichen Geschäftsbetrieb gerichtet ist, vom sog. wirtschaftlichen Verein, dessen Zweck gerade in der Ausrichtung auf einen wirtschaftlichen Geschäftsbetrieb besteht. Zum zweiten wird im Gesetz zwischen dem in das Vereinsregister eingetragenen Verein (Zusatz: e. V.) und dem nicht eingetragenen Verein unterschieden; beide unterscheiden sich hinsichtlich ihrer Zielsetzung, Funktion und Organisation überhaupt nicht. Der wesentliche Unterschied besteht aber in der rechtlichen Einordnung: Im Gegensatz zum nicht eingetragenen Verein ist der eingetragene Verein (e. V.) eine eigenständige juristische Person und damit rechtsfähig.

Stiftung

Aus zahlreichen Gründen erfreut sich die privatrechtliche Organisationsform der Stiftung zunehmender Beliebtheit. Privatrechtliche Stiftungen finden ihre gesetzliche Regelung in den §§ 80 ff. des Bürgerlichen Gesetzbuches (BGB).[154]

Damit eine rechtsfähige Stiftung als juristische Person des Privatrechts überhaupt entstehen kann, müssen zwei Voraussetzungen erfüllt sein: Erstens muss ein privatrechtliches Stiftungsgeschäft vorhanden sein und zweitens eine landesrechtliche Genehmigung vorliegen. Das privatrechtliche Stiftungsgeschäft ist eine einseitige Willenserklärung des Stifters mit dem Ziel, die Stiftung zur Realisierung eines festgelegten Zweckes als selbstständigen Rechtsträger entstehen zu lassen. Dabei gehört die Festsetzung des Stiftungszweckes zu den wesentlichen Inhalten des Stiftungsgeschäftes. Während das Stiftungsgeschäft unter Lebenden der Schriftform bedarf und bis zur landesrechtlichen Genehmigung vom Stifter widerrufen werden kann, wird bei einer Verfügung von Todes wegen die Stiftung als Erbe eingesetzt oder mit einem Vermächtnis bedacht. In Anwendung des Vereinsrechts ist für die Stiftung zwingend ein Vorstand vorgeschrieben, der die Geschäfte führt und sie nach außen vertritt. Des Weiteren können neben dem Vorstand zusätzlich für gewisse Geschäfte besondere Vertreter bestellt werden, soweit dies in der Satzung vorgesehen ist.

Einen synoptischen Überblick über die hier vorgestellten Organisationsformen anhand ausgewählter Kriterien geben die beiden folgenden Abbildungen.

Öffentlich-rechtliche Organisationsformen			
Kriterien	kommunale Arbeitsgemeinschaft	öffentlich-rechtliche Vereinbarung	Zweckverband
Rechtliche Grundlage	z. B. in Baden-Württemberg nicht explizit gesetzlich geregelt, aber möglich	§§ 25 ff. Gesetz über kommunale Zusammenarbeit des Landes Baden-Württemberg (GKZ)	§§ 2 ff. Gesetz über kommunale Zusammenarbeit des Landes Baden-Württemberg (GKZ)
Rechtspersönlichkeit	keine eigene Rechtspersönlichkeit	keine eigene Rechtspersönlichkeit	eigenständige juristische Person des Öffentlichen Rechts
Inhalt | Art der getroffenen Vereinbarung	gemeinsame Beratung / Koordination und Abstimmung der Planung, unverbindlich	Übernahme / Durchführung bestimmter Aufgaben, verbindlich	Zusammenschluss zur Erfüllung bestimmter Aufgaben, verbindlich
Gründung	Vertrag	schriftliche Vereinbarung, Genehmigung durch Aufsichtsbehörde	Verbandssatzung, Genehmigung durch Aufsichtsbehörde
Organe	keine besonderen Organe	keine besonderen Organe	Verbandsversammlung, Vorsitzender der Verbandsversammlung, Vorsteher
Geschäftsführung	vertraglich geregelt, ohne Direktionsbefugnis	vereinbarungsgemäß bei durchführender oder übernehmender Gebietskörperschaft	durch Vorsteher
Personal	Mitarbeiter der beteiligten Kommunen	vereinbarungsgemäß bei durchführender o. übernehmender Gebietskörperschaft	eigene oder Personalüberlassung (gegen Entgelt) einer Mitgliedsgemeinde
kommunale Einflussnahme	gering, da fehlende Bindung	Gremien der durchführenden oder übernehmenden Gebietskörperschaft, n. V.	ausschließlich über Verbandsversammlung

	Öffentlich-rechtliche Organisationsformen		
Kriterien	kommunale Arbeitsgemeinschaft	öffentlich-rechtliche Vereinbarung	Zweckverband
Haftung	einzelne Mitglieder	bei durchführender oder übernehmender Gebietskörperschaft	Zweckverband
Beteiligung Privater	grundsätzlich zulässig	grundsätzlich zulässig	grundsätzlich zulässig
Finanzierung	nicht notwendig, da informell	Entschädigung des Auftragnehmers durch die Auftraggeber	Beiträge, Gebühren, Umlagen
Auflösung	Kündigung | bei Zweckerfüllung	Kündigung | nach Zeitablauf	Kündigung | Beschluss der Mitgliederversammlung | Vereinbarung

Abbildung 2: Öffentlich-rechtliche Organisationsformen interkommunaler Zusammenarbeit (Quelle: Eigene Zusammenstellung in Anlehnung an Schwarz-Jung, Silvia (1993), S. 48 und Rhein, Kay-Uwe (1994), S. 726)

	Privatrechtliche Organisationsformen				
Kriterien	Stiftung	GbR	Eingetragener Verein e. V.	GmbH	AG
Rechtliche Grundlage	§§ 80 ff. BGB	§§ 705 ff. BGB	§§ 21 ff. i. V. m. §§ 55 ff. BGB	GmbHG	AktG
Rechtspersönlichkeit	eigene jur. Person	keine eigene juristische Person	eigene juristische Person	eigene juristische Person	eigene juristische Person
Trägerschaft	Stifter	Gesellschafter	Vereinsmitglieder	Gesellschafter	Aktionäre

	Privatrechtliche Organisationsformen				
Kriterien	Stiftung	GbR	Eingetragener Verein e. V.	GmbH	AG
Gründung	Stiftungsgeschäft und landesrechtliche Genehmigung	Gesellschaftsvertrag, i. d. R. formlos	Satzungsbeschluss, Eintragung ins Vereinsregister	Gesellschafterbeschluss, Eintragung ins Handelsregister	Gesellschafterbeschluss, Eintragung ins Handelsregister
Mindestkapital	keines	keines	keines	25 000 €	50 000 €
Organe | Gremien	Vorstand, Kuratorium (fakultativ)	Geschäftsführer	Vorstand, Mitgliederversammlung	Geschäftsführer, Aufsichtsrat (fakultativ), Gesellschafterversammlung	Vorstand, Aufsichtsrat (obligatorisch), Hauptversammlung
Geschäftsführung	Vorstand	Geschäftsführer	Vorstand	Geschäftsführer	Vorstand
Personal	eigenes	eigenes	eigenes	eigenes	eigenes
Haftung	Stiftungsvermögen	Vollhaftung der Gesellschafter oder auf Gesellschaftskapital beschränkt	Vollhaftung der Mitglieder oder auf Vereinskapital beschränkt	Stammkapital	Grundkapital (Aktien)

	Privatrechtliche Organisationsformen				
Kriterien	Stiftung	GbR	Eingetragener Verein e. V.	GmbH	AG
Auflösung	gem. Landesrecht und Stiftungsgeschäft	Beschluss der Mitglieder	Beschluss der Mitgliederversammlung, vertragliche Vereinbarung, Kündigung, gerichtliche Entscheidung	Beschluss der Gesellschafter, vertragliche Vereinbarung, Kündigung, Gerichtsurteil, Konkursverfahren	Beschluss der Gesellschafter, vertragliche Vereinbarung, Kündigung, Gerichtsurteil, Konkursverfahren

Abbildung 3: Privatrechtliche Formen interkommunaler Zusammenarbeit
(Quelle: Eigene Zusammenstellung in Anlehnung an Schwarz-Jung, Silvia (1993), S. 48 und Rhein, Kay-Uwe (1994), S. 727)

8.8.4 Beurteilung der vorgestellten Organisationsformen

Grundsätzlich sind zwar alle zuvor in ihren wesentlichen Grundzügen vorgestellten öffentlich-rechtlichen und privatrechtlichen Rechts- bzw. Organisationsformen zur Institutionalisierung der interkommunalen Zusammenarbeit und damit zur gemeinschaftlichen Aufgabenerledigung im Rahmen der kommunalen Wirtschaftsförderung rechtlich zulässig. Der Frage aber, ob sie in der Praxis geeignet sind, soll im Folgenden anhand einer kursorischen Darstellung von entsprechenden Bewertungen und Einschätzungen, wie sie in ausgewählten Fachpublikationen zu finden sind, nachgegangen werden. Anhand ausgewählter spezifischer Vor- und Nachteile werden die einzelnen Organisationsformen speziell vor dem Hintergrund der interkommunalen Zusammenarbeit im Rahmen der kommunalen Wirtschaftsförderung kurz beleuchtet und beurteilt.

Öffentlich-rechtliche Organisationsformen

- Kommunale Arbeitsgemeinschaft

Die kommunale Arbeitsgemeinschaft zeichnet sich nicht nur durch ihren geringen Gründungsaufwand aus, der lediglich aus dem Abschluss eines öffentlich-rechtlichen Vertrages und der Information der Aufsichtsbehörde besteht. Auch die Tatsache, dass keine neue, zusätzliche Rechtspersönlichkeit mit einer entsprechenden Organisation geschaffen wird und die Möglichkeit einer Beteiligung sonstiger öffentlich-rechtlicher Körperschaften sowie natürlicher und juristischer Personen des Privatrechts sprechen in der Praxis für sie. Nachteilig wirkt sich dagegen die Beschränkung der kommunalen Arbeitsgemeinschaft auf rein koordinierende und beratende Tätigkeiten aus, da sie im Allgemeinen keine rechtlich verbindlichen Beschlüsse der Beteiligten fassen kann. Auch die Tatsache, dass sich die kommunale Arbeitsgemeinschaft allenfalls für weniger wichtige kommunalpolitische Aufgaben eignet, stellt ihren Einsatz im Rahmen der kommunalen Wirtschaftsförderung infrage. Das Fehlen jeglicher Kompetenzen und finanzieller Mittel zur Maßnahmendurchführung lässt sie allenfalls im Rahmen der Ermittlung des tatsächlichen Kooperationsbedarfs und später eventuell zur konkreten Projektvorbereitung, wie z. B. gemeinsamer Gewerbegebiete, als geeignet erscheinen. In der Praxis findet die kommunale Arbeitsgemeinschaft dann auch eher im Rahmen der Abstimmung bzw. Koordination von Fachplanungen benachbarter Gemeinden, wie z. B. Flächennutzungsplänen oder Fahrplanen des regionalen ÖPNV, ihre Anwendung.

- Öffentlich-rechtliche Vereinbarung

Die öffentlich-rechtliche Vereinbarung kommt in der Praxis nur in Ausnahmefällen zur Institutionalisierung der Zusammenarbeit im Rahmen der kommunalen Wirtschaftsförderung infrage. Zwar ist sie aufgrund ihres öffentlich-rechtlichen Charakters und der gegenüber dem Zweckverband wesentlich flexiblere Organisationsform grundsätzlich für alle gemeindehoheitlichen Aufgaben wie z. B. die Ausweisung von Gewerbeflächen geeignet, die Kooperation gestaltet sich aber in der Praxis aufgrund der einseitigen Aufgabenübernahme durch einen Beteiligten allein nicht unbedingt partnerschaftlich, sondern eher patenschaftlich. Somit lässt sich feststellen, dass die öffentlich-rechtliche Vereinbarung im Grunde nur für diejenigen Fälle zum Einsatz kommen sollte, in denen sich – zumindest was die Finanz- und Verwaltungskraft betrifft – äußerst ungleiche Partner gegenüberstehen. Zudem eignet sich die öffentlich-rechtliche Vereinbarung nur zur Erfüllung einzelner, einfacher und vorzugsweise technischer Verwaltungsaufgaben, denen keine allzu große kommunalpolitische Bedeutung anhaftet. Auch die Tatsache, dass private Akteure nicht an der Vereinbarung direkt beteiligt und ihnen insofern auch keine Mitwirkungsrechte eingeräumt werden können, dürfte in der Praxis für ein freiwilliges Engagement Privater im Rahmen der kommunalen Wirtschaftsförderung eher hinderlich als dienlich sein.

- Zweckverband

Der Zweckverband spielt, wie bereits mehrfach angedeutet, traditionell in Deutschland eine große Rolle in der interkommunalen Zusammenarbeit auf vielen Gebieten kommunaler Aufgabenerfüllung und gilt als typische Organisationsform im Rahmen der kommunalen Wirtschaftsförderung. Ein Vorteil dieser Form zur Institutionalisierung der interkommunalen Zusammenarbeit ist der damit verbundene, relativ geringe Gründungsaufwand: Es bedarf lediglich einer positiven Ratsentscheidung, des Abschlusses eines öffentlich-rechtlichen Vertrages, der Genehmigung durch die Aufsichtsbehörde und der öffentlichen Bekanntmachung. Auch die Möglichkeit einer umfassenden Beteiligung der betroffenen Gebietskörperschaften sowie die Tatsache, dass auch natürliche und juristische Personen des Privatrechts grundsätzlich dieser Kooperation beitreten können, sind als vorteilhaft zu beurteilen. Der Zweckverband bietet sich insbesondere in solchen Fällen an, in denen es sich um eine eindeutig bestimmbare und gegenüber anderen Aufgaben klar abgrenzbare Verwaltungsaufgabe handelt, die auf ihn als leistungsstarken Träger übertragen wird. Die in Zusammenhang mit der Aufgabenerledigung anfallenden Aufwendungen können durch die Festsetzung einer an der Leistungsfähigkeit seiner Mitglieder orientierten Verbandsumlage finanziert werden.
Die Steigerung der Transparenz behördlichen Handelns für die Beteiligten, die Erhöhung der Akzeptanz und Glaubwürdigkeit in der Öffentlichkeit durch die auch nach außen sichtbare Dokumentation der Kooperationsbereitschaft der Kommunen, die Vergrößerung des Vertrauens potenzieller Investoren in den Verband durch die staatliche Aufsicht über die Gesetzmäßigkeit der wirtschaftlichen Verwaltungsführung, die Wahrung der kommunalen Selbstverwaltung durch die demokratische Legitimation der Aufgabenerfüllung in der Verbandsversammlung sind weitere Vorteile des Zweckverbands, der angesichts des mit der Gründung

und Auflösung verbundenen organisatorischen Aufwandes auch eine auf Dauer angelegte Einrichtung zur interkommunalen Zusammenarbeit darstellt. Demgegenüber gelten als wesentliche Nachteile des Zweckverbands im Allgemeinen die erschwerten Bedingungen, unter denen eine Beteiligung von Privaten und privaten Interessenverbänden gesetzlich überhaupt zulässig ist, die grundsätzlich nicht gegebene Möglichkeit einer Einrichtung von ständigen (Beratungs-)Gremien oder Beiräten in der Verbandsversammlung, die begrenzte Flexibilität infolge der gesetzlich eng begrenzten Aufgabenstellung des Verbands und der damit verbundene Verwaltungsaufwand sowie die Umständlichkeit bei der gesamten Wirtschaftsführung. Der Zweckverband eignet sich in der Praxis insofern in besonderem Maße für die strategisch wichtige Aufgabe der Ausweisung von gewerblich nutzbaren Flächen im Rahmen der kommunalen Wirtschaftsförderung.

Privatrechtliche Organisationsformen

Während sämtliche privatrechtliche Organisationsformen für ausschließlich gemeindehoheitliche Verwaltungsaufgaben im Rahmen der kommunalen Wirtschaftsförderung, wie etwa die planungsrechtliche Ausweisung von Gewerbeflächen, grundsätzlich nicht zur Verfügung stehen, können sie demgegenüber für alle Aufgaben im Rahmen der kommunalen Wirtschaftsförderung, die nicht hoheitlich sind, ohne Weiteres als Organisationsform herangezogen werden. Insofern erfährt das Recht der Kommunen, im Rahmen der ihnen durch die Verfassung gewährleisteten Organisationshoheit jeweils die zur Aufgabenerfüllung günstigste Organisationsform frei zu wählen (sog. Wahlfreiheit), eine weitere Einschränkung.

– Aktiengesellschaft

Trotz der generellen Vorteile, die im Allgemeinen mit einer privatrechtlichen Organisationsform in Verbindung gebracht werden, erweist sich die Aktiengesellschaft (AG) zur Institutionalisierung der interkommunalen Zusammenarbeit im Rahmen der kommunalen Wirtschaftsförderung in der Praxis aus mehreren Gründen als ungeeignet und sollte insofern von vornherein aus der engeren Wahl ausgeschlossen werden: Erstens kann bereits durch die gesetzlich vorgeschriebene Beschränkung der Kommunen bzw. Aktionäre auf die Funktion als Gesellschafter in der Hauptversammlung eine an sich kommunalverfassungsrechtlich gebotene Einflussnahme auf den mit der Geschäftsführung betrauten Vorstand, der gemäß

§ 76 AktG Satz 1 „unter eigener Verantwortung" tätig ist, nicht ausreichend abgesichert werden. Dies kann auch nicht durch entsprechende vertragliche oder satzungsrechtliche Bestimmungen gewährleistet werden, da das bundesgesetzliche Gesellschaftsrecht in Form des Aktiengesetzes grundsätzlich Vorrang vor den landesrechtlichen Bestimmungen des Kommunalrechts genießt. Zweitens empfiehlt sich die AG für eine interkommunale Zusammenarbeit im Rahmen der kommunalen Wirtschaftsförderung schon deshalb nicht, weil die Inanspruchnahme des Kapitalmarktes und ein entsprechendes börsenfähiges Agieren in diesem Zusammenhang überhaupt nicht notwendig sind. Auch der mit der Organisationsform der AG verbundene hohe Gründungsaufwand ist für eine Institutionalisierung interkommunaler Zusammenarbeit eher nachteilig zu beurteilen.

– Gesellschaft mit beschränkter Haftung

Mit der Gesellschaft mit beschränkter Haftung (GmbH) werden im Allgemeinen vielfältige Vorteile verbunden. Zunächst stellt die Möglichkeit der uneingeschränkten Beteiligung öffentlicher und privater Akteure aus der Region einen wesentlichen Vorteil der GmbH dar, dem insbesondere bei der interkommunalen Zusammenarbeit im Rahmen der kommunalen Wirtschaftsförderung eine erhebliche Bedeutung zukommt. Durch die Beteiligung von Banken und Sparkassen sowie Unternehmen und die auf Kontinuität angelegte Gesellschaftsform der GmbH können des Weiteren finanzkräftige Lösungen zur Aufgabenerfüllung gefunden werden und zugleich eine breite Beteiligung verschiedener Interessengruppen ermöglicht werden. Wie bei der AG spielt auch hier die psychologische Wirkung der Aufgabendurchführung in Privatrechtsform eine große Rolle hinsichtlich der Akzeptanz und des Vertrauens seitens der Unternehmen und Bürger. Aber im Gegensatz zur AG lässt sich die Einflussmöglichkeit bei einer GmbH durch die weitaus höhere Gestaltungsfreiheit hinsichtlich der Einrichtung zusätzlicher Gremien und Mitwirkungsrechte in hohem Maße absichern – nämlich durch eine starke, d. h. im Idealfall mehrheitlich aus Vertretern der beteiligten Kommunen zusammengesetzte Gesellschafterversammlung, zumindest im Falle einer öffentlich-privaten Kooperation. Ein weiterer Vorteil der GmbH liegt in der Loslösung von den häufig als zu eng empfundenen kommunalrechtlichen Bindungen, und zwar sowohl in finanzieller und personalwirtschaftlicher Hinsicht als auch hinsichtlich der damit verbundenen größeren Flexibilität und kürzeren Entscheidungsprozesse. Schließlich können auch fiskalische Aspekte bei der Wahl der GmbH als Kapitalgesellschaft im Falle der Gewinnerzielung von Vorteil sein, wie dies beispielsweise bei der Vermarktung von Gewerbeflächen vermutlich der Fall sein dürfte.

Durch das Standortsicherungsgesetz (StandOG) wurde beispielsweise die Steuerbefreiung für Wirtschaftsförderungsgesellschaften sowohl bei der Körperschaftssteuer als auch bei der Gewerbesteuer und bei der Vermögenssteuer ab dem Veranlagungsjahr 1993 eingeführt[155] und diese unter bestimmten Voraussetzungen mit Blick auf die Rechtsform, Anteilseigner sowie die Art der Tätigkeit von der Körperschaftsteuer (§ 5 Abs. 1 Nr. 18 KStG), von der Gewerbesteuer (§ 3 Nr. 25 GewStG) und von der Vermögensteuer (§ 3 Abs. 1 Nr. 20 VStG) befreit.[156]

Einwände gegen die GmbH als Organisationsform zur Institutionalisierung der interkommunalen Zusammenarbeit können sich zunächst hinsichtlich der Erfüllung öffentlicher Aufgaben wie der Wirtschaftsförderung durch die fehlende Rechtsaufsicht über ihre Geschäftstätigkeit, die nicht-öffentlichen Entscheidungsprozesse ihrer Organe und die latente Gefahr des Verlustes von Kontroll- und Steuerungsmöglichkeiten ergeben.

Insbesondere der zuletzt genannte Einwand kann aber durch zwei Optionen relativiert werden: Zum einen durch die Entsendung weisungsgebundener Vertreter der Kommunen in die Gesellschafterversammlung und in den – zwar fakultativen, aber vorteilhaften – Aufsichtsrat. Zum anderen ist es möglich, durch eine entsprechende Regelung im Gesellschaftsvertrag die Verteilung der Kompetenzen zwischen den (kommunalen) Gesellschaftern und dem Geschäftsführer zu ändern und damit dem latenten Verlust der Kontroll- und Steuerungsmöglichkeiten wirksam entgegenzuwirken; die „Herren der GmbH" bleiben in jedem Fall die (kommunalen) Gesellschafter! Als Ergebnis lässt sich somit feststellen, dass sich die privatrechtliche Organisationsform der GmbH grundsätzlich zur interkommunalen Zusammenarbeit im Rahmen der kommunalen Wirtschaftsförderung für alle nicht-hoheitlichen Aufgabenbereiche eignet. Insbesondere bietet sich die GmbH-Lösung dort an, wo Projektmanagement z. B. im Zusammenhang mit der Entwicklung großer Gewerbeflächen mit hohen Anforderungen hinsichtlich der Infrastruktur und finanziellen Beweglichkeit sowie eine auf Kontinuität angelegte Einrichtung gefragt sind.

– *Gesellschaft des bürgerlichen Rechts*

Die Gesellschaft des bürgerlichen Rechts (GbR) stellt die Grundform aller Personengesellschaften dar. Der Vorteil der GbR ist ihr gegenüber den anderen privatrechtlichen Organisationsformen geringer Gründungsaufwand. Kennzeichnend für eine GbR ist das Prinzip der Einstimmigkeit, d.h. jeder einzelne Gesellschafter ist vor einer Überstimmung durch einen Mehrheitsbeschluss geschützt; Minderheiten haben insofern einen starken Einfluss auf die Gesellschaft und ihr Geschäftsgebaren. Dieses Einstimmigkeitsprinzip hat aber den entscheidenden Nachteil, dass damit zumindest bei einer großen Anzahl von Gesellschaftern die Handlungsfähigkeit der Gesellschaft stark eingeschränkt werden kann.

- Eingetragener Verein

Der eingetragene Verein (e.V.) ist hinsichtlich seiner Eignung zur Institutionalisierung interkommunaler Zusammenarbeit im Rahmen der kommunalen Wirtschaftsförderung eher ambivalent zu beurteilen. Einerseits hat er gegenüber den anderen vorgestellten privatrechtlichen Organisationsformen den entscheidenden Vorteil, dass (potenziellen) Mitgliedern die Möglichkeit eingeräumt wird, dem Verein sehr leicht beizutreten und – bei Bedarf – aus dem Verein auch sehr leicht wieder austreten zu können. Insofern gewährleistet die privatrechtliche Organisationsform eines eingetragenen Vereins eine ausreichende Flexibilität hinsichtlich einer möglichst umfassenden Beteiligung aller wirtschaftsrelevanten Akteure. Andererseits hat ein Verein aufgrund seiner an sich positiv einzuschätzenden Flexibilität aber den Nachteil, dass nicht nur bei einer gravierenden Änderung der Rahmenbedingungen stets die latente Gefahr einer Instabilität der Kooperation heraufbeschworen wird. Da das Vereinsrecht zudem keine Haftungsbeschränkung vorsieht, können die kommunalen Mitglieder eines eingetragenen Vereins auch nicht am Wirtschafts- und Erwerbsleben teilnehmen. Insofern ist im Vorfeld einer Organisationsformwahl sorgfältig abzuwägen, ob die labile Vereinsform bei der auf unbedingte Kontinuität angewiesenen Zusammenarbeit im Rahmen einer planmäßigen, mittel- und langfristig angelegten kommunalen Wirtschaftsförderung – insbesondere bei der Neuansiedlungsförderung, der Bestandspflege und beim Standortmarketing – überhaupt infrage kommt.

- Privatrechtliche Stiftung

Schließlich werden auch mit der Errichtung einer privatrechtlichen Stiftung im Allgemeinen mehrere Vorteile verbunden: Zum einen die Haftungsbeschränkung – als juristische Person hat sie ein eigenes, nur beschränkt haftendes Vermögen – sowie die grundsätzliche Möglichkeit, Trägerin eines oder mehrerer Unternehmen gleichzeitig sein zu können. Zum anderen wird auch die Flexibilität bei der Gestaltung der Gremien als Vorteil interpretiert.

Als entscheidender Nachteil der Stiftung gilt demgegenüber die Tatsache, dass neben der ohnehin obligatorischen landesrechtlichen Genehmigung bereits der Stiftungsakt des Stifters detaillierte Angaben hinsichtlich der Vermögenszuwendung, der Zweckbestimmung und der Vermögensverwendung umfassen muss, sodass eine nachträgliche Änderung der Aufgabenstellung nicht ohne Weiteres möglich ist, d. h. die an sich notwendige Flexibilität hinsichtlich der Anpassung an veränderte Aufgabenstellungen und -schwerpunkte im Rahmen der kommunalen Wirtschaftsförderung fehlt. Hinzu kommt erschwerend die Tatsache, dass das gesamte Stiftungsvermögen vom Stifter bzw. den Stiftern rechtlich für immer weggegeben, d. h. an die Stiftung abgetreten werden muss. Diese starke finanzielle und rechtliche „Verselbstständigung" der Stiftung kann in der Praxis dazu führen, dass wirtschaftspolitisch relevante Akteure einer Region, die als Stifter im Rahmen der lokalen Wirtschaftsförderung – neben den Kommunen – infrage kommen, nur einen symbolischen Betrag stiften. Auch für den Fall, dass sich einer von mehreren Stiftern aus der Stiftung zurückziehen möchte, kennt das Stiftungsrecht keine Regelung. Da die gestifteten finanziellen Mittel bei einem „Austritt" nicht zurückerstattet werden können, kommt allenfalls ein Rückzug aus den Stiftungsorganen infrage. Deshalb wird die Stiftung auch zur Institutionalisierung interkommunaler Zusammenarbeit nur für solche Kooperationsprojekte empfohlen, deren Zwecke mit einem einmal eingebrachten Kapital erfüllt werden können.

Anmerkungen

1 Aus Gründen der besseren Lesbarkeit wird im Folgenden auf die gleichzeitige Verwendung der Sprachformen männlich, weiblich und divers (m / w / d) verzichtet. Sämtliche Personenbezeichnungen gelten gleichermaßen für alle Geschlechter.

2 Einen Überblick über die wichtigsten Definitionsversuche in der Literatur gibt Faber, Angela (1992), Europarechtliche Grenzen kommunaler Wirtschaftsförderung. Die Bedeutung der Art. 92–94 EWGV für die kommunale Selbstverwaltung, Münster, Univ., Diss., 1992, S. 4 ff.

3 Vgl. zum Folgenden: Adenauer, Max (1959), Wirtschaftsförderung, in: Peters, Hans (Hrsg.), Handwörterbuch der kommunalen Wissenschaft und Praxis, Bd. 3, Berlin u. a., 1959, S. 899 f. Allerdings wurde bereits von Bresky rund 20 Jahre früher der Versuch einer noch differenzierteren Klarstellung des Ausdrucks Wirtschaftsförderung unternommen. Er unterschied gleich in dreifacher Weise zwischen Wirtschaftsförderung im weitesten Sinne, Wirtschaftsförderung im engeren und Wirtschaftsförderung im engsten Sinne. Vgl. dazu Bresky, Georg (1937), Die Gemeinden und Gemeindeverbände als Förderer der privaten Wirtschaft, in: Der Gemeindetag, Heft 6 (1937), S. 165–169.

4 Möller, Ferdinand (1963), Kommunale Wirtschaftsförderung, Stuttgart / Köln 1963, S. 42.

5 Lange, Klaus (1981), Möglichkeiten und Grenzen gemeindlicher Wirtschaftsförderung. Rechtsgutachten, Köln u. a. 1981, S. 5.

6 Ebd.

7 Planitz, Hans (1954), Die Deutsche Stadt im Mittelalter. Von der Römerzeit bis zu den Zunftkämpfen, Graz / Köln 1954, S. 342.

8 Wilden, Josef (1923), Wirtschaftspflege in der Gemeinde, in: Deutscher Kommunalkalender 1923, Terminkalender und Handbuch für Verwaltungsbehörden, Berlin-Friedenau 1923, S. 126.

9 Der Begriff „Wohlstandspflege“ wird in einem bedeutenden Verwaltungshandbuch seinerzeit wie folgt umschrieben: Der Staat hat für das wirtschaftliche Wohlergehen seiner Angehörigen zu sorgen, insoweit die Bedingungen desselben für den Einzelnen unerreichbar sind. Diese Fürsorge umfasst sowohl die Hinwegräumung von Naturhindernissen als auch die Einrichtung umfangreicher Förderungsmittel für die wirtschaftliche Tätigkeit. Die Hebung des Wohlstandes des Einzelnen erhöht zugleich die Steuerkraft und kommt damit dem Staate auch unmittelbar zugute. Vgl. Hue de Grais, Robert Graf (Hrsg.) (1892), Handbuch der Verfassung und Verwaltung in Preußen und dem Deutschen Reiche, 8. Aufl., Berlin 1892, S. 377.

10 Schiefer, Bernd (1989), Kommunale Wirtschaftsförderungsgesellschaften – Entwicklung, Praxis und rechtliche Problematik, Köln u. a. 1989, S. 41 f.

11 Eichhorn und Friedrich weisen in diesem Zusammenhang aber ausdrücklich darauf hin, dass Gemeinden die Gesamtwohlfahrtsmaximierung nicht übersehen dürfen, wenn, Projekte gefördert werden sollen, die interkommunale oder überregionale Auswirkun-

gen zeitigen. Vgl. dazu Eichhorn, Peter / Friedrich, Peter (1970), Untersuchung über den Nutzen kommunaler Wirtschaftsförderungsmaßnahmen, Berlin 1970, S. 16.

12 Der Begriff „Daseinsvorsorge“ steht dabei für die Aufgabe der Kommunen, Sorge für die Grundbedingungen des wirtschaftlichen Wohls der Bevölkerung zu tragen.

13 Dabei handelt es sich um die sogenannten Beihilfen von geringerer Bedeutung, die nicht der ansonsten zwingend vorgeschriebenen Anzeige- und Genehmigungspflicht im Sinne von Art. 108 AEUV (ex-Art. 88 EGV) unterliegen.

14 EU-Verordnung Nr. 2023 / 2831 der Kommission vom 13. 12. 2023 über die Anwendung der Art. 107 und 108 des Vertrags über die Arbeitsweise der Europäischen Union auf Deminimis-Beihilfen.

15 Vgl. zum Einsatz der Kosten-Nutzen-Analyse im kommunalen Bereich allgemein etwa Dallmann, Bernd (1987), Nutzen-Kosten-Untersuchung einer kommunalen Großveranstaltung – dargestellt am Beispiel der Landesgartenschau Freiburg 1986, Freiburg 1988; zum Einsatz der Kosten-Nutzen-Analyse in der kommunalen Wirtschaftsförderung insbesondere Eichhorn, Peter / Friedrich, Peter (1970), Untersuchung über den Nutzen, S. 54 ff.; Kelm, Werner (1973), Kosten- und Nutzenvergleich im Rahmen der kommunalen Wirtschaftsförderung, in: Kommunalwirtschaft, Heft 6 (1973), S. 205–207 sowie Zabel, Gerhard (1979), Probleme der Wirkungskontrolle kommunaler Wirtschaftsförderung, in: Der Gemeindehaushalt, Heft 11 (1979), S. 241–246.

16 Vgl. Hüther, Michael (2023), Deindustrialisierung als Risiko ernst nehmen, Potenziale für die Transformation mobilisieren, in: Ifo-Schnelldienst, 3 / 2023 vom 15. 03. 2023, S. 3–6.

17 Statistisches Bundesamt (2024), Industriesektor in Deutschland weiterhin stark – Bruttowertschöpfung verarbeitendes Gewerbe (Datenstand 21. 08. 2024); online abrufbar unter https://www.destatis.de/Europa/DE/Thema/Industrie-Handel-Dienstleistungen/Industrie.html (letzter Abruf am 08. 12. 2024).

18 Meadows, Denis et al. (1972), The Limits to Growth. A Report for the Club of Rome's Project on the Predicament of Mankind, New York 1972.

19 Thünen, Johann Heinrich von (1826), Der isolirte Staat in Beziehung auf Landwirthschaft und Nationalökonomie, oder Untersuchungen über den Einfluß, den die Getreidepreise, der Reichthum des Bodens und die Abgaben auf den Ackerbau ausüben, Hamburg 1826 (Nachdruck 1986).

20 Christaller, Walter (1933), Die zentralen Orte in Süddeutschland. Eine ökonomisch-geographische Untersuchung über die Gesetzmäßigkeit der Verbreitung und Entwicklung der Siedlungen mit städtischer Funktion, Jena 1933 (Reprint der Ausgabe, Darmstadt 1980).

21 Lösch, August (1940), Die räumliche Ordnung der Wirtschaft – Eine Untersuchung über Standort, Wirtschaftsgebiete und internationalem Handel, Jena 1940 (3. unveränderte Aufl., Stuttgart 1962).

22 Stülten, Silvia (2005), Regionale Innovationsökonomie mit dem Fokus auf das Instrument Netzwerke am Beispiel der Hansestadt Hamburg, 1. Lernwerkstattarbeit aus dem 2. Lehrgang, 2005 im Masterstudiengang Ökonomische und Soziologische Studien, in: Ex-

MA-Papers des Zentrums für ökonomische und soziale Studien (ZÖSS) der Universität Hamburg, Hamburg 2005.

23 Ebd.

24 Arndt, Olaf / Koch, Tobias / Volkert, Bernd (2009), Analytische und konzeptionelle Grundlagen zur Clusterpolitik in Baden-Württemberg, eine Studie der Prognos AG (Hrsg.) im Auftrag des Wirtschaftsministeriums des Landes Baden-Württemberg, Stuttgart 2009, S. 9.

25 Vgl. o. V (1993), Neue Wege in der kommunalen Wirtschaftspolitik. Anregungen des Wirtschaftsausschusses des DStGB, in: Stadt Und Gemeinde, Heft 1, 1993, S. 7.

26 Vgl. Wiepke, Claudia (2005), Kommunale Arbeitsmarktpolitik als ressortübergreifende Querschnittsaufgabe, Dortmund 2005, S. 11.

27 Vgl. § 709 BGB.

28 Hollbach-Grömig, Beate / Flöting, Holger (2008), Kommunale Wirtschaftsförderung 2008 – Strukturen, Handlungsfelder, Perspektiven, Difu-Paper, Berlin 2008.

29 Vgl. Dallmann, Bernd / Richter, Michael (2012), Handbuch der Wirtschaftsförderung. Praxisleitfaden zur kommunalen und regionalen Standortentwicklung, Freiburg / Berlin / München, S. 265.

30 Vgl. Meyer, Axel-Jörn (1999), Regionalmarketing – Grundlagen, Konzepte, Anwendung, München 1999, S. 154.

31 Ebd., S. 157.

32 Vgl. Dallmann, Bernd (1987), Nutzen-Kosten-Untersuchung, S. 11.

33 Bundesministerium für Wirtschaft und Klimaschutz (BMWK), Die Start-up-Strategie der Bundesregierung, Berlin, Juli 2022.

34 Kreditanstalt für Wiederaufbau (Hrsg.) (2024), KfW-Gründungsmonitor 2024. Der Gründungstätigkeit fehlen die makroökonomischen Impulse – Selbstständige werden als Multiplikatoren wichtiger, Berlin 2024; online abrufbar unter https://www.kfw.de/PDF/Download-Center/Konzernthemen/Research/PDF-Dokumente-Gründdungsmonitor/KfW-Gründungsmonitor-2024.pdf (letzter Abruf am 08. 12. 2024).

35 Global Entrepreneurship Monitor – Unternehmensgründungen im weltweiten Vergleich, Länderbericht Deutschland 2023 / 24, herausgegeben vom RKW Rationalisierungs- und Innovationszentrum der Deutschen Wirtschaft e. V., Eschborn, Juni 2024.

36 Fels, Markus et al. (2021), Unternehmensnachfolgen in Deutschland 2022 bis 2026. Institut für Mittelstandsforschung (Hrsg.), IfM Daten und Fakten Nr. 27, Bonn 2021.

37 Deutscher Industrie- und Handelstag (2023), IHK-Report Unternehmensnachfolge 2023, Zahlen und Einschätzungen zum Generationswechsel in deutschen Unternehmen, Berlin 2023.

38 Ministerium für Wirtschaft, Arbeit und Tourismus Baden-Württemberg (2024), Unternehmensnachfolge gemeinsam anpacken, Pressemitteilung vom 18. 11. 2024; online abrufbar unter https://www.baden-wuerttemberg.de/de/service/presse/pressemitteilung/pid/unternehmensnachfolge-gemeinsam-anpacken-1.

39 Deutscher Städtetag (Hrsg.) (2018), Diskussionspapier für eine erfolgreiche Wirtschaftsförderung, Diskussionspapier, Erarbeitet von der Fachkommission Wirtschaftsförderung des Deutschen Städtetages, Köln 2018, S. 22.

40 Ministerium für Wirtschaft, Arbeit und Wohnungsbau Baden-Württemberg (Hrsg.) (2020), Förderprogramme zur Existenzgründung und Unternehmensnachfolge, Stuttgart 2020.

41 Deutscher Startup Monitor 2004, herausgegeben vom Bundesverband Deutsche Startups e. V., Berlin 2024.

42 Löher, Jonas / Paschke, Max / Schröder, Christian (2017), Kooperationen zwischen etabliertem Mittelstand und Start-ups, Institut für Mittelstandsforschung (Hrsg.), IfM-Materialien Nr. 258, Bonn 2017.

43 Vgl. Gablers Wirtschaftslexikon (2024); online abrufbar unter https://wirtschaftslexikon.gabler.de/definition/technologietransfer-50999 (letzter Abruf am 10. 11. 2024).

44 Vgl. hierzu Schmolch, Ulrich et al. (Hrsg.) (2000), Wissens und Technologietransfer in Deutschland, Stuttgart 2000, S. 9, zitiert in: https://de.wikipedia.org/wiki/Technologietransfer (letzter Abruf am 10. 11. 2024).

45 Der Steinbeis-Verbund steht seit über 40 Jahren für erfolgreichen Wissens- und Technologietransfer; siehe http://www.steinbeis.de (letzter Abruf am 10. 11. 2024).

46 Fraunhofer-Institut für Innovationsforschung (2024), Dieter Schwarz Stiftung und Fraunhofer bauen Forschungsstandort Heilbronn aus, Pressemitteilung vom 04. 12. 2024; online abrufbar unter: https://www.isi.fraunhofer.de/de/presse/2024/presseinfo-25-forschungsstandort-heilbronn.html. Mithilfe der Förderung der Dieter Schwarz Stiftung kann die Fraunhofer-Gesellschaft ihre bisherigen Aktivitäten in Heilbronn deutlich ausbauen. So werden ab 2025 insgesamt acht Forschungs- und Innovationszentren mit Forschungsthemen von Cybersicherheit bis Quanten-KI wichtige Impulse für Innovationen in Deutschland setzen und die Wettbewerbsfähigkeit auf diesen Gebieten stärken.

47 Ahrend, Klaus-Michael / Redmann, Kathrin (Hrsg.) (2023), Innovationsökosysteme – Netzwerke nutzen und Innovationskraft steigern, Stuttgart 2023.

48 Hochschule für öffentliche Verwaltung Kehl, weitere Informationen hierzu online unter https://www.hs-kehl.de/mri/(letzter Abruf am 08. 12. 2024).

49 Ministerium für Wirtschaft, Arbeit und Tourismus des Landes Baden-Württemberg (2024), Land fördert regionale Innovationssysteme, Pressemitteilung vom 17. 07. 2024; online abrufbar unter https://www.baden-wuerttemberg.de/de/service/presse/pressemitteilung/pid/land-foerdert-regionale-innovationssysteme-1 (letzter Abruf am 12. 08. 2024).

50 Europäische Kommission (2024), Stärkung der Wettbewerbsfähigkeit und Innovation: Kommission ermittelt zwölf regionale Innovationstäler in Deutschland, Pressemitteilung vom 20. 06. 2024; online abrufbar unter https://germany.representation.ec.europa.eu/news/starkung-der-wettbewerbsfahigkeit-und-innovation-kommission-ermittelt-zwolf-regionale-2024-06-20_de (letzter Abruf am 08. 12. 2024).

51 Isenberg, Daniel J. (2010), The Big Idea: How to Start an Entrepreneurial Revolution, Harvard Business Review, June 2010.

52 Feld, Brad (2020), Startup Communities – Building an Entrepreneurial Ecosystem in Your City, 2. Aufl., Hoboken / New Jersey 2020.

53 Hierzu und im Folgenden ausführlich: RKW-Kompetenzzentrum; online abrufbar unter https://www.rkw-kompetenzzentrum.de/gruendung/gruendungsoekosysteme/gruendungsoekosysteme-gestalten/(letzter Abruf am 10. 11. 2024).

54 Siehe dazu THE Start-up LÄND; online abrufbar unter https://www.startupbw.de/(letzter Abruf am 10. 11. 2024).

55 Roland Berger GmbH (Hrsg.) (2021), Für ein Wirtschaftswunder 2.0. Wie Startups und Scaleups den deutschen Arbeitsmarkt beflügeln, München 2021.

56 Schimroszik, Nadine (2024), Anteil sehr junger Gründer wächst rasant, in: Handelsblatt am 1. Juli 2024; online abrufbar unter https://www.handelsblatt.com/technik/it-internet/start-ups-anteil-sehr-junger-gruender-waechst-rasant/100047661.html (letzter Abruf am 08. 12. 2024).

57 Startup Ökosysteme – Wege zu einem verbesserten Benchmarking. Eine Studie des Alexander von Humboldt Instituts für Internet und Gesellschaft mit Unterstützung von Berlin Partner für Wirtschaft und Technologie, Next Media Hamburg, Next Media Accelerator und Die Zeit, Alexander von Humboldt Institut für Internet und Gesellschaft gGmbH (Hrsg.), Berlin, Juni 2017.

58 Siehe dazu und im Folgenden: startup-insider.com (2023), Entwicklung von Startup-Ökosystemen: Ein Leitfaden für Startups, Unternehmer und Venture Capital; online abrufbar unter https://www.startup-insider.com/article/startup-ecosystem-development (letzter Abruf am 08. 12. 2024).

59 Kiese, Matthias (2018), Cluster, in: Akademie für Raumforschung und Landesplanung (Hrsg.), Handwörterbuch der Stadt- und Raumentwicklung, Hannover 2018, S. 351–357.

60 Deutsches Wörterbuch von Jacob und Wilhelm Grimm, Lfg. 6 (1867), Bd. V (1873), Sp. 1308, Z. 55.

61 Vgl. Porter, Michael E. (1991), Nationale Wettbewerbsvorteile. Erfolgreich konkurrieren auf dem Weltmarkt, München 1991.

62 Vgl. Porter, Michael E. (1998), On competition, Boston 1998, S. 197 f.

63 Vgl. Kiese, Matthias (2012), Regionale Clusterpolitik in Deutschland: Bestandsaufnahme und interregionaler Vergleich im Spannungsfeld von Theorie und Praxis, Marburg, S. 37.

64 Vgl. Van der Linde, Claas (2003), The Demography of Clusters – Findings from the Cluster Meta-Study, in: Bröcker, Johannes / Dohse, Dirk / Soltwedel, Rüdiger (Hrsg.), Innovation Clusters and Interregional Competition, Berlin, Heidelberg, New York 2003, S. 130–149.

65 Siehe hierzu microTEC Südwest; online abrufbar unter https://www.microtec-suedwest.de/ueber-uns (letzter Abruf am 08. 12. 2024).

66 Deutscher Städtetag (2018), Diskussionspapier für eine erfolgreiche Wirtschaftsförderung, S. 22.

67 Vgl. Häfner, Karl (2014), Clusterplattformen in Bayern zwischen Theorie und Praxis, Möglichkeiten und Begrenzungen für eine clustertheoretisch orientierte Wirtschaftsförderung, Würzburg 2014.

68 Vgl. Kiese, Matthias, Regionale Clusterpolitik (2012).

69 Siehe hierzu https://www.clustercollaboration.eu/(letzter Abruf am 08.12.2024).

70 Siehe hierzu Europäische Kommission (2024), European Cluster Conference am 07./08.05.2024; online abrufbar unter https://eismea.ec.europa.eu/events/european-cluster-conference-2024-2024-05-07_en (letzter Abruf am 08.12.2024).

71 Prognos AG (2024), Europäischer Cluster Panoramabericht 2024; online abrufbar unter https://www.prognos.com/en/news/european-cluster-panorama-report-2024 (letzter Abruf am 08.12.2024).

72 Clusterplattform Deutschland, https://www.clusterplattform.de/CLUSTER/Navigation/DE/Clusterpolitik/Bund/SpitzenclusterWettbewerb/spitzencluster-wettbewerb.html (letzter Abruf am 08.12.2024).

73 Bundesministerium für Bildung und Forschung; online abrufbar unter https://www.clusters4future.de/die-zukunftscluster (letzter Abruf am 06.04.2025).

74 Ministerium für Wirtschaft, Arbeit und Wohnungsbau Baden-Württemberg (Hrsg.), Regionaler Cluster-Atlas Baden-Württemberg, Überblick über clusterbezogene Netzwerke und Initiativen; Stuttgart 2018, S. 10–16.

75 Ministerium für Wirtschaft, Arbeit und Tourismus Baden-Württemberg (Hrsg.), ClusterAgentur wird zur RegioClusterAgentur weiterentwickelt, Pressemitteilung vom 11.02.2022; online abrufbar unter https://wm.baden-wuerttemberg.de/de/service/presse-und-oeffentlichkeitsarbeit/pressemitteilung/pid/clusteragentur-wird-zur-regioclusteragentur-weiterentwickelt/(letzter Abruf am 08.12.2024).

76 RegioClusterAgentur Baden-Württemberg; online abrufbar unter https://www.clusterportal-bw.de/regioclusteragentur/(letzter Abruf am 08.12.2024).

77 Zum Begriff „Clusterpolitik“ auf kommunaler Ebene bzw. im Rahmen der kommunalen Wirtschaftsförderung ausführlich Floeting, Holger (Hrsg.) (2008), Cluster in der kommunalen und regionalen Wirtschaftspolitik – Vom Marketingbegriff zum Prozessmanagement, Edition Difu, Bd. 5, Berlin 2008, sowie Assmann, Dirk / Floeting, Holger (2018), Ende oder Neustart – Perspektiven der Clusterpolitik, Difu-Impulse Bd. 1/2018, Berlin 2018.

78 Vgl. Floeting, Holger / Zwicker-Schwarm, Daniel (2008), Cluster in der Wirtschaftsförderung – Vom Marketingbegriff zum Prozessmanagement; in: Floeting, Holger (Hrsg.), Cluster in der Wirtschaftsförderung – Vom Marketingbegriff zum Prozessmanagement, Edition Difu, Bd. 5, Berlin 2008, S. 20.

79 Floeting, Holger (Hrsg.) (2008), Cluster in der kommunalen und regionalen Wirtschaftspolitik.

80 Hierzu und im Folgenden: Hollbach-Grömig, Beate / Floeting, Holger (2008), Kommunale Wirtschaftsförderung 2008, S. 9 ff. sowie Floeting, Holger / Zwicker-Schwarm, Daniel (2008), Cluster in der Wirtschaftsförderung, S. 15–40.

81 Siehe Hollbach-Grömig, Beate / Floeting, Holger (2008), Kommunale Wirtschaftsförderung 2008, S. 9 f. sowie Floeting, Holger / Zwicker-Schwarm, Daniel (2008), Cluster in der Wirtschaftsförderung, S. 26.

82 Vgl. stellvertretend für alle die Clusterstrategien der Länder Nordrhein-Westfalen, Bayern oder Baden-Württemberg, siehe dazu https://nrwinnovativ.de/cluster-und-netzwerke/, https://www.stmwi.bayern.de/wirtschaft/forschung-technologie/cluster-offensive-bayern/ bzw. https://wm.baden-wuerttemberg.de/de/innovation/cluster-politik (letzter Zugriff am 08.12.2024).

83 Vgl. Hollbach-Grömig, Beate / Floeting, Holger (2008), Kommunale Wirtschaftsförderung 2008, S. 10 sowie Floeting, Holger / Zwicker-Schwarm, Daniel (2008), Cluster in der Wirtschaftsförderung, S. 27.

84 Siehe Hollbach-Grömig, Beate / Floeting, Holger (2008), Kommunale Wirtschaftsförderung 2008, S. 10 sowie Floeting, Holger / Zwicker-Schwarm, Daniel (2008), Cluster in der Wirtschaftsförderung, S. 30 f.

85 Assmann, Dirk / Floeting, Holger (2018), Ende oder Neustart, S. 49.

86 Siehe Floeting, Holger / Zwicker-Schwarm, Daniel (2008), Cluster in der Wirtschaftsförderung, S. 16 und S. 38 f.

87 Assmann, Dirk / Floeting, Holger (2018), Ende oder Neustart.

88 Siehe hierzu ausführlich Hahne, Ulf (2020), Lokale Transformation und Wirtschaftsförderung 4.0, Neue Themenfelder für die integrierte Stadtentwicklung, in: RaumPlanung 207; Heft 4, 2020, S. 44 f.

89 Vgl. dazu und im Folgenden Wagner-Endres, Sandra et al. (2021), Innovationsfähigkeit der Wirtschaftsförderung: Akteure – Instrumente – Handlungsansätze. Gemeinschaftsstudie, Berlin 2021 (Difu-Sonderveröffentlichung), S. 12.

90 Florida, Richard (2002), The Rise of the Creative Class: And How It's Transforming Work, Leisure, Community, and Everyday Life, New York, 2002.

91 Sandra Wagner-Endres et al. (2021), Innovationsfähigkeit der Wirtschaftsförderung, S. 22.

92 Ebd., S. 23.

93 Assmann, Dirk / Floeting, Holger (2018), Ende oder Neustart, S. 19.

94 Siehe dazu und im Folgenden ausführlich ebd., S. 21.

95 Siehe dazu und im Folgenden ausführlich ebd., S. 22.

96 Siehe dazu und im Folgenden ausführlich ebd., S. 23.

97 Siehe dazu und im Folgenden ausführlich Künzel, Matthias et al. (2016), Cluster und Innovationen – Cluster-Initiativen als Innovationstreiber, herausgegeben von der ClusterAgentur Baden-Württemberg im Auftrag vom Ministerium für Finanzen und Wirtschaft Baden-Württemberg, Stuttgart 2016.

98 Siehe dazu und im Folgenden ausführlich ebd., S. 20.

99 Ebd., S. 23.

100 Ebd.

101 Ebd., S. 25.

102 Ebd., S. 29 f.

103 Investitionsbank Berlin (Hrsg.) (2024), Förderfibel 2024 / 2025 – Der Ratgeber für Unternehmen und Existenzgründungen, online abrufbar unter https://www.businessloca-

tioncenter.de/fileadmin/user_upload/Wirtschaftsstandort/files/foerderfibel.pdf (letzter Abruf am 08.12.2024).

104 Siehe dazu auch Müller, Fabian (2017), Baden-Württemberg hat den beliebtesten Slogan aller deutschen Bundesländer, in: horizont.net vom 10. März 2017; online abrufbar unter https://www.horizont.net/marketing/nachrichten/Wir-koennen-alles.-Ausser-Hochdeutsch-Baden-Wuerttemberg-hat-den-beliebtesten-Slogan-aller-deutschen-Bundeslaender-156451 (letzter Abruf am 08.12.2024).

105 Vgl. https://einzelhandel.de/arbeitgeberhandel (letzter Abruf am 08.12.2024).

106 Im Jahr 1977 kam es zu einer Novellierung der Baunutzungsverordnung (BauNVO), wonach großflächige Einzelhandelsbetriebe mit mehr als 1500 m^2 Bruttogeschossfläche außerhalb von Kern- und Sondergebieten nur noch mit Genehmigung der Raumordnungsbehörde errichtet werden durften. Hiermit sollte der Tatsache entgegengewirkt werden, dass kleinere Gemeinden in der Nähe von Großstädten und verkehrsgünstig gelegenen Einkaufszentren aus Gründen der Gewerbesteuermehrung raumplanerische Fehlallokationen erleiden, die durch die zunehmende Motorisierung und Änderung des Einkaufsverhaltens gefördert wurden. Durch das Konzept der cityintegrierten Shoppingcenter, damit ist die Zusammenfassung zu Einkaufsstraßen und innerstädtischen Einkaufszentren gemeint, und durch die Einführung verpflichtender Märkte- und Zentrenkonzepte sollte die Verödung der Innenstädte gestoppt werden. Siehe Bross, Fabian (2008), Die Expansion des Einzelhandels mit besonderer Berücksichtigung der Auswirkungen auf die Stadtentwicklung in Deutschland, Bayern und München in den 1960er, 1970er und 1980er Jahren, in: Aventinus Archiv, Ausgabe Nr. 5; online abrufbar unter https://www.aventinus-online.de/home/index.html (letzter Abruf am 08.12.2024).

107 Kaspar, Claude (1996), Die Tourismuslehre im Grundriss, St. Gallener Beiträge zum Tourismus und zur Fremdenverkehrswirtschaft, 5. Aufl., Bern 1996, S. 48.

108 DWIF-Consulting (2024), Wirtschaftsfaktor Tourismus für Franken 2023, Studie des DWIF im Auftrag des Tourismusverbands Franken e. V., S. 7; online abrufbar unter https://bzt.bayern/wp-content/uploads/2024/07/dwif-Wirtschaftsfaktor-Tourismus-Franken-2023.pdf (letzter Abruf am 08.12.2024).

109 Vgl. hierzu Dallmann, Nicolas (2009), Notwendigkeit und Inhalt eines Controllings im Standortmarketing – Eine wirtschaftsgeographische Untersuchung in den Stadtstaaten Hamburg und Bremen, Berlin 2009.

110 Im Rahmen von KGSt-Vergleichsringen optimieren Kommunen ihre Leistungen im Rahmen eines kommunalen Benchmarkings. In moderierten Sitzungen diskutieren sie Kennzahlen und tauschen Erfahrungen aus. Sie ermitteln Stärken und Schwächen und können sich verbessern. Auf Basis der Erfahrungen von Vergleichskommunen werden Prozesse optimiert und praxiserprobte Technik wird eingesetzt. So sparen Kommunen Geld oder steigern Qualität. Siehe dazu https://www.kgst.de/aktive-vergleichsringe (letzter Abruf am 8.12.2024).

111 Vgl. Kommunale Gemeinschaftsstelle für Verwaltungsvereinfachung (KGSt) (1990), Organisation der Wirtschaftsförderung, Gutachten Köln. Der von Städten, Gemeinden und

Landkreisen gemeinsam getragene Fachverband mit Sitz in Köln führt zwischenzeitlich den Namen „Kommunale Gemeinschaftsstelle für Verwaltungsmanagement".

112 Siehe KGSt (1990), Organisation der Wirtschaftsförderung, S. 50.

113 Den Gemeinden muss das Recht gewährleistet sein, alle Angelegenheiten der örtlichen Gemeinschaft im Rahmen der Gesetze in eigener Verantwortung zu regeln. Auch die Gemeindeverbände haben im Rahmen ihres gesetzlichen Aufgabenbereiches nach Maßgabe der Gesetze das Recht der Selbstverwaltung (Art. 28 Abs. 2 Satz 1).

114 Vgl. Meyer (1922), Industrieförderung durch die Gemeinden, in: Brix, Josef et al. (Hrsg.), Handwörterbuch der Kommunalwissenschaften, Bd. 2, Jena 1922, S. 554–557 (S. 556).

115 Vgl. Müller, Wolfgang-Hans (1977), Kommunale Wirtschaftsförderung in Deutschland, in: Local Finance (1977), S. 3–14 (S. 3).

116 Vgl. Müller, Wolfgang-Hans (1982), Wirtschaftsförderung, in: PÜTTNER, GÜNTER (Hrsg.), Handwörterbuch der kommunalen Wissenschaft und Praxis, Bd. 4, 2., völlig neu bearbeitete Aufl., Berlin 1982, S. 625–641 (S. 625).

117 Wagner-Endress, Sandra (2020), Kommunale Wirtschaftsförderung 2019, Strukturen, Aufgaben, Perspektiven, Ergebnisse der Difu-Umfrage, Berlin 2020, S. 31.

118 Vgl. Hollbach-Grömig, Beate (2001), Kommunale Wirtschaftsförderung in der Bundesrepublik Deutschland, Ausgewählte Ergebnisse einer Umfrage im Jahr 2000, Berlin, S. 4 sowie Hollbach-Grömig, Beate / Floeting, Holger (2008), Kommunale Wirtschaftsförderung 2008, S. 5 f., sowie Wagner-Endress, Sandra (2020), Kommunale Wirtschaftsförderung 2019, S. 6 f.

119 Wagner-Endres, Sandra et al. (2021), Innovationsfähigkeit der Wirtschaftsförderung.

120 Vgl. Deutscher Städtetag (2018), Diskussionspapier für eine erfolgreiche Wirtschaftsförderung, S. 28.

121 Meyer (1922), Industrieförderung durch die Gemeinden, S. 556 ff.

122 Die Difu-Umfrage 2007 / 2008 konnte beispielweise bundesweit lediglich zwei Fälle ermitteln, in denen Städte mit mehr als 50 000 Einwohnern diese Organisationsform gewählt haben, vgl. Hollbach-Grömig, Beate / Floeting, Holger (2008), Kommunale Wirtschaftsförderung 2008, S. 4.

123 Vgl. Hollbach-Grömig, Beate / Beecken, Andreas (1995), Kommunale Wirtschaftsförderung in Städten der Bundesrepublik Deutschland. Ergebnisse einer Umfrage im Überblick, Berlin 1995; Hollbach-Grömig, Beate (2001), Kommunale Wirtschaftsförderung in der Bundesrepublik Deutschland, Ausgewählte Ergebnisse einer Umfrage im Jahr 2000, Berlin, S. 4; Hollbach-Grömig, Beate / Floeting, Holger (2008), Kommunale Wirtschaftsförderung 2008, S. 5 f.; Zwicker-Schwarm, Daniel (2013), Kommunale Wirtschaftsförderung 2012: Strukturen, Handlungsfelder, Perspektiven, Difu Papers, Berlin 2013, sowie Wagner-Endres, Sandra (2020), Kommunale Wirtschaftsförderung 2019.

124 Die Augsburg AG übernahm ab 2003 im Rahmen einer Teilprivatisierung Aufgaben der Wirtschaftsförderung von der Stadt Augsburg. Zu den zentralen Aufgaben und Zielen der Augsburg AG zählten (1.) Nationales und internationales Standortmarketing / Regionalmarketing, (2.) Bestandspflege, (3.) Beziehungsmanagement und (4.) Messe und Kongresswesen. Die Gesellschaft wurde gemäß Stadtratsbeschluss in eine GmbH um-

gewandelt. Die Umfirmierung in eine GmbH wurde am 29.01.2009 im Handelsregister vollzogen. Siehe hierzu ausführlich: Stadt Augsburg (Hrsg.) (2010), Beteiligungsbericht 2009, Augsburg 2010, S. 235 ff.

125 Wagner-Endres, Sandra (2020), Kommunale Wirtschaftsförderung 2019.

126 Die ThyssenKrupp AG, Ende der 90er Jahre gerade damit beschäftigt, die letzten Hochöfen in Dortmund auszublasen, sah die Verantwortung für den Standort, an dem das Unternehmen jahrzehntelang erfolgreich Geschäfte gemacht hatte. Zusammen mit der Stadt Dortmund und der Unternehmensberatung McKinsey wurde ein Stadtentwicklungskonzept erarbeitet. Basis hierfür war eine Studie, von der ThyssenKrupp AG finanziert, die von da an unter dem Namen „dortmund-project" firmierte. Dieses Projekt wurde organisatorisch beim Amt des Oberbürgermeisters und der Wirtschafts- und Beschäftigungsförderung angebunden; online abrufbar unter https://www.dortmund.de/themen/dortmund-historisch/stadtgeschichte/20.-jahrhundert-heute/das-neue-dortmund (letzter Abruf am 10.11.2024).

127 Theile, Gustav (2022), Wieso der reichste Deutsche eine ganze Stadt umbaut, in: Frankfurter Allgemeine Zeitung vom 19.10.2022; online abrufbar unter https://www.faz.net/aktuell/wirtschaft/unternehmen/dieter-schwarz-wieso-der-lidl-milliardaer-heilbronn-umbaut-18463461.html (letzter Abruf am 10.11.2024); Wulfers, Alexander (2024), Der Mann mit den Lidl-Milliarden, in: Frankfurter Allgemeine Zeitung vom 08.11.2024; online abrufbar unter https://www.faz.net/aktuell/wirtschaft/unternehmen/lidl-milliarden-vom-zweitreichsten-deutschen-fuer-heilbronn-110084331.html (letzter Abruf am 10.11.2024).

128 Vgl. Heuer, Hans (1985), Instrumente lokaler Gewerbepolitik. Ergebnisse empirischer Erhebungen, Stuttgart 1985.

129 Weber, M. (1925), Kommunale Industrieförderung, in: Deutscher Kommunalkalender 1924/25, Terminkalender und Handbuch für Verwaltungsbehörden, Berlin-Friedenau 1925, S. 291–294.

130 Deutsche Industrie und Handelskammer (Hrsg.) (2024), Spotlight auf den Wirtschafts-Standort Deutschland 2024, Die Sicht der Unternehmen im Ausland – Ergebnisse einer Befragung durch die deutschen Auslandshandelskammern, Delegationen und Repräsentanzen, Berlin 2024.

131 Statistisches Bundesamt (2024), Alle politisch selbstständigen Gemeinden mit ausgewählten Merkmalen am 30.06.2024 (2. Quartal 2024); online abrufbar unter https://www.destatis.de/DE/Themen/Laender-Regionen/Regionales/Gemeindeverzeichnis/Administrativ/Archiv/GVAuszugQ/AuszugGV2QAktuell.html (letzter Abruf am 08.12.2024).

132 Deutscher Städtetag (2018), Diskussionspapier für eine erfolgreiche Wirtschaftsförderung, S. 5.

133 In Anlehnung an Kahnert, Rainer (1993), Interkommunale Zusammenarbeit bei der Gewerbeentwicklung, in: Stadt und Gemeinde, Heft 7 (1993), S. 246–250, sowie Hatzfeld, Ulrich / Kahnert, Rainer (1993), Kooperation ist schwieriger als Konkurrenz, in: RaumPlanung, Jg. 63 (1993), S. 257–262.

134 Vgl. Heuer, Hans (1985), Instrumente lokaler Gewerbepolitik, sowie Kistenmacher, Hans et al. (1994), Regionalisierung in der kommunalen Wirtschaftsförderung, Köln 1994.

135 Vgl. Grabow, Busso et al. (1990), Lokale Innovations- und Technologiepolitik. Ergebnisse einer bundesweiten Erhebung, Berlin 1990.

136 Siehe Gesetz zur vorläufigen Regelung des Rechts der Industrie- und Handelskammern in der Fassung vom 18.12.1956, zuletzt geändert durch Art. 1 des Gesetzes vom 07.08.2021 I 33067 (BGBl. I S. 3306).

137 Krieger, Fritz (1994), Interkommunale Kooperation. Gemeinsame Industrie- und Gewerbegebiete, Dortmund 1994, S. 41.

138 Asche, Michael / Krieger, Fritz (1990), Interkommunale Zusammenarbeit. Gemeinschaftliche Industrie- und Gewerbegebiete, Dortmund 1990, sowie Wuschansky, Bernd / König, Kristina (2006), Interkommunale Gewerbegebiete in Deutschland, Grundlagen und Empfehlungen zur Planung, Förderung, Finanzierung, Organisation, Vermarktung, in: Institut für Landes- und Stadtentwicklungsforschung und Bauwesen des Landes Nordrhein-Westfalen (Hrsg.), ILS-NRW-Schriften Bd. 200, Dortmund 2006.

139 Vgl. Krieger, Fritz (1994), Interkommunale Kooperation. Gemeinsame Industrie- und Gewerbegebiete, Dortmund 1994.

140 Wuschansky, Bernd / König, Kristina (2006), Interkommunale Gewerbegebiete in Deutschland, Dortmund 2006.

141 Region Köln / Bonn e. V. (Hrsg.) (2022), Interkommunale Wirtschaftsflächen, Praxishilfe für die Region Köln / Bonn, 2022, S. 9.

142 Ausführlich dazu Manschwetus, Uwe (1995), Regionalmarketing. Marketing als Instrument der Wirtschaftsentwicklung, Wiesbaden 1995.

143 Ebd.

144 Vgl. dazu auch Richter, Michael (1997), Regionalisierung und Interkommunale Zusammenarbeit – Wirtschaftsregionen als Instrumente kommunaler Wirtschaftsförderung, Wiesbaden 1997.

145 Siehe Gesetz über kommunale Zusammenarbeit (GKZ) in der Fassung vom 16.09.1974, zuletzt geändert durch Art. 4 des Gesetzes vom 12.11.2024 (GBl. 2024 Nr. 98).

146 Oebbecke, Janbernd (1984), Gemeindeverbandsrecht Nordrhein-Westfalen. Eine systematische Darstellung, Köln 1984.

147 Siehe Gesetz über kommunale Zusammenarbeit (GKZ) in der Fassung vom 16.09.1974, zuletzt geändert durch Art. 4 des Gesetzes vom 12.11.2024 (GBl. 2024 Nr. 98).

148 Siehe Gesetz über kommunale Zusammenarbeit (GKZ) in der Fassung vom 16.09.1974, zuletzt geändert durch Art. 4 des Gesetzes vom 12.11.2024 (GBl. 2024 Nr. 98).

149 Siehe Gesetz über kommunale Zusammenarbeit (GKZ) in der Fassung vom 16.09.1974, zuletzt geändert durch Art. 4 des Gesetzes vom 12.11.2024 (GBl. 2024 Nr. 98).

150 Siehe Aktiengesetz, Gesetz vom 06.09.1965 (BGBl. I S. 1089), zuletzt geändert durch Gesetz vom 23.10.2024 (BGBl. I S. 323) mit Wirkung vom 01.11.2024.

151 Siehe Gesetz betreffend die Gesellschaften mit beschränkter Haftung, Gesetz vom 20.04.1892 (RGBl. I S. 477), zuletzt geändert durch Gesetz vom 22.02.2023 (BGBl. I S. 51) mit Wirkung vom 01.03.2023.

152 Siehe Bürgerliches Gesetzbuch (BGB) in der Bekanntmachung vom 02.01.2002 (BGBl. I S. 42, 2909; 2003 I 738); zuletzt geändert durch Art. 14 BEG IV vom 23. Oktober 2024 (BGBl. 2024 I Nr. 323).

153 Siehe Bürgerliches Gesetzbuch (BGB) in der Bekanntmachung vom 02.01.2002 (BGBl. I S. 42, 2909; 2003 I 738); zuletzt geändert durch Art. 14 BEG IV vom 23. Oktober 2024 (BGBl. 2024 I Nr. 323).

154 Siehe Bürgerliches Gesetzbuch (BGB) in der Bekanntmachung vom 02.01.2002 (BGBl. I S. 42, 2909; 2003 I 738); zuletzt geändert durch Art. 14 BEG IV vom 23. Oktober 2024 (BGBl. 2024 I Nr. 323).

155 Siehe Gesetz zur Verbesserung der steuerlichen Bedingungen zur Sicherung des Wirtschaftsstandorts Deutschland im Europäischen Binnenmarkt (Standortsicherungsgesetz – StandOG) vom 13.09.1993 (BGBl. I S. 1569).

156 Zur Steuerbefreiung von Wirtschaftsförderungsgesellschaften siehe BMF-Schreiben vom 04.01.1996 – IV B 7 – S 2738-17/95 (BStBl I. S. 54).

Anhang

Leitfaden: Durchführung von Betriebsbesuchen

Persönliche Besuche der Wirtschaftsförderung bei den ansässigen Betrieben sind eine gute Möglichkeit, im Rahmen der Bestandspflege – dazu zählen die Bestandssicherung und -entwicklung – in Kontakt mit den Unternehmen zu kommen, im Gespräch zu bleiben und deren Herausforderungen aus erster Hand zu erfahren. Die Betriebsbesuche helfen der Wirtschaftsförderung dabei, die unternehmensinternen Abläufe und Bedarfe besser zu verstehen und einordnen zu können. Zudem bietet ein im Vorfeld gezielt vorbereitetes Treffen vor Ort im Unternehmen für beide Seiten die Möglichkeit, offene Fragen zu adressieren und Angelegenheiten auf vertraulicher Basis zu klären. Durch die Art und Weise, wie diese Gespräche mit den Unternehmen angefragt, vorbereitet und durchgeführt werden, muss für die Unternehmer deutlich werden, dass sich die Wirtschaftsförderung als eine systematisch betriebene und proaktive Dienstleistungs- und Serviceeinrichtung für die Wirtschaft in der jeweiligen Stadt oder Gemeinde versteht.

Infolge der einschneidenden Corona-Pandemie in den Jahren 2020–2022 und der damit verbundenen Lockdowns und Kontaktbeschränkungen mussten auch die persönlichen Betriebsbesuche im Rahmen der Wirtschaftsförderung temporär ausgesetzt werden. In der Folge wurde vielerorts das Konzept der Betriebsbesuche in der Praxis an die veränderte Situation angepasst und um entsprechende Fragestellungen erweitert, mit dem Ziel, dem gewachsenen Anspruch der Unternehmen nach Beratung und Unterstützung gerecht zu werden.

Leitfaden: Durchführung von Betriebsbesuchen	
Schritt 1: Auswahl der zu besuchenden Betriebe	
Beschaffen Sie eine Unternehmensliste von den Kammern und Verbänden	
Suchen Sie vorrangig solche Betriebe und Einrichtungen auf, für die laut Auskunft der betreffenden Ämter des Kreises, der Stadt oder der Gemeinde Verwaltungsverfahren laufen oder von denen interessante (positive oder negative) Entwicklungen bekannt geworden sind	

Leitfaden: Durchführung von Betriebsbesuchen	
Schriftliche Anmeldung und telefonische Terminabstimmung	
Schritt 2: Vorbereitung des Gesprächs	
Die Besuche müssen persönlichen Charakter haben. Sie sollten deshalb in der Regel von höchstens zwei Personen durchgeführt werden	
Innere Einstimmung auf das Gespräch:	
Was ist dem Gesprächspartner vermutlich besonders wichtig?	
Was wollen Sie erreichen? Wie können Sie argumentieren?	
Auf welche Vorbehalte / Vorwürfe müssen Sie sich einstellen und wie können Sie darauf reagieren?	
Welche konkreten Hilfen können Sie anbieten oder in Aussicht stellen?	
Schritt 3: Durchführung des Gesprächs	
Das wichtigste Ziel besteht darin, das Vertrauen des Unternehmers zu gewinnen. Deshalb sollten Sie die folgenden Punkte deutlich machen:	
Die Bestandsentwicklung hat einen hohen Stellenwert in der kommunalen Wirtschaftsförderung	
Der Wirtschaftsförderer versteht sich als Dienstleister und Anwalt der Betriebe	
Der Betriebsbesuch sollte keine „Eintagsfliege“ sein	
Was wollen Sie von dem Unternehmen erfahren?	
Informationen über den Betrieb (Zahlen, Daten, Fakten etc.)	
spezielle Probleme des Betriebs	
Informationen des Unternehmers über die Leistungspalette der Wirtschaftsförderung auf dem Gebiet der Bestandsentwicklung	
Aktuelle Angebote der Wirtschaftsförderung:	
Unterstützung bei akuten Behördenangelegenheiten	
Zusendung von speziellem Informationsmaterial	
Einbeziehung in spezielle Aktionen der Wirtschaftsförderung (z. B. Kooperationsbörse, Gemeinschaftswerbung usw.)	
Schritt 4: Nachbereitung des Gesprächs	
Brief / E-Mail mit Dank für das Gespräch und evtl. Übersendung von speziellem Informationsmaterial	

Leitfaden: Durchführung von Betriebsbesuchen	
Sofortiges Aufgreifen akuter Behördenprobleme	
Überlegen, was sonst für den Betrieb getan werden kann	
Wiedervorlage vormerken; den Betrieb nicht wieder aus den Augen verlieren	
Ergebnisse des Gesprächs festhalten	
Sinnvoll ist das Anlegen einer Betriebsdatei	

Quelle: Eigene Darstellung und Ergänzungen u. a. in Anlehnung an Troje, Hans, unveröffentlichtes Skript zur Vorlesung im Rahmen des Zertifikatsseminars zum / zur „Wirtschaftsförderer / in (VWA)" an der Verwaltungs- und Wirtschafts-Akademie (VWA) Freiburg, 1994, Dr. Troje Beratung für Wirtschaftsförderung GmbH Hannoversch Münden.

Checkliste: Aufbau einer Betriebsdatei

Die Wirtschaftsförderung muss bestrebt sein, Informationen über die von ihr betreuten Betriebe im Rahmen eines professionellen Wissensmanagements systematisch in einer Datenbank zu erfassen und laufend zu aktualisieren. Diese Datenbank bietet die Möglichkeit, zu einem beliebigen Zeitpunkt darauf zuzugreifen. Hierdurch kann auch bei einem personellen Wechsel in der Wirtschaftsförderungseinrichtung ein wesentlicher Teil der Wissensbasis erhalten bleiben.

Der Umfang einer Datenbank sollte sich nur auf die für die Wirtschaftsförderung relevanten ansässigen Unternehmen beschränken. Gleichfalls darf die Datenerfassung kein bloßes zeitaufwendiges Zusammentragen von statistischem Material mit meist nur geringer Aussagekraft sein. Die wirklich relevanten Informationen werden sich vielmehr aus der täglichen Arbeit der Wirtschaftsförderung und vor allem aus persönlichen Gesprächen und Betriebsbesuchen ergeben. Der Aufbau einer derart gefüllten Datenbank kann zwar nur sukzessive erfolgen und nimmt mehrere Jahre in Anspruch, sie wird dann aber ein umso wertvolleres Hilfsmittel darstellen.

Es liegt nahe, eine solche Betriebsdatei nicht in Papierform, sondern als Datenbank im Rahmen einer Digitalisierungsstrategie anzulegen, da dann schnelle Auswertungen nach wechselnden Kriterien möglich werden. Für diesen Zweck stehen spezifische Softwarelösungen mit entsprechenden Schnittstellen von unterschiedlichen Anbietern bereit. Vor einem Kauf sollte jedoch – auch im Rahmen eines Erfahrungsaustauschs mit anderen Wirtschaftsförderungseinrichtungen, die das ins Auge gefasste Produkt nutzen – geprüft werden, ob das Programm tatsächlich auf die spezifischen Anforderungen der jeweiligen Wirtschaftsförderung und die handelnden Akteure zugeschnitten und unkompliziert genug für das regelmäßige Arbeiten mit der Datenbank ist.

Die folgende Checkliste zeigt, welche Punkte es beim Aufbau einer Betriebsdatei zu beachten gilt. Sie gibt zudem eine Orientierung, welche Fragen eine systematisch aufgebaute und aktuelle Betriebsdatei beantworten kann.

Checkliste: Aufbau einer Betriebsdatei	
1. Aufbau	
Wählen Sie die für die Wirtschaftsförderung relevanten ansässigen Unternehmen aus.	
Legen Sie für jedes Unternehmen ein eigenes Datenblatt (Datensatz) an.	

Checkliste: Aufbau einer Betriebsdatei	
Beschaffen Sie alle notwendigen Informationen:	
Erfassen der bereits bekannten Informationen	
Erfassen der Informationen von anderen Ämtern oder Institutionen, wie z. B. Kammern und Verbände	
Festhalten der Ergebnisse von Betriebsbesuchen	
Festhalten von erfolgreichen Lösungswegen bei der Betreuung spezifischer Unternehmensprobleme	
Dokumentation von Lösungsansätzen, die nicht zum Erfolg geführt haben	
Festhalten von Problemen, die bei der täglichen Arbeit neu auftauchen	
2. Grunddaten einer Betriebsdatei Die folgenden Angaben gehören zum Grundgerüst einer Betriebsdatei:	
Firmenname	
Ansprechpartner / Durchwahl	
alternativer Ansprechpartner / Durchwahl	
postalische Adresse (für evtl. Anschreiben)	
Standort (Gemeinde oder Gemeindeteil)	
Telefon, E-Mail, Internet, Social-Media-Kanäle	
Gründungsjahr	
Niederlassung? Wo ist der Hauptsitz des Unternehmens, der Verwaltung?	
erloschene Betriebsstätte?	
Größenordnung, Mitarbeiter insgesamt (davon Fachkräfte, Frauen, Auszubildende etc.)	
Zu welcher / welchen Branche / n gehört das Unternehmen?	
angebotene Produkte und / oder Dienstleistungen	
geografisches Absatzgebiet	
Zielgruppen für dieses Angebot	
Welche zusätzlichen Produkte / Dienstleistungen sind möglich?	

Checkliste: Aufbau einer Betriebsdatei	
Verarbeitung welcher Rohstoffe / Vorprodukte?	
spezielle Arbeitstechniken, Maschinen?	
bestehende Kooperationen mit anderen Unternehmen?	
Besteht ein Interesse an weiteren Kooperationen mit Unternehmen?	
Wenn ja, welcher Art ist das Interesse?	
gegenwärtige Probleme am Standort?	
geplante Erweiterungen (Investitionen, Personal, Zeitpunkt)	
Entwicklungstendenzen (Produkte, Verfahren, Märkte)	
erfolgte und laufende Beratungen durch die Wirtschaftsförderung (Art und Zeitpunkt)	
behördliche Vorgänge (Anträge, Auflagen, Zeitpunkt)	
Beratungsbedarf	
besondere Zusatzinformationen	
Zuletzt besucht am (…) durch (…)	
3. Auswertung der Betriebsdaten Die nachstehend genannten Beispiele zeigen, welche Fragen eine gut aufgebaute und gepflegte Betriebsdatei beantworten kann:	
Welche Betriebe haben welche Probleme?	
Gibt es Häufungen bei einem bestimmten Thema (Ansatzpunkt für Maßnahmen, die mehreren Betrieben gleichzeitig helfen)?	
Bei akut an die Wirtschaftsförderung herangetragenen Problemen von Unternehmen:	
Ist ein ähnlicher Fall bereits in der Vergangenheit von der Wirtschaftsförderung gelöst worden? Wie war der Lösungsweg?	
Welche Institutionen, die damals geholfen haben, könnte man wieder ansprechen?	
Welche Ansätze führten nicht zum Ziel und können deshalb von vornherein ausgeklammert werden?	
Gibt es Ansätze für Kooperationen zwischen zwei ansässigen Betrieben (Produkt- / Dienstleistungsangebot, Kooperationswünsche)?	

Checkliste: Aufbau einer Betriebsdatei	
Wie groß ist die Nachfrage der Betriebe nach bestimmten Dienstleistungen (als Basis für die Ansiedlung entsprechender Anbieter)?	
Wer sucht Flächen / Gewerberäume und wer bietet entsprechende Flächen / Gewerberäume an?	
Um wie viele Betriebe muss sich die Wirtschaftsförderung kümmern?	
Wie viele Betriebe sind von der Wirtschaftsförderung in einem bestimmten Zeitraum beraten worden?	
Welche Betriebe wurden noch nicht bzw. schon sehr lange nicht mehr besucht?	
4. Datenschutzhinweise	
Im Rahmen der Wirtschaftsförderung werden personenbezogene Daten von Ansprechpartnern aus Wirtschaft, Wissenschaft etc. erhoben, bearbeitet und ggf. in einem Customer-Relationship-Management-System (CRM-System) gespeichert, um individuelle Anfragen zu bearbeiten, über relevante Projekte und Aktivitäten zu informieren oder zu Veranstaltungen einzuladen. Da diese Vorgänge der Datenerhebung unter die am 25. Mai 2018 in Kraft getretene Datenschutz-Grundverordnung (DSGVO) der EU fallen, ist es notwendig, die nach Art. 13 DSGVO (Informationspflicht bei Erhebung von personenbezogenen Daten bei der betroffenen Person) notwendigen Informationen für eine faire und transparente Verarbeitung zu veröffentlichen. Da eine Betriebsdatei zwangsläufig zahlreiche unternehmensinterne Informationen mit vertraulichem Charakter enthalten muss, wenn sie aussagekräftig sein soll, ist zudem auf den Schutz der erhobenen und bearbeiteten Daten vor unbefugtem Zugriff größter Wert zu legen. Achten Sie auf den Datenschutz zum einen im Interesse der betreuten Unternehmen, zum anderen aber auch im Interesse des Wirtschaftsförderers selbst. Eine Panne beim Datenschutz kann das Vertrauensverhältnis zwischen Unternehmen und Wirtschaftsförderung nachhaltig stören, die Arbeit der Wirtschaftsförderung entscheidend beeinträchtigen und vor dem Hintergrund der DSGVO rechtliche Konsequenten nach sich ziehen.	

Quelle: Eigene Darstellung und Ergänzungen, u.a. in Anlehnung an Troje, Hans, unveröffentlichtes Skript zur Vorlesung im Rahmen des Zertifikatsseminars zum / zur „Wirtschaftsförderer / in (VWA)“ an der Verwaltungs- und Wirtschafts-Akademie (VWA) Freiburg, 1994, Dr. Troje Beratung für Wirtschaftsförderung GmbH Hannoversch Münden.

Übersicht: Einrichtungen der Wirtschaftsförderung in Bund und Ländern (Auswahl)

Einrichtungen auf Bundesebene	Internet
Bundesministerium für Wirtschaft und Klimaschutz	www.bmwk.de
Germany Trade and Invest (GTAI) – Gesellschaft für Außenwirtschaft und Standortmarketing mbH	www.gtai.de
KfW Bankengruppe	www.kfw.de
Förderdatenbank – Förderprogramme des Bundes, der Länder und der Europäischen Union	www.foerderdatenbank.de
Existenzgründungsportal des BMBF	www.existenzgruendungsportal.de
Bundesverband für Wirtschaftsförderung und Außenwirtschaft – Global Economic Network e. V. (BWA)	www.bwa-deutschland.com
Deutscher Verband der Wirtschaftsförderungs- und Entwicklungsgesellschaften e. V. (DVWE)	www.dvwe.de

Einrichtungen auf Länderebene	Internet
Baden-Württemberg	
Ministerium für Wirtschaft, Arbeit und Tourismus des Landes Baden-Württemberg	www.wm.baden-wuerttemberg.de
Baden-Württemberg International GmbH	www.bw-i.de
L-Bank – Staatsbank für Baden-Württemberg	www.l-bank.de
Bayern	
Bayerisches Staatsministerium für Wirtschaft, Landesentwicklung und Energie	www.stmwi.bayern.de
Bayern International GmbH	www.bayern-international.de
LfA Förderbank Bayern	www.lfa.de
Berlin	
Berliner Senatsverwaltung für Wirtschaft, Energie und Betriebe	www.berlin.de/sen/wirtschaft

Einrichtungen auf Länderebene	Internet
Berlin Partner für Wirtschaft und Technologie GmbH	www.berlin-partner.de
Investitionsbank Berlin	www.ibb.de
Brandenburg	
Ministerium für Wirtschaft, Arbeit und Energie des Landes Brandenburg	www.mwae.brandenburg.de
Wirtschaftsförderung Land Brandenburg GmbH	www.wfbb.de
Investitionsbank des Landes Brandenburg	www.ilb.de
Bremen	
Senatorin für Wirtschaft, Häfen und Transformation der Freien Hansestadt Bremen	www.wirtschaft.bremen.de
Wirtschaftsförderung Bremen GmbH	www.wfb-bremen.de
Bremer Aufbau-Bank GmbH	www.bab-bremen.de
Hamburg	
Behörde für Wirtschaft und Innovation der Freien und Hansestadt Hamburg	www.hamburg.de/politik-und-verwaltung/behoerden/bwi
Hamburg Invest Wirtschaftsförderungsgesellschaft mbH	hamburg-business.com/de/ham-burg invest
Hessen	
Hessisches Ministerium für Wirtschaft, Energie, Verkehr, Wohnen und ländlichen Raum	www.wirtschaft.hessen.de
Hessen Agentur GmbH	www.hessen-agentur.de
Wirtschafts- und Infrastrukturbank Hessen	www.wibank.de
Mecklenburg-Vorpommern	
Ministerium für Wirtschaft, Infrastruktur, Tourismus und Arbeit des Landes Mecklenburg-Vorpommern	www.regierung-mv.de
Invest in Mecklenburg-Vorpommern GmbH	www.invest-in-mv.de
Landesförderinstitut Mecklenburg-Vorpommern	www.lfi-mv.de
Niedersachsen	
Niedersächsisches Ministerium für Wirtschaft, Verkehr, Bauen und Digitalisierung	www.mw.niedersachsen.de

Einrichtungen auf Länderebene	**Internet**
Investitions- und Förderbank Niedersachsen	www.nbank.de
Nordrhein-Westfalen	
Ministerium für Wirtschaft, Industrie, Klimaschutz und Energie des Landes Nordrhein-Westfalen	www.wirtschaft.nrw/ministerium
NRW.Global Business GmbH	www.nrwglobalbusiness.com
NRW.Bank	www.nrwbank.de
Rheinland-Pfalz	
Ministerium für Wirtschaft, Verkehr, Landwirtschaft und Weinbau des Landes Rheinland-Pfalz	www.mwvlw.rlp.de
Investitions- und Strukturbank Rheinland-Pfalz GmbH	www.isb.rlp.de
Saarland	
Ministerium für Wirtschaft, Innovation, Digitales und Energie des Saarlandes	www.saarland.de/mwide
Gesellschaft für Wirtschaftsförderung Saar mbH	www.germanys.saarland/
Saarländische Investitionskreditbank AG	www.sikb.de
Sachsen	
Sächsisches Staatsministerium für Wirtschaft, Arbeit und Verkehr	www.smwa.sachsen.de
Wirtschaftsförderung Sachsen GmbH	www.standort-sachsen.de
Sächsische Aufbaubank – Förderbank	www.sab.sachsen.de
Sachsen-Anhalt	
Ministerium für Wirtschaft, Tourismus, Landwirtschaft und Forsten des Landes Sachsen-Anhalt	www.mwl.sachsen-anhalt.de
Investitions- und Marketinggesellschaft Sachsen-Anhalt mbH	www.investieren-in-sachsen-anhalt.de
Investitionsbank Sachsen-Anhalt	www.ib-sachsen-anhalt.de
Schleswig-Holstein	
Ministerium für Wirtschaft, Verkehr, Arbeit, Technologie und Tourismus des Landes Schleswig-Holstein	www.schleswig-holstein.de/DE/landesregierung/ministerien-behoerden/VII

Einrichtungen auf Länderebene	Internet
Wirtschaftsförderung und Technologietransfer Schleswig-Holstein GmbH	www.wtsh.de
Investitionsbank Schleswig-Holstein	www.ib-sh.de
Thüringen	
Thüringer Ministerium für Wirtschaft, Wissenschaft und Digitale Gesellschaft	wirtschaft.thueringen.de/
Landesentwicklungsgesellschaft Thüringen mbH	www.leg-thueringen.de
Thüringer Aufbaubank	www.aufbaubank.de

Quelle: Eigene Zusammenstellung (Stand September 2024)

Literatur

Adenauer, Max (1959), Wirtschaftsförderung, in: Peters, Hans (Hrsg.), Handwörterbuch der kommunalen Wissenschaft und Praxis, Bd. 3, Berlin u. a.1959, S. 898–905.

Ahrend, Klaus-Michael / Redmann, Katrin (Hrsg.) (2023), Innovationssysteme – Netzwerke nutzen und Innovationskraft steigern, Stuttgart 2023.

Akademie für Raumordnung und Landesplanung (Hrsg.) (1995), Handwörterbuch der Raumordnung, Hannover 1995.

Alecke, Björn / Untiedt, Gerhard (2006), Möglichkeiten und Grenzen der Förderung von Clustern – einige kritische Überlegungen am Beispiel der Investitionsförderung, in: Informationen zur Raumentwicklung, Heft 9 (2006), S. 515–523.

Alexander von Humboldt Institut für Internet und Gesellschaft (Hrsg.) (2017), Startup Ökosysteme – Wege zu einem verbesserten Benchmarking, eine Studie des Alexander von Humboldt Instituts für Internet und Gesellschaft mit Unterstützung von Berlin Partner für Wirtschaft und Technologie, Next Media Hamburg, Next Media Accelerator und Die Zeit, Berlin 2017.

Altenmüller, Reinhard (1981), Direkte kommunale Wirtschaftsförderung?, in: DVBl 1981, S. 619–622.

Ameln, Ralf von (1990), Planung, Organisation und Instrumente kommunaler Wirtschaftsförderung, in: Ehlers, Dirk (Hrsg.), Kommunale Wirtschaftsförderung, Köln 1990, S. 19–38.

Arndt, Olaf / Koch, Tobias / Volkert, Bernd (2009), Analytische und konzeptionelle Grundlagen zur Clusterpolitik in Baden-Württemberg, eine Studie der Prognos AG (Hrsg.) im Auftrag des Wirtschaftsministeriums des Landes Baden-Württemberg, Stuttgart 2009.

Asche, Michael / Krieger, Fritz (1990), Interkommunale Zusammenarbeit. Gemeinschaftliche Industrie- und Gewerbegebiete, Dortmund 1990.

Assmann, Dirk / Floeting, Holger, Ende oder Neustart – Perspektiven der Clusterpolitik, Difu-Impulse, Bd. 1/2018, Berlin 2018.

Back, Hans-Jürgen (1995), Regionalisierung, in: Akademie für Raumordnung und Landesplanung (Hrsg.), Handwörterbuch der Raumordnung, Hannover 1995, S. 821–823.

Ballestrem, Ferdinand von (1974), Standortwahl von Unternehmen und Industrieansiedlungspolitik. Ein empirischer Beitrag zur Beurteilung regionalpolitischer Instrumente, Berlin 1974.

Baranowski, Guido / Dressel, Bertram / Glaser, Andrea (Hrsg.) (2010), Innovationszentren in Deutschland 2010/11. Mit Firmenbeschreibungen, Berlin 2010.

Bauer, Helfried et al. (1990), Aufgaben und Organisation zeitgemäßer städtischer Wirtschaftsförderung, Linz 1990.

Beecken, Andreas / Hollbach-Grömig, Beate (1995), Kommunale Wirtschaftsförderung in Städten der Bundesrepublik Deutschland. Ergebnisse einer Umfrage im Überblick, in: Deutsches Institut für Urbanistik (Hrsg.), Aktuelle Information, Oktober 1995, Berlin, S. 1–10.

Beck, Rasmus C. / Heinze, Rolf G. / Schmid, Josef (Hrsg.) (2009), Strategische Wirtschaftsförderung und die Gestaltung von High-Tech Clustern: Beiträge zu den Chancen und Restriktionen von Clusterpolitik, Beiträge zu den Chancen und Restriktionen von Clusterpolitik, Baden-Baden 2009.

Beer, Thorsten et. al. (2001), Wirtschaftsförderung im 21. Jahrhundert – Konzepte und Lösungen, imakomm AKADEMIE (Hrsg.), Schriften zur Wirtschaftsförderung, Bd. 1, Aalen 2001.

Beer, Thorsten et. al. (2003), Wirtschaftsförderung im 21. Jahrhundert – Zielgruppe Unternehmen, imakomm AKADEMIE (Hrsg.), Schriften zur Wirtschaftsförderung, Bd. 2, Aalen 2003.

Behrendt, Heiko (1996), Wirkungsanalyse von Technologie- und Gründerzentren in Westdeutschland, Heidelberg 1996.

Berthold, Norbert / Külp, Bernhard (1992), Grundlagen der Wirtschaftspolitik, München 1992.

Beyer, Rolf (1998), Stadtmarketing als Instrument kommunaler Wirtschaftsförderung, in: Die Gemeinde (BWGZ), Nr. 4 (1998), S. 125–127.

Biedemann, Birgit (2006), Telearbeits- und Teleservicezentren als Instrument der Wirtschaftsförderung in ländlichen Räumen. Erfolg eine Frage des Standorts?, Stuttgart 2006.

Birk, Florian / Grabow, Busso / Hollbach-Grömig, Beate (Hrsg.) (2006), Stadtmarketing – Status quo und Perspektiven, in: Deutsches Institut für Urbanistik (Hrsg.), Difu-Beiträge zur Stadtforschung, Bd. 42, Berlin 2006.

Birnstiel, Detlef (1996), Public Private Partnership in der Wirtschaftsförderung, in: Ridinger, Rudolf / Steinröx, Manfred (Hrsg.), Regionale Wirtschaftsförderung in der Praxis, Köln 1996, S. 225–243.

Bitter, Walter (1938), Städtische Wirtschaftsverwaltung und städtischer Wirtschaftsdezernent, in: Der Gemeindetag, Nr. 9 (1938), S. 218–284.

Blaich, Fritz (1970), Möglichkeiten und Grenzen kommunaler Wirtschaftspolitik während der Weltwirtschaftskrise 1929–1932, in: Archiv für Kommunalwissenschaften, Jg. 9 (1970), S. 92–107.

Blanke, Bernhard (Hrsg.) (1991), Stadt und Staat. Systematische, vergleichende und problemorientierte Analysen „dezentraler" Politik, Opladen 1991.

Blohm, Hans (1980), Kooperation, in: Grochla, Erwin (Hrsg.), Handwörterbuch der Organisation, 2. völlig neu gestaltete Auflage, Stuttgart 1980, Sp. 1112–1118.

Böhle, Mattias (2016), Methoden, Netzwerke und Steuerung der Wirtschaftsförderung, Grundlagen für die Praxis, Wiesbaden 2016.

Boos, Margarete et al. (1988) Neue Anforderungen im öffentlichen Dienst. Fach- und Führungskräfte für die Wirtschaftsförderung, in: DÖV, Heft 3 (1988), S. 114–119.

Borchert, Jan Eric / Goos, Philipp / Hagenhoff, Svenja (2004), Innovationsnetzwerke als Quelle von Wettbewerbsvorteilen, Arbeitsbericht Nr. 11/2004 des Instituts für Wirtschaftsinformatik an der Georg-August-Universität Göttingen, Göttingen 2004.

Boyken, Friedhelm (2001), Handbuch zur kommunalen Wirtschaftsförderung, Frankfurt am Main 2001.

Brandt, Karl (1992), Geschichte der deutschen Volkswirtschaftslehre, Bd. 1, Freiburg 1992.

Braun-Friderici (1986), Sparkassenwesen, in: Verein für die Geschichte der Deutschen Landkreise e. V. (Hrsg.), Der Kreis – Ein Handbuch, Köln / Berlin 1986, S. 439–451.

Bresky, Georg (1937), Die Gemeinden und Gemeindeverbände als Förderer der privaten Wirtschaft, in: Der Gemeindetag, Heft 6 (1937), S. 165–169.

Bretschneider, Michael (1997), Probleme aus Sicht der Stadtentwicklungsplanung, in: Der Städtetag, Heft 1 (1997), S. 3 ff.

Brixy, Udo et al. (2011), Global Entrepreneurship Monitor (GEM) – Unternehmensgründungen im weltweiten Vergleich, Länderbericht Deutschland 2010, herausgegeben von der Global Entrepreneurship Research Association, Hannover / Nürnberg 2011.

Brökel, Tom (2016), Wissens- und Innovationsgeographie in der Wirtschaftsförderung, Grundlagen für die Praxis, Wiesbaden 2016.

Bunde, Jürgen (2016), Neue Technologien in der Wirtschaftsförderung, Grundlagen für die Praxis, Wiesbaden 2016.

Bundesministerium für Wirtschaft und Klimaschutz (Hrsg.) (2022), Die Start-up-Strategie der Bundesregierung, Berlin 2022.

Bundesverband Deutscher Startups (Hrsg.) (2024), Deutscher Startup Monitor 2004, Berlin 2024.

Büssemaker, Michael (2002), Bau- und Bodenmanagement als Element aktiver Wirtschaftsförderung, in: Das Rathaus, Nr. 6 (2002), S. 162–163.

Bussmann, Werner (1986), Mythos und Wirklichkeit der Zusammenarbeit im Bundesstaat. Patentrezept oder Sackgasse?, Bern / Stuttgart 1986.

Christ, Josef Sebastian (1983), Direkte kommunale Wirtschaftsförderung und ihr Verhältnis zur regionalen Wirtschaftsförderung von Bund und Ländern, Augsburg, Univ., Diss., 1983.

Christaller, Walter (1933), Die zentralen Orte in Süddeutschland. Eine ökonomisch-geographische Untersuchung über die Gesetzmäßigkeit der Verbreitung und Entwicklung der Siedlungen mit städtischer Funktion, Jena 1933 (Reprint der Ausgabe, Darmstadt 1980).

Cuny, Reinhard H. (1987), Die Bestandspflege rückt in den Vordergrund, in: Wirtschaftsdienst, Heft 1 (1987), S. 34–39.

Cuny, Reinhard H. / Stauder, Jochen (1993), Lokale und regionale Netzwerke, in: Wirtschaftsdienst, Heft 3 (1993), S. 150–157.

Dallmann, Bernd (1988), Nutzen-Kosten-Untersuchung einer kommunalen Großveranstaltung – dargestellt am Beispiel der Landesgartenschau Freiburg 1986, Freiburg 1988.

Dallmann, Bernd (1995), Lean Administration oder welche Aufgaben sollen wir öffentlich-rechtlich erledigen?, in: SGK-aktuell, Heft 4, Karlsruhe 1995, S. 4–5.

Dallmann, Bernd (2003): Wirtschaftsförderung und Standortmarketing – Die Zukunft im Visier, in: Die demokratische Gemeinde, DEMO, Ausgabe 5, 2003, S.10 f.

Dallmann, Bernd (2005), Wirtschaftsförderung droht zu versagen, in: Immobilienwirtschaft, Fachmagazin für Management, Recht und Praxis, Ausgabe 10, 2005, S. 22.

Dallmann, Bernd (2010), Freiburg und die weltgrößte Solarmesse, in: Frei, Wolfgang (Hrsg.), Freiburg Green City – Wege zu einer nachhaltigen Stadtentwicklung, Freiburg, S. 176 f.

Dallmann Bernd (2011), Die Märkte der Zukunft sind grün, in: Wirtschaftsbild, 61. Jahrgang, Ausgabe Juli 2011, Rheinbach, S. 100 f.

Dallmann, Bernd / Lattmann, Jens (2007): Städte als Standorte der Wirtschaft stärken, in: Der Städtetag, Heft 1 (2007), S. 5 f.

Dallmann, Bernd / Richter, Michael (2012), Handbuch der Wirtschaftsförderung. Praxisleitfaden zur kommunalen und regionalen Standortentwicklung, Freiburg / Berlin / München 2012.

Dallmann, Bernd / Stoffel, Thomas (1997), Die Freiburg Wirtschaft und Touristik GmbH & Co. KG – Portrait der Wirtschafts- und Tourismusförderungsgesellschaft der Stadt Freiburg, in: Zeitschrift für öffentliche und gemeinwirtschaftliche Unternehmen (ZögU), Heft 1, Baden-Baden 1997, S. 87–90.

Dallmann, Nicolas (2009): Notwendigkeit und Inhalt eines Controllings im Standortmarketing – Eine wirtschaftsgeographische Untersuchung in den Stadtstaaten Hamburg und Bremen, Berlin 2009.

Datko, Götz (2009), Stadtmarketing als Instrument der Kommunikation, Kooperation und Koordination. Untersuchung kooperativer Stadtmarketingansätze mit Blick auf den Dreiländervergleich Deutschland – Österreich – Schweiz, Hamburg 2009.

Daumke, Michael / Keßler, Jürgen (1990), Gesellschaftsrecht. Intensivkurs, München 1990.

Deutsche Industrie und Handelskammer (Hrsg.) (2024), Spotlight auf den Wirtschafts-Standort Deutschland 2024, Die Sicht der Unternehmen im Ausland – Ergebnisse einer Befragung durch die deutschen Auslandshandelskammern, Delegationen und Repräsentanzen, Berlin 2024.

Deutscher Industrie- und Handelstag (2023), IHK-Report Unternehmensnachfolge 2023, Zahlen und Einschätzungen zum Generationswechsel in deutschen Unternehmen, Berlin 2023.Deutscher Landkreistag (Hrsg.) (2003), Kommunale Wirtschaftsförderung – Ehrgeizige Ziele und neue Wege, in: Der Landkreis, Heft 5 (2003), Berlin.

Deutscher Städtetag (Hrsg.) (2000), Standortpolitik für die Städte – Kommunale Wirtschafts- und Beschäftigungsförderung in Deutschland, DST-Beiträge zur Wirtschafts- und Verkehrspolitik, Heft 11, Berlin 2000.

Deutscher Städtetag (Hrsg.) (2002), Herausforderungen und Initiativen kommunaler Wirtschaftsförderung, DST-Fachkommission Wirtschaftsförderung, Hinweise zur kommunalen Wirtschaftsförderung, Ausgabe 1, März 2002.

Deutscher Städtetag (Hrsg.) (2003), Innovative Projekte der Wirtschaftsförderung, DST-Beiträge zur Wirtschafts- und Verkehrspolitik, Heft 13, Berlin 2003.

Deutscher Städtetag (Hrsg.) (2007), Kommunale Wirtschaftsförderung, in: Der Städtetag, Heft 1, Berlin 2007.

Deutscher Städtetag (Hrsg.) (2018): Diskussionspapier für eine erfolgreiche Wirtschaftsförderung, Diskussionspapier, erarbeitet von der Fachkommission Wirtschaftsförderung des DST, Köln 2018.

Deutscher Städte- und Gemeindebund (Hrsg.) (2008), Aufgaben, Organisation und Schwerpunkte der kommunalen Wirtschaftsförderung, Umfrage zur Wirtschaftsförderung in kreisangehörigen Städten und Gemeinden unter 50.000 Einwohnern, DStGB-Dokumentation Nr. 84, Berlin 2008.

Deutsches Institut für Urbanistik (Hrsg.) (1997), Entscheidungsfelder städtischer Zukunft, Schriften des Deutschen Instituts für Urbanistik, Bd. 90, Stuttgart 1997.

Deutsches Institut für Urbanistik (Hrsg.) (1999), Zukunft der Arbeit in der Stadt, Schriften des Deutschen Instituts für Urbanistik, Bd. 92, Berlin 1999.

Deutsches Institut für Urbanistik (Hrsg.) (2005), Kommunale Wirtschaftsförderung, in: Deutsche Zeitschrift für Kommunalwissenschaften (DfK), Nr. 1 (2005), S. 5–129.

Deutsches Seminar für Städtebau und Wirtschaft (Hrsg.) (2000), Regionalmarketing in Deutschland – eine aktuelle Bilanz, DSSW-Schriften, Bd. 35, Berlin 2000.

Deutsches Wirtschaftswissenschaftliches Institut für Fremdenverkehr (Hrsg.) (2005–2007), Tagesreisen der Deutschen, DWIF-Schriftenreihe, Heft 50–52, Teil 1–3, München 2005–2007.

Deutsches Wirtschaftswissenschaftliches Institut für Fremdenverkehr (Hrsg.) (2010), Ausgaben der Übernachtungsgäste in Deutschland, DWIF-Schriftenreihe, Heft 53, München 2010.

Dieckmann, Jochen / König, Eva Maria (Hrsg.) (1994), Kommunale Wirtschaftsförderung. Handbuch für Standortsicherung und -entwicklung in Stadt, Gemeinde und Kreis, Köln 1994.

Dill, Günter / Kanitz, Horst (Hrsg.) (1994), Grundlagen praktischer Kommunalpolitik, Heft 6, Sankt Augustin 1994.

Schuster, Franz / Dill, Günter (Hrsg.) (1994), Aufgaben der Kommunalpolitik in den 90er Jahren. Stellungnahme des Sachverständigenrates zur Neubestimmung der kommunalen Selbstverwaltung beim Institut für Kommunalwissenschaften der Konrad-Adenauer-Stiftung e. V., Köln 1994.

Dobler, Hugo (2007), EU-Beihilfe und kommunale Wirtschaftsförderung – erläutert an Fällen aus der kommunalen Praxis, in: Bayrischer Kommunaler Prüfungsverband (Hrsg.), Geschäftsbericht 2007, München 2007, S. 35–54.

Ebers, Mandy (2024), Digitalisierung und Wirtschaftsförderung, Aufgabenwandel zwischen Services für die Wirtschaft und innovativem Standortmanagement, Wiesbaden 2024.

Eberstein, Hans Hermann / Karl, Helmut (Hrsg.) (1996), Handbuch der regionalen Wirtschaftsförderung (HWF), Loseblattausgabe, Köln 1996.

Ebert, Julia / Hebing, Marcel / Schildhauer, Thomas (2017), Startup Ökosysteme – Wege zu einem verbesserten Benchmarking. Eine Studie des Alexander von Humboldt Instituts für Internet und Gesellschaft (Hrsg.) mit Unterstützung von Berlin Partner für Wirtschaft und Technologie, Next Media Hamburg, Next Media Accelerator und Die Zeit, Berlin, Juni 2017.

Eckert, Dieter (2007), Gewerbeansiedlung und Flächenrecycling ist Chefsache, in: Die Gemeinde (BWGZ), Nr. 6 (2007), S. 218–219.

Ehlers, Dirk (Hrsg.) (1990), Kommunale Wirtschaftsförderung, Köln 1990.

Eichert, Christof (1994), Rechtliche Zulässigkeit und Grenzen kommunaler Wirtschaftsförderung, in: Dieckmann, Jochen / König, Eva Maria (Hrsg.), Kommunale Wirtschaftsförderung. Handbuch für Standortsicherung und -entwicklung in Stadt, Gemeinde und Kreis, Köln, S. 57–69.

Eichhorn, Peter / Friedrich, Peter (1970), Untersuchung über den Nutzen kommunaler Wirtschaftsförderungsmaßnahmen, Berlin 1970.

Eisbach, Joachim (1985), Gründer- und Technologiezentren: Ein Aufbruch in kommunalpolitische Sackgassen?, in: Wirtschaftsdienst, Heft 2 (1985), S. 88–91.

Eisenhardt, Ulrich (1996), Gesellschaftsrecht, 7., überarbeitete Auflage, München 1996.

Ettelbrück, Ursula (1984), Wirkungsanalyse kommunaler Wirtschaftsförderung, Speyer, Diss., 1984.

European Cluster Collaboration Platform (2024), European Cluster Panorama Report 2024, Brussels, May 2024.

Faber, Angela (1992), Europarechtliche Grenzen kommunaler Wirtschaftsförderung. Die Bedeutung der Art. 92–94 EWGV für die kommunale Selbstverwaltung, Münster, Univ., Diss., 1992.

Fachkommission Wirtschaftsförderung des Deutschen Städtetages (2002), Herausforderungen und Initiativen der kommunalen Wirtschaftsförderung, in: Hinweise zur kommunalen Wirtschaftsförderung, Ausgabe 1, Köln, März 2002.

Feld, Brad (2020), Startup Communities – Building an Entrepreneurial Ecosystem in Your City, 2. Auflage, Hoboken / New Jersey 2020.

Fels, Markus et al. (2021): Unternehmensnachfolgen in Deutschland 2022 bis 2026, in: Institut für Mittelstandsforschung (Hrsg.), IfM Daten und Fakten Nr. 27, Bonn 2021.

Findeis, Andreas (2007), Technologie- und Gründerzentren als Instrument zur Förderung der Regionalentwicklung, Eine regionalwirtschaftliche Erfolgsanalyse unter Berücksichtigung der Gründungsforschung, Hamburg 2007.

Fischer, Eva / Korn, Thorsten / van der Beek, Gregor (2010), Aktuelle Herausforderungen in der Wirtschaftsförderung: Chancen und Perspektiven in einer sich wandelnden Welt, Siegburg 2010.

Flasnöcker, Jürgen (1974), Typische Rechtsformen der interkommunalen Zusammenarbeit nach BayKommZG und EstärkG, Mainz, Univ., Diss. 1974.

Fleckenstein, Kurt / Ortmeyer, August (1989), Die Industrie- und Handelskammern in der Regionalpolitik, in: HWF, Lfg. 28, Februar 1989, S. 1–8.

Floeting, Holger (Hrsg.) (2008), Cluster in der kommunalen und regionalen Wirtschaftspolitik – Vom Marketingbegriff zum Prozessmanagement, Edition Difu, Bd. 5, Berlin 2008.

Floeting, Holger / Henckel, Dietrich (2003), Jobnomaden, Schwarzarbeiter und arabische Pizzabäcker: „Zukünfte" städtischer Arbeitsmärkte?, in: Deutsche Zeitschrift für Kommunalwissenschaften (DfK), Bd. II (2003), S. 59–84.

Floeting, Holger / Hollbach-Grömig, Beate (2005), Neuorientierung der kommunalen Wirtschaftspolitik, in: Deutsche Zeitschrift für Kommunalwissenschaften (DfK), Nr. 1 (2005), S. 10–39.

Floeting, Holger / Hollbach-Grömig, Beate (2005), Interkommunale Kooperation in der Wirtschafts- und Infrastrukturpolitik, Ansätze – Konzepte – Erfolgsfaktoren, in: Deutsches Institut für Urbanistik (Hrsg.), Aktuelle Information, Berlin 2005.

Floeting, Holger / Hollbach-Grömig, Beate (2008), Kommunale Wirtschaftsförderung 2008 – Strukturen, Handlungsfelder, Perspektiven, in: Deutsches Institut für Urbanistik (Hrsg.), Difu-Papers, Berlin 2008.

Floeting, Holger / Kühn, Gerd (1995), Kommunale Wirtschaftsförderung in Ostdeutschland, Deutsches Institut für Urbanistik (Hrsg.), Difu-Beiträge zur Stadtforschung, Bd. 13, Berlin 1995.

Floeting, Holger / Zwicker-Schwarm, Daniel (2008), Cluster und Netzwerke – Handlungsfelder lokaler und regionaler Wirtschaftsförderung, in: Floeting, Holger (Hrsg.), Cluster in der Wirtschaftsförderung – Vom Marketingbegriff zum Prozessmanagement, Edition Difu, Bd. 5, Berlin 2008, S. 15–40.

Florida, Richard (2002), The Rise of the Creative Class: And How It's Transforming Work, Leisure, Community, and Everyday Life, New York, 2002.

Franz, Peter (1996), Technologie- und Gründerzentren als Hoffnungsträger kommunaler Wirtschaftsförderung in Ostdeutschland. Eine erste Bestandsaufnahme, in: Raumforschung und Raumordnung (RuR), Nr. 1 (1996), S. 26–35.

Frick, Hans-Jörg / Hokkeler, Michael (2008), Interkommunale Zusammenarbeit, Handreichung für die Kommunalpolitik, in: Friedrich-Ebert-Stiftung (Hrsg.), Texte der KommunalAkademie, Bd. 4, Bonn 2008.

Funk, Marc (2009), Unternehmen im Fokus lokaler Standortpolitik: Findet die kommunale Wirtschaftsförderung zeitgemäße Antworten auf die Bedürfnisse ihrer Kunden? Eine Untersuchung in vier großen Kreisstädten der Ortenau, Sternenfels 2009.

Furkert, Rasmus (2007), Kommunale Wirtschaftsförderung in kleineren Städten und Gemeinden, Handlungsempfehlungen zur interkommunalen Zusammenarbeit, in: Raumplanung, Nr. 129 (2006), S. 253–258.

Gabler-Wirtschafts-Lexikon, 16. Auflage, Wiesbaden 2004.

Gaertner, Erich (1940), Der Wandel des kommunalen Aufgabenkreises von der Machtübernahme bis zur Jetztzeit, in: Kommunalwissenschaftliches Jahrbuch 1939/40, S. 1–64.

Gärtner, Stefan / Terstriep, Judith / Widmaier, Brigitta (Hrsg.) (2006), Wirtschaftsförderung im Umbruch, Mering 2006.

Ganser, Karl (1995), Public-Private Partnership, in: Akademie für Raumordnung und Landesplanung (Hrsg.), Handbuch der Raumordnung, Hannover 1995, S. 731–732.

Gielow, Giesela (1993), Perspektiven und Probleme der kommunalen Gewerbepolitik in den neuen Bundesländern, in: Pfeiffer, Wolfram (Hrsg.), Regionen unter Anpassungsdruck. Zu den Schwerpunkten des regionalen Handlungsbedarfs, Marburg 1993, S. 195–211.

Giesen, Ernst (1997), Zulässigkeit und Praxis der direkten kommunalen Wirtschaftsförderung, in: Die Gemeinde (BWGZ), Nr. 20 (1997), S. 760–762.

Gimpel, Klaus (1981), Über 250 Jahre Wirtschaftsförderung in Münster durch Kurfürsten, Kommune und Kommerzienräte, in: Stadt Münster (Hrsg.), Wirtschaftsreport 1981, S. 66–68.

Giersch, Herbert (1961), Allgemeine Wirtschaftspolitik, Wiesbaden 1961.

Gladow, Christof (2002), Zeitgemäße Gestaltung kommunaler Wirtschaftsförderung I, in: Finanzwirtschaft, Nr. 8, 2002, S. 171–174.

Gladow, Christof (2002), Zeitgemäße Gestaltung kommunaler Wirtschaftsförderung II, in: Finanzwirtschaft, Nr. 8, 2002, S. 207–210.

Global Entrepreneurship Monitor – Unternehmensgründungen im weltweiten Vergleich, Länderbericht Deutschland 2023/24, herausgegeben vom RKW Rationalisierungs- und Innovationszentrum der Deutschen Wirtschaft e. V., Eschborn, Juni 2024.

Göb, Rüdiger (1987), Kommunale Wirtschaftspolitik, in: Archiv für Kommunalwissenschaft, 26. Jg. (1987), S. 66–87.

Götz, Christian (2001), Kommunale Wirtschaftsförderung zwischen Wettbewerb und Kooperation, Hamburg 2001.

Grabow, Busso et al. (1990), Lokale Innovations- und Technologiepolitik. Ergebnisse einer bundesweiten Erhebung, Berlin 1990.

Grabow, Busso / Henckel, Dietrich (1994), Kommunale Wirtschaftspolitik, in: Roth, Roland / Wollmann, Hellmut (Hrsg.), Kommunalpolitik, Opladen 1994, S. 616–632.

Grabow, Busso / Henckel, Dietrich / Hollbach-Grömig, Beate (1995), Weiche Standortfaktoren, in: Deutsches Institut für Urbanistik (Hrsg.), Schriften des Difu, Bd. 89, Stuttgart u. a. 1995.

Grabow, Busso / Hollbach-Grömig, Beate (1998), Stadtmarketing – eine kritische Zwischenbilanz, in: Deutsches Institut für Urbanistik (Hrsg.), Difu-Beiträge zur Stadtforschung, Bd. 25, Berlin 1998.

Grätz, Christian (1983), Kommunale Wirtschaftsförderung. Kritische Bestandsaufnahme ihrer Funktionen und Organisation, Bochum 1983.

Große Siemer, Stefan (1992), Die kommunale Wirtschaftsförderung und die Regionalpolitik der Europäischen Gemeinschaften. Eine Untersuchung der Stellung der Kommunen in der Regionalpolitik der Europäischen Gemeinschaften und die Grenzen der kommunalen Wirtschaftsförderung, Osnabrück, Univ., Diss., 1992.

Grüning, Cristina / Lennardt, Stefan (2024), Standortmarketing in der Wirtschaftsförderung, Grundlagen für die Praxis, 2. Auflage, Wiesbaden 2024.

Gruhler-Hirsch, Karina (2007), Handbuch für kommunale Wirtschaftsförderer, Erfolgreiche Verfahren und ihre Anwendung, Walhalla u. Praetoria Verlag (Hrsg.), Loseblatt-Ausgabe, Regensburg 2007.

Häfner, Karl (2014), Clusterplattformen in Bayern zwischen Theorie und Praxis, Möglichkeiten und Begrenzungen für eine clustertheoretisch orientierte Wirtschaftsförderung, Würzburg 2014.
Hahne, Ulf (2020), Lokale Transformation und Wirtschaftsförderung 4.0, Neue Themenfelder für die integrierte Stadtentwicklung, in: RaumPlanung 207; Heft 4 2020, S. 44 f.
Hansen, Carsten (2005), Wirtschaftsfragen im Fokus, DStGB-Ausschuss für Wirtschaft, Tourismus und Verkehr, in: Stadt und Gemeinde, Nr. 12 (2005), S. 498–499.
Hansen, Carsten (2006), Tourismusförderung ist Wirtschaftspolitik. DStGB-Ausschuss für Wirtschaft, Tourismus und Verkehr, in: Stadt und Gemeinde, Nr. 11 (2006), S. 465–466.
Haasis, Hans-Arthur (1987), Bodenpreise, Bodenmarkt und Stadtentwicklung. Eine Studie zur sozialräumlichen Differenzierung städtischer Gebiete am Beispiel von Freiburg / Breisgau, München 1987.
Hartmann, Petra (1994), Beziehungen zwischen Staat und Wirtschaft. Unter besonderer Berücksichtigung neuartiger Kooperationsformen im Bereich der regionalen und kommunalen Wirtschaftspolitik, Baden-Baden 1994.
Hatzfeld, Ulrich / Kahnert, Rainer (1993), Kooperation ist schwieriger als Konkurrenz, in: RaumPlanung, Jg. 63 (1993), S. 257–262.
Hatzfeld, Ulrich / Temmen, Bodo (1991), Interkommunale Zusammenarbeit – eine Zwischenbilanz, in: Stadt und Gemeinde, Heft 1 (1991), S. 21–25.
Haug, Peter (2004), Kommunale Wirtschaftsförderung: Eine theoretische und empirische Analyse, Hamburg 2004.
Hauser, Werner (1987), Die Wahl der Organisationsform kommunaler Einrichtungen. Kriterien für die Wahl privatrechtlicher und öffentlich-rechtlicher Organisationsformen, Köln 1987.
Held, Holger / Leuninger, Stefan (2003), Wirtschaftsförderung im Umbruch, Zielgruppe Unternehmen: Konzepte und Modelle einer kundenorientierten Wirtschaftsförderung, Aalen 2003.
Heinz, Werner (1993), Public Private Partnership – ein neuer Weg zur Stadtentwicklung?, Stuttgart u. a. 1993.
Heinz, Werner (1993), Wesentliche Merkmale von Partnerschaftsansätzen bei der Stadtentwicklung und Stadterneuerung, in: Heinz, Werner (Hrsg.), Public Private Partnership – ein neuer Weg zur Stadtentwicklung?, Stuttgart u. a. 1993, S. 483–541.
Hekking, Klaus / Kunze, Richard (1981), Kommentar zum Gesetz über kommunale Zusammenarbeit für Baden-Württemberg, Stuttgart u. a. 1981.
Henckel, Dietrich (1997), Kommunen und Kooperation, in: Deutsches Institut für Urbanistik (Hrsg.), Entscheidungsfelder städtischer Zukunft, Stuttgart 1997, S. 297–329.
Henckel, Dietrich et al. (1999), Zukunft der Arbeit in der Stadt, Deutsches Institut für Urbanistik (Hrsg.), Berlin 1999.
Henckel, Dietrich / Usbeck, Hartmut (1997), Produzierendes Gewerbe in der Stadt, in: Deutsches Institut für Urbanistik (Hrsg.), Entscheidungsfelder städtischer Zukunft, Stuttgart 1997, S. 145–172.
Henking, Rainer / Kröcher, Uwe (2007), Innovationsentwicklung in ländlichen Räumen – alternative Innovations- und Vernetzungsstrategie kommunaler Wirtschaftsförderung, in: Neues Archiv für Niedersachsen, Nr. 2 (2007), S. 18–35.
Henning, Friedrich-Wilhelm (1991), Handbuch der Wirtschafts- und Sozialgeschichte Deutschlands, Bd. 1: Deutsche Wirtschafts- und Sozialgeschichte im Mittelalter und in der frühen Neuzeit, Paderborn u. a. 1991.
Hennings, Gerd (1995), Industrie- und Gewerbeparks, in: Akademie für Raumforschung und Landesplanung (Hrsg.), Handwörterbuch der Raumordnung, Hannover 1995, S. 479–484.
Herbel, Alfred (1959), Wirtschaftsförderung als kommunale Aufgabe, in: Kommunalpolitische Blätter, Heft 7 (1959), S. 211–216.
Heuer, Hans (1977), Aktuelle Probleme kommunaler Wirtschaftsförderung in der Bundesrepublik Deutschland, in: Der Städtetag, Heft 10 (1977), S. 548–552.

Heuer, Hans (1985), Gründer- und Technologiezentren – eine Fata Morgana der kommunalen Wirtschaftsförderung?, in: Der Städtetag, Heft 10 (1985), S. 638–641.
Heuer, Hans (1985), Instrumente lokaler Gewerbepolitik. Ergebnisse empirischer Erhebungen, Stuttgart 1985.
Hoffmann-Becking, Michael (Hrsg.) (1988), Münchener Handbuch des Gesellschaftsrechts, Bd. 4, München 1988.
Hollbach-Grömig, Beate (1996), Kommunale Wirtschaftsförderung in den 90er Jahren, in: Deutsches Institut für Urbanistik (Hrsg.), Difu-Beiträge zur Stadtforschung, Bd. 21, Berlin 1996.
Hollbach-Grömig, Beate (1999), Ökologisch orientierte Wirtschaftspolitik – ein neues kommunales Handlungsfeld, in: Deutsches Institut für Urbanistik (Hrsg.), Difu-Beiträge zur Stadtforschung, Bd. 29, Berlin 1999.
Hollbach-Grömig, Beate (2001), Kommunale Wirtschaftsförderung in der Bundesrepublik Deutschland, Ausgewählte Ergebnisse einer Umfrage im Jahr 2000, in: Deutsches Institut für Urbanistik (Hrsg.), Aktuelle Information, Berlin 2001.
Hollbach-Grömig, Beate et al. (2005), Stadtmarketing – Bestandsaufnahme und Entwicklungstrends, in: Deutsches Institut für Urbanistik (Hrsg.), Aktuelle Information, Berlin 2005.
Hollbach-Grömig, Beate (2006), Interkommunale Kooperation in der Wirtschafts- und Infrastrukturpolitik, in: SIR-Mitteilungen und Berichte, Nr. 32 (2006), S. 43–52.
Holtmann, Everhard (1994), Parteien in der lokalen Politik, in: Roth, Roland / Wollmann, Hellmut (Hrsg.), Kommunalpolitik. Politisches Handeln in den Gemeinden, Opladen 1994, S. 256–271.
Huebner, Michael (1994), Die Rolle der Kommunen im Regionalisierungsprozeß, in: Archiv für Kommunalwissenschaften, 33. Jg. (1994), S. 215–233.
Hueck, Götz (1996), Gesetz betreffend die Gesellschaft mit beschränkter Haftung vom 20.04.1892 (RGBl. S. 477), in: Baumbach, Adolf / Hueck, Götz (Hrsg.), GmbH-Gesetz, 16. Auflage, München 1996.
Hue de Grais, Robert Graf (Hrsg.) (1892), Handbuch der Verfassung und Verwaltung in Preussen und dem Deutschen Reiche, 8. Auflage, Berlin 1892.
Hue de Grais, Robert Graf (Hrsg.) (1901), Handbuch der Verfassung und Verwaltung in Preussen und dem Deutschen Reiche, 14. Auflage, Berlin 1901.
Hüffer, Uwe (1995), Aktiengesetz, 2., neubearbeitete Auflage, München 1995.
Hüttermann, Armin (1985), Industrieparks: Attraktive industrielle Standortgemeinschaften, Wiesbaden / Stuttgart 1985.
Icks, Annette (1992), Kommunale Wirtschaftsförderung in den neuen Bundesländern, in: Institut für Mittelstandsforschung (Hrsg.), IfM-Materialien, Nr. 92, Bonn 1992.
Icks, Annette / Richter, Michael (1999), Innovative kommunale Wirtschaftsförderung – Wege, Beispiele und Möglichkeiten, in: Institut für Mittelstandsforschung (Hrsg.), Schriften zur Mittelstandsforschung, Bd. 81 NF, Wiesbaden 1999.
Icks, Annette / Richter, Michael (1999), Kommunale Wirtschaftsförderung, Ein innovatives Modell, in: Standort, Nr. 4 (1999), S. 9–14.
Imhoff-Daniel, Angela (1994), Organisation und Instrumente kommunaler Wirtschaftsförderung in Niedersachsen. Empirische Untersuchung der Arbeitsteilung und Zusammenarbeit zwischen Landkreisen und kreisangehörigen Gemeinden, Münster / Hamburg 1994.
Institut für Siedlungs- und Wohnungswesen (Hrsg.) (1992), Strukturelle Entwicklung und Wirtschaftspolitik, Münster 1992.
Isenberg, Daniel J. (2010), The Big Idea: How to Start an Entrepreneurial Revolution, Harvard Business Review, Brighton / Massachusetts, June 2010.
Jacobi, Jörg (1997), Kommunikation ist das A und O, Wirtschaftsförderung als ständiger Anpassungsprozess, in: Die Gemeinde (BWGZ), Nr. 20 (1997), S. 771–772.
Jaenichen, Sebastian / Steinrücken, Torsten (Hrsg.) (2006), Wirtschaftspolitik und Wirtschaftsförderung auf kommunaler Ebene: Theoretische Analysen und praktische Beispiele, TU Ilmenau 2006.

Jakoby, Herbert / Schmolinsky, Cornelia (2005), Wirtschaftsförderung in den deutschen Städten vor dem Hintergrund einer veränderten EU-Regionalpolitik nach 2006, in: Deutsche Zeitschrift für Kommunalwissenschaften (DfK), Nr. 1 (2005), S. 40–59.

Jarass, Hans D. (2002), Kommunale Wirtschaftsförderung und Verfassungsrecht, in: Die Öffentliche Verwaltung (DÖV), Bd. 55, Nr. 12, S. 489–500.

Jentzsch, Dieter (2000), Standortvermarktung in der kommunalen Wirtschaftsförderung, DSSW-Leitfaden, Deutsches Seminar für Städtebau und Wirtschaft (DSSW) im Deutschen Verband für Wohnungswesen, Städtebau und Raumordnung e. V. (Hrsg.), Berlin 2000.

Jeserich, Kurt (1934), Die kommunale Selbstverwaltung im nationalsozialistischen Staat, in: Der Gemeindetag, Nr. 1 (1934), S. 3–7.

Jonas, Ulrich (2007), Wolfsburg: Engagement für das örtliche Handwerk, in: Der Städtetag, Nr. 1 (2007), S. 19–21.

Jung, Hans-Ulrich et al. (Hrsg.) (2007), Public Private Partnership in der Wirtschaftsförderung – Herausforderungen, Chancen und Grenzen, Stuttgart 2007.

Kahnert, Rainer (1993), Interkommunale Zusammenarbeit bei der Gewerbeentwicklung, in: Stadt und Gemeinde, Heft 7 (1993), S. 246–250.

Kaiser, Claudia (1996), Stadtmarketing – eine Bestandsaufnahme in deutschen Städten, in: Deutsches Institut für Urbanistik (Hrsg.), Aktuelle Information, Februar 1996, Berlin, S. 1–12.

Kaspar, Claude (1996), Die Tourismuslehre im Grundriss, St. Gallener Beiträge zum Tourismus und zur Fremdenverkehrswirtschaft, 5. Auflage, Bern 1996.

Kastl, Hans (1975), Ökonomische Aspekte des Stadt-Umland-Problems. Institutionelle und organisatorische Formen der interkommunalen Zusammenarbeit und ihre Leistungsfähigkeit, Bochum, Univ., Diss., 1975.

Kellenbenz, Hermann (1977), Deutsche Wirtschaftsgeschichte, Bd. 1: Von den Anfängen bis zum Ende des 18. Jahrhunderts, 1. Auflage, München 1977.

Kelm, Werner (1972), Über Begriff, Grenzen und Bedeutung der kommunalen Wirtschaftsförderung, in: Kommunalwirtschaft, Heft 11 (1972), S. 440–444.

Kelm, Werner (1973), Voraussetzungen für eine erfolgreiche kommunale Wirtschaftsförderung (Teil I und II), in: Kommunalwirtschaft, Heft 2 (1973), S. 53–57 und Heft 3 (1973), S. 99–100.

Kelm, Werner (1973), Kosten- und Nutzenvergleich im Rahmen der kommunalen Wirtschaftsförderung, in: Kommunalwirtschaft, Heft 6 (1973), S. 205–207.

Kestermann, Rainer (1993), Public-Private Partnership. Anmerkungen zur Rezeption eines Modebegriffs, in: RaumPlanung, Jg. 62 (1993), S. 205–214.

Kiepe, Folkert (1996), Die Städte und ihre Regionen. Zur Notwendigkeit einer verbesserten kommunalen Zusammenarbeit auf regionaler Ebene, in: Der Städtetag, Heft 1 (1996), S. 2–8.

Kiese, Matthias (2012), Regionale Clusterpolitik in Deutschland – Bestandsaufnahme und interregionaler Vergleich im Spannungsfeld von Theorie und Praxis, Marburg 2012.

Kiese, Matthias (2018), Cluster, in: ARL – Akademie für Raumforschung und Landesplanung (Hrsg.): Handwörterbuch der Stadt- und Raumentwicklung, Hannover 2018, S. 351–357.

Kirchof, Paul / Schmidt-Aßmann, Eberhard (1996), Staats- und Verwaltungsrecht Baden-Württemberg. Mit Stichwortverzeichnis und alphabetischem Schnellregister, 18., neubearbeitete Auflage, Heidelberg, Stand: 1. März 1996.

Kirchhoff, Ulrich / Müller-Godeffroy, Heinrich (1991), Lokale Wirtschafts- und Innovationsförderung. Ansatzpunkte, Instrumente und Fallbeispiele aus Sicht der Sparkassen und Landesbanken, Stuttgart 1991.

Kistenmacher, Hans et al. (1994), Regionalisierung in der kommunalen Wirtschaftsförderung, Köln 1994.

Kleinschneider, Heiner (1992), Kommunale Wirtschaftsförderung: Kernaufgabe kommunaler Entwicklungspolitik, in: Institut für Siedlungs- und Wohnungswesen (Hrsg.), Strukturelle Entwicklung und Wirtschaftspolitik, Münster 1992, S. 219–229.

Klotz, Franziska (1995), Fabriken anlocken – darf man das nicht?, in: Dreilandzeitung vom 24. November 1995, Nr. 47, S. 1 f.

Klüber, Hans (1971), Kommunale Wachstumspolitik, in: Kommunale Wirtschaft, Heft 8 (1971), S. 292–294.

Kluge, Friedrich (1995), Etymologisches Wörterbuch der deutschen Sprache, 23. erweiterte Auflage, Berlin u. a. 1995.

Klunzinger, Eugen (1996), Grundzüge des Gesellschaftsrechts, 9., völlig überarbeitete Auflage, München 1996.

Knemeyer, Franz-Ludwig (1994), Europa der Regionen – Europa der Kommunen, Wissenschaftliche und politische Bestandsaufnahme, Baden-Baden 1994.

Knemeyer, Franz-Ludwig / Rost-Haigis, Barbara (1981), Kommunale Wirtschaftsförderung, in: Deutsches Verwaltungsblatt (DVBl), Heft 6 (1981), S. 241–247.

Koch, Hermann (1997), Die Bedeutung kommunaler Wirtschaftsförderung, in: Die Gemeinde (BWGZ), Nr. 20 (1997), S. 765–767.

Koch, Horst Heinrich (1983), Die Rolle der privaten Wirtschaftsförderungsgesellschaften, in: Der Gemeindehaushalt, Heft 9 (1983), S. 200–203.

König, Eva M. / Maibaum, Thomas (1993), Die Wettbewerbskontrolle der Europäischen Gemeinschaften. Rechtliche Grenzen der kommunalen Wirtschaftsförderung, in: Der Städtetag, Heft 3 (1993), S. 239–246.

König, Michael (2007), Wirtschaftsförderung einmal anders – Flächenrecycling als Motor für Investitionen, in: Die Gemeinde (BWGZ), Nr. 6 (2007), S. 219–222.

König, Kristina / Wuschansky, Bernd (2006), Interkommunale Gewerbegebiete in Deutschland. Grundlagen und Empfehlungen zur Planung, Förderung, Finanzierung, Organisation, Vermarktung, in: Institut für Landes- und Stadtentwicklungsforschung und Bauwesen des Landes Nordrhein-Westfalen (Hrsg.), ILS-NRW-Schriften, Bd. 200, Dortmund 2006.

Köttgen, Arnold (1963), Der heutige Spielraum kommunaler Wirtschaftsförderung, Göttingen 1963.

Kolb, G. F. (1861), Fabrikwesen, in: Welcker, Karl (Hrsg.), Staats-Lexikon, Bd. 5, 3. umgearbeitete, verbesserte und vermehrte Auflage, Leipzig 1861, S. 216 ff.

Kommunale Gemeinschaftsstelle für Verwaltungsvereinfachung (KGSt) (1990), Organisation der Wirtschaftsförderung, Gutachten, Köln 1990.

Kopsch, Johannes (1924), Zweckverbände, in: Brix, Josef et al. (Hrsg.), Handbuch der Kommunalwissenschaften, Bd. 4, Jena 1924, S. 621–626.

Kraemer, Dieter / Muhle, Heinz-Martin (1994), City-Management Hamm – Den Spielraum nutzen, in: Stadt und Gemeinde, Heft 3 (1994), S. 101–105.

Krieger, Fritz (1994), Interkommunale Kooperation. Gemeinsame Industrie- und Gewerbegebiete, Dortmund 1994.

Krieger, Fritz (1995), Strukturimpulse durch Kooperation. Interkommunale Gewerbegebiete in Nordrhein-Westfalen, in: Gesellschaft für Wirtschaftsförderung Nordrhein-Westfalen mbH (Hrsg.), Thema: Wirtschaftsförderung, Düsseldorf 1995.

Kruse, Heinz (1990), Reform durch Regionalisierung. Eine politische Antwort auf die Umstrukturierung der Wirtschaft, Frankfurt am Main / New York 1990.

Künzel, Matthias et al. (2016), Cluster und Innovationen – Cluster-Initiativen als Innovationstreiber, herausgegeben von der ClusterAgentur Baden-Württemberg im Auftrag des Ministeriums für Finanzen und Wirtschaft Baden-Württemberg, Stuttgart 2016.

Küpper, Utz Ingo / Röllinghoff, Stefan (2005), Clustermanagement: Anforderungen an Städte und regionale Netzwerke, in: Deutsche Zeitschrift für Kommunalwissenschaften (DfK), Nr. 1 (2005), S. 60–93.

Kunisch, Johannes (1986), Absolutismus. Europäische Geschichte vom Westfälischen Frieden bis zum Ancien Régime, Göttingen 1986.

Ladner, Andreas (1991), Politische Gemeinden, kommunale Parteien und lokale Politik. Eine empirische Untersuchung in den Gemeinden der Schweiz, Zürich 1991.

Lahner, Jörg (2016), Entwicklung und Regionalökonomie in der Wirtschaftsförderung, Grundlagen für die Praxis, Wiesbaden 2016.

Lahner, Jörg / Neubert, Frank (2016), Einführung in die Wirtschaftsförderung, Grundlagen für die Praxis, Wiesbaden 2016.

Lange, Klaus (1970), Regionen, in: Akademie für Raumordnung und Landesplanung (Hrsg.), Handwörterbuch der Raumforschung und Raumordnung, Hannover 1970, Sp. 2705–2719.

Lange, Klaus (1981), Möglichkeiten und Grenzen gemeindlicher Wirtschaftsförderung. Rechtsgutachten, Köln u. a. 1981.

Lauschmann, Elisabeth (1970), Grundlagen einer Theorie der Regionalpolitik, Hannover 1970.

Lempp, Jakob et al. (Hrsg.) (2015), Aktuelle Herausforderungen in der Wirtschaftsförderung in Deutschland. Konzepte für eine positive regionale Entwicklung, Wiesbaden 2015.

Licht, Georg / Reinhard, Michael / Schmolch, Ulrich (Hrsg.) (2000), Wissens und Technologietransfer in Deutschland, Stuttgart 2000.

Linden, Edmund (1972), Theorie und Praxis der kommunalen Wirtschaftsförderung. Darstellung einer unorthodoxen Aufgabe im Bereich kommunalpolitischer Aktivitäten, Düsseldorf 1972.

Löher, Jonas / Paschke, Max / Schröder, Christian (2017): Kooperationen zwischen etabliertem Mittelstand und Start-ups, Institut für Mittelstandsforschung (Hrsg.), IfM-Materialien Nr. 258, Bonn 2017.

Lösch, August (1940), Die räumliche Ordnung der Wirtschaft – Eine Untersuchung über Standort, Wirtschaftsgebiete und internationalen Handel, Jena 1940 (3. unveränderte Auflage, Stuttgart 1962).

Lütkemeier, Harald (2000), Ländliche Regionalentwicklung zur Stärkung wirtschaftlicher Leistungsfähigkeit, in: Der Landkreis, Nr. 6 (2000), S. 460–461.

Lugan, Andrea (1997), Marketing der kommunalen Wirtschaftsförderung, Wiesbaden 1997.

Mäding, Heinrich (1992), Verwaltung im Wettbewerb der Regionen, in: Archiv für Kommunalwissenschaften (1992), S. 205–219.

Mahnke, Lothar (1998), Neue Anforderungen an die kommunale Wirtschaftsförderung, in: Die Gemeinde (BWGZ), Nr. 4 (1998), S. 119–121.

Mann, Andreas / Töpfer, Armin (1995), Kommunikation als Erfolgsfaktor im Marketing für Städte und Regionen, Hamburg 1995.

Mann, Andreas / Töpfer, Armin (1996), Kommunale Kommunikationspolitik. Befunde einer empirischen Analyse, in: Der Städtetag, Heft 1 (1996), S. 9–16.

Manschwetus, Uwe (1995), Regionalmarketing. Marketing als Instrument der Wirtschaftsentwicklung, Wiesbaden 1995.

Martius, Alexander / Stein, Edgar (1998), Kommunale Wirtschaftsförderung und Europäisches Beihilferecht, in: Der Städtetag, Heft 5 (1998), S. 362 ff.

Maurer, Jörn P. (2002), Von den Besten lernen, in: Der Gemeinderat, Nr. 9 (2002), S. 14–15.

Mayer, Margit (1994), Public-Private Partnership – eine neue Option und Chance für kommunale Wirtschaftspolitik?, in: Roth, R. / Wollmann, H. (Hrsg.), Kommunalpolitik, Opladen 1994, S. 440–449.

Mayntz, Renate (Hrsg.) (1981), Kommunale Wirtschaftsförderung. Ein Vergleich Bundesrepublik Deutschland – Großbritannien, Berlin 1981.

Meadows, Denis et al. (1972), The Limits to Growth. A Report for the Club of Rome's Project on the Predicament of Mankind, New York 1972.

Mecking, Christoph (1995), Die Regionalebene in Deutschland. Begriff – Institutioneller Bestand – Perspektiven, Stuttgart u. a. 1995.

Mehrländer, Horst (1998), Kommunale Wirtschaftsförderung aus der Sicht des Landes, in: Die Gemeinde (BWGZ), Nr. 4 (1998), S. 109–111.

Meier, Josiane (2011), Standortfaktoren im Wandel. Erkenntnisse aus der Forschung zu Standortfaktoren und Standortwahl von Unternehmen, Difu-Impulse, Nr. 1 (2011), Berlin.

Mendelson, M. (1919), Die deutsche Stadt als Träger selbständiger Wirtschaftspolitik, in: Zeitschrift für Kommunalwissenschaft, Nr. 3 (1919), S. 101–107.

Meyer, Axel-Jörn (1999), Regionalmarketing – Grundlagen, Konzepte, Anwendung, München 1999.

Meyer (1922), Industrieförderung durch die Gemeinden, in: Brix, Josef et al. (Hrsg.), Handwörterbuch der Kommunalwissenschaften, Bd. 2, Jena 1922, S. 554–557.

Milbradt, Georg (1990), Ziele und Effizienz kommunaler Wirtschaftsförderung, in: Ehlers, Dirk (Hrsg.), Kommunale Wirtschaftsförderung, Köln, S. 3–17.

Ministerium für Wirtschaft, Arbeit und Wohnungsbau Baden-Württemberg (Hrsg.) (2018), Regionaler Cluster-Atlas Baden-Württemberg, Überblick über clusterbezogene Netzwerke und Initiativen, Stuttgart 2018.

Ministerium für Wirtschaft, Arbeit und Wohnungsbau Baden-Württemberg (Hrsg.) (2020), Förderprogramme zur Existenzgründung und Unternehmensnachfolge, Stuttgart 2020.

Mitschke, Claudia (2009), Zur internationalen Wettbewerbsfähigkeit von Regionen. Strukturpolitische Analyse und wirtschaftspolitischer Handlungsbedarf, Hamburg 2009.

Möller, Ferdinand (1963), Kommunale Wirtschaftsförderung, Stuttgart / Köln 1963.

Mönkemöller, Lutz (2009), Kommunales Standortmarketing. Erscheinungsformen, Rechtscharakter und wettbewerbliche Grenzen kommunaler Mediawerbung im öffentlichen Recht, Köln 2009.

Most, Otto (1922), Gewerbliche Ausschüsse und Wirtschaftsämter, in: Brix, Josef et al. (Hrsg.), Handwörterbuch der Kommunalwissenschaften, Bd. 2, Jena 1922, S. 388–391.

Most, Otto (1931), Wirtschaftsämter, in: Kommunales Jahrbuch, Jena 1931, S. 324–325.

Müller, Peter (2010), Gut fördern heißt gewinnen. Wirtschaftsförderung, in: Der Gemeinderat, Nr. 4 (2010), S. 12–13.

Müller, Thomas (1988), Ökonomische und rechtliche Probleme kommunaler Bestandspflegepolitik unter Berücksichtigung der flächenorientierten kommunalen Wirtschaftsförderung, Hannover, Univ., Diss., 1988.

Müller, Wolfgang-Hans (1977), Kommunale Wirtschaftsförderung in Deutschland, in: Local Finance (1977), S. 3–14.

Müller, Wolfgang-Hans (1982), Wirtschaftsförderung, in: Püttner, Günter (Hrsg.), Handwörterbuch der kommunalen Wissenschaft und Praxis, Bd. 4, 2., völlig neu bearbeitete Auflage, Berlin 1982, S. 625–641.

Naßmacher, Hiltrud (1987), Wirtschaftspolitik „von unten". Ansätze aus der Praxis der kommunalen Gewerbebestandspflege und Wirtschaftsförderung, Basel u. a. 1987.

Naßmacher, Karl-Heinz (1991), Kommunale Wirtschaftspolitik, in: Blanke, Bernhard (Hrsg.), Stadt und Staat. Systematische, vergleichende und problemorientierte Analysen „dezentraler" Politik, Opladen 1991, S. 440–459.

Nellessen (1927), Wirtschaftsförderung, in: Brix, Josef et al. (Hrsg.), Handwörterbuch der Kommunalwissenschaften, 2. Ergänzungsband, Jena 1927, S. 1427–1432.

Obermeier, Robert W. (2002), Kluge Politik, in: Der Gemeinderat, Nr. 9 (2002), S. 16–17.

Obier, Cornelius / Schmücker, Dirk J. (2006), Ein Schlüssel zur Entwicklung. Interkommunale Zusammenarbeit im Tourismus, in: Stadt und Gemeinde, Nr. 10 (2006), S. 394–397.

o. V. (1972), Hart am Rande der Legalität, Report über Industrieansiedlung in Westdeutschland, in: Der Spiegel, Nr. 10 (1972), S. 44–52.

o. V. (1976), Die Städte in der Wirtschaftspolitik. Grundsätze kommunaler Wirtschaftsförderung, in: Der Städtetag, Heft 4 (1976), S. 195–198.

o. V. (1985), Technologieparks – Risse im Brutkasten, Wirtschaftswoche, Nr. 23 (1985), S. 36–52.

o. V. (1993), Neue Wege in der kommunalen Wirtschaftspolitik. Anregungen des Wirtschaftsausschusses des DStGB, in: Stadt und Gemeinde, Heft 1 (1993), S. 3–8.

o. V. (1998), Thesen zur Wirtschaftsförderung durch kleinere Gemeinden, Bestandspflege und Unternehmensakquisition, in: Das Rathaus, Nr. 12 (1998), S. 554–555.

o. V. (1997), Petri Heil am Bodensee. Österreich und Schweiz angeln erfolgreich nach deutschen Unternehmen, in: Wirtschaftsstandort, Nr. 2 (1997), S. 32–38.

Oebbecke, Janbernd (1983), Zweckverbände und kommunale Gebietsreform in Nordrhein-Westfalen, in: DÖV, Heft 3 (1983), S. 99–105.

Oebbecke, Janbernd (1984), Gemeindeverbandsrecht Nordrhein-Westfalen. Eine systematische Darstellung, Köln 1984.

Olfen, H. (1969), Wirtschaftsförderung als Marketing-Aufgabe, in: DIVO-Informationen, Reihe 3, Beiträge zur Stadt- und Regionalforschung 1969, S. 81 ff.

Peschak, Franz (1995), Technologiezentren in den neuen Bundesländern. Wissenschaftliche Analyse und Begleitung des Modellversuchs „Auf- und Ausbau von Technologie- und Gründerzentren in den neuen Bundesländern" des Bundesforschungsministeriums, Heidelberg 1995.

Peters, Hans (Hrsg.) (1959), Handwörterbuch der kommunalen Wissenschaft und Praxis, Bd. 3, Berlin u. a. 1959.

Pett, Alexander (1993), Technologie- und Gründerzentren. Empirische Analyse eines Instruments zur Schaffung hochwertiger Arbeitsplätze, Mainz, Univ., Diss., 1993.

Pfeiffer, Wolfram (Hrsg.) (1993), Regionen unter Anpassungsdruck. Zu den Schwerpunkten des regionalen Handlungsbedarfs, Marburg 1993.

Piper, Markus (1994), Das interregionale Standortwahlverhalten der Industrie in Deutschland. Konsequenzen für das kommunale Standortmarketing, Göttingen 1994.

Planitz, Hans (1954), Die deutsche Stadt im Mittelalter. Von der Römerzeit bis zu den Zunftkämpfen, Graz / Köln 1954.

Pohl, Martha (1988), Wirtschaftsförderung in Großstädten. Ein Struktur- und Standortvergleich der 16 größten Städte im Bundesgebiet, Bremer Ausschuss für Wirtschaftsforschung, Nr. 8, Bremen 1988.

Pongratz, Philip / Vogelgesang, Matthias (2016), Serviceorientierte Verwaltung und Wirtschaftsförderung, Grundlagen für die Praxis, Wiesbaden 2016.

Porter, Michael E. (1991), Nationale Wettbewerbsvorteile. Erfolgreich konkurrieren auf dem Weltmarkt, München 1991.

Porter, Michael E. (1998), On competition, Boston 1998.

Pröhl, Marga (Hrsg.) (1998), Kommunale Wirtschaftsförderung – Internationale Recherchen und Fallbeispiele, Gütersloh 1998.

Püttner, Günter (Hrsg.) (1982), Handwörterbuch der kommunalen Wissenschaft und Praxis, Bd. 4, 2., völlig neu bearbeitete Auflage, Berlin 1982.

Püttner, Günter (1993), Die Kreisreform in den neuen Ländern, insbesondere in Sachsen, in: SächsVBl., Heft 9 (1993), S. 193–197.

Raiser, Thomas (1992), Recht der Kapitalgesellschaften. Ein Handbuch für Praxis und Wissenschaft, 2., neu-überarbeitete und wesentlich erweiterte Auflage, München 1992.

Reich, Silvia (1995), Grenzüberschreitende und interregionale Zusammenarbeit in einem „Europa der Regionen", Baden-Baden 1995.

Reinelt, Iris (1990), Der Beitrag der Sparkassen zum kommunalen Gemeinwohl, Mannheim, Univ., Diss., 1990.

Region Köln / Bonn e. V. (Hrsg.) (2022), Interkommunale Wirtschaftsflächen, Praxishilfe für die Region Köln / Bonn, Köln 2022.

Rengeling, Hans-Werner (1982), Formen interkommunaler Zusammenarbeit, in: Püttner, Günter (Hrsg.), Handbuch der kommunalen Wissenschaft und Praxis, Bd. 2, Berlin, S. 385–412.

Renninger, Carl (1938), Wirtschaft und Gemeinde, in: Jahrbuch für Kommunalwissenschaft, 5. Jg. (1938), S. 239–262.

Reschl, Richard / Rogg, Walter (2009), Kommunale Wirtschaftsförderung: Standortdialog und Standortentwicklung in Kommunen und Regionen, Sternenfels 2009.

Rhein, Kay-Uwe (1994), Interkommunale Zusammenarbeit. Rechtsformen, Beweggründe und Auswirkungen dargestellt am interkommunalen Gewerbegebiet Mönchengladbach / Jüchen, in: Der Städtetag, Heft 11 (1994), S. 725–732.

Richter, Hartmut (1997), Kommunale Wirtschaftsförderung – eine Gemeinschaftsaufgabe von Kommunen und Wirtschaftsorganisationen, in: Die Gemeinde (BWGZ), Nr. 20 (1997), S. 768–769.

Richter, Michael (1997), Regionalisierung und Interkommunale Zusammenarbeit – Wirtschaftsregionen als Instrumente kommunaler Wirtschaftsförderung, Wiesbaden 1997.

Ridinger, Rudolf / Steinröx, Manfred (Hrsg.) (1996), Regionale Wirtschaftsförderung in der Praxis, Köln 1996.

Riegger, Bodo / Weipert, Lutz (Hrsg.) (1995), Münchener Handbuch des Gesellschaftsrechts, Bd. 1, München 1995.

RKW Rationalisierungs- und Innovationszentrum der Deutschen Wirtschaft (Hrsg.) (2024), Global Entrepreneurship Monitor – Unternehmensgründungen im weltweiten Vergleich, Länderbericht Deutschland 2023/24, Eschborn, Juni 2024.

Roland Berger GmbH (Hrsg.) (2021), Für ein Wirtschaftswunder 2.0, Wie Startups und Scaleups den deutschen Arbeitsmarkt beflügeln, München 2021.

Rolfes, Karl-Heinrich (1991), Regionale Wirtschaftsförderung und EWG-Vertrag. Die Aktionsräume von Bund, Ländern und Kommunen, Köln u. a. 1991.

Rossi, Angelo (1995), Der wirtschaftliche Strukturwandel und die Regionen. Am Beispiel der Schweiz und der angrenzenden Länder, Zürich 1995.

Roth, Roland / Wollmann, Hellmut (Hrsg.) (1994), Kommunalpolitik. Politisches Handeln in den Gemeinden, Opladen 1994.

Rothe, Karl-Heinz (1965), Das Recht der interkommunalen Zusammenarbeit in der Bundesrepublik Deutschland, Göttingen 1965.

Rothe, Karl-Heinz (1991), Selbsthilfe der Gemeinden durch interkommunale Zusammenarbeit, in: Stadt und Gemeinde, Heft 11 (1991), S. 420–429.

Ruter, Rudolf X. (1994), Die Herren der GmbH sind nicht die Geschäftsführer, in: BWGZ, Heft 24 (1994), S. 808–809.

Saldern, Adelheid von (1994), Geschichte der kommunalen Selbstverwaltung in Deutschland, in: Roth, Roland / Wollmann, Hellmut (Hrsg.), Kommunalpolitik. Politisches Handeln in den Gemeinden, Opladen 1994, S. 2–19.

Sartowski, Roman (1989), Praxis kommunaler Wirtschaftsförderung in Schleswig-Holstein und ihr Beitrag zur Entwicklung des Landes und seiner Teilräume, Hamburg 1989.

Schauwecker, Heinz (1982), Kooperation und Gemeinschaftsunternehmen, in: Püttner, Günter (Hrsg.), Handbuch der kommunalen Wissenschaft und Praxis, Bd. 2, Berlin, S. 317–338.

Schiefer, Bernd (1989), Kommunale Wirtschaftsförderungsgesellschaften – Entwicklung, Praxis und rechtliche Problematik, Köln u. a. 1989.

Schiefer, Bernd (1990), Wirtschaftsförderung, in: Ergänzbares Lexikon des Rechts (Luchterhand), Juni 1990.

Schiefer, Bernd (1991), Kommunale Wirtschaftsförderungsgesellschaften – Bindeglied zwischen Wirtschaft und Verwaltung, WUR, Heft 4 (1991), S. 194–197.

Schiefer, Bernd (1992), Organisation der kommunalen Wirtschaftsförderung, in: Der Betriebs-Berater, Heft 6 (1992), S. 375–384.

Schiefer, Bernd (1993), Die Organisation der kommunalen Wirtschaftsförderung unter Berücksichtigung der neuen Bundesländer, in: SächsVBl., Heft 8 (1993), S. 169–178.

Schink, Alexander (1982), Formen und Grenzen interkommunaler Zusammenarbeit durch öffentlich-rechtliche Vereinbarungen, in: DVBl. (1982), S. 769–777.

Schmidt, Tobias (2000), Service und Nutzen, in: Der Gemeinderat, Nr. 11 (2000), S. 22–23.

Schmidt-Eichstaedt, Gerd (1989), Zukunftsaufgaben: Bewältigung des Strukturwandels, Umweltschutz, Verkehr, in: Der Städtetag, Heft 9 (1989), S. 564–568.

Schmitz-Herscheidt, Friedhelm (1979), Möglichkeiten und Grenzen kommunaler Wirtschaftsförderung, in: Der Städtetag, Heft 4 (1979), S. 197–202.

Schmidt-Ott, Rainer (1982), Regionale Wirtschaftsförderung in den Mitgliedstaaten der EG, in: HWF, Lfg. 18, Dezember 1982, S. 1–58.

Schnaudigel, Christoph (1995), Der Betrieb nichtwirtschaftlicher kommunaler Unternehmen in Rechtsformen des Privatrechts, Stuttgart u. a. 1995.

Schroeter, Nicolai R. (2005), Die kommunale Wirtschaftsförderung im Lichte des europäischen Beihilferechts, Münster 2005.

Schubert, Rekka (1998), Kommunale Wirtschaftsförderung, Die kommunale Verantwortung für das wirtschaftliche Wohl – eine theoretische Untersuchung mit Bezügen zur Praxis, Tübingen, Univ., Diss., 1998.

Schwarz, Silvia R. (1993), Kooperation: ja – aber wie?, in: Der Städtetag, Heft 8 (1993), S. 522–525.

Schwarz-Jung, Silvia R. (1993), Überkommunale bzw. öffentlich-private Kooperation in der Wirtschaftsförderung. Eine Fragebogen- / Interviewaktion im Rahmen des Forschungsprojektes „Regionalisierung in der kommunalen Wirtschaftsförderung", Interne Studien der Konrad-Adenauer-Stiftung Nr. 58/1993, Sankt Augustin 1993.

Schwitalla, Thomas (1996), EU-Kommission segnet Subventionspraxis ab, in: Badische Zeitung vom 25. April 1996, Nr. 96, S. 9.

Seltsam, Christian (2001), Kommunale Wirtschaftsförderung: Ziele, Instrumente, Erfolgskontrolle, Schriften zur Nationalökonomie, Bd. 35, Bayreuth 2001.

Sinz, Manfred (1995), Region, in: Akademie für Raumforschung und Landesplanung (Hrsg.), Handwörterbuch der Raumordnung, Hannover 1995, S. 805–808.

Speiser, Béatrice (1993), Europa am Oberrhein. Der grenzüberschreitende Regionalismus am Beispiel der oberrheinischen Kooperation, Basel / Frankfurt am Main 1993.

Staatsministerium und Wirtschaftsministerium Baden-Württemberg (Hrsg.) (1993), Den Wirtschaftsstandort Baden-Württemberg stärken, Stuttgart 1993.

Stark, Klaus-Dieter (1978), Kommunale Wirtschaftsförderung und Standortwahl von Industrie und Gewerbe, Berlin 1978.

Stegh, Thorsten (2006), Die Bedeutung des ‚Pull-Before'-Prinzips bei der regionalen Standortwahl innovativer Unternehmensgründungen an den Beispielen der Biotechnologie- und der Multimediabranche, Hamburg 2006.

Stein, Lorenz von (1870), Handbuch der Verwaltungslehre und des Verwaltungsrechts.

Steinmetz, Hans-Peter (1983), Wirtschaftsförderungsgesellschaften in der Bundesrepublik, in: HWF, Lfg. 19, August 1983, S. 1–16.

Steinröx, Manfred (1992), Veränderte Rahmenbedingungen für die Unternehmensansiedlung. Neue Herausforderungen für die Wirtschaftsförderung, in: Stadt und Gemeinde, Heft 9 (1992), S. 315–320.

Steinröx, Manfred (1994), Wirtschaftsförderung und Anzeigenwerbung, in: BWGZ, Heft 9 (1994), S. 279.

Stember, Jürgen et al. (Hrsg.) (2020), Innovative Wirtschaftsförderung in Deutschland, Praxisberichte, Konzepte und Zukunftsstrategien, Wiesbaden 2020.

Stember, Jürgen et al. (Hrsg.) (2021), Handbuch Innovative Wirtschaftsförderung, Bd. 1: Theoretische Grundlagen und Aufgaben, 2. Auflage, Wiesbaden 2021.

Stember, Jürgen et al. (Hrsg.) (2021), Handbuch Innovative Wirtschaftsförderung, Bd. 2: Innovationen für Management und Standort, 2. Auflage, Wiesbaden 2021.

Sternberg, Rolf (1987), Technologie- und Gründerzentren als Instrument kommunaler Wirtschaftsförderung, Hannover, Univ., Diss., 1987.

Stober, Rolf (1992), Die Industrie- und Handelskammer als Mittler zwischen Staat und Wirtschaft. Zum IHK-Auftrag vor den Herausforderungen in Gegenwart und Zukunft, Köln u. a. 1992.

Streit, Manfred E. (1991), Theorie der Wirtschaftspolitik, 4., neubearbeitete und erweiterte Auflage, Düsseldorf 1991.

Stülten, Silvia (2005), Regionale Innovationsökonomie mit dem Fokus auf das Instrument Netzwerke am Beispiel der Hansestadt Hamburg, 1. Lernwerkstattarbeit aus dem 2. Lehrgang, 2005 im Masterstudiengang Ökonomische und Soziologische Studien, in: ExMA-Papers des Zentrums für ökonomische und soziale Studien (ZÖSS) der Universität Hamburg, Hamburg 2005.

Tenholt, Herrmann (1999), Innovative Wirtschaftsförderung bei beschleunigtem Strukturwandel, Beitrag zur Systematisierung und Konzeptionierung kommunaler Wirtschaftspolitik, in: Der Landkreis, Nr. 5 (1999), S. 338–340.

Tietz, Bruno et al. (Hrsg.) (1994), Handwörterbuch des Marketing, 2., völlig neu gestaltete Auflage, Stuttgart 1994.

Töpfer, Armin (Hrsg.) (1993), Stadtmarketing – Herausforderung und Chance für Kommunen, Baden-Baden 1993.

Töpfer, Armin (1993), Marketing in der kommunalen Praxis. Eine Bestandsaufnahme in 151 Städten, in: Töpfer, Armin (Hrsg.), Stadtmarketing – Herausforderung und Chance für Kommunen, Baden-Baden 1993, S. 81 ff.

Thünen, Johann Heinrich von (1826), Der isolirte Staat in Beziehung auf Landwirthschaft und Nationalökonomie, oder Untersuchungen über den Einfluß, den die Getreidepreise, der Reichthum des Bodens und die Abgaben auf den Ackerbau ausüben, Hamburg 1826 (Nachdruck 1986).

Turowski, Gerd (1994), Formen und Felder übergemeindlicher Zusammenarbeit im Hinblick auf die Situation in den neuen Ländern, in: Raumforschung und Raumordnung, Heft 6 (1994), S. 392–396.

Vahlens großes Wirtschaftslexikon (1993), Bd. 1, 2., überarbeitete und erweiterte Auflage, München 1993, S. 1211–1212.

Van der Linde, Claas (2003), The Demography of Clusters – Findings from the Cluster Meta-Study, in: Bröcker, Johannes / Dohse, Dirk / Soltwedel, Rüdiger (Hrsg.), Innovation Clusters and Interregional Competition, Berlin, Heidelberg, New York 2003.

Wätzold, Frank (2000), Anforderungen von Unternehmen an kommunale Organisationen in ländlichen Räumen, in: Der Landkreis, Nr. 5 (2000), S. 373–375.

Wagner-Endres, Sandra (2020), Kommunale Wirtschaftsförderung 2019 – Strukturen, Aufgaben, Perspektiven: Ergebnisse der Difu-Umfrage 2019, Difu-Papers Juli 2020.

Wagner-Endres, Sandra et al. (2021), Innovationsfähigkeit der Wirtschaftsförderung: Akteure – Instrumente – Handlungsansätze. Gemeinschaftsstudie (Difu-Sonderveröffentlichung), Berlin 2021.

Weber, M. (1921), Das Stadtwirtschaftsamt, in: Deutscher Kommunalkalender 1921, Terminkalender und Handbuch für Verwaltungsbehörden, Berlin-Friedenau 1921, S. 175–178.

Weber, M. (1925), Kommunale Industrieförderung, in: Deutscher Kommunalkalender 1924/25, Terminkalender und Handbuch für Verwaltungsbehörden, Berlin-Friedenau 1925, S. 291–294.

Wehling, Hans-Georg (Hrsg.) (1995), Kommunalpolitik in Europa, Stuttgart u. a. 1995.

Weinberg, Jakob (2002), Wirtschaftsförderung und Standortmarketing im Internet – Ein Leitfaden für kommunale Internet-Präsenzen, in: Hessisches Ministerium für Wirtschaft, Verkehr und Landesentwicklung (Hrsg.), Schriftenreihe der Landesinitiative hessen-media, Bd. 36, Wiesbaden 2002.

Welcker, Karl (Hrsg.) (1861), Staats-Lexikon, Bd. 5, 3. umgearbeitete, verbesserte und vermehrte Auflage, Leipzig 1861.

Welge, Martin K. (1994), Strategische Allianzen, in: Tietz, Bruno et al. (Hrsg.), Handwörterbuch des Marketing, 2., völlig neu gestaltete Auflage, Stuttgart 1994, Sp. 2397–2410.

Wessel, Markus (2005), Die Weichen richtig stellen, in: Der Gemeinderat, Nr. 5 (2005), S. 14–16.

Wetzig, Alexander (2007), Qualitative Standortentwicklung von Gewerbeflächen, in: Die Gemeinde (BWGZ), Nr. 6 (2007), S. 213–214.

Wiepcke, Claudia (2005), Kommunale Arbeitsmarktpolitik als ressortübergreifende Querschnittsaufgabe, Dortmund 2005.

Wilden, Josef (1919), Mittelstandsfürsorge, in: Kommunales Jahrbuch, Jena 1919, S. 148–154.

Wilden, Josef (1922), Gewerbeförderung, in: Brix, Josef et al. (Hrsg.), Handbuch der Kommunalwissenschaften, Bd. 2, Jena 1922, S. 376–381.

Wilden, Josef (1923), Wirtschaftspflege in der Gemeinde, in: Deutscher Kommunalkalender 1923, Terminkalender und Handbuch für Verwaltungsbehörden, Berlin-Friedenau 1923, S. 126–128.

Wilden, Josef (1924), Mittelstandspolitik, in: Brix, Josef et al. (Hrsg.), Handbuch der Kommunalwissenschaft, Bd. 3, Jena 1924, S. 399–401.

Wilden, Josef (1925), Wirtschaftsförderung durch Messen und Märkte, in: Deutscher Kommunalkalender 1924/25, Terminkalender und Handbuch für Verwaltungsbehörden, Berlin-Friedenau 1924, S. 311–313.

Winkel, Rainer (1992), Interkommunale Kooperation in der Gewerbeflächenversorgung, in: Der Landkreis, Heft 2 (1992), S. 57–59.

Wirtschaftsministerium Baden-Württemberg (1996), Strukturentwicklungsbericht 1995. Bericht über strukturpolitische Maßnahmen 1990–1994 in den regionalen Fördergebieten von Baden-Württemberg, Stuttgart 1996.

Witte, Gertrud (1994), Privatisierung städtischer Aufgaben, Der Städtetag, Heft 8 (1994), S. 524–528.

Wrobel, Bernd (1979), Organisation und Aufgaben kommunaler Wirtschaftsförderungsdienststellen und -gesellschaften. Ergebnisse zweier Umfragen, Berlin 1979.

Zabel, Gerhard (1979), Probleme der Wirkungskontrolle kommunaler Wirtschaftsförderung, in: Der Gemeindehaushalt, Heft 11 (1979), S. 241–246.

Zeeden, Ernst Walter (1981), Europa vom ausgehenden Mittelalter bis zum westfälischen Frieden 1648, Stuttgart 1981.

Zielke, Beate (1993), Zwischengemeindliche Zusammenarbeit. Rechtliche, organisatorische und finanzielle Gestaltungsmöglichkeiten, Berlin 1993.

Zill, Gerda (1981), Kommunale Wirtschaftsförderung in Großbritannien und in der Bundesrepublik Deutschland, in: Mayntz, Renate (Hrsg.), Kommunale Wirtschaftsförderung. Ein Vergleich Bundesrepublik Deutschland - Großbritannien, Berlin 1981, S. 57–128.

Zimmermann, Horst (1987), Der Mitnahmeeffekt, in: Das Wirtschaftsstudium, Heft 7 (1987), S. 339–343.

Zimmermann, Klaus (1975), Zur Imageplanung von Städten. Untersuchungen zu einem Teilgebiet kommunaler Entwicklungsplanung, Köln 1975.

Zimmermann, Klaus (1976), Wirtschaftsförderung als Aufgabe kommunalen Marketings, in: Kommunalwirtschaft, Heft 11 (1976), S. 341–345.

Zwicker-Schwarm, Daniel (2013), Kommunale Wirtschaftsförderung 2012: Strukturen, Handlungsfelder, Perspektiven, in: Deutsches Institut für Urbanistik (Hrsg.), Difu-Papers, Berlin 2013.

Herausgeber

Dr. Bernd Dallmann, Studium der Wirtschafts- und Rechtswissenschaften, 1987 Gründer und Gf. der Freiburg Wirtschaft Touristik und Messe GmbH und des Studiengangs Wirtschaftsförderung an der VWA Freiburg. Seit 2018 freiberuflicher Berater für Wirtschaftsförderung und Standortentwicklung.

Dr. Michael Richter, Jahrgang 1968, Studium der Wirtschaftswissenschaften an der Albert-Ludwigs-Universität Freiburg, Promotion 1997. Seit 2000 Mitarbeiter der Freiburg Wirtschaft Touristik und Messe GmbH im Bereich Wirtschaftsförderung. Seine Tätigkeitsschwerpunkte liegen auf den Gebieten Cluster, Netzwerke, Innovation und Start-ups.

FSC
www.fsc.org
MIX
Papier | Fördert gute Waldnutzung
FSC® C083411

Kolibri 360 GmbH
Ferdinand-Jühlke-Straße 7
99095 Erfurt, Deutschland
produktsicherheit@kolibri360.de